Johannes Beermann (Hrsg.)

20 Jahre Euro

Zur Zukunft unseres Geldes

Johannes Beermann (Hrsg.)

20 JAHRE EURO
ZUR ZUKUNFT UNSERES GELDES

Für die Deutsche Bundesbank

Siedler

Sollte diese Publikation Links auf Webseiten Dritter enthalten,
so übernehmen wir für deren Inhalte keine Haftung,
da wir uns diese nicht zu eigen machen, sondern lediglich auf deren Stand
zum Zeitpunkt der Erstveröffentlichung verweisen.

MIX
Papier aus verantwortungsvollen Quellen
FSC® C084279

Penguin Random House Verlagsgruppe FSC® N001967

1. Auflage

Herausgeber: Johannes Beermann für die Deutsche Bundesbank
Projektkoordination: Alexander Kadow

Projektleitung Verlag: Sarah Kirchner und Elke Posselt
Lektorat: Ines Kaplan
Umschlaggestaltung: Jorge Schmidt, München
Grafiken: Peter Palm, Berlin
Satz: Uhl + Massopust GmbH
Druck und Bindung: Print Consult GmbH, München
Printed in Czech Republic 2022
ISBN 978-3-8275-0165-3

Inhalt

Vorwort

Johannes Beermann

Der Euro ist mittlerweile fester Bestandteil des Alltagslebens von über 340 Millionen Menschen in Europa. Kaum jemand dürfte sich heute noch die Frage stellen, wie die europäische Gemeinschaftswährung in Form von Scheinen und Münzgeld vor 20 Jahren ihren Weg in den Geldautomaten und die Ladenkasse beim Supermarkt um die Ecke gefunden hat. Das hat sicherlich auch damit zu tun, dass die Einführung von Euro-Bargeld zum 1. Januar 2002 so reibungslos funktioniert hat.

In Deutschland war die Deutsche Bundesbank als nationale Zentralbank dafür verantwortlich, die im Inland umlaufende Menge an D-Mark nach und nach aus dem Verkehr zu ziehen und gleichzeitig das neu produzierte Euro-Bargeld in ausreichender Menge in Umlauf zu bringen. Diesen logistischen Kraftakt beim »doppelten Umstellungsprozess« hat die Bundesbank gut bewältigt. Damit die heimische Wirtschaft – vom Händler bis zum Verbraucher – schon für die ersten Tage des Jahres 2002 über ausreichend Euro-Bargeld verfügen konnte, wurden allein in Deutschland vorab rund 3 Milliarden Euro-Banknoten im Wert von 57 Mrd € an die Geschäftsbanken verteilt.

Heute sind Euro-Banknoten in 19 Mitgliedstaaten der Europäischen Union gesetzliches Zahlungsmittel. Der Euro ist eine stabile Währung, was zu seiner Akzeptanz und dem besonderen Vertrauen in die europäische Gemeinschaftswährung beigetragen hat. Euro-Bargeld ist mittlerweile zu einem greifbaren Symbol von wirtschaftlicher Integration und Stabilität gereift und neben dem US-Dollar ein weltweit bedeutendes Zahlungsmittel.

Doch der Blick nach vorne lässt besondere Herausforderungen für den europäischen Währungsraum erahnen: Im Frühjahr 2022 hat die Teuerungsrate in Deutschland den höchsten Stand seit über 40 Jahren erreicht, im Gefolge der Corona-Pandemie sind die Staatsschuldenquoten im Euroraum wieder merklich angestiegen, und der digitale Wandel hat neue Bezahlformen und sogenannte Krypto-Token hervorgebracht, die den Stellenwert von Bargeld und staatlicher Währung ganz grundsätzlich infrage stellen könnten. Welche Bedeutung wird also der Euro als Symbol für Integration und Stabilität einerseits und als staatliches Zentralbankgeld andererseits in den nächsten 20 Jahren einnehmen?

In Zeiten derart ausgeprägter gesellschaftlicher Umbrüche und gesamtwirtschaftlicher Herausforderungen kann es keine abschließenden Antworten auf diese Frage geben. Dieses Buch erhebt jedenfalls nicht den Anspruch darauf. Es soll vielmehr Denkanstöße geben und den Blickwinkel auf die vielfältigen historischen, politischen und nicht zuletzt wirtschaftlichen Dimensionen von Geld und Währung erweitern.

Die verschiedenen Beiträge lassen sich drei Teilen zuordnen. Im ersten Teil geht es um Geld und Währung in Europa. Die Beiträge beleuchten Aspekte der europäischen Integration, ordnen Bargeld ökonomisch und juristisch ein und betrachten die Geschichte des Geldes. Wirtschafts- und Währungsgeschichte sind ja bekanntlich eng miteinander verknüpft. So haben wir in Deutschland bereits 1990 mit der Einführung der D-Mark in der damaligen DDR eine deutsch-deutsche Währungsunion vollzogen – nicht zuletzt geschuldet dem Streben der ostdeutschen Bevölkerung nach wirtschaftlicher Teilhabe, gemessen in harter D-Mark. Auch damals nahm die Bundesbank in der Versorgung der Bevölkerung mit Bargeld eine zentrale Rolle ein.

Der zweite Teil des Buches beleuchtet ausführlich die besondere Bedeutung von Notenbanken für den heimischen Bargeldkreislauf. Nach einer umfassenden Einordnung aus deutscher Sicht wird der Blickwinkel um die internationale Perspektive erweitert. Notenbanken außerhalb des Euroraums erläutern wichtige Prozesse ihres nationalen Bargeldmanagements zur sicheren und adäquaten Versorgung der Bevölkerung mit Bargeld. Darüber hinaus beschreiben sie, wie sie die Bedeutung des Bargeldes für die heimische Wirtschaft einschätzen und wie sie die Zukunft des Zahlungsverkehrs im digitalen Wandel sehen.

Teil drei greift diese vorausschauende Perspektive in besonderem Maße auf. Aus der interdisziplinären Sicht von Ökonomie, Philosophie, Soziologie und Psychologie werden Gedanken zur Rolle von Bargeld ebenso wie zum Geld von morgen aufgegriffen und intensiv diskutiert. Ein wichtiger Schwerpunkt bildet dabei auch die Bedeutung digitaler Geldformen bis hin zum möglichen digitalen Zentralbankgeld.

Mein Dank gilt allen Autorinnen und Autoren für ihre wertvollen Beiträge zu diesem Buch. Sie tragen mit ihren fundierten und ausgewogenen Texten entscheidend dazu bei, dass die oft emotional geführte Debatte zu den Grundlagen und Perspektiven unseres Geldes auf eine sachliche Ebene gehoben wird. Des Weiteren bedanke ich mich bei den zahlreichen Kolleginnen und Kollegen des Zentralbereichs Bargeld, die dieses Buchprojekt hervorragend unterstützt haben. Der Sprachendienst der Bundesbank hat großartige Arbeit bei der fremdsprachigen Übersetzung der Beiträge geleistet, hierfür ebenfalls herzlichen Dank. Last, but not least gilt mein besonderer Dank meinem Büroleiter Dr. Alexander Kadow, der dieses Projekt von Anfang an koordiniert und betreut und wesentlich zum Gelingen des Werkes beigetragen hat.

I: Geld und Währung im Euroraum

Vertrauen in Fiatgeld

Antti Heinonen

Gemeinhin gilt alles, was für Zahlungen beziehungsweise zur Begleichung einer Schuld genutzt werden kann, als Geld. An dieser Stelle soll nicht mehr auf die einfachste Art des Tausches, den Naturaltausch, eingegangen werden, für den es ja durchaus Beispiele in der Geschichte gibt. Früher oder später einigten sich die Menschen jedenfalls auf ein gemeinsames Zahlungsmittel oder eine gemeinsame Recheneinheit, was schließlich in der Nutzung von Rohstoffgeld mündete.

Ein Blick auf die Entwicklung von Rohstoffgeld hin zu den heutigen digitalen Währungen verdeutlicht, dass jede Innovation dazu diente, bestimmte Arten von Transaktionen effizienter zu gestalten. Die Effizienz eines Zahlungsinstruments kann sich in vielerlei Hinsicht zeigen. So etwa direkt in Form geringerer Kosten für Zahlungsvorgänge oder indirekt in Form einer besseren Verfügbarkeit, einer größeren Nutzerfreundlichkeit oder eines höheren Komforts. Allerdings ist neues Geld nur dann längerfristig erfolgreich, wenn Vertrauen in den Emittenten besteht. Dementsprechend ist Effizienz eine notwendige, jedoch keine hinreichende Bedingung für den langfristigen Erfolg. Dafür muss auch das Vertrauen in den Emittenten vorhanden sein.

Banknoten trugen maßgeblich zur Entwicklung von Geld hin zu Fiatgeld bei. Dabei handelt es sich um eine Währung, die nicht mit einem physischen Rohstoff unterlegt ist, sondern von der ausgebenden Stelle garantiert wird. In diesem Beitrag wird zunächst erläutert, welche Rolle die Banknoten bei der Entwicklung des Geldes spielten. Anschließend werden die verschiedenen Maßnahmen beleuchtet, mit denen die Behörden Vertrauen in Fiatgeld geschaffen haben. Zum Schluss wird auch ein kurzer Blick auf digitales Zentralbankgeld geworfen.

Die Rolle von Banknoten bei der Entwicklung des Geldes

Metallstücke waren eine beliebte Form von Rohstoffgeld, weil sie erstens wertvoll und damit allgemein akzeptiert waren und weil sie zweitens einfach getauscht und auf Grundlage ihres Gewichts gemessen werden konnten. Das Prozedere des Wiegens konnte indes vereinfacht werden, als die Menschen begannen, standardisierte Metallstücke mit festen Größen und Gewichten zu produzieren und darauf Stempelzeichen einzuprägen, die den jeweiligen Wert bestätigten – dies war die Geburtsstunde der Münzherstellung. Die standardisierte Gestaltung machte Transaktionen effizienter und erhöhte das Vertrauen, was zur Folge hatte, dass die Emittenten sogar anfingen, eine Prämie zu verlangen. Diese Art von Münzwesen wurde von den Lydern, einem griechischen Volksstamm, vor mehr als 2600 Jahren erfunden.[1]

Die ersten Münzen wurden aus Gold und Silber gefertigt. Da aber die für Kleinbetragszahlungen vorgesehenen Münzen so klein waren, dass sie sich nur schwer handhaben ließen, wurden andere, nicht so wertvolle Metalle wie etwa Kupfer eingeführt. Im Laufe der Zeit wurden Münzen nur für Zahlungszwecke geprägt, und ihr Nennwert musste nicht dem Wert des Metallgehalts entsprechen. Dies war ein bedeutsamer Schritt hin zu vertrauensbasiertem Zeichengeld, denn Gold und Silber, bei denen es sich um seltene Rohstoffe mit vielen weiteren Verwendungszwecken handelt, konnten durch weniger wertvolle Materialien ersetzt werden. Allerdings blieb ein Problem bestehen: Große Mengen an Münzen, die für manche Zahlungen benötigt wurden, hatten ein großes Gewicht, und die Zahlung war mühsam. Zudem waren die Münzen auf dem Transport leichte Beute für Diebe. Um dieses Problem zu umgehen, deponierten die Kaufleute ihre Münzen bei Banken oder Goldschmieden und bekamen im Austausch dafür Einlagenzertifikate. Der Transport dieser Zertifikate war einfacher und sicherer. Außerdem konnten sie als Zahlungsmittel verwendet werden, indem das Eigentumsrecht an ihnen komplett oder teilweise auf eine andere Person übertragen wurde. So wurden die Zertifikate nach und nach einfach von einem zum anderen weitergegeben, ohne dass sie zwischendurch in Münzen umgetauscht wurden.

Die Einführung von Zertifikaten in Papierform eröffnete eine neue Möglichkeit, Transaktionen effizienter zu gestalten. Das Problem in diesem Fall war jedoch, dass sie nicht für gerundete Beträge vorgesehen waren. Zudem führte die Anforderung, die Übertragungen auf den Zertifikaten zu vermerken, dazu, dass die Transaktionen langsamer und komplizierter wurden. Und schließlich war ihre Verwendbarkeit auf einzelne Regionen beschränkt, da man sie bei der Bank oder dem Goldschmied wieder in das dort hinterlegte Gold umtauschen konnte. Transaktionen konnten somit noch stärker erleichtert werden, indem anstelle der mit bestimmten Einlagen hinterlegten Zertifikate Noten für einen bestimmten gerundeten Betrag zugunsten des Inhabers ausgegeben wurden. Zu verdanken ist diese Erfindung Johan Palmstruch (1611–1671), dem der schwedische König Karl X. Gustav (1622–1660) im Jahr 1656 das Recht verliehen hatte, eine Kredit- und Wechselbank zu gründen (im Folgenden »Stockholms Banco«).

Der Grund, weshalb Palmstruch seine Idee, Noten für bestimmte gerundete Beträge zugunsten des Inhabers (»kreditivsedel« = Kreditzettel) auszugeben, 1661 verwirklichte, entsprang der Not. Nachdem die schwedische Regierung den Metallwert von Plattenmünzen[2] ver-

©Jaakko Koskentola

Abbildung 1: Die Stockholms Banco emittierte die ersten »Banknoten« im heutigen Sinne (abgebildet sind 10 Silberdaler von 1666).

ringert hatte, lag der Wert des Metalls von alten Münzen dieser Art über ihrem Wert als Zahlungsmittel. Infolgedessen verlangten Kunden, die Plattengeld bei der Stockholms Banco hinterlegt hatten, ihre Einlagen zurück. Palmstruch hatte bereits im Vorfeld darüber nachgedacht, Liquidität auf andere Art als mit Metallgeld zu schaffen. In dieser schwierigen Lage erfand er die Banknoten, wie wir sie heute kennen. Papiergeld ist eine noch ältere Erfindung und wurde in China bereits mehrere Hundert Jahre früher eingeführt.

Der Begriff »Kreditzettel« beschreibt das Wesen der Banknotenemission. Durch die Verwendung des Wortes »Kredit«, das vom lateinischen Begriff »creditivus« (mit der Bedeutung »Glauben erweckend« beziehungsweise »vertrauenswürdig«) abgeleitet ist, erklärte sich der Inhaber der Plattenmünzen bereit, stattdessen dieses Stück Papier zu akzeptieren.[3]

Wenngleich sich Palmstruch damit einen festen Platz in der Banknotengeschichte sicherte, war sein Experiment mit Banknoten nur von kurzer Dauer und endete im Jahr 1668 mit der Schließung seiner Bank. Die Tatsache, dass die Ausgabe der Noten nicht an Einlagen gebunden war, verleitete die Bank dazu, zu viele Geldscheine zu emittieren. Dies führte zu Problemen bei der Einlösung der Noten, und ihr an Münzen gemessener Wert verringerte sich in der Folge. Der Staat war aufgrund dessen gezwungen, einzugreifen und die Bank zu schließen.

Dennoch setzte dieses Ereignis eine Entwicklung in Gang, und Ende des 17. Jahrhunderts wurden in mehreren Ländern schrittweise Banknoten in Umlauf gebracht. Einige Banken erlitten das gleiche Schicksal wie die Stockholms Banco. Exemplarisch dafür steht 1721 die Banque Royale, die als erste Bank in Frankreich Banknoten ausgegeben hatte. Hier kam es nach einem kurzen Spekulationsfieber und einer inflationären Ausgabe von Banknoten zu einem katastrophalen Verlauf (Sandrock, 2011). Der nächste Versuch wurde in Frankreich dann erst ein halbes Jahrhundert später unternommen. Auch in den deutschsprachigen Gebieten gab es zu Beginn des 18. Jahrhunderts in Köln und Wien Versuche, Banknoten zu emittieren; diese Versuche scheiterten aber ebenfalls.[4] Im Gegensatz dazu emittiert die Bank of England seit den 1690er Jahren ununterbrochen Banknoten. Sie war die erste Bank in England, die Banknoten ausgab. Auch die sächsischen »Cassenbillets«, die in den 1770er Jahren emittiert wurden, behielten ihren Wert – von einigen vorübergehenden Unterbrechungen abgesehen – in den hundert Jahren bis zur Einführung der Mark in Deutschland bei (Deutsche Bundesbank, 2014).

Obwohl es auch positive Erfahrungen mit der Emission von Banknoten gab, wurden Geldscheine noch im 18. Jahrhundert und Anfang des 19. Jahrhunderts vor allem zur Finanzierung von Kriegen ausgegeben und verloren im Laufe der Zeit oftmals einen Großteil ihres Wertes. Die Idee, mit der Emission von Banknoten Kriege zu finanzieren, wurde bald nach der Einführung von Banknoten geboren. Die Folge war, dass die schwedische Riksbank den Umtausch von Banknoten in Silber im Jahr 1745 einstellte, obwohl die Währung aus technischer Sicht einen Silberstandard hatte. Alle Bürgerinnen und Bürger wurden verpflichtet, Banknoten als Zahlungsmittel zu akzeptieren; deren Wert verfiel indes kontinuierlich. Auch die von den Wechselbanken in St. Petersburg und Moskau ausgegebenen Papierrubel verloren den Großteil ihres Wertes im Zuge der verschiedenen Kriege, in die Russland in der zweiten Hälfte des 18. und Anfang des 19. Jahrhunderts verwickelt war. Österreich hatte aufgrund seiner leeren Staatskasse ebenfalls große Schwierigkeiten, die Kriegskosten zu finanzieren. Das Land setzte Banknoten der 1762 gegründeten Wiener Stadt-Banco ein, um die während des Siebenjährigen Kriegs aufgelaufenen Defizite der öffentlichen Hand zu decken. Im Jahr 1811 löste Österreich die Banknoten zu einem Fünftel ihres Nennwerts wieder ein (Lindgren, 1968, S. 55–56; Bank von Russland, 2010; Pressburger, 1959, S. 61; Wehdorn und Grundner, 2007, S. 36-37).

Wegen ihrer abnehmenden Kaufkraft stießen Banknoten und Papiergeld, die von öffentlichen Stellen ausgegeben wurden, auf extreme Ablehnung. In Österreich berichtete ein Staatsbediensteter 1806 dem Kaiser: »Die Geschichte, die Erfahrung aller Zeiten lehrt, dass die Vollmacht, Papiergeld auszuschneiden, in den Händen der öffentlichen Verwaltung einem Messer in den Händen eines Kindes gleicht.« Analog hierzu gibt es in einer Veröffentlichung der Deutschen Bundesbank einen häufig zitierten Verweis auf die Beschreibung von Papiergeld in der Brockhaus-Enzyklopädie aus dem Jahr 1820: »Papiergeld ist in vieler Ohren ein so furchtbarer Ton, dass sie schon bei dem blossen Namen desselben erschrecken.« Auch als in Frankfurt in den frühen 1820er Jahren die Errichtung einer Bank mit dem Recht der Banknotenemission diskutiert wurde, führte dies zu öffentlichem Protest: »Fehlt zu Frankfurt eine Anstalt für Papiergeld, eine Zettelbank? Ja! Gott sey gedankt! Warum gedankt? Weil es eine Ruin-Anstalt wäre.« In Finnland in der Zeit der schwedischen Vorherrschaft, als König Gustav III. (1746–1792) den Krieg gegen Russland (1788–1790) mit befristet gültigen Banknoten, den sogenannten fahnejelms, finanzierte, rief dies ebenfalls eine verächtliche Stellungnahme hervor: »Fahnejelms überfluten das Land und sorgen wie ägyptische Heuschrecken für Angst und Schrecken.« (Stamprech, 1979, S. 282; Deutsche Bundesbank, 1963, S. VIII; Winterwerb, 1929, S. 28–29; Finsk Tidskrift, 1.9.1881, S. 203.)

Diese negativen Reaktionen waren nicht nur den schlechten Erfahrungen bei der Einlösung von Banknoten geschuldet, sondern auch zahlreichen Fälschungsfällen. Daher war es nicht verwunderlich, dass Banknoten und Papiergeld häufig mit Geringschätzung bedacht wurden. Die staatlichen Stellen mussten der Situation somit Herr werden, um Vertrauen in das neue Zahlungsinstrument aufzubauen. Denn dieses wurde vermehrt für die Bedürfnisse der voranschreitenden Industrialisierung benötigt.

Vertrauen in Fiatgeld schaffen

Mithilfe der Bezeichnung der Geldeinheiten

Auch wenn sich die Bezeichnungen von Geldeinheiten oft auf natürliche Weise entwickelten und beispielsweise durch das Gewicht, das sie darstellten, oder das Metall, aus dem sie bestanden, festgelegt wurden, darf davon ausgegangen werden, dass – implizit oder explizit – auch das Vertrauen eine wichtige Rolle in ihrer Entwicklung spielte. Bezeichnungen für Gewichte, etwa Mark, Pfund, Lira, Peso, Peseta, Schekel und Baht, oder Untereinheiten davon, wie zum Beispiel Dinar, Cent und Centime, dienten der Vertrauensbildung, weil sie den Menschen vertraut waren. Auch durch Bezeichnungen für Geldeinheiten, die auf Edelmetalle zurückzuführen sind, wie etwa Gulden, Zloty, Öre (Gold) und Dinar, Ngultrum, Mongo und Rupie (Silber), oder auf nationale oder religiöse Symbole, Nationalhelden oder Ländernamen, wurde Vertrauen in die jeweiligen Emittenten aufgebaut und zugleich die nationale Identität gestärkt (Dunkling und Room, 1990, S. 20–24).

Durch das Notenmonopol

Historisch gesehen wurden Banknoten sowohl von privaten wie auch von öffentlichen Banken emittiert. Wenngleich die Stockholms Banco eine Privatbank (unter staatlicher Kontrolle) war, wurde sie nach ihrer Schließung 1668 von einer Staatsbank abgelöst, der aktuellen Riksbank. Desgleichen wurde die Bank of England als Aktiengesellschaft errichtet, mit einer engen Beziehung zur Regierung, wie dies auch für einige andere aktuelle Notenbanken gilt. Die Riksbank und die Bank of England sind die einzigen Zentralbanken, deren Geschichte bis ins 17. Jahrhundert zurückreicht. Im 18. Jahrhundert kam die Banco de España hinzu, auch wenn ihr Stammbaum Banken mit unterschiedlichen Namen und unterschiedlicher Eigentümerstruktur umfasst. Erst im 19. Jahrhundert wurde eine größere Anzahl von Notenbanken gegründet, angefangen mit der Banque de France im Jahr 1800. Die Mehrzahl der heutigen Notenbanken ist jedoch noch keine 100 Jahre alt. Aus diesem Grund ist der erste Teil der Geschichte der Banknoten durch die Notenemission von Privatbanken geprägt.

Dass Privatbanken bei der Ausgabe von Banknoten im Wettbewerb zueinander standen, wurde den damals vorherrschenden ökonomischen Vorstellungen zufolge als Stärkung der Effizienz einer Volkswirtschaft angesehen. Allerdings gingen viele Staaten im Laufe der Zeit dazu über, die Banknotenemission in die Hände ihrer Zentralbank zu legen, zumal mehrere private Banken, die Noten ausgegeben hatten, im Zuge von Finanzkrisen insolvent wurden. Dies geschah beispielsweise 1844 in England, 1848 in Frankreich, 1863 in den Niederlanden, 1874 in Spanien, 1886 in Finnland, 1891 in Portugal und 1897 in Schweden. In der Regel wurde die Entscheidung erst mit zeitlicher Verzögerung wirksam; so trat die Maßnahme in Schweden, wo 30 private Banken das Recht zur Notenemission hatten, erst 1903 in Kraft. In England war der Übergang noch wesentlich länger. Hier stellte die letzte Privatbank die Ausgabe von Banknoten im Jahr 1921 ein.

Die Entwicklung hin zu einem Notenmonopol verlief auch in Deutschland Schritt für Schritt, jedoch anders als in England. In England gab es Ende des 18. Jahrhunderts rund 400 private Banken, die Banknoten emittierten. In Deutschland wurden hingegen 1851 nur neun derartige Banken gezählt, und die meisten der Banknoten emittierenden Institute wurden erst in den 1850er Jahren im Rahmen der Liberalisierung der Wirtschaft gegründet. Die industrielle Revolution und vor allem der Bau von Eisenbahnen hatten den Kapitalbedarf erhöht. Eine Lösung hierfür war die Ausgabe von Banknoten. Im Jahr 1858 war die Anzahl der Banken mit Notenemission in Deutschland auf 30 gestiegen (Hewitt und Keyworth, 1987, S. 20; Rittmann, 1975, S. 581–582).

Das nach der deutschen Einigung im Jahr 1875 verabschiedete Bankgesetz war indes noch immer ein Kompromiss zwischen dem Monopol der Zentralbank und der Notenausgabe durch Privatbanken. Die Reichsbank entstand aus der Preußischen Bank, deren Noten zu Reichsbanknoten wurden. Die Notenausgabe der Privatbanken wurde gesetzlich in mehrfacher Hinsicht eingeschränkt. Darüber hinaus wurden die Beschränkungen nach und nach verschärft. Dies hatte zur Folge, dass mehrere Privatbanken auf ihr Notenprivileg verzichteten, sodass ab 1906 nur noch vier Privatnotenbanken vorhanden waren: die Badische Bank, die Bayerische Notenbank, die Sächsische Bank und die Württembergische Notenbank. Diese Banken mussten schließlich Ende 1935 die Notenausgabe beenden (Deutsche Bundesbank, 1965, S. 13–14).

In manchen Fällen wurde einer Zentralbank das Notenmonopol bereits im Zusammenhang mit ihrer Errichtung übertragen, so etwa 1814 in den Niederlanden, 1817 in Österreich und 1818 in Dänemark. Zuweilen erfolgte dieser Schritt auch bald nach der Notenbankgründung, beispielsweise in Norwegen im Jahr 1818. Es gab aber auch andere Lösungen. Portugal gründete 1864 die Banco Nacional Ultramarino (Nationale Überseebank), die sich um die Banknotenausgabe in den portugiesischen Kolonien kümmern sollte. Frankreich schuf hierfür mehrere separate Banken, darunter die Banque de l'Indochine

Abbildung 2: Entwicklung hin zum Notenmonopol der Zentralbank. Die Noten der Preußischen Bank wurden 1876 im vereinigten Deutschland zu Reichsbanknoten.

(Bank von Indochina). Diese stellte die Ausgabe von Banknoten in vielen Kolonien auf unterschiedlichen Kontinenten sicher. Im britischen Weltreich erfolgte die Banknotenemission oftmals im Rahmen einer Currency-Board-Regelung. Das heißt, dass der Wert der Währung an eine Ankerwährung geknüpft wurde – in der Regel an das britische Pfund – und die ausgegebenen Banknoten vollständig durch die Reserven in der Ankerwährung gedeckt waren. Mithilfe dieser Regelung konnte die Ausgabe von Banknoten monopolisiert werden, ohne dass eine Bank anderen gegenüber bevorzugt wurde.

Heute liegt das Notenmonopol fast immer bei der Zentralbank. Nur in Ausnahmefällen besitzen Privatbanken noch das Recht zur Banknotenemission. So dürfen in Schottland und Nordirland beispielsweise mehrere Privatbanken Papiergeld ausgeben. Sie werden jedoch von der Bank of England streng reguliert. Ähnlich verhält es sich in Hongkong und Macau, wo eine Regulierung durch die jeweilige Währungsbehörde stattfindet. Darüber hinaus wurde in einigen wenigen Fällen keine Währungsbehörde eingerichtet, oder das Finanzministerium behielt sich das Recht zur Notenausgabe vor.

Durch Steuerung der Banknotenausgabe

Wie bereits in den obigen Ausführungen zur Stockholms Banco erwähnt wurde, bestand das größte Problem im Zusammenhang mit dem Recht zur Banknotenemission darin, wie die umlaufende Geldmenge kontrolliert werden sollte. Der Verzicht auf eine Kontrolle hätte leicht zu einer übermäßigen Ausgabe von Banknoten führen können. Zudem wäre es in Krisenzeiten nicht mehr möglich gewesen, diese einzulösen. Andererseits hätte eine vollständige Deckung der emittierten Banknoten die Flexibilität eingeschränkt und eine gegebenenfalls erforderliche Liquiditätsschöpfung verhindert. Zu Beginn war daher eine der zentralen Fragen, wie die Ausgabe gesteuert werden sollte, um Vertrauen in die Banknoten zu schaffen und zugleich sämtliche mit ihrer Emission verbundenen Vorteile zu nutzen.

Besonders große Beachtung fand dieses Thema in der ersten Hälfte des 19. Jahrhunderts in England. Damals gab es dort zwei miteinander konkurrierende Denkschulen, die Currency School und die Banking School. Schlussendlich setzte sich die Currency-Theorie durch und bildete die Grundlage für das Peel'sche Bankengesetz von 1844 (benannt nach dem damaligen Premierminister). In diesem Gesetz wurde festgelegt, dass zwei Drittel der emittierten Banknoten durch

Gold und der Rest durch staatliche Solawechsel gedeckt sein mussten. Während der Finanzpaniken der Jahre 1847, 1857 und 1866 gab die Bank of England jedoch mehr Banknoten aus, als das Peel'sche Bankengesetz erlaubte. Sie wandte damit die Flexibilität an, die von der Banking School vertreten worden war (Born, 1972, S. 8–10).

Basierend auf den britischen Erfahrungen wurden in vielen Ländern flexiblere Deckungssysteme eingeführt, bei denen beispielsweise nur ein Drittel der begebenen Banknoten durch Gold oder Silber abgesichert sein mussten. Oder das System einer teilweisen Deckung wurde durch ein System mit einem festen Kontingent ersetzt. Letzteres ermöglichte es, neben einem Betrag, der vollständig durch Goldreserven oder staatliche Forderungen gedeckt war, auch ungedeckte Noten bis zu einer bestimmten Höhe auszugeben.

In der zweiten Hälfte des 19. Jahrhunderts vertiefte die Einführung des Goldstandards durch mehrere Länder das Vertrauen in Banknoten. Der auf den Geldscheinen aufgedruckte Text, dass diese in Gold eingelöst werden konnten, stärkte das Vertrauen noch weiter, insbesondere als die Bevölkerung feststellte, dass Banknoten tatsächlich gegen Goldmünzen eingetauscht wurden.

Bevor Banknoten zum gesetzlichen Zahlungsmittel wurden, nutzten viele Länder solche Kontingent- oder Deckungssysteme. Den Status als gesetzliches Zahlungsmittel erhielten Banknoten in Deutschland erst im Jahr 1909 und in den Vereinigten Staaten 1913. Er war somit keine Voraussetzung für die Akzeptanz von Banknoten, ebnete jedoch den Weg zum Fiatgeld.

Die Kontingent- oder Deckungssysteme wurden nach und nach aufgegeben. Gleiches galt für die Möglichkeit, Banknoten gegen Edelmetalle einzulösen. In der Folge wandelten sich Banknoten vom Bargeld, das auf Vertrauen basierte, zum Fiatgeld, also zum reinen Papiergeld ohne Edelmetalldeckung. Im Vertrag über die Arbeitsweise der Europäischen Union (AEUV) (ABl. C 202 vom 7.6.2016, S. 1) steht in Artikel 128 beispielsweise Folgendes: »Die Europäische Zentralbank hat das ausschließliche Recht, die Ausgabe von Euro-Banknoten innerhalb der Union zu genehmigen.« Darin wird nicht erwähnt, dass diese gedeckt sind. Bei den Euro-Banknoten handelt es sich somit um Fiatgeld, das heißt, sie werden lediglich durch die Europäische Zentralbank (EZB) und die nationalen Zentralbanken abgesichert, welche die Banknoten ausgeben. Ihr Status als gesetzliches Zahlungsmittel findet sich im AEUV in folgendem Satz: »Die von der Europäischen Zentralbank und den nationalen Zentralbanken ausgegebenen Banknoten sind die einzigen Banknoten, die in der Union als gesetzliches Zahlungsmittel gelten.«

Durch den Text und die Unterschriften auf den Banknoten
Die Banknoten ähnelten in ihrem Erscheinungsbild ursprünglich ihren Vorläufern, den Einlagenzertifikaten und anderen Solawechseln. Der Text enthielt die Verpflichtung der Bank, eine bestimmte Summe auszuzahlen. Dies wurde durch Ausstellungsort, Ausstellungsdatum, Unterschrift(-en) und Siegel bestätigt. Aus dem Wortlaut ging klar hervor, dass die Summe an den Inhaber des Papiers gezahlt wurde. Um dies zu bescheinigen, wurden unterschiedliche Formulierungen verwendet. So steht etwa auf den Banknoten der Preußischen Bank, dass die Auszahlung »ohne Legitimations-Prüfung« erfolgt. Gelegentlich war auch zu lesen, dass der Betrag – ähnlich wie bei Einlagenzertifikaten – bei der Bank hinterlegt sei, selbst wenn dies formal nicht der Fall war.

Bis Mitte des 19. Jahrhunderts wiesen die Banknoten in vielen Ländern Form und Inhalt wie gerade beschrieben auf. Sie waren nur auf der Vorderseite bedruckt. Die Rückseite blieb leer oder war mit einer handschriftlichen Kontroll- oder Wertmarkierung oder einer Unterschrift versehen. Mit der Entwicklung von Druckmaschinen, der Mechanisierung manueller Prozesse und der Nutzung von Druckfarben wurde damit begonnen, Vorder- und Rückseite zu bedrucken. Die Schriftzüge beschränkten sich nunmehr auf das Wesentliche, sodass Platz für eine aufwendige Gestaltung und Sicherheitsmerkmale blieb. Die Emittenten von Banknoten waren nur dann bereit, die manuelle Herstellung aufzugeben, wenn sie sich sicher waren, dass dies nicht zu einem erhöhten Aufkommen von Fälschungen und hierdurch auch zu einem Vertrauensverlust führen würde.

Bei der Schaffung von Vertrauen spielten Unterschriften von Beginn an eine bedeutende Rolle. Die Geldscheine der Stockholms Banco enthielten zunächst fünf Unterschriften und 1666 sogar acht. Jede wurde durch ein Siegel des jeweiligen Unterzeichners validiert. Dagegen trugen die von der Bank of England ausgegebenen Banknoten zunächst zwei Unterschriften und ab 1870 nur noch eine, nämlich die aufgedruckte Unterschrift des Chief Cashier. Durch dessen auf der Banknote abgedruckte Verpflichtungserklärung wurde dennoch

Vertrauen hergestellt: »I promise to pay the bearer on demand the sum of …« (Ich verspreche, dem Inhaber auf Verlangen den Betrag von … auszuzahlen) (Hewitt und Keyworth, 1987, S. 112; Byatt, 1994, S. 103).

Neben der Verpflichtung bestätigten die Unterschriften auch die Echtheit der Banknote (Mori, 1988, S. 161). Aus diesem Grund wurden Banknoten gelegentlich bis ins 20. Jahrhundert hinein handschriftlich unterzeichnet, da man davon ausging, dass eigenhändige Unterschriften schwerer zu fälschen seien.

Welche Bedeutung Unterschriften für die Schaffung des Vertrauens in Banknoten zukommt, wird im Laufe der Geschichte durch mehrere Beispiele belegt. Im Frankreich der 1790er Jahre, also in Zeiten einer galoppierenden Inflation, wurden die unzähligen Unterzeichnenden der französischen Geldscheine (Assignaten) danach ausgewählt, wie deutlich ihre Handschrift war. Während des Amerikanischen Bürgerkriegs (1861–1865) beschäftigten die Konföderierten 300 Beamte damit, Banknoten zu unterzeichnen und zu nummerieren (Sandrock, 2008, S. 32–33; Swanson, 1995, S. 133). Und selbst in der Zeit der Hyperinflation in Deutschland nach dem Ersten Weltkrieg enthielten die Geldscheine die aufgedruckten Unterschriften der zwölf Mitglieder des Reichsbankdirektoriums.

Die Anzahl der Unterschriften und die Position der Unterzeichnenden wurden durch organisatorische und rechtliche Faktoren bestimmt. Durch die Harmonisierung der Verfahren nahm auch die Zahl der Unterschriften ab. Grundsätzlich werden Banknoten heutzutage nur noch von einer Person unterzeichnet, nämlich von der Zentralbankpräsidentin/dem Zentralbankpräsidenten. Gelegentlich findet sich noch eine zusätzliche Unterschrift darauf, die entweder von einer weiteren Vertreterin oder einem weiteren Vertreter der Notenbank oder der Finanzministerin beziehungsweise dem Finanzminister stammt.

In heutiger Zeit betrachtet die breite Öffentlichkeit Geldscheine nicht mehr als Einlagenzertifikate, was diese gemäß den geltenden Währungsgesetzen auch nur noch selten sind. Dennoch weisen Banknoten mit sehr wenigen Ausnahmen immer noch Unterschriften auf. Ob nun aufgrund der Entstehungsgeschichte von Banknoten oder einfach aus Tradition verwenden die mit der Banknotenausgabe betrauten Behörden im Allgemeinen nach wie vor Unterschriften, um das Vertrauen in ihr Bargeld zu stärken. Und das ist noch nicht alles. Im

Sommer 2006 entbrannte in den Medien eine Debatte darüber, wer der Herr des Euro sei: Olli Rehn, der Kommissar für Wirtschaft und Währung der Europäischen Kommission? Oder Jean-Claude Juncker, der Präsident der Euro-Gruppe? »Nein, ich bin der Herr des Euro«, antwortete Jean-Claude Trichet, der Präsident der Europäischen Zentralbank, »ich unterzeichne die Banknoten.«

Durch Aussehen und Gestaltungselemente von Banknoten

Von Beginn an war klar, dass das Vertrauen in Papiergeld ähnlich wie bei den Münzen durch die Auswahl der Gestaltungselemente gestärkt werden kann. Neben ihrem Zweck als Zahlungsmittel dienen Banknoten auch als »Visitenkarte«. Gestaltungselemente werden nicht nur gewählt, um Vertrauen zu wecken, sondern auch, um andere Botschaften zu vermitteln, etwa Symbole und Werte, die für die Bevölkerung eines Landes und für ausländische Besucherinnen und Besucher gleichermaßen wichtig sind.

Nachdem Stahl als Material für die Herstellung von Druckplatten aufkam, verlängerte sich deren Lebensdauer, und es konnten somit mehr Blätter gedruckt werden als mit den zuvor verwendeten Kupferplatten. Eine neue Methode ermöglichte es zudem, mehrere Platten vom Original herzustellen (Andersen, 1975, S. 14). Dank dieser Innovationen lohnte es sich nun, mehr Zeit und Mühe in eine filigranere Gestaltung der Banknoten zu investieren. Komplexere Muster und Porträts konnten erstellt werden, und die Arbeit von Künstlern und Graveuren florierte.

Menschliche Darstellungen waren zunächst vor allem allegorischer Natur und basierten auf der griechischen Mythologie oder anderen klassischen Motiven, die Tugenden darstellten. Fiktionale Frauengestalten als Verkörperung einer Nation waren ein beliebtes Motiv auf Banknoten. Britannia war bereits 1694 auf der Druckprobe der ersten Banknoten der Bank of England zu sehen. Die Riksbank beschloss im Jahr 1729, dass die schwedischen Banknoten das Abbild einer sitzenden weiblichen Gestalt tragen sollten, nämlich Mutter Svea, die schwedische Nationalallegorie (Byatt, 1994, S. 12; Lindgren, 1968, S. 49–50 sowie 84). Fiktionale Frauengestalten als Verkörperung eines Landes finden sich auch auf den Geldscheinen mehrerer anderer Länder, etwa auf Banknoten verschiedener deutscher Staaten, Fürstentümer und Banken ab den 1830er Jahren.

Abbildung 3: Fiktionale Frauengestalten als Verkörperung einer Nation waren ein beliebtes Banknotenmotiv (hier: 100 Lire Regie Finanze-Torino von 1799, Königreich Sardinien).

Neben allegorischen Figuren begannen viele Länder damit, Porträts realer nicht königlicher Personen auf ihren Banknoten abzubilden. Dieses Phänomen kam etwa zur gleichen Zeit in verschiedenen Teilen der Welt – in Nord- und Südamerika, Asien und Europa – auf. Eines der ersten Länder in Europa, das ein entsprechendes Porträt auf seinen Banknoten zeigte, war Spanien. Es handelte sich dabei um Johannes Gutenberg (um 1400–1468), der auf der Rückseite der 400-Escudo-Note der Banco de España von 1871 abgebildet war (Tortella, 2006, S. 12).

In diesem Zusammenhang sei auch darauf hingewiesen, dass die Darstellung des jeweiligen Sitzes der Notenbank ein beliebtes Gestaltungsmotiv auf Banknoten ist. Fast die Hälfte der mit der Banknotenausgabe beauftragten Behörden weltweit hat sich beim Druck von Banknoten schon dieses Motivs bedient. Da ein typisches Notenbankgebäude ein Sinnbild für Stabilität und Glaubwürdigkeit darstellt, ist es freilich auch ein angemessenes Motiv für eine Banknote (Heinonen, 1993).

Das Vertrauen in Banknoten wurde auch durch die Kontinuität bei ihrer Gestaltung gestärkt. Die Gestaltung der britischen weißen 5-Pfund-Note blieb vom Ende des 18. Jahrhunderts bis in die 1950er Jahre unverändert. Das Pfund Sterling war die Währung eines der mächtigsten Weltreiche und die Hauptwährung des internationalen Handels über weite Strecken des genannten Zeitraums, bevor es durch den US-Dollar abgelöst wurde.

Dementsprechend änderte sich auch das Design der US-Dollar-Noten von 1929, als die schmalen Scheine eingeführt wurden, bis zum Jahr 1996, als die Banknotenserie mit größeren Porträts in Umlauf gegeben wurde, kaum. Selbst danach wurden die wichtigsten Gestaltungselemente und die verwendeten Porträts beibehalten. Ganz offenbar wird ein beständiges Design im Laufe der Zeit zu einem Symbol, und sogar Symbolik kann Vertrauen schaffen.

Allerdings besteht ein Zielkonflikt zwischen der Kontinuität bei der Gestaltung und der Rolle, die eine Banknote dabei spielt, das Ethos einer Epoche in ihrer grafischen Darstellung widerzuspiegeln. Dies kommt auch in der Entscheidung des US-Finanzministers Jacob J. Lew aus dem Jahr 2016 zum Ausdruck, Frauen und Bürgerrechtler auf den 5-, 10- und 20-Dollar-Noten abzubilden; die Einführung wurde jedoch vor Kurzem verschoben. Die Darstellung von

© Jaakko Koskentola

Abbildung 4: Die Gestaltung der britischen weißen 5-Pfund-Note blieb vom Ende des 18. Jahrhunderts bis in die 1950er Jahre unverändert.

Flora und Fauna und anderer umweltbezogener Motive erfreut sich ebenfalls wachsender Beliebtheit.

Auch der EZB-Rat entschied sich für Kontinuität, als er 2003 beschloss, die Thematik der ersten Euro-Banknotenserie bei der zweiten Serie zu übernehmen, nämlich »Zeitalter und Stile in Europa«. Hierdurch sollten die Scheine sofort als Euro-Banknoten erkennbar sein. Eine der Ideen von Reinhold Gerstetter, dem Gewinner des 2006 organisierten Gestaltungswettbewerbs für die zweite Euro-Banknotenserie, war es, Europa, die Gestalt aus der griechischen Mythologie, als Wasserzeichen auf den Euro-Noten zu platzieren. Diese Figur gab der Serie ihren späteren Namen. Das Porträt von Europa ist auch auf dem silbernen Folienstreifen zu sehen. Daraus wird ersichtlich, dass Beständigkeit bei der Gestaltung durchaus mit einem gewissen Freiraum vereinbar ist. Angesichts des zuvor erwähnten Zielkonflikts wird es interessant sein, wie das Eurosystem in Bezug auf die Thematik der dritten Euro-Banknotenserie entscheiden wird, wenn diese Entscheidung ansteht.

In den letzten Jahrzehnten ist die Forschung darüber, welche Bedeutung die Banknotengestaltung für die Schaffung einer nationalen Identität hat, auf großes Interesse gestoßen. Dies mag seltsam anmuten, denn die Einführung von Euro-Banknoten könnte das Gegenteil vermuten lassen. Die Forschung wurde jedoch teilweise sogar durch die Einführung der Euro-Banknoten eingeläutet, da die Fachwelt herausfinden wollte, wie es sich auf die nationale Identität auswirkt, wenn ein wichtiges nationales Symbol, in diesem Fall die eigene Währung, aufgegeben wird (Helleiner, 1998).

Der US-amerikanische Akademiker Jacques E. C. Hymans betrachtete die Änderungen, die seit dem 19. Jahrhundert am Design der Banknoten der heutigen EU-Staaten vorgenommen wurden. Aus seiner Analyse geht hervor, dass die Umgestaltungen parallel verliefen. Hymans schloss daraus, dass die Eliten der Länder Europas in den vergangenen gut hundert Jahren traditionell versucht hätten, ihre Legitimität in der Öffentlichkeit über die Währung zu steigern, indem sie diese nach den Werten gestalteten, die dem jeweiligen Zeitgeist der gesamteuropäischen Gesellschaft entsprachen. Seien anfangs noch Persönlichkeiten, die den Staat verkörperten, auf Geldscheinen abgebildet worden, sei man anschließend zu Vertretern gesellschaftlicher Gruppen und dann zu nicht staatlichen Individuen übergegangen. Gleichzeitig sei man von Abbildungen der klassischen Mythologie abgerückt, um zunächst politische oder soziale Kämpfe und schließlich kulturelle oder wissenschaftliche Errungenschaften darzustellen. Hymans interpretiert die Ikonografie der Euro-Banknoten vor dem Hintergrund dieser breiten historischen Strömungen. Seiner Ansicht nach spiegelt sich darin die äußerst egalitäre Vorstellung wider, dass »Europa« allgegenwärtig, aber an keinem speziellen Ort zu finden sei (Hymans, 2004, S. 5; Hymans, 2006, S. 23 und S. 34–35).

Von der nationalen zur europäischen Identität

Angesichts der Diskussion um die Frage, welche Rolle die Gestaltung von Banknoten für die Schaffung einer nationalen Identität spielt, bietet es sich an, noch einmal die wichtigsten Phasen des Entstehungsprozesses der Euro-Banknoten zu beleuchten und zu erläutern, wie die Abkehr von der nationalen hin zu einer europäischen Identität erfolgte.[5]

Die Präsidenten der Zentralbanken in der Europäischen Gemeinschaft richteten im Mai 1992 eine Arbeitsgruppe für den Druck und die Ausgabe einer europäischen Banknote (nachfolgend »Arbeitsgruppe für Banknoten«) ein. Deren Aufgabe war es, die mit der Schaffung gemeinsamer europäischer Banknoten verbundenen technischen und logistischen Probleme zu untersuchen und zu lösen.

Möglichst einheitliches Erscheinungsbild

Die Arbeitsgruppe für Banknoten beschäftigte sich auch mit Fragen zur äußeren Gestaltung der Banknoten und identifizierte dabei die folgenden sechs Alternativen:

a) Eine Serie völlig identischer Banknoten.
b) Eine einheitliche Banknotenserie, bei der der Mitgliedstaat, der die jeweilige Banknote ausgibt, anhand einer Kennung identifizierbar ist.[6]
c) Eine einheitliche Banknotenserie mit einem leicht erkennbaren nationalen Element.
d) Eine Serie, bei der eine Seite der Banknote einheitlich und die andere Seite länderspezifisch gestaltet ist.
e) Eine nationale Banknotenserie mit einem leicht erkennbaren europäischen Element.

f) Eine nationale Banknotenserie mit einem kleinen Symbol, das auf eine gemeinsame europäische Banknote verweist.

Die verschiedenen Alternativen wurden anschließend anhand der folgenden vier Kriterien verglichen und bewertet: 1. Wie würde die Öffentlichkeit die Banknoten als Zahlungsmittel akzeptieren? 2. Wie würde die Öffentlichkeit die Echtheit der Banknoten erkennen? 3. Wie würden sich die Banknoten maschinell bearbeiteten lassen? 4. Wie hoch wären die Druckkosten der Banknoten?

Den Europäerinnen und Europäern lagen die Geldscheine ihrer jeweiligen Landeswährungen eindeutig am Herzen. Dennoch gelangte die Arbeitsgruppe zu der Auffassung, dass eine in vielen Mitgliedstaaten einzuführende Banknotenserie möglichst einheitlich sein sollte. Ansonsten müssten sich die Bürgerinnen und Bürger der EU mit den unterschiedlichen Geldscheinen der Mitgliedstaaten erst einmal vertraut machen, was sicherlich nur unnötige Verwirrung stiften würde. Das Gleiche galt für das Erkennen der Echtheit der Banknoten. Je geringer die Unterschiede zwischen den europäischen Banknoten der einzelnen Mitgliedstaaten wären, umso leichter würden die Bürgerinnen und Bürger echte Geldscheine von gefälschten unterscheiden können.

Da die gemeinsamen Banknoten in allen Mitgliedstaaten gesetzliches Zahlungsmittel sein würden, müssten sie natürlich auch in allen Automaten verwendet werden können. Je höher der Standardisierungsgrad der Banknoten, desto leichter sei sicherzustellen, dass sie von Maschinen gelesen werden könnten. Überdies könnten mit Geldscheinen, die in hohem Maße nationale Gestaltungselemente aufweisen, keine Skaleneffekte erzielt werden.

Auf Grundlage der genannten vier Kriterien erschienen die Alternativen mit vielen nationalen Elementen (das heißt die Alternativen d) bis f)) somit ungeeignet. Deshalb wurde entschieden, dass die Wahl auf eine der Alternativen a), b) oder c) fallen sollte: eine völlig einheitliche Banknotenserie oder eine Serie, bei der in standardisierter Form auf der einen Seite des Geldscheins ein nationales Element vorhanden ist.

Weltweit fanden sich zu dieser Zeit bereits Beispiele für Währungsunionen, in denen verschiedene Gestaltungsalternativen erprobt worden waren. Die Zentralafrikanische Wirtschafts- und Währungsgemeinschaft verwendete in den 1970er Jahren Geldscheine, die der Alternative d) entsprachen (mit einer einheitlich und einer länderspezifisch gestalteten Seite). In den 1980er Jahren ging man dort zu einer einheitlichen Serie über, deren Banknoten sich nur im Namen des jeweiligen Emittenten unterschieden. Im Folgejahrzehnt wurde der Emittent nur noch mit einem Buchstaben angegeben.

Eine weitere schwierige Frage, die sich im Zusammenhang mit dem äußeren Erscheinungsbild der Banknoten stellte, war die Verwendung von Sprachen in den Textelementen der Geldscheine. Die nationalen Banknoten enthielten in der Regel Textstellen mit dem Namen des Emittenten, dem Nennwert und oft auch mit der Amtsbezeichnung des Unterzeichnenden. In einigen Ländern befanden sich dort auch rechtliche Hinweise zur Geldfälschung. Es war klar, dass auf einer gemeinsamen europäischen Banknote nicht viel Text stehen könnte, da es für die verschiedenen Sprachversionen keinen Platz gab. Deswegen wurde in der Arbeitsgruppe für Banknoten vor allem darüber diskutiert, auf welche Weise man den Emittenten, also die Europäische Zentralbank, angeben sollte. Der ausgeschriebene Name des Emittenten in den Sprachen aller Mitgliedstaaten kam nicht infrage. Daher hielt man es für eine gute Lösung, die Kürzel in den verschiedenen Sprachen zu verwenden. Drei Kürzel – BCE, ECB und EZB – deckten bereits den größten Teil der verschiedensprachigen Abkürzungen der Europäischen Zentralbank ab.

Kopfzerbrechen bereiteten darüber hinaus die Unterschriften auf den Banknoten und die Amtsbezeichnung der Unterzeichnenden. Trotz der nationalen Unterschiede einigte sich die Arbeitsgruppe sehr schnell darauf, dass auf den Banknoten nur die Unterschrift des EZB-Präsidenten stehen sollte. Man fand jedoch keine geeignete Textlösung für die Amtsbezeichnung. So wäre es aus Platzgründen nicht möglich gewesen, jene des Präsidenten in allen Amtssprachen der EU auf den Banknoten abzudrucken. Stattdessen wurde die Unterschrift in unmittelbarer

Nähe des EZB-Kürzels platziert. Mit dieser funktionalen Lösung erübrigte es sich, das Amt des Unterzeichnenden zu erläutern.

Als sich der Rat des Europäischen Währungsinstituts (EWI), des Vorgängers der EZB, im Sommer 1995 mit dem Aussehen der zukünftigen Banknoten beschäftigte, kam er zu folgendem Schluss: Im Fall eines nationalen Gestaltungsmerkmals sollte dies maximal 20 % einer Seite der Banknote einnehmen. Alle übrigen Merkmale sollten identisch sein. Einen endgültigen Beschluss über die Verwendung eines nationalen Elements fasste der EWI-Rat im Dezember 1996, und zwar nach der Austragung des Gestaltungswettbewerbs für die Banknoten. Im Verlauf des Prozesses hatten völlig einheitliche Banknoten immer mehr Zuspruch erhalten, und eine große Mehrheit der Banknoten-Arbeitsgruppe sprach sich für diese Alternative aus. Auf dieser Basis beschloss dann auch der EWI-Rat, dass die Euro-Banknoten völlig einheitlich und ohne nationale Elemente sein sollten.

Gestaltungsthemen als Spiegelbild der europäischen Identität

Wie die gemeinsamen Banknoten Europas aussehen sollten, stand somit grob fest. In einem nächsten Schritt galt es nun, ein Thema zu finden, mit dem sich die europäische Identität darstellen ließ. Deshalb schlug die Arbeitsgruppe für Banknoten vor, ein sachverständiges Beratungsgremium aus Historikern, Psychologen, Soziologen, Grafikdesignern und sonstigen Fachleuten einzuberufen, für das jede Zentralbank eine Kandidatin oder einen Kandidaten nominieren konnte. Danach wurde aus den benannten Kandidatinnen und Kandidaten eine Gruppe ausgewählt, die die verschiedenen Disziplinen in möglichst ausgewogener Weise vertreten sollte.

Das Beratungsgremium erhielt den Auftrag, zuerst eine Reihe von Themen für eine einheitliche Serie von sieben Banknotenstückelungen vorzuschlagen und anschließend die ihrer Einschätzung nach drei besten Themen in eine Rangfolge zu bringen. In der ersten Phase schlug das Gremium 18 Themen vor, von denen es in einem stufenweisen Prozess letztlich die drei folgenden Themen auswählte:

1. Zeitalter und Stile in Europa. Diese Alternative sah vor, dass auf den Vorderseiten der Banknoten ganz gewöhnliche Männer und Frauen aus europäischen Gemälden oder Zeichnungen verschiedener Epochen zu sehen seien und auf den Rückseiten Baustile. Das Thema sollte das gemeinsame kulturelle Erbe der europäischen Nationen betonen, wodurch die Banknoten ein deutliches europäisches Zeichen setzen würden.
2. Europas Erbe. Auf der Vorderseite sollten berühmte Männer und Frauen aus der Geschichte dargestellt werden und auf der Rückseite ihre Errungenschaften (auf den Gebieten Musik, Malerei, Wissenschaft, Architektur, Literatur, Medizin und Bildung). Auf allen sieben Banknotenstückelungen wäre im Hintergrund die Karte eines Europas ohne Grenzen zu sehen, die die Serie optisch miteinander verbinden würde. Dieses Thema war weiter gefasst als das Thema »Zeitalter und Stile in Europa«, da sieben verschiedene Disziplinen abgebildet würden. Das Gremium fürchtete jedoch, dass es sich als schwierig erweisen könnte, ein Gleichgewicht zwischen den Ländern und auch zwischen der Darstellung von Männern und Frauen zu erreichen.
3. Abstraktes Thema und Sicherheit. Bei dieser Alternative sollten geometrische Formen und abstrakte Elemente verwendet werden. Das Thema würde den Designern im Hinblick auf die Gestaltung sehr viel Freiraum bieten. Außerdem würde es die Integration einer breiten Palette von Sicherheitsmerkmalen vereinfachen, wie zum Beispiel von Hologrammen und optisch variablen Farben.

Als Ergebnis der Diskussionen beschloss die Arbeitsgruppe für Banknoten, dem EWI-Rat den Vorschlag zu unterbreiten, vor der Durchführung eines Gestaltungswettbewerbs die Alternativen 1 und 2 weiter auszuarbeiten. Da mit der abstrakten Alternative 3 keine bestimmten Themen verknüpft waren, brauchte diese nicht sofort weiter ausgeführt zu werden. Für die Alternative 1 wurde dagegen verlangt, noch vor Beginn des Gestaltungswettbewerbs Epochen und Baustile für jede der sieben Banknotenstückelungen vorzuschlagen. Die Arbeitsgruppe bat den

EWI-Rat, ein neues Beratungsgremium für diese Aufgabe einzurichten. Aus zeitlichen Gründen hielt man es für zweckmäßig, weitgehend dieselben Expertinnen und Experten wie schon zuvor heranzuziehen und diese durch zusätzliche Sachverständige für Kunst und Architektur zu ergänzen. Im Juni 1995 genehmigte der EWI-Rat zwei der drei vorgeschlagenen Themen, und zwar »Zeitalter und Stile in Europa« und »Abstraktes/modernes Design« (dies war die neue Bezeichnung für Alternative 3 »Abstraktes Thema und Sicherheit«).

Das neue Beratungsgremium arbeitete einen Vorschlag zu den sieben Baustilen aus, die für das Thema »Zeitalter und Stile in Europa« verwendet werden sollten. Ursprünglich hatte das Gremium zehn Baustile zur Diskussion gestellt. Davon wurden anschließend die Folgenden ausgewählt: Klassik, Romanik, Gotik, Renaissance, Barock und Rokoko, Eisen- und Glasarchitektur sowie die Architektur des 20. Jahrhunderts.

Gestaltungswettbewerb zur Auswahl von Design und Erscheinungsbild der Banknoten

Die Arbeitsgruppe für Banknoten machte den Vorschlag, dass jede Zentralbank in der EU ein bis drei Teilnehmerinnen und Teilnehmer (Einzelpersonen oder Teams) für einen Gestaltungswettbewerb nominieren könnte, die jeweils nur einen Entwurf pro Thema einreichen dürften. Der EWI-Rat genehmigte den Vorschlag der Arbeitsgruppe im Januar 1996, als die europäischen Staats- und Regierungschefs bereits beschlossen hatten, dass die Gemeinschaftswährung »Euro« heißen sollte. Der Wettbewerb wurde im Februar 1996 eingeläutet, als den von den Zentralbanken ausgewählten Teilnehmerinnen und Teilnehmern das Auslobungsschreiben zugesandt wurde. Dieses Schreiben enthielt die detaillierten Kriterien, die von den Entwürfen für die Euro-Banknotenserie erfüllt werden mussten. Insgesamt 29 Designer beziehungsweise Designerteams nahmen an dem Wettbewerb teil, der am 13. September 1996 endete. Von den Entwürfen bezogen sich 27 auf das Thema »Zeitalter und Stile in Europa« und 17 auf »Abstraktes/modernes Design«. Einige Designer reichten zu beiden Themen Gestaltungsentwürfe ein.

Die Designer schickten ihre Entwürfe zur jeweiligen nationalen Zentralbank, die sie wiederum an einen vom EWI benannten Notar nach Frankfurt weiterleitete. Der Notar entfernte alle Hinweise auf den Designer und gab jedem Entwurf eine nach dem Zufallsprinzip gewählte dreistellige Nummer, bevor er ihn an das EWI sandte. Während des gesamten Auswahlprozesses wurden die Entwürfe anonym behandelt und konnten nur anhand der Referenznummer identifiziert werden.

Zur selben Zeit, als der Wettbewerb gestartet wurde, beratschlagte die Arbeitsgruppe für Banknoten darüber, wie die Siegerin oder der Sieger ermittelt werden sollte. Man schlug dem EWI-Rat vor, dass die anonymisierten Entwürfe von einer neu ernannten Jury aus Sachverständigen beurteilt werden sollten. Jedes Mitgliedsland durfte einen Vertreter für die Jury benennen, der zuvor an keinem der beiden Beratungsgremien zur Erarbeitung von Themen und Details der Banknoten teilgenommen haben durfte. Die Zentralbanken konnten jeweils zwei bis drei Expertinnen und Experten aus den Bereichen Marketing, Psychologie, Design, Kunst oder Kunstgeschichte vorschlagen. Daraus wählte der EWI-Präsident eine Gruppe aus, in denen unterschiedliches Fachwissen in ausgewogener Weise repräsentiert war. 14 Zentralbanken schlugen Mitglieder für die Jury vor.

Die Jury trat am 26. und 27. September 1996 zusammen. Am ersten Tag wurde das Thema »Zeitalter und Stile in Europa« behandelt und am zweiten Tag »Abstraktes/modernes Design«. Aufgabe der Jury war es, alle eingereichten Gestaltungsentwürfe zu beurteilen und zu entscheiden, welche fünf Entwürfe von jedem Thema in die Finalrunde kommen sollten. Die Auswahlkriterien waren Kreativität, Ästhetik, Stil, Funktionalität und Akzeptanz, wobei besonders auf die Vermeidung nationaler Voreingenommenheit geachtet wurde. Darüber hinaus war die Jury der Auffassung, dass nur Entwurfsserien ausgewählt werden könnten, die ein »europäisches Aussehen« hätten. Als nach den Diskussions- und Abstimmungsrunden nur noch fünf Entwurfsserien zu jedem Thema übrig geblieben waren, wurden diese von den Jurymitgliedern in eine Rangfolge gebracht. An dem Entwurf von Robert Kalina zum Thema »Zeitalter und Stile in Europa«, der vom EWI-Rat schließlich zum Sieger erklärt wurde, lobte die Jury die Symbolik: die Brücken, die Menschen in Europa und anderen Kontinenten weltweit miteinander verbinden, sowie die Tore, die sich zur Zukunft hin öffnen.

Anschließend kommentierte die Arbeitsgruppe für Banknoten die von der Jury für das Finale ausgewählten Entwürfe unter technischen Aspekten.

Es wurden jedoch nicht nur Sachverständige aus den Bereichen Kunst und Technik konsultiert, sondern der Rat des EWI beschloss, auch die Öffentlichkeit und vor allem solche Berufsgruppen nach ihrer Meinung zu fragen, die viel mit Bargeld zu tun hatten. Die von der Jury ausgewählten zehn Banknotenserien wurden im Oktober 1996 einer Gruppe von Vertretern der Öffentlichkeit in solchen Ländern gezeigt, die den Euro höchstwahrscheinlich einführen würden. 1896 Personen wurden vom Marktforschungsinstitut EOS Gallup Europe nach ihren Meinungen zu den Entwürfen befragt. Beim traditionellen Entwurf von Robert Kalina fielen den Befragten zunächst die architektonischen Zeichnungen auf, aber sehr schnell erkannten sie auch den Fokus auf Europa und die vielfältige Darstellung der europäischen Identität, die die Vergangenheit des Kontinents mit seiner Zukunft vereint.

Zum Schluss war es am Rat des EWI, unter Berücksichtigung der Entscheidungen der Jury, der technischen Anmerkungen der Arbeitsgruppe für Banknoten und der Reaktionen der Öffentlichkeit seine Wahl zu treffen. Auf der Sitzung wählte jedes Ratsmitglied aus den zehn ins Finale gelangten Entwürfen seine drei Favoriten aus und notierte sie in der Reihenfolge seiner Präferenz. Eine deutliche Mehrheit des Rates hatte denselben Entwurf an die erste Stelle gesetzt, und dieser Favorit befand sich auch unter den drei Entwürfen, die von den anderen Mitgliedern am besten platziert worden waren. Somit konnte sich der EWI-Rat rasch über den Sieger des Gestaltungswettbewerbs einigen.

Interessant in diesem Zusammenhang ist auch die Frage, wie sich die Euro-Banknoten auf die Gestaltung der Geldscheine weltweit ausgewirkt haben. In der westlichen Welt wurde nicht erst bei den Euro-Banknoten auf die Abbildung berühmter Personen als Hauptelement verzichtet. Bei der niederländischen Zentralbank fand bereits in den 1980er Jahren ein solcher Sinneswandel statt. Höchstwahrscheinlich war es jedoch eher der Euro, der als eine der wichtigsten internationalen Währungen hier den Weg bereitete. Zwei Länder folgten dem Beispiel: die Schweiz und Norwegen. Während die Schweiz als Grundthema »weltoffene Schweiz« wählte, entschied sich Norwegen für seine neue Banknotenserie für das übergeordnete Thema »Das Meer«. Die Serie spiegelt die vielfältige Bedeutung des Meeres für Norwegen wider. Für jede Stückelung gibt es daher ein entsprechendes Unterthema: »Das Meer, das uns verbindet«, »Das Meer, das uns hinaus in die Welt trägt«, »Das Meer, das uns ernährt«, »Das Meer, das uns Wohlstand beschert«, »Das Meer, das uns voranbringt«.

Auch die Bank of Canada hat sich bei der Gestaltung ihrer Banknoten zuletzt für interessante Motive entschieden. Anstelle prominenter Persönlichkeiten wurden Personen ausgewählt, die dieser Kategorie nicht im herkömmlichen Sinne zuzuordnen sind. Auf der 10-Dollar-Note beispielsweise ist Viola Desmond abgebildet, eine erfolgreiche schwarze Geschäftsfrau, die sich im Jahr 1946 weigerte, in einem Kinosaal den für Weiße reservierten Bereich zu verlassen. Daraufhin wurde sie festgenommen und zu einer Geldstrafe verurteilt. Ihre Wahl wurde von der Bank of Canada mit den Worten »Mut und Würde« überschrieben. Auch im Rahmen des Aufrufs zur Einreichung von Vorschlägen für die 5-Dollar-Note wurde nach einer kanadischen Persönlichkeit gesucht, die besondere Anerkennung verdient und mit der Banknote geehrt werden soll. In der Folge nominierte ein unabhängiger Beirat acht Personen, darunter einige Vertreter von Minderheiten.

Durch Verhinderung von Geldfälschung

Eine Banknote ist lediglich ein Stück Papier ohne eigentlichen Wert. Es scheint in der Natur des Menschen zu liegen, dass seit der Erfindung des Bargeldes immer wieder Versuche unternommen werden, Banknoten nachzuahmen und zu fälschen. So ist ein endloser Wettlauf zwischen den mit der Banknotenausgabe betrauten Behörden und den Fälschern entstanden.

Um das Vertrauen in Banknoten aufrechtzuerhalten, werden Maßnahmen ergriffen, die Geldfälschung zu einem schwierigen und riskanten Unterfangen machen. In Schweden und England ging man bereits kurz nach der Ausgabe der ersten Banknoten dazu über, Papier mit Wasserzeichen zu benutzen, das nicht allgemein verfügbar war. Dieses Papier war nicht zwingend speziell für die Banknotenherstellung produziert worden. Es wurde auch mit Wasserzeichen versehenes Papier verwendet, das ursprünglich für andere offizielle Zwecke vorgesehen war.

Zur Verhinderung von Fälschungen nutzten die Druckereien ihrerseits unterschiedliche Schriftarten, dekorative Elemente, Reliefs, Siegel und Vignetten. Schon früh wurde der Stichtiefdruck als Alternative zum anderen wichtigen Druckverfahren, dem Hochdruck, eingeführt. So wird also seit jeher versucht, der Geldfälschung durch die Auswahl des Trägermaterials und der Drucktechnik entgegenzuwirken.

Ab dem 18. Jahrhundert wurde der Banknotendruck speziellen Sicherheitsdruckereien übertragen. Die Sveriges Riksbank eröffnete im Jahr 1737 eine Banknotendruckerei auf ihrem eigenen Gelände. Diese wurde zu Beginn privat betrieben, doch nach etwa einem Jahrzehnt übernahm die Bank die Verantwortung dafür. Kurz darauf errichtete sie 1755 zudem eine eigene Papierfabrik. In England verlief die Entwicklung ähnlich. Das Drucken von Banknoten wurde 1791 in Räumlichkeiten der Bank of England verlagert, die die Geldscheine ab dem Jahr 1808 auch selbst herstellte. Das Papier wurde schon seit 1724 von dem privaten Unternehmen Portals bezogen.

Auch einige andere Zentralbanken wie jene in Frankreich, Österreich und Norwegen begannen bald nach ihrer Gründung Anfang des 19. Jahrhunderts, Banknoten selbst zu drucken. In weiteren Ländern übernahm der Staat diese Aufgabe. So wurde beispielsweise das Vorgängerunternehmen von Gosnak in Russland nach den napoleonischen Kriegen und nach größeren, politisch motivierten Fälschungsvorfällen mit dem Druck betraut.

Neben den Zentralbanken spezialisierten sich auch mehrere private Druckereien Anfang bis Mitte des 19. Jahrhunderts auf die Herstellung von Geldscheinen und anderen Sicherheitsdokumenten. In Preußen produzierte einer der Vorläufer der Reichsdruckerei, die Deckersche Geheime Ober-Hofbuchdruckerei, ab dem Jahr 1800 Reisedokumente und ab 1804 Banknoten. Joh. Enschedé druckte in den 1810er Jahren die ersten Noten für die De Nederlandsche Bank und einige niederländische Kolonien. In den Vereinigten Staaten wurde 1858 die American Bank Note Company gegründet, die lange Zeit zu den wichtigsten Banknotendruckereien zählte. Eines ihrer Vorgängerunternehmen hatte bereits 1795 die ersten Geldscheine produziert. Zwei der derzeit führenden privaten Druckereien, Giesecke & Devrient und De La Rue, stellten erstmals 1854 beziehungsweise 1860 Banknoten her (Griffiths, 1959, S. 20; Jungmann-Stadler und Devrient, 2014, S. 4; Pugh, 2011, S. 54).

In Deutschland gab es zu jener Zeit mit Dondorf und Naumann noch zwei weitere bekannte Banknotendruckereien. Sie schlossen sich ab 1850 zusammen und setzten sich so auch im Wettbewerb um Druckaufträge aus Japan und Italien durch (Deutsche Bundesbank, 2015). Neben den verschiedenen in Deutschland betriebenen Druckereien leisteten Notendrucker, die aus Deutschland stammten und dort ausgebildet worden waren, einen maßgeblichen Beitrag, um den Banknotendruck etwa in Dänemark, Finnland, den Niederlanden und Russland anzustoßen oder weiterzuentwickeln.

Im Laufe der Zeit entstanden neuen Druckverfahren, die für den Sicherheitsdruck in hohen Stückzahlen besser geeignet waren, sowie neue Methoden für die Gravur von Druckplatten, die das Nachahmen von Banknoten erschwerten. Anfang des 19. Jahrhunderts wurde mit der Guilloche (Ziermuster aus feinen Schleifen und Linien) ein neues Sicherheitsmerkmal eingeführt. Damit war es fast unmöglich, die Geldscheine mit den zur damaligen Zeit verfügbaren Verfahren zu fälschen.

Die Oesterreichische Nationalbank war vermutlich die erste Zentralbank, die der Darstellung des menschlichen Gesichts und Körpers Bedeutung für die Falschgeldprävention beimaß. Im Jahr 1837 wurde bei der Gestaltung der neuen österreichischen Banknotenserie vorgeschlagen, nicht nur Porträts, sondern auch Nacktdarstellungen einzusetzen, soweit dies moralisch vertretbar sei. Zur Begründung wurde angeführt, dass bei solchen Motiven Abweichungen sofort erkennbar wären (Kranister, 1985, S. 35–36). Seit Mitte des 19. Jahrhunderts war der Gedanke, Fälschungen mithilfe der Darstellung von Menschen entgegenzuwirken, weitverbreitet.

Auch wenn sich die Druckereien bisweilen in der Lage sahen, fälschungssichere Banknoten herzustellen, löste der ständige Wettlauf zwischen den mit der Ausgabe betrauten Behörden und den Fälschern immer wieder einen Paradigmenwechsel im Hinblick auf die erforderlichen Sicherheitsmerkmale aus. Ein solcher fand mit der Erfindung der Fotografie in der zweiten Hälfte des 19. Jahrhunderts statt. Druckfarben, die schwerer nachzuahmen waren, und Spezialfarben kamen nun zum Einsatz. In den Vereinigten Staaten wurde das bekannte Grün für die Banknote (»Greenback«) eingeführt, und in Frankreich nutzte man nun die Farbe Azurblau und später auch Rosa. Beide Farben waren in der zweiten Hälfte des 19. Jahrhunderts dort sehr verbreitet (Banque de France, 1994, S. 56 und 82). Zusätzlich wurden farbige Fasern und Planchetten in das Papier eingebracht, das oftmals auch mit Farbe versehen war. Farben, die schwer nachzuahmen waren, wurden nicht nur eingesetzt, um das Vertrauen in Banknoten zu starken. Sie dienten auch dazu, die einzelnen Stückelungen voneinander zu unterscheiden.

In den folgenden rund hundert Jahren waren die Verbesserungen im Bereich der Banknotensicherheit im Wesentlichen auf Fortschritte bei den eingesetzten Druckverfahren und -maschinen zurückzuführen. Die fortschreitende Entwicklung des Stichtiefdrucks führte dazu, dass die Druckfarben so präzise aufgebracht werden konnten, dass sich die Nachahmung der Banknoten als äußerst schwierig erwies. Hinzu kamen einige neue Sicherheitsmerkmale wie der in den 1930er Jahren entwickelte Sicherheitsfaden.

Bald drohte jedoch eine neue Gefahr, die zu einem noch größeren Paradigmenwechsel führen sollte als die Erfindung der Fotografie. In den 1980er Jahren kamen Farbkopierer auf, und um 1990 begann der Siegeszug von Tintenstrahldruckern, digitaler Bildbearbeitung und Digitaldruck. Geldfälschung wurde traditionell vor allem von Lithografen und Druckplattengraveuren betrieben, da die Nachahmung von Banknoten mit einem hohen finanziellen Aufwand verbunden war und erhebliches Fachwissen erforderte. Mit der Einführung der Farbkopierer und der Heimdrucker veränderte sich die Lage. So konnten sich die Fälscher passende Geräte besorgen, um große Mengen an Falschgeld von annehmbarer Qualität herzustellen.

Aufgrund der neuen Bedrohungen waren neue Sicherheitsmerkmale erforderlich, vor allem optische Elemente wie Hologramme, mikrooptische Strukturen und Spezialfarben, die schwer nachzuahmen waren. Zudem wurden neue und innovative Trägermaterialien entwickelt. So trugen neben den Druckereien und Papierfabriken auch viele Materialhersteller zur Entwicklung neuer Sicherheitsmerkmale bei.

Die ersten Banknoten bekamen beim Falten schnell Risse, was Misstrauen hervorrief. Die Haltbarkeit war daher von Beginn an ein wichtiges Thema, aber Verbesserungen wurden bis zur jüngsten Vergangenheit nur schrittweise erzielt. Baumwolle war jahrhundertelang ein beliebtes Trägermaterial. Im Laufe der Zeit kamen weitere Materialien wie Leinen und sonstige Fasern hinzu, um die Haltbarkeit zu verlängern. Darüber hinaus erhielten die Banknoten eine Beschichtung. Ein wirklicher Paradigmenwechsel in Bezug auf das Trägermaterial trat jedoch erst durch die Verwendung von Polymer ein.

Der Einsatz dieses Kunststoffs ist ein gutes Beispiel dafür, dass vertrauensbildende Maßnahmen oftmals auch mit Effizienzsteigerungen einhergehen. Das Projekt zur Entwicklung von Polymer-Banknoten, das in den 1970er und 1980er Jahren in Australien durchgeführt wurde, diente zwar vorrangig der Verhinderung von Geldfälschung, doch im Ergebnis führte es auch zu einer höheren Effizienz.

Die Polymer-Entwicklung inspirierte die Papierfabriken zu Innovationen, mit denen sich die Lebensdauer von Banknoten verlängern ließ. Da kein technologischer Wettbewerb stattfand, bestanden verständlicherweise wenig Anreize, nachhaltigere Lösungen zu erarbeiten. Bei Papierinnovationen wurde der Schwerpunkt zunächst auf die Beschichtung und die Einarbeitung synthetischer Fasern gelegt. Seit einiger Zeit werden Schichten aus Baumwollpapier und Polymer kombiniert, um die Eigenschaften beider Materialien miteinander zu verbinden. Baumwollpapier zeichnet sich dadurch aus, dass es sich griffig anfühlt und bei der Herstellung Sicherheitsmerkmale eingearbeitet werden können. Polymer besitzt den Vorteil einer längeren Haltbarkeit und optischer Transparenz.

Angesichts der neuen Reproduktionstechniken wurde die Kommunikationsphilosophie zu den Banknoten grundlegend geändert. Noch vor wenigen Jahrzehnten war die Geheimhaltung der Sicherheitsmerkmale oberstes Gebot, wenn es um die Banknotensicherheit ging. Die Preisgabe solcher Informationen wurde als Hilfe für die Fälscher und nicht als vertrauensbildende Maßnahme angesehen. Aufgrund der neueren Entwicklungen sahen sich die Zentralbanken zum Umdenken gezwungen. Sie begannen, die Öffentlichkeit und professionelle Bargeldakteure darin zu schulen, wie sich die Echtheit der

Banknoten anhand der Sicherheitsmerkmale überprüfen lässt. Diese Merkmale sollten technisch schwer umzusetzen, aber leicht erkennbar sein (Heinonen, 2009b).

Durch Strafen für Fälschungen und Anreize zur Verhinderung von Geldfälschung

Zur Bekämpfung der Geldfälschung werden Nachahmungen nicht nur erschwert, sondern als zweite Maßnahme auch geahndet. Da es durch Falschgeld zu einem Verlust des Vertrauens in Banknoten und im schlimmsten Fall zu einem Zusammenbruch des Zahlungsverkehrs kommen kann, wurden Strafen am oberen Ende der Skala verhängt.

In früheren Jahrhunderten wurde Geldfälschung oftmals mit dem Tode bestraft, wobei eine entsprechende Warnung sogar auf die Banknoten selbst aufgedruckt wurde. Das war beispielsweise in China während der Song-Dynastie der Fall. Damals ging die Ausgabe von Papiergeld in die Zuständigkeit der Regierung über. Der private Handel mit dem Rohstoff für das Trägermaterial, die Rinde des Maulbeerbaums, war verboten, und Geldfälscher wurden enthauptet. Auf den Banknoten der schwedischen Zentralbank war ab den 1760er Jahren bis zur Mitte des 19. Jahrhunderts Folgendes zu lesen: »Wer diese Banknote nachahmt oder fälscht, wird erhängt.« Noch unmissverständlicher war der Text auf den Noten, die in den britischen Kolonien in Nordamerika ausgegeben wurden: »To counterfeit is death« (Fälschen bedeutet den Tod). Ein ähnlicher Wortlaut fand sich auch auf den dänischen Geldscheinen von 1775, den französischen Assignaten Ende des 18. Jahrhunderts, den russischen Banknoten des Jahres 1843 und den von der Banco de San Fernando, dem Vorläufer der Banco de España, emittierten Noten. In England waren zwar nicht die Strafen auf den Banknoten angegeben, doch wurde die Fälschung von Banknotenpapier im Jahr 1773 zu einem Kapitalverbrechen erklärt, wenn die Worte »Bank of England« auf der Druckform zu finden waren (Lindgren, 1968, S. 67, 82–83; Daspre, 1989, S. 23; Tortella, 2006, S. 11; Byatt, 1994, S. 33).

Noch bemerkenswerter in diesem Zusammenhang ist, dass die ersten Emittenten von Papiergeld und Banknoten nicht nur mit Bestrafung, sondern auch mit Belohnung arbeiteten. Neben der Information, dass jeder erhängt wird, der beim Einsatz von Falschgeld erwischt wird, enthielt die 1-Kuan-Note, die während der Ming-Dynastie im 14. Jahrhundert ausgegeben wurde, die folgende Mitteilung: »Wer Fälscher anzeigt, erhält 250 Taels Silber als Belohnung und außerdem das Vermögen der für schuldig befundenen Person.« Ähnliche Sätze waren auch auf schwedischen Geldscheinen zu finden: »Für Hinweise, die zur Verurteilung des Fälschers führen, wird eine Belohnung von 40 000 Daler gezahlt.« Die in den 1790er Jahren ausgegebenen französischen Assignaten versprachen: »La nation recompense le dénonciateur« (Die Nation belohnt denjenigen, der Geldfälscher meldet). So wurde das Vertrauen in Banknoten im Sinne der Falschgeldprävention nach dem Prinzip von Zuckerbrot und Peitsche hergestellt.

Während die Anreize zur Meldung von Fälschungen schrittweise aus den Beschriftungen der Geldscheine entfernt wurden, behielt man die psychologisch wichtigen Hinweise auf Strafen noch längere Zeit bei. Bis weit in die 1930er Jahre hinein ließ rund die Hälfte der Zentralbanken noch Verweise auf das Strafgesetzbuch auf die von ihnen emittierten Banknoten drucken. Geldfälschung zog nun jedoch lediglich Haftstrafen nach sich. Auf einigen Banknoten sind solche Verweise auch heute noch zu finden.

Mithilfe der Größe

Die Größe von Banknoten richtete sich ursprünglich nach der Größe der Einlagenzertifikate und dem Platzbedarf für Gestaltung und Text. So hatten die Geldscheine unabhängig von ihrem Wert, der handschriftlich auf der Blanko-Banknote (Blankett) vermerkt wurde, oftmals das gleiche Format. Die einheitliche Größe machte auch den Blankodruck effizienter.

Nach und nach wurden, vor allem in Europa, Banknoten unterschiedlicher Größe eingeführt. Noten mit geringem Nennwert wurden kleiner, solche mit hohem Nennwert größer gestaltet. Diese Lösung ermöglichte es, das Vertrauen in Banknoten mit hohem Nennwert zu stärken und zugleich die Druckeffizienz bei Noten mit niedrigem Nennwert zu steigern. In Schweden beispielsweise wurden 1835 drei verschiedene Banknotengrößen eingeführt, die über die nächsten 130 Jahre hinweg Verwendung fanden. Das jeweilige Format wurde so festgelegt, dass die mittlere Stückelung doppelt und die große Stückelung dreimal so groß war wie die kleine. Interessanterweise wurde auch auf Benutzerfreundlichkeit geachtet. So entsprachen die kleinsten Banknoten größenmäßig einem gefalteten Umschlag (Lindgren, 1968, S. 133).

Durch ihre unterschiedliche Größe konnten die einzelnen Banknotenstückelungen leichter voneinander unterschieden werden. Dies war vom 19. Jahrhundert bis zum Zweiten Weltkrieg der vorherrschende Trend in Europa. Zu jener Zeit waren die großen Stückelungen in der Regel mehr als 20 cm lang und 10 cm hoch, die kleinen Stückelungen waren bisweilen gerade einmal so groß wie eine Streichholzschachtel.

Nach dem Zweiten Weltkrieg herrschte überall Rohstoffknappheit. Je größer die Banknoten waren, desto mehr Papier, Tinte und Druckkapazität wurden für ihre Herstellung benötigt. Die Größe der Noten wurde daher nicht etwa wegen der Bedürfnisse der Benutzer verringert; vielmehr war die Anpassung aufgrund des Rohstoffmangels unumgänglich.

Wenngleich die Geldscheine in Europa generell kleiner wurden, hielt man an der Tradition der Herstellung von Banknoten unterschiedlicher Größe fest. Ein wichtiger Grund hierfür war, dass Menschen mit Sehbehinderung die verschiedenen Stückelungen dadurch besser voneinander unterscheiden konnten. Die unterschiedliche Größe der Stückelungen stärkt somit das Vertrauen in die Verwendung der Banknoten. In den Dollar-Ländern Nordamerikas und des pazifischen Raums sowie in Ländern Südamerikas herrscht eine andere Tradition vor. Die einheitliche Banknotengröße hat dort die Verpackung, Lagerung und den Transport der Geldscheine vereinfacht.

Die Anforderungen der Benutzer an das Format von Banknoten rückten in den Blickpunkt, als sich in den 1970er Jahren die maschinelle Bearbeitung und der Einsatz von Automaten durchzusetzen begannen. Eine entscheidende Rolle spielte dabei die umfassende Einführung von Geldautomaten. So sind Banknoten gleicher Höhe, aber potenziell unterschiedlicher Länge inzwischen gang und gäbe.

Mithilfe der Stückelung

Die Banknotenstückelung ist stets Ausdruck des jeweils vorherrschenden Währungssystems. Sie schafft Vertrautheit und damit auch Vertrauen. Nach der Währungsreform in Schweden im Jahr 1777 basierte das Währungssystem auf folgenden Notenwerten: 1 Riksdaler entsprach 48 Skillingar, die wiederum in weitere Untereinheiten unterteilt wurden. Daher wurden neben Riksdaler-Banknoten auch 8-, 12-, 16- und 24-Skillingar-Noten ausgegeben, die einem Sechstel, einem Viertel, einem Drittel beziehungsweise der Hälfte des Wertes eines Riksdalers entsprachen. Analog hierzu gab die Suomen Pankki, als die Finnische Mark (»Markka«) im Jahr 1860 eingeführt und ihr Wert auf ein Viertel eines Rubels festgelegt wurde, beispielsweise 12- und 40-Markka-Banknoten in Umlauf, die den zuvor gebräuchlichen 3- beziehungsweise 10-Rubel-Banknoten entsprachen.

Banknotenstückelungen spiegeln jedoch nicht nur das Währungssystem wider, sondern orientieren sich stets auch an den Erfordernissen des Zahlungsverkehrssystems. Als Banknoten erstmals eingeführt wurden, eigneten sie sich besonders für großvolumige Transaktionen, für die ansonsten beträchtliche Mengen an Münzen erforderlich gewesen wären. Folglich gaben die Stockholms Banco im Jahr 1661 eine 1000-Daler-Banknote und die Bank of England ab 1725 eine 1000-Pfund-Note in Umlauf. Die Kaufkraft dieser beiden Stückelungen entspräche nach heutigem Geld mehr als 100 000 €. In den Vereinigten Staaten wurde noch in den 1930er Jahren eine 100 000-Dollar-Note verwendet, wenn auch nur für Überweisungen innerhalb des Federal Reserve System.

Der Bedarf an sehr großen Banknotenstückelungen hat mit der Entwicklung anderer Zahlungsinstrumente, die für Großbetragszahlungen besser geeignet sind, sukzessive abgenommen. Dementsprechend wurden die sehr großen Notenwerte weitgehend abgeschafft.

Mithilfe von Preisstabilität

Banknoten dienen nicht nur als Zahlungsmittel, sondern auch zur Wertaufbewahrung. Ihre Bedeutung als Wertaufbewahrungsmittel hat erst in einem von geringen Inflationserwartungen und niedrigen Zinssätzen geprägten Umfeld zugenommen. Eine Voraussetzung für Fiatgeld ist unter anderem, dass die Öffentlichkeit auf seinen Werterhalt vertraut. Bis zum heutigen Tage ist die Geschichte des Geldes reich an Beispielen für das Scheitern dieses Anliegens. Um das Vertrauen wiederherzustellen, bedurfte es – und bedarf es auch weiterhin – jahrzehntelanger Anstrengungen.

Wenngleich das Vertrauen in Banknoten im 18. Jahrhundert und in der ersten Hälfte des 19. Jahrhunderts gelegentlich erschüttert wurde, genoss das Papiergeld von den 1870er Jahren bis zum Ersten Weltkrieg eine lange Phase der Stabilität. Im Ersten Weltkrieg setzten jedoch die meisten Staaten den Goldstandard aus, und in der Nachkriegszeit kam es in einigen Ländern zu einer Hyperinflation. Die Folge waren Währungsreformen und temporäre Lösungen.

Ein ähnlicher Druck auf die Wertaufbewahrungsfunktion von Banknoten baute sich auch während des Zweiten Weltkriegs auf. Allerdings war die Besorgnis über die Hyperinflation in Europa zu jener Zeit nicht so groß wie nach dem Ersten Weltkrieg. In den 1940er Jahren versuchte man dem Aufwärtsdruck auf die Preise und Löhne durch Währungsreformen Einhalt zu gebieten. Nach dem Ersten Weltkrieg waren die Reformen hingegen zum Großteil erst nach der katastrophalen Hyperinflation eingeleitet worden. Durch ein Abschmelzen oder Einfrieren der Liquidität der Bürgerinnen und Bürger könnte – so die neue Denkweise – die gesamtwirtschaftliche Nachfrage verringert und die Beschäftigung gefördert werden. Die Währungsreformen nach dem Zweiten Weltkrieg sahen durchweg auch einen Austausch der bestehenden Banknotenserien vor.

Jüngere Beispiele einer Hyperinflation finden sich in Lateinamerika zwischen den 1960er und den 1990er Jahren, im früheren Jugoslawien nach dessen Zerfall und in Simbabwe Anfang der 2000er Jahre. Noch heute leiden einige Länder wie Venezuela unter einer galoppierenden Inflation und sind gezwungen, immer größere Stückelungen in Umlauf zu geben oder eine Währungsreform durchzuführen.

Der Erhalt des Geldwertes ist von entscheidender Bedeutung, um das Vertrauen in die Banknoten zu gewährleisten. Dies zeigt sich daran, dass Währungen mit stabiler Wertentwicklung auch in anderen Ländern weithin Verwendung finden. Die Bedeutung des Werterhalts kommt auch in den Satzungen der Zentralbanken klar zum Ausdruck. So heißt es zum Beispiel in Artikel 127 des Vertrages über die Arbeitsweise der Europäischen Union, dass es das vorrangige Ziel des europäischen Systems der Zentralbanken ist, Preisstabilität zu gewährleisten. Die Tatsache, dass der Wert des Euro-Banknotenumlaufs rascher gestiegen ist, als dies bei den früheren nationalen Währungen der Euro-Länder der Fall war, spiegelt das Vertrauen in dessen Wertigkeit wider.

Das Vertrauen in Fiatgeld heute

In Anbetracht der Vielzahl von Maßnahmen, die in den letzten mehr als dreihundert Jahren ergriffen wurden, um Vertrauen in Banknoten zu schaffen und zu stärken, ist die Frage berechtigt, wie es um dieses Vertrauen heute bestellt ist. Hierzu liefern ausgerechnet die vergangenen Jahre interessante Anhaltspunkte, auch wenn sie aufgrund der Corona-Pandemie für die Gesellschaft und die Menschen weltweit dramatisch verliefen. Im Zuge der Pandemie haben kontaktlose und mobile Zahlungen stark zugenommen, unter anderem aufgrund von Falschinformationen über das Infektionsrisiko bei der Verwendung von Bargeld. Gleichzeitig haben die Lockdowns und Reisebeschränkungen auch zu einer verstärkten Nutzung des Onlinehandels geführt. Durch diese Faktoren hat sich der Einsatz von Bargeld als Zahlungsmittel deutlich verringert. Mehrere Studien zum Zahlungsverkehr aus einer Reihe von Ländern bestätigen diese Entwicklung.

Im Gegensatz dazu ist, wie in Zeiten der Ungewissheit durchaus üblich, die Bargeldnachfrage aus Vorsichtsmotiven gestiegen. Krisensituationen und sonstige Unsicherheiten spiegeln sich häufig in der Nachfrage nach internationalen Währungen wie dem US-Dollar oder dem Euro wider. Während der Pandemie waren die Zuwachsraten des Bargeldumlaufs sogar bei Währungen, die sich historisch als wenig wertstabil erwiesen haben, sehr hoch. Die Nutzung von Bargeld als Wertaufbewahrungsmittel hat Rekord-Wachstumsraten erreicht, die selbst in der globalen Finanzkrise von 2008 nicht verzeichnet wurden.

Veranschaulichen lässt sich dieses in Zeiten der Unsicherheit vorherrschende Vertrauen in Banknoten, indem man die Jahreswachstumsraten 2020 – gemessen am Wert des Banknotenumlaufs – mit den entsprechenden Raten in anderen Jahren des vergangenen Jahrzehnts vergleicht (siehe Abbildung 5).[7] Die Verteilung der Wachstumsraten der Jahre 2012, 2014, 2016 und 2018 ist recht symmetrisch und miteinander vergleichbar und ähnelt der Normalverteilung. Im Jahr 2020 stellt sie sich dagegen grundlegend anders dar. Aus der Abbildung wird ersichtlich, dass während der Pandemie ein weltweiter Ansturm auf Bargeld zu verzeichnen war. Nahezu 75 % der Währungen wiesen zweistellige Zuwachsraten gemessen am Wert des Banknotenumlaufs auf.

Die rückläufige Nutzung von Bargeld als Zahlungsmittel übt Druck auf die Bargeldinfrastruktur aus. Zentralbanken und andere Akteure im Bargeldkreislauf suchen nach Wegen, wie einer Verschlechterung dieser Infrastruktur entgegengewirkt werden kann. Eine in normalen Zeiten funktionierende Bargeldinfrastruktur ist Voraussetzung für ihre Einsatz- und Widerstandsfähigkeit in Krisenzeiten.

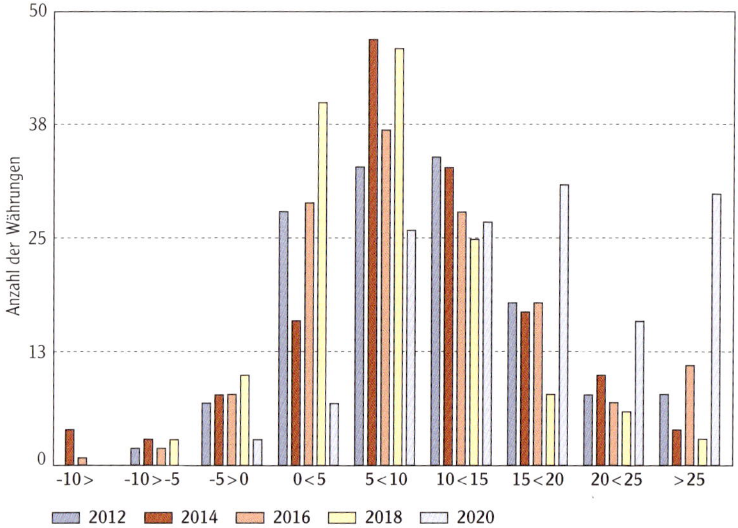

Quelle: Heinonen, A. (2021a)

Abbildung 5: Jahreswachstumsraten gemessen am Wert des Banknotenumlaufs während des vergangenen Jahrzehnts.

Schlussbemerkungen

Dem vorliegenden Beitrag liegt der Gedanke zugrunde, dass für die Entwicklung von Geld zwei Aspekte maßgeblich sind: die Effizienz eines Zahlungsinstruments und das Vertrauen in dessen Emittenten. Im Mittelpunkt der Betrachtungen standen die Maßnahmen, mit denen die Emittenten das Vertrauen in Banknoten, dem heutigen Fiatgeld, aufgebaut und gestärkt haben. Zum Abschluss erscheint es angemessen, in diesem Zusammenhang auch das digitale Zentralbankgeld als ergänzende Form öffentlichen Geldes in den Blick zu nehmen.

Der rückläufige Anteil von Bargeld am Zahlungsverkehr ist einer der Gründe für das verstärkte Interesse an digitalem Zentralbankgeld. Nahezu täglich ist zu lesen, dass die eine oder andere Zentralbank eine Erprobungs- oder Pilotphase hierzu eingeleitet hat oder entsprechende Vorbereitungen trifft. Viele Notenbanken, die aktiv ihr Potenzial zur Einführung von digitalem Zentralbankgeld ergründen, sind der Ansicht, dass eine Digitalwährung so weit wie möglich die Eigenschaften von analogem Bargeld nachbilden sollte. Der

Ansturm auf physisches Geld während der Pandemie bedeutet nicht zwingend, dass die Bürgerinnen und Bürger digitalem Geld kein Vertrauen schenken. Er lässt sich auch damit erklären, dass die Menschen in unsicheren Zeiten Sorge haben, im Bedarfsfall nicht mehr auf Bargeld zurückgreifen zu können. Bargeld ist etwas Greifbares und Kontrollierbares, das nicht vom Funktionieren bestimmter Systeme abhängig ist. Die Erfahrung aus der Corona-Pandemie lehrt, dass bei der Entwicklung von digitalem Zentralbankgeld die Wertaufbewahrungsfunktion von Bargeld nicht außer Acht gelassen werden sollte.

Im Rahmen des öffentlichen Konsultationsverfahrens der EZB zu einem digitalen Euro nannten private Haushalte und Unternehmen als wichtigste Merkmale die Wahrung der Privatsphäre, Sicherheit und universelle Einsetzbarkeit (Europäische Zentralbank, 14.4.2021). Dies alles sind zweifelsohne sehr wichtige Eigenschaften von physischem Geld. Wollte man sie in einem Wort zusammenfassen, dann wäre es »Vertrauen«. Dieses Vertrauen macht aus Bargeld ein Sicherheitsnetz für den Werterhalt. Es wird nicht leicht sein, dem in digitaler Form gerecht zu werden.

Anmerkungen

1 Mehr Informationen zur Entwicklung des Geldes finden sich in: Deutsche Bundesbank, 1970; Cribb, 1986. Ich habe das Thema bereits in früheren Beiträgen (siehe Heinonen, 2009a; 2017) behandelt.

2 Schweden gab erstmals 1644 aus Kupfer hergestellte Plattenmünzen heraus. Sie boten eine neue Verwendungsmöglichkeit für Kupfer, womit die Überproduktion gesteuert werden konnte. Der Gedanke dahinter war, dass diese Kupferplatten mit einem Gewicht von bis zu 20 Kilo im internationalen Handel sowohl als Geld als auch als Waren genutzt werden könnten.

3 Näheres zur Geschichte der Stockholms Banco findet sich in: Platbärzdis, 1960.

4 Von Poschinger (1878), S. 65–86, beschäftigt sich detailliert mit dem Schicksal der 1705 in Köln gegründeten Banco di gyro d'affrancatione. Pressburger (1959), S. 8–12, behandelt in ähnlicher Weise das kurze Experiment der Banco del Giro / Banco di Affrancazione in Wien von 1703–1705.

5 Weitere Einzelheiten zur Entwicklung der Euro-Banknoten finden sich in: Heinonen, 2015.

6 Als Vorbild dienten dabei vor allem die Dollar-Banknoten der Vereinigten Staaten, bei denen vor der Seriennummer und im Siegel ein Buchstabe steht, der auf eine der zwölf regionalen Zentralbanken verweist.

7 Nähere Einzelheiten zur Entwicklung des Banknotenumlaufs 2020 finden sich in: Heinonen, 2021a und 2021b.

Literaturverzeichnis

Andersen, G. (1975), Banknotes: Principles and Aesthetics in Security Graphics, Kopenhagen.

Bank von Russland (2010), Monetary Circulation of Russia, Historical Sketches I, from Ancient Times to the Present, Moskau.

Banque de France (1994), Les billets de la Banque de France: Deux siècles de confiance, Paris.

Born, K. E. (1972), Die Entwicklung der Banknote vom »Zettel« zum gesetzlichen Zahlungsmittel, Akademie der Wissenschaften und der Literatur, Mainz.

Byatt, D. (1994), Promises to Pay: The First Three Hundred Years of Bank of England Notes.

Cribb, J. (Hrsg.) (1986), Money: From Cowrie Shells to Credit Cards, London.

Daspre, M. (1989), Trois siecles de billets français, Paris.

Deutsche Bundesbank (1963), Deutsches Papiergeld 1772-1870, Frankfurt am Main.

Deutsche Bundesbank (1965), Das Papiergeld im Deutschen Reich 1871–1948, Frankfurt am Main.

Deutsche Bundesbank (1970), Frühzeit des Papiergeldes: Beispiele aus der Geldscheinsammlung der Deutschen Bundesbank, Frankfurt am Main.

Deutsche Bundesbank (2014), Wertstabiles Papiergeld im 18. Jahrhundert: Die sächsischen Cassenbillets, in: Glanzstücke aus der Numismatischen Sammlung der Deutschen Bundesbank, Frankfurt am Main.

Deutsche Bundesbank (2015), Frankfurter Expertise in Japan: Die ersten japanischen Yen-Geldscheine, in: Glanzstücke aus der Numismatischen Sammlung der Deutschen Bundesbank, Frankfurt am Main.

Dunkling, L. und A. Room (1990), The Guinness Book of Money, London.

Europäische Zentralbank (14.4.2021), EZB veröffentlicht Ergebnisse des öffentlichen Konsultationsverfahrens zu einem digitalen Euro, Pressemitteilung.

Finsk Tidskrift (1.9.1881), Mor och son. Teckning ur familjelifvet in Finland för hundra år sen, S. 203.
Griffiths, W. H. (1959), The Story of American Bank Note Company, New York.
Heinonen, A. (1993), Keskuspankkien rakennukset seteliaiheena, Numismaattinen aikakauslehti, 1/1993.
Heinonen, A. (2009a), Lessons for Today from the History of Money, Currency News, 4/2009.
Heinonen, A. (2009b), Lessons in Banknote Communications, Currency News, 12/2009.
Heinonen, A. (2015), The First Euros: The Creation and Issue of the First Euro Banknotes and the Road to the Europa Series.
Heinonen, A. (2017), The Evolution of Banknotes: The Main Drivers, in: I. Montoya (Hrsg.), Banknote Management for Central Banks: Practices, Challenges and Trends, London.
Heinonen, A. (2021a), The Paradoxical Development of the Usage of Cash: A Global Update, Currency News, 6/2021.
Heinonen, A. (2021b), The Paradoxical Development of the Usage of Cash During the Pandemic: Part II, Currency News, 9/2021.
Helleiner, E. (1998), National Currencies and National Identities, American Behavioral Scientist, August 1998.
Hewitt, V. H. und J. M. Keyworth, (1987), As Good as Gold, 300 Years of British Bank Note Design, London.
Hymans, J. E. C. (2004), The Changing Color of Money: European Currency Iconography and Collective Identity, European Journal of International Relations, Bd. 10 (1).
Hymans, J. E. C. (2006), Money for Mars? The Euro Banknotes and European Identity, in: R. M. Fishman und A. M. Messina (Hrsg.): The Year of the Euro: The Cultural, Social, and Political Import of Europe's Common Currency, Notre Dame, Indiana.
Jungmann-Stadler, F. und L. Devrient (2009), Giesecke & Devrient, Banknotendruck 1854-1943, München.
Kranister, W. (1985), Die Geldmacher, Wien.
Lindgren, T. (1968), Riksbankens sedelhistoria 1668-1968, Stockholm.
Mori, R. (1988), Guide to the Interpretation of a Bank Note, in: Imprimatur: The Art of the Bank Note, Banca d'Italia, Rom.
Platbārzdis, A. (1960), Sveriges första banksedlar, Stockholms Bancos sedelutgivning 1661-1668, Stockholm.
Poschinger, H. von (1878), Bankwesen und Bankpolitik in Preussen, Erster Band, Von der ältesten Zeit bis zum Jahre 1846, Berlin.

Pressburger, S. (1959), Das Österreichische Noteninstitut 1816–1966: Erster Teil, Erster Band, Wien.

Pugh, P. (2011), The Highest Perfection, A History of De La Rue, London.

Rittmann, H. (1975), Deutsche Geldgeschichte 1484-1914, München.

Sandrock, J. E. (2008), Bank Notes of the French Revolution, Part II: The Assignats of the First Republic, IBNS Journal, 47/2.

Sandrock, J. E. (2011), John Law's Banque Royale and the Missisippi Bubble, IBNS Journal, 50/4.

Stamprech, Franz (1979) 175 Jahre Österreichische Staatsdruckerei: Entwicklung und Geschichte der Österrreichischen Staatsdruckerei, Wien.

Swanson, G. R. (1995), Agents of Culture and Nationalism: The Confederate Treasury and Confederate Currency, in: V. Hewitt (Hrsg.), Banker's Art, London.

Tortella, T. (2006), Spanish Banknotes: 1874-1939: From the Restoration to the End of the Civil War, in: Spanish Banknotes 1874-1939, Banco de España, Madrid.

Wehdorn, A. und M. Grundner (2007), Papiergeld und Notenbank in Österreich von den Anfängen bis heute, in: Österreichische Geldgeschichte, Wien.

Winterwerb, R. (1929), Die Frankfurter Bank: 1854–1929, Frankfurt am Main.

Der Euro: Weltweites Währungsvorbild und Meisterwerk der Banknotentechnologie

Wolfram Seidemann

Wenn zwölf Staaten einen elementaren Teil ihrer Souveränität freiwillig an ein gemeinsam beschlossenes, selbst geschaffenes Projekt delegieren und sich in der Folge sieben weitere Länder anschließen, dann müssen sie einen guten Grund dafür haben. Die Bereitstellung einer Währung als öffentliches Gut, als »Public Good«, ist eine der vornehmsten staatlichen Leistungen. Gleichzeitig ist das Währungsmonopol aber auch eines der wichtigsten Ordnungs- und Steuerungsinstrumente. Als die Euro-Staaten beschlossen, diese Aufgaben zukünftig gemeinsam anzugehen, taten sie dies in der begründeten Annahme, im weltweiten Spiel der wirtschafts- und währungspolitischen Kräfte zusammen weitaus stärker agieren und ihre Interessen besser verfolgen zu können als jeder für sich allein.

Der Euro als währungspolitischer Vorreiter

Wer die Chancen und Risiken solcher Großprojekte vernünftig abwägen und kalkulieren möchte, sucht zur Orientierung gerne nach Vorbildern. Historische Ansätze wie die Lateinische Münzunion, die Kronenzone oder die Skandinavische Münz- und Währungsunion waren jedoch in Ausmaß und Anspruch weitaus bescheidener angelegt. Die Recherche zu einem gemeinsamen Währungsprojekt in einer zum Euro vergleichbaren Größenordnung bleibt deshalb ergebnislos. Insofern ist er ein monetäres Fortschrittsprojekt, wie es die Welt seit den ersten bekannten Münzprägungen im Mesopotamien des 7. vorchristlichen Jahrhunderts noch nicht gesehen hat. Bei der Entwicklung und Umsetzung des Euro konstruktiv, operativ und produktiv dabei sein zu dürfen, war und ist daher ein ganz besonderes Highlight, vor allem weil er, vielen Vorbehalten im Vorfeld zum Trotz, gut geraten ist. Seine

Stabilität und Resilienz hat er bei verschiedenen Gelegenheiten ja bereits unter Beweis stellen müssen – und können.

Als es 1999 losging, hatten wir es währungspolitisch also mit Neuland zu tun, auch wenn mit der Europäischen Währungsunion EWS und dem Euro-Buchgeld ECU bereits wichtige Fundamente gelegt worden waren. Aber auch die praktischen Dimensionen des Projekts übertrafen bei Weitem alles, was europäische Zentralbanken und deren Zulieferer bis dato auf die Beine gestellt hatten. Während das Münzgeld vom 1-Euro-Cent bis zur 2-Euro-Münze ausschließlich in den staatlichen Prägeanstalten hergestellt werden sollte, war für die Banknoten ein Produktionsmix aus staatlichen Zentralbank-Druckereien und qualifizierten privaten Industriepartnern vorgesehen. Der war auch notwendig, schließlich galt es, eine enorme Menge neuer Geldscheine in vergleichsweise kurzer Zeit nach gemeinsamen Qualitätsstandards herzustellen. Diese schiere Größe der Produktionsvorgaben in einem engen Zeitfenster sollte sich später als die größte Herausforderung herausstellen.

Der Euro als Vorreiter im Logistikverbund

In der Zeit vor dem Euro schrieben Zentralbanken die Produktionschargen für ihre Banknoten noch nach ihren Vorgaben aus, die dann von eigenen Druckereien oder einer sehr begrenzten Zahl spezialisierter Partner gedruckt wurden. Jetzt aber waren sehr viel mehr Spieler nötig, um gemeinsam die notwendigen Geldmengen in entsprechender Quantität und Qualität zu produzieren. Die Zahl der Partner war dementsprechend hoch: Zusätzlich zu den diversen staatlichen Druckereien waren über fünfzig Lieferanten in das Projekt eingebunden, die nach einheitlichen Regeln die neue Gemeinschaftswährung in Form bringen sollten.

Die verschiedenen, bislang landesspezifischen Prozesse und Vorgaben mussten folglich synchronisiert und nach neuen Standards ausgerichtet werden. Das ging nur durch eine intensive Koordination. Die noch junge Europäische Zentralbank (EZB) wuchs rasch in diese anspruchsvolle Aufgabe hinein und übernahm die Funktion der Hüterin einer Ordnung, die sich erst im Laufe des Projekts herausbildete. In dieser für sie neuen Rolle entwickelte die EZB eine Kooperations-, Koordinations- und Führungskompetenz, ohne die das Projekt nicht erfolgreich hätte umgesetzt werden können. Sie sorgte unter anderem für die Definition der Spezifikationen, die Steuerung der komplexen Prozesse in der Zusammenarbeit und der Aufgabenverteilung sowie den Aufbau eines ausgefeilten Qualitätswesens von A wie Auditierungen bis Z wie Zertifizierungen.

Trotzdem blieb das Zusammenspiel von EZB, Partnern und Lieferanten anspruchsvoll und zeitintensiv. So konnte es vorkommen, dass montags ein Abstimmungstreffen für den 5-Euro-Schein in Lissabon stattfand, sich die Gruppe für die 10-Euro-Banknote am Dienstag in Frankfurt traf und es am Mittwoch in Madrid in ähnlicher personeller Konstellation um den 20-Euro-Schein ging. Für die Beteiligten waren es quasi »miles & more« im Dienste des Euro.

Der Euro als Vorreiter bei der Banknotentechnologie

Aus der Sicht eines Industriepartners konnten wir bei der praktischen Umsetzung des Euro-Projekts auf die jahrzehntelange Erfahrung und Expertise in der Entwicklung und Produktion sicherer Banknoten bauen. Wir waren uns der enormen Verantwortung bewusst, zum Erfolg dieses Projekts beizutragen. Das damit verbundene Kribbeln im Bauch war während der gesamten Arbeit am Euro spürbar – und ist es manchmal selbst heute noch.

Für die erste Generation des Euro (ES1) war die Herstellung von 14,9 Milliarden Banknoten im Gesamtnennwert von rund 633 Mrd € vorgesehen, für die die Deutsche Bundesbank und damit wir als Bundesbank-Partner den größten Anteil übernehmen sollten. Diese enorme Auflage an neuen Geldscheinen bereitzustellen, war die größte Herausforderung im gesamten Euro-Projekt und führte dazu, dass die personellen Ressourcen über die ursprünglich geplante Größe hinaus sukzessive hochgefahren werden mussten. Parallel zu der Erfüllung der quantitativen Richtmarke war zudem die Umsetzung der hohen qualitativen Ansprüche zu leisten, die von vornherein klar und eindeutig vorgegeben waren: Die neuen Euro-Scheine sollten technologisch »State of the Art« sein, also den letzten Stand innovativer Banknotentechnologie praktisch zu Papier bringen.

Bis in die 1990er Jahre hinein waren Banknoten noch anfällig für einfache Fälschungen, Farbkopierer galten als der Schrecken jeder Zentralbank. Für den Euro jedoch durfte nach Maßgabe der EZB jede der beteiligten Zentralbanken das für sie wichtigste Sicherheitsfeature einbringen. Dadurch entstand ein »Best of Breed«-Paket, das die fortschrittlichsten Banknotentechnologien in sich vereinte. So kamen beispielsweise für das neue Papier besonders dünne Sicherheitsfäden mit nur 1,2 Millimeter Breite zum Einsatz. Erstmals genutzt wurden auch eine Sicherheitsfarbe mit Farbwechsel (Optical Variable Ink) und Folienelemente, wie es sie bis dato in Währungen noch nicht gegeben hatte. Dazu kamen unter anderem neue Pigmente, Siebdruckelemente und Markierungsstoffe. Nicht zuletzt trug man dem hohen Anspruch der Deutschen Bundesbank an maschinenlesbare Sicherheitsmerkmale Rechnung. Das Resultat waren Banknoten, die höchste Haltbarkeits-, Sicherheits- und Effizienzstandards erfüllten.

Der Euro und die Fälschungssicherheit

In der permanenten Hase-Igel-Konstellation gegen Fälscher wurden die Hürden damit extrem hochgelegt. Sie waren und sind umso höher, je größer der Nennwert einer Euro-Banknote ist. Alle Sicherheitsmerkmale sind generell gesehen für eine Sicherheitsarchitektur auf drei Ebenen ausgelegt. Die offensichtlichen Charakteristika (Level 1) wie beispielsweise Wasserzeichen, Sicherheitsstreifen oder Durchsichtfenster sind für jedermann haptisch und optisch sofort erkennbar und einfach nachzuprüfen. Dazu gehört als wesentlicher Bestandteil auch die charakteristische Haptik des Stichtiefdrucks in Verbindung mit baumwollbasierten Substraten. Zu der nächsthöheren Stufe (Level 2) zählen Merkmale wie magnetische Pigmente, fluoreszierende Farben oder elektrische Leitfähigkeit. Sie sind nur mit Hilfsmitteln wie etwa einer Lupe oder einer UV-Lampe oder maschinell durch eine entsprechende Sensorik in Bezahlautomaten, Geldeinzahlgeräten oder Banknotenbearbeitungsmaschinen zu erkennen. Und dann gibt es noch eine weitere Reihe von Sicherheitselementen, deren Spezifikationen, Merkmale und Identifizierungsmöglichkeiten den Zentralbanken in einer Geheimhaltungsstufe (Level 3) vorbehalten sind. Sie werden nicht öffentlich bekannt gemacht, um Nachahmungsversuche von vornherein zu verhindern, und sind damit die höchste Hürde für Fälscher.

Die zur Einführung des Euro entwickelte Papierqualität und deren Sicherheitsmerkmale waren so gut, dass für die zweite Auflage, die sogenannte Europa-Serie (ES2), keine umfassenden Änderungen mehr vorgenommen werden mussten. Zu diesem Zeitpunkt hatten die Banknoten der ES1-Serie ihre Praxistauglichkeit und Fälschungssicherheit bereits unter Beweis gestellt. Bei der 2003 begonnenen Entwicklung der ES2-Generation ging es daher um Verbesserungen im Detail, nicht um gravierende Maßnahmen oder gar grundsätzliche Neuentwicklungen. Die größten Fortschritte wurden bei den maschinenlesbaren Farben, den Folienstreifen mit Fenster und den Siebdruckelementen umgesetzt. Auf das Durchsichtsregister und den Wasserzeichen-Strichcode konnte dagegen verzichtet werden.

Die technologische Zukunft des Euro

Angesichts der wachsenden Herausforderungen ist ein Ende der technologischen Entwicklungen nicht absehbar. Da Banknoten immer höhere Anforderungen zu erfüllen haben und Fälscher stets neue technische Möglichkeiten finden, müssen ständig Anpassungen vorgenommen und gleichzeitig schwer zu imitierende Effekte und Designs entwickelt werden, um die Fälschungssicherheit zu erhöhen. Für Level 1 ist das beispielsweise die Cleartext-Technologie. Dabei werden vorab aufgetragene Schichten stellenweise wieder entfernt. Dadurch zeigen sich in der Durchsicht klar und deutlich zusätzliche Informationen wie zum Beispiel Texte, die diesem Sicherheits-Feature den Namen geben. Große Zukunft hat auch die Mikrospiegeltechnologie. Hier wird eine Vielzahl winziger Spiegel so ins Material eingeprägt und ausgerichtet, dass die Summe ihrer Reflexionen ein Bild ergibt, das sich dynamisch zu bewegen scheint, sobald man den Kippwinkel der Banknote verändert. Sogar 3-D-Effekte sind damit möglich, die zum Beispiel Wölbungen oder eine Verschiebung räumlich wirkender Objekte erscheinen lassen. Die Mikrospiegeltechnologie lässt sich zudem mit weiteren Sicherheitsmerkmalen kombinieren. Das kann eine UV-Fluoreszenz sein, aber auch eine magnetische Ausstattung, deren Bandbreite von einer einfachen Ja/Nein-Erkennung bis hin zu komplexen Codierungen reicht.

Die Barrieren für Fälscher werden zusätzlich durch neuartige Beschichtungen erhöht. Spezielle Sicherheitsfäden kombinieren die Mikrospiegeltechnologie mit einer mehrschichtigen, metallischen Bedampfung. Dadurch wird ein einzigartiger Farbwechsel beim Kippen der Banknote erzeugt. Bereits kleinste Abweichungen im Nanometerbereich bei den Schichtdicken führen zu sichtbaren Verfälschungen. Eine spezielle Beschichtung von Folien wiederum ermöglicht im Zusammenspiel mit einem Fenster in der Banknote einen Farbwechseleffekt, bei dem ein Motiv bei Durchlicht in tiefem Blau erscheint, bei Auflicht dagegen in edlem Gold. Als Sicherheitsfaden kann ein solches Feature zudem direkt in das Banknotenpapier eingebettet werden, was die Geldscheine nochmals fälschungssicherer macht. Eine höhere Brillanz sorgt für bessere Sichtbarkeit bei der Echtheitsprüfung, und das auch bei ungünstigen Lichtverhältnissen. Generell ist die Kombination von Hightechsicherheitsmerkmalen aus den beiden unterschiedlichen Produktionsstufen Papierherstellung und Banknotendruck der Königsweg zum Schutz vor Fälschungen und zur Eindeutigkeit bei der Erkennung.

Der Euro als nachhaltiges Zahlungsmittel

Neben den Haltbarkeits- und Sicherheitsaspekten rücken bei der Produktion von Banknoten Fragen der Nachhaltigkeit verstärkt in den Vordergrund. Nimmt man für ein bargeldspezifisches CO_2-Protokoll die gesamte Produktions- und Distributionskette in den Blick, so entfallen grob 20 % auf die Herstellung und 80 % auf die Verteilung. Nachhaltigkeitsstrategien müssen also an beiden Punkten ansetzen. Für die Herstellung bedeutet das in erster Linie die Nutzung umweltschonender Substrat-Lösungen. Nachhaltige natürliche Baumwolle ist dabei allen anderen Alternativen überlegen. Die für die Banknotenherstellung verwendeten Baumwollkämmlinge fallen als Ausschussprodukt in der Textilindustrie sowieso an, sind also, wenn man so will, ein Recyclingprodukt ohne Recyclingaufwand.

Zur Nachhaltigkeit gehört auch eine stärkere Einbindung der Bargeldnutzer. So wird das Design der neuen, für 2024 geplanten Euro-Noten von Beratungsgruppen mitbestimmt, deren Mitglieder bereits auf der Basis von Vorschlägen der Zentralbanken des Euroraums von der EZB berufen wurden. Die Teilnehmer kommen aus verschiedenen Fachbereichen wie Geschichte, Natur- und Sozialwissenschaften, bildende Kunst und Technologie. Sie sollen Designstudien erarbeiten, die anschließend der Öffentlichkeit zur Abstimmung vorgelegt werden, um dann im EZB-Rat in eine finale Entscheidung für die nächste Euro-Generation zu münden.

Bargeld ist Freiheit und Inklusion

Der Euro hat sich vom Jahrhundertprojekt um die Jahrtausendwende zum weltweiten Währungsvorbild entwickelt. Er kann damit auch als Synonym für die Zukunft des Bargeldes gesehen werden. Auch wenn es noch so oft, laut und gerne für obsolet erklärt werden mag, so geht diese beliebte Übung doch meilenweit an der Realität und der elementaren Bedeutung dieses universellen Zahlungsmittels für Gesellschaften jeder Entwicklungsstufe vorbei. Die Wachstumsraten der Bargeldmenge liegen in der Eurozone nach Angaben der EZB bei durchschnittlich 8 % bis 10 % – pro Jahr! Von einem angeblich nahenden Ende des Bargeldes kann also weder in Europa noch weltweit die Rede sein, im Gegenteil. Bargeld ist die einzige Form von Zentralbankgeld, die wir alle unmittelbar und unabhängig vom Herausgeber nutzen können. In allen Volkswirtschaften ist es ein bewährtes und krisensicheres Zahlungsmittel. Und es ist inklusiv, indem es alle Gesellschaftsschichten – gerade auch die sozial Schwächeren – am Geldkreislauf und Wirtschaftsleben teilhaben lässt. So sind beispielsweise Bargeldhilfen seit Jahrzehnten ein bewährtes Mittel in der humanitären Hilfe bei UNICEF.

Die sozialen, ökonomischen und ökologischen Aspekte des Bargeldes können in ihrer Bedeutung gar nicht überschätzt werden. Es ist voraussetzungslos, im besten Sinne egalitär und damit demokratisch. Es ist staatlich legitimiert und geregelt. Es ermöglicht jeder Bürgerin und jedem Bürger ungeachtet des sozialen Status den Zugang zum Zahlungsverkehr, unabhängig vom Besitz eines Kontos oder eines Onlinezugangs zu digitalen Netzen. Jede Bargeldtransaktion ist überwachungs- und diskriminierungsfrei. Für die Nutzung von Bargeld fallen weder Gebühren an, noch wird dabei – abgesehen von einer vielleicht kalorisch relevanten Handbewegung – Energie verbraucht. Nimmt man all diese unbestrittenen Qualitäten zusammen, dann lässt das daraus abgeleitete Profil nur einen Schluss zu: Wenn es das Bargeld als zivilisatorische Errungenschaft nicht schon seit fast drei Jahrtausenden gäbe, man müsste es glatt erfinden!

Um die Erfolgsgeschichte des Euro weiterzuschreiben, um ihn allen Bürgern für digitales Bezahlen zugänglich zu machen, fehlt nur noch das Pendant zum Bargeld in digitaler Form: eine digitale Zentralbankwährung, praktisch als »Digitales Public Good«. Es wird die gleichen Merkmale und Vorzüge haben, aber in digitaler Form Wirtschaft, Handel und Gesellschaft auf dem weiteren Weg in die Digitalisierung begleiten – als die einzig sichere, legitime, souveräne und für alle frei zugängliche Alternative und Ergänzung zum Bargeld.

Zur Rolle des Bargeldes in Wirtschaft und Gesellschaft

Otmar Issing[1]

Ursprung, Vorteile und Probleme des Bargeldes

In vorhistorischer Zeit gab es noch kein Bargeld. Zahlungen in Waren und Warentausch blieben lange Zeit vorherrschend, obgleich verschiedene Materialien, aber auch Tiere und Getreide, teilweise bereits als Grundeinheiten zur Wertmessung genutzt wurden. Der entscheidende Schritt zur Vereinfachung des Zahlungsverkehrs gelang erst im siebten vorchristlichen Jahrhundert mit der Erfindung von Münzen im kleinasiatischen Lydien. Mit dem Namen des Krösus, einem der frühen münzprägenden lydischen Könige, verbindet man bis heute sprichwörtlichen Reichtum (Kroll, 2012). Diese werthaltigen Münzen waren das erste gewissermaßen »moderne« Geld.

Der Übergang von der Naturalwirtschaft zur Geldwirtschaft stellt einen entscheidenden wirtschaftlichen Fortschritt dar. Wie Jevons beschreibt, blieben auch noch im 19. Jahrhundert entlegene Gegenden von diesem Vorteil ausgeschlossen:

»Vor einigen Jahren machte Fräulein Zélie, eine Sängerin von dem Théâtre Lyrique in Paris, eine Kunstreise um die Welt und gab auf den Gesellschaftsinseln ein Concert. Für eine Arie aus Norma und mehrere Lieder sollte sie den dritten Teil der Einnahmen empfangen. Beim Überzählen derselben ergab sich nun ihr Anteil als bestehend aus drei Schweinen, dreiundzwanzig Truthühnern, vierundvierzig Hühnern, fünftausend Kokosnüssen und außerdem noch einer beachtlichen Menge Bananen, Citronen und Apfelsinen. In den Fleisch- und Gemüsehallen von Paris, bemerkt die Primadonna in einem lebendig geschriebenen und von Wolowski mitgeteilten Brief, würde ihr diese Masse Vieh und Gemüse etwa viertausend Franken eingebracht haben, was für fünf Lieder keine schlechte Bezahlung gewesen wäre. Auf den Gesellschaftsinseln aber gab es nur wenig Geldmünzen, und da Mademoiselle nur einen kleinen Teil ihrer Einnahmen selbst verzehren konnte, so sah sie sich bald genötigt, die Schweine und das Geflügel mit den Früchten zu füttern« (Jevons, 1876, S. 1).

Dagegen hatte schon Goethe die Vorteile von Banknoten anschaulich beschrieben. Mephistopheles preist im *Faust* die Vorzüge des neuen Geldes:

> *»Man wird sich nicht mit Börs' und Beutel plagen.*
> *Ein Blättchen ist im Busen leicht zu tragen.*
> *… Ein solch Papier, an Gold und Perlen statt,*
> *ist so bequem, man weiß doch was man hat«*
> *(Goethe, Faust, Verse 6103ff.).*

Der Fluch dieser Neuerung, kein Wunder, bedenkt man den Lobredner, konnte nicht ausbleiben – riesige Inflation war die Folge (Issing, 2012). Die Kehrseite der Bequemlichkeit, mit »Zetteln« – Banknoten – bezahlen zu können, liegt in der Verlockung, die beinahe kostenlose Produktion dieses Geldes extrem auszunutzen. So kann es auch nicht verwundern, dass schon das erste größere Experiment mit Papiergeld in China im Sumpf der Inflation endete (Schmidt-Glinzer, 2012). Die Diskussion um die Vorteile und Gefahren des Papiergeldes während der Song-Dynastie weist erstaunlich moderne Züge auf oder, anders formuliert, belegt die intrinsische Problematik stoffwertlosen Geldes (Kuhn, 2009).

Immerhin plagte den Hauptverantwortlichen ein schlechtes Gewissen. Vom Kaiser Xiaozong wird gesagt, er habe nach der Ausgabe von »huizi«, einer neuen Variante des Papiergeldes, zehn schlaflose Jahre verbracht. 1166 praktizierte er eine überzeugende Form der Geldvernichtung, indem er Papiergeld zurückkaufte und verbrennen ließ. Das blieb aber eine Episode. Die Versuchung, mehr und mehr Geld zu drucken, blieb übermächtig. Und was soll man zu dieser Beobachtung sagen? »The ruinous effects on the Song national economy could no longer be ignored. But it was easier to print more money notes than to reform the monetary system« (Kuhn, S. 241). 1264 war der Spuk zu Ende, das ganze Papiergeldsystem kollabierte.

Der Terminus »Bargeld« als Unterscheidungsmerkmal wurde erst in dem Augenblick sinnvoll, in dem das Giralgeld als weitere und schon bald dominierende Geldform in Erscheinung trat. Banknoten und Münzen sind – jedenfalls bisher – das einzige von der Zentralbank geschaffene Geld in den Händen von Nichtbanken. Ähnlich wie ein klares Mandat der Notenbank für die Erhaltung der Preisstabilität und ihre Unabhängigkeit den Anker für stabiles Geld bilden, verkörpert das Bargeld in den Händen der Bürger die Verbindung zur Notenbank. Nicht von ungefähr wurde und wird dem Erscheinungsbild der Banknoten und Münzen eine hohe Symbolkraft zugemessen. So hat schon 1966 der deutsche Abgeordnete Dichgans im Europäischen Parlament darauf verwiesen, das Bild einer wohlgestalteten jungen Frau auf dem Rücken eines Stieres könne das europäische Bewusstsein der Bürger befördern. Man sollte aber wohl nicht darauf setzen, dass viele Menschen so weit mit der griechischen Mythologie vertraut sind, um dieses Bild mit einer Entführung der phönizischen Prinzessin durch Zeus nach »Europa« zu verbinden. Ganz davon abgesehen, könnten eine Entführung und die anschließenden Folgen inzwischen alles andere als positive Assoziationen auslösen.

Erfahrungen mit dem Euro

Es bleibt aber die These, dass Bilder auf Banknoten und Münzen positive Assoziationen bei den Bürgern erzeugen können. Das gilt allerdings nur, wenn es sich um stabiles Geld handelt. Die Einführung des Euro – als Bargeld – bietet dafür ein bezeichnendes Beispiel. Ich erinnere mich noch sehr gut an die Diskussionen im Direktorium der Bundesbank, als es darum ging, den Druck der Euro-Banknoten vorzubereiten. Es war damals noch nicht so lange her, dass die Bundesbank eine neue Banknotenserie in Verkehr gebracht hatte. Eine Expertenkommission hatte ihre Vorschläge für die Gestaltung der neuen Banknoten vorgelegt. Das Ergebnis brachte am Ende eine ausgewogene Mischung zwischen Frauen und Männern, Vertretern aus Literatur, Musik, Wissenschaft und Kunst. Eher leise Kritik entzündete sich daran, dass ausgerechnet auf dem Geldschein mit der höchsten Denomination (1 000 DM) zwei Männer, nämlich die Brüder Grimm, porträtiert waren.

Als Kuriosum sei folgende Begebenheit berichtet. Am Rande einer Jahrestagung des Internationalen Währungsfonds und der Weltbank in Washington, D.C., wurde ich vom Präsidenten einer in Großbritannien beheimateten Gesellschaft angesprochen, die sich das Ziel gesetzt hatte, weltweit für Abbilder von Frauen auf Banknoten zu werben. Er gratulierte mir als Vertreter der Bundesbank dazu, nicht nur

Frauen überhaupt, sondern auch noch »gleichberechtigt« auf den DM-Scheinen berücksichtigt zu haben. So gut wie alle Länder, die am Euro teilnehmen wollten, hatten nationale Symbole aller Art für ihre Banknoten vorgeschlagen und wollten etwa nationale Heroen oder Denkmäler auch auf den Euro-Scheinen sehen. Dieses Vorhaben war offenkundig von Anfang an zum Scheitern verurteilt. Zum einen wegen der durch die Zahl der Denominationen begrenzten Möglichkeiten, zum anderen aber vor allem wegen der zwischen den Ländern alles andere als einvernehmlichen Einschätzung von national bedeutenden Persönlichkeiten. So spiegelt denn die Entscheidung, national nicht zuordenbare Brücken für die Gestaltung der Banknoten zu wählen, auf der einen Seite den teilweise als schmerzlich empfundenen Verzicht auf nationale Symbole wider, auf der anderen Seite aber den Willen, europäische Gemeinsamkeit zu zeigen – ein Beispiel für Schwierigkeiten wie Erfolg der europäischen Integration. Übrigens hat damals der Erzbischof von Canterbury darauf verwiesen, es sei für Großbritannien undenkbar, auf das Porträt der Königin zu verzichten. Dazu wäre es keinesfalls gekommen, aber daran ist der Beitritt zum Euro gewiss nicht gescheitert.

Mit dem Beginn der Europäischen Währungsunion am 1. Januar 1999 wurde der Euro die gemeinsame Währung von (rund) 300 Millionen Menschen in elf Ländern. Dieses Datum markiert somit auch das Ende der nationalen Währungen. Da der Druck von auf Euro lautenden Banknoten (und die Prägung von Münzen) erst beginnen konnte, nachdem die Entscheidung über die teilnehmenden Länder getroffen war, liefen weiter die nationalen Banknoten um, quasi als »Stellvertreter« für die noch nicht verfügbaren auf Euro lautenden Scheine. Im Bewusstsein der Bürger ist der Euro jedoch erst mit der Ausgabe der Banknoten Anfang 2002 wirklich angekommen.

Geprägte Freiheit

Gerade bei Reisen innerhalb Europas – der Euro wird weitgehend auch in vielen Ländern akzeptiert, die nicht dem Euroraum angehören – spielt die gemeinsame Währung wohl über die Vermeidung des lästigen und kostspieligen Umtausches hinaus eine verbindende Rolle. Das zeigt sich nicht zuletzt daran, dass die Popularität des Euro gegenüber den zahlreichen Unstimmigkeiten der europäischen Politik ziemlich immun zu sein scheint. Solche Aspekte gilt es jedenfalls zu bedenken, wenn man die Rolle des Bargeldes angemessen beurteilen oder Vorschläge diskutieren möchte, das Bargeld abzuschaffen.

In den Augen vieler Bürger liegt die wichtigste Eigenschaft des Bargeldes in seiner Anonymität. Gerade in Zeiten, in denen die Möglichkeiten der Überwachung durch den Staat aus guten wie schlechten Gründen immer größer werden, nimmt die Bedeutung, beim Zahlen mit Bargeld keine Spuren zu hinterlassen, entsprechend zu.

Nachdem sich der Terminus »geprägte Freiheit« ausgebreitet hat, mag es interessieren, dem Ursprung nachzugehen. In dem Buch *Aufzeichnungen aus einem Totenhaus* berichtet Fjodor Dostojewski über seine Erfahrungen in einem sibirischen Straflager, in dem er – nach einer Scheinhinrichtung – wegen der Teilnahme an einem als konspirativ eingeschätzten Diskussionszirkel für vier Jahre festgehalten worden war. In seiner umfangreichen, ebenso erschreckenden wie teils bewegenden Schilderung hebt er die Bedeutung des (im Allgemeinen geringfügigen) Geldbesitzes der Gefangenen hervor. Nur Geld eröffnete den Zugang zum internen Schwarzmarkt für Tabak oder Branntwein. »Geld ist geprägte Freiheit und hat daher für jemand, der der Freiheit völlig beraubt ist, den zehnfachen Wert« (Dostojewski, 1999, S. 32).

Es geht um das Bargeld, bei Dostojewski um Münzen. Wegen der allgemein viel größeren Bedeutung der Banknoten sollte man daher heute eigentlich von »gedruckter Freiheit« sprechen.

Genau aus diesem Grund ist der Besitz von ausländischem Geld in totalitären Regimen regelmäßig verboten, öffnet es doch unter Umständen die Möglichkeit der Flucht ins Ausland. Im »Dritten Reich« wurde der Besitz von Devisen bezeichnenderweise mit dem Tode bestraft. Für die nationalsozialistischen Konzentrationslager wurden im Übrigen oftmals sogar eigene Geldzeichen produziert, die ausschließlich dort Gültigkeit hatten (Grabowski, 2008).

In diesem Zusammenhang muss auch folgender Aspekt erwähnt werden. Über das Horten wertstabiler ausländischer Banknoten verfügen Bürger eines Landes über die Möglichkeit, sich der Inflation der eigenen Währung oder administrativen Beschränkungen zu entziehen. So nahm etwa der Umlauf an US-Dollar in den Jahren hoher Inflation in Israel und Ländern in Lateinamerika drastisch zu und verdrängte das nationale Geld. Als die türkische Regierung in den 1990er Jahren den Zugang zu den bis dahin konvertiblen Bankkonten im Inland zu beschränken drohte, zogen viele Türken, vorwiegend

Gastarbeiter in Deutschland, die Einlagen auf Konten bei Banken in der Türkei hielten, ihre Gelder in Form von DM-Banknoten ab. Entsprechend stieg der DM-Bargeldumlauf im Ausland sprunghaft an. Man kann also davon sprechen, dass der Besitz ausländischen Geldes ein Stück geprägte/gedruckte Freiheit für die Bürger verkörpert, sich gegen die Entwertung des nationalen Geldes und Eingriffe der eigenen Regierung zu schützen.

Das Vertrauen in die Stabilität der D-Mark auch im Ausland zeigte sich im Übrigen auch darin, dass über viele Jahre 30 % bis 40 % der DM-Bargeldmenge im Ausland umlief (Seitz, 1995). Spätere entsprechende Schätzungen für den Euro bewegten sich zwischen 20 % bis 25 % (Europäische Zentralbank, 2013).

Bargeld abschaffen?

Die Zahlungsgewohnheiten unterscheiden sich erheblich von Land zu Land. Während es etwa in den USA schon lange üblich war, auch kleinere Beträge per Karte zu bezahlen, bewiesen die Bürger in Deutschland eine deutliche Präferenz für das Bargeld. Mit dem Angebot neuer, bequemer Zahlungsformen geht der Anteil der Barzahlungen seit Jahren so gut wie überall stetig zurück. Dazu mag auch beigetragen haben, dass der Zugang zum Bargeld durch das starke Ausdünnen der Zahl der Bargeldautomaten immer mehr erschwert wurde. Die Finanzindustrie besitzt ohnehin eine deutliche Aversion gegen das aus ihrer Sicht kostenträchtige Bargeld und ist an der Ausbreitung des bargeldlosen Zahlungsverkehrs interessiert – während das Bargeld über keine nennenswerte Lobby verfügt. Ungeachtet des relativen Rückgangs der Bargeldzahlungen ist der globale Bargeldumlauf in den letzten 30 Jahren deutlich gestiegen, und zwar nicht zuletzt in den führenden Industrienationen. Die Zunahme des Hortens von Bargeld zeigt sich vor allem in dem erhöhten Anteil großer Denominationen (Rösl/Seitz, 2021).

Der Staat – hier im weitesten Sinne, also einschließlich der Notenbank – hat die Aufgabe, ein stabiles Geldsystem zu schaffen, das den Wünschen und Bedürfnissen seiner Bürger gerecht wird. Beansprucht er für die Notenbank das Monopol der Schaffung von Zentralbankgeld in Form von Banknoten – das Münzregal liegt oftmals beim Staat selbst –, dann hat er auch die Verpflichtung, für eine angemessene

Versorgung mit Bargeld zu sorgen. Das gilt nicht zuletzt auch wegen des Status als gesetzliches Zahlungsmittel. Die Kosten der Produktion können dabei keine gewichtige Rolle spielen, zumal die Seignorage, also der Gewinn aus der Geldschöpfung, ohnehin die Kosten um ein Vielfaches übertrifft (Wissenschaftlicher Beirat, 2017). Es mag hier offenbleiben, ob das Bargeld als sicherer Geldbesitz nicht eine neue Bedeutung erhält, wenn Hacker erfolgreich elektronische Zahlungssysteme attackieren oder durch Naturkatastrophen die Zahl und Dauer von Stromausfällen zunimmt. Die große Bedeutung des Bargeldes für das Sicherheitsbedürfnis der Bevölkerung zeigt sich ganz entscheidend in Krisen. So hat der Bargeldumlauf wegen der Besorgnisse im Rahmen der Umstellung bei der Jahrtausendwende, in der Finanzmarktkrise 2007/08, beim Ausbruch der Pandemie wie bei Naturkatastrophen sprunghaft zugenommen (Rösl und Seitz, 2021).

In Kreisen der Politik, Wirtschaft und Wissenschaft werden immer wieder Forderungen laut, das allmähliche Verdrängen des Bargeldes durch modernere Zahlungsmittel nicht abzuwarten, sondern das Bargeld per Gesetz abzuschaffen. Als prominentester Vertreter der Wissenschaft kann wohl Kenneth Rogoff gelten, der diesem Thema viele Beiträge und ein eigenes Buch gewidmet hat (Rogoff, 2016). Der Wissenschaftliche Beirat beim Bundesministerium für Wirtschaft und Energie hat sich in einem Gutachten mit dem Für und Wider der Forderung nach Abschaffung des Bargeldes auseinandergesetzt (Wissenschaftlicher Beirat, 2017). Die folgende Diskussion orientiert sich im Wesentlichen an diesen beiden Publikationen.

Die Argumente für das Abschaffen des Bargeldes werden auf zwei Ebenen geführt. Zum einen sind dies neben den Kosten für die Herstellung und Verwendung des Bargeldes die Nutzung in der Schattenwirtschaft. Steuerhinterziehung mittels der nicht verfolgbaren Barzahlung, das Horten insbesondere von hohen Geldscheinen und der Transfer ins Ausland stehen dabei im Vordergrund. Gravierend ist auch der Vorwurf, Bargeld diene in beträchtlichem Ausmaß der Finanzierung krimineller Transaktionen wie dem Rauschgifthandel.

Inzwischen haben viele Notenbanken die hohen Denominationen abgeschafft – oder »eingefroren« wie im Falle des Euro – und/oder Höchstgrenzen für den legalen Zahlungsverkehr eingeführt, um die Attraktivität des Bargeldes für solche Zwecke zu reduzieren. Inwieweit das Bargeld überhaupt noch eine bedeutende Rolle bei der Finanzierung krimineller Transaktionen spielt, lässt sich schwer bestimmen.

Die Vielzahl von Krypto-Systemen dürfte aber inzwischen effizientere Möglichkeiten zur Abwicklung dieses Zahlungsverkehrs bieten. Es gibt Schätzungen, wonach 40 % bis 50 % der Bitcoin-Zahlungen für illegale Aktivitäten wie Drogenhandel, Geldwäsche, Terrorfinanzierung und Erpressung genutzt werden (Bindseil und Schaaf, 2021).

Die Existenz des Bargeldes setzt eine Untergrenze für die Möglichkeit der Notenbank, den Nominalzins unter die Nulllinie zu drücken. Sobald ein negativer Nominalzins für Einlagen bei der Notenbank die Kosten überschreitet, die beim Abzug und der Lagerung von Bargeld entstehen, werden Banken und Versicherungen in die Bargeldhaltung ausweichen. Die Politik negativer Notenbankzinsen stößt dann endgültig an eine Grenze. Nach Schätzungen, die allerdings für verschiedene Banksysteme unterschiedlich ausfallen, könnte die effektive Grenze bei etwa -0,75 % liegen. (Allerdings haben nicht zuletzt etwa Versicherungen auch schon vor dieser Grenze teilweise erhebliche Bargeldhorte aufgebaut.)

Die Festlegung der Notenbankzinssätze ist das zentrale Instrument der Geldpolitik. Die Möglichkeit der Senkung dieser Zinssätze endet grundsätzlich bei null. Die Abschaffung des Bargeldes würde die Skala für Senkungen des Nominalzinses nach unten quasi ohne Grenzen öffnen und damit die bisher bestehende »Asymmetrie« zwischen der Möglichkeit von Zinserhöhungen und Zinssenkungen beseitigen. Damit stünde der Geldpolitik ein außerordentlich wirkungsvolles Instrument zur Bekämpfung einer Rezession zur Verfügung (Buiter, 2009; Rogoff, 2016).

Dieser Einschätzung liegen makroökonomische Modelle zugrunde, in denen die Wirkung von Senkungen der nominalen Notenbankzinsen im positiven Bereich mehr oder weniger symmetrisch in das Feld von Negativzinsen fortgesetzt wird. Diese Vorgehensweise ist jedoch methodisch sehr fragwürdig. Sie berücksichtigt nämlich nicht die möglichen Konsequenzen für das Finanzsystem. Dieser Effekt setzt im Übrigen schon bei sehr niedrigen positiven Zinssätzen ein. Die Fundamentalwerte von Vermögensanlagen werden dann sehr hoch und extrem sensibel gegenüber selbst kleinen absoluten Zinsänderungen. Damit fallen die durch das Risiko von Zinsänderungen induzierten Bewertungsrisiken entsprechend groß aus (Wissenschaftlicher Beirat, 2017, S. 18). Sehr niedrige positive und umso mehr negative Notenbankzinsen verursachen erhebliche Wirkungen auf das Finanzsystem. Die Geschäftsmodelle vieler Banken werden gefährdet beziehungsweise auf Dauer obsolet. Lebensversicherungen und Pensionsfonds stehen vor riesigen Problemen. Für die jungen Generationen wird der Aufbau einer privaten Altersvorsorge äußerst erschwert. Schließlich nimmt die Gefahr von Fehlallokationen durch scheinbar (fast) kostenloses Kapital und die Aufrechterhaltung von Zombie-Unternehmen im Laufe der Zeit immer mehr zu. Bei negativen Zinsen, die sich auf alle Finanzmärkte umso mehr ausbreiten, je tiefer die Notenbankzinsen in den negativen Bereich fallen und je länger die Geldpolitik in diesem Modus verharrt, gerät das ganze Finanzsystem aus den Fugen. Die Fundamentalwerte vieler Vermögensanlagen sind nicht mehr definiert.

All diese gesamtwirtschaftlich sehr problematischen Entwicklungen werden in den dafür benutzten makroökonomischen Modellen nicht erfasst. Es wäre daher äußerst riskant, das Bargeld abzuschaffen, um den Notenbanken die Möglichkeit zu eröffnen, die Nominalzinsen quasi unbegrenzt in den negativen Bereich senken zu können.

Über die wissenschaftlich interessanten Aspekte der Vorzüge (für den Staat) und Risiken (für das Individuum) darf man allerdings nicht vergessen, dass es seit der Erfindung und Einführung des Bargeldes keine bargeldlosen Gesellschaften mehr gegeben hat. Durch eine Geldpolitik, die nicht ausreichend der Preisstabilität verpflichtet war, ist es in einzelnen Staaten zwar dazu gekommen, dass kein eigenes Bargeld mehr ausgegeben werden konnte. Dies war zumeist deshalb der Fall, weil die für die Ausgabe notwendige Werthaltigkeit und Akzeptanz in der Bevölkerung unzureichend waren. In diesen Fällen wurde das schlechte einheimische Bargeld, wie oben am Beispiel Israels und der Türkei gezeigt, durch fremdes Bargeld ersetzt. Im Gegensatz zum greshamschen Gesetz verdrängt das gute Geld das schlechte.

Resümee

Der Rückgang der Bargeldnutzung und die Erwartung, dieser Trend werde sich fortsetzen, rechtfertigt nicht den Schluss, dann habe das Bargeld seine Rolle ausgespielt und man sollte es am besten gleich abschaffen. Das Argument, damit eröffne man der Notenbank eine für die Geldpolitik bedeutende Möglichkeit, die Nominalzinsen unbegrenzt in den Negativbereich zu senken, kann aus den genannten Gründen nicht überzeugen.

Inwieweit die Ausgabe von digitalem Zentralbankgeld das Bargeld verdrängen beziehungsweise überflüssig machen wird, bleibt abzuwarten. Die Bundesbank kommt in einer neueren Untersuchung zu dem Schluss, digitales Geld solle und könne das Bargeld mit all seinen Funktionalitäten und Vorzügen nicht vollständig ersetzen (Deutsche Bundesbank, 2021). Historisch gesehen haben finanzielle Innovationen das Bargeld seit dessen Erfindung nicht verdrängt, sondern es vielmehr ergänzt. Ein bekanntes Beispiel dafür sind die bereits erwähnten »Zettel«, die wir heute als Banknoten kennen.

Umfragen belegen, welch hohe Bedeutung die Bürger dem Schutz der Privatsphäre und damit der Anonymität der Bargeldzahlungen beimessen. Ein der Freiheit seiner Bürger verpflichteter Staat kann deren Präferenzen in einer für das Vertrauen in das Geldsystem – und darüber hinaus – so wichtigen Frage nicht ignorieren. Daraus resultiert die Verpflichtung, die Grundlagen dafür zu erhalten, dass das Bargeld auch die dafür erforderliche Rolle spielen kann.

Anmerkung

1 Für wertvolle Hinweise danke ich Hendrik Mäkeler und Klaus Masuch

Literaturverzeichnis

Bindseil, U. und J. Schaaf (2021), Nicht vom Bitcoin narren lassen, FAZ vom 17. September.

Buiter, W. (2009), Negative Nominal Interest Rates, Three Ways to Overcome the Zero Lower Bound, NBER Working Paper 15118.

Deutsche Bundesbank (2021), Digitales Geld: Optionen für den Zahlungsverkehr, Monatsbericht, April.

Dostojewski, F. (1999), Aufzeichnungen aus einem Totenhaus, Stuttgart.

Europäische Zentralbank (2013), The International Role of the Euro, Frankfurt.

Grabowski, H.-L.(2008), Das Geld des Terrors. Geld und Geldersatz in deutschen Konzentrationslagern und Gettos 1933 bis 1945. Dokumentation und Katalog, basierend auf Belegen der zeitgeschichtlichen Sammlung Wolfgang Haney sowie aus weiteren Sammlungen und Archiven, Regenstauf.

Issing, O. (2012), Inflation – Teufelswerk?, in: Goethe und das Geld, hrsg. von V. Hierholzer und S. Richter, Frankfurt.
Jevons, W. S. (1876), Geld- und Geldverkehr, Leipzig.
Kroll, J.H. (2012), The Monetary Background of Early Coinage, in: The Oxford Handbook of Greek and Roman Coinage, hrsg. von W.E. Metcalf, Oxford u.a.
Kuhn, D. (2009), The Age of Confucian Rule, Cambridge, Mass.
Rogoff, K. (2016), The Curse of Cash, Princeton.
Rösl, G. und F. Seitz (2021), Cash and Crises: No Surprises by the Virus. Institute for Monetary and Financial Stability, Working Paper Series Nr. 150, Frankfurt.
Schmidt-Glinzer, H. (2012), Die Geschichte vom »Fliegenden Geld«. Von der Festigkeit der Währung in China, in: Braunschweigische Wissenschaftliche Gesellschaft, Jahrbuch 2011, Braunschweig.
Seitz, F. (1995), Der DM-Umlauf im Ausland, Deutsche Bundesbank, Diskussionspapiere, 1/95.
Wissenschaftlicher Beirat beim Bundesministerium für Wirtschaft und Energie (2017), Zur Diskussion um Bargeld und die Null-Zins-Politik der Zentralbank.

Gesetzliche Begrenzungen von Bargeldzahlungen unter verfassungsrechtlichen und unionsrechtlichen Aspekten[1]

Hans-Jürgen Papier

Noch immer sind Bargeldzahlungen in Deutschland sehr verbreitet, wenngleich die bargeldlosen Zahlungssysteme seit Längerem zweifelsohne auf dem Vormarsch sind, insbesondere in Zeiten der Pandemie. Laut Medienberichten verlangen immer mehr Geldinstitute Negativzinsen für immer geringere Beträge auf den Konten. Bei einigen Instituten sollen bereits ab 5 000 € oder weniger Negativzinsen fällig werden. Bargeld wird in ökonomischer Hinsicht für die Verbraucher dadurch deutlich attraktiver. Im Folgenden geht es nicht um die Bedeutung des Bargeldes im Allgemeinen und um eine gesamtwirtschaftliche Kosten-Nutzen-Analyse des Barzahlungsverkehrs. Es wird vielmehr der Frage nachgegangen, ob und inwieweit gesetzliche Begrenzungen von Bargeldzahlungen auf verfassungsrechtliche und unionsrechtliche Bedenken stoßen. Auch die Tendenz, amtlicherseits, das heißt ganz präzise durch die Europäische Zentralbank (EZB), die Ausgabe höherwertiger Geldscheine zu beenden, ist bei der Analyse des empirischen Umfelds mit in Rechnung zu stellen.

Es wird wohl niemand befürchten müssen, dass durch die nationale oder unionsrechtliche Gesetzgebung Bargeldzahlungen – insgesamt oder im Hinblick auf den alltäglichen konsumtiven Verkehr – ausgeschlossen werden. Aber die Einführung einer gesetzlichen Obergrenze für Bargeldzahlungen ist durchaus aktuell und verdient eine verfassungsrechtliche und unionsrechtliche Bewertung.

Vereinbarkeit mit den Grundrechten des Grundgesetzes

Führte der deutsche Gesetzgeber eine gesetzliche Obergrenze der Bargeldzahlungen ein, müsste dies an den Grundrechten des Grundgesetzes (GG) gemessen werden. Die Gesetzgebung ist nach Art. 1 Abs. 3 GG an die Grundrechte der Art. 2 ff. des Grundgesetzes gebunden. Im Hinblick auf ein gesetzliches Verbot oder eine gesetzliche Obergrenze für Bargeldzahlungen kommen als Beurteilungsmaßstab die Eigentumsfreiheit des Art. 14 Abs. 1 GG, die Vertragsfreiheit nach Art. 2 Abs. 1 oder nach Art. 12 GG (Berufsfreiheit) sowie das aus Art. 2 Abs. 1 in Verbindung mit Art. 1 Abs. 1 GG folgende Grundrecht auf informationelle Selbstbestimmung in Betracht.

Eigentumsfreiheit

Dass ein gesetzliches Verbot von Bargeldzahlungen unabhängig von der jeweils gewählten Obergrenze nach wie vor zulässiger Zahlungen die Eigentumsfreiheit des Art. 14 Abs. 1 GG beeinträchtigt, dürfte unzweifelhaft sein. Nach diesem Artikel werden das Eigentum und das Erbrecht gewährleistet, ohne dass die Verfassung selbst den Begriff des Eigentums definiert. Es ist in der verfassungsrechtlichen Rechtsprechung und Literatur völlig anerkannt, dass das Eigentum im Sinne des Verfassungsrechts nicht identisch ist mit dem Eigentumsbegriff des Bürgerlichen Gesetzbuchs (BGB).[2] Eigentum im Sinne des Verfassungsrechts ist jedes vermögenswerte Recht jedenfalls des Privatrechts, während das Bürgerliche Gesetzbuch Eigentum als Vollrecht nur an beweglichen und unbeweglichen Sachen kennt. In jedem Fall umschließt aber auch der – weitere – verfassungsrechtliche Eigentumsbegriff das Sacheigentum im Sinne des Zivilrechts. Damit gehört das Bargeld unzweifelhaft zum Eigentum sowohl des bürgerlichen als auch des Verfassungsrechts. Denn das Bargeld stellt – juristisch betrachtet – eine bewegliche Sache dar.

Die Eigentumsgewährleistung des Art. 14 Abs. 1 GG schützt nun nicht nur das Recht, den Eigentumsgegenstand zu besitzen oder innezuhaben, sondern auch das Recht, ihn zu nutzen und insbesondere darüber frei zu verfügen.[3] Die Eigentumsgewährleistung des Art. 14 GG bietet also nicht nur einen Bestandsschutz, sondern auch eine Gebrauchs- und Nutzungsgarantie, einschließlich der Garantie einer freien Verfügbarkeit. Durch eine gesetzliche Beschränkung von Bargeldzahlungen würde in diese eigentumsgrundrechtliche Nutzungsgarantie eingegriffen werden. Zur bestimmungsgemäßen Nutzung des Bargeldes gehören sowohl die Verwendung als Tauschmittel als auch der Einsatz des Bargeldes als »Wertaufbewahrungsmittel«. In der Funktion als Tauschmittel würde eine gesetzliche Beschränkung der hier diskutierten Art ganz unmittelbar einwirken. Bargeld verlöre je nach der gesetzlichen Bestimmung der Obergrenze eine ganz zentrale Nutzungsmöglichkeit.

Die Eigentumsgewährleistung ist nach dem Grundgesetz allerdings nicht vorbehalts- und schrankenlos. Nach Art. 14 Abs. 1 S. 2 GG werden Inhalt und Schranken des Eigentums durch die Gesetze bestimmt. Der Gesetzgeber ist von Verfassungs wegen mithin auch berechtigt, Nutzungsmöglichkeiten des Eigentums einzuschränken oder zu nehmen. Aber dieses Recht der Grenzen- und Schrankensetzung durch die Gesetzgebung ist wiederum nicht schrankenlos eingeräumt. Das Bundesverfassungsgericht hat hier in jahrzehntelanger Judikatur dem Gesetzgeber Grenzen der Schrankenziehung aufgezeigt.[4]

Eine ganz zentrale »Schranken-Schranke« stellt der Grundsatz der Verhältnismäßigkeit dar, der in der jahrzehntelangen Judikatur des Bundesverfassungsgerichts eine sehr präzise und detailreiche Ausprägung erfahren hat. Will der Gesetzgeber bestehende legale Nutzungsmöglichkeiten des verfassungsrechtlich geschützten Eigentums ausschließen oder begrenzen, so muss er für diese Einschränkungen verfassungslegitime Gründe des gemeinen Wohls anführen können. Überdies müssen die gesetzlichen Beschränkungen geeignet sein, die angestrebten Ziele des Gemeinwohlschutzes zu erreichen, sie müssen nach Art und Intensität auch erforderlich sein, um jene Gemeinwohlzwecke zu erreichen, und schließlich muss ein angemessenes Verhältnis von Mittel und Zweck bestehen. Es darf mit anderen Worten keine Disproportionalität von Eingriff und Eingriffstiefe einerseits und Eingriffsnutzen für das Gemeinwohl bestehen.

Bevor nach der Darstellung der allgemeinen Voraussetzungen eines verfassungsrechtlich zulässigen Eigentumseingriffs die konkrete Würdigung etwaiger gesetzlicher Obergrenzen erfolgt, ist die Betroffenheit weiterer Grundrechte zu erwähnen.

Vertragsfreiheit

Soweit der Gesetzgeber den Bürgern Bargeldzahlungen verbietet, greift er ferner in die grundrechtlich gewährleistete Vertragsfreiheit ein. Nach Art. 2 Abs. 1 GG hat jeder das Recht auf die freie Entfaltung seiner Persönlichkeit. Damit sind sehr verschiedene Freiheitsbetätigungen geschützt. Dieser Artikel dient als eine Art Auffanggrundrecht für Freiheitsbetätigungen, die nicht unter eines der nachfolgend genannten speziellen Freiheitsrechte fallen.[5] Ein anerkannter Ausfluss jener Handlungsfreiheit nach Art. 2 Abs. 1 GG ist die Vertragsfreiheit.[6] Sie beinhaltet das Grundrecht jedermanns, selbst zu bestimmen, ob, mit wem und mit welchem Inhalt vertragliche Bindungen eingegangen werden sollen. Gewährleistet ist also die Abschluss- genauso wie die Inhaltsfreiheit. Soweit es um Verträge in Ausübung beruflicher oder gewerblicher Tätigkeiten geht, ist diese Vertragsfreiheit durch die speziellere verfassungsrechtliche Gewährleistung der Berufsfreiheit, speziell der Berufsausübungsfreiheit, nach Art. 12 Abs. 1 GG geschützt.

Soweit der Gesetzgeber den Bürgern von Gesetzes wegen verbietet, geschuldete Leistungen durch Bargeldzahlungen zu erfüllen, greift er in diese Inhaltsfreiheit ein. Denn zu dieser Freiheit gehört das Recht der Vertragsparteien, selbst über die Leistungsmodalitäten und Zahlungsformen zu bestimmen.

Im Übrigen gewährleisten die Grundrechte allgemein und das Grundrecht der Vertragsfreiheit im Besonderen auch die sogenannte negative Freiheit. Das bedeutet im Hinblick auf die Vertragsfreiheit das Recht, *keine* vertraglichen Bindungen einzugehen, und das Recht, von solchen vertraglichen Beziehungen zu bestimmten Personen oder Unternehmen abzusehen.[7] Soweit der Gesetzgeber Bargeldzahlungen von Rechts wegen verbietet, zwingt er die Bürger zur Nutzung der Systeme bargeldloser Zahlungen, mithin zum Abschluss entsprechender Verträge mit jenen Unternehmen oder Institutionen, die in solche Systeme bargeldloser Zahlungen eingebunden sind.

Aber auch die Vertragsfreiheit steht unter einem Gesetzesvorbehalt, das heißt, der Gesetzgeber ist grundsätzlich berechtigt, Inhalt und Grenzen der Vertragsfreiheit zu regeln. Aber auch insoweit gilt der bereits im Zusammenhang mit der Eigentumsgarantie erwähnte Grundsatz der Verhältnismäßigkeit, der auch dieser Schrankenregelung im Hinblick auf die Vertragsfreiheit von Verfassungs wegen strikte Grenzen setzt.

Grundrecht auf informationelle Selbstbestimmung

Zu erwähnen ist noch ein drittes Grundrecht, das durch die gesetzliche Einführung einer Bargeldobergrenze beeinträchtigt wäre. Beginnend mit dem sogenannten Volkszählungsurteil[8] vom 15. Dezember 1983 hat das Bundesverfassungsgericht aus dem allgemeinen Persönlichkeitsrecht des Art. 2 Abs. 1 in Verbindung mit Art. 1 Abs. 1 GG das Recht auf informationelle Selbstbestimmung abgeleitet. In der erwähnten Ausgangsentscheidung zur Volkszählung heißt es sinngemäß: Die freie Entfaltung der Persönlichkeit setze unter den Bedingungen der automatischen Datenverarbeitung voraus, die persönlichen Daten des Einzelnen gegen unbegrenzte Erhebung, Speicherung, Verwendung und Weitergabe zu schützen.[9] Das Grundrecht auf informationelle Selbstbestimmung gewährleistet daher dem Einzelnen die Befugnis, grundsätzlich selbst über die Preisgabe und Verwendung seiner persönlichen Daten zu bestimmen. In der nachfolgenden Rechtsprechung wird immer wieder betont, dass eine flächendeckende, vorsorgliche und anlasslose Speicherung aller persönlichen Daten, die für die Strafverfolgung oder Gefahrenprävention nützlich sein könnten, gegen deutsches Verfassungsrecht verstoßen. Die Wahrnehmung der Freiheitsrechte der Bürger dürfe nicht total erfasst und registriert werden. Dieses Verbot gehöre sogar zur verfassungsrechtlichen Identität der Bundesrepublik Deutschland; das die staatlichen Organe der Bundesrepublik nicht nur unmittelbar bindet, sondern für dessen Wahrung sich Deutschland auch in europäischen und internationalen Zusammenhängen einsetzen müsse. Eine vom Staat vorgenommene oder durch staatliche Regelung veranlasste Sammlung von personenbezogenen Daten auf Vorrat zu unbestimmten oder noch nicht hinreichend bestimmten Zwecken ist nach der Rechtsprechung des Bundesverfassungsgerichts strikt untersagt.

Gesetzliche Bargeldobergrenzen beinhalten den Zwang, im Anwendungsbereich dieser Verbote auf elektronische Zahlungsmittel zurückzugreifen. Damit ist unvermeidbar eine umfassende Erfassung und verdachtslose Registrierung der Freiheitsausübung der Bürger verbunden. Allerdings gilt auch hier, dass kein Grundrecht vorbehaltlos oder schrankenlos gewährleistet ist. Auch nicht jede vorsorglich anlasslose Speicherung der persönlichen Daten ist von vornherein rechtlich ausgeschlossen. Das Bundesverfassungsgericht hat es insbesondere für verfassungsrechtlich zulässig erachtet, dass eine zeitlich eng befristete anlasslose Speicherung persönlicher Daten für qualifizierte Verwendungen im Rahmen der Strafverfolgung oder der Gefahrenabwehr durch die Gesetzgebung eingeführt werden kann, wenn sie strengen verfassungsrechtlichen Verhältnismäßigkeitsanforderungen genügt.[10] Auch darauf wird im Zusammenhang mit der konkreten Bewertung denkbarer Eingriffe zurückzukommen sein.

Wahrung der Verhältnismäßigkeit

All diese vorausgegangenen Erwägungen machen deutlich, dass der Gesetzgeber bei der Einführung gesetzlicher Bargeldobergrenzen nicht frei ist, dass es sich dabei also nicht nur um Fragen politischen Ermessens, der volkswirtschaftlichen Sinnhaftigkeit und ökonomischen Zweckmäßigkeit handelt. Vielmehr bewegte sich der Gesetzgeber hier im sensiblen Bereich der Grundrechtseingriffe, für den mehr oder weniger strikte verfassungsrechtliche Vorgaben gelten. Diese laufen – sehr grob gesagt – auf die Wahrung des Verhältnismäßigkeitsgrundsatzes hin. In diesem Zusammenhang wird man sich auf eine sehr pauschale Analyse beschränken müssen. Auf besondere Anforderungen, die von den hier genannten unterschiedlichen Grundrechten verlangt werden, kann nicht eingegangen werden. Auf jeden Fall gilt, dass der Gesetzgeber für seine Grundrechtsbeschränkungen verfassungslegitime Gründe des allgemeinen Wohls anführen können muss. Zum Schutz oder zur Durchsetzung privater Belange oder aus Gründen der ökonomischen oder gesellschaftspolitischen Zweckmäßigkeit dürfen Grundrechtsbeschränkungen dieser Art nicht verfügt werden. Als Allgemeinwohlbelang kommt in unserem Zusammenhang vor allem die Verbrechensbekämpfung in Betracht. In der Tat garantiert nur die Bargeldleistung volle und wirkliche Anonymität. Der amerikanische Kriminologe Marcus Felson spricht deshalb auch im Zusammenhang mit dem Bargeld von der »Muttermilch des Verbrechens« (Felson, 1998, S. 191). In diesem Kontext wird dann von den Anhängern einer gesetzlichen Bargeldobergrenze auch immer wieder angeführt, dass die Bargeldzahlung der illegalen Geldwäsche, der Finanzierung anderer illegaler Geschäfte oder der Erleichterung von Steuerhinterziehung diene. Die Verhinderung oder die Eindämmung jener Arten und Formen der Kriminalität sind sicherlich Ziele von hohem Gemeinwohlrang.[11]

Erhebliche verfassungsrechtliche Zweifel bestehen aber im Hinblick darauf, dass die gesetzlichen Freiheitsbeschränkungen auch den verfassungsrechtlichen Geeignetheitsanforderungen genügen müssen (so auch Strobel, 2021, S. 556, 559). Geeignet zur Erreichung des verfolgten Zwecks ist ein staatlicher Grundrechtseingriff dann, wenn er den angestrebten Zweck zumindest fördern kann.[12] Dem Gesetzgeber kommt allerdings hier ein gewisser Einschätzungs-, Beurteilungs- und Prognosespielraum zu.[13] Es ist zunächst einmal Sache des Gesetzgebers, unter Beachtung der Sachgesetzlichkeiten des betreffenden Sachgebiets zu entscheiden, welche Maßnahmen er im Interesse des Gemeinwohls für geeignet hält und ergreifen will. Die verfassungsrechtlichen Grenzen sind allerdings überschritten, wenn der Gesetzgeber offenkundig ungeeignete Maßnahmen ergreift. Sie sind indes noch gewahrt, wenn die Möglichkeit besteht, das intendierte Ziel zu erreichen.

Soweit es um Terrorismusfinanzierung, Geldwäsche und Steuerhinterziehung geht, scheint bei vordergründiger Betrachtung der gesetzliche Ausschluss jedenfalls höherer Bargeldleistungen nicht gänzlich untauglich zu sein, diese Kriminalität einzudämmen. Aber diese Bewertung ist sehr vordergründig und sehr abstrakt. Fachleute, nicht nur, aber vor allem aus dem Bereich der Ökonomie, erachten die gesetzlichen Begrenzungen von Bargeldleistungen auch in dieser Hinsicht als völlig untauglich.[14] Sie verweisen nicht ganz zu Unrecht darauf, dass der moderne elektronische Zahlungsverkehr bargeldloser Art den hier angesprochenen Kriminellen durchaus hinreichende Möglichkeiten bietet, ihren illegalen Geschäften nachzukommen und letztlich für die gewünschte Anonymität zu sorgen. Empirisch nachweisbare Kriminalitätsentwicklungen in den Staaten, die seit Längerem mehr oder weniger strikte Bargeldobergrenzen kennen, bestärken diese Annahmen. Jedenfalls müsste der Gesetzgeber entgegenstehende Annahmen und Erwartungen im Hinblick auf eine angestrebte Kriminalitätsbekämpfung fundierter darlegen und belegen, als dies bisher geschehen ist. Gesetzliche Grundrechtsbeschränkungen gewissermaßen »ins Blaue hinein«, die in der Hoffnung ergehen, durch diese Beschränkungen würden Kriminelle eingeschüchtert und abgeschreckt werden, reichten für die Erteilung des verfassungsrechtlichen und verfassungsgerichtlichen Segens nicht.

Verfassungsrechtliche Bedenken bestehen aber nicht nur wegen der Geeignetheit der Grundrechtseingriffe, sondern auch im Hinblick auf die Wahrung der Verhältnismäßigkeit im engeren Sinne, also der Proportionalität von Eingriffsschaden und Eingriffsnutzen.

Auf der Seite des Eingriffsnutzens steht die vage und derzeit jedenfalls noch nicht hinreichend belegte und belegbare Annahme, mit der gesetzlichen Bargeldobergrenze die genannten Erscheinungen der Kriminalität wirksam einzuschränken. Mehr als eine vordergründige Hoffnung wäre das – wie gesagt – nicht, insbesondere wenn man einen Blick auf die Verhältnisse in den Staaten wirft, die solche Beschränkungen seit Längerem kennen. Auf der anderen Seite – im Hinblick auf den Eingriffsschaden – ist zu berücksichtigen, dass es um nicht unwesentliche Beschränkungen mehrerer Grundrechte des Grundgesetzes geht. Das aus der Eigentumsgarantie folgende Recht, von dem Geldeigentum bestimmungsgemäß Gebrauch zu machen und über dieses Eigentum bestimmungsgemäß zu verfügen, würde in erheblichem Umfang beschränkt werden. Dasselbe würde für die Beschränkung der positiven und negativen Vertragsfreiheit gelten. In diesem Zusammenhang fällt auch ins Gewicht, dass mit dem Zwang, bargeldlose Zahlungssysteme in Anspruch nehmen zu müssen, die Betroffenen letztlich auch gehalten sind, zusätzliche Kosten und Risiken wirtschaftlicher Art einzugehen. Diese wirtschaftlichen Risiken können unterschiedlicher Art sein, sie können in denkbaren Insolvenzen der zwingend in Anspruch zu nehmenden Vertragspartner oder in der Auferlegung negativer Zinsen oder anderer Transferkosten liegen.

Schließlich sind auch die gesetzlich veranlassten Beschränkungen des Grundrechts auf informationelle Selbstbestimmung schwerwiegend. Die Bürger würden gezwungen, ihre mit Geldleistungen verbundenen Freiheitsbetätigungen ab einer bestimmten Größenordnung vollumfänglich, verdachtslos erfassen und registrieren zu lassen. Die Erfassung der relevanten persönlichen Daten aller Bürgerinnen und Bürger erfolgte ohne Anknüpfung an ein zurechenbares vorwerfbares Verhalten. Wegen der weitreichenden Aussagekraft der hier in Betracht kommenden Daten bestünde die Möglichkeit der Erstellung aussagekräftiger Persönlichkeits- und Bewegungsprofile. Hinzu kämen erhebliche Missbrauchsmöglichkeiten, die mit solchen Datensammlungen verbunden sind. Schließlich drohte aufgrund des Entstehens eines »diffus bedrohlichen Gefühls des umfassenden Beobachtet-Seins«[15] eine Situation zu entstehen, in der »eine unbefangene Wahrnehmung der Grundrechte« in weiten Bereichen beeinträchtigt sein kann.

Zwischenresümee

Bei einer Gesamtabwägung der drohenden Grundrechtseinschränkungen auf der einen Seite und den mehr oder weniger vagen Erwartungen eines Eingriffsnutzens zugunsten von Gemeinwohlbelangen andererseits bestehen erhebliche Zweifel daran, dass die Einführung einer Bargeldobergrenze mit mehr oder weniger gegriffenen Summen den verfassungsrechtlichen Anforderungen sowohl der Eignung der gesetzlichen Grundrechtsbeschränkungen als auch der Verhältnismäßigkeit im engeren Sinne genügen kann. Der Gesetzgeber sollte sich jedenfalls nicht von vorschnellen und vagen Annahmen leiten lassen und mehr oder weniger beliebig festgelegte Obergrenzen einführen. Denn in unserem freiheitlichen Rechtsstaat gilt nach wie vor der Grundsatz: *In dubio pro libertate.*

Vereinbarkeit mit dem Unionsrecht

Grundfreiheiten

Die Einführung einer Bargeldobergrenze durch den deutschen Gesetzgeber ist auch im Hinblick auf das primäre Unionsrecht nicht unproblematisch. Zu den Grundfreiheiten des Unionsrechts gehört die Kapital- und Zahlungsverkehrsfreiheit nach Art. 63 AEUV. Geschützt ist die Übertragung von Zahlungsmitteln (in bar oder bargeldlos) über die Grenze im Sinne einer Devisentransferierung, also jede Zahlung, die eine Gegenleistung einer dieser Leistung zugrunde liegenden Transaktionen darstellt.[16] Jede Form unmittelbarer oder mittelbarer, aktueller oder potenzieller Beschränkung des Zahlungsverkehrs stellt einen Eingriff in diese Grundfreiheit dar. Verboten sind gleichermaßen Maßnahmen, die eine solche Behinderung bezwecken oder bewirken. Wenn in einem Mitgliedstaat Bargeldobergrenzen gelten, wird gerade der Zahlungsverkehr beschränkt, ein Eingriff in die Grundfreiheit ist damit gegeben.

Eine Rechtfertigung für eine solche Beschränkung kann sich aus Art. 65 AEUV ergeben. Mitgliedstaaten können danach die unerlässlichen Maßnahmen treffen, um Zuwiderhandlungen gegen innerstaatliche Rechts- und Verwaltungsvorschriften, insbesondere auf dem Gebiet des Steuerrechts und der Aufsicht über Finanzinstitute, zu verhindern sowie Meldeverfahren für den Kapitalverkehr zwecks administrativer oder statistischer Informationen vorzusehen oder Maßnahmen zu ergreifen, die aus Gründen der öffentlichen Ordnung und der Sicherheit gerechtfertigt sind.

Danach sind also insbesondere Maßnahmen zum Schutze der öffentlichen Sicherheit und Ordnung grundsätzlich zulässig, also zum Beispiel Maßnahmen zum Kampf gegen Geldwäsche, gegen Terrorismus, Drogenhandel und internationale Kriminalität.[17] Allerdings gilt auch hier, dass eine tatsächliche und hinreichend schwere Gefährdung vorliegen muss, die ein Grundinteresse der Gesellschaft berührt. Ferner muss die Maßnahme erforderlich sein, pauschale und undifferenzierte Maßnahmen sind nicht zulässig. Die im Hinblick auf das deutsche Verfassungsrecht und den Grundsatz der Verhältnismäßigkeit angemeldeten Zweifel wegen mangelnder Effektivität und Eignung der Maßnahme und wegen der Unverhältnismäßigkeit dürften auch hier zum Tragen kommen.

Grundrechte der EU-Grundrechtecharta

Die in der EU-Grundrechtecharta festgelegten Grundrechte sind ebenso wie die sogenannten Grundfreiheiten Bestandteil des primären Unionsrechts und neben den Grundfreiheiten anwendbar.[18] Sie binden gemäß Art. 51 Abs. 1 der EU-Grundrechtecharta sowohl die Organe und Einrichtungen der Union selbst als auch die Mitgliedstaaten bei der Durchführung des Rechts der Union. Nach der Rechtsprechung des EuGH ist der Begriff »Durchführung« im Sinne des Art. 51 Abs. 1 der EU-Grundrechtecharta weit zu interpretieren, sodass die Mitgliedstaaten an die EU-Grundrechte auch schon dann gebunden sind, wenn sie im Anwendungsbereich der EU-Verträge tätig werden.[19] Da nationale Vorschriften über Bargeldobergrenzen die Kapital- und Zahlungsverkehrsfreiheit nach Art. 63 AEUV tangieren, ergingen solche Vorschriften im Anwendungsbereich des EU-Vertragsrechts, sodass die Mitgliedstaaten nicht nur an die eigenen nationalen Grundrechte, sondern auch an die EU-Grundrechte gebunden wären.

Die EU-Grundrechtecharta enthält vergleichbare Grundrechte wie das deutsche Verfassungsrecht, soweit es um den hier relevanten Regelungsbereich von Bargeldobergrenzen geht. Hinzuweisen ist auf Art. 7 der EU-Grundrechtecharta, wonach jede Person das Recht auf Achtung des Privatlebens hat, sowie auf Art. 8 Abs. 1 der EU-Grundrechtecharta, der jeder Person das Recht auf Schutz der sie betreffenden personenbezogenen Daten gewährleistet. Schließlich ist auf das unionsrechtliche Eigentumsgrundrecht nach Art. 17 der EU-Grundrechtecharta zu verweisen. Danach hat jede Person das Recht, ihr rechtmäßig erworbenes Eigentum zu besitzen, zu nutzen, darüber zu verfügen und es zu vererben.

Nationale gesetzliche Bargeldobergrenzen, ebenso wie entsprechende Vorschriften des sekundären Unionsrechts, stellten Einschränkungen dieser EU-Grundrechte dar, das oben im Hinblick auf die grundgesetzliche Eigentumsfreiheit und das grundgesetzlich verbürgte Recht der informationellen Selbstbestimmung Gesagte gilt sinngemäß. Denn die genannten EU-Grundrechte aus Art. 7, 8 und 17 der EU-Grundrechtecharta dürften im Wesentlichen den gleichen Schutzgehalt aufweisen wie die grundgesetzlich verbürgten Artikel 14 und Art. 2 Abs. 1 in Verbindung mit Art. 1 Abs. 1 GG.

Gemäß Art. 52 Satz 2 der EU-Grundrechtecharta dürfen Einschränkungen der EU-Grundrechte nur unter Wahrung des Grundsatzes der Verhältnismäßigkeit vorgenommen werden und wenn sie erforderlich sind und den von der Union anerkannten, dem Gemeinwohl dienenden Zielsetzungen oder den Erfordernissen des Schutzes der Rechte und Freiheiten anderer tatsächlich entsprechen. Die oben vorgetragenen Zweifel an der Wahrung des grundgesetzlichen Verhältnismäßigkeitsgrundsatzes würden also letztlich auch im Hinblick auf die unionsrechtlichen Anforderungen des Art. 52 Satz 2 der EU-Grundrechtecharta gelten.

Fazit im Hinblick auf das EU-Primärrecht

Daher ist die Vereinbarkeit gesetzlicher Bargeldobergrenzen mit dem europäischen Primärrecht äußerst zweifelhaft. Diese Bedenken bestehen im Übrigen auch, wenn die EU selbst mittels eines sekundären Rechtsakts in die Grundfreiheit und in die besagten EU-Grundrechte durch beliebig festgelegte Obergrenzen eingreifen sollte.

Anmerkungen

1 Der Beitrag ist eine überarbeitete Fassung des Vortrags des Verfassers am 13.06.2016 auf dem Bargeldsymposium 2016 der Deutschen Bundesbank.
2 Papier/Shirvani, in: Dürig/Herzog/Scholz, GG Art. 14 Rn. 160 m.w.N.
3 BVerfGE 97, 350 (371) = NJW 1998, 1934 (1937); Papier/Shirvani, in: Dürig/Herzog/Scholz, GG Art. 14 Rn. 146.
4 Siehe etwa: BVerfGE 92, 365, 394; 100, 226, 240; 102, 1, 17; 143, 246, 344.
5 Rixen, in: Sachs, GG Art. 2 Rn. 10.
6 Di Fabio, in: Dürig/Herzog/Scholz, GG, Art. 2 Rn. 101.
7 Jarass/Pieroth, GG Art. 2 Rn. 22a.
8 BVerfGE 65, 1.
9 BVerfGE 65, 1, 42 f.; Di Fabio, in: Dürig/Herzog/Scholz, GG, Art. 2 Rn. 173 f. m.w.N.
10 BVerfGE 125, 260, 316.
11 Vertiefend: Eibl (2020) S. 394.
12 Vgl. etwa BVerfGE 30, 292, 316 – »Erdölbevorratung«; siehe hierzu auch Papier und Krönke (2020) S. 76.
13 Vgl. etwa BVerfGE 121, 317, 354 – »Nichtraucherschutz«.
14 So etwa Schneider, in: Plickert, Jahn, und Schäfers (2016).
15 BVerfGE 125, 260, 320.
16 EuGH, Rs. 286/82 u. 26/83, Luisi/Carbone, Slg. 1984, 377, 404; Ress/Ukrow, in: Grabitz/Hilf/Nettesheim (2021), Art. 63 Rn. 409.
17 Ukrow/Ress, in: Grabitz/Hilf/Nettesheim (2021), EL Mai 2021, Art. 63 Rn. 313.
18 https://eur-lex.europa.eu/legal-content/DE-EN/TXT/?from=EN&uri=CELEX%3A12012P%2FTXT
19 EuGH, Rechtssache C-419/14, WebMindLicenses kft gegen Nemzeti Adó- és Vámhivatal Kiemelt Adó- és Vám Főigazgatóság, 17. Dezember 2015, Randnr. 66; EuGH, Rechtssache C-650/13, Thierry Delvigne gegen Commune de Lesparre Médoc und Préfet de la Gironde [GK], 6. Oktober 2015, Randnr. 25–27; EuGH, Rechtssache C-418/11, Texdata Software GmbH, 26. September 2013, Randnr. 73.

Literaturverzeichnis

Dürig, G., R. Herzog und R. Scholz (2022), Grundgesetz-Kommentar, Werkstand: 96. Auflage 2022.

Eibl, J. (2020), Privatheit durch Bargeld? Zu den Grenzen hoheitlicher Bargeldbeschränkungen aus dem grundrechtlichen Schutz von Privatheit, Tübingen.

Felson, M. (1998), Crime and Everyday Life, London.

Grabitz, E., M. Hilf und M. Nettesheim (2021), Das Recht der Europäischen Union, 73. EL Mai 2021, München.

Papier, H.-J. und C. Krönke (2020), Grundkurs Öffentliches Recht 2, Heidelberg.

Plickert, P., J. Jahn und M. Schäfers (2016), Die Bargeld-Bremse sorgt für Streit, Frankfurter Allgemeine Zeitung, 6. Februar 2016.

Sachs, M. (2021), Grundgesetz, München.

Strobel, B. (2021), Digitaler Euro?, in: Zeitschrift für Bank und Kapitalmarktrecht (BKR), München.

Die Rolle der Euro-Banknoten als gesetzliches Zahlungsmittel[1]

Yves Mersch

Aus verschiedenen Lagern werden Argumente gegen das Bargeld vorgebracht. Einerseits wird aus dem »Law and order«-Lager angeführt, dass Kriminelle Bargeld nutzen, um ihre verbotenen Aktivitäten zu finanzieren. Aus anderer Richtung, von jenen, die Geschäftsmodelle für neue elektronische Zahlungselemente entwickelt haben, werden Kostengesichtspunkte gegen Bargeld vorgebracht. Mit diesen Argumenten müssen wir uns auseinandersetzen.

Auf folgende Aspekte möchte ich näher eingehen: Zunächst, warum räumt der Vertrag[2] Euro-Banknoten den privilegierten Status als gesetzliches Zahlungsmittel ein? Kurz: Warum gibt es den Status des gesetzlichen Zahlungsmittels überhaupt? Zum anderen, welche Rolle spielen Europäische Zentralbank (EZB) und die nationalen Notenbanken im Eurosystem beim Schutz dieses Status? Und welche Auswirkungen hat dies für unsere Tätigkeiten im Euroraum?

Juristische Grundlagen

Euro-Banknoten, und nur Euro-Banknoten, sind primärrechtlich von Artikel 128 Absatz 1 AEU-Vertrag als gesetzliches Zahlungsmittel geschützt.[3] Doch was genau ist ein gesetzliches Zahlungsmittel? Hierzu existiert eine Kommissionsempfehlung.[4] Sie ist nicht verbindlich. Dennoch sieht sie folgende Kernelemente vor:

- Annahmezwang (soweit nicht explizit vertraglich anders vereinbart)
- und gesetzlich anerkanntes Mittel zur Tilgung einer Zahlungsschuld, also mit schuldbefreiender Wirkung zum Nennwert, ohne dass zusätzliche Zahlungsgebühren erhoben werden dürfen (wie dies aber beispielsweise bei Kreditkarten durchaus üblich ist).

Was genau darüber hinaus inhaltlich aus dem Status als gesetzliches Zahlungsmittel folgt, ist Auslegungsfrage: Der Vertrag und das bindende Sekundärrecht definieren nicht den Inhalt des »Legal tender«-Status, also den Status des gesetzlichen Zahlungsmittels. Die mitgliedstaatlichen Regelungen der 19 Mitgliedstaaten des Euroraums zur Eigenschaft als gesetzliches Zahlungsmittel, die schon vor der Einführung des Euro existierten, gelten fort. Sie bestimmen faktisch im täglichen Zahlungsverkehr die konkrete Ausgestaltung der Effekte des gesetzlichen Zahlungsmittels. Das schließt Beschränkungen der Verwendbarkeit des gesetzlichen Zahlungsmittels durch mitgliedstaatliche Regelungen ein. Solche Beschränkungen können durchaus vom einen zum anderen Mitgliedstaat variieren – wobei der Status als gesetzliches Zahlungsmittel als solcher, sozusagen die »Natur« unserer Banknoten, einschließlich der eben genannten Kernelemente dieses Status gewahrt bleiben muss. Dies überwachen europäische Institutionen, wie ich im Folgenden noch näher erläutern werde.

Warum gibt es den Status als gesetzliches Zahlungsmittel überhaupt?

Die entsprechende Norm des Vertrages stellt selbst kein Grundrecht oder grundrechtsgleiches Recht dar (jedenfalls nach weit herrschender Ansicht). Es gibt also kein »Recht auf Bargeld« oder »Recht auf Bargeldzahlung in allen Fällen«. Aber: Die Einräumung des Status als gesetzliches Zahlungsmittel an Euro-Banknoten in den AEU-Verträgen, und damit auf verfassungsrechtlicher Ebene, hat Grundrechtsbezug und erfüllt gleichzeitig eine wichtige institutionelle Funktion. Euro-Banknoten existieren nicht »aus sich heraus« oder etwa um es Zentralbanken zu ermöglichen, Seigniorage zu erwirtschaften, sondern aus verfassungsrechtlich geschützten Gründen.

Bargeld als gesetzliches Zahlungsmittel ermöglicht Freiheit

Bargeld ermöglicht als Transaktionsmedium in vielen Fällen erst die Wahrnehmung vieler Grundrechte – Leben kostet Geld, und Geld muss erwirtschaftet werden. Bargeld gewährt Privatsphäre und sichert damit Grundrechte wie das Recht auf informationelle Selbstbestimmung, die Handlungsfreiheit und Meinungsfreiheit ab. Der Bürger kann seine Grundrechte mit Bargeld ausüben, ohne dass der Staat oder Dritte darauf bezogene finanzielle Transaktionen sofort nachverfolgen können. Dieser Aspekt ist besonders relevant in Anbetracht der schon erwähnten Kritik, dass die von Bargeld ermöglichte Privatsphäre kriminellen Aktivitäten Vorschub leiste. Der Schutz der Privatsphäre ist für uns alle wichtig! Privatsphäre schützt die Bürger vor der Gefahr des Überwachungsstaats und vor der Meinungsdiktatur. Eine besondere Verknüpfung zwischen Bargeld und kriminellen Aktivitäten lässt sich statistisch nicht feststellen. Im Fokus muss der Kampf gegen die Kriminalität stehen. Das Bargeld darf nicht zum Sündenbock gemacht werden. Erstaunlich dabei ist: Alternative »Zahlungsmittel«, etwa »Bitcoins« – geliebt insbesondere von Cyberkriminellen –, sind trotz der mit ihnen verbundenen Risiken und Missbrauchsmöglichkeiten viel weniger im Blick der Kritiker als Bargeld.

Bargeld als gesetzliches Zahlungsmittel ermöglicht Gleichheit und Teilhabe

Die Wertaufbewahrungsfunktion von Bargeld hat einen unmittelbaren Bezug zum Eigentumsgrundrecht.[5] Die leichte Zugänglichkeit von Bargeld, gerade auch für Ältere, sozial Schwache oder Minderjährige, ermöglicht die Teilhabe am gesellschaftlichen Leben sowie – beispielsweise Kindern – das Erlernen des Umgangs mit Geld. Gerade sozial Schwache benutzen Bargeld, ohne mit Hürden wie bei der Beantragung einer Kreditkarte oder bei der Eröffnung eines Girokontos konfrontiert zu sein.

Bargeld als gesetzliches Zahlungsmittel bietet Sicherheit und Schutz

Bargeld »funktioniert immer«. Wenn alternative Zahlungsmittel möglicherweise versagen, zum Beispiel, weil der Strom oder das Netz ausfallen, funktioniert unser Zusammenleben mithilfe von Bargeld weiter. Das gilt jedenfalls, solange die Geldautomaten funktionieren oder es uns gelingt, etwa in Krisenzeiten, unbürokratisch einen Ersatz für diese Infrastruktur zu schaffen. Bargeld erhöht so entscheidend die Resilienz der Gesellschaft und sichert ihr Funktionieren gerade in kritischen Phasen.

Viele Bürger nutzen Bargeld für kleinere Beträge des alltäglichen Bedarfs, aber nicht für größere Beträge. Sie wägen dabei klug zwischen Risiken, Lasten und Vorteilen wie dem Schutz ihrer Privatsphäre durch die mit Bargeldzahlungen verbundene Anonymität ab.

Ein Blick auf die Statistiken zeigt etwa, dass der »durchschnittliche« Europäer im Monat etwa 1600 € netto zur Verfügung hat. Wenn Sie davon Miete und andere Fixkosten abziehen, wird klar, dass viele Bürger vor allem »bargeldaffine« Transaktionen durchführen. Natürlich spielen hier die Laufwegekosten (»shoe leather costs«) eine wichtige Rolle bei der Abwägung der Bürger, so etwa die Entfernung zum Geldautomaten oder die Akzeptanz von Euro-Bargeld im Ausland. Bürger, die häufig mit hohen Summen hantieren müssen oder sich aus beruflichen oder privaten Gründen häufig in anderen Währungsräumen aufhalten (müssen), finden es eventuell praktisch, für ihre Zahlungen mit Karte nicht erst zum Geldautomaten oder zur Wechselstube zu müssen. Das heißt aber gerade hier in Deutschland noch lange nicht, dass diese Bürger gewillt wären, auf ihr Bargeld zu verzichten.

Welche Rolle spielen EZB und Eurosystem beim Schutz des gesetzlichen Zahlungsmittels?

Die EZB als europäische Institution im Herzen des Eurosystems trifft eine besondere Rolle, nicht nur für die Geldpolitik im Allgemeinen. Als die Zentralbank, die die Ausgabe der Euro-Banknoten genehmigt, hat die EZB die Verantwortung auch und gerade für den Schutz des Status des Euro-Bargeldes als einziges gesetzliches Zahlungsmittel. Das schließt die Sicherung der Existenz des Euro-Bargeldes und seiner Verwendbarkeit als gesetzliches Zahlungsmittel mit ein. Diese Aufgabenerfüllung der EZB dient letztlich dem Zweck, es den Bürgern zu ermöglichen, mit Euro-Bargeld ihren grundrechtlich geschützten Lebensbereich zu realisieren.

Die EZB setzt etwa den Rechtsrahmen zum Schutz des Euro-Bargeldes. Sie regelt, welche Arten von Reproduktionen zulässig sind, und schreitet gemeinsam mit den nationalen Zentralbanken gegen unzulässige Reproduktionen ein. So schützt die EZB das Vertrauen der Bürger in das Euro-Bargeld. Klar ist, dass sie auch im Regulierungsbereich stets einen Blick auf die Kosten behalten wird, damit die Bargeldversorgung kostengünstig bleibt. Hier haben Notenbanker gegenüber dem Bürger eine Verpflichtung, immer noch ein Stück effizienter zu werden. Das Eurosystem stellt sicher, dass Euro-Bargeld seinen Anwendungsbereich behält, und wird aktiv, wenn der Status des gesetzlichen Zahlungsmittels gefährdet ist.

Im legislativen Bereich nimmt etwa die EZB ihre Schutz- und Wachtfunktion vor allem wahr über Stellungnahmen zu mitgliedstaatlichen oder Unionsgesetzgebungsvorhaben, die ihre Aufgaben berührt. Denn die EZB muss zu allen solchen Gesetzgebungsvorhaben gehört werden, gerade dann, wenn sie eine begrenzende Wirkung auf den Status der Euro-Banknoten als gesetzliches Zahlungsmittel haben.

Bis 2016 waren diese Konsultationen durch Mitgliedstaaten zu Bargeldbeschränkungen eine unspektakuläre Routineaufgabe: Die EZB hatte bereits in den ersten Konsultationen die Doktrin entwickelt, dass solche mitgliedstaatlichen Maßnahmen einen legitimen Zweck verfolgen und zu dessen Erreichung verhältnismäßig, also geeignet, erforderlich und angemessen sein müssen.[6] Geeignetheit bedeutet in diesem Fall, dass die von einem Gesetzgeber anvisierten Maßnahmen ihr Ziel auch tatsächlich erreichen können, dass sie also wirksam und effektiv sind. Auf der Grundlage dieser Doktrin wurden insbesondere die Bekämpfung von Geldwäsche, Terrorfinanzierung und Steuerhinterziehung als legitime Zwecke von der EZB anerkannt. Die von den Mitgliedstaaten geplanten diesbezüglichen und verhältnismäßigen Maßnahmen wurden nicht kritisiert.

Seit etwa 2016 gibt es verstärkt Anlässe, dass die EZB sich intensiv mit Bargeldbeschränkungen zu befassen hat. Die EZB hat hier die bisherige Doktrin konsequent fortgeschrieben. So mussten sie sich bereits zu Maßnahmen äußern, bei denen es schon an der Geeignetheit fehlte. Konkret ging es hier um Verwendungsbeschränkungen für Bargeld bei Transaktionen, die keiner Steuerpflicht unterliegen. Der mitgliedstaatliche Gesetzgeber behauptete in seiner Gesetzesbegründung, dies solle die Steuerflucht vermeiden. Beschränkungen von nicht steuerpflichtigen Zahlungen helfen aber nicht dabei, die Steuerflucht zu bekämpfen.[7] Bei allem Respekt für die Einschätzungsprärogative des Gesetzgebers muss die EZB auf solche Ermessensfehler hinweisen.

Auch stellte sich als Hintergrund einer Konsultation zu einer sehr niedrigen vorgeschlagenen Barzahlungsobergrenze erstmals die Frage: Wird die Eigenschaft einer Banknote als gesetzliches Zahlungsmittel unterlaufen, wenn eine Stückelung (also der Nennwert einer ausgegebenen Banknote) durch eine Bargeldbeschränkung gar nicht mehr für Transaktionen verwendet werden kann?[8] Faktisch käme das der Abschaffung dieser Stückelung gleich. Diese Entscheidung über die Stückelungen der Euro-Banknoten obliegt aber ausschließlich dem EZB-Rat. Auch eine Entscheidung, bestimmte Banknotennennwerte aufzugeben, muss daher der EZB-Rat treffen. Folglich muss ein Anwendungsbereich für alle Stückelungen des gesetzlichen Zahlungsmittels verbleiben, sonst würde diese Kompetenz des EZB-Rats unterlaufen. Generelle, nicht sektorenspezifische Bargeldbeschränkungen, die eine Stückelung von der Verwendbarkeit allgemein ausschließen, dürften daher nur sehr schwer zu rechtfertigen sein. So werden in der Europa-Serie 2 (ES2-Serie) zwar keine 500-€-Scheine mehr ausgegeben. 500-€-Scheine der ersten Serie – etwa der im Sparstrumpf einiger Bürger – behalten jedoch ihre Eigenschaft als gesetzliches Zahlungsmittel. Verbraucher müssen also nicht fürchten, dass ihre 500-€-Scheine ihren Wert verlieren, und können weiter damit zahlen. Der Vertrag enthält eine Schranken-Schranke für Bargeldbeschränkungen, indem er den Euro-Banknoten in den vom EZB-Rat beschlossenen Stückelungen die Eigenschaft als gesetzliches Zahlungsmittel zuweist. Die EZB wacht über deren Einhaltung.

Eine weitere Situation, bei der die EZB einschreiten würde, aber erfreulicherweise noch nicht musste, wäre die Diskriminierung von Bargeld als gesetzlichem Zahlungsmittel gegenüber privaten Zahlungsalternativen. Das könnte zum Beispiel durch die Erhebung einer Zahlungsgebühr passieren. Es gehört schließlich zum Kernbestand der Eigenschaft als gesetzliches Zahlungsmittel, dass Banknoten zum Nennwert angenommen werden müssen. Wer schon mal im Reisebüro einen Flug gebucht und mit Karte bezahlt hat, weiß um den Unterschied. Gerade bei Kartenzahlung sind zusätzliche Zahlungsgebühren erlaubt und durchaus üblich.

Schlussfolgerung

Klar ist: Gedruckte Euro-Banknoten werden ihren Platz und ihre Rolle für die Gesellschaft als gesetzliches Zahlungsmittel noch sehr lange behalten. Es gibt keine gleichwertige Alternative zu Euro-Bargeld. Gute Gründe sprechen für die Ansicht, dass Banknoten nicht zwingend nur auf Papier, Baumwolle oder Polymer gedruckt sein müssen. Dennoch werden gedruckte Banknoten weiter der Kern unseres Geschäfts bleiben. Und falls der Bürger digitales Zentralbankgeld fordert, sollte es nur eine technische Variante des Baren darstellen. Alternative Zahlungsmethoden können Euro-Bargeld nicht ersetzen, sondern nur ergänzen. Es ist daher Aufgabe des Eurosystems, die Existenz des Euro-Bargeldes weiter abzusichern. Nur so können wir die Schutzfunktion des Euro-Bargeldes für die Grundrechte und Freiheiten der europäischen Bürger bewahren. Dieser Schutz der Eigenschaft unserer Banknoten als gesetzliches Zahlungsmittel wird weiter hohe Wachsamkeit von der EZB und den nationalen Notenbanken im Euroraum verlangen, insbesondere um ungerechtfertigte Beschränkungen abzuwehren und so die Zustimmung zum Euro und seine Existenz zu sichern. Diesbezügliche neue gesetzliche Initiativen erfordern einen intensiven Dialog der EZB mit dem Gesetzgeber.

Anmerkungen

1 Der Beitrag basiert auf meiner Rede anlässlich des 4. Bargeldsymposiums der Deutschen Bundesbank 2018.

2 Gemeint im Folgenden ist der Vertrag über die Arbeitsweise der Europäischen Union, Artikel 128 Absatz 1.

3 Artikel 128 Abs. 1 AEUV: »Die von der EZB und den nationalen Zentralbanken ausgegebenen Euro-Banknoten sind die einzigen Banknoten, die in der Union als gesetzliches Zahlungsmittel gelten.«
Die Eigenschaft von Euro-Münzen als gesetzliches Zahlungsmittel wird nur sekundärrechtlich gewährt (Artikel 11 der Verordnung EG7974/98); ihre Existenz wird vom Vertrag anerkannt (Artikel 128 Abs. 2 AEUV), der aber nichts zu ihrem Status als gesetzliches Zahlungsmittel sagt.

4 Empfehlung 2010/191/EU.

5 In vielen Mitgliedstaaten ist dies noch weiter ausgestaltet. So schützt etwa die italienische Verfassung sogar die Spartätigkeit der Bürger, vgl. Artikel 47 der italienischen Verfassung. Letztlich dient auch das Primärziel der Geldpolitik, für stabile Preise zu sorgen, dem sozialen Ziel, die Wertaufbewahrungsfunktion unserer Währung zu sichern und die Bürger vor einer Entwertung ihrer Ersparnisse durch übermäßig hohe Geldentwertung zu schützen.

6 Strengeren Ansichten in der juristischen Literatur, die den Mitgliedstaaten jegliche Kompetenz zu Maßnahmen mit beschränkender Wirkung absprechen, auch wenn der Fokus der Maßnahme woanders liegt, da nur die Unionsebene rechtsetzend die Eigenschaft des Euro-Bargeldes als gesetzliches Zahlungsmittel einschränken könne, wurde nicht gefolgt.

7 Vgl. etwa CON/2017/18, Portugal, Absatz 3.1 und CON/2017/27, Bulgarien, Absatz 2.9.

8 Vgl. CON/2017/27, Bulgarien, Absatz 2.11. Der bulgarische Gesetzgeber ist der EZB-Stellungnahme gefolgt und hat die zu niedrige Bargeldbeschränkung nicht umgesetzt.

Die Reform der fiskalpolitischen Governance in der Eurozone

Clemens Fuest

20 Jahre Euro – stabiles Geld, fragile Staatsfinanzen

Wenn man die Bilanz der vergangenen 20 Jahre der Europäischen Währungsunion auf eine knappe Formel reduzieren will, kann man davon sprechen, dass wir stabiles Geld bekommen haben, aber fragile Staatsfinanzen. Der Euro war in diesem Zeitraum eine sehr stabile Währung. Die jährliche Inflationsrate in der Eurozone lag im Zeitraum 2000 bis 2020 bei rund 1,7 %. Betrachtet man nur die letzte Dekade seit 2010, dann waren es sogar nur 1,2 %. Deshalb wurde vor allem in den Jahren zwischen der globalen Finanzkrise und der Corona-Pandemie in Europa wie in vielen anderen Ländern eher über Deflationstendenzen als über Inflation diskutiert. Ob die aktuellen Inflationstendenzen vorübergehend sind oder sich verfestigen, muss sich noch zeigen.

Weniger erfreulich ist die Bilanz bei den Staatsfinanzen. Die Euro-Staaten hatten sich vorgenommen, die öffentlichen Haushalte in normalen Zeiten auszugleichen, in Krisen Budgetdefizite von maximal 3 % des Bruttoinlandsprodukts zuzulassen, aber den Schuldenstand auf 60 % des Bruttoinlandsprodukts zu beschränken. Nichts davon ist auch nur annähernd gelungen. Im Durchschnitt lag das Budgetdefizit des Euroraums insgesamt in den letzten zwei Jahrzehnten bei 2,7 %, also nahe an dem Wert, der nur in Wirtschaftskrisen zulässig sein sollte. Der Stand der öffentlichen Verschuldung erreichte im Jahr 2020 98 % der Wirtschaftsleistung.

Diese Durchschnitte unterzeichnen das Problem allerdings insofern, als sich dahinter große Unterschiede zwischen den Mitgliedstaaten verbergen. Diese Asymmetrien wurden vor allem in der europäischen Verschuldungskrise deutlich, die im Jahr 2010 den Euroraum in schwere Turbulenzen stürzte. Sie führte letztlich fast zu einem Zerbrechen der Währungsunion. Die griechischen Staatsschulden wurden restrukturiert, und Länder wie Italien, Spanien, Portugal und Irland gerieten an den Rand eines Staatsbankrotts.

Dass der Euro trotz der Stabilitätsprobleme bei den öffentlichen Finanzen eine wertbeständige Währung war, erscheint vor diesem Hintergrund erstaunlich. Es entspricht nicht nur grundlegenden makroökonomischen Einsichten, sondern auch historischer Erfahrung, dass stabiles staatlich bereitgestelltes Geld auf Dauer nur mit stabilen Staatsfinanzen möglich ist. Der Umstand, dass die fiskalpolitischen Krisen in der Eurozone die Währungsstabilität bislang nicht beschädigt haben, hat damit zu tun, dass die Instabilität der Staatsfinanzen in der Verschuldungskrise nur einen Teil der Mitgliedstaaten betraf. Trotzdem hat diese Krise Zweifel daran aufkommen lassen, ob der Euro dauerhaft stabil bleiben kann. Sie hat darüber hinaus zu harten Auseinandersetzungen über Inhalt und Grenzen des Mandats der Europäischen Zentralbank geführt, vor allem im Kontext des Outright-Monetary-Transactions-Programms (OMTs) (Feld et al., 2016).

Die Verschuldungskrise hat die Schwächen der fiskalpolitischen Governance der Eurozone schonungslos offengelegt. Sie hat allerdings auch zu politischen Reaktionen und Reformen geführt, die auf diese Schwächen eingingen. Trotzdem besteht weiterer Reformbedarf. In der Corona-Pandemie ist die Staatsverschuldung in den Ländern der Eurozone noch einmal erheblich gestiegen. Vor dem Hintergrund der zunehmenden Entfernung der tatsächlichen Staatsschulden von dem, was die europäischen Regeln vorsehen, hat eine Debatte über die Neuordnung der fiskalpolitischen Institutionen in der Eurozone begonnen. Damit diese Reform gelingt, muss sie Lehren aus den letzten 20 Jahren berücksichtigen, die richtige Balance wahren zwischen der Stärkung von Solidarität und Flexibilität einerseits sowie fiskalischer Disziplin und Verantwortung andererseits. Das zu erläutern, ist das Ziel dieses Beitrags.

Fehler bei der Gründung der Eurozone und Schwächen der bisherigen fiskalpolitischen Governance

Die Einsicht, dass stabiles Geld nur mit stabilen Staatsfinanzen zu haben ist, hat die Gründer der Europäischen Währungsunion durchaus intensiv beschäftigt. Deshalb sah der Vertrag von Maastricht Obergrenzen sowohl für das jährliche Budgetdefizit der einzelnen

Mitgliedstaaten als auch für den Stand der Staatsschulden vor. Mit dem Stabilitäts- und Wachstumspakt wurden Überwachungsverfahren und Sanktionsregeln eingeführt, die dafür sorgen sollten, dass die Mitgliedstaaten sich an die Schuldenregeln halten. Die No-Bail-out-Regel schließlich sollte sicherstellen, dass die Kosten übermäßiger Verschuldung einzelner Mitgliedstaaten nicht auf die Gemeinschaft abgewälzt werden können. Das war alles gut gemeint, aber unzureichend.

Schon in den ersten Jahren des Euro wurde deutlich, dass man nicht beabsichtigte, die Verschuldungsregeln ernst zu nehmen. Mit Belgien, Italien und wenig später Griechenland wurden drei Staaten aufgenommen, deren Schuldenstand mit über 100 % des Bruttoinlandsprodukts schon damals so hoch war, dass man kaum erwarten konnte, dass sie in absehbarer Zeit die Maastricht-Kriterien erfüllen würden. Hinzu kam, dass die institutionelle Architektur der Währungsunion zwei grundlegende Risiken für die Stabilität der öffentlichen Finanzen nicht beachtete. Das ist erstens die gegenseitige finanzielle Abhängigkeit von Staaten und Banken. Zum einen können Schulden der Banken leicht zu Staatsschulden werden, vor allem in Finanzkrisen, in denen der Bankensektor staatliche Unterstützung braucht. Zum anderen sorgt die Bankenregulierung in vielen Ländern dafür, dass Banken in großem Umfang heimische Staatsanleihen halten. Wenn Staaten in Zahlungsschwierigkeiten geraten, droht deshalb eine Destabilisierung der Banken. Der finanzielle Nexus zwischen Staaten und ihren Banken hat beispielsweise dafür gesorgt, dass mit Spanien und Irland zwei Länder in finanzielle Nöte gerieten, die nach den Maastricht-Kriterien eigentlich gut dazustehen schienen.

Das zweite vernachlässigte Risiko besteht darin, dass Staaten wie Banken für Krisenfälle einen »Lender of Last Resort« brauchen. An Kapitalmärkten ist das Vertrauen in die Zahlungsfähigkeit vor allem bereits höher verschuldeter Staaten wie Banken grundsätzlich fragil. Insbesondere in Krisensituationen kann es zu Run-Situationen kommen, in denen das Vertrauen kollabiert, selbst wenn die privaten oder staatlichen Schulden bei einem allgemeinen Aufrechterhalten des Vertrauens dauerhaft tragfähig wären. Das Vertrauen bleibt aber nur dann erhalten, wenn die Gläubiger überzeugt sind, dass es einen Lender of Last Resort gibt, also einen Kreditgeber, der die Schuldner auch dann mit Krediten versorgt, wenn alle anderen Kreditgeber sich zurückziehen. Diese Rolle übernimmt in der Regel die nationale Notenbank.

Die Rolle des Lender of Last Resort ist allerdings ihrerseits problembehaftet. Es ist eine verbreitete Praxis, dass Regierungen ihre Notenbanken veranlassen, ihnen nicht nur über kurzfristige Liquiditätsengpässe hinwegzuhelfen, sondern dauerhaft Defizite im Staatshaushalt durch Ausweitung der Geldmenge zu finanzieren. Das führt dann zu Inflation und untergräbt die Stabilität des Geldes. Weil das so ist, haben unsolide Staatsfinanzen häufig die Destabilisierung von Währungen zur Folge. Bei nationalen Währungen treffen die Kosten einer solchen Überbeanspruchung der Notenbank letztlich insofern das Land selbst, als die Kosten der Inflationierung des Geldwertes eben getragen werden müssen und die heimische Währung gegenüber anderen Währungen an Wert verliert.

In der Eurozone ist die Lage anders; dort würden die Kosten einer monetären Finanzierung von Staatshaushalten einzelner Mitgliedstaaten, welche den Geldwert beeinträchtigt, letztlich in allen Mitgliedstaaten zu Nachteilen in Form höherer Inflation führen. Aus diesem Grund ist es der Europäischen Zentralbank untersagt, Staatshaushalte zu finanzieren. Sie darf damit den Mitgliedstaaten auch nicht als Lender of Last Resort zur Verfügung stehen.

Das Verbot der monetären Staatsfinanzierung ist in einer Währungsunion durchaus sinnvoll, wirft aber die Frage auf, wer den Mitgliedstaaten denn in schweren Krisen und insbesondere in Finanzkrisen als Lender of Last Resort zur Verfügung stehen soll.

Dass diese Frage ungeklärt war, hat ab 2010 zur Erosion des Vertrauens sowohl in die Solidität der Finanzen einiger Mitgliedstaaten als auch der Banken in diesen Staaten beigetragen.

Hinzu kam, dass man zwar eine No-Bail-out-Klausel vereinbart hat, sich aber offenbar nicht ernsthaft mit der Frage beschäftigen wollte, was diese Klausel in einer Krisensituation zu bedeuten hat und ob es wirklich sinnvoll und politisch durchsetzbar sein wird, sie anzuwenden. Es war naheliegend, die Klausel so zu interpretieren, dass die Gläubiger von Staaten, die in finanzielle Schwierigkeiten geraten, mit einer Restrukturierung der Staatsschulden und entsprechenden Verlusten rechnen müssen. Dabei hat man allerdings nicht bedacht, dass man Banken durch entsprechende Regulierung veranlasst hatte, in großem Umfang Staatsanleihen zu halten, und man ihnen gleichzeitig gestattet hatte, das ohne Unterlegung mit Eigenkapital zu tun. Letzteres beruhte auf der Prämisse, dass Staatsanleihen nicht ausfallen und sie deshalb, zumindest was ihren Nominalwert angeht, sicher sind.

Diese Prämisse ist für ein Land mit eigener Notenbank angemessen, aber nicht für eine Währungsunion. Mit der No-Bail-out-Klausel ist sie letztlich unvereinbar. Durch die Rolle der Banken als Gläubiger ihrer Staaten entstand das Problem, dass Ausfälle bei Staatsanleihen eine Bankenkrise nach sich ziehen würden, mit unkalkulierbaren Folgen für die Realwirtschaft, wie man in der globalen Finanzkrise beobachten konnte, die der europäischen Verschuldungskrise vorausging. Die No-Bail-out-Regel litt deshalb unter Problemen der Zeitinkonsistenz. Ihre Anwendung war nicht glaubwürdig (Wissenschaftlicher Beirat beim Bundesministerium der Finanzen, 2010).[1] Sie war auch deshalb nicht glaubwürdig, weil die Gefahr bestand, dass bei ihrer Anwendung im Fall eines Landes das Vertrauen in die Kreditwürdigkeit anderer hoch verschuldeter Länder ohne Lender of Last Resort ebenfalls kollabieren könnte.

Insofern ist es nicht überraschend, dass man in der europäischen Verschuldungskrise vor der Anwendung der No-Bail-out-Klausel zurückschreckte. Im Fall Griechenlands entschied man sich erst dann für eine Restrukturierung der griechischen Staatsanleihen, als die meisten privaten Gläubiger mit öffentlichen Geldern ausgezahlt worden waren.

Die mangelnde Glaubwürdigkeit der No-Bail-out-Klausel ist für die Governance der Eurozone ein grundlegendes Problem, weil sie bei Schuldnern Anreize zur Begrenzung der Verschuldung und bei Gläubigern Anreize zu vorsichtiger, Bonitätsrisiken berücksichtigender Kreditvergabe untergräbt. Sie beeinträchtigt damit auch die Entstehung einer Disziplinierung übermäßig verschuldeter Mitgliedstaaten durch die Finanzmärkte.

Reformen

Die Debatte über Reformen der fiskalpolitischen Governance in der Eurozone ist so alt wie die Währungsunion selbst. Schon in den ersten Jahren nach der Einführung des Euro wurden Forderungen laut, die Verschuldungsregeln aufzuweichen. Damals behaupteten Kritiker der Schuldenregeln, die starre Defizitgrenze von 3 % würde zu einer prozyklischen Finanzpolitik führen. Dabei ignorierten sie, dass die Regeln bei normaler Wirtschaftslage ausgeglichene Haushalte vorsahen und die 3 %-Grenze den Spielraum für Wirtschaftskrisen darstellen sollte. Heute, nach dem neuerlichen Anstieg der Staatsschuldenquoten in der Corona-Pandemie, wird gegen die Maastricht-Regeln vor allem angeführt, die tatsächliche Verschuldung vieler Mitgliedstaaten übersteige vor allem die in ihnen festgelegte 60 %-Grenze für den Schuldenstand so sehr, dass die Regeln ihre Relevanz verloren hätten. Außerdem wird darauf hingewiesen, dass die Differenz zwischen Zinsen und Wachstumsraten des Bruttoinlandsprodukts in den letzten zwei Jahrzehnten gesunken sei, sodass heute höhere Staatsschuldenquoten tragfähig seien.

Diese Argumente sind nicht von der Hand zu weisen. Allerdings blenden sie verschiedene Probleme hoher Staatsverschuldung aus. Resilienz in künftigen Krisen erfordert fiskalische Handlungsspielräume. Stabilitätsrisiken für die öffentlichen Finanzen in der Eurozone entstehen nicht nur durch hohe Zinslasten in wirtschaftlich normalen Zeiten, sondern auch dadurch, dass in Krisensituationen die Refinanzierung auslaufender Staatsanleihen an den Kapitalmärkten plötzlich schwierig oder sogar unmöglich werden kann, weil die Investoren das Vertrauen verlieren.

Die wichtigste Schwäche dieser Reformdebatte liegt allerdings weniger in einer Unterschätzung der mit hoher Staatsverschuldung verbundenen Risiken. Sie liegt in einer Überbetonung der Schuldenregeln und mangelnder Aufmerksamkeit für die Bedeutung anderer Aspekte der fiskalischen Governance. Vernachlässigt wird vor allem die Verbindung zwischen den Staatsfinanzen und der Regulierung der Banken. Damit besteht die Gefahr, dass Fehler aus der Gründungsphase der Währungsunion wiederholt werden.

Welche Rolle spielen die europäischen Staatsverschuldungsregeln?

Was die Bedeutung der Schuldenregeln angeht, ist es wichtig zu verstehen, dass diese Regeln nicht mit faktisch bindenden Vorgaben für die Staatsfinanzen der Mitgliedstaaten verwechselt werden dürfen. Über Haushaltsdefizite und Staatsschulden entscheiden allein die Regierungen und Parlamente der Mitgliedstaaten. Die bisherige Erfahrung mit den europäischen Schuldenregeln zeigt, dass die nationalen Regierungen sie ignorieren, wenn sie ihnen nicht passen.

Deutschland und Frankreich gehörten zu den ersten Mitgliedstaaten, die das demonstriert haben. Bereits im Jahr 2002 haben beide Länder die 3 %-Grenze beim Haushaltsdefizit verletzt und gleichzeitig verhindert, dass, wie eigentlich vorgesehen, ein Verfahren wegen übermäßiger Budgetdefizite gegen sie eingeleitet wird. Die nächste Beschädigung der Schuldenregeln kam vom wichtigsten Vertreter der Institution, die sie eigentlich schützen und durchsetzen sollte: In der Debatte über die Regelverletzung durch Deutschland und Frankreich fiel Romano Prodi, dem damaligen Präsidenten der Europäischen Kommission, nichts Besseres ein, als zu behaupten, die Schuldenregeln des Vertrages von Maastricht seien »dumm«[2], weil es ihnen an »Flexibilität« mangele. Es erstaunt nicht, dass die Regeln ebenso wie der Europäische Stabilitäts- und Wachstumspakt insgesamt von den Mitgliedstaaten und der Öffentlichkeit immer weniger ernst genommen wurden, auch nach verschiedenen später erfolgten Reformen, die mehr Flexibilität, aber auch mehr Komplexität brachten.

Für die richtige Einschätzung der aktuellen Lage und künftige Reformen ist es wichtig zu verstehen, dass die europäischen Verschuldungsregeln in der Praxis nicht als bindende Grenzen, sondern eher als Referenzpunkte für Gespräche und Verhandlungen unter den Mitgliedstaaten zu verstehen sind. Sie bedeuten nicht, dass die europäische Ebene die Schuldenpolitik der Mitgliedstaaten steuern oder in bestimmten Grenzen halten kann. Wenn die Mitgliedstaaten sich nicht an die Schuldengrenzen halten wollen, kann und wird man sie daran nicht hindern. Das ist auch richtig so, denn die demokratische Kontrolle der Finanzpolitik liegt bei den nationalen Parlamenten. Daraus folgt allerdings unmittelbar, dass die Verschuldungsregeln auch keine Basis für die gemeinsame Haftung für Staatsschulden darstellen können. Haftung und Kontrolle müssen in einer Hand liegen, und das ist hier die Ebene der Mitgliedstaaten.

Aus alldem folgt allerdings nicht, dass die europäischen Verschuldungsregeln irrelevant oder entbehrlich wären. Als Orientierungs- und Referenzpunkt für die Fiskalpolitik der Mitgliedstaaten beeinflussen sie die Verhandlungen unter den Mitgliedstaaten, aber auch öffentliche Debatten. Sie haben dadurch auch Einfluss auf die Art und Weise, in der Finanzmärkte auf nationale Verschuldungspolitiken reagieren. Als die italienische Regierung im Jahr 2018 Vorgaben des europäischen Stabilitätspaktes ignorierte und Aufforderungen der Europäischen Kommission, sich an frühere Zusagen zu halten, offen zurückwies, stiegen die Risikozuschläge auf italienische Staatsanleihen deutlich.

Wie bereits erläutert wurde, hat die No-Bail-out-Klausel in der Europäischen Währungsunion zwar Glaubwürdigkeitsprobleme. Wenn ein Mitgliedstaat, der offen gegen europäische Verschuldungsregeln verstößt, in finanzielle Schwierigkeiten gerät, werden Stützungsmaßnahmen der anderen Mitgliedstaaten und des Europäischen Stabilitätsmechanismus (ESM) sowie der Europäischen Zentralbank jedoch auf größere politische Widerstände stoßen und zumindest zögerlicher kommen als in Fällen, in denen kein derartiger Verstoß vorliegt. Private Investoren, die Staatsanleihen des betreffenden Landes halten, müssen deshalb mit größeren Kursschwankungen rechnen, mit einer geringen, aber dennoch relevanten Wahrscheinlichkeit sogar mit Ausfällen. Die europäischen Verschuldungsregeln haben also unter anderem die Wirkung und Funktion, die Disziplinierung der nationalen Fiskalpolitiken durch die Kapitalmärkte zu stärken.[3]

Das führt zu einer für die fiskalische Governance der Eurozone grundlegenden Frage: Wie können Marktdisziplin und die Glaubwürdigkeit der No-Bail-out-Klausel, also Haftung der Mitgliedstaaten für nationale Staatsschulden, gestärkt werden?

Wie kann die Glaubwürdigkeit der No-Bail-out-Klausel gestärkt werden?

Eine Restrukturierung nationaler Staatsanleihen – also eine Haftung privater Gläubiger von Staaten in finanziellen Schwierigkeiten – ist nur dann glaubwürdig und wird folglich an den Finanzmärkten nur dann eingepreist, wenn die Umsetzung der Restrukturierung nicht so große gesamtwirtschaftliche Risiken mit sich bringt, dass die Regierungen der anderen Mitgliedstaaten es im Krisenfall vorziehen, die finanziellen Lasten zu übernehmen, beispielsweise über Hilfen des ESM oder der dafür eigentlich nicht vorgesehenen Europäischen Zentralbank.

Welche sind die gesamtwirtschaftlichen Risiken, die im Fall einer Überschuldungskrise, also nicht nur vorübergehenden Liquiditätsproblemen, einen Bail-out im Vergleich zu einer Restrukturierung von Staatsanleihen attraktiv erscheinen lassen können? Das ist zum einen die Gefahr einer Bankenkrise. Diese Gefahr besteht, wenn Banken große Portfolios an heimischen Staatsanleihen halten, wenn sie über wenig Eigenkapital verfügen, um eventuelle Verluste aufzufangen, und wenn Verluste an Eigenkapital sie zwingen, die sonstige Kreditvergabe einzuschränken. Besonders gravierend sind die Risiken, wenn die Stabilisierung des Bankensektors in Krisensituationen in der Zuständigkeit der nationalen Regierung ist, die selbst in finanziellen Schwierigkeiten ist. Zum anderen besteht das Risiko, dass die Restrukturierung von Staatsanleihen in einem Land auch das Vertrauen in die Staatsfinanzen anderer, nicht überschuldeter Länder erschüttert und dort zu Liquiditätsproblemen führt.

Damit liegt auf der Hand, was zu tun ist, um die Glaubwürdigkeit der No-Bail-out-Regel zu erhöhen: Das Ziel muss darin bestehen, die Risiken, die mit einer Restrukturierung von Staatsanleihen verbunden sind, zu reduzieren. Priorität hätte es hier, die Banken zu verpflichten, Investitionen in Staatsanleihen mit Eigenkapital zu unterlegen. Das sollte insbesondere für Portfolios von Staatsanleihen der Mitgliedstaaten gelten, die nicht diversifiziert sind (Bénassy et al., 2018).

Darüber hinaus ist es wichtig, die finanzielle Abhängigkeit der Banken von ihren jeweiligen nationalen Regierungen abzubauen. Die Europäische Bankenunion leistet dazu einen Beitrag, indem sie vorsieht, dass Banken mehr eigenes Kapital vorweisen müssen, das im Krisenfall haftet. Außerdem werden Mittel zum Stützen und schlimmstenfalls zur Abwicklung finanziell angeschlagener Banken auf der europäischen Ebene aufgebracht, sodass die Stabilisierung des Bankensektors in Krisensituationen nicht oder zumindest weniger von einzelnen nationalen Regierungen abhängt, die eventuell ihrerseits finanzielle Probleme haben.

Die Gefahr, dass die Restrukturierung von Staatsanleihen in einem Land zu einem Verlust an Vertrauen in die Solidität der Finanzen anderer, insbesondere hoch verschuldeter Mitgliedstaaten führt, ist nicht von der Hand zu weisen. Hier hat die Schaffung des ESM jedoch dafür gesorgt, dass in solchen Fällen, falls nötig, so etwas wie ein Lender of Last Resort zur Verfügung steht. Allein die Möglichkeit, auf diese Unterstützung zurückzugreifen, reduziert die Wahrscheinlichkeit, dass es zu solchen Ansteckungseffekten kommt.

Insgesamt haben also verschiedene Reformen der letzten Jahre bereits sichergestellt, dass eine Beteiligung von privaten Gläubigern an den Kosten der Überschuldung einzelner Mitgliedstaaten eher möglich ist und damit die Disziplinierung durch Märkte besser funktioniert. Es sind jedoch weitere Schritte erforderlich. Insbesondere muss die Eigenkapitalunterlegung konzentrierter Investitionen von Banken in heimischen Staatsanleihen endlich umgesetzt werden.

Es ist zu betonen, dass es hier nicht darum geht, einen »Staatsbankrott« mit Ausfällen bei Staatsanleihen zu verharmlosen oder gar zu fördern. Es geht darum zu verhindern, dass mangelnde Glaubwürdigkeit der No-Bail-out-Klausel einen Aufbau exzessiver Staatsverschuldung begünstigt oder überhaupt erst ermöglicht. Es geht auch darum, dafür zu sorgen, dass angesichts nationaler Entscheidungsgewalt über die Verschuldungspolitik die Haftung für übermäßige Staatsschulden nicht auf die Steuerzahler in anderen Staaten der Währungsunion abgewälzt wird.

Die Reform der fiskalpolitischen Institutionen sollte sich darin allerdings nicht erschöpfen. Resilienz würde auch dadurch gefördert, dass für schwere Krisen wie etwa die Coronakrise ein gemeinsamer Versicherungsmechanismus institutionalisiert wird, der vor allem bei asymmetrischen Schocks die betroffenen Mitgliedstaaten unterstützt (Dolls et al., 2018). In wirtschaftlich normalen Zeiten wäre dieser Versicherungsmechanismus inaktiv, und makroökonomische Stabilisierungen durch nationale Fiskalpolitiken würden ausreichen. Das würde die Wahrscheinlichkeit von Überschuldungskrisen weiter reduzieren.

Schlussfolgerungen

In den letzten 20 Jahren hat die Europäische Währungsunion verschiedene Krisen überstanden. Trotz erheblicher Kontroversen über das Mandat der Europäischen Zentralbank ging es in diesen Krisen nicht um akute Probleme der Geldwertstabilität, sondern primär um die Stabilität der Staatsfinanzen und des Bankensektors in Europa. In der europäischen Verschuldungskrise sind die Schwächen der institutionellen Architektur der Währungsunion deutlich zutage getreten.

Einige der zwischenzeitlich erreichten Reformen, darunter die Schaffung des ESM und die ersten Schritte in Richtung einer Europäischen Bankenunion, haben Verbesserungen gebracht. Dennoch besteht weiterer Reformbedarf. Derzeit wird in der Debatte über die Neuordnung der fiskalpolitischen Governance in der Eurozone fast ausschließlich über die Aufweichung von Fiskalregeln und die Erweiterung von Verschuldungsspielräumen gesprochen. Darin liegt eine Gefahr. Eine zentrale Aufgabe besteht darin, dafür zu sorgen, dass Kontrolle und Haftung in der Fiskalpolitik, aber auch der Politik gegenüber dem Bankensektor, nicht auseinanderfallen.

Solange nationale Parlamente und Regierungen über ihre Fiskalpolitik und ihre Verschuldung der Mitgliedstaaten entscheiden, muss sichergestellt sein, dass die Mitgliedstaaten und ihre Gläubiger haften, wenn es zu Überschuldungsproblemen kommt. Das ist nur möglich, wenn die No-Bail-out-Regel glaubwürdig ist. Um das zu erreichen, aber auch um die Resilienz der Währungsunion in künftigen Krisen zu stärken, ist bei den anstehenden Reformen ein angemessenes Gleichgewicht erforderlich. Dabei geht es um eine Balance aus der Stärkung von Disziplin und harten Budgetrestriktionen einerseits sowie Flexibilität und fiskalischen Versicherungsmechanismen für schwere Krisen andererseits. Reformen, die nur eine dieser beiden Seiten berücksichtigen, wären unzureichend.

Anmerkungen

1 Auf das Problem der mangelnden Glaubwürdigkeit der No-Bail-out-Klausel in der Europäischen Währungsunion und die Rolle der Banken als Gläubiger des Staates in Verschuldungskrisen weist beispielsweise Fuest, 1993, hin.

2 Interview in *Le Monde* vom 17.10.2002, siehe dazu auch https://euobserver.com/economic/8008

3 Siehe dazu auch Francova et al., 2021.

Literaturverzeichnis

Bénassy-Quéré, A., M. Brunnermeier, H. Enderlein, E. Farhi, M. Fratzscher, C. Fuest, P.O. Gourinchas et al. (2018), Reconciling Risk Sharing with Market Discipline: A Constructive Approach to Euro Area Reform, CEPR Policy Insight, Nr. 91, Januar 2018.

Dolls, M., C. Fuest, D. Neuman und A. Peichl (2018), An Unemployment Insurance Scheme for the Euro Area? A Comparison of Different Alternatives Using Micro Data, 2018, International Tax and Public Finance, 25 (1), S. 273–309.

Feld, L.P., C. Fuest, J. Haucap, H. Schweitzer, V. Wieland und B.U. Wigger (2016): Das entgrenzte Mandat der EZB – Das OMT-Urteil des EuGH und seine Folgen, Stiftung Marktwirtschaft, Kronberger Kreis. Schriftenreihe Bd. 61, Berlin.

Francova, O., E. Hitaj, J. Goossen, R. Kraemer, A. Lenarčič und G. Palaiodimos, (2021), EU Fiscal Rules: Reform Considerations, ESM Discussion Paper 17.

Fuest, C. (1993), Stabile fiskalpolitische Institutionen für die Europäische Währungsunion, Wirtschaftsdienst, 73 (10) 1993, S. 539–545.

Die Eurozone braucht einen Finanzausgleich und die EU mehr Integration

Hans Eichel

Währungsgebiete, ausgenommen ganz kleine, haben in sich eine mehr oder minder große Spanne zwischen wirtschaftsstarken und wirtschaftsschwachen Regionen, zwischen Regionen mit hoher Beschäftigungsquote und mit niedriger Beschäftigungsquote. Das gilt auch für die Eurozone. Die Kopenhagener Beitrittskriterien kennen ja das Kriterium »realwirtschaftliche Konvergenz« nicht. Und so verwundert es nicht, dass die Spanne zwischen den Regionen mit dem höchsten Bruttoinlandsprodukt (BIP pro Kopf) und denen mit dem niedrigsten extrem groß ist (2020: 101 640 € zu 15 430 €). Da es aber im europäischen Binnenmarkt keine Zollschranken und in der Eurozone keine Währungsschranken mehr gibt, fehlt den Mitgliedstaaten die Möglichkeit, auf diese Ungleichgewichte zu reagieren. Die Geldpolitik der Europäischen Zentralbank (EZB) kann aber nur die Eurozone als Ganzes in den Blick nehmen, also sich an einem Mittelwert zwischen wirtschaftsstarken und -schwachen Regionen orientieren. Deshalb muss die gemeinsame Währung für die Wirtschaftsstarken immer zu schwach, für die Schwachen immer zu stark sein. Wenn durch das Hochziehen oder Heruntersetzen von Währungszäunen, also das Auf- und Abwerten nationaler Währungen, kein äußerer Ausgleich mehr geschaffen werden kann, müssen interne Ausgleichsmechanismen etabliert werden, um ein wirtschaftliches Auseinanderdriften zu verhindern.

Die Bedeutung finanzpolitischer Ausgleichsmechanismen

Deutschland hatte zu D-Mark-Zeiten (auch nach der Wiedervereinigung) nicht eine so große Spanne in der Wirtschaftskraft zwischen starken und schwachen Ländern, hatte und hat aber eine große Zahl an Ausgleichsmechanismen: das grundgesetzliche Gebot zur »Herstellung gleichwertiger Lebensverhältnisse im Bundesgebiet«, einen Bundeshaushalt in Höhe von rund 10 % des BIP, den vertikalen Finanzausgleich (der horizontale wurde bei der letzten Reform des Finanzausgleichs abgeschafft – eine Selbstbeschädigung des Föderalismus), die Bund-Länder-Gemeinschaftsaufgaben, das bündische Haftungsprinzip für alle Schulden aller staatlichen Ebenen, als automatische Stabilisatoren die vier Säulen des sozialen Sicherungssystems und schließlich das Kurzarbeitergeld.

Nichts von alledem besitzt die Eurozone, wohl aber rudimentär die EU: einen Haushalt im Volumen von gerade mal 1 % des BIP mit Struktur- und Sozialfonds, die Ausgleichsfunktionen dienen; einen kreditfinanzierten Fonds, der Mitgliedstaaten ermöglicht, Kurzarbeitergeld zu zahlen, allerdings müssen die Zuschüsse zurückgezahlt werden; und neuerdings einen 750-Mrd-Euro-Fonds zum Wiederaufbau und zur Transformation der Wirtschaft nach der Pandemie, finanziert durch gemeinsam verbürgte Schuldenaufnahme, davon 390 Mrd € als nicht rückzahlbare Zuschüsse an die Mitgliedstaaten, deren Höhe sich danach bemisst, wie stark sie von der Pandemie betroffen sind und wieweit sie sich selber helfen können. Dies sind überwiegend eher kleine Instrumente, die ausgebaut werden müssen, die aber nicht spezifisch der Eurozone dienen.

Speziell für die Eurozone gilt der Stabilitäts- und Wachstumspakt: Jeder Mitgliedstaat muss mit seinem Geld auskommen, für alle gelten dieselben Fiskalregeln, die insbesondere die eigenverantwortliche Schuldenaufnahme begrenzen. Auf Deutschland zu D-Mark-Zeiten übertragen, hätte das bedeutet: Die großen Finanzkraftunterschiede etwa zwischen Mecklenburg-Vorpommern (MV) einerseits und Bayern, Baden-Württemberg und Hessen andererseits bleiben bestehen, einen strukturpolitisch wirklich wirksamen Bundeshaushalt gibt es nicht, MV muss für seine Arbeitslosen, Alten, Kranken, Pflegebedürftigen alleine sorgen, für seine Schulden alleine einstehen, was bedeutet, weniger Kredite zu bekommen und dafür höhere Zinsen zahlen zu müssen als die finanzstärkeren Länder. Das hätte in Deutschland dazu geführt, dass MV wirtschaftlich immer schwächer geworden wäre, sich entvölkert hätte, die Menschen in die wirtschaftsstarken Ballungsgebiete abgewandert wären. Das alles wäre das Gegenteil von dem gewesen, was das Grundgesetz mit Sozialstaat und »gleichwertigen Lebensverhältnissen« meint. Es hätte nicht funktioniert.

Und es hat in der Eurozone auch nicht funktioniert. Nach Ausbruch der großen Finanzmarktkrise 2007/08 wurde das offensichtlich. Bis dahin hatten die schon mit Hinblick auf die kommende Währungsunion stark gesunkenen Kapitalkosten den schwächeren südlichen Volkswirtschaften eine Sonderkonjunktur beschert. Diese Sonderkonjunktur, die Kritik ist ja großenteils berechtigt, wurde aber nicht für Investitionen, die Grundlage für künftiges Wachstum schaffen, sondern überwiegend für eine Erhöhung der konsumtiven Ausgaben genutzt. Das galt besonders für Griechenland. Aus der Finanzmarktkrise konnten nun die schwächeren südeuropäischen Volkswirtschaften nicht mehr aus eigener Kraft herauskommen. Die Finanzmarktkrise ging hier in eine Staatsschuldenkrise über. Das Versprechen, dass der Euro die Volkswirtschaften der Eurozone wirtschaftlich zusammenführen würde, erwies sich als Illusion. Die Disparitäten in der Eurozone zwischen dem wirtschaftsstarken Norden und dem schwächeren Süden vergrößerten sich dramatisch, bei den Staatsschulden wie beim Wirtschaftswachstum.

Der Euro trieb also die Volkswirtschaften und Staaten auseinander. Die Situation wurde dadurch noch drastisch verschärft, dass sich anfangs die Staats- und Regierungschefs der Eurozone nicht entschieden zeigten, ob sie die Währungsunion insgesamt erhalten wollten. Die Diskussion um ein mögliches Ausscheiden Griechenlands, die jeder rechtlichen Grundlage entbehrte, weil der Maastricht-Vertrag aus gutem Grund gar keine Ausstiegsklausel kennt, hatte den Märkten suggeriert, dass sich eine Spekulation gegen die Integrität der Eurozone, also gegen schwache Eurostaaten, lohnen könnte. Und so schlugen die Spekulationswellen hoch.

Das erste dagegen errichtete Bollwerk, der Europäische Stabilitätsmechanismus, der eine Überschusshaftung der Mitgliedstaaten für die aufgenommenen Kredite vorsieht, was real einer gesamtschuldnerischen Haftung gleichkommt, konnte diese Spekulation nicht wirklich stoppen. Außerdem ist er völkerrechtlich, nicht nach europäischem Gemeinschaftsrecht konstruiert, stärkt also die intergouvernementale Komponente, was die Eurozone und die EU aber auch schwächt.

»Whatever it takes«

Erst als Mario Draghi das ganze Gewicht der EZB in die Waagschale warf (»whatever it takes«), war die existenzbedrohende Krise der Eurozone (vorläufig) beendet. Aber der Geburtsfehler – und damit die Instabilität der Eurozone – war für jedermann sichtbar geworden: Ein gemeinsames Währungsgebiet, das nicht durch staatliche Institutionen zusammengehalten wird, gemeinsame Geldpolitik ohne gemeinsame Wirtschafts- und Finanzpolitik, das konnte und kann auf Dauer nicht gut gehen. Bundeskanzler Helmut Kohl hatte ursprünglich die politische Union und die Währungsunion zusammen verwirklichen wollen, das aber nicht durchsetzen können. Der Stabilitäts- und Wachstumspakt allein konnte und kann dafür kein funktionsfähiger Ersatz sein. Deutschland großenteils aber wiegte und wiegt sich noch heute in dieser Illusion. Der Stabilitäts- und Wachstumspakt kann nur funktionieren, wenn es einen wirksamen Finanzausgleich gibt. Weil in Deutschland dieser Finanzausgleich besteht, funktioniert in den deutschen Ländern auch die Schuldenbremse, die ja das innerdeutsche Äquivalent zum Stabilitäts- und Wachstumspakt ist, einigermaßen. Ohne Finanzausgleich wäre sie ein Verelendungsprogramm für die wirtschaftsschwachen Ost- und Küstenländer und das Saarland.

Euro als logischer Schritt im europäischen Einigungsprozess

Der Euro, »eine kränkelnde Frühgeburt«, wie Gerhard Schröder, damals niedersächsischer Ministerpräsident, meinte, um dann trotzdem im Bundesrat für seine Einführung zu stimmen? Im Bewusstsein der damaligen Zeit nicht. Die Debatte um die »Krönungstheorie« (der Euro als krönender Abschluss der europäischen Einigung) und um die »Lokomotivtheorie« (der Euro als Beschleuniger der Einigung) war europaweit geführt und entschieden worden. Hans-Dietrich Genscher, damals Außenminister und starker Befürworter der schnellen Einführung des Euro, rechtfertigte das anderthalb Jahrzehnte später noch so: »Wir haben immer genommen, was wir an europäischer Einigung bekommen konnten, wissend, dass danach die nächste Einigung kam.« Dieser Satz mag heute vielen als naiv erscheinen, war aber typisch für das Denken und Fühlen in der ganzen zweiten Hälfte des 20. Jahrhunderts. Seit Ende der Katastrophe des Zweiten Weltkriegs war für die Völker und Regierungen in Europa klar: Es gibt keine (vernünftige) Alternative zur europäischen, zunächst westeuropäischen Einigung. Sie war das unwiderrufliche Ziel. Folglich enthielt bis Lissabon kein Vertrag eine Austrittsklausel. Der Zusammenbruch der kommunistischen Diktaturen in Osteuropa und der Sowjetunion, die Auflösung des Warschauer Paktes und des Comecon hatten die Perspektive auf ein einiges Europa über die früheren Blockgrenzen hinweg eröffnet. Und die Briten waren sogar bereit, eine europäische Verfassung zu akzeptieren. Im Blick auf die europäische Einigung herrschte großes Zukunftsvertrauen. Deshalb war der Euro keine »kränkelnde Frühgeburt«, sondern ein großer und logischer Schritt im europäischen Einigungsprozess, dem bald weitere Schritte folgen mussten und würden.

Aber nach der Jahrtausendwende, nach der Ablehnung der europäischen Verfassung in den Niederlanden und in Frankreich schlug die Stimmung um, nahezu in allen Mitgliedstaaten der EU erstarkten nationalistisch-egoistische Strömungen wieder. Die notwendige Weiterentwicklung der Eurozone unterblieb. Die folgenden Krisen waren also unvermeidlich – und sie waren vorhersehbar. Erst die politischen Antworten darauf, der Europäische Stabilitätsmechanismus (ESM) und vor allem das große, kreditfinanzierte und gemeinsam verbürgte Wiederaufbau- und Transformationsprogramm brachten wieder neue, hoffentlich nachhaltige Impulse für den Einigungsprozess.

Herausforderungen der Zukunft: Eine zentral gesteuerte europäische Fiskalkapazität

Was also ist jetzt zu tun? Die Idee der europäischen Einigung ist in der Welt von heute und morgen noch zwingender, als sie es all die Jahrzehnte nach dem Zweiten Weltkrieg schon war. Erderwärmung als Herausforderung für das Überleben der Menschheit und ein Internet, das in Sekundenbruchteilen alle Nachrichten rund um den Globus schickt, erzwingen und ermöglichen globale Zusammenarbeit, am besten organisiert in großen Einheiten, geeinten Kontinenten, wie es in Europa möglich ist, global zusammengeführt in den Vereinten Nationen. Für Nationalismus und engstirnigen Egoismus ist da kein Platz und keine Zeit mehr.

Für die Eurozone heißt das: Die gemeinsame Geldpolitik muss durch eine gemeinsame Wirtschafts- und Finanzpolitik ergänzt werden. Der Währungsunion muss die Fiskalunion folgen. Die Behauptung, Deutschland benötige dafür eine Volksabstimmung, findet keine Basis im Grundgesetz (GG). Das GG begrenzt nicht Deutschlands Integration in die EU, es ermöglicht und fordert sie. Die Präambel und Art. 23 sind da ganz eindeutig.

Ein wirksamer Haushalt, eine Fiskalfazilität mit eigenen Einnahmen muss eingerichtet werden, nicht ein lächerliches Minibudget, wie es der Rat Wirtschaft und Finanzen (Ecofin, Economic and Financial Affairs Council) empfohlen hat. Von dieser Basis aus könnten Elemente eines Finanzausgleichs entwickelt werden, der natürlich niemals so stark ausgebaut sein wird wie der innerdeutsche. Bei dieser Ausgangsbasis ist das politische Verhetzungspotenzial vielleicht nicht so groß, als wenn man unmittelbar mit der Implementierung von einzelnen Ausgleichselementen begänne. Von diesem Haushalt aus wäre zum Beispiel der Einstieg in eine europäische Arbeitslosenversicherung möglich, angefangen mit einer Arbeitslosenrückversicherung, eventuell kreditfinanziert und mit rückzahlbaren Unterstützungen für regionale Arbeitslosenversicherungen. Das könnte helfen, zyklische Schwankungen in unterschiedlichen Teilen der Eurozone oder asymmetrische Schocks abzufedern, da die Fiskalpolitik, insbesondere in schwächeren oder höher verschuldeten Mitgliedstaaten, das nicht leisten kann. Ebenso wenig kann das die Geldpolitik leisten, die ja immer nur den Durchschnitt der Eurozone im Blick hat. An der Nullzinsgrenze tut sich die Geldpolitik insgesamt schwer, ihre makroökonomische Stabilisierungsfunktion selbst für den Durchschnitt der Eurozone zu erfüllen. Die Summe der nationalen Fiskalpolitiken leistet das ebenfalls nicht. Auch deswegen braucht es eine zentral gesteuerte europäische Fiskalkapazität.

Für ein geeintes Europa: Weiterentwicklung der Eurozone, Finanzierung der Zukunftsaufgaben und Verteidigungsunion mit gemeinsamer Armee

Ein Eurozonen-Parlament und ein Eurozonen-Finanzminister müssen installiert werden. Das Eurozonen-Parlament kann aus den Mitgliedern des Europäischen Parlaments (EP) gebildet werden, die aus den Mitgliedstaaten der Währungsunion stammen, Finanzminister könnte der Währungskommissar sein. Das alles muss eng verzahnt werden mit der EU, denn der Euro ist ihre Währung, wenn auch noch nicht alle Mitglieder sie eingeführt haben. Aber die Weiterentwicklung der Eurozone sollte möglichst bald zur Einbeziehung aller EU-Mitgliedstaaten führen, wie Jean-Claude Juncker es früher schon gefordert hat.

Und wenn die Bekenntnisse zur »Souveränität Europas« wirklich ernst gemeint sind, dann muss die EU auch weitere Integrationsschritte gehen. Dann muss sie so finanziert werden wie bis heute selbstverständlich ihre Mitgliedstaaten: mit einem Haushalt, der der Größe der Aufgaben entspricht, mit eigenen (Steuer-)Einnahmen. Der europäische Wiederaufbau- und Transformationsfonds (Next Generation EU) muss zu einem normalen ständigen Instrument zur Finanzierung der Zukunftsaufgaben werden, mit der Möglichkeit der Kreditaufnahme. Da geht es nicht um die Vergemeinschaftung von Schulden, sondern um gemeinsame Investitionen in die Zukunft, die national allein nicht geleistet werden können. Die Dekarbonisierung Europas, die Digitalisierung, das sind Projekte, die nur so finanziert werden können. Wer diese Finanzierung verweigert, verweigert Europa die Zukunft.

Die EU muss in der Welt mit einer Stimme sprechen können, das bedeutet auch Mehrheitsentscheidungen dazu im Rat. Die EU muss sich zu einer Verteidigungsunion entwickeln mit einer gemeinsamen Armee. Die nationalen Verteidigungsetats werden im europäischen Etat zusammengefasst. Dann zeigt sich übrigens, dass die europäischen NATO-Staaten etwa dreimal so viel für Verteidigung ausgeben wie Russland. Die Aufgabe der Kleinstaaterei ermöglicht enorme Synergieeffekte: Man bekäme für das gleiche Geld viel mehr Verteidigungskraft oder könnte eine Menge Geld einsparen und für Zukunftsprojekte und sozialen Ausgleich einsetzen.

Geeintes Europa = Frieden nach innen und außen

Und das Ganze würde demokratisch legitimiert, also mit einem Parlament mit allen Rechten, auch einem Initiativrecht. Mit einem gemeinsamen Wahlrecht, das den Bürgerinnen und Bürgern Europas eine europäische Wahl wirksam ermöglicht, mit transnationalen Listen, wie es der Europäische Rat für die nächste Wahl ins Auge gefasst hat.

Nur ein so geeintes Europa kann sich mit seinen Werten Menschenrechte, Freiheit, Demokratie, Rechtsstaatlichkeit, soziale Gerechtigkeit im globalen Wettstreit, der vor allem zwischen den USA und China ausgetragen wird, behaupten. Und ein so geeintes Europa ist stark genug, um die konkurrierenden Supermächte zur friedlichen Lösung ihrer Konflikte und zur Kooperation in den Fragen, bei denen es ums Überleben der Menschheit geht, zu veranlassen.

Europa als Friedensprojekt, ursprünglich nach innen für unseren Kontinent, nun auch nach außen, global.

Von der Mark der DDR zum Euro: Bargeld führt Menschen zusammen

Theodor Waigel

Als ich im August 1985 einen Besuch in der DDR machte, waren 120 Stasileute damit beauftragt, mich und meine Begleiter zu beobachten. Einer dieser Agenten versuchte auf plumpe Art, mein Vertrauen zu gewinnen. Er behauptete, ein Bewunderer von Franz Josef Strauß zu sein, sein Bruder arbeite in München, und er stehe als Künstler dem Regime kritisch gegenüber. Obwohl ich ihn schnell durchschaute, wollte er mich während meines Aufenthalts in Dresden nochmals sprechen. Wir trafen uns in einem Café in der Mitte der Stadt. Als ich die Zeche bezahlen wollte, legte ich für die ganze Gruppe 70 DM auf den Tisch. Ich hatte bewusst keinen Umtausch von D-Mark zu Ostmark vorgenommen, weil ich mich keiner Investigation der DDR-Behörden aussetzen wollte. Das könne ich doch nicht machen, flüsterte mir der Stasimann zu, und ich erklärte ihm, dass die direkte Bezahlung einfacher sei, als sich Ostmark zum offiziellen Kurs von 1:1 zu besorgen. Er schlug vor, selbst die Zeche in Ostmark zu begleichen, wenn er dafür die D-Mark-Scheine erhalte. So erlebte ich die reale Sehnsucht auch kommunistischer Funktionäre nach der harten D-Mark der Bundesrepublik Deutschland.

Sehnsucht nach der D-Mark

Auf einer Großkundgebung vor den ersten freien Volkskammerwahlen im Februar 1990 entdeckte ich in der Menschenmenge ein Transparent mit der Aufschrift »Tausche Luft und runden Tisch gegen Waigel und DM«. Luft hieß die kommunistische Finanzministerin der DDR. Neben der Sehnsucht nach Freiheit und Demokratie war der Wunsch nach einer stabilen Währung, der D-Mark, ein wichtiger Faktor beim Streben der DDR-Bürger nach Wiedervereinigung. Als am 1. Juli 1990 die D-Mark Zahlungsmittel in der DDR wurde, harrten Tausende die ganze Nacht vor Banken und Sparkassen aus, um möglichst früh an die begehrte Währung zu gelangen. Von Reiner Kunze, dem Lyriker, der von Ostdeutschland nach Westdeutschland gehen musste, stammt der Vers:

Wort ist Währung.
Je wahrer,
desto härter.

Es waren bewegende Momente, als die Bürgerinnen und Bürger der DDR eine harte Währung als Bargeld in Münzen und Banknoten in Händen hielten. Den Weg dazu habe ich in einem Vortrag am 1. Juli 2015 auf einem Festakt der Deutschen Bundesbank im alten Rathaus in Leipzig skizziert.

Am Tag des Mauerfalls, am 9. November 1989, meinem Namenstag, wurde mir ein Vermerk über die Reform des Währungssystems in der DDR vorgelegt, der aus dem Bundesministerium der Finanzen (BMF) stammte. Uns war klar, dass entscheidende Veränderungen des DDR-Wirtschaftssystems notwendig waren. Bereits einen Tag später diskutierten wir im Bundesfinanzministerium, wie Strukturen im Währungsbereich der DDR verändert werden müssen, und nur wenige Tage später entstand ein erstes Papier über die währungspolitische Neuordnung in der DDR. Dazu gehörten eine grundlegende Änderung des Wirtschafts- und Finanzsystems im östlichen Teil Deutschlands, Autonomie für die Unternehmen, ein funktionierender Wettbewerb, Abbau der Devisenbewirtschaftung, ein realistischer Wechselkurs für Reisedevisen, eine Reform der Notenbank, Errichtung von Geschäftsbanken und flankierende Maßnahmen für die soziale Sicherung gegenüber Arbeitslosigkeit.

Erste Schritte zur deutschen Einheit

Meinem Vorgänger Gerhard Stoltenberg war es gelungen, mit einer konsequenten Konsolidierungspolitik den Gesamthaushalt stabil zu gestalten. Ich selbst hätte 1989 nach 21 Jahren wieder einen ausgeglichenen Bundeshaushalt vorlegen können. Eine Stabilisierung der DDR auch nach dem Rücktritt von Honecker und der Machtübernahme durch Krenz war für uns jedoch illusorisch. Schon im Frühjahr 1988 hatte sich Gerhard Schürer, Chefökonom der DDR, an Erich Honecker gewandt und eine spürbare Senkung des Lebensstandards der Bürger gefordert, um eine Überschuldung abzuwenden. Sein Credo lautete: Wenn sich diese Entwicklung fortsetzt, werde die DDR 1991 zahlungsunfähig sein. Eine Senkung des Lebensstandards um 25 % bis 30 % sei erforderlich, wenn nicht massive Kapitalhilfe aus dem Westen Hilfe brächte.

Bei einem Besuch von Ministerpräsident Modrow Anfang 1990 in Bonn forderte dieser von der Bundesrepublik Deutschland einen Lastenausgleich von 15 Mrd DM. Wir lehnten ab und sagten Hilfe zu, wenn eine durchgreifende Änderung des Wirtschafts-, Finanz- und Sozialsystems stattfinde, die soziale Marktwirtschaft auch in der DDR zur Grundlage werde und boten Verhandlungen über eine Wirtschafts- und Währungsunion an, um die D-Mark auch in der DDR zum Zahlungsmittel zu machen.

Das BMF hatte ein präzises Konzept erarbeitet. Auf einer Klausurtagung in der Bayerischen Landesvertretung diskutierten wir diese Fragen und sprachen uns für einen Beitritt der DDR nach Art. 23 GG aus. Der spätere Bundespräsident Horst Köhler, Staatssekretär Gerd Haller, Thilo Sarazzin und der Kommentator zum Grundgesetz, Bruno Schmidt-Bleibtreu, waren die gestaltenden Figuren auf diesem Parkett. Nach dieser Klausurtagung entwarf Ministerialdirektor Schmidt-Bleibtreu eine erste Skizze für einen Staatsvertrag zwischen der Bundesrepublik Deutschland und der DDR zur Schaffung eines gemeinsamen Wirtschafts- und Währungsgebiets. Mir war klar, dass dies ein erster und irreversibler Schritt zur deutschen Einheit sein müsse. Zwischenzeitlich hatte es auch in anderen Parteien Diskussionsvorschläge in dieser Richtung gegeben.

»Everything is under control«

Es kam zu Verhandlungen zwischen dem BMF und dem DDR-Finanzministerium, das von Walter Romberg geführt wurde. Schwierig gestaltete sich das Umrechnungsverhältnis zwischen D-Mark und Ostmark. Bei einem Umrechnungskurs von 2:1 wären dem Durchschnittsarbeiter in der DDR noch 625 DM geblieben. Es wäre zu einer Massenflucht aus der DDR gekommen, weil die Sozialhilfesätze in

Westdeutschland höher gewesen wären als Löhne oder gar Renten in der DDR. Trotz mancher Bedenken war die Umstellung der Stromgrößen, Löhne, Gehälter und Renten mit 1:1 unumgänglich. Auch bei kleineren Sparguthaben erfolgte eine Umstellung in dieser Relation. Darlehen wurden mit 2:1 und Auslandsverbindlichkeiten mit 3:1 bewertet. Das ergab ein makroökonomisches Umstellungsverhältnis von 1:1,81.

Es war eine Meisterleistung, wie die Deutsche Bundesbank den Umtausch und die Ausgabe der DM-Währung durchführte. Fast 25 Millionen Konten wurden umgestellt, und ihre Geldtransporte mit über 1000 Tonnen Banknoten und Münzen im Wert von 460 Millionen D-Mark gelangten, vom Militär der DDR geschützt, rechtzeitig zum 1. Juli 1990 zu den Ausgabestellen im Lande.

Auf einer Pressekonferenz vor internationalen Journalisten konnte ich lakonisch feststellen: »Everything is under control.« Die Bürger der DDR haben sich nach dem Erhalt der D-Mark verantwortungsvoll verhalten. Es kam zu keinem Kaufrausch und zu keinem Überhang der Geldmenge, was manche Geldtheoretiker befürchtet hatten.

Eine gemeinsame europäische Währung

Mehr als ein Jahr vor den ersten Schritten zur deutschen Einheit hatte auf europäischer Ebene ein Prozess zur Einführung einer gemeinsamen europäischen Währung stattgefunden. Dieses Vorhaben begann mit einem europäischen Gipfel in Hannover im Jahr 1988. Dort wurde die Einsetzung einer Kommission unter dem Vorsitz des EU-Kommissionspräsidenten Jacques Delors beschlossen. Im März 1989 legte diese Gruppe, die aus den Notenbankpräsidenten der Mitgliedstaaten bestand, einen Entwurf vor, wie der Weg zu einer gemeinsamen europäischen Währung aussehen könnte.

Zehn Jahre zuvor wurde ein Europäisches Währungssystem (EWS) etabliert, das Währungsschwankungen in Grenzen halten sollte. Trotzdem kam es zu dramatischen Währungsauseinandersetzungen durch Abwertungen und Aufwertungen. Doch der Gedanke und die Notwendigkeit einer gemeinsamen europäischen Währung blieben lebendig. Schon 1946 hatte der Begründer der Christlich Sozialen Union in Bayern, Josef Müller, die Notwendigkeit einer gemeinsamen Währung mit den Worten ausgedrückt: »Wir brauchen eine gemeinsame europäische Währung, weil Länder mit einer gemeinsamen Währung keinen Krieg gegeneinander führen können.«

Im ereignisreichen Jahr 1990 brachten wir das deutsche Projekt der Wiedervereinigung und das europäische Projekt einer gemeinsamen Währung parallel voran. Die deutsche Einheit war am 3. Oktober 1990 vollendet, das europäische Vorhaben benötigte weitere acht anstrengende Jahre. Diese Zeitdifferenz zeigt mit aller Deutlichkeit: Die Europäische Wirtschafts- und Währungsunion war nicht der Preis für die Zustimmung der europäischen Staaten zur deutschen Einheit. Am 15. Dezember 1990 fand in Rom die Regierungskonferenz mit dem Auftrag statt, einen Vertrag über eine gemeinsame Wirtschafts- und Währungsunion in Europa auszuarbeiten. Damals konnte niemand voraussagen, ob es zu einem Vertrag kommen würde, ob der Vertrag in den Ländern ratifiziert würde und ob am Schluss die Evaluierung der Kriterien mit einem erfolgreichen Abschluss festgestellt würde. Da der Status der Bundesbank verändert werden musste, bedurfte ein solcher Vertrag der verfassungsändernden Mehrheit in Bundestag und Bundesrat. Es gab kein Junktim zwischen deutscher Einheit und Europäischer Wirtschafts- und Währungsunion.

Eine europäische Währung so stabil wie die D-Mark

Wir haben allerdings den europäischen Weg nicht abgebrochen, als sich die Chance zur deutschen Einheit ergab. Es blieb beim europäischen Kurs im Interesse Deutschlands und um Ängste bei unseren Nachbarn nicht entstehen zu lassen. Die Regierungskonferenz in Rom wurde von Ministerpräsident Giulio Andreotti eröffnet. Für den politischen Teil sollten die Außenminister, für den ökonomischen die Finanzminister zuständig sein. Meine unabänderliche Forderung in diesem Zusammenhang war, die europäische Währung müsse so stabil sein wie die D-Mark.

In der Folgezeit kam es zu regelmäßigen Treffen der Finanzminister im Beisein der zuständigen Notenbankpräsidenten. Schon damals forderte ich, den Namen ECU als Währungseinheit zu ersetzen, weil dieser Name für eine zukünftige Währung in Deutschland nicht zu vermitteln war. Auf der ersten Sitzung des Rates für Wirtschaft und Finanzen (Ecofin) nach der Regierungskonferenz am 28. Januar 1991 in Brüssel wurden die wichtigsten ökonomischen Parameter diskutiert. Anfang Mai 1981 legte Bundesbankpräsident Karl Otto Pöhl in seiner Eigenschaft als Vorsitzender des Ausschusses der Zentralbankgouverneure den Entwurf eines Statuts für das zukünftige Europäische Zentralbanksystem vor, dem alle Gouverneure zustimmten.

Der Weg zur Europäischen Währungsunion

Bereits zu diesem Zeitpunkt stellte ich fest, kein Mitgliedsland solle den Prozess aufhalten, aber auch kein Mitgliedsland könne zur Teilnahme gezwungen werden. Am 2. Dezember 1991 fand die letzte Sitzung zur Vorbereitung einer Wirtschafts- und Währungsunion statt.

Es gab erstmals ein Protokoll über exzessive Haushaltsdefizite, und dabei wurde festgelegt, das Staatsdefizit dürfe 3 % nicht überschreiten und der Schuldenstand der öffentlichen Hand, gemessen am Bruttoinlandsprodukt (BIP), dürfe nicht mehr als 60 % betragen. Es war ein französischer Vorschlag, den Durchschnitt der europäischen Schulden, gemessen am BIP, zugrunde zu legen, und der betrug 60 %. Bei der Annahme eines Nominalwachstums von 5 % durfte das Haushaltsdefizit aller öffentlichen Haushalte nicht mehr als 3 % betragen, um die 60 % nicht zu übersteigen.

Am 9. Dezember 1991 sollte das Vertragswerk endgültig verhandelt, die Texte festgestellt und der Vertragsentwurf paraphiert werden. Ich bestand darauf, dass die Kriterien keinesfalls variabel ausgelegt werden dürften und die Entscheidung der Teilnehmer über den Beginn der Währungsunion nicht aufgrund von Prognosen oder Schätzzahlen, sondern anhand der ökonomischen Istzahlen des Jahres 1997 erfolgen und zu Beginn 1998 festgestellt und bewertet werden müsse. Am 7. Februar 1992 fand in Maastricht die feierliche Unterzeichnung des Vertrages statt. Für Deutschland unterschrieben Hans-Dietrich Genscher und ich.

Dramatische Gespräche und große Herausforderungen

Die Ratifizierung des Vertrages war in manchen Ländern eine schwierige Prozedur, weil Referenden durchgeführt werden mussten. Auch in Deutschland gab es kritische Stimmen in der Presse und bei Wirtschaftswissenschaftlern. Dramatisch verlief eine Sitzung der

Wirtschafts- und Finanzminister und Zentralbankpräsidenten am 5. September 1992 in Bath. Es gab massive Forderungen und Vorwürfe gegenüber Deutschland und der Bundesbank, weil die Zinsen in Deutschland nicht gesenkt wurden. Wir gaben dem Druck nicht nach und drohten mit Abreise. Infolge eines starken Drucks auf das britische Pfund setzte Schatzkanzler Lamont die britische Mitgliedschaft im Wechselkursmechanismus aus. In schwierigen Gesprächen zwischen Deutschland und Frankreich gelang es, ihren Wechselkurs zu stabilisieren, während die spanische und portugiesische Währung abwerten musste. Die französische Zentralbank hatte den Geldmarktzins angehoben, und die Bundesbank war zu weiteren Interventionen bereit gewesen. Das Ausscheiden des Vereinigten Königreichs aus dem Europäischen Währungssystem (EWS) wurde als nationale Niederlage empfunden. Dieses Trauma hält bis heute an und könnte mitentscheidend gewesen sein für den Austritt des Vereinigten Königreichs aus der Europäischen Union.

Angesichts der großen Herausforderungen Deutschlands durch die Kosten der Wiedervereinigung, die jährlich 4 % bis 5 % des BIP betrugen, kam es 1993 zu einer Schwächung der D-Mark gegenüber anderen EWS-Währungen. Kurzzeitig lagen die Geldmarktzinsen in Frankreich unter dem Niveau in Deutschland. Es gab damals sogar die Spekulation in Frankreich, der Franc könne als Ankerwährung im EWS fungieren. Doch die Konjunkturdaten in Deutschland wurden wieder besser, die in Frankreich schlechter. Danach geriet das Europäische Währungssystem in eine Krise. Es kam auf Vorschlag von Bundesbankpräsident Hans Tietmeyer zu einer Erweiterung der Bandbreiten um 15 %, zuvor hatten sie nur 2,25 % betragen.

Angesichts der Entwicklung auf den Währungsmärkten hatte der französische Finanzminister Edmond Alphandéry den ungewöhnlichen Vorschlag gemacht, die D-Mark solle kurzfristig aus dem EWS aussteigen. Ich antwortete ihm kühl, die stärkste Währung eines Währungsverbundes werde das Währungssystem nicht verlassen. Dabei wurde ich von den Niederlanden, Luxemburg, Belgien und anderen Stabilitätsländern unterstützt. In der Folgezeit beruhigte sich das Europäische Währungssystem nicht zuletzt durch die Ratifizierung des Maastricht-Vertrages in den teilnehmenden Staaten.

Anfang Dezember 1992 beschloss der Deutsche Bundestag das Zustimmungsgesetz zum Unionsvertrag, und auch der Bundesrat stimmte dem Gesetz einstimmig zu. Es galt allerdings in Deutschland noch ein Urteil des Bundesverfassungsgerichts abzuwarten, das im Oktober 1993 eine Verfassungsbeschwerde zurückwies. Damit konnte der Unionsvertrag am 1. November 1993 für Deutschland in Kraft treten.

Jahre der Bewährung und der Entscheidungen

1997 war das Jahr der Bewährung, 1998 das Jahr der Entscheidungen. 1995 und 1996 hatten wir in Deutschland mit einer starken Aufwertung zu kämpfen. Ein Dollar war nur noch 1,35 DM wert, zehn Jahre zuvor waren es noch 3,45 DM gewesen. Das kostete Arbeitsplätze, führte zu Exportverlusten, und es kam zu einem Rekorddefizit im Bundeshaushalt von 80 Mrd DM.

Im Februar 1998 erhielten wir dann vom Statistischen Bundesamt die erfreuliche Nachricht, das Staatsdefizit 1997, dem Referenzjahr, habe 2,7 % betragen und die Staatsschuld liege knapp über 60 %, was jedoch später auf 59 % korrigiert wurde. Die Deutsche Bundesbank hatte ein Sondergutachten erstellt und den Beginn der Wirtschafts- und Währungsunion für vertretbar gehalten.

Dessen ungeachtet beabsichtigte die Staatsregierung meines Heimatlandes Bayern dem Beginn der Wirtschafts- und Währungsunion im Bundesrat nicht zuzustimmen. In einem ernsten Gespräch mit dem Ministerpräsidenten kündigte ich an, für diesen Fall als Finanzminister und als Parteivorsitzender zurückzutreten. Dies führte zu einem Richtungswechsel, und die Bayerische Staatsregierung stimmte im Bundesrat dem Beginn der Wirtschafts- und Währungsunion zu.

Die Wahl des ersten Präsidenten der Europäischen Zentralbank

Dramatisch verlief der EU-Gipfel am 1. und 2. Mai 1998 in Brüssel. Es ging darum, den Beginn der Währungsunion für den 1. Januar 1999 festzulegen, die Mitgliedsländer zu bestimmen und den Präsidenten der Europäischen Zentralbank (EZB) zu benennen. Bei Letzterem kam es zu erbitterten Auseinandersetzungen, weil der französische Staatspräsident unvermittelt mit dem Vorschlag kam, Jean-Claude Trichet zum ersten Präsidenten zu bestimmen. Die meisten anderen Länder, wie auch Deutschland, hatten sich auf den Präsidenten der niederländischen Zentralbank Wim Duisenberg verständigt, der zuvor schon als Vorsitzender des Europäischen Währungsinstituts fungiert hatte. Als sich ein Kompromiss über die Teilung der Amtszeit anbahnte, forderten Außenminister Kinkel und ich den Bundeskanzler auf, die Sitzung zu unterbrechen und mit uns die Sachlage zu besprechen. Wir machten ihm unzweideutig klar, dass ein solcher Kompromiss den Verträgen widerspreche und völkerrechtlich problematisch sei. Kohl war zunächst verärgert, akzeptierte dann aber unsere Argumente und trug sie seinen Kollegen vor. Nach stundenlangen Diskussionen wurde die unbedingte Wahl von Wim Duisenberg akzeptiert. Dieser hatte erklärt, angesichts seines Alters nicht die vollen acht Jahre das Amt führen zu wollen, doch er allein werde bestimmen, zu welchem Zeitpunkt er zurücktreten werde. Am Ende trat er nach vier Jahren zurück und übergab sein Amt an Jean-Claude Trichet.

Die Koalition aus CDU/CSU und FDP unter Kanzler Helmut Kohl hatte die Bundestagswahl im September 1998 verloren. Neue Minister agierten, und Bundeswirtschaftsminister Werner Müller vertrat die Bundesregierung auf der denkwürdigen Sitzung der europäischen Finanzminister am 31. Dezember 1998. An diesem Silvestertag klingelte am späten Nachmittag mein privates Telefon im Allgäu. Am anderen Ende meldete sich der französische Finanzminister Dominique Strauss-Kahn mit den Worten: »Schade, Theo, dass du nicht dabei bist.« Auch der neue Präsident der EZB, Wim Duisenberg, dankte mir für die Zusammenarbeit in den Jahren der Vorbereitung dieses Projekts der europäischen Geschichte. Unter seinem Vorsitz wurde dann am 1.Januar 2002 das neue Bargeld, der Euro, eingeführt, was ihm bis heute den Beinamen »Mr. Euro« einbrachte.

Euro als Ausdruck eines friedlichen gemeinsamen Europas

Auf dem französischen Kriegsgräberfriedhof in Niederbronn-les-Bains im Elsass liegen 15 000 deutsche Soldaten begraben. Der Friedhof und die Gräber werden von Jugendlichen aus ganz Europa betreut und gepflegt, die sich in einem Jugendzentrum an diesem Ort zusammenfinden. Dort ist auch mein Bruder August Waigel begraben. Er starb mit 18 Jahren am 30. September 1944 in Lothringen. Auf seinem Grab liegen Münzen aus ganz Europa. Der Leiter der Jugendbegegnungsstätte geht mit den jungen Menschen manchmal auch an das Grab meines Bruders und bittet sie, ihm die dort liegenden Münzen zu zeigen. Er erklärt die Münzen so: Auf der einen Seite sei die Nation des Besitzers, auf der anderen Seite Europa ersichtlich. Das unterscheide unsere Zeit von der Zeit, als die unschuldigen jungen Menschen sterben mussten. So trage die gemeinsame europäische Währung mit ihren Münzen und Banknoten zu einem friedlichen gemeinsamen Europa in der Welt bei, mehr, als ihre Zahlen und Motive vermuten lassen.

Die Währungsunion 1990

Richard Schröder

Die Vorgeschichte der deutsch-deutschen Währungsunion

Am 1. Juli 1990 wurde in der DDR die »Mark der DDR« durch die »Deutsche Mark« der Bundesrepublik Deutschland ersetzt. Das war weit mehr als ein Geldumtausch. Es war der erste institutionelle Schritt auf dem Weg zur deutschen Einheit. Doch damit ist die Bedeutung der Währungsunion nicht erschöpft. Denn sie hatte eine Vorgeschichte, in die das gesamte »sozialistische Lager« verflochten war und die in weltgeschichtliche Dimensionen reicht. 1991 lösten sich sein ökonomischer und sein militärischer Verband auf, der Rat für gegenseitige Wirtschaftshilfe (RGW) und der Warschauer Vertrag.

Zu Gorbatschows Reformprogramm »Glasnost und Perestroika« (Transparenz und Umbau) gehörte auch der Widerruf der Breschnew-Doktrin, nach der die Sowjetunion sich zum Eingreifen berechtigt sah, wenn in einem Lande der Sozialismus gefährdet sei. Gorbatschow widerrief diese Doktrin gleich nach seinem Amtsantritt. Unüberhörbar geschah dies bei der Tagung der Warschauer Vertragsstaaten in Bukarest am 7. Juli 1989.[1]

Die ungarische und die polnische Führung nahmen diese Erklärung mit Genugtuung auf, weil sie bereits entscheidende Schritte auf eigenen Wegen gegangen waren. Polen hatte die Gewerkschaft Solidarnosc zugelassen und von Februar bis April 1989 am »Runden Tisch« freie Teilwahlen ausgehandelt. In Ungarn wurden seit 1987 neue Parteien gegründet. Der Übergang zur parlamentarischen Demokratie stand fest. Seit dem 1. Januar 1988 genossen die Ungarn Reisefreiheit. Am 27. Juni 1989 durchschnitten der ungarische und der österreichische Außenminister symbolisch den Grenzsignalzaun zwischen beiden Ländern. Zudem hatte Ungarn als einziges sozialistisches Land bereits vor 1990 wirtschaftliche Reformen durchgeführt, um Anschluss an den Weltmarkt zu erlangen.

Die kommunistischen Führungen in der DDR, der CSSR, Bulgariens und Rumäniens dagegen waren entsetzt, weil damit die sowjetische Garantie für ihren Machterhalt auch gegen die eigene Bevölkerung entfiel. In diesen Ländern musste erst eine Revolution stattfinden, ehe Reformen möglich wurden.

In der DDR bereitete sie sich vor durch die Fluchtbewegungen des Spätsommers über Ungarn und die Prager Botschaft der Bundesrepublik. Dies löste eine Gegenbewegung aus: »Wir bleiben hier.« Oppositionelle Gruppen traten aus dem Schutzraum der Evangelischen Kirche an die Öffentlichkeit, zuerst das »Neue Forum« am 9./10. September. Am 9. Oktober scheiterte in Leipzig der Versuch der Sicherheitskräfte, die Montagsdemonstrationen gewaltsam zu beenden. Am 18. Oktober musste Honecker zurücktreten. Am 9. November fiel die Mauer aufgrund einer missratenen Pressekonferenz. Massenhaft besuchten darauf DDR-Bürger die Bundesrepublik und kamen zu dem Schluss: So wollen wir auch leben.

Die Wiedervereinigung als verbotener Wunsch junger Ostdeutscher

Immer wieder wird behauptet, der Ruf nach der deutschen Einheit sei den Ostdeutschen vom Westen aus aufgedrängt worden. Denn es habe doch mehr als eine Million den Aufruf »Für unser Land« unterschrieben, den Christa Wolf redigiert und Stefan Heym am 28. November 1989 öffentlich verlesen hatten. Darin wurde empfohlen, die DDR als »sozialistische Alternative zur Bundesrepublik« zu entwickeln. Und dennoch kam der Ruf nach der deutschen Einheit aus der DDR, und zwar mit einem Zitat aus der Nationalhymne, deren Text unter Honecker unterdrückt wurde: »Deutschland einig Vaterland«. Noch vor der Maueröffnung wurde die Zeile am 28. Oktober in Plauen von Demonstranten zitiert.[2]

Sowohl im Grundgesetz als auch in Ulbrichts DDR-Verfassung von 1968[3] gab es ein Wiedervereinigungsgebot. Honecker ließ es aus der Ulbricht-Verfassung tilgen und durch einen Passus ersetzen, in dem es hieß: »Militaristische und revanchistische Propaganda … werden als Verbrechen geahndet.« Die deutsche Einheit galt nun als revanchistisch.

Während also die Verfassung der Bundesrepublik am Wiedervereinigungsgebot festhielt, aber viele namentlich Jüngere dieses für überholt hielten, war es in der DDR umgekehrt. Honecker hatte die deutsche Nation aus der Verfassung getilgt, aber allabendlich war die DDR-Bevölkerung via Fernsehen Zaungast des Westens. Die Forderung der Demonstranten nach Reisefreiheit meinte immer zuerst: Westreisen. Die Wiedervereinigung war vielen ein heimlicher, allerdings irrealer und verbotener Wunsch, weil die Sowjetunion nie ihren westlichen Vorposten räumen werde.

Die Maueröffnung hat die Abwanderung nicht gestoppt, sondern gesteigert. Die einen hielten die DDR für unreformierbar, andere wollten nicht länger warten. Ermöglicht wurde diese anhaltende Abwanderung durch das Grundgesetz, das nur eine deutsche Staatsbürgerschaft kannte. Jeder DDR-Bürger, der die Bundesrepublik betrat, genoss sofort alle Rechte eines Bundesbürgers. Er brauchte kein Visum und keine Arbeitsgenehmigung, hatte keine Sprachprobleme und eine Ausbildung, die bundesdeutschen Standards zumeist vergleichbar war. Namentlich höher Qualifizierte fanden schnell Arbeit. Die Kehrseite davon war ein Ausbluten der DDR, das einen Neuanfang dort erschweren würde. Zunehmend kamen zudem auch schwach Qualifizierte, die im Westen keinen Arbeitsplatz fanden. Notquartiere füllten sich, Turnhallen wurden umfunktioniert. Die Willkommenskultur verflog. Den Stimmungsumschwung dokumentierte der *SPIEGEL* mit den Titeln: »Warum kommen die noch?« und »Nie wieder Übersiedler!«.[4] Der saarländische Ministerpräsident Oskar Lafontaine (SPD) warnte, es stärke dic Republikaner, wenn immer mehr DDR-Bürger in die Sozialsysteme einwandern. Er fürchtete um seine Wiederwahl, die Voraussetzung für seine Kanzlerkandidatur war, und fand dafür beachtliche Zustimmung, wie auch später für seine Warnung, die schnelle deutsche Einheit sei unbezahlbar. Die Bundesregierung sah die Gefahr, die Bundesbürger könnten schließlich mehrheitlich die deutsche Einheit ablehnen.

Am 19. Januar 1990 empfahl Ingrid Matthäus-Maier (SPD) die Einführung der DM in der DDR als »Signal zum Bleiben«[5]. Am 2. Februar erklärte Ministerpräsident Modrow (SED) gegenüber Kanzler Kohl in Davos, es sei »möglich, die DM zur alleinigen Währung der DDR zu machen« (Görtemaker, 2009). Am 6. Februar bot Kanzler Kohl öffentlich Gespräche über die Einführung der DM in der DDR an. Am 12. Februar riefen Demonstranten auf einer Montagsdemonstration: »Kommt die DM, bleiben wir, kommt sie nicht, gehen wir zu ihr.« Bei Modrows Besuch in Bonn am 13. Februar 1990 wurde eine gemeinsame Kommission zur Vorbereitung der Währungsunion beschlossen.

Die erste freie Volkskammerwahl am 18. März 1990 wurde ein Plebiszit für die schnelle deutsche Einheit.

Die innerdeutsche Grenze: Eine Trennlinie jahrhundertealter Bindungen

Dass die Herbstrevolution so schnell in die deutsche Einheit mündete, hatte mit der Eigenart der innerdeutschen Grenze zu tun. Sie teilte eine Nation, aber nicht aufgrund separatistischer Tendenzen, wie beim Zerfall der Tschechoslowakei 1993, sondern weil zwischen den Besatzungsmächten Deutschlands 1948 der Kalte Krieg ausgebrochen war. Dem fiel die gemeinsame Verwaltung der Besatzungszonen durch den Alliierten Kontrollrat zum Opfer. Es entstanden zwei deutsche Staaten mit zwei Währungen. Diese innerdeutsche Grenze war durch keinerlei landsmannschaftliche, sprachliche oder konfessionelle Unterschiede unterstützt. Vielmehr zerschnitt sie jahrhundertealte Bindungen zwischen Thüringen und Hessen oder Mecklenburg und den westlichen »plattdeutschen« Gebieten. Sie war eher eine Frontlinie zwischen Mecklenburg und dem Westen als eine Berührungszone von unterschiedenen Siedlungsgebieten, wie die Grenze auf dem Kamm des Erzgebirges. Seit ihrer Entstehung wurde sie auch »Eiserner Vorhang« genannt und von östlicher Seite zunehmend wie eine Kriegsfront ausgestattet, mit Hindernissen östlich, nicht westlich der Grenzmauer, eine Grenzanlage also, die nicht am Eindringen, sondern am Weglaufen hindern sollte.

»Für unser Land« hatte eine aufschlussreiche Vorgeschichte. Otto Reinhold, Rektor der Akademie für Gesellschaftswissenschaften beim Zentralkomitee der SED, hatte am 19. August 89 erklärt: Die anderen sozialistischen Staaten seien bereits Staaten gewesen, ehe sie sozialistisch wurden. Die DDR dagegen sei »nur als … sozialistische Alternative zur BRD denkbar«. »Welche Existenzberechtigung sollte eine kapitalistische DDR neben einer kapitalistischen Bundesrepublik haben?« (zitiert bei Werth, 2007, S. 20). Otto Reinhold und Christa Wolf folgerten: Also muss die DDR sozialistisch bleiben. Es war aber auch eine andere Folgerung möglich: Die DDR ist ein Produkt des Kalten Krieges. Wenn der beendet wird, verliert die DDR ihre Existenzberechtigung. Nationalstaaten übrigens begründen ihre Existenz nie und nirgends damit, die Alternative zu einem anderen Staat zu sein.

Aus jener Eigenart der innerdeutschen Grenze ergab sich das spezifische Profil des Ausstiegs aus Diktatur und Planwirtschaft in der DDR, im Unterschied zu den anderen »sozialistischen« Ländern. In diesen wurden durch die Revolution die Grenzen nach Westen durchlässig, aber ihre traditionellen Landesgrenzen verschwanden nicht. Sie konnten deshalb Waren- und Geldströme regulieren, ihre Währungen schrittweise konvertibel machen sowie durch Abwertung den Export erleichtern und den Import von Westwaren zugunsten der eigenen Produkte verteuern. Der Ausstieg aus der Planwirtschaft war zwar auch für sie schmerzlich, aber zeitlich gestreckt.

Die deutsch-deutsche Grenze dagegen wurde nach der Maueröffnung nicht durchlässig, sie verschwand bald vollkommen. Niemand wollte dort weiter kontrollieren – wer auch? Also konnte die Ostmark nicht länger davor geschützt werden, plötzlich gehandelt zu werden, was zunächst einen Kurssturz auf bis 1:20 auslöste.[6] Und die Ostwaren konnten auf Dauer nicht vor den attraktiveren Westwaren geschützt werden. Die Transformation als Schock zeichnete sich ab.

Der Fall der Mauer und die Währungsunion haben die weit überwiegende Mehrheit der DDR-Bürger begeistert. Überzeugten Marxisten aber musste das Weltbild zerbrechen. Denn mit historischer Notwendigkeit sollte doch die Menschheit vom Kapitalismus zum Kommunismus voranschreiten. Nun aber passierte das Gegenteil. Alle ehemals sozialistischen Länder gingen schließlich diesen Weg von der Planwirtschaft zur Marktwirtschaft. In Ungarn witzelte man: »Was ist der Sozialismus? Der längste Weg vom Kapitalismus zum Kapitalismus.« Überzeugten Genossen war dabei aber gar nicht zum Lachen zumute. Manche erlitten einen Zusammenbruch.

Die wirtschaftliche Wende der DDR: Von der Plan- zur Marktwirtschaft

Der Vertrag zur Währungsunion hieß offiziell: »Vertrag über die Schaffung einer Währungs-, Wirtschafts- und Sozialunion zwischen der Bundesrepublik Deutschland und der Deutschen Demokratischen Republik«. Die Währungsunion musste mit einer Wirtschaftsreform in der DDR verbunden werden, weil ein Staat mit einer Marktwirtschaft und einer mit einer Planwirtschaft keine gemeinsame Währung haben können. Manche Westdeutsche stellten sich wohl die ostdeutschen Betriebe wie westdeutsche vor, nur mit Ostgeld und in Staatseigentum.

In der sozialistischen Planwirtschaft wurden die Betriebe von Ministerien und den Räten der Bezirke geleitet nach einem Wirtschaftsplan mit Gesetzeskraft. Die Betriebe waren direkt in den Staatshaushalt integriert. Sie führten nicht nur ihren Gewinn an den Staat ab, wie Staatsbetriebe in der Marktwirtschaft, sondern sozusagen ihre Einnahmen. Sie zahlten keine Steuern. Die Lohnkosten bekamen sie zugewiesen. Sie hatten die vorgegebenen Pläne zu erfüllen, und zwar nach (ca. 200) Plankennziffern, nicht nach Ertrag oder Gewinn. Sie waren weder für den Einkauf noch für den Verkauf zuständig, noch für die wirtschaftliche Rechnungsführung. Sie bekamen Material zugeteilt und mussten Produkte abliefern. Sie durften nicht entscheiden, was sie produzierten. Für Marketing und Kundenrequirierung waren sie nicht zuständig. Sie durften eigenständig weder über Investitionen oder über Kredite entscheiden noch ihre Produktpalette verändern. Löhne und Preise waren staatlich vorgegeben. All diese Zuständigkeiten waren aus den Betrieben in die staatliche Wirtschaftslenkung ausgelagert worden. Erstens also mussten beim Übergang zur Marktwirtschaft diese Zuständigkeiten in die Betriebe zurückverlagert werden.

Zum 1. Juli 1990 sollten die Betriebe DM-Eröffnungsbilanzen vorlegen. Erst nach zwei Jahren lagen sie vollständig vor. In der Planwirtschaft wurden andere Daten erhoben als die für eine Betriebsbilanz benötigten. Die neuartige Aufgabe überforderte die Buchhaltung.

Oft wird kritisiert, die Treuhand habe Betriebe mit vollen Auftragsbüchern liquidiert. Das ist tatsächlich vorgekommen, weil die Betriebe zum Teil ihre Produkte unter den Herstellungskosten angeboten haben. Die Rentabilitätsrechnung war noch nicht wieder etabliert. Die Treuhand musste als Eigentümerin für Defizite der Betriebe aufkommen, wie zuvor der Staatshaushalt.[7] Deshalb konnten Treuhandbetriebe gar nicht pleitegehen. Hauptsache, die Stückzahl stimmt, egal, was es kostet, dachten da manche Betriebsleiter, wie sie es in der Planwirtschaft gewohnt waren.

Zweitens mussten die Betriebe auf weltmarktfähige Produkte mit konkurrenzfähigen Preisen umgestellt werden. Das erforderte die Steigerung der Arbeitsproduktivität, die bei 30 % der westdeutschen lag, und, schwer zu beschaffen, neue Produkte, also weltmarktfähiges Know-how. Der Maschinenpark war zudem veraltet und sehr reparaturanfällig. Dafür brauchte man Kapital. Um das »Recht auf Arbeit« (dem eine Pflicht zur Arbeit korrespondierte) zu gewährleisten, wurden auch überflüssige Arbeitsplätze gehalten. Sie wurden ja zugeteilt und kosteten die Betriebe nichts. Die Planwirtschaft erforderte gewaltige Verwaltungswasserköpfe. Dazu kamen die Funktionäre von Partei und Massenorganisationen. Die Betriebe unterhielten zudem Sozialeinrichtungen wie Kindergärten, Betriebsambulanzen, Ferienheime, was für die Beschäftigten angenehm war, aber nun die Bilanzen belastete.[8] Man musste neue Träger finden. Dieser Umbau war der schwierigste Teil der Wirtschaftsreform. Er dauerte viele Jahre und wurde von der Treuhandanstalt auf dem Wege der Privatisierung ins Werk gesetzt.

Drittens mussten die rechtlichen Voraussetzungen für die Marktwirtschaft geschaffen werden. Da sich die Volkskammerparteien nicht auf die Erarbeitung einer neuen Verfassung einigen konnten – es war ja klar, dass der Beitritt zum Geltungsbereich des Grundgesetzes bevorstand –, wurden die erforderlichen Verfassungsänderungen in einem »Verfassungsgrundsätzegesetz«[9] beschlossen.

»Lieber mit ruinierter Wirtschaft in die Einheit als allein dastehen«

Nach Lehrbuch und ökonomischer Logik musste erst die Wirtschaftsreform durchgeführt und in deren Zuge die Ostmark schrittweise konvertibel gemacht werden, ehe es zur Währungsunion käme. Fachleute rechneten mit fünf Jahren bis zur Währungsunion. Helmut Kohls Zehn-Punkte-Plan vom 28. November rechnete mit fünf bis zehn Jahren bis zur Wiedervereinigung.[10]

Drei Gründe sprachen dagegen, sich so viel Zeit zu nehmen. Hans Modrow beklagte in Davos gegenüber Helmut Kohl, dass bis zur lokalen Ebene die staatlichen Organe ihre Durchsetzungskraft verloren haben. Tatsächlich bildete sich der wilde Osten, ein anarchischer Zwischenzustand, wie er in anderen ehemals sozialistischen Ländern den Oligarchen ermöglichte, sich am »Volkseigentum« zu bereichern. Die frei gewählte Regierung de Maizière konnte sich zwar aus dem Versprechen der schnellen Vereinigung Autorität verschaffen. Für durchgreifende, gar schmerzliche Wirtschaftsreformen hätte die aber nicht ausgereicht. Am 21. August verlor sie zudem die parlamentarische Mehrheit. Zweitens hatte Gorbatschow im Februar 1990 seine Zustimmung zur deutschen Einheit gegeben. Man wusste aber nicht, wie lange er sich an der Macht halten werde. Mitte des Jahres 1990 drängte deshalb der sowjetische Außenminister Schewardnadse, wir sollten uns mit der Vereinigung beeilen. Drittens sollte die Abwanderung schnell auf ein erträgliches Maß reduziert werden.

Diesen drei politischen Gründen mussten die ökonomischen Bedenken weichen. Man konnte auch sagen: lieber mit ruinierter Wirtschaft in die Einheit als mit ruinierter Wirtschaft allein dastehen. Den Schaden einer verfrühten Währungsunion konnte man reparieren, er war eine innerdeutsche Angelegenheit. Eine verpasste Chance zur Wiedervereinigung kam dagegen womöglich so schnell nicht wieder. Und nach dem Zerfall der Sowjetunion 1991 wäre aus Zwei-plus-vier Zwei-plus-fünfzehn geworden.

Die Währungsunion

Nun zur Währungsunion selbst. Der Umtausch erfolgte für DDR-Bürger bei Guthaben und Schulden 2:1, Ostmark zu Westmark, mit nach Alter gestaffelten Freibeträgen 1:1, nämlich 2 000 bis 14 Jahre, 4 000 bis 59 Jahre und 6 000 ab 60 Jahre. Die Fließgrößen wie Löhne, Renten, Mieten wurden 1:1 umgestellt.

In der DDR waren Grundnahrungsmittel und andere Waren des täglichen Bedarfs subventioniert, um Preiserhöhungen zu vermeiden. Entsprechend waren Industriegüter und Waren des gehobenen Bedarfs verteuert. Diese Subventionen beliefen sich zuletzt auf 56 Mrd Ostmark jährlich. Da sie mit der Währungsunion wegfielen, verteuerte sich der Wochenendeinkauf erheblich. Ostdeutsche Grundnahrungsmittel wurden teurer als die westdeutschen, die nun im selben Regal standen. Ihr Absatz brach ein. Da die Mindestrente in der DDR zwischen 340 Mark (15–20 Zurechnungsjahre) und 470 Mark (über 45 Jahre)[11] lag, wurden diese Renten zum Ausgleich noch vor der Währungsunion um einen »Sozialaufschlag« von 165 Mark erhöht.[12]

Weil in den Betrieben erst vom 1. März 1990 an die wirtschaftliche Rechnungsführung übernommen wurde, verfügten sie am 1. Juli nicht über Guthaben, mit denen sie nach Umtausch die Juli-Löhne in DM hätten zahlen können, zumal die Guthaben 1:2, die Löhne aber 1:1

umgestellt wurden. Die Treuhand hat deshalb für Juli bis September 30 Mrd DM als Liquiditätskredite an ihre Betriebe ausgereicht und so vorerst ihr Überleben gesichert.[13]

Die Wirkungen der Währungsunion waren höchst ambivalent. Während sich die DDR-Bürger am Zugang zu Westwaren und am Reisen ins Ausland erfreuten, zeigten sich mit zeitlicher Verzögerung die destruktiven Wirkungen für die DDR-Wirtschaft, die zuvor schon deutlich ausgesprochen, aber ungern gehört wurden. Manche erwarteten nach der Währungsunion ein ostdeutsches Wirtschaftswunder, wie nach der Währungsreform von 1948 in der Bundesrepublik. Dass es nicht eintrat, war aber vorhersehbar.

Damals war die Bundesrepublik (Trizone) vom Weltmarkt isoliert. Es ging allen gleich schlecht. Wäre 1948 Württemberg mit der Schweiz vereinigt worden, hätte es kein Wirtschaftswunder, sondern auch Abwanderung und Transfer gegeben. Zudem mussten nach Kriegszerstörung und Demontage die Fabriken nur wieder dasselbe produzieren wie vor dem Krieg. Es war keine Technologielücke von zehn bis fünfzehn Jahren zu überbrücken. Durch solche Übererwartungen wurden die Überenttäuschungen vorprogrammiert, als statt des Wirtschaftswunders zunächst oft Arbeitslosigkeit kam.

- Weil die DDR-Bürger nun verstärkt Westwaren kauften, kam es zu massiven Absatzproblemen für Ostwaren und bald zu heftigen Bauernprotesten. Ostwaren produzieren und Westwaren konsumieren, das konnte auf Dauer nicht funktionieren. Viele Ostdeutsche wollen bis heute nicht wahrhaben, dass ihr sehnlichster Wunsch: »die DM sofort und möglichst 1:1«, viele Arbeitsplätze kosten musste, weil nun die Währungsunion vor der Wirtschaftsreform stattfand.
- Die Ostmark war nicht konvertibel. Privater Umtausch wurde hart bestraft. Die DDR dekretierte 1:1 beim Besucherumtausch. Westdeutsche mussten pro Tag 25 DM umtauschen, Ostrentner durften jährlich 15 Mark umtauschen – eine Demütigung der DDR-Rentner, die sich im Westen aushalten lassen mussten.

  Anders beim Handel mit dem westlichen Ausland. Er vollzog sich als Tauschhandel. Der (damals geheime) »Richtungskoeffizient« gab dabei an, wie viele Ostmark zum Erwerb einer Westmark durchschnittlich eingesetzt werden mussten. Er betrug zuletzt 4,4:1. Dadurch konnte die niedrigere Arbeitsproduktivität der DDR kompensiert werden. Durch die Währungsunion vervierfachten sich also die Lohnkosten für Exportgüter in den Westen. Der Westexport musste umgehend eingestellt werden.[14]

- Von der Währungsunion war auch der Export in die »sozialistischen« Länder betroffen. Der Rat für gegenseitige Wirtschaftshilfe (RGW) war ja einst als alternatives Weltwirtschaftssystem gedacht, das das kapitalistische überflügeln sollte, was bekanntlich scheiterte.[15]

Die Länder des RGW wickelten ihren Handel mit einer nicht konvertiblen Verrechnungswährung ab, dem Transferrubel. Das zwang die Länder des RGW, ihre Exporterlöse untereinander ausschließlich durch RGW-Waren einzulösen, was einerseits eine Abnahmegarantie war, andererseits aber den Zugang zum Weltmarkt für diese ihre Exporterlöse verschloss. Mit der Währungsunion mussten sie grundsätzlich Devisen für Waren aus der DDR aufwenden. Allerdings hat die Bundesrepublik aus Gründen des Vertrauensschutzes noch bis zum Jahresende Transferrubel in Devisen umgetauscht, was übrigens einen erheblichen Teil der ostdeutschen Einigungskriminalität ermöglichte, den Transferrubelbetrug. Der Nachteil der Währungsunion für den Osthandel war aber begrenzt, weil der RGW bereits im Januar 1990 in Sofia beschlossen hatte, den internen Handel vom 1. Januar 1991 an auf Devisen umzustellen. Die Tragweite dieses Beschlusses ist im Westen kaum bemerkt worden.

So weit die abträglichen Seiten der Währungsunion. Positiv schlug die Planungssicherheit zu Buche, die die Einführung einer der stabilsten Währungen der Welt mit sich brachte. Ohne Planungssicherheit sind aber weder effektive Reformen noch wirtschaftliche Initiativen zu erwarten. Hätte man statt der Währungsunion eine – vermeintlich schonende – Zwischenlösung eingeführt, hätte das die Planungssicherheit beeinträchtigt und den Umstellungsaufwand verdoppelt. Ohne Währungsunion hätte man mit einer Inflation der Ostmark rechnen müssen, die zu Altersarmut geführt und die Sparguthaben vernichtet hätte, wie in anderen Transformationsländern geschehen.[16] Die DM hätte zur heimlichen Leitwährung werden können, was einen Graben zwischen Westgeldbesitzern und den anderen aufgerissen hätte. Das hätte die Abwanderung beflügelt. Zudem eröffnete die Währungsunion den Zugang zur Europäischen Gemeinschaft ohne langwierige Anpassungsprozesse, wie sie die anderen östlichen Transformationsstaaten durchlaufen mussten. Und drittens kamen allein die Ostdeutschen durch die Sozialunion sofort in den Genuss sämtlicher bundesdeutscher Sozialleistungen, die die Härten der Transformation durch Arbeitslosengeld, Vorruhestand, Arbeitsbeschaffungsmaßnahmen und anderes erheblich abfederten.

Alternativen zur schnellen Währungsunion

Gab es Alternativen zur schnellen Währungsunion? Alternativen gibt es immer, zum Beispiel nichts zu tun. Neben den sechs RGW-Staaten haben auch 15 ehemalige Sowjetrepubliken den Ausstieg aus der Politbürodiktatur und der Planwirtschaft bewältigen müssen. Die Frage nach einer Alternative meint ja in Wahrheit: Gab es einen besseren Weg? Von jenen 21 Staaten hat jedenfalls keiner einen Weg gefunden, der den ostdeutschen in den Schatten gestellt hätte.

Es gab eine brutale Alternative. Die Sowjetunion hätte die innerdeutsche Grenze schließen können. Tatsächlich hat die sowjetische Führung in einer Klausurtagung Anfang Januar 1990 diese Möglichkeit nochmals erwogen und verworfen.[17] Das wäre das Ende der Entspannungspolitik gewesen, mit unabsehbaren weltpolitischen Folgen.

Wäre ein anderer Umtauschkurs besser gewesen? Man kann die Frage rein ökonomisch diskutieren. Dann wird gesagt, ein Umtauschkurs 1:3 oder noch höher hätte die Ostwaren verbilligt und mehr Ostbetriebe überleben lassen. Diese Prognose dürfte so pauschal nicht stimmen. Ostwaren hatten nicht nur ein Preisproblem, sondern oft auch ein Qualitätsproblem: durchaus stabil, aber technisch veraltet. Durch einen höheren Umtauschkurs wären zwar die Lohnkosten gesunken, aber doch nur bis zur nächsten Lohnerhöhung. Aber wie weit durften denn die Ostlöhne sinken, ohne das Weglaufen zu befeuern? Damals ging man davon aus, dass, 1:1 gerechnet, ostdeutsche Facharbeiter 48 % des westlichen Facharbeiterlohns verdienten und generell die östlichen Einkommen bei 30 % der westdeutschen lagen, weil im Osten der Einkommensabstand zwischen Facharbeitern und Hochschulabsolventen geringer war. Das ostdeutsche Durchschnittseinkommen lag bei 1000 Mark. Bei einem Umtausch 1:2 wäre es unter das westliche Sozialhilfeniveau gefallen. Auch das hätte die Abwanderung beflügelt oder sogar zu Aufständen geführt. Man hätte flächendeckende Lohnsubventionen einführen können. Doch auch das hätte, abgesehen von den ungeheuren Kosten ohne Innovationsschub, die erwähnten Nachteile einer Zwischenlösung gehabt.

Wurde die Währungsunion ein Signal zum Bleiben? In der ersten Novemberwoche 1989 gingen 54 000, in der vierten Januarwoche 15 000 und von der Woche nach der Volkskammerwahl an 5 000 mit sinkender Tendenz (Ulrich, 2019).

Die »Modrow-Treuhand«

Zur Treuhandanstalt nach dem Volkskammergesetz vom 17. Juni 1990 gab es ja zuvor eine Alternative, die Treuhand nach dem Modrow-Gesetz, die am 1. März ihre Arbeit aufnahm und formell bis zum 1. Juli, effektiv bis Ende September agierte. Diese »Modrow-Treuhand« bestand ausschließlich aus Wirtschaftsfunktionären der DDR. Sie sollte das Volkseigentum verwalten, also nicht privatisieren, sondern die Unternehmen aus dem Staatshaushalt lösen und in Aktiengesellschaften oder GmbHs umwandeln. Eingriffe in die Geschäftsführung waren ihr nicht erlaubt. Westdeutsche Beteiligungen waren aufgrund von Modrows Joint-Venture-Verordnung bis zu 49 % möglich. Da also westdeutsche Kapitalgeber stets überstimmt werden konnten, kamen keine. Diese Treuhand hat keinen einzigen ihrer Betriebe weltmarktfähig gemacht.

Der Chef der Erfurter Modrow-Treuhandniederlassung, Hans-Ulrich Zöfeld, hat in einem unveröffentlichten Erinnerungsband berichtet, dass er dreimal wöchentlich nach Berlin zu achtstündigen Vorlesungen westdeutscher Lehrkräfte über Marktwirtschaft geschickt wurde. Das war »wie der Beginn des Erlernens einer Fremdsprache«. Er beklagt, dass seine Betriebe nichts über die Chancen ihrer Produkte auf dem Markt, keine Vorschläge, wie man auf die veränderten Marktbedingungen reagieren wollte, und nichts über die zukünftige Finanzierung berichtet haben. Wahrscheinlich erwarteten die Betriebe, dass er diese Vorschläge macht. Das war für die Wirtschaftsreform ein verlorenes halbes Jahr. Erst als bundesdeutsche Fachleute an die Spitze traten, berufen durch die Regierung de Maizière, wurde die Treuhandanstalt handlungsfähig.

Transformation und Vereinigung: Konflikte und Mythen

Das Besondere der ostdeutschen Transformationen war ihre unauflösbare Verquickung mit dem Weg zur deutschen Einheit. Das hat den Ostdeutschen einige Vorteile gebracht. Das Rad musste nicht neu erfunden werden. Westdeutsche Aufbauhelfer und Patenschaften zwischen westlichen und östlichen Bundesländern konnten den Neuaufbau von Justiz und Verwaltung so schnell und effektiv wie nirgends sonst ins Werk setzen. Das bedauern allerdings heute manche und behaupten, so sei den Ostdeutschen die Chance genommen worden, etwas Eigenes zu schaffen. Das ist einerseits eine Illusion. Wer Mitglied der Europäischen Gemeinschaft werden wollte, musste die Kopenhagener Kriterien[18] erfüllen. Zu denen gehörte die wettbewerbsorientierte Marktwirtschaft, parlamentarische Demokratie und Rechtsstaat. Andererseits steht es den Ostdeutschen frei, auf der Ebene ihrer Länder eigene Vorstellungen zu verwirklichen, wenn sie grundgesetzkonform sind. Zudem hat der Osten von den finanziellen Hilfen des Westens ganz erheblich profitiert.

Die Verbindung von Transformation und Vereinigung hat aber auch einige Nachteile mit sich gebracht, die das deutsch-deutsche Verhältnis bis heute unnötig belasten, da sie im schlechtesten Sinne des Wortes Mythen sind.

- Es ist wohl unvermeidlich, dass die Ostdeutschen ihren Status exklusiv mit dem der Westdeutschen vergleichen und kaum mit früher oder mit den anderen ehemals sozialistischen Ländern. Deshalb werden im Osten erhebliche Fortschritte gern übersehen und Differenzen überbetont, ja sogar übertrieben.
- Weil die Wirtschaftsreform nicht vor, sondern nach der Vereinigung erfolgte, werden bis heute die Härten des Ausstiegs aus der Planwirtschaft der Treuhand und »dem Westen« angelastet und nicht der Planwirtschaft. Nicht wenige in Ost und West sind gar der Meinung, die Treuhand habe im Auftrag der westdeutschen Wirtschaft die DDR-Wirtschaft gezielt ruiniert, um sich Konkurrenz vom Halse zu halten – als hätte Helmut Kohl seine Freude daran gehabt, wenn er die Stimmen der Ostdeutschen bei Wahlen verliert.
- Beides stärkt ein Gefühl der Benachteiligung und einen Opfermythos, der die Benachteiligungserfahrungen aus der Zeit der Teilung fortschreibt, nun aber dem Westen in die Schuhe schiebt. Anderen ehemals sozialistischen Ländern steht solch ein bequemer Sün-

denbock nicht zur Verfügung. In Wahrheit ist der Osten tatsächlich vielfältig benachteiligt, aber nicht seit 1990, sondern seit 1945, und nicht von den Westdeutschen, sondern vom Schicksal. Denn die Besatzungsmächte wurden 1945 nicht nach Verdienst verteilt.

Anmerkungen

1 Dort hieß es, »dass jedes Volk selbst das Schicksal seines Landes bestimmt und das Recht hat, selbst das gesellschaftspolitische und ökonomische System, die staatliche Ordnung, die es für sich als geeignet betrachtet, zu wählen. ... Kein Land darf den Verlauf der Ereignisse innerhalb eines anderen Landes diktieren, keiner darf sich die Rolle eines Richters oder Schiedsrichters anmaßen.« https://www.chronik-der-mauer.de/material/178894/erklaerung-der-tagung-des-politischen-beratenden-ausschusses-der-teilnehmer-staaten-des-warschauer-paktes-bukarest-7-8-juli-1989

2 http://hof-plauen-89.de/plauen-1989/; in Leipzig war sie wohl zuerst am 30.10. zu lesen: https://www.deutschlandfunkkultur.de/deutsche-rufe-5-8-deutschland-einig-vaterland.1001.de.html?dram:article_id=293560

3 Art. 8: »Die Deutsche Demokratische Republik und ihre Bürger erstreben ... die Überwindung der vom Imperialismus der deutschen Nation aufgezwungenen Spaltung Deutschlands«. http://www.verfassungen.de/ddr/verf68-i.htm

4 Der Spiegel 8/1990 (18.02.1990). https://www.spiegel.de/politik/wieso-kommen-die-noch-a-de4cf479-0002-0001-0000-000013507374; https://www.spiegel.de/politik/nie-wieder-uebersiedler-a-30429555-0002-0001-0000-000013507376

5 https://www.zeit.de/1990/04/signal-zum-bleiben

6 Ab 1.1.1990 durfte gegen Vorlage des Personalausweises offiziell 1:5 getauscht werden; auf dem Schwarzmarkt wurde »Schwarzgeld« anonym 1:8 getauscht. Ostdeutsche konnten also mit fingierter Westadresse 700 DM Sozialhilfe monatlich in 3 500 Ostmark umtauschen, den dreieinhalbfachen Monatslohn Ost. Allein in Bayern liefen deshalb vor der Währungsunion ca. 300 Ermittlungsverfahren.

7 Der Pkw Wartburg 1.3 mit Polomotor kostete vor der Währungsunion 33 000 Ostmark. Nach der Währungsunion wurde er für 7 800 DM angeboten, aber die Produktionskosten beliefen sich auf 14 400 DM (Pötzl, 2019, S. 9). Die Differenz musste die Treuhand zahlen. Das

waren bis zur Betriebsschließung 100 Mio DM. Obwohl dieser Preis sogar 4,2:1 umgerechnet wurde, war der Wartburg in der DDR kaum zu verkaufen. Das Fotoapparatewerk Pentacon erwirtschaftete nach der Währungsunion ein tägliches Defizit von einer halben Million (S. 95). Interflug hatte bis Februar 1991 in acht Monaten 450 Mio Schulden angehäuft (S. 167).

8 Das Wartburgwerk in Eisenach hatte 9 500 Mitarbeiter, von denen lediglich 2 469 in der Fahrzeugherstellung beschäftigt waren (Pötzl, 2019, S. 10).

9 http://www.verfassungen.de/ddr/verfassungsgrundsaetze90.htm

10 So Horst Teltschik, zitiert bei Meckel, 2020, S. 270.

11 https://www.mdr.de/geschichte/alt-in-der-ddr-rente-100.html

12 https://www.bpb.de/politik/innenpolitik/rentenpolitik/290963/deutsche-einigung-und-rentenversicherung

13 https://www.zeit.de/1990/38/vor-dem-ersten-test

14 Hier ein Beispiel: Kühlschränke, die die DDR dem Versandhaus Quelle lieferte. »Jedes Gerät kostete in der Herstellung 360 Ostmark, nach dem internen Umrechnungskurs 82 DM. Der Kühlschrank wurde für 140 DM verkauft, sodass ein Gewinn von 58 DM verblieb. Nun aber kostete die Produktion eines Kühlschranks plötzlich 360 DM. Würde er weiterhin für 140 DM verkauft, entstünde pro Gerät ein Verlust von 220 DM.« (Pötzl, 2019, S. 94.)

15 Im Oktober 1961 verkündete Chruschtschow ein neues kommunistisches Programm. »Was heißt Errichtung des Kommunismus in 20 Jahren?« »UdSSR erreicht höchste Produktivität in Industrie und Landwirtschaft in der Welt und übertrifft weit die fortgeschrittensten kapitalistischen Länder.« »Der Traum ›100 Jahre zu leben ohne zu altern‹ wird Wirklichkeit.« (Neues Deutschland, 16. Jahrgang, Nr. 289, 20. Oktober 1961, S. 1.)

16 Polen beendete seine Hyperinflation, indem es zum 1. Januar 1995 10 000 alte Zloty (PLZ) in einen neuen Zloty (PLN) eintauschte. Russland folgte 1998, indem es 1 000 bisherige Rubel (RUR) in einen neuen Rubel (RUB) umtauschte.

17 Schewardnadse hat dies Jahre später Horst Teltschik erzählt.

18 https://www.bundesregierung.de/breg-de/themen/europa/bedingungen-fuer-den-beitritt-zur-europaeischen-union-434536

Literaturverzeichnis

Görtemaker M. (2009), Beginn der deutschen Einigung, Bundeszentrale für politische Bildung, 19. März 2009, https://www.bpb.de/geschichte/deutsche-einheit/deutsche-teilung-deutsche-einheit/43757/die-deutsche-einigung?p=all

Meckel, M. (2020), Zu wandeln die Zeiten: Erinnerungen, Leipzig.

Pötzl, N. F. (2019), Der Treuhand-Komplex: Legenden, Fakten, Emotionen, Hamburg.

Ulrich, R. (1990), Die Übersiedlerbewegung in die Bundesrepublik und das Ende der DDR, FIB Papers, WZB Berlin Social Science Center, Publication Series of the International Relations Research Group, P90-302, Berlin, https://bibliothek.wzb.eu/pdf/1990/p90-302.pdf

Werth, C. H. (2007), Entspannungspolitik nach außen, Repression nach innen: Die deutsch-deutschen Beziehungen 1969–1989, in: Die unerträgliche Leichtigkeit der Kunst: Ästhetisches und politisches Handeln in der DDR, hrsg. von M. Berg, K. Holsträter und A. von Massow, Weimar.

Die realwirtschaftliche Seite der Integrationsmedaille: Deutschlands Handelseinbindung in die Weltwirtschaft

Dalia Marin

Im volkswirtschaftlichen Austausch von Waren und Dienstleistungen mit Geld stellen monetäre und reale Ströme zwei Seiten derselben Medaille dar. So sind im Kontext der europäischen Integration Handels- und Finanzströme eng miteinander verwoben. Die Einführung der gemeinschaftlichen Währung in Europa sollte auch Wechselkursrisiken ausschalten und damit nicht zuletzt den grenzüberschreitenden Warenhandel fördern. Doch Fragen der Handelsintegration sind nicht ausschließlich auf den Aspekt der zugrunde liegenden Währung beschränkt. Die deutsche Wirtschaft hat bereits zu Zeiten der D-Mark von der Öffnung Osteuropas profitiert, die sich schließlich in der EU-Osterweiterung manifestierte und die Entwicklung globaler Wertschöpfungsketten in der grenzüberschreitenden Produktion begünstigte.

Rückblick

Die Öffnung Osteuropas nach der Wende führte zu einem tiefgreifenden Wandel in der deutschen Wirtschaft. Zunächst dehnten deutsche Firmen ihre Produktionsnetzwerke nach Osteuropa aus. Dies senkte die Kosten und trug dazu bei, weltweit Marktanteile zu gewinnen. Zweitens entwickelten Unternehmen einen stärker dezentralisierten, weniger hierarchischen Managementstil, der die Produktqualität verbesserte und zu einer Erhöhung des Exportmarktanteils deutscher Unternehmen führte. Diese beiden organisatorischen Anpassungen könnten die außergewöhnliche Erholung Deutschlands vom »kranken Mann Europas« in den 1990er Jahren zu einer heutigen Superstar-Wirtschaft erklären (Marin, 2018).

Ausweitung der Produktionsnetzwerke auf Osteuropa

Deutschland nutzte die Chance, die die Öffnung Osteuropas bot, auf folgende Weise. Osteuropa war reich an qualifizierten Arbeitskräften, und dies bot nicht nur neue Marktchancen für deutsche Firmen, sondern auch einen Pool an qualifizierten und billigen Arbeitskräften. Dies half Deutschland, einen Fachkräftemangel zu bewältigen, der in den 1990er Jahren besonders akut wurde. Deutschland war im Vergleich zu anderen OECD-Ländern und einigen Ländern Osteuropas schlecht mit Humankapital ausgestattet. 1998 hatten 16 % der Osteuropäer (einschließlich Russen) einen akademischen Abschluss, verglichen mit 15 % der Deutschen und 7 % der Österreicher (Marin, 2011).

Überdies wuchs das Humankapital der deutschen Wirtschaft in den 1990er Jahren auch deutlich langsamer. Tabelle 1 zeigt auf der Grundlage von Schätzungen des Humankapitalstocks von Koman und Marin (2005), dass die jährliche Wachstumsrate des Bestands an Humankapital je Person in Deutschland von 0,75 % in den 1980er Jahren auf 0,18 % in den 1990er Jahren schrumpfte.

Jahreswachstumsraten in %		
	Österreich	Deutschland
1960–1980	0,45	0,85
1980–1990	0,37	0,75
1990–1997	0,15	0,18
1960–1997	0,37	0,69

Quelle: Koman und Marin (2005)

Tabelle 1: Humankapitalstock je Person

Der gebremste Zuwachs des Humankapitalstocks fiel somit zeitlich mit zwei Schocks zusammen, die auf Deutschland einwirkten und die Nachfrage nach Fachkräften dämpften: der Revolution der Informationstechnologie und der Öffnung Osteuropas.

So verlagerten deutsche Unternehmen im Zuge ihrer Investitionen in Osteuropa nicht nur Industriearbeitsplätze mit geringen Qualifikationsanforderungen in diese Region, sondern gliederten auch jene Teile der Wertschöpfungskette aus, die Spezialkenntnisse und hochwertige Forschung verlangten. Die deutschen Niederlassungen in Osteuropa beschäftigten laut Marin (2006, 2011) im Zeitraum von 1990 bis 2001 gemessen an der Gesamtzahl der Beschäftigten dreimal so viele

Menschen mit einem akademischen Abschluss wie ihre Mutterfirmen. In ihren Laboren hatten sie überdies 11 % mehr Forschungspersonal unter Vertrag. So erfolgte die Öffnung Osteuropas mit seinem umfangreichen Angebot an Fachkräften genau zu der Zeit, als Deutschland diese Fachqualifikationen am dringendsten benötigte. Daneben trugen die mit Osteuropa aufgebauten Lieferketten zu niedrigeren Lohnstückkosten in Deutschland bei. Die deutschen Mutterunternehmen steigerten ihre Produktivität durch die Auslagerungen in osteuropäische Schwellenländer laut Marin (2010) um mehr als 20 %. Unter dem Strich wurden die im globalen Konkurrenzkampf stehenden deutschen Firmen durch die Produktionsverlagerungen nach Osteuropa effizienter, was ihnen zusätzliche Marktanteile in einem von verschärftem Wettbewerb geprägten Weltmarkt einbrachte.

Rückgang der Qualifikationsprämie

Die Ausweitung der deutschen Produktionsnetzwerke auf Osteuropa könnte eine Erklärung dafür sein, warum die Einkommensungleichheit in Deutschland schwächer als in anderen Hochlohnländern, wie zum Beispiel den USA, ausgeprägt ist (Marin, 2016). So könnte die Einkommenslücke zwischen Fachkräften und ungelernten Arbeitskräften, die ungeachtet der IT-Revolution und der Handelsintegration mit Osteuropa in den 1990er Jahren in Deutschland konstant geblieben war, auf die Verlagerung von Produktionsnetzwerken nach Osteuropa zurückzuführen sein.

Abbildung 1 zeigt das Verhältnis der Löhne für Fachkräfte und ungelernte Arbeitskräfte in den 1990er Jahren einerseits für Österreich und Deutschland und andererseits für die Tschechische Republik, Ungarn und Polen an. Als Näherungsvariable für den Quotienten aus Qualifikation und Lohn werden die relativen Löhne von Arbeitskräften außerhalb des Produktionsbereichs im Verhältnis zur Entlohnung in der Produktion verwendet. Mit Blick auf qualifizierte Tätigkeiten belegen die Ergebnisse für die 1990er Jahre einen starken Anstieg des relativen Lohns in Polen und den übrigen Beitrittsländern, während dieses Verhältnis in Deutschland konstant und in Österreich leicht rückläufig war. Das von Handelsökonomen bei einer Integration von Handels- und Investitionsströmen gemeinhin erwartete Faktorpreismuster zeichnet sich in diesen Daten nicht ab. Dies lässt sich am Beispiel von Deutschland und Polen demonstrieren. Engagiert sich ein (im Verhältnis zu Polen) an Fachqualifikationen reiches

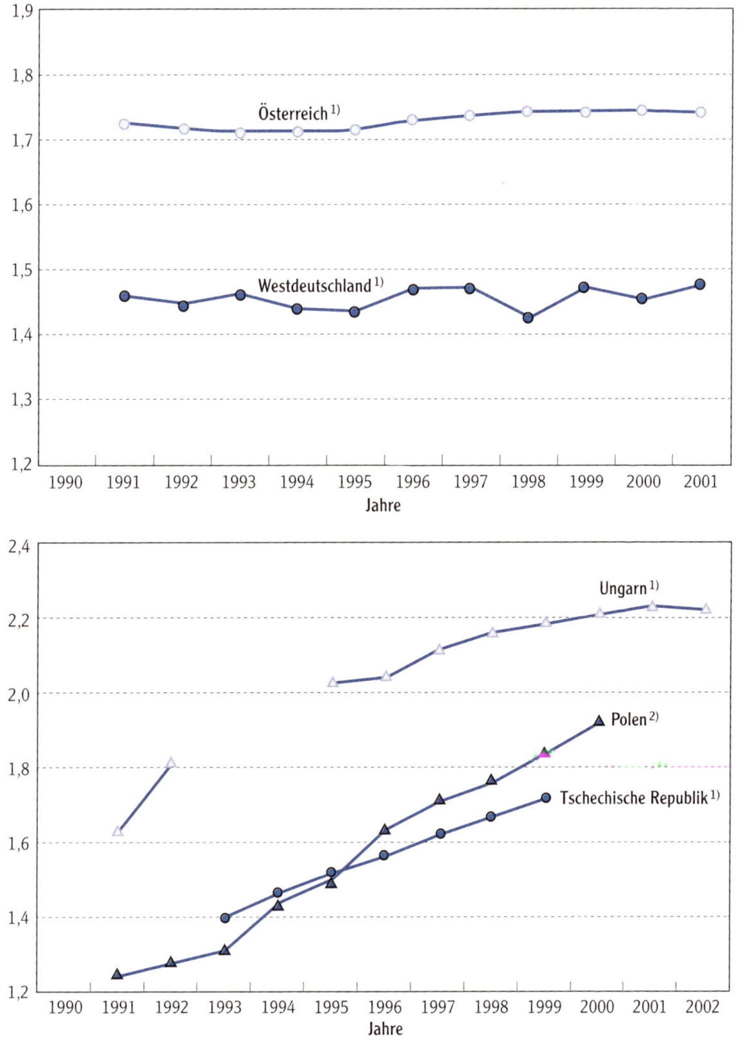

*) Löhne außerhalb der Produktion/Löhne in der Produktion

1) Industrie

2) Verarbeitendes Gewerbe

Quellen: Stastistik Austria, Statistisches Bundesamt, Glowny Urzad Statystyczny, Cesky Statysticky Urad, Központi Statisztikai Hiva Tal; verschiedene Jahre

Abbildung 1: Relative Löhne*

Land wie Deutschland in einem Land mit einem geringen Qualifikationsniveau wie Polen, so wäre in Deutschland ein Anstieg der relativen Löhne für Fachkräfte und in Polen ein Rückgang zu erwarten. Denn Handelsintegration führt zur Spezialisierung eines Landes auf ebenjene Sektoren, in denen der im Übermaß vorhandene Produktionsfaktor besonders stark eingesetzt wird. Das führt dazu, dass sich das an fachlichen Qualifikationen reiche Deutschland auf qualifikationsintensive Bereiche und das an Arbeitskräften reiche Polen auf arbeitsintensive Branchen spezialisiert. Infolgedessen steigt die relative Nachfrage nach Qualifikationen in Deutschland an, während sie in Polen zurückgeht, was zu höheren relativen Löhnen für qualifizierte Tätigkeiten in Deutschland und zu einem Rückgang dieser Löhne in Polen führt. Doch das Gegenteil ist der Fall.

Warum sind die relativen Löhne für qualifizierte Arbeitskräfte in Osteuropa gestiegen und in Österreich und Deutschland konstant geblieben? Weshalb ist in diesen Ländern ein »umgekehrter Stolper-Samuelson-Effekt« zu beobachten?

Feenstra und Hanson (1996) argumentierten im Kontext des Nordamerikanischen Freihandelsabkommens NAFTA, dass sich dieser umgekehrte Effekt mit Kapitalverschiebungen bei den Direktinvestitionen der USA nach Mexiko erklären lässt. Multinationale US-Unternehmen begannen, arbeitsintensivere Produktionsstufen nach Mexiko zu verlagern. In der Folge entstanden dort die sogenannten Maquiladoras –Tochtergesellschaften von US-Unternehmen, die sich auf jenen Teil der Wertschöpfungskette spezialisieren, bei dem der Anteil der Tätigkeiten mit geringen Qualifikationsanforderungen besonders hoch ist.

Im Falle der EU-Osterweiterung belegen die Daten für Österreich und Deutschland jedoch praktisch einen umgekehrten Maquiladora-Effekt. Multinationale Unternehmen aus Österreich und Deutschland lagern die qualifikationsintensiveren Produktionsstufen nach Osteuropa aus und spezialisieren sich auf die arbeitsintensiveren Fertigungsstufen in Österreich bzw. Deutschland. Im Ergebnis geht die relative Nachfrage nach Fachkräften in Österreich und Deutschland zurück. So gesehen hat das Outsourcing hoch qualifizierter Tätigkeiten nach Osteuropa dazu beigetragen, dass sich die Knappheitssituation beim Humankapital in Deutschland und Österreich entspannt hat.

Zur Dokumentation des umgekehrten Maquiladora-Effekts wird die Feenstra-und-Hanson-Analyse (1996) auf Deutschland, Öster-

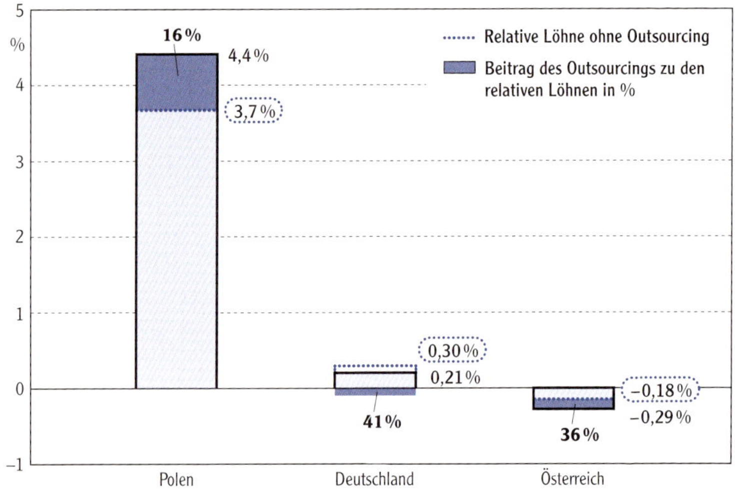

Outsourcing: Polen: 1+(ausländisches Anlagevermögen/inländisches Anlangevermögen), verarbeitendes Gewerbe; Österreich und Deutschland: (importierte Vorleistungen des eigenen Sektors/Wertschöpfung des Sektors)*100, Bergbau und verarbeitendes Gewerbe

Relative Löhne: Löhne außerhalb der Produktion/Löhne in der Produktion; Polen und Deutschland: Verarbeitendes Gewerbe; Österreich: Bergbau und Verarbeitendes Gewerbe.

Polen: 23 Wirtschaftszweige gemäß NACE nach zweistelliger Gliederungsebene, 1994–2002

Deutschland: 19 Wirtschaftszweige gemäß NACE nach zweistelliger Gliederungsebene, 1991–2003

Österreich: 15 Wirtschaftszweige gemäß NACE nach zweistelliger Gliederungsebene, 1995–2002, sonstige Kontrollvariablen sind unterdrückt.

Quellen: Lorentowicz, Marin, Raubold (2008), Marin und Raubold (2006)

Abbildung 2: Beitrag von Outsourcing und Offshoring zu den relativen Löhnen von Fachkräften und ungelernten Arbeitskräften

reich und Polen angewendet. Die Ergebnisse sind in Abbildung 2 dargestellt.

Es wird untersucht, ob das Verhältnis zwischen den jährlichen Lohnveränderungen bei Arbeitskräften außerhalb der Produktion und jenen in der Produktion (als Näherungsvariable für die relativen Löhne qualifizierter Arbeitskräfte) mit den jährlichen Änderungen im Outsourcing und anderer Kontrollvariablen (die unterdrückt sind) in Österreich und Deutschland negativ beziehungsweise in Polen positiv korreliert. Die Ergebnisse zeigen, dass dies in der Tat zutrifft. Abbildung 2 zeigt für die jährliche Wachstumsrate der relativen Löhne von Fachkräften im Verhältnis zu ungelernten Arbeitskräften in Deutschland einen Wert von 0,21 %, für Österreich von -0,29 % und für Polen von 4,4 %. Für diese drei Länder ist der Beitrag des Outsourcings zur jährlichen Änderung der relativen Löhne qualifizierter Arbeitnehmer auf der Basis des Modellrahmens von Feenstra und Hanson (1996) dargestellt. Die Auslagerung unternehmerischer Tätigkeiten (Outsourcing) trägt in Deutschland 41 %, in Österreich 36 % und in Polen 16 % zur Änderung der relativen Löhne qualifizierter Arbeitskräfte in diesen Ländern bei. Das heißt, ohne Outsourcing wären die relativen Löhne qualifizierter Arbeitnehmer in Deutschland um insgesamt 41 % stärker gestiegen (und somit statt jährlich um 0,21 % um 0,30 % im Jahr) und die relativen Löhne qualifizierter Arbeitnehmer in Österreich wären um 36 % weniger gesunken (statt jährlich um 0,29 % um 0,18 % pro Jahr). In Polen wären die relativen Löhne ohne Outsourcing um 3,7 % statt um 4,4 % gestiegen. Somit hat die Erweiterung nach Osteuropa zu einem Rückgang der Lohnungleichheit zwischen qualifizierten und nicht qualifizierten Arbeitskräften in Deutschland und in Österreich beigetragen.

Dezentralisierung des Managements

Neben der Ausweitung der Produktionsnetzwerke auf Osteuropa hat das Ende des Kommunismus auch die betriebliche Organisationsweise deutscher Unternehmen verändert. Laut Marin und Verdier (2014) hatte die Liberalisierung des Handels mit Osteuropa zur Folge, dass in den Unternehmen ein dezentraler, weniger hierarchisch ausgeprägter Managementstil eingeführt wurde. Als sich nach dem Fall der Berliner Mauer der Wettbewerb mit Osteuropa verschärfte, wurde es für die Unternehmen wichtiger, sich durch neue Ideen in einem von schärferem Konkurrenzkampf geprägten Marktumfeld zu behaupten. Infolgedessen wurden Entscheidungsprozesse von der obersten Führungsebene hin zum mittleren Management verlagert, um die Initiative der dort Beschäftigten anzuregen. Wie wir feststellten, haben deutsche Unternehmen solche Entscheidungen dezentralisiert, bei denen es vor allem auf die Initiative des mittleren Managements ankommt, wie etwa in der Forschung und Entwicklung oder der Produkteinführung.

Eine dezentralere Unternehmensorganisation kann auch die deutsche Unternehmenskultur des »Made in Germany« erklären. Marin et al. (2015) belegen, dass ein dezentralerer und weniger hierarchischer Managementstil Anreize für die Arbeitnehmer in Bezug auf die Produktqualität geschaffen hat. Arbeitnehmer in unteren betrieblichen Hierarchiestufen verfügen über bessere Kenntnisse mit Blick auf die Marktnachfrage. Mehr Entscheidungsautonomie für diese Arbeitnehmer begünstigt im Unternehmen die Einführung von Produkten, die von den Kunden wertgeschätzt werden. Auf der Grundlage von Daten der European Firms in a Global Economy (EFIGE) für 14 000 Unternehmen in sieben europäischen Ländern lässt sich der Exportmarktanteil des Median-Exporteurs für diese sieben Staaten errechnen. Anhand dessen wird untersucht, wie effektiv ein dezentralisiertes Management im betreffenden Land den Exportmarktanteil des Median-Exporteurs steigert. Es zeigt sich, dass deutsche (und österreichische) Exporteure ihren Exportmarktanteil fast um das Dreifache erhöhen, wenn sie dezentral und weniger hierarchisch aufgestellt sind. Französische Exporteure erreichen keine Steigerung ihres Exportmarktanteils durch Dezentralisierung ihrer Unternehmensorganisation. Gegenüber vergleichbaren europäischen Ländern war Deutschland zudem das einzige Land, das den Exportmarktanteil von Gütern bei niedriger preislicher Schwankungsanfälligkeit steigerte, nachdem die Unternehmensorganisation dezentralisiert worden war. So konnten die deutschen Exporteure aufgrund der Dezentralisierung der betrieblichen Entscheidungsstrukturen ihre Angebotspalette an qualitativ hochwertigen Erzeugnissen, bei denen die Nachfrage nur geringfügig auf preisliche Veränderungen reagiert, verbreitern.

Ausblick

Wird sich die erfolgsgekrönte deutsche Wirtschaftskraft vor dem Hintergrund der weltweiten Corona-Pandemie, die die Weltwirtschaft so stark beeinflusst und weltweit enorme Unsicherheit erzeugt, auch künftig behaupten können (Ahir et al., 2018)? Unternehmen nehmen diese wachsende Unsicherheit zum Anlass, die auf globalen Lieferketten fußenden Geschäftsmodelle auf den Prüfstand zu stellen. Unternehmen aus Hochlohnländern wie Deutschland konzentrieren sich stattdessen auf den verstärkten Einsatz von Robotern.

Die Ära der Hyperglobalisierung: 1990 bis 2008

Anfang der 1990er Jahre begannen die Unternehmen damit, ihre Produktion in globale Wertschöpfungsketten einzubetten, und lagerten sie in Niedriglohnländer aus. Der Fall des Eisernen Vorhangs, die Aufnahme Chinas in die Welthandelsorganisation und eine Revolution in der Logistik – die Containerwirtschaft – hatten eine explosionsartige Expansion der globalen Wertschöpfungsketten in diesen Regionen zur Folge, um so Lohnkosten einzusparen. Die Jahre von 1990 bis zur Finanzkrise 2008 galten als Ära der Hyperglobalisierung, in der die globalen Wertschöpfungsketten für 60 % des Zuwachses im Welthandel verantwortlich waren (Timmer et al., 2016).[1]

Das Ende der Ära der Hyperglobalisierung im Jahr 2011

Diese Hyperglobalisierung fand mit der Finanzkrise 2008/2009 ein plötzliches Ende. Seit 2011 dehnen sich die globalen Wertschöpfungsketten nicht mehr weiter aus (Abbildung 3). Es zeigt sich, dass das abrupte Ende in der zunehmenden Unsicherheit begründet liegt, von der die Weltwirtschaft im Gefolge der Finanzkrise geprägt ist. Der von Ahier et al. (2018) erstellte Welt-Unsicherheits-Index (WUI) stieg von 2008 bis zur Schuldenkrise im Euroraum 2012 um 200 % an (Ahir et al., 2018). Der Index wird erstellt, indem die Häufigkeit des Wortes »unsicher« – beziehungsweise Varianten davon – in EIU-Länderberichten[2] erfasst wird. Während des SARS-Ausbruchs 2003 erhöhte sich der WUI um 70 %.

Eine Verknüpfung des WUI mit Daten zu den globalen Wertschöpfungsketten weist einen großen signifikant negativen Effekt der Unsicherheit auf die globalen Wertschöpfungsketten in reichen Ländern

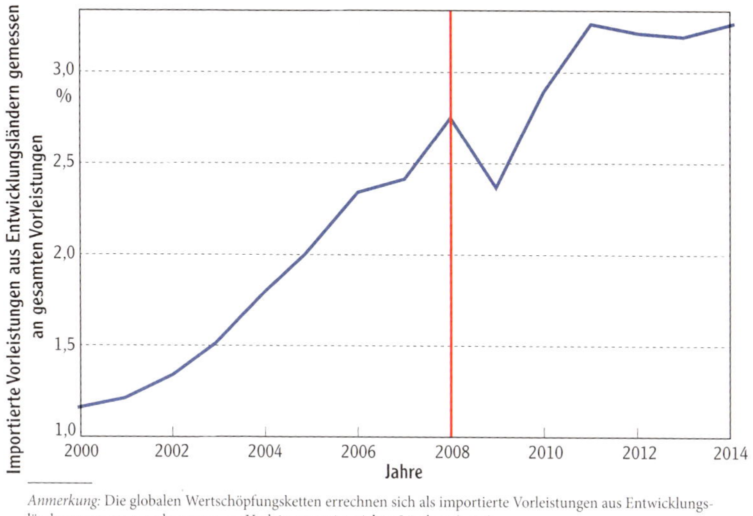

Anmerkung: Die globalen Wertschöpfungsketten errechnen sich als importierte Vorleistungen aus Entwicklungsländern gemessen an den gesamten Vorleistungen in reichen Ländern (in %).
Quelle: World Input-Output Database

Abbildung 3: Entwicklung der globalen Wertschöpfungsketten 2000–2014

auf. Der Anstieg des WUI, also ein Zuwachs an Unsicherheit, geht mit einem Abbau globaler Wertschöpfungsketten, gemessen an den importierten Vorleistungen aus Niedriglohnländern in Relation zu den gesamten Vorleistungen in einem Sektor, einher. Den Schätzungen zufolge reduziert ein Anstieg der Unsicherheit um 300 % – dem Faktor, um den die Corona-Pandemie den WUI erhöht haben dürfte – die Aktivität in den globalen Wertschöpfungsketten um 35,4 %.

Rückverlagerung der Produktion ins Heimatland: Roboter als Alternative zu den Wertschöpfungsketten

Weshalb unterziehen Unternehmen ihre Produktion, die über globale Wertschöpfungsketten erfolgt, einer Neubewertung? Die Firmen vergleichen ihre Kosteneinsparungen aus den globalen Wertschöpfungsketten – also die Lohndifferenz zwischen Niedriglohnländern und ihren Heimatmärkten unter Berücksichtigung der Transportkosten – mit den Kosteneinsparungen aus dem Einsatz von Robotern statt Arbeitnehmern in der Produktion. Die Finanzkrise wirkte sich auf diesen Kostenvergleich regelrecht als Schock aus, denn in ihrem Gefolge kam es aufgrund des Risikos von Lieferausfällen bei Vorleistungsprodukten zu einem Kostenanstieg in den globalen Lieferketten.

Außerdem dürften die Unternehmen nach der Finanzkrise auch mit höheren Zollsätzen gerechnet haben, wodurch der Vorteil globaler Wertschöpfungsketten angesichts mehrmaliger Grenzüberschreitungen der Vorleistungsgüter schwindet. Gleichzeitig ließ die Finanzkrise den Einsatz von Robotern kostengünstiger werden, weil mit der Bekämpfung der Krisenauswirkungen durch die Zentralbanken die Zinsen in Relation zu den Löhnen drastisch zurückgingen. Infolgedessen begannen viele Unternehmen aus reichen Ländern mit der Rückverlagerung ihrer Produktion ins Heimatland zugunsten von Investitionen in Robotern.

In Deutschland sind es beispielsweise die Elektro- und die Elektronikindustrie sowie die Textilbranche, die am engsten in die globalen Wertschöpfungsketten eingebunden sind. Rund 12 % der gesamten Vorleistungen in diesen Branchen werden aus Niedriglohnländern importiert. Demgegenüber werden in Deutschland insgesamt 6,5 % aller Vorleistungen importiert. Gemessen werden die globalen Wertschöpfungsketten anhand des Anteils der importierten Vorleistungen aus Niedriglohnländern an den gesamten Vorleistungen in einer Branche oder einer Volkswirtschaft.

Bereits seit Mitte der 1990er Jahre investieren Unternehmen aus reichen Ländern in den Einsatz von Robotern. Dies ist also kein neues Phänomen. In Deutschland nahm die Anzahl an Robotern je 1000 Arbeitskräfte von unter zwei im Jahr 1995 auf vier im Jahr 2014 zu. Deutschland ist weltweit führend im Robotereinsatz nach Südkorea mit sechs Robotern je 1000 Arbeitnehmer und Japan mit über vier. Die Vereinigten Staaten setzen 1,5 Roboter je 1000 Arbeitnehmer ein.

Die Finanzkrise als Katalysator des Wandels

Mit Beginn der globalen Finanzkrise setzte ein drastischer Zinsrückgang ein, was die Finanzierung von Robotern und Investitionen in künstliche Intelligenz verbilligte. Zugleich waren die Unternehmen in den reichen Ländern bereits großzügig mit modernen Technologien ausgestattet, sodass die Arbeitskosten in der Produktion an Gewicht einbüßten. So konnte mit der Ersetzung von Arbeitern durch Maschinen die Produktion auch ohne Weiteres in einem Hochlohnland erfolgen. Die Unternehmen verlagerten die Fertigung in ihre Heimatländer zurück und investierten dafür in Roboter.

Abbildung 4 zeigt die Beziehung zwischen den globalen Wertschöpfungsketten und Robotern vor und nach der Finanzkrise auf. Vor der Finanzkrise fuhren die Unternehmen zweigleisig. Um Kosten zu reduzieren, investierten sie sowohl in Lieferketten als auch in Automation. Nach der Finanzkrise änderten die Firmen ihren Kurs und ersetzten die globalen Wertschöpfungsketten durch Roboter. Mit dem Rückgang der importierten Vorleistungen aus Niedriglohnländern nahm die Anzahl der Roboter je 1000 Beschäftigte zu, ein Indiz dafür, dass Wertschöpfungsketten und Roboter nach der Finanzkrise zu wechselseitigen Substituten wurden.

Zur Analyse der Auswirkungen der Corona-Pandemie wird in einem Modell ein Anstieg des WUI um 300 % und ein Rückgang der Zinssätze um 30 % angenommen. Ein Anstieg des WUI um 300 % reduziert die Lieferketten um 35 %, was wiederum den betrieblichen Robotereinsatz beschleunigt, der an die Stelle der globalen Wertschöpfungsketten tritt. Ein Rückgang der Zinsen um 30 % verringert die Kosten eines Roboters in Relation zu den Arbeitnehmerkosten. Beides zusammengenommen beschleunigt den Einsatz von Robotern um 76 %. Da die zunehmende Unsicherheit Investitionen in Robotern aber auch entgegenwirkt, ist kein ungebremster Anstieg zu erwarten.

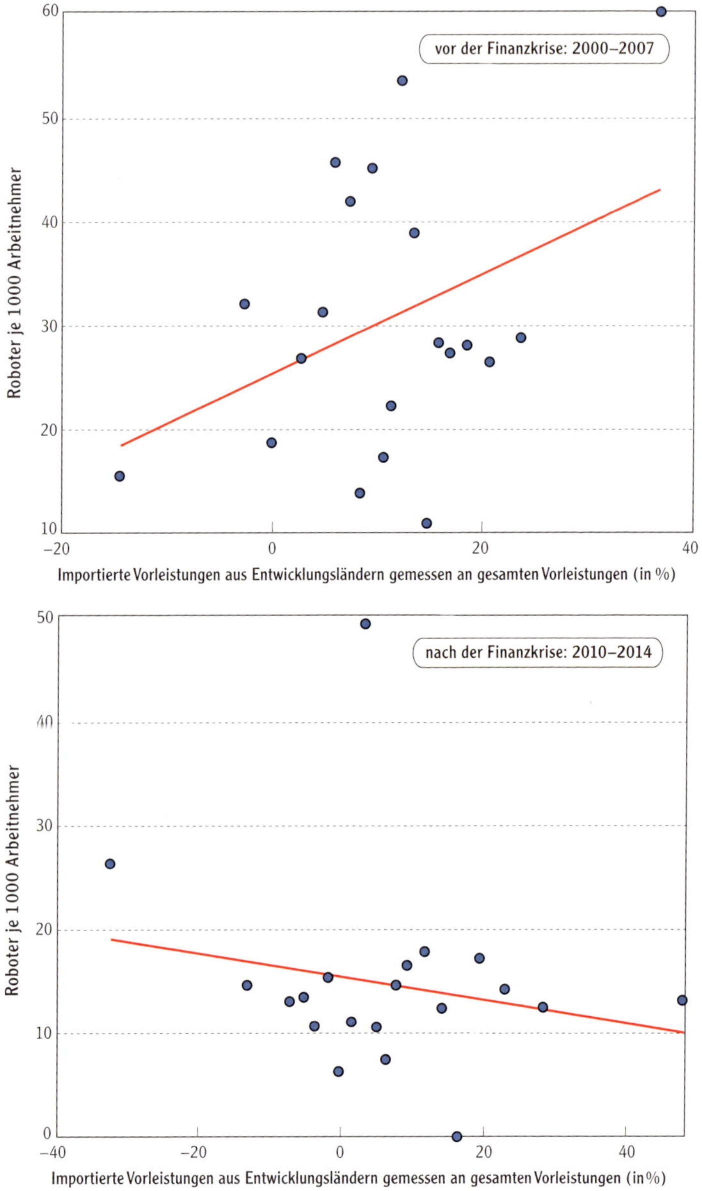

Anmerkung: Die Abbildung zeigt ein Streudiagramm der prozentualen Veränderung der importierten Vorleistungen aus Entwicklungsländern an den gesamten Vorleistungen eines Wirtschaftszweigs auf der x-Achse und der prozentualen Veränderung der Roboteranzahl je 1000 Arbeitskräfte in diesem Zweig auf der y-Achse im Branchenjahr. Die Beziehung zeigt sich robust gegenüber der Einbeziehung branchenspezifischer fixer Effekte.
Quelle: International Federation of Robotics & World Input-Output Database.

Abbildung 4: Globale Lieferketten und Roboter

Wird die Produktivität beeinträchtigt?

Ob der Umstieg von Lieferketten auf Roboter in Hochlohnländern wie Deutschland ein höheres Produktivitätswachstum nach sich zieht, wird davon abhängen, ob Roboter und Automation höhere Produktivitätsgewinne als die Lieferketten herbeiführen.

Mit Auslagerung der Produktion nach China und nach Osteuropa stieg die Produktivität der deutschen Unternehmen, weil die Löhne in diesen Regionen viel niedriger als im Heimatland waren. Laut Marin (2010) erzielten die deutschen Unternehmen durch den Einsatz osteuropäischer statt deutscher Arbeitskräfte in ihren Lieferketten branchenübergreifend Produktivitätszuwächse. Dies begünstigte Deutschlands außerordentlich hohe Wettbewerbsfähigkeit.

Eine Schätzung des Produktivitätszuwachses durch Einführung von Robotern ist weitaus komplizierter, da sie im Ergebnis davon abhängt, ob das Unternehmen mit den Robotern Arbeitnehmer ersetzt oder ob es die Produktion umstellt, um das Potenzial an künstlicher Intelligenz auszuschöpfen. Letzteres kann zur Entstehung völlig neuer Stellen führen, die ein rasches Produktivitätswachstum beflügeln.

Unterdessen deuten jüngste Forschungsergebnisse von Acemoglu und Restrepo (2019) darauf hin, dass US-Unternehmen Roboter heute überwiegend zur Automatisierung von Aufgaben verwenden, die bislang Beschäftigte ausgeführt haben, statt neue Arbeitsplätze zu schaffen. Sie fanden heraus, dass der Wegfall von Stellen infolge Automatisierung zwischen 1947 und 1987 durch den Transfer von Arbeit auf neue Stellen, die im Sog anderer neuer Technologien entstanden, aufgewogen wurde. Doch in den letzten drei Jahrzehnten werden deutlich mehr Arbeitnehmer entlassen als auf neuen Stellen eingesetzt. Infolgedessen ist der Anteil von Arbeit (der Einkommensanteil der Arbeitnehmer) am Bruttoinlandsprodukt in den USA seit Mitte der 1980er Jahre rückläufig. Die Fokussierung der Firmen auf die Automatisierung könnte erklären, warum der Produktivitätszuwachs in den vergangenen Jahren ungeachtet der Revolution der künstlichen Intelligenz so schwach ausfiel. Inwieweit dies das Produktivitätswachstum in Hochlohnländern wie Deutschland beeinträchtigt, wird davon abhängen, ob die Unternehmen Roboter zur Schaffung neuer Arbeitsplätze mit höherem Produktivitätspotenzial oder zur Substitution vorhandener Arbeitsplätze mit geringem Produktivitätspotenzial verwenden. Die Schaffung von Anreizen für die Unternehmen, Ersteres statt Letzteres zu tun, ist ein wichtiges Aufgabenfeld der Politik.

Anmerkungen

1 Eine frühe Bewertung der Globalisierung liefert Marin (2014).
2 EIU = Economist Intelligence Unit.

Literaturverzeichnis

Acemoglu, D. und P. Restrepo (2019), Automation and New Tasks: How Technology Displaces and Reinstates Labor, Journal of Economic Perspectives, 33 (2), 2019, S. 3–30.

Ahir, H., N. Bloom und D. Furcery (2018), World Uncertainty Index, Stanford University.

Baker, S., N. Bloom und S. J. Davis (2016), Measuring Economic Policy Uncertainty, Quarterly Journal of Economics, November 2016.

Faber, M., K. Kilic und D. Marin (2021), Uncertainty, Robots, and Supply Chains, Technische Universität München, Mimeo.

Feenstra, R. und G. Hanson (1996), Foreign Investment, Outsourcing, and Relative Wages, in: Feenstra, R., G. Grossman und D. Irwin (Hrsg.), Political Economy of Trade Policy: Essays in Honor of Jagdish Bhagwati, MIT Press, Cambridge, S. 89–127.

Koman, R. und D. Marin (2005), Human Capital and Macroeconomic Growth: Austria and Germany 1960–1997, Münchener Wirtschaftswissenschaftliche Beiträge.

Marin, D. (2006), A New International Division of Labor in Europe: Outsourcing and Offshoring to Eastern Europe, Journal of the European Economic Association 4(2–3), S. 612–622.

Marin, D. (2010), Germany's Super Competitiveness: A Helping Hand from Eastern Europe, VoxEU, Juni 2010, CEPR, London.

Marin, D. (2011), The Opening-Up of Eastern Europe at 20: Jobs, Skills, and Reverse Maquiladoras in Austria and Germany, in: Jovanovic, M. (Hrsg.), International Handbook on the Economics of Integration, Bd. 2, Edward Elgar.

Marin, D. (2014), Globalization and the Rise of the Robots, VoxEU, November, CEPR, London.

Marin, D. (2016), Inequality in Germany: How It Differs from the US, VoxEU, Juni, CEPR, London.

Marin, D. (2018) (Hrsg.), Explaining Germany's Exceptional Recovery, CEPR Press London.

Marin, D. und A. Raubold (2006), The Declining Prospects for Human Capital in Germany, Ludwig-Maximilians-Universität München.
Marin, D. und T. Verdier (2014), Corporate Hierarchies and International Trade: Theory and Evidence, Journal of International Economics 94(2), S. 295–310.
Marin, D., J. Schymik und J. Tscheke (2015), Europe's Export Superstars – It's the Organization, Bruegel Working Paper 2015/05, Brüssel.
Timmer, M. P., B. Los, R. Stehrer und G. J. de Vries (2016), An Anatomy of the Global Trade Slowdown Based on the WIOD 2016, Rijksuniversiteit Groningen.

Drei offizielle Sichtweisen auf den Euro, vereint in einer Person

Oldřich Dědek

Wir Tschechen haben zweimal im Jahr die Gelegenheit, uns zu feiern – einmal an unserem Geburtstag und einmal an unserem Namenstag. Auch für den Euro gäbe es zwei Anlässe, ihn zu feiern – den Jahrestag seiner Entstehung und den Jahrestag seiner Einführung als Bargeldwährung. Aus bekannten Gründen liegen drei Jahre zwischen diesen beiden Jahrestagen.

Es lohnt nicht, darüber zu streiten, welche dieser Wegmarken mehr Aufmerksamkeit verdient – beide sind wichtig und können nicht getrennt voneinander betrachtet werden. Von Bedeutung ist dagegen, welchen Nutzen die Gemeinschaftswährung für die europäische Integration bringt und wie sie zur Erreichung der von den europäischen Gründervätern formulierten Ziele beiträgt: eine harmonische Entwicklung des Wirtschaftslebens, eine beständige und ausgewogene Wirtschaftsausweitung, eine größere Stabilität, eine beschleunigte Hebung der Lebenshaltung und engere Beziehungen zwischen den Mitgliedstaaten.

Antworten auf diese beiden sehr allgemein gehaltenen Fragen laufen Gefahr, ebenfalls sehr allgemein auszufallen. Dank meiner beruflichen Erfahrung besteht diese Gefahr glücklicherweise nicht, da ich gleich in dreifacher Funktion mit dem Euro zu tun habe. Dies hat mich davor bewahrt, mich im Elfenbeinturm einzurichten, und mich stattdessen dazu gebracht, wie ein einfacher Kaufmann das an die Leute zu bringen, was ich mir selbst erworben habe. Ich freue mich, meine persönlichen Erfahrungen und Sichtweisen, die ich in diesen drei Funktionen sammeln konnte, in den vorliegenden Sammelband zum 20-jährigen Jubiläum der Einführung des Euro-Bargeldes einfließen zu lassen zu dürfen.

Die Sicht des Dozenten für europäische Wirtschaftsintegration

Ideen lassen sich am besten sortieren und strukturieren, wenn man sie mit anderen teilt. Als Dozent für europäische Wirtschaftsintegration habe ich es stets als meine Pflicht angesehen, dieser Prämisse zu folgen. Europäische Integration zu unterrichten, ist in mehrfacher Hinsicht bereichernd: Es vertieft und erweitert, um es mit zwei Begriffen auszudrücken, die untrennbar damit verbunden sind. Um zeitgenössische Phänomene zu verstehen, muss man sein Wissen *vertiefen* und dabei oft auch den historischen Kontext kennen. Und man muss sein Wissen *erweitern*, um den Integrationsprozess in seiner ganzen Vielschichtigkeit zu erfassen und wie der europäische Integrationsprozess selbst in immer neue Bereiche vorzudringen.

Ich kann aufrichtig behaupten, dass mir bei meinen Vorlesungen neben dem Gemeinschaftshaushalt, der gemeinsamen Agrarpolitik, der gemeinsamen Handelspolitik, der gemeinsamen Sozialpolitik und anderen Themen die Währungsintegration besonders am Herzen lag, weil ich in meiner Eigenschaft als Zentralbanker das Lehrbuchwissen immer wieder mit eigenen Erfahrungen als politischer Entscheidungsträger vergleichen und beides einander gegenüberstellen konnte.

Es macht allerdings einen Unterschied, ob man sich komplexe Informationen selbst aneignen oder sie anderen in der begrenzten Zeitspanne einer Vorlesung vermitteln muss. Manchmal sind dafür anschauliche Metaphern und (angemessene) Vereinfachungen erforderlich, um die Aufmerksamkeit der Studierenden nicht zu verlieren.

Meine bevorzugte Metapher zur Vereinfachung der Zukunft des Euro war die Evolutionstheorie. So beschrieb ich die europäische Gemeinschaftswährung im Wesentlichen als das Ergebnis eines langwierigen evolutionären Prozesses mit Erfolgen und Misserfolgen, Vorwärts- und Rückschritten und nicht als Ergebnis zielgerichteter Bemühungen glühender Euro-Befürworter. In etwa wie beim walrasschen Tâtonnement-Prozess, der durch Versuch und Irrtum zu einem unbekannten Ziel führt.

Welche Annahmen können wir als Verfechter der Evolutionstheorie hinsichtlich dieses Ziels treffen? Höchstwahrscheinlich, dass die Schwachen allmählich aussterben und die Starken – die am besten an ihre Umwelt angepasst sind – überleben werden. So lässt sich empirisch nachweisen, dass sich der Euro trotz vieler gegenteiliger Prognosen durchgesetzt hat.

Zwar ist die 20-jährige Geschichte des Euro-Bargeldes aus Sicht der naturwissenschaftlichen Evolutionstheorie erbärmlich kurz, doch die soziale Zeit vergeht deutlich schneller und kann mit einer Vielzahl von Ereignissen überraschen, aus denen sich allgemeine Schlussfolgerungen ziehen lassen.

Da sich dieser evolutionäre Prozess in unserer modernen demokratischen Gesellschaft abspielt, die der Logik politischer Zyklen unterworfen ist, habe ich die vorgenannte Evolutionsanalogie um die vielleicht etwas flapsige Hypothese erweitert, dass eine Katastrophe mittleren Ausmaßes einen starken Fortschrittsmotor darstellt. Mit anderen Worten: In einer demokratischen Gesellschaft bedarf es oft großer Belastungsproben, um Dinge voranzubringen, da wir sonst das Erreichte verlieren würden. Die Geschichte der europäischen Währungsintegration ist ein klassisches Beispiel für dieses Verhaltensmuster. Um das zu erkennen, muss man nicht lange theoretisieren, sondern sich nur aufmerksam die Realität anschauen und die Werke namhafter Autoren lesen. In dieser Hinsicht war *European Monetary Integration* von Gros und Thygesen für mich eine echte Inspirationsquelle.

Das EWS in der Anfangsphase mit häufigen Wechselkursanpassungen

Beginnen wir mit dem Europäischen Währungssystem (EWS), dessen Einführung 1979 selbst als Lehrbeispiel dafür dienen kann, dass Scheitern die Mutter des Erfolgs ist. Im konkreten Fall betraf das Scheitern die marode Wechselkursregelung, die sogenannte Währungsschlange, und bereits zuvor das Ende des Goldstandards nach dem Bretton-Woods-System. In der Frühphase des EWS mit festen, aber anpassungsfähigen Wechselkursen war es üblich, dass Finanzminister und Zentralbanker hinter verschlossenen Türen darüber verhandelten, welche Währung um wie viel gestärkt bzw. geschwächt werden sollte. Diese Verhandlungen wurden allerdings von Wechselkursspekulationen über das Ergebnis begleitet. Anstelle der dauerhaften Wechselkursstabilität, die das EWS bringen sollte, war der Binnenmarkt also im Falle von Paritätsanpassungen dem Risiko von Wechselkursschwankungen ausgesetzt. Später erkannte man zudem, dass der Anpassungsdruck auch von externen Faktoren herrühren kann, die nichts mit einer Wiederherstellung des Gleichgewichts zwischen den Handelsströmen der Binnenmarktteilnehmer zu tun haben. Er konnte beispielsweise durch die Instabilität des Dollar hervorgerufen werden, die eine Flucht in die sichere D-Mark auslöste. Diese wurde dadurch gestärkt, während die anderen Mitgliedswährungen geschwächt wurden, was die Zentralbanken zähneknirschend zur Intervention zwang, um die Wechselkursspannen aufrechtzuerhalten.

In dieser Zeit der häufigen Wechselkursanpassungen wurde auch deutlich, dass offizielle Eingriffe in die Wechselkurse mit hohen politischen Kosten einhergehen, vor allem in Ländern, die abwerten. Die Währung ist ein nationales Symbol, und für manche Länder stellen Abwertungen ein größeres Problem dar als für andere. Allerdings kam auch in aufwertenden Ländern keine rechte Begeisterung auf, da sich durch eine Aufwertung die Exportwaren auf den ausländischen Märkten verteuerten.

Erst vor Kurzem musste die Tschechische Nationalbank am eigenen Leib erfahren, wie hoch die politischen Kosten einer Wechselkursanpassung sein können. Ein Student würde vermutlich durchfallen, wenn er die Wechselkursverpflichtung vom November 2013 als Abwertung bezeichnen würde, denn die Lehrbücher für Makroökonomie lehren uns, dass dieser Begriff festen Wechselkurssystemen vorbehalten ist. Dennoch wurde der Wechselkurs der tschechischen Krone durch gezielte Wechselkursinterventionen um rund 5 % geschwächt. Bis heute sind sich die Ökonomen über Kosten und Nutzen dieser unkonventionellen Geldpolitik uneinig, die während der globalen Finanzkrise umgesetzt wurde. Nicht ignoriert werden konnte jedoch die Kritik vieler öffentlicher Vertreter: des Präsidenten, der Vorsitzenden des Unter- und Oberhauses des tschechischen Parlaments, der Gewerkschaftsvertreter und überraschenderweise auch vieler Exporteure, die durch die künstliche Schwächung der Krone Verluste aus Währungssicherungsgeschäften erlitten. Daraus lässt sich erkennen, dass der Wechselkurs kein geldpolitisches Instrument ist, das sich bei Bedarf auf technokratische Weise manipulieren lässt. Dies wurde auch dem EWS bewusst, das Wechselkursanpassungen schrittweise von der Regel zur Ausnahme machte.

Das EWS ohne Wechselkursanpassungen

Langsam entwickelte sich das EWS zu einem Gebilde, das fast vier Jahre lang ohne Wechselkursanpassungen auskam (mit Ausnahme einer technischen Operation). Damals forderte man, dass der Wechselkurs vorangehen und nicht folgen solle. Dies spiegelte sich später im Maastrichter Wechselkurskriterium wider, das von den Ländern verlangte, ihre Wirtschaftspolitik ohne Rückgriff auf Wechselkurskorrekturen zu steuern. Vier Jahre lang schien dieser Ansatz zu funktionieren, und das EWS hatte sich de facto zu einer Schattenwährungsunion entwickelt.

Doch es steckte ein Sprengsatz in diesem System – in Gestalt der Wechselkursstabilität, die durch die informelle Bindung der EWS-Mitgliedswährungen an die D-Mark und damit indirekt an die deutsche Geldpolitik erreicht wurde. Und sein Zünder war der schon fast in Vergessenheit geratene Emminger-Brief, in dem die Bundesregierung der Bundesbank bei Gründung des EWS zugesichert hatte, dass im Falle eines Konflikts zwischen der Preisstabilität in Deutschland und der Stabilität des EWS der verfassungsmäßige Auftrag der Bundesbank Vorrang habe – also die Stabilität der deutschen Preise.

Dieses Dilemma wurde nach der Wiedervereinigung Deutschlands offenkundig: Die Inflation stieg sprunghaft an, und die Bundesbank reagierte mit einer Anhebung der Zinssätze. Dies sorgte bei den anderen EWS-Ländern, die Stabilität gegenüber der D-Mark anstrebten und deren innenpolitische Situation eher nach einer Lockerung als einer Straffung der Geldpolitik verlangte, für lange Gesichter. Die daraus resultierenden Spannungen, die durch das gescheiterte Referendum über den Vertrag von Maastricht in Dänemark noch verschärft wurden, gipfelten 1992–1993 in drei Wellen beispielloser Wechselkursverwerfungen.

Studierende lieben Schilderungen spektakulärer Ereignisse, und so konnte ich mir meines Erfolgs stets sicher sein, wenn ich erzählte, wie der Hedgefonds von George Soros 2 Mrd £ durch Spekulationen gegen das Pfund Sterling verdiente (und, da Soros ein Philanthrop war, er vermutlich einen Teil seiner Gewinne im postkommunistischen Mitteleuropa investierte), wie die schwedische Reichsbank den Leitzins zur Aufrechterhaltung ihrer Schwankungsbreite auf astronomische 500 % anhob und wie sich die Finanzminister nach einer schlaflosen Nacht darauf einigten, die Schwankungsbreite des Wechselkursmechanismus von ±2¼ % auf ±15 % auszuweiten. Und dass all das passierte, noch bevor die Tinte auf dem Vertrag von Maastricht getrocknet war.

Man kann sich heute nur schwer vorstellen, wie groß die Ernüchterung war, als anstelle eines nahtlosen Übergangs vom Wechselkursmechanismus zur Währungsunion Währungsturbulenzen das ganze sorgsam geplante Gebäude ins Wanken und beinahe zum Einsturz brachten. Doch es sollte nicht das letzte Mal sein, dass das Projekt Währungsintegration seine Selbstheilungskräfte mobilisierte und statt eines Rückschritts einen Riesensprung nach vorn machte. Wo es keine nationale Währung gibt, kann dagegen auch nicht spekuliert werden – so lautete die einfache und leicht zu kommunizierende Antwort auf die damaligen Wechselkursturbulenzen. Kurz darauf, 1999, wurden der europäische Währungsraum und der Euro als Gemeinschaftswährung ins Leben gerufen, zunächst nur als Buchwährung. Dies erfolgte planmäßig und in einer beeindruckenden Zahl von Gründungsmitgliedsländern. Drei Jahre später wurde das Projekt mit der Einführung des Euro-Bargeldes im Rahmen einer äußerst komplexen und brillant umgesetzten logistischen Operation finalisiert. Die letzte Verbindung zu den nationalen Währungen, von denen viele auf eine lange und glanzvolle Geschichte zurückblickten, wurde gekappt.

Um die Aufmerksamkeit der Studierenden zu halten, muss man auch für eher ruhige Zeiten spannende Geschichten parat haben. Hierfür konnte ich auf die kreativen Buchführungstechniken zurückgreifen, mit denen sich einige Länder die Erfüllung der Maastricht-Kriterien erleichterten: in Italien die Erhebung und anschließende Rückerstattung der sogenannten Eurotassa, in Frankreich die Berücksichtigung der Privatisierungserlöse von France Telecom, die eigentlich für die Rentenversicherung vorgesehen waren, und in Deutschland der letztlich erfolglose Versuch, den Haushalt durch eine Aufwertung der Goldreserven aufzupolieren. Diese Geschichten hätten uns wohl eine Warnung sein sollen, dass die fiskalische Säule der Währungsunion, die in der Verantwortung der nationalen Regierungen blieb, noch für einiges Kopfzerbrechen sorgen würde.

Die globale Finanzkrise

Überspringen wir die ersten zehn Jahre des Euro, in denen es zwar keine großen Krisen gab, aber auch keine großen Fortschritte bei der Integration. Gewiss, es gab ernsthafte Meinungsverschiedenheiten über eine »Reform« des Stabilitäts- und Wachstumspakts, die durch mangelnde Bereitschaft Deutschlands und Frankreichs verursacht wurden, die Regeln der Haushaltsdisziplin einzuhalten. Doch Milton Friedmans Vorhersage, dass der Euroraum innerhalb von drei Jahren auseinanderbrechen werde – wie er in einem Brief an Otmar Issing schrieb und in seinem Buch *The Birth of the Euro* erwähnte –, trat nicht ein. Stattdessen wurden in den Medien lauter kleinliche Auseinandersetzungen darüber geführt, welche weitreichenden Schlussfolgerungen aus den relativ geringen Wachstumsunterschieden zwischen den USA und dem Euroraum sowie zwischen dem Euroraum und dem Rest der EU gezogen werden könnten. Oder um mit Remarque zu sprechen: »Im Westen nichts Neues«. Dieser Eindruck sollte sich jedoch schon bald drastisch ändern.

Im September 2008 brach das Bankhaus Lehman Brothers zusammen und setzte damit eine Folge turbulenter Ereignisse in Gang, wie sie die Welt noch nicht erlebt hatte. Zunächst schien es so, als ob sich unter den krisengeschüttelten europäischen Staaten, die ausländische Finanzhilfe in Anspruch nehmen mussten, nur Nicht-Euro-Länder befänden – Island im Oktober 2008, Ungarn im November 2008, Lettland im Januar 2009 und Rumänien im Mai 2009. Dann jedoch zog Griechenland nach und erhielt im Mai 2010 sein erstes Hilfspaket. Irland folgte im November 2010 und Portugal im Mai 2011. Auch über Spanien und Italien schwebte schließlich das Damoklesschwert, und im Juni 2012 wurde zu guter Letzt auch Zypern der Rettungsring zugeworfen.

Damals konnte man sich des Eindrucks nicht erwehren, dass sich Friedmans Prophezeiung nun doch mit einiger Verspätung zu erfüllen begann. Die Hypothese, dass eine Katastrophe mittleren Ausmaßes ein starker Motor für die Integration ist, erwies sich allerdings als erstaunlich zutreffend. Im Mai 2010 wurde entschieden, die befristeten Rettungsfazilitäten Europäischer Finanzstabilisierungsmechanismus (EFSM) und Europäische Finanzstabilisierungsfazilität (EFSF) ins Leben zu rufen, und im Dezember 2010 wurde die Einrichtung des Europäischen Stabilitätsmechanismus (ESM) als dauerhafte

Fazilität zur Sicherung der Finanzstabilität im Euroraum mit einer Nettokreditvergabekapazität von 500 Mrd € beschlossen. Auch die unkonventionelle Geldpolitik der Europäischen Zentralbank (EZB), die mit ihrem »Whatever it takes«-Ansatz die in Panik geratenen Finanzmärkte beruhigte, darf hierbei nicht unerwähnt bleiben. Und der Weg zur Schaffung einer Bankenunion, deren Entwurf auf einer informellen Tagung des Europäischen Rats im Mai 2012 vorgestellt wurde, hat die europäische Integration ein enormes Stück vorangebracht.

Sicherlich verlief nicht alles reibungslos, und es wurden auch nicht alle ursprünglichen Pläne verwirklicht. Im Gegenteil: Regierungen scheiterten, Gespräche gerieten ins Stocken, und Verfassungsbeschwerden häuften sich. Doch Katastrophen mittleren Ausmaßes sind naturgemäß schwierige Phasen, bei denen wenig Zeit bleibt, um im Detail über die optimale Lösung nachzudenken. Rückblickend hat der Euroraum jedoch nicht nur eine der verheerendsten Krisen aller Zeiten gemeistert, sondern ist ganz offensichtlich auch institutionell gestärkt aus ihr hervorgegangen.

Eine weitere anschauliche Metapher drängt sich auf: Im Oktober 2012 wurde die Europäische Union in Anerkennung ihrer einigenden Funktion auf dem europäischen Kontinent mit dem Friedensnobelpreis ausgezeichnet. Auch der Euroraum hat eine solche Auszeichnung verdient, weil er auf seinem Territorium die Währungskriege beigelegt hat. Man kann sich unschwer vorstellen, welchen Schaden der Binnenmarkt erlitten hätte, wenn die nationalen Regierungen in der Lage gewesen wären, die Wechselkurse ihrer Währungen einzusetzen, um beispielsweise eigene Arbeitsplätze zu verteidigen oder Exportmärkte zu stützen. Für die Partner einer Währungsunion ist es jedoch praktisch unmöglich, durch eine »Beggar thy Neighbour«-Politik (was so viel bedeutet wie: Bring deinen Nachbarn an den Bettelstab) Währungskriege gegeneinander zu führen. So wurde auch die Montanunion zu Beginn des europäischen Integrationsprojekts ins Leben gerufen, um weitere Kriege praktisch unmöglich zu machen. Diese »friedenserhaltende Mission« der Gemeinschaftswährung sollten wir nicht unterschlagen.

Die Corona-Ära

Wir begehen den 20. Jahrestag des Euro-Bargeldes in einer Zeit, in der sich die Weltwirtschaft von einer der schwersten Wirtschaftskrisen der neueren Geschichte erholt. Wie sollte sie genannt werden, wenn man bedenkt, dass die vorausgegangene globale Finanzkrise als Mutter aller Krisen bezeichnet wurde? Urgroßmutter aller Krisen? Glücklicherweise überrascht die Tragweite der Coronakrise nur im Hinblick auf das Ausmaß des wirtschaftlichen Einbruchs und nicht im Hinblick auf die alarmierende Zunahme der Arbeitslosigkeit, die während der Großen Depression in den 1930er Jahren zu beobachten war. In dieser Hinsicht handelt die Wirtschaftspolitik heute klüger und hat größere Verwerfungen auf dem Arbeitsmarkt verhindert. Allerdings wurde dies mit einem enormen Anstieg der Staatsverschuldung erkauft.

Zahlreiche Forschungsarbeiten haben aufgezeigt, inwieweit sich die Coronakrise von früheren Krisen unterscheidet. Doch unterscheidet sie sich auch im Hinblick auf die Hypothese, dass Katastrophen mittleren Ausmaßes eine starke Triebfeder für das europäische Integrationsprojekt sind? Dem scheint nicht so zu sein. Warum? Weil ein großes Tabu – die gemeinsame europäische Verschuldung – gebrochen worden ist. Im Mai 2020 wurde ein EU-Instrument der nächsten Generation mit einem Volumen von 750 Mrd € verabschiedet und in den europäischen Haushalt integriert. Die Kommission kann nun in eigenem Namen Anleihen in noch nie da gewesenem Umfang auf den Finanzmärkten aufnehmen, und die Nachfrage der Investoren nach diesen Anleihen ist enorm. Heißt das, der Euro hat einen Weg eingeschlagen, bei dem eine stärker integrierte Fiskalpolitik das Gegenstück einer zentralisierten Geldpolitik bildet? Viele Auseinandersetzungen zu dieser Frage stehen noch aus, doch der erste große Schritt ist getan.

Die Sicht des Hauptkoordinators für die Euro-Einführung in der Tschechischen Republik

Lassen Sie mich nun von meiner Rolle als Dozent für europäische Wirtschaftsintegration zu meiner Aufgabe als nationaler Koordinator für die Euro-Einführung wechseln. Ich bekleidete diese Funktion im Finanzministerium zehn Jahre lang neben meinem Hauptberuf, was den einen oder anderen zu der schnippischen Frage verleitete, wofür die Steuerzahler mich eigentlich bezahlen, da wir den Euro in Tschechien gar nicht haben und seine Einführung auch nicht auf der Tagesordnung steht. Meine Standardantwort lautete, dass es nicht Aufgabe des nationalen Koordinators sei, die Regierung zur Festlegung eines Termins für die Euro-Einführung zu drängen, sondern die technischen Voraussetzungen dafür zu schaffen, falls es zu so einem Beschluss kommt.

Ich habe einen großen Teil meiner Zeit als nationaler Koordinator damit verbracht, mit Bürgern zu diskutieren – vor allem mit Schülern, einmal sogar mit Schülern einer dritten Klasse. Hierbei waren meine Erfahrungen als Dozent für europäische Wirtschaftsintegration und die damit verbundenen Kenntnisse über Vergangenheit und Gegenwart der Gemeinschaftswährung von großem Vorteil. Selten wurde ich gefragt, ob wir mit der Abschaffung der Krone ein Symbol unserer nationalen Souveränität verlieren oder die Vorteile einer unabhängigen Geld- und Wechselkurspolitik einbüßen würden. Unsere Gespräche drehten sich vor allem um die Befürchtung, dass die Euro-Einführung die Preise in die Höhe treiben würde. Dies ist angesichts der umfangreichen Literatur, die vor den Risiken einer Gemeinschaftswährung warnt, ohne sich darüber im Klaren zu sein, dass das Problem ganz woanders liegt – nämlich in der Differenz zwischen der offiziell gemessenen und der gefühlten Inflation –, durchaus faszinierend. Die Gründe, warum die Menschen glaubten, dass die Einführung des Euro-Bargeldes einen Preisanstieg verursachen würde, obwohl die offiziellen Statistiken etwas anderes aussagten, sind mittlerweile gut untersucht. Es wurden auch Maßnahmen getroffen, um der gefühlten Inflation entgegenzuwirken (doppelte Preisauszeichnung, Verwendung eines reduzierten Warenkorbs zur Ermittlung des Verbraucherpreisindex, schwarze Listen und so weiter). Die Zusicherung, dass die Regierung alles unternehmen werde, um zu verhindern, dass die Euro-Umstellung für ungerechtfertigte Preiserhöhungen missbraucht wird, wurde von der breiten Öffentlichkeit akzeptiert.

Daneben stellten die Menschen mir auch technische Fragen, zum Beispiel was passiert, wenn man seine unabhängige Geld- und Wechselkurspolitik aufgibt. Aus meiner Erfahrung als Zentralbanker weiß ich, dass selbst eine kleine offene Volkswirtschaft wie die tschechische ein gewisses Maß an Autonomie besitzt, doch der Grad dieser Autonomie lässt sich, gemessen an der Zinsspanne, im Voraus nur schwer bestimmen. Ich habe ihnen also stattdessen den Trittbrettfahrereffekt erklärt, der eine etwas abgeschwächte Version des Währungskriegarguments ist. Zur Erinnerung: Ein Trittbrettfahrer ist jemand, der nur dann von einem bestimmten Verhalten profitiert, wenn andere nicht das Gleiche tun. Wenn sie es täten, wären alle schlechter dran, auch der Trittbrettfahrer.

Der Bezug zur Gemeinschaftswährung liegt auf der Hand. Es ist egoistisch von einem Binnenmarktteilnehmer, auf den Vorteilen einer eigenen, autonomen nationalen Währung zu beharren, während die anderen Marktteilnehmer mangels einer solchen eigenen nationalen Währung keinen Nutzen daraus ziehen können. Und selbst wenn sie eine hätten, wäre der Binnenmarkt mit seinen Grundfreiheiten weit weniger frei, als wir ihn heute kennen. Auch die EU-Länder, die den Euro nicht eingeführt haben, ziehen die Vorteile des Binnenmarkts nicht in Zweifel, sie halten sich nur nicht an das Prinzip »ein Markt, eine Währung«.

Die Tschechische Republik besitzt unter den EU-Ländern ohne Euro eine Ausnahmestellung, da ihre Regierung in regelmäßigem Turnus ein gemeinsames Dokument des Finanzministeriums und der Tschechischen Nationalbank mit dem Titel *Assessment of the Fulfilment of the Maastricht Convergence Criteria and the Degree of Economic Alignment of the Czech Republic with the Euro Area* (Bewertung der Erfüllung der Maastrichter Konvergenzkriterien und des Grades der wirtschaftlichen Angleichung der Tschechischen Republik an den Euroraum) erörtert. Erklärtes Ziel dieses Dokuments ist es, die Vorbereitung der Tschechischen Republik auf eine Mitgliedschaft im Euroraum aus wirtschaftlicher Sicht zu bewerten und der Regierung anschließend Empfehlungen zu geben, ob ein Antrag auf Mitgliedschaft im WKM II gestellt werden soll oder nicht.

Ich gebe offen zu, dass mir dieses Dokument bei meinen Gesprächen mit den Bürgerinnen und Bürgern hinsichtlich der Bereitschaft der tschechischen Wirtschaft für eine mögliche Euro-Einführung nicht sonderlich behilflich war – vor allem nicht, wenn ich mit Studierenden sprach –, was nicht nur daran lag, dass darin gebetsmühlenartig wiederholt wird, die Wirtschaft sei noch nicht ausreichend vorbereitet, sondern auch daran, dass es in bestimmter Weise strukturiert ist. Es orientiert sich an der Theorie optimaler Währungsräume (OCA-Theorie), die Kriterien zur Bewertung verschiedener Aspekte der realen Konvergenz aufstellt. Einerseits gestattet dieser Ansatz eine Vielzahl von Analysemethoden und liefert eine Fülle von Zahlen und

Fakten. Andererseits ist sein praktischer Nutzen aus folgenden Gründen mehr als fraglich:

- Break-even-Werte lassen sich nur schwer bestimmen. Welche Schwellenwerte sollen beispielsweise für statistische Indikatoren wie Handelsoffenheit, strukturelle Ähnlichkeit, konjunkturelle Anpassung und Arbeitsmarktflexibilität festgelegt werden? Es gibt keinerlei Grundlage dafür zu behaupten, Werte unterhalb eines bestimmten Schwellenwerts würden auf eine ungenügende und Werte darüber auf eine genügende Bereitschaft hindeuten. Die Maastricht-Kriterien sind in dieser Hinsicht klar und deutlich.
- Die relative Bedeutung der einzelnen Indikatoren lässt sich schwer bestimmen. Wie soll ein Land damit umgehen, wenn es bei einem Kriterium hervorragend abschneidet (im Falle der Tschechischen Republik bei der hohen Handels- und Kapitalverflechtung mit den Ländern des Euroraums), bei einem anderen dagegen hinterherhinkt (zum Beispiel bei der Flexibilität des Arbeitsmarktes)? Die verschiedenen Experimente mit dem OCA-Index kranken hinsichtlich ihrer jeweiligen Gewichtung an einem großen Ermessensspielraum. Und der Maastricht-Ansatz, wonach alle Kriterien gleichzeitig erfüllt sein müssen, lässt sich kaum realisieren. Die Öffentlichkeit neigt daher dazu, die Anzahl der positiven und negativen Faktoren einfach gegeneinander aufzurechnen, wodurch sich die Situation nicht einmal annähernd vernünftig beurteilen lässt.

Hätte ich mich nicht dagegen entschieden, weil ich mich mit dem Thema nicht unbefangen auseinandersetzen kann, wäre ich beinahe Betreuer einer Magisterarbeit geworden, die sich mit den wichtigsten Begründungen für eine unzureichende Vorbereitung der tschechischen Wirtschaft auf den Euro befasste, die über die Jahre vorgebracht und wieder fallen gelassen wurden. Seinerzeit wurde beispielsweise gerne mit dem Einfrieren des Wechselkurskanals und dessen Auswirkungen auf das Preisniveau argumentiert. So meinte man, dass die tschechische Wirtschaft mit dem Beitritt zur Währungsunion den Wechselkurs verlieren und die tendenzielle Aufwertung zu einer Annäherung des inländischen Preisniveaus an das europäische beitragen würde. Wenn es diesen Wirkungskanal nicht mehr gäbe, könne die Preiskonvergenz demnach nur noch durch eine höhere inländische Inflation erfolgen. Kurz gesagt, der Beitritt zum Euroraum würde unweigerlich zu einer langen Periode erhöhter Inflation führen.

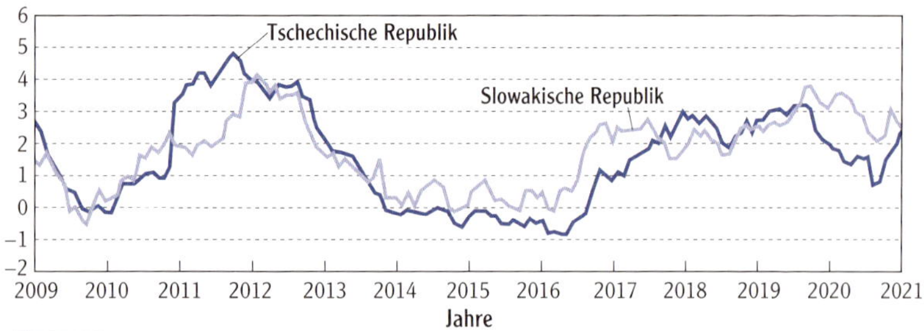

Quelle: Eurostat (HVPI, monatliche Daten, Veränderungen gegenüber dem Vorjahr)

Abbildung 1: Vergleich der Inflation in der Tschechischen und in der Slowakischen Republik

Diese Besorgnis über die inflationären Folgen des eingefrorenen Wechselkurskanals hat sich seit dem Beitritt der Slowakei zum Euroraum im Januar 2009 gelegt. Wie die Abbildung 1 zeigt, liegt die Inflation in der Slowakei keineswegs systematisch höher als in Tschechien.

Einer der wichtigsten Prüfsteine nach der OCA-Theorie ist die strukturelle Ähnlichkeit. Auch aus dieser Perspektive würde die tschechische Wirtschaft von der Gemeinschaftswährung und der einheitlichen Geldpolitik im Eurogebiet profitieren, obwohl sie im Vergleich zum Euroraum angeblich über einen zu großen Industrie- und einen zu kleinen Dienstleistungssektor verfügt. Das Argument ist allerdings in den Hintergrund getreten, nachdem die tschechische Wirtschaft die Coronakrise dank ihrer Industrie besser überstanden hat als Länder, die sich auf klassische Dienstleistungen spezialisiert haben.

Drittens wird die mangelnde langfristige Tragfähigkeit der öffentlichen Finanzen – vor allem aufgrund nicht durchgeführter Reformen des Renten- und Gesundheitssystems – als Grund für eine unzureichende Vorbereitung der tschechischen Wirtschaft auf den Euro genannt. Kritik am Ausbleiben solcher Reformen ist sicherlich nicht ungerechtfertigt, doch es gibt einen Haken: Sie erweckt nämlich den Eindruck, dass derartige Reformen für ein Mitgliedsland im Euroraum viel schwieriger umzusetzen sind.

Ich denke, dass die OCA-Theorie der Debatte über die Vorbereitung der tschechischen Wirtschaft auf die Euro-Einführung einen schlechten Dienst erweist. Erstens lenkt sie vom eigentlichen Thema ab, nämlich von der Bedeutung der Gemeinschaftswährung für das reibungslose Funktionieren des Binnenmarkts. Schließlich zeigt die

Entwertung oder bewusste Abwertung einer Währung die gleiche Wirkung wie eine pauschale Einfuhrabgabe oder eine Ausfuhrsubvention – und beides sind eklatante Handelshemmnisse. Und zweitens lässt sich aus einer Vielzahl von Kriterien immer eines auswählen, dem man den Schwarzen Peter für die unzureichende Vorbereitung zuschieben kann.

Bei meinen Diskussionen mit Studierenden tauchten in der Vergangenheit gelegentlich unorthodoxe Argumente auf. Für Stirnrunzeln sorgte bei mir zum Beispiel die Behauptung, dass, wenn der Euro wirklich von so großem Vorteil wäre, viel mehr Tschechen zum Arbeiten in die Slowakei fahren würden, als Slowaken zum Arbeiten in die Tschechische Republik kommen. Ich entgegnete mit der nicht minder demagogischen rhetorischen Frage, ob denn mehr Tschechen zum Arbeiten nach Deutschland fahren würden oder mehr Deutsche zum Arbeiten in die Tschechische Republik. Ist denn die Tatsache, dass die grenzüberschreitende Mobilität tschechischer Arbeitskräfte nach Deutschland bei Weitem überwiegt, nicht ein viel überzeugenderer Grund für die Tschechische Republik, den Euro einzuführen?

Kurzum, man muss in öffentlichen Diskussionen auf alle möglichen Argumente gefasst sein. Dennoch bin ich bislang immer mit einem guten Gefühl aus diesen Gesprächen herausgegangen. Die Menschen interessieren sich für den Euro, wenn sie sehen, dass immer mehr Länder den Euro als eigene Währung akzeptieren. Dies gilt insbesondere für die Slowakei, die viele Gemeinsamkeiten mit der Tschechischen Republik hat und mit dem Euro gut zurechtkommt. Tatsächlich sollten wir den Slowaken dafür danken, dass sie den tschechischen Euroskeptikern keine »Ich hab's ja gesagt«-Argumente liefern.

Ich denke daher, dass die Tschechen nicht euroskeptischer sind als andere Nationen. Für die tschechischen Politiker ist es jedoch von entscheidender Bedeutung, den Teufelskreis zu durchbrechen, bei dem die geringe öffentliche Unterstützung für die Euro-Einführung zu mangelndem Interesse der gewählten Politiker führt, sich dafür zu engagieren, was wiederum die mangelnde öffentliche Unterstützung für die Euro-Einführung aufrechterhält.

Die Sicht des Vorsitzenden der CBDC-Arbeitsgruppe

Der Euro wurde inzwischen in 19 EU-Ländern eingeführt, und die Umstellung von nationalen auf Euro-Banknoten und -Münzen erweckt den Eindruck eines Routineverfahrens, das nach Bedarf auf nationale Besonderheiten zugeschnitten werden kann. Diese Sichtweise wurde jedoch in jüngster Zeit durch das zunehmende Interesse an digitalem Zentralbankgeld (CBDC) ernsthaft infrage gestellt. Viele Befürworter von CBDC sind der Auffassung, das digitale Zeitalter verlange von den Zentralbanken, digitale Zahlungsmittel zur Verfügung zu stellen. Mit anderen Worten: Sie glauben, dass die Zentralbanken neben herkömmlichen Banknoten auch digitale Äquivalente anbieten sollten, die alle wünschenswerten Eigenschaften von Papiergeld in sich vereinen, ohne die unerwünschten mit einzuschließen.

Für einige Zentralbanken gehören CBDC bereits zum Alltag, andere befinden sich in einem fortgeschrittenen Stadium der Erprobung, und es gibt wohl keine einzige Zentralbank, die die Entwicklungen im Bereich CBDC nicht zumindest verfolgt. Die Tschechische Nationalbank gehört zur letzteren Kategorie. Sie hat eine Arbeitsgruppe für CBDC – genauer gesagt für Retail CBDC – eingerichtet, die diesen sich dynamisch entwickelnden Bereich beobachten und bewerten soll. Dies führt mich zu meiner dritten offiziellen Verbindung zum Euro: Ich bin mit der Leitung dieser Arbeitsgruppe betraut worden.

Entscheidend ist, dass die Europäische Zentralbank in diesem Punkt nicht hinterherhinkt. Im März 2021 kündigte EZB-Präsidentin Christine Lagarde an, dass in den nächsten vier Jahren ein digitaler Euro im Euroraum eingeführt werden soll. Dies wirft die Frage auf, welche Auswirkungen dieser Plan im Falle seiner Verwirklichung auf künftige Euro-Kandidaten haben wird. Wird neben der normalen physischen Umstellung auch eine digitale Umstellung erforderlich sein? Und welcher Weg sollte diesbezüglich eingeschlagen werden? Die erste Option besteht darin, unabhängig von den Überlegungen über einen Beitritt zum Eurogebiet eine nationale digitale Währung einzuführen, die Bürger im Umgang damit zu schulen und diese Währung schließlich in digitale Euro umzuwandeln. Sofern kein Grund zur Eile besteht, könnten wir als zweite Option abwarten, wie der digitale Euro aussehen wird – und uns so die Kosten für den Aufbau einer höchstwahrscheinlich inkompatiblen nationalen Infrastruktur sparen –, um anschließend das bestehende Produkt in der Hoffnung zu übernehmen, dass die Bürger mit der digitalen Umstellung schon irgendwie zurechtkommen werden. Letztlich müssen die physische und die digitale Umstellung nicht gleichzeitig erfolgen, auch wenn der »Big Bang« das bevorzugte Szenario für die Einführung des Euro ist.

Wie die Diskussionen in unserer Arbeitsgruppe gezeigt haben, sind allerdings noch viele grundlegende Dinge zu klären, bevor die Frage einer digitalen Umstellung auf die Tagesordnung gesetzt wird, sofern dies überhaupt jemals der Fall sein wird. Das Hauptproblem besteht meines Erachtens darin, dass die Vorstellung von CBDC als digitaler Alternative zu Papiergeld das traditionelle zweistufige Bankensystem infrage stellt.

Es gibt einen großen Unterschied zwischen Retail CBDC und Banknoten. Bei den Banknoten gibt es eine unüberwindbare Schranke zwischen der Zentralbank und dem Bankensektor. Nur die Zentralbank hat das Recht, Banknoten auszugeben, und den Geschäftsbanken ist es verboten, dieses Monopol zu brechen. Bei einer digitalen Währung sähe die Situation jedoch völlig anders aus. Die Zentralbank würde in den Bereich des Internetbankings vordringen, wo kommerzielle Produkte miteinander konkurrieren, und dort zu einem Marktteilnehmer werden. Somit stellt sich unweigerlich die Frage, ob der daraus resultierende Wettbewerb fair wäre, wenn die Guthaben in den digitalen Geldbörsen eines Teilnehmers – der Zentralbank – den Status eines gesetzlichen Zahlungsmittels mit allen Vorteilen eines völlig risikofreien Vermögenswerts genießen würden. Den digitalen Geldbörsen privater Einrichtungen würden diese Eigenschaften nämlich fehlen.

Das Problem wird dadurch verkompliziert, dass die Zentralbank auf private Einrichtungen angewiesen ist, damit ihre digitale Geldbörse funktionieren kann. Sie allein wäre nicht in der Lage, Millionen von Kunden zu bedienen, die potenziell an ihrem völlig risikolosen Vermögenswert interessiert sein könnten. Und sie müsste massiv in IT investieren. Eine Vielzahl weiterer praktischer Probleme – von der Führung von CBDC-Konten über die Kommunikation mit den Kunden bis zur Einhaltung der Regelungen zur Geldwäschebekämpfung – würde einen solchen spezifischen Ansatz zum Scheitern verurteilen. Mit anderen Worten: Obwohl die Zentralbank selbst Marktteilnehmer wäre, hinge sie gleichzeitig in einer Reihe von Schlüsselbereichen von ihren Konkurrenten ab.

Eine weitere entscheidende Frage ist, ob es möglich sein wird, bei CBDC-Zahlungen eine größere Anonymität sicherzustellen als bei ähnlichen Transaktionen auf privaten Zahlungsplattformen? Die Anonymität von Banknoten benachteiligt niemanden, denn beim Angebot dieses Finanzprodukts gibt es keinen Wettbewerb. Die Zentralbank setzt lediglich ihr Verwaltungsmonopol um. Würde man jedoch den E-Wallets der Zentralbanken eine größere Anonymität einräumen als den privaten, würde dies die Wettbewerbsbedingungen verzerren. Und wenn private Einrichtungen in der Lage wären, gleichermaßen anonymisierte Zahlungsformen anzubieten, worin bestünde dann der Mehrwert von CBDC?

Warum betone ich die gleichen Wettbewerbsbedingungen angesichts der vielen anderen Aspekte von CBDC? Weil in der Tschechischen Republik in jüngster Vergangenheit ein wirtschaftlicher Wandel stattgefunden hat, der unter anderem auf der Ablösung eines Monobankensystems durch das traditionelle zweistufige System beruhte. Die Zentralbank sollte nur noch Zentralbankfunktionen wahrnehmen, während alle anderen Aufgaben einem regulierten Privatsektor anvertraut werden. Doch besteht die Idee von CBDC nicht gerade darin, teilweise von einer solchen Aufgabenverteilung abzurücken? Und wenn ja, mit welchen Argumenten ließe sich dies rechtfertigen? Mit der sozialen Ausgrenzung, die wir in vielen Entwicklungsländern beobachten? Mit der radikalen Abkehr vom traditionellen, aber in vielerlei Hinsicht unpraktischen Papiergeld? Oder etwa mit der Reformierung eines nicht ausreichend innovativen Bankensektors? Aktuell klingt keines dieser Argumente für den tschechischen Finanzsektor überzeugend.

Die Tschechische Nationalbank verfolgt derzeit einen anderen Ansatz zur Unterstützung von Zahlungsinnovationen. Dieser basiert auf der besonderen Stellung der Zentralbank als unparteiische und daher glaubwürdige Institution, die in der Lage ist, eine wettbewerbsneutrale Infrastruktur zu betreiben, welche von privaten Unternehmen für ihre Zahlungslösungen genutzt wird. Auf der Grundlage dieses kooperativen Prinzips wurde ein Projekt für Sofortzahlungen umgesetzt, und ein Projekt für Zahlungen per Mobiltelefon wird derzeit ebenfalls entwickelt.

Eine digitale Umstellung in der Tschechischen Republik ist somit gegenwärtig mit großer Unsicherheit behaftet, vor allem weil es noch keinen zeitlichen Horizont für die eigentliche Umstellung gibt, teilweise aber auch wegen der Herausforderungen bei der Umsetzung von CBDC. Hierzu zählen praktische Details für digitale Geldbörsen wie Ausgabenlimits, der Grad von Anonymität und Datenschutz, Offline-Funktionen, Cybersicherheit und vieles mehr. In diesem Zusammenhang besonders wichtig ist auch die Gestaltung des Modus Vivendi zwischen der Zentralbank und den privaten Finanzinstituten unter Beibehaltung der Vorteile eines zweistufigen Bankensystems. Sobald all dies von den Experten der EZB ausgearbeitet ist, wird es nicht schwerfallen, das gleiche Modell im tschechischen Bankensektor umzusetzen, da alle großen tschechischen Banken ihre Muttergesellschaften im Euroraum haben.

Angesichts all dieser Unwägbarkeiten sind zwei Dinge sicher: Jeder künftige nationale Koordinator für die Euro-Einführung in der Tschechischen Republik muss sich darüber im Klaren sein, dass ihn eine weitere schwierige Aufgabe erwartet. Und jeder zukünftige Dozent für europäische Währungsintegration wird sein Wissen um diese neuen Formen des Euro erweitern müssen.

II: Bargeldkreislauf in Deutschland und anderen G-20-Staaten

Der Weg des Geldes: Grundlagen, Entwicklungen und Perspektiven des Bargeldes in Deutschland

Johannes Beermann

Wer an Geld denkt, hat meist Bargeld, also Banknoten und Münzen, vor Augen. Bargeld am Geldautomaten abzuheben, mit Banknoten und Münzen an der Kasse zu bezahlen oder den berühmten Notgroschen aufzubewahren, gehört für viele Menschen auf der ganzen Welt zum Alltag. Doch häufig bleiben Bürgerinnen und Bürgern die im Hintergrund stattfindenden Abläufe und Prozesse, die zur Verteilung und Bearbeitung des Bargeldes notwendig sind, verborgen. Woher kommt das Bargeld, welches in wenigen Sekunden am Geldautomaten abgehoben werden kann? Und welchen Weg nimmt es, nachdem damit im Geschäft oder Restaurant bezahlt worden ist? Neben den vertrauten Scheinen und Münzen haben zudem Karten schon lange ihren festen Platz in der Geldbörse gefunden, und in einigen Ländern ist auch das Bezahlen mit dem Smartphone nichts Außergewöhnliches mehr. Welche Veränderungen gehen mit dem Wandel des Zahlungsverkehrs einher? Welchen Stellenwert hat Bargeld in einer modernen Gesellschaft?

Jeden Tag sorgen weltweit Zentralbanken, Kreditinstitute und viele weitere Unternehmen dafür, dass Verbraucher ganz selbstverständlich mit Bargeld bezahlen oder Banknoten und Münzen zur Wertaufbewahrung nutzen können. Um die Versorgung der heimischen Bevölkerung mit Bargeld sicherzustellen, entwickelt jedes Land beziehungsweise jede Zentralbank eigene Regeln und Strategien. Diese unterscheiden sich häufig in ihren Details. So haben sich etwa hinsichtlich Produktion und Verwendung in den meisten Ländern

Scheine aus Baumwollpapier bewährt, in anderen Ländern bestehen die Banknoten aufgrund klimatischer Bedingungen dagegen aus Polyester. Die Anforderungen an die Logistik in einem dünn besiedelten Land wie Finnland sind andere als in einem dicht besiedelten Land wie den Niederlanden. Eine Währungsunion wie der Euroraum erfordert wiederum Absprachen unter den Mitgliedsländern, während für einen Währungsraum, der lediglich ein Land umfasst, eine nationale Organisation des baren Zahlungsverkehrs ausreicht. Und während Bürgerinnen und Bürger im Norden Europas beim Bezahlen oft eine Karte oder ein Smartphone zücken, werden im Süden Europas die meisten Einkäufe bar beglichen.

Die Vielfalt der verschiedenen nationalen Anforderungen an eine reibungslose Bargeldversorgung sowie die unterschiedlichen Antworten und Strategien der Zentralbanken zeigen die Beiträge dieses Buchabschnitts eindrucksvoll. Der folgende Aufsatz beginnt mit einer Beschreibung der Grundlagen des baren Zahlungsverkehrs in Deutschland – dem Weg des Bargeldes von der Notenbank in die Taschen der Bürgerinnen und Bürger und wieder zurück. Im Anschluss werden Entwicklungen und Perspektiven für das Bargeld dargelegt. Ein Einflussfaktor ist dabei die voranschreitende Digitalisierung, in deren Zuge sich auch der Zahlungsverkehr wandelt. So nimmt das Angebot privater Zahlungsmittel zu, Verbraucher greifen häufiger zur Karte und anderen unbaren Zahlungsmitteln, und die Einführung gänzlich neuer Geldformen wie digitales Zentralbankgeld wird diskutiert. In der Betrachtung dieser Entwicklungen und Perspektiven wird deutlich, dass nicht nur Banken und andere professionelle Bargeldakteure, sondern auch jeder einzelne Verbraucher mitbestimmt, welchen Weg das Bargeld in Zukunft einschlagen wird.

Grundlagen des baren Zahlungsverkehrs

Das Euro-Bargeld, bestehend aus den Euro-Banknoten und Euro-Münzen, ist seit dem Jahr 2002 – also seit 20 Jahren – alleiniges gesetzliches Zahlungsmittel im Euro-Währungsgebiet. Das Euro-Währungsgebiet, auch Euroraum genannt, umfasst derzeit 19 europäische Staaten. Deutschland führte neben zehn weiteren Staaten[1] den Euro im Jahr 1999 ein – zunächst nur als Buchgeld, also als Kontoguthaben. Weitere acht Länder[2] sind seitdem der Währungsunion beigetreten.

Zur Ausgabe der Euro-Banknoten sind die Europäische Zentralbank (EZB) und die nationalen Zentralbanken der Länder, die den Euro als gemeinsame Währung eingeführt haben, berechtigt. Die Zuständigkeit für die Euro-Münzen liegt grundsätzlich bei den Ländern selbst, wird jedoch europaweit koordiniert. In Deutschland hat die Deutsche Bundesbank einen gesetzlichen Sorgeauftrag für die Abwicklung des baren Zahlungsverkehrs[3] und verfügt über das sogenannte Notenmonopol. Es ist demnach Aufgabe der Deutschen Bundesbank, Euro-Banknoten in Deutschland in Umlauf zu bringen und abgenutzte sowie beschädigte Euro-Banknoten zu ersetzen. Über das sogenannte Münzregal – das alleinige Recht, Münzen als gesetzliches Zahlungsmittel auszugeben – verfügt in Deutschland die Bundesregierung. Die Euro-Münzen lässt das Bundesministerium der Finanzen herstellen, und die Bundesbank gibt sie anschließend in den Verkehr.

Bargeldkreislauf in Deutschland

Von der Herstellung bis zur Entsorgung wandert das Euro-Bargeld durch viele Hände und Geldbörsen. Die Gesamtheit aller Schritte bildet den Bargeldkreislauf. Ausgangs- und Endpunkt auf dem Weg des Bargeldes in Deutschland sind die 31 Filialen der Deutschen Bundesbank. Sie garantieren die hohe Qualität und Sicherheit von Euro-Banknoten und Euro-Münzen. Nachdem Spezialdruckereien und Münzprägeanstalten das Euro-Bargeld hergestellt haben, werden diese in die Bundesbank-Filialen verbracht. Geschäftsbanken oder von ihnen beauftragte Wertdienstleister – private Unternehmen, die den Transport von Werten wie Bargeld durchführen – holen das Bargeld bei den Filialen der Bundesbank ab und bringen es in die zahlreichen Geldautomaten und Bankschalter in ganz Deutschland. Über die Geschäftsbanken gelangt das Bargeld anschließend zu Unternehmen und Verbrauchern in den Wirtschaftskreislauf. Unternehmen nutzen dieses beispielsweise, um ihre Kassen mit Wechselgeld auszustatten. Verbraucher heben das Bargeld an Geldautomaten, Bankschaltern oder an der Supermarktkasse ab, um es für den nächsten Einkauf zu verwenden oder es zu Hause als Notgroschen aufzubewahren. Das Euro-Bargeld zirkuliert anschließend zwischen allen Teilnehmern des Wirtschaftskreislaufs: Bargeld wird verschenkt, Rechnungen werden unter Freunden geteilt und mit Bargeld beglichen, Kunden erhalten Wechselgeld und kaufen damit erneut ein. Hinzu kommen viele weitere Situationen des täglichen Lebens, in denen Bargeld verwendet wird.

In unterschiedlich großen Zeitabständen gelangen Banknoten und Münzen wieder zur Deutschen Bundesbank zurück. So können Handelsunternehmen beispielsweise in Kooperation mit ihrer Hausbank Banknoten direkt bei der Deutschen Bundesbank einzahlen. In den Filialen der Bundesbank werden die Banknoten auf Echtheit und Umlauffähigkeit geprüft. Beschädigte, verschmutzte oder falsche Euro-Banknoten werden vernichtet beziehungsweise aussortiert und umlauffähiges Euro-Bargeld wieder in den Umlauf gegeben. Der Bargeldkreislauf beginnt dann von Neuem.

Teilweise zahlen Unternehmen und Verbraucher ihre Bargeldüberschüsse aber auch bei ihren Banken ein. Kreditinstitute können Euro-Bargeld ebenfalls auf Qualität und Echtheit prüfen und anschließend wieder ausgeben. Dazu nutzen sie von den Zentralbanken im Euroraum getestete Maschinen. Nicht mehr umlauffähiges sowie überschüssiges Bargeld bringen Banken über ihren Wertdienstleister zur Bundesbank zurück. Auch dann beginnt der Bargeldkreislauf erneut.

Deutscher Bargeldkreislauf im europäischen Vergleich

Eine Besonderheit des Euro-Bargeldes besteht darin, dass einerseits jedes der 19 Euro-Länder über einen eigenständigen, auf die nationalen Bedürfnisse zugeschnittenen Bargeldkreislauf verfügt, andererseits der bare Zahlungsverkehr in Teilen europaweit koordiniert wird. Die europäische Zusammenarbeit fängt bei der Entwicklung neuer Euro-Banknotenserien sowie bei der Herstellung von Euro-Banknoten an. Die nationalen Zentralbanken sind im Wechsel jeweils für den Druck bestimmter Stückelungen von Euro-Banknoten verantwortlich. Manche verfügen über Inhouse-Druckereien, andere vergeben den Auftrag an hierfür akkreditierte Spezialdruckereien. Die Banknoten werden dann in die verschiedenen Euro-Mitgliedstaaten transportiert und von den nationalen Zentralbanken ausgegeben.

Im Wirtschaftskreislauf angekommen, zirkulieren Euro-Banknoten und -Münzen nicht nur innerhalb der nationalen Bargeldkreisläufe, sondern migrieren auch zwischen den einzelnen Euro-Mitgliedstaaten, etwa durch Tourismus oder Bargeldtransporte. Für den weiteren Weg des Bargeldes macht es jedoch keinen Unterschied, ob das Euro-Bargeld aus dem eigenen oder einem anderen Euro-Mitgliedsland stammt. Sowohl migrierte als auch nicht migrierte Euro-Banknoten und -Münzen gelangen nach und nach zu den im jeweiligen Land ansässigen Geschäftsbanken sowie der entsprechenden nationalen Zen-

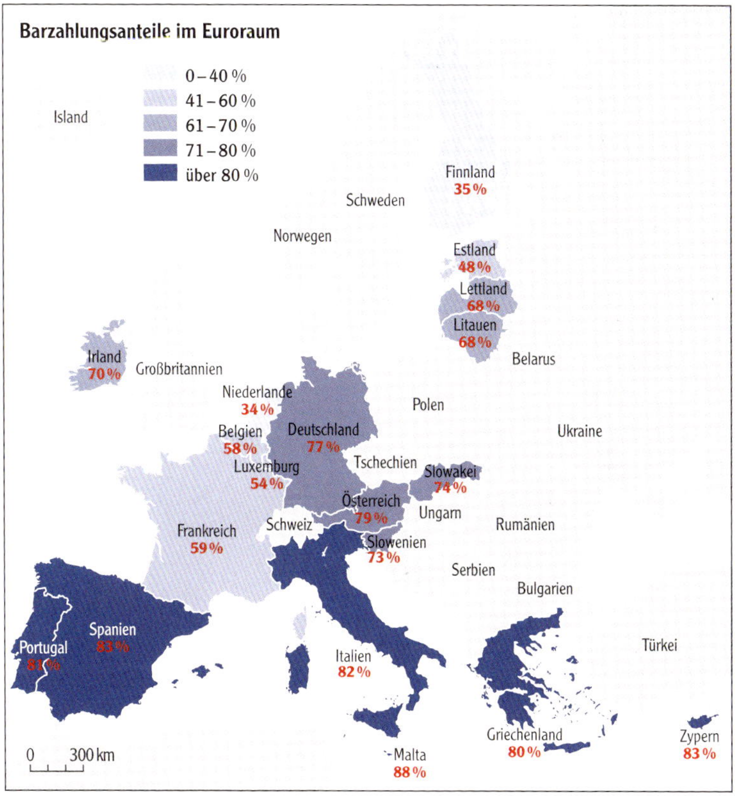

Abbildung 1: Barzahlungsanteile im Euroraum

tralbank. Und dort werden sie natürlich ebenfalls auf ihre Umlauffähigkeit geprüft und anschließend entweder vernichtet oder erneut in den Wirtschaftskreislauf gegeben.

Vor allem bei den Euro-Münzen ist die Vernetzung der nationalen Bargeldkreisläufe anhand der verschiedenen nationalen Motive auf den Rückseiten der Euro-Münzen für jedermann sichtbar, wie ein Blick in die Geldbörse verrät. Von den 1-Euro-Münzen, die im Jahr 2021 zur Bundesbank zurückgeflossen sind, stammen nur knapp 44 % aus Deutschland. Der restliche Teil stammt aus allen anderen Euro-Ländern, wobei Italien und Spanien mit jeweils knapp 15 % die größten Anteile stellen. Bei den 2-Euro-Münzen stammen 59 % der Rückläufe aus Deutschland, bei den 50-Cent-Münzen sind es 55 % und bei den 20-Cent-Münzen 66 %. Nach 20 Jahren Euro-Bargeld ist der Münzumlauf in Deutschland damit gut durchmischt. Zu- und Abgänge von Euro-Münzen scheinen sich dabei – auf Deutschland bezogen – die Waage zu halten: Modellrechnungen der Bundesbank legen nahe, dass etwa gleich viele 2-Euro-, 1-Euro-, 50-Cent- und 20-Cent-Münzen aus Deutschland in andere Euro-Mitgliedstaaten geflossen sind wie in umgekehrter Richtung (Uhl, 2020).

Neben den vielen strukturellen Gemeinsamkeiten und Berührungspunkten weisen die verschiedenen Bargeldkreisläufe im Euroraum allerdings auch nationale Besonderheiten auf. Diese sind etwa auf unterschiedliche Bargeldinfrastrukturen[4] oder Zahlungspräferenzen zurückzuführen. Aufschluss über die Bargeldnutzung im europäischen Vergleich bietet eine Studie der Europäischen Zentralbank zum Zahlungsverhalten im Euroraum für das Jahr 2019 (Europäische Zentralbank, 2020a). In den Niederlanden oder Finnland überwiegen hiernach beispielsweise Kartenzahlungen – nur 34 % beziehungsweise 35 % aller Transaktionen an der Ladenkasse werden dort mit Bargeld beglichen. In Malta oder Spanien haben Bargeldzahlungen hingegen einen Transaktionsanteil von 88 % beziehungsweise 83 %. Deutschland liegt den Ergebnissen der Studie zufolge mit einem Barzahlungsanteil von 77 % im europäischen Mittelfeld. Die genannten Zahlungsmittelanteile beziehen sich allerdings auf das Jahr 2019 und wurden somit vor der Corona-Pandemie erhoben, in welcher sich die Zahlungsgewohnheiten zumindest vorübergehend wandelten. Im Jahr 2020 betrug der Barzahlungsanteil in Deutschland 60 %, Bargeld blieb also auch in der Pandemie das meistgenutzte Zahlungsmittel in Deutschland (Deutsche Bundesbank, 2021).

Die Höhe des Transaktionsanteils an der Ladenkasse hat einen relevanten Einfluss auf den Bargeldkreislauf eines Landes. Je mehr die Menschen mit Bargeld zahlen, desto mehr Banknoten und Münzen müssen ausgegeben, transportiert und auf ihre Umlauffähigkeit geprüft werden. Dies wiederum hat Auswirkungen auf die jeweilige Bargeldinfrastruktur, denn je mehr Bargeld in einem Land genutzt wird, desto mehr Personal wird benötigt, um Bargeld auszugeben und auch zu bearbeiten. An diesem Punkt treten jedoch auch Wechselwirkungen auf: Nicht nur beeinflussen unterschiedliche Zahlungspräferenzen die Bargeldinfrastruktur, umgekehrt hat die Bargeldinfrastruktur auch Einfluss auf Zahlungspräferenzen. Gibt es in einer Gegend beispielsweise nur wenige oder keine Geldautomaten und Bankschalter oder nur wenige Einzelhändler, die Bargeld entgegennehmen, dürften die Bewohner eher auf andere, in der Regel unbare Zahlungsmittel ausweichen. Ein problemloser Zugang zu Bargeld wie auch die Option, damit bezahlen zu können, fördern hingegen den Einsatz von Bargeld.

Die Möglichkeiten, an Bargeld zu kommen, bewerten Bürgerinnen und Bürger in ihren Ländern durchaus unterschiedlich. Der überwiegende Anteil der Bevölkerung im Euroraum hat insgesamt zwar einen guten Zugang zu Bargeld – im Schnitt bezeichnen rund 90 % den Zugang als »sehr leicht« oder »einigermaßen leicht« (Europäische Zentralbank, 2020a).[5] In Malta, Griechenland und Litauen geben allerdings mehr als 20 % beziehungsweise 15 % an, der Zugang zu Bargeld sei für sie »sehr schwer« oder »einigermaßen schwer«. In Deutschland liegt dieser Wert mit 8 % im europäischen Mittelfeld. Für einen Teil der Bevölkerung im Euroraum ist eine gute Bargeldversorgung von besonders hoher Bedeutung, weil diese gar keinen Zugang zu anderen Zahlungsmitteln außer Bargeld hat. Dies trifft etwa auf Zypern, Griechenland und Malta zu, in denen rund 10 % der Bevölkerung ausschließlich Zugang zu Bargeld haben. In Deutschland, Finnland, Belgien, Frankreich und Luxemburg betrifft dies hingegen weniger als 1 % der Bevölkerung.

Neben den klassischen Bargeldbezugspunkten wie Bargeldautomaten und Bankschaltern können Verbraucher im Euroraum zunehmend auf alternativen Wegen Bargeld beziehen, etwa an der Ladenkasse im Supermarkt. Diese – auch Cashback und Cash-in-Shop genannte – Verfahren werden an immer mehr Kassen des stationären Einzelhandels angeboten. Geschäfte, die kein Bargeld annehmen, stellen im Euro-Währungsgebiet die Ausnahme dar. Im europäischen Durchschnitt nehmen 98 % der Händler Barzahlungen entgegen (Europäische Zentralbank, 2020a). Die niedrigsten Akzeptanzwerte weisen Lettland (93 %), Estland (94 %), Belgien (94 %) und Finnland (94 %) auf. Auf Zypern oder Malta hingegen akzeptieren 100 % der Händler Bargeld. Am häufigsten schließen Tankstellen (9 %) und Kultur-, Sport- sowie Unterhaltungsstätten (8 %) Barzahlungen aus.

Die Vielfalt der Bargeldkreisläufe in Europa ist auch anhand weiterer Faktoren sichtbar, zum Beispiel an unterschiedlichen Kooperationsformen von Geldautomatenbetreibern oder der unterschiedlichen Anzahl an Wertdienstleistern. Während es etwa in Deutschland mehrere Dutzend Wertdienstleister, häufig mittelständischer und regionaler Prägung, gibt, decken in vielen Euroländern wenige Wertdienstleister bereits den gesamten Markt ab. In kleineren Euro-Ländern gibt es häufig sogar nur zwei Wertdienstleister im gesamten Land.

Unterschiedlich ist im Euroraum zudem der Grad der Notenbankeinbindung in den jeweiligen nationalen Bargeldkreislauf. Während manche nationale Zentralbanken wie die Deutsche Bundesbank intensiv in den Bargeldkreislauf eingebunden sind, beschränken sich andere Zentralbanken auf ausgewählte Kernaufgaben. So sind es etwa in den Niederlanden oder Finnland in der Regel private Unternehmen, welche Bargeld auf Echtheit und Umlauffähigkeit prüfen, während in Deutschland ein großer Teil der Banknoten in den Filialen der Bundesbank bearbeitet und anschließend wieder ausgegeben wird. Auch ist es in Deutschland möglich, selbst kleine Mengen verschiedener Stückelungen von Banknoten bei den Filialen der Deutschen Bundesbank einzuzahlen. Banknoten müssen also zuvor nicht nach Stückelung sortiert werden und können auch von Handelsunternehmen in Kooperation mit ihrer Hausbank direkt bei der Bundesbank eingezahlt werden. Durch eine aktive Einbindung erleichtert die Notenbank anderen Akteuren den Umgang mit Bargeld und fördert so den baren Zahlungsverkehr. Die unterschiedlichen Barzahlungsanteile im Euroraum könnten daher zum Teil auch darauf zurückzuführen sein, dass die nationalen Zentralbanken unterschiedlich stark in den jeweiligen Bargeldkreislauf eingebunden sind.

Die Bargeldkreisläufe im Euroraum sind somit neben Gemeinsamkeiten auch von nationalen Besonderheiten geprägt. Diese sind insbesondere auf unterschiedliche Zahlungspräferenzen und Bargeldinfrastrukturen zurückzuführen, etwa den Zugangsmöglichkeiten zu Bargeld oder dem Grad der Notenbankeinbindung in den Bargeldkreislauf. Diese Faktoren beeinflussen sich dabei mitunter gegenseitig. Dies zeigt, dass nicht nur die professionellen Bargeldakteure, sondern auch jeder einzelne Bürger und jede einzelne Bürgerin durch seinen beziehungsweise ihren ganz individuellen Umgang mit Bargeld aktiver Bestandteil des nationalen sowie europäischen Bargeldkreislaufs sind und den Weg des Bargeldes ein Stück weit mitbeeinflussen.

Entwicklungen seit Einführung des Euro-Bargeldes

Die Struktur des deutschen Bargeldkreislaufs hat sich seit der Einführung des Euro-Bargeldes im Jahr 2002 auf den ersten Blick nicht wesentlich verändert: Damals wie heute bilden die Filialen der Deutschen Bundesbank Anfangs- und Endpunkt des Bargeldkreislaufs, das Euro-Bargeld wird über Geschäftsbanken in den Wirtschaftskreislauf gebracht, Bargeldüberschüsse fließen wieder zurück zu den Bundesbank-Filialen, Euro-Münzen sowie Euro-Banknoten werden von Banken oder von der Bundesbank auf ihre Umlauffähigkeit geprüft und entsprechend aussortiert oder wieder in den Umlauf gegeben. Dennoch haben sich seit 2002 Entwicklungen ergeben, welche den Umgang mit und den Blick auf das Bargeld nachhaltig beeinflusst haben. Einerseits gehen diese auf Veränderungen der Bargeldnachfrage der Verbraucher zurück. Andererseits hat sich in den letzten 20 Jahren die Bargeldinfrastruktur gewandelt. Wie bereits erläutert, beeinflussen sich Bargeldnachfrage und -infrastruktur mitunter gegenseitig. Hinzu kommen noch Ereignisse, die ihren Ursprung außerhalb des Zahlungsverkehrs haben – wie etwa die Corona-Pandemie oder das aktuelle Niedrigzinsumfeld. Die nachfolgenden Abschnitte werfen einen Blick auf die wesentlichen Veränderungen in Deutschland innerhalb der letzten 20 Jahre.

Bargeldnachfrage

Im Euroraum steigt die ausgegebene Menge an Banknoten seit dem Jahr 2002 stetig an – in den letzten zehn Jahren durchschnittlich um etwa 6 % pro Jahr.[6] Ende des Jahres 2014 waren bereits über eine Billion Euro im Umlauf, 2021 lag dieser Wert bei über 1,5 Billionen Euro. Die Deutsche Bundesbank ist dabei mit Abstand der größte Bargeldemittent im Euro-Währungsgebiet – nach Wert stammen über die Hälfte aller Banknoten von der deutschen Zentralbank. Im Jahr 2002 gab die Deutsche Bundesbank netto Banknoten im Wert von rund 129 Mrd € aus. Seitdem stieg der Wert der von der Bundesbank in Umlauf gebrachten Banknoten kontinuierlich an, auf rund 884 Mrd € bis Ende 2021.

Zur Untersuchung der Nachfrage von Euro-Banknoten bei der Deutschen Bundesbank hat sich die Aufgliederung der Banknotennachfrage in Komponenten bewährt. Da der Weg der Euro-Banknoten auch über Landesgrenzen gehen kann, müssen sich von der

Deutschen Bundesbank ausgegebene Banknoten nicht mehr notwendigerweise in Deutschland befinden. Die Banknotenemissionen der Deutschen Bundesbank müssen also erst einmal in einen ausländischen und einen inländischen Teil zerlegt werden. Der inländische Anteil des Banknotenumlaufs teilt sich weiter auf in die Kategorien Transaktionskasse und Wertaufbewahrung. Die Transaktionskasse wird gehalten, um Bargeld als Zahlungsmittel zu verwenden, beispielsweise im Geschäft oder Restaurant. Unter Wertaufbewahrung fällt Bargeld, das Unternehmen sowie private Haushalte aufbewahren – etwa den berühmten Notgroschen. Beim ausländischen Anteil kann zwischen der Verwendung von Euro-Bargeld im restlichen Euroraum sowie der Verwendung außerhalb des Euroraums unterschieden werden.

Den Schätzungen zufolge laufen 55 % der von der Bundesbank ausgegebenen Euro-Banknoten im Ausland um, wobei 20 Prozentpunkte auf den Euroraum entfallen. Der Inlandsumlauf hat einen Anteil von insgesamt 45 %. Die inländische Wertaufbewahrung trägt ungefähr 40 Prozentpunkte, die inländische Transaktionskasse 5 Prozentpunkte bei. Nach Wert werden also fast 9 von 10 Banknoten in Deutschland zur Wertaufbewahrung genutzt. Insgesamt wird somit nur ein relativ geringer Anteil der in Deutschland umlaufenden Banknoten für Zah-

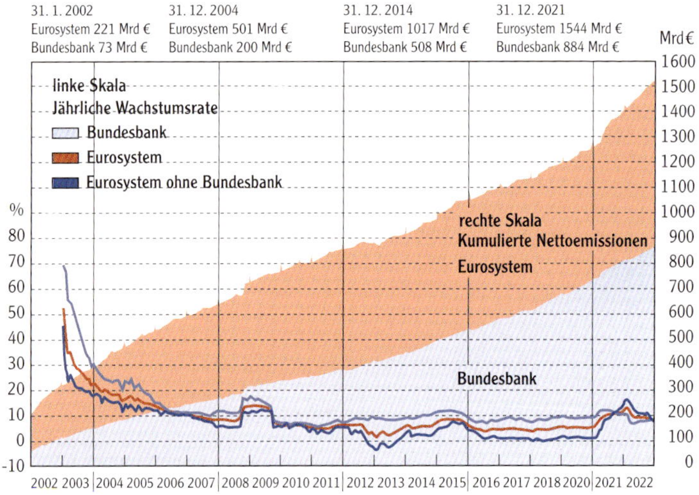

Abbildung 2: Banknotenumlauf im Eurosystem

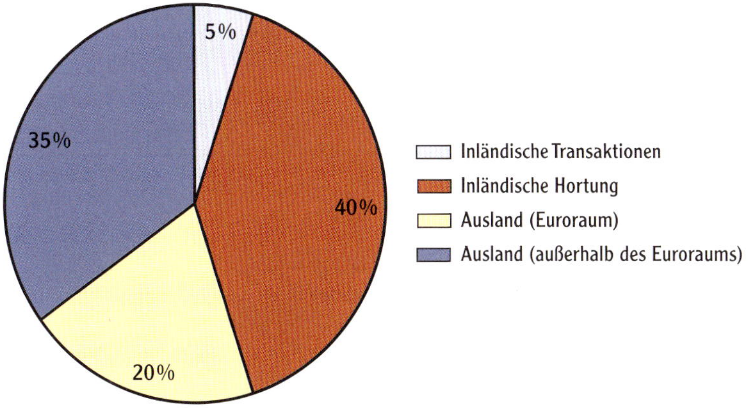

Abbildung 3: Nachfragekomponenten der Banknotennettoemissionen der Deutschen Bundesbank

lungszwecke verwendet. Euro-Banknoten in der Transaktionskasse werden schnell zwischen Verbrauchern, Handelsunternehmen, Kreditinstituten und den Filialen der Bundesbank umgeschlagen, sodass zur Abwicklung von Barzahlungen keine großen Bestände gehalten werden müssen. Die Anteile dieser Komponenten haben sich in den letzten Jahren nicht grundlegend verändert. Schätzungen der Bundesbank zufolge hat ab dem Jahr 2010 vor allem ein erhöhter Auslandsumlauf zum Gesamtanstieg des deutschen Banknotenumlaufs beigetragen. Die inländische Wertaufbewahrung, als wertmäßig größte Komponente des Inlandsumlaufs, hat ebenfalls an Bedeutung gewonnen.

Zahlungsverhalten

Während der Euro-Banknotenumlauf und somit die Bargeldnachfrage mit Blick auf die Wertaufbewahrungsfunktion insgesamt steigt, wird Bargeld – relativ zu anderen Zahlungsmitteln – im Alltag seltener zum Bezahlen genutzt. Zum einen kaufen Verbraucher zunehmend über das Internet ein – im Onlinehandel spielen Barzahlungen so gut wie keine Rolle –, zum anderen können Verbraucher auch im Geschäft oder Restaurant von klassischen Kartenzahlungen bis zu mobilen Zahlungsmethoden mit einer wachsenden Vielfalt an unbaren Zahlungsmitteln bezahlen. Um ein genaueres Bild der Entwicklung verschiedener Zahlungsmittelanteile zu erhalten, führt die Deutsche Bundesbank regelmäßig Erhebungen zum Zahlungsverhalten der deutschen Wohnbevölkerung durch.

Im Jahr 2008 wurden noch 82,5 % der alltäglichen Zahlungen an der Ladenkasse bar beglichen, während der Kartenzahlungsanteil bei rund 13 % lag (Deutsche Bundesbank, 2009). Im Jahr 2020 betrug der Anteil der Barzahlungen 60 % (Umsatzanteil: 32 %), der Kartenanteil lag bei 30 % (Umsatzanteil: 44 %). Bis zur Corona-Pandemie hat der Anteil der Barzahlungen jedes Jahr um rund einen Prozentpunkt abgenommen. In der Corona-Pandemie kam es zu einem zusätzlichen, zumindest vorübergehenden Wandel der Zahlungsgewohnheiten. Insbesondere jüngere Personen machen zunehmend Gebrauch von bargeldlosen Zahlungsmitteln – jeder fünfte Jugendliche zahlt sogar ausschließlich per Karte oder Mobiltelefon (Ostwald, 2021).

Bargeld ist trotz abnehmender Zahlungsanteile jedoch weiterhin das meistgenutzte Zahlungsmittel an der Ladenkasse. Zum Bezahlverhalten im Kalenderjahr 2020, dem ersten Jahr der Corona-Pandemie, ist zudem auf folgende »Sonderfaktoren« zu verweisen: Viele Unternehmen hatten zu Beginn der Pandemie ihre Kundinnen und Kunden aus hygienischen Gründen zur unbaren Zahlung aufgefordert, obwohl bereits zu diesem Zeitpunkt feststand, dass von der Barzahlung kein besonderes Ansteckungsrisiko ausgeht. Auch konnten einige Branchen, in denen üblicherweise besonders häufig mit Bargeld bezahlt wird, in jenem Jahr nicht im gewohnten Ausmaß Gäste empfangen (zum Beispiel Gastronomie, Volksfeste etc.). Mit 15 % gibt nur eine Minderheit der Deutschen an, auf Bargeld verzichten zu können (Verbraucherzentrale, 2021). Dieser Wert hat sich trotz gestiegener Anteile bargeldloser Zahlungen über die Zeit nur geringfügig verändert (2019: 13 %). Die große Mehrheit der Deutschen spricht sich für den Erhalt des Bargeldes aus: 88 % möchten auch in Zukunft unverändert die Möglichkeit haben, mit Bargeld zu bezahlen (Deutsche Bundesbank, 2018).

Wertaufbewahrung

Während Bargeld in den letzten Jahren weiterhin auf hohem Niveau, aber im Vergleich zu anderen Zahlungsmitteln seltener zum Bezahlen genutzt wurde, nimmt die Bedeutung von Bargeld als Wertaufbewahrungsmittel zu. Mit Wertaufbewahrung ist dabei die längerfristige Aufbewahrung von Bargeld durch Haushalte und Unternehmen gemeint. Euro-Banknoten haben sich in den vergangenen zwei Jahrzehnten vor allem in Krisenzeiten als sicheres Wertaufbewahrungsmittel bewährt. So ist der Banknotenumlauf etwa während der Finanzkrise 2008 oder seit Beginn der Corona-Pandemie im Jahr 2020 besonders stark angestiegen. Ein weiterer möglicher Grund für die Aufbewahrung größerer Mengen physischen Geldes ist die Vermeidung von Negativzinsen. Privatpersonen und Unternehmen könnten vermehrt Banknoten abheben, um die Zahlung entsprechender Zinsen zu umgehen. Das trifft insbesondere auf Kreditinstitute und andere Finanzinstitute zu: Ihre Kassenbestände haben sich seit Anfang 2016 um rund 30 Mrd € erhöht. Mit dem Ausgabestopp der 500-Euro-Banknote im Jahr 2019 ist die Lagerung großer Bargeldbestände unter Umständen zwar mit etwas höherem Aufwand verbunden. Dessen ungeachtet stellt Bargeld jedoch weiterhin ein beliebtes Wertaufbewahrungsmittel dar. Den Ergebnissen einer von der Bundesbank durchgeführten Personenbefragung zufolge hielten 78 % der Privatpersonen in Deutschland eine Barreserve (Deutsche Bundesbank, 2020a). Dieser Untersuchung zufolge bewahrte eine Privatperson in Deutschland im Jahr 2018 durchschnittlich ca. 1364 € Bargeld zu Hause oder in einem Schließfach auf (abseits des Geldbeutels). Die aufbewahrten Bargeldbestände lagen damit um ein Vielfaches höher als die kurzfristig für Transaktionszwecke gehaltenen Bargeldbestände im Geldbeutel (ca. 107 €). Die Verteilung der Beträge in der Bevölkerung war äußerst ungleich und stark konzentriert. Ältere, Besserverdienende und Selbstständige hielten im Mittel die höchsten Beträge. 50 % der Befragten hielten Bargeldbestände von 200 € oder weniger. Ein wesentliches Motiv vieler privater Haushalte für die Aufbewahrung von Bargeld scheinen Bedenken bezüglich der Sicherheit und der Zuverlässigkeit technischer Systeme zu sein.

Zugang zu Bargeld

Neben diesen Entwicklungen in der Bargeldnachfrage hat sich auch die Bargeldinfrastruktur in Deutschland zum Teil verändert. Während etwa Verbraucher im Jahr 2002 noch häufig Bargeld am Bankschalter abgehoben haben, spielen diese 20 Jahre später für den Bargeldbezug nur noch eine untergeordnete Rolle. An ihre Stelle sind Geldautomaten getreten, die zwar auch schon vor 20 Jahren weitverbreitet waren, aber heutzutage die mit Abstand am häufigsten genutzte Bezugsquelle für Bargeld in Deutschland sind. Im Jahr 2002 betrug die Anzahl der statistisch erfassten Geldautomaten in Deutschland noch

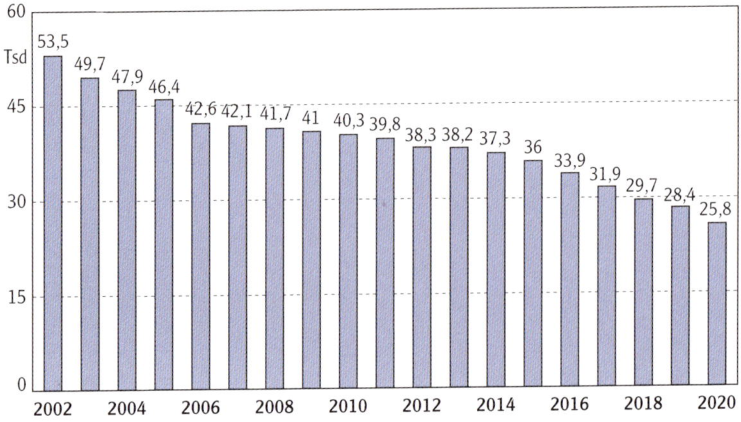

Abbildung 4: Entwicklung der Anzahl an Bankstellen in Deutschland von 2002 bis 2020

ca. 50 500. Bis zum Jahr 2020 hat sich die Anzahl auf rund 57 000 erhöht. Im gleichen Zeitraum hat sich die Anzahl der Bankfilialen von 38 201 auf 24 100 verringert.

Für die Bargeldversorgung über Bankfilialen und Geldautomaten spielen in Deutschland insbesondere Sparkassen, Volksbanken Raiffeisenbanken, Cash Group und Cashpool eine bedeutende Rolle. Mit zusammen mehr als 20 000 Bankfilialen und mehr als 40 000 Geldautomaten sind die Sparkassen und Volksbanken Raiffeisenbanken für die flächendeckende Bargeldversorgung besonders bedeutsam. Die Cash Group, ein Zusammenschluss von Deutscher Bank, Commerzbank, HypoVereinsbank und Postbank, verfügt über ca. 6 800 Bankfilialen und rund 9 000 Geldautomaten. Cashpool, ein Zusammenschluss von Santander, Targobank und einigen kleinen Banken, bietet ca. 2 800 Geldautomaten an. Darüber hinaus gibt es Geldautomaten, die keinem der genannten Netze angehören. Der Bargeldbezug mittels Cashback- sowie Cash-in-Shop-Verfahren ist in Deutschland seit dem Jahr 2003 möglich. Während zu Beginn nur vereinzelt Supermärkte diesen Service angeboten haben, hat sich diese alternative Bargeldbezugsquelle in Deutschland mittlerweile etabliert und wird an den meisten Supermarktkassen angeboten.

Für einen reibungslos funktionierenden Bargeldzugang spielen in Deutschland auch die zahlreichen Wertdienstleister eine wichtige Rolle, die jeden Tag Bargeld im Wert von mehreren Milliarden Euro transportieren und damit landesweit unter anderem Geldautomaten befüllen. Während es im Jahr 2002 noch rund 130 Wertdienstleister gab, hat sich die Anzahl im Jahr 2022 mehr als halbiert. Die Marktkonzentration ist damit zwar angestiegen, in Deutschland aber weiterhin regional geprägt. Den deutschen Markt für Wertdienstleistungen nachhaltig erschüttert hatte die Insolvenz der Heros Unternehmensgruppe im Jahr 2006. Heros betrieb eine nicht nachhaltige Preis- sowie Expansionspolitik und hatte mithilfe eines Schneeballsystems Kundengelder unterschlagen. In der Geschichte der Geld- und Werttransportdienstleistungen in Deutschland war dies ein in dieser Dimension einzigartiger Betrugsfall. Der daraufhin erfolgte Marktaustritt von Heros führte jedoch zu keinen wesentlichen Problemen bei der Bargeldversorgung der Verbraucher.

Kosten der Bargeldinfrastruktur

Infrastrukturelle Veränderungen stellen häufig Anpassungen an eine sich wandelnde Bargeldnachfrage, veränderte Ablaufprozesse oder auch Gesetzesänderungen dar. Kostenüberlegungen spielen dabei ebenfalls eine wesentliche Rolle. Ein Beispiel dafür ist die abnehmende Anzahl kostenintensiver Bankfilialen zugunsten kostengünstigerer Geldautomaten. Kosten entstehen an verschiedenen Stellen des Bargeldkreislaufs in Deutschland, insbesondere bei der Zentralbank, den Geschäftsbanken, Wertdienstleistern, Einzelhändlern und den Verbrauchern. Umfang und Art der Kosten unterscheiden sich mitunter wesentlich. So entstehen Kosten nicht nur in Form von Gebühren, sondern auch in Form von Zeitaufwand oder der Preisgabe von privaten Daten (Krüger und Seitz, 2014). Beispiele dafür sind etwa der Transport von Bargeld, der Betrieb von Geldautomaten, die Prüfung sowie Zählung von Banknoten und Münzen, die Aufbereitung als Wechselgeld, Kontogebühren oder die Dauer der Bezahlung an der Kasse.

Es gibt keine Studie, welche die Kosten aller Akteure des Bargeldkreislaufs in Deutschland vollumfänglich ausweist. Das liegt unter anderem an der Komplexität der vorhandenen Kostenarten. Es ist daher nicht möglich, genau zu sagen, wie sich die Kosten des Bargeldkreislaufs in den vergangenen 20 Jahren entwickelt haben. Bei Aussagen über gesamtwirtschaftliche Kosten ist zudem zu beachten, dass manche Kosten eines Bargeldakteurs Einnahmen eines anderen Akteurs darstellen können. Beispielsweise stellen Kontogebühren Kosten für den Einzelhandel dar, sind aber gleichzeitig Erträge für Geschäftsbanken. Bei Berechnungen der Gesamtkosten müssten diese Kosten berücksichtigt werden, um Doppelzählungen zu vermeiden.

Um einen Überblick – zumindest über einen Teil – der Kosten des Bargeldkreislaufs zu erhalten, bietet es sich an, die Kosten des Einzelhandels näher zu betrachten. Schließlich laufen beim Handel gleich mehrere Kosten zusammen. So geben zum einen Geschäftsbanken sowie Wertdienstleister einen Teil ihrer Kosten an den Einzelhandel in Form von Gebühren weiter. Zum anderen entstehen dem Einzelhandel eigene Kosten, etwa für den Personalaufwand für die Bestückung der Kassensysteme mit Wechselgeld. Der Kassiervorgang zudem stellt nicht nur einen zeitlichen Aufwand für den einzelnen Verbraucher, sondern auch für den Einzelhändler dar, welcher entsprechend Personal dafür vorhalten muss. Die Kosten des Einzelhandels in Deutschland können somit ein Indikator für die Gesamtkosten von Zahlungsmitteln in Deutschland sein.

Die Kosten aller gängigen Zahlungsmittel zusammen beliefen sich im Jahr 2017 für den deutschen Einzelhandel auf insgesamt 5 432 Mio € pro Jahr – bei einem Bruttoumsatz von 410 Mrd € und insgesamt rund 20 Milliarden Transaktionen (Cabinakova et al., 2019). Rund zwei Drittel der Gesamtkosten, das heißt 3 775 Mio €, entfielen auf Barzahlungen. Dabei ist zu beachten, dass im besagten Zeitraum rund drei Viertel aller Transaktionen im Handel, das heißt 15,6 Mil-

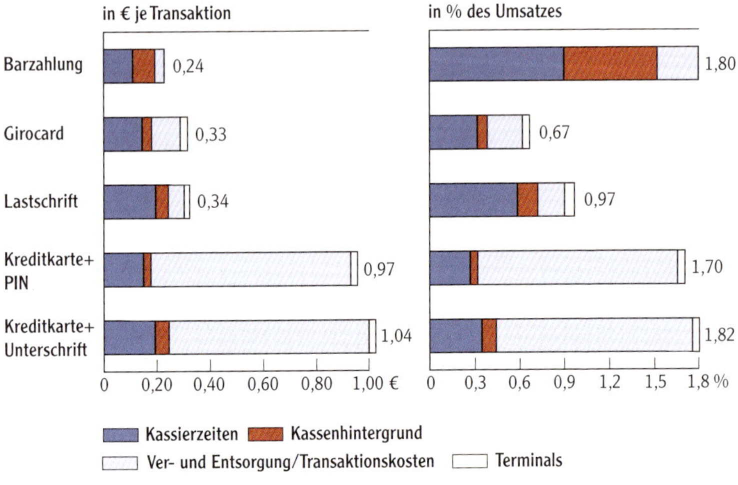

Abbildung 5: Kostenübersicht der Zahlungsarten

liarden, mit Bargeld abgewickelt wurden. Demnach kostet jede Zahlung mit Bargeld im Durchschnitt knapp 24 Cent. Zum Vergleich: Eine Zahlung mit girocard kostet im Schnitt 30 Cent, eine Kreditkartenzahlung rund einen Euro pro Transaktion.

Die dargestellten Kosten basieren auf Durchschnittswerten und stellen nur Momentaufnahmen dar. Bei einer Betrachtung der Kosten des Zahlungsverkehrs – sowohl in den letzten 20 Jahren als auch für die Zukunft – ist die Entwicklung von Skaleneffekten ein wichtiger Faktor. So waren beispielsweise vor 20 Jahren Kartenzahlungen aufgrund ihrer geringeren Verbreitung teurer als heute. Mit steigender Nutzung und Verbreitung wurde der Betrieb der dafür notwendigen Infrastruktur (etwa Bezahlterminals) für den Handel günstiger. Dieses Beispiel der Entwicklung der Kosten legt auch nahe, dass Bargeldnachfrage und Bargeldinfrastruktur miteinander verzahnt sind.

Automation und technischer Fortschritt in der Bargeldbearbeitung

Der Umgang mit Bargeld wird vielfach als kostenintensiv bezeichnet. Dabei geht es vor allem um den Aufwand, Banknoten und Münzen innerhalb des Bargeldkreislaufs zu bewegen und zu verarbeiten. Das Geld muss transportiert, sicher verwahrt, gezählt und auf Echtheit geprüft werden. Dazu benötigt man Transportlogistik, Geräte und Sicherungseinrichtungen. All dies ist nicht kostenlos zu haben und verursacht sowohl einen finanziellen als auch zeitlichen Aufwand. Darüber hinaus ist der Umgang mit Bargeld, wenn es um größere Mengen geht, auch mit körperlicher Arbeit verbunden. Nicht zuletzt werden Banknoten und Münzen – wenn auch in sehr geringem Umfang – gefälscht und müssen dann aus dem Zahlungsverkehr entfernt werden. Dies alles zeigt, dass der Umgang mit Bargeld, also physischem Geld, Aufwand bedeutet. Heutzutage erledigen viele Arbeitsschritte, die notwendig sind, Maschinen, technische Anlagen und Systeme, die man sonst nur aus der Lagerlogistik kennt. So entsteht ein effizienter, sicherer und zuverlässiger Bargeldkreislauf.

Bis in die späten 1970er Jahre wurde Bargeld ausschließlich von Hand gezählt und geprüft. Die zunehmende Menge an

Banknoten und Münzen machte es aber erforderlich, dass sich vor allem die Deutsche Bundesbank mit den Möglichkeiten der automatisierten Bearbeitung auseinandersetzte. Hierzu wurden gemeinsam mit einem namhaften Hersteller von Banknoten und Sicherheitstechnik Überlegungen zur Konstruktion von Banknotensortiermaschinen angestellt. Die erste Generation von Maschinen sollte in der Lage sein, Banknoten zu zählen, auf Echtheit zu prüfen und je nach Zustand zu sortieren. Nicht mehr umlauffähige Banknoten, die zum Beispiel stark verschmutzt oder beschädigt sind, werden seit jeher von der Notenbank aussortiert, vernichtet und durch neue Noten ersetzt.

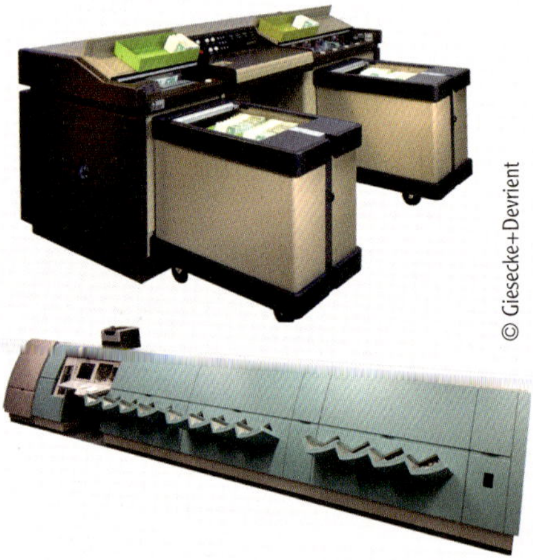

Abbildung 6: Banknotensortiermaschine in den 1970er Jahren (oben) und heute (unten)

Um die Anforderungen an diese Maschinen überhaupt umsetzen zu können, bedurfte es automationsfähiger Banknoten. Die damals im Umlauf befindlichen DM-Noten wurden durch eine neue Serie (BBk IA) ersetzt, die eine maschinelle Erkennung der Echtheit, des Zustands und der Stückelung ermöglichte. Das Grundprinzip dieser Systeme ist bis heute unverändert, wobei es im Bereich Schnelligkeit, Präzision und Effizienz natürlich Weiterentwicklungen gegeben hat und auch noch geben wird.

Die Effizienz der Banknotenbearbeitung bezieht sich jedoch nicht nur auf die Sortiersysteme. Bis Banknoten an ein solches Banknotenbearbeitungssystem gelangen, haben sie einen langen Weg vor sich. Und es schließen sich noch viele Prozessschritte an die Sortierung an. Auch in diesen Bereichen gab es in den vergangenen Jahren Entwicklungsarbeiten, um den Arbeitsaufwand und damit die Kosten für den Umgang mit Bargeld zu reduzieren. In der größten Filiale der Deutschen Bundesbank, die sich in Dortmund befindet, werden die eingezahlten Banknoten und Münzen von fahrerlosen Transportfahrzeugen zwischen Schalter, Tresor und Sortiersystem bewegt. Sie werden vollautomatisch sortiert, verpackt, eingelagert und wieder zur Auszahlung vorbereitet. In der Regel gelangen die Noten dann über Wertdienstleister in Geldausgabeautomaten, wo die Menschen sich dann mit Bargeld versorgen können. Mithilfe eines hohen Automationsgrades ist der Bargeldkreislauf heutzutage schnell, sicher, ergonomisch und effizient.

Perspektiven für das Bargeld der Zukunft

Die aufgeführten Entwicklungen im baren Zahlungsverkehr stellen alle Bargeldakteure vor verschiedene Herausforderungen. Diese bestehen unter anderem darin, die Bargeldinfrastruktur auch bei einem abnehmenden Barzahlungsanteil aufrechtzuerhalten und die Stabilität des baren Zahlungsverkehrs zu gewährleisten. Dabei liegt es im gesellschaftlichen Interesse, dass Bürgerinnen und Bürger weiter die Wahlfreiheit haben, Bargeld oder andere Zahlungsmittel gemäß ihren eigenen Vorstellungen zu verwenden. Auch weitere Entwicklungen werfen Herausforderungen auf, wie die voranschreitende Digitalisierung bis hin zu der Diskussion um eine mögliche Einführung eines digitalen Euro.

Bargeldinfrastruktur

Die in den letzten Jahren zu beobachtenden Veränderungen hinsichtlich des Zahlungsverhaltens und der Bargeldinfrastruktur könnten Hinweise darauf geben, wie sich der Bargeldkreislauf und die Bargeldnachfrage in Deutschland zukünftig entwickeln werden. Führt sich die Entwicklung der letzten Jahre fort, ist einerseits davon auszugehen, dass der Banknotenumlauf weiterhin ansteigen wird. Andererseits ist zu vermuten, dass Verbraucher auch in Zukunft immer häufiger mit unbaren Zahlungsmitteln zahlen werden.

Die professionellen Bargeldakteure stehen vor der Aufgabe, die Bargeldinfrastruktur in der bisherigen Qualität auch zukünftig aufrechtzuerhalten. Wenn Verbraucher weniger Bargeld abheben und als Zahlungsmittel verwenden, steigen für Kreditinstitute die Stückkosten einer Bartransaktion am Geldausgabeautomaten. Vor diesem Hintergrund könnten Banken im Rahmen ihrer privatwirtschaftlichen Abwägungen weniger Bargelddienstleistungen bereitstellen und gegebenenfalls die Anzahl an Geldausgabeautomaten und/oder Bankschaltern reduzieren. Der Zugang zu Bargeld könnte sich in der Folge verschlechtern, besonders in einigen entlegeneren Gebieten.

Ähnliches gilt für die Akzeptanz von Barzahlungen beispielsweise im Einzelhandel: Zahlen Verbraucher weniger mit Bargeld, steigen im Schnitt die Kosten jeder Bartransaktion. Handelsunternehmen könnten daher in einem Extremszenario vermehrt die Annahme von Bargeld einschränken. Nimmt der Barzahlungsanteil weiter ab, wäre demnach die Aufrechterhaltung von Bargeldbezugsquellen sowie Bargeldakzeptanzstellen für Banken und Einzelhandel weniger rentabel.

Gegenwärtig ist sowohl der Zugang zu als auch die Akzeptanz von Bargeld in Deutschland gewährleistet, sodass dieses Szenario derzeit keine praktische Relevanz hat. Es gilt jedoch, bereits heute die Entwicklungen im Bargeldkreislauf genau im Blick zu behalten. Für Verbraucher würde eine Abnahme von Bargeldbezugsquellen eine Verschlechterung der Bargeldversorgung darstellen. Verbrauchern entstünden in der Folge vermehrt Zeitaufwand und höhere Kosten, wenn sie weiterhin Bargeld beziehen möchten. Zum anderen könnten Bürger nicht bar bezahlen, wenn Barzahlungen schlicht nicht entgegengenommen werden. Je schlechter der Bezug und die Akzeptanz von Bargeld wären, desto häufiger käme es vor, dass Verbraucher nicht mehr Bargeld in bevorzugtem Umfang nutzen könnten. In einem solchen Umfeld wäre die Bevölkerung gezwungen, auch bei Vorortgeschäften in einzelnen Fällen auf andere Zahlungsmittel auszuweichen. Diese Entwicklung könnte in Europa zunächst vor allem ländliche Gegenden oder vulnerable Gruppen treffen.

In Teilen ist die beschriebene Entwicklung heute schon zu beobachten. So haben sich etwa in den Niederlanden die Möglichkeiten des Bargeldbezugs für ältere oder beeinträchtigte Menschen verschlechtert (De Nederlandsche Bank, 2021). Ländliche Gegenden in Deutschland weisen zwar bislang eine gute Versorgung auf (Deutsche Bundesbank, 2020b). Allerdings gaben zuletzt 29 % der deutschsprachigen Wohnbevölkerung an, schon einmal Probleme beim Bezug von Bargeld gehabt zu haben (Verbraucherzentrale, 2021). Dieser Wert hat im Vergleich zu 2019 um 5 Prozentpunkte zugenommen. Als die häufigste Ursache wurde das Fehlen eines Geldautomaten in der Nähe genannt. In der gleichen Studie sagten vier von zehn Befragten zudem, auch beim Bezahlen mit Bargeld bereits mit Beeinträchtigungen konfrontiert gewesen zu sein. Die häufigsten Ursachen dafür waren, dass die Befragten um bargeldlose Zahlung gebeten wurden und den Eindruck hatten, eine Barzahlung sei nicht erwünscht oder diese werde schlicht nicht akzeptiert. Überlegungen der Privatwirtschaft, Bargeldbezugspunkte zu reduzieren oder Barzahlungen nicht mehr anzunehmen, können zu einer Spirale aus schlechterem Bargeldzugang, geringerer Bargeldnutzung sowie abnehmenden Bargeldakzeptanzstellen führen. Im Zentrum der Überlegungen sollten daher solche Maßnahmen stehen, die zur Aufrechterhaltung der Bargeldversorgung beitragen. Zum Beispiel könnte der Bargeldkreislauf effizienter gestaltet werden, um kostenbedingten Schließungen entgegenzuwirken.

Für die nationalen Zentralbanken sowie den Gesetzgeber ergibt sich die Herausforderung, effektive Lösungen zu entwickeln. Mögliche Verschlechterungen der Bargeldinfrastruktur müssen daher genau beobachtet werden – unabhängig davon, ob diese im Einzelfall Folge einer geringeren Nachfrage oder Ergebnis privatwirtschaftlicher Überlegungen sind. So hat Schweden etwa infolge einer stetig abnehmenden Zahl an Bargeldbezugsquellen ein Gesetz zur Aufrechterhaltung eines gewissen Mindeststandards der Bargeldversorgung verabschiedet.[7]

Die Aufrechterhaltung der Bargeldversorgung sollte kein Selbstzweck sein. Es gibt jedoch gute Gründe dafür, einen funktionierenden Bargeldkreislauf zu erhalten. Zum einen werden an der Ladenkasse mit knapp 60 % immer noch die meisten Transaktionen mit Bargeld beglichen. Viele Bürger schätzen es, dass Bargeld unabhängig vom Einsatz technischer oder sonstiger Hilfsmittel einfach, sicher und schnell verwendbar ist und dabei die Privatsphäre wahrt. Auch geben viele Bürger an, mit Bargeld einen guten Ausgabenüberblick zu haben. Bargeld ist greifbar und erlaubt Kindern und Jugendlichen nicht nur, am wirtschaftlichen Leben teilzunehmen, sondern auch den Umgang mit Geld und mit Einnahmen und Ausgaben zu erlernen. Damit Bargeld seine gesellschaftlich bedeutende Rolle weiter wahrnehmen kann, muss der Zugang zu Bargeld und seine Akzeptanz als Zahlungsmittel gewährleistet bleiben.

Im Einklang damit hat die vom EZB-Rat beschlossene Bargeldstrategie des Eurosystems zum Ziel, dass Euro-Banknoten und -Münzen auch in Zukunft als Zahlungsmittel und Wertaufbewahrungsmittel weithin verfügbar sind und allgemein akzeptiert werden.[8] Euro-Banknoten sowie -Münzen sollen der Öffentlichkeit jederzeit zur Verfügung stehen. Dazu gehört unter anderem, dass die nationalen Zentralbanken in ihren jeweiligen Ländern gebührenfreie Bargelddienstleistungen anbieten und sicherstellen, dass Bargeld als alternatives Zahlungsmittel verfügbar ist, wenn elektronische Zahlungen vorübergehend nicht möglich sind. Das Eurosystem hat sich zudem verpflichtet, an einer möglichst effizienten Gestaltung des Bargeldkreislaufs zu arbeiten.

Digitaler Euro

Die fortschreitende Digitalisierung des Zahlungsverkehrs führt nicht nur zu Überlegungen darüber, wie die gegenwärtige Bargeldinfrastruktur aufrechterhalten oder verbessert werden kann, sondern auch, ob es seitens der Notenbanken einer Einführung von sogenanntem digitalen Zentralbankgeld bedarf. Derzeit stellt Bargeld für Privatpersonen und Nichtbanken die einzige Möglichkeit dar, Zentralbankgeld zu halten. Mit digitalem Zentralbankgeld stünde Privatpersonen und Nichtbanken zusätzlich zum Bargeld eine weitere Form von Zentralbankgeld zur Verfügung. Bei den Überlegungen zur Einführung spielen verschiedene Gründe eine Rolle, welche sich je nach Land auch durchaus unterscheiden können. Allgemein wird digitales Zentralbankgeld als Reaktion auf die wachsende Verbreitung von digitalen Währungen sowie privaten Stablecoins und den Rückgang der Bargeldnutzung gesehen.

Die meisten Notenbanken konzentrieren sich auf konzeptionelle Arbeiten, Experimente oder Machbarkeitsstudien. Bisher gehen nur wenige Notenbanken mit digitalem Zentralbankgeld in die Pilotphase oder streben eine unmittelbare Ausgabe an. Im Fokus der laufenden Untersuchungen steht vor allem die Bewertung der möglichen Vor-

und Nachteile eines digitalen Zentralbankgeldes. Auch im Eurosystem wird über eine mögliche Ausgabe von digitalem Zentralbankgeld für den Euroraum, einem sogenannten digitalen Euro, nachgedacht (Europäische Zentralbank, 2020b). Ob ein digitaler Euro jedoch tatsächlich eingeführt wird, entscheidet das Eurosystem erst am Ende einer zweijährigen Untersuchungsphase. Im Rahmen der Untersuchung sollen insbesondere die funktionale Ausgestaltung und Ausgabe eines möglichen digitalen Euro, seine volkswirtschaftlichen Auswirkungen sowie mögliche erforderliche Änderungen am EU-Rechtsrahmen bewertet und untersucht werden.

Ob sich ein digitaler Euro etabliert, entscheiden am Ende vor allem die potenziellen Nutzer – und das sind größtenteils die Verbraucher. Daher sind Untersuchungen der Verbraucherperspektive erforderlich, um sowohl die zu erwartende Marktdurchdringung eines digitalen Euro im Zahlungsverkehr abschätzen zu können als auch die möglichen Auswirkungen seiner Einführung auf die bestehenden unbaren und baren Zahlungsinstrumente besser zu verstehen. Eine repräsentative Meinungsumfrage der Bundesbank im April 2021 ergab, dass der Begriff des digitalen Euro in der breiten Öffentlichkeit zum

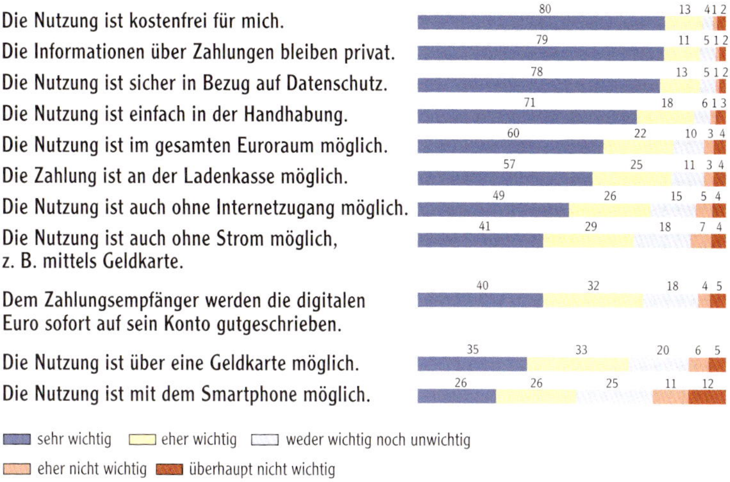

Basis: Alle Befragten (n=2718) in %, nach den Angaben der Befragten.
Frage: Nehmen Sie nun einmal an, das der digitale Euro eingeführt werden würde. Wie wichtig wären Ihnen folgende Eigenschaften des digitalen Euro?
Quelle: Deutsche Bundesbank

Abbildung 7: Bewertung möglicher Eigenschaften eines digitalen Euro

Zeitpunkt der Befragung noch weitgehend unbekannt war. Lediglich 23 % der Befragten hatten vor der Befragung vom digitalen Euro gehört oder darüber etwas gelesen. Die geringe Bekanntheit des digitalen Euro könnte auch ein Grund dafür sein, dass die große Mehrheit aller Befragten der Einführung eines digitalen Euro noch skeptisch gegenüberstand. Nur rund 13 % der Befragten befürworteten die Emission eines digitalen Euro. Bei den Befragten mit Vorkenntnissen zum digitalen Euro fiel die Zustimmungsrate allerdings mit 22 % beinahe doppelt so hoch aus. Einstellungen und Wahrnehmungen zum digitalen Euro könnten sich im Zeitverlauf und mit steigendem Informationsgrad der Bevölkerung noch wandeln.

Eine qualitative Befragung in diesem Zeitraum ergab, dass Verbrauchern der Begriff »Zentralbankgeld« sowie die Tatsache, dass Bargeld für Privatpersonen der einzige Zugang zu Zentralbankgeld ist, überwiegend unbekannt ist. Typische Eigenschaften eines Zentralbankgeldes – zum Beispiel, dass es ausfallsicher ist – haben für die Mehrheit der Teilnehmer nur eine geringe praktische Relevanz. Die Haltung der Studienteilnehmer zu einem digitalen Euro wird vielmehr unter anderem durch ihre Haltung gegenüber der Digitalisierung beeinflusst. So sind Befragte, die in der Digitalisierung im Allgemeinen – sowie unbaren und digitalen Zahlungsmitteln im Speziellen – mehr Vorteile als Nachteile sehen, einem digitalen Euro gegenüber positiver eingestellt. Befragte, die der Digitalisierung eher pessimistisch gegenüberstehen, sehen einen digitalen Euro hingegen eher skeptisch und vermuten versteckte Fallen wie zum Beispiel Überwachung, Kontrollverluste über eigene Daten, Beschränkungen in der Nutzung oder andere Nachteile. Zu den wichtigsten Eigenschaften eines digitalen Euro gehören für die Befragten eine entgeltfreie und einfache Nutzung, Wahrung der Privatsphäre, Sicherheit in Bezug auf den Datenschutz sowie universelle Einsetzbarkeit. Als Alternative zur Nutzung haptischer Banknoten und Münzen wird ein digitaler Euro von vielen Befragten nicht gesehen. Vielmehr sei ein digitaler Euro eine Chance, die kommerzielle Verwendung personenbezogener Daten durch privatwirtschaftliche Anbieter – vor allem bei Onlinezahlungen – zu vermeiden.

Insgesamt sind noch viele Fragen zur Ausgestaltung eines digitalen Euro offen. Die angeführten Untersuchungen unterstreichen jedoch, wie wichtig es ist, die Verbraucherperspektive in der weiteren Diskussion um die möglichen Eigenschaften eines digitalen Euro zu berücksichtigen. Die Untersuchungen zeigen zudem, dass aus Verbrauchersicht das Unterscheidungsmerkmal »Zentralbankgeld« in der Praxis häufig unbedeutend oder schlicht unbekannt ist. Im Vordergrund steht vielmehr die Unterscheidung zwischen physischen und digitalen Zahlungsmitteln einerseits sowie staatlichen und privatwirtschaftlichen Zahlungsanbietern andererseits. Verbraucher sehen einen digitalen Euro nicht als Ersatz, sondern als Ergänzung für das Bargeld. Dies bestärkt das Vorhaben des Eurosystems, den digitalen Euro – sofern es zu einer Einführung kommt – zusätzlich zu Bargeld und nicht an dessen Stelle anzubieten. Ein digitaler Euro wäre ein neues zusätzliches Zahlungsmittel, das neben Bargeld und klassischen unbaren Zahlungsmitteln stehen würde. Im Unterschied zum Bargeld würde er den Nutzern die Möglichkeit bieten, auch in einem digitalen Umfeld mit staatlichem Geld zu bezahlen und somit einer wachsenden Abhängigkeit von privaten Zahlungssystemen entgegenzuwirken.

Fazit

Euro-Bargeld weist im Vergleich zu anderen Zahlungsmitteln einzigartige Eigenschaften auf: Euro-Banknoten und -Münzen sind das einzige gesetzliche Zahlungsmittel im Euroraum. Euro-Bargeld ist zudem einfach sowie ohne technische Hilfsmittel nutzbar, es wahrt die Privatsphäre und ermöglicht allen Bevölkerungsschichten eine Teilnahme am wirtschaftlichen Leben. Der gesamte Weg des Bargeldes in Deutschland, von der Ausgabe bis zur Wiederausgabe beziehungsweise Entsorgung von und durch die Bundesbank, wird als Bargeldkreislauf bezeichnet. Viele der im Hintergrund stattfindenden Prozesse, die für einen reibungslosen Ablauf der Bargeldversorgung notwendig sind, bleiben den meisten in der Regel verborgen. Der Bargeldkreislauf ist allerdings keine Einbahnstraße: Zentralbanken, Kreditinstitute, Wertdienstleister, Händler und Verbraucher nehmen im Zuge ihrer Entscheidungen, ihres Konsumverhaltens oder des Erlassens von Vorschriften gegenseitig Einfluss. Nicht nur national, sondern auch auf europäischer Ebene.

Die Nachfrage nach Euro-Bargeld ist seit dem Einführungsjahr 2002 stetig angewachsen – jedes Jahr gibt die Deutsche Bundesbank mehr Euro-Banknoten aus, als an sie zurückfließen. Diese Entwicklung ist vor allem auf die Nutzung von Euro-Bargeld als Wertaufbewahrungsmittel und im Ausland zurückzuführen. Gleichzeitig geht beim Bezahlen die Nutzung von Bargeld im Vergleich zu anderen Zahlungsmitteln zurück: Verbraucher greifen an der Ladenkasse häufiger zu Karten und anderen unbaren Zahlungsmitteln. Während der letzten 20 Jahre hat sich zudem die Bargeldinfrastruktur in Deutschland weiterentwickelt. Kreditinstitute haben zunehmend kostenintensive Bankfilialen geschlossen, Bargeld wird stattdessen überwiegend an Geldautomaten – oder mittlerweile im Supermarkt – bezogen. Es gibt im Vergleich zum Jahr 2002 weniger Wertdienstleister, dafür hat die Marktkonzentration zugenommen. Für den Handel ist Bargeld weiterhin ein insgesamt kostengünstiges und beliebtes Zahlungsmittel. Allerdings führt die zunehmende Digitalisierung des Zahlungsverkehrs auch im Handel zu Veränderungen.

Die Bargeldinfrastruktur in Deutschland ist sehr gut ausgebaut, und das Zusammenspiel der verschiedenen Akteure im Bargeldkreislauf funktioniert reibungslos. Die genannten Entwicklungen werfen für die Zukunft jedoch Herausforderungen auf, denen sich nicht nur die professionellen Bargeldakteure, sondern auch die Verbraucher und die Gesellschaft als Ganzes stellen müssen. Es gilt, den Bargeldkreislauf in einem Umfeld rückläufiger Bargeldnutzung robust und funktionsfähig zu halten, und dazu gehört unter anderem, dass Verbraucher einen guten Zugang zu Bargeld behalten und Bargeld im Handel flächendeckend akzeptiert wird. Eine gute Bargeldinfrastruktur ist allerdings ebenso wenig wie die Infrastruktur des unbaren Zahlungsverkehrs kostenlos zu haben. Um die vielfältigen Herausforderungen zu lösen, benötigt es daher auch ein Bekenntnis der Marktakteure und der Gesellschaft zum Bargeld. Digitales Zentralbankgeld in Form eines digitalen Euro kann dabei eine Option sein, die das Bargeld sinnvoll ergänzen, aber nicht ersetzen kann.

Die Deutsche Bundesbank wird ihren Teil zu der Zukunft des Bargeldes beitragen. Die Notenbanken im Eurosystem stellen sich mit der Bargeldstrategie des Eurosystems gemeinsam klar hinter das Bargeld und verfolgen das Ziel, es auch zukünftig als attraktives Zahlungs- und Wertaufbewahrungsmittel zu erhalten. Jeder Bürger, der Euro-Bargeld beziehen, mit Euro-Bargeld bezahlen und damit seinen ganz eigenen Weg zum Geld finden möchte, soll dies auch weiterhin tun können.

Anmerkungen

1 Belgien, Deutschland, Finnland, Frankreich, Irland, Italien, Luxemburg, Niederlande, Österreich, Portugal und Spanien.

2 Griechenland (2001), Slowenien (2007), Malta und Zypern (2008), Slowakei (2009), Estland (2011), Lettland (2014) und Litauen (2015).

3 Vgl. § 3 des Gesetzes über die Deutsche Bundesbank.

4 Die Bargeldinfrastruktur umfasst unter anderem Bargeldbezugspunkte (z.B. Geldautomaten und Bankschalter) sowie Bargeldakzeptanzstellen (z.B. Ladenkassen), aber auch alle weiteren Akteure und Institutionen, die unmittelbar für einen funktionierenden Bargeldkreislauf Sorge tragen wie etwa Wertdienstleister oder die Zentralbank selbst.

5 Andere Zugangskanäle als Geldautomaten, wie etwa Cashback, wurden hier nicht berücksichtigt.

6 Der Umlauf an Euro-Münzen belief sich Ende 2021 auf rund 31 Mrd € und fällt somit wertmäßig im Vergleich zum Euro-Banknotenumlauf nicht ins Gewicht.

7 Dieses vom schwedischen Parlament verabschiedete Gesetz schreibt Banken ab einer bestimmten Größe vor, jedem Bürger innerhalb einer Entfernung von 25 Kilometern die Möglichkeit zum Bargeldbezug zu geben.

8 Siehe https://www.bundesbank.de/de/aufgaben/bargeld/bargeldstrategie-des-eurosystems/bargeldstrategie-des-eurosystems-und-rolle-des-bargelds-859122 und https://www. ecb.europa.eu/euro/cash_strategy/html/index.de.html

Literaturverzeichnis

Cabinakova, J., F. Knümann und F. Horst (2019), Kosten der Bargeldzahlung im Einzelhandel, Deutsche Bundesbank.

De Nederlandsche Bank (2022), Accessibility of Payment Services for Vulnerable Groups Deteriorating, 26. April 2022, https://www.dnb.nl/en/general-news/2021/accessibility-of-payment-services-for-vulnerable-groups-deteriorating/

Deutsche Bundesbank (2009), Zahlungsverhalten in Deutschland 2008, https://www.bundesbank.de/resource/blob/737996/c1e7d94b634d-55fd1b2eb8278f7c049f/mL/zahlungsverhalten-in-deutschland-2008-data.pdf

Deutsche Bundesbank (2018), Zahlungsverhalten in Deutschland 2017, https://www.bundesbank.de/resource/blob/737278/f2a85dc65ce7c59e-8b279accf194b37a/mL/zahlungsverhalten-in-deutschland-2017-data.pdf

Deutsche Bundesbank (2020a), Ausmaß und Motive der Aufbewahrung von Bargeld in deutschen Haushalten, Monatsbericht Juli 2020, https://www.bundesbank.de/resource/blob/838310/06a94d31497ed1c2b7dbd8c4a40a98df/mL/2020-07-bargeld-data.pdf

Deutsche Bundesbank (2020b), Abheben und Bezahlen in der Stadt und auf dem Land, Monatsbericht Juni 2020, https://www.bundesbank.de/resource/blob/835308/883b0d7e02a4d9edbebb4069038fbebf/mL/2020-06-stadt-land-vergleich-data.pdf

Deutsche Bundesbank (2021), Zahlungsverhalten in Deutschland 2020 – Bezahlen im Jahr der Corona-Pandemie, https://www.bundesbank.de/resource/blob/858022/39ffce4b91be59675121ed29b25ac277/mL/zahlungsverhalten-in-deutschland-2020-data.pdf

Europäische Zentralbank (2020a), Report on a Digital Euro, https://www.ecb.europa.eu/pub/pdf/other/ecb.spacereport202012~bb2038bbb6.en.pdf#page=18

Europäische Zentralbank (2020b), Study on the Payment Attitudes of Consumers in the Euro Area (SPACE), https://www.ecb.europa.eu/pub/pdf/other/Report_on_a_digital_euro~4d7268b458.en.pdf

Krüger, M. und F. Seitz (2014), Kosten und Nutzen des Bargelds und unbarer Zahlungsinstrumente, https://www.bundesbank.de/resource/blob/710096/a6c92243596ad425fd543cde59dcb2ee/mL/costs-and-benefits-of-cash-2014-data.pdf

Ostwald, M. (2021), Klarna Cash Index II: Deutsche haben weniger Geld im Portemonnaie als 2020, Klarna, 6. Juli 2021, https://www.klarna.com/de/blog/klarna-cash-index-ii-deutsche-haben-weniger-geld-im-portemonnaie-als-2020/

Uhl, M. (2020), Coin Migration between Germany and other Euro Area Countries, Deutsche Bundesbank, Discussion Paper No 49/2020.

Verbraucherzentrale (2021), Bargeld – Verfügbarkeit und Nutzung: Befragungen aus Dezember 2019 und Oktober 2021, 23. Dezember 2021, https://www.vzbv.de/sites/default/files/2021-12/2021-12-03_Chartbericht%20Bargeld_3.0.pdf

Der Weg des Geldes außerhalb des Euroraums

Steigender Bargeldumlauf, verändertes Zahlungsverhalten, Digitalisierung des Zahlungsverkehrs – das sind die Themen, die nicht nur im Euroraum, sondern weltweit diskutiert werden, wie die nachfolgenden Beiträge zeigen, in denen die Notenbanken verschiedener G-20-Staaten ihre nationalen Bargeldkreisläufe, die Bedeutung des Bargeldes für ihre inländische Wirtschaft sowie ihre Sicht auf die Zukunft des Zahlungsverkehrs vorstellen. Dabei fällt auf, dass viele dieser Länder ähnliche Entwicklungen aufweisen und vergleichbaren Herausforderungen begegnen. Allerdings lassen sich auch Unterschiede und nationale Besonderheiten feststellen – insbesondere über die verschiedenen Kontinente und Kulturkreise hinweg.

Eine Gemeinsamkeit hinsichtlich der Organisation der nationalen Bargeldkreisläufe fällt sofort auf: Die Zentralbanken bilden sowohl den Anfangs- als auch den Endpunkt des Kreislaufs. Dabei sind sie jedoch, wie die nationalen Zentralbanken im Euroraum, unterschiedlich stark eingebunden, abhängig etwa von ihren jeweiligen geografischen und klimatischen Gegebenheiten. Indonesien etwa hat über 6 000 bewohnte Inseln, Japan erstreckt sich über eine Länge von mehr als 3 000 Kilometern, in Brasilien macht der Regenwald mehr als ein Drittel der Landesfläche aus, und Indien hat knapp 1,4 Milliarden Einwohner – mehr als viermal so viele wie der gesamte Euroraum. Diese Beispiele veranschaulichen schon die Diversität der G-20-Staaten und legen den Schluss nahe, dass es auch für diese Staatengruppe nicht den einen idealen Bargeldkreislauf gibt, sondern individuelle Vorgehensweisen der Notenbanken notwendig sind, um die Menschen vor Ort zuverlässig mit Bargeld in hoher Qualität zu versorgen.

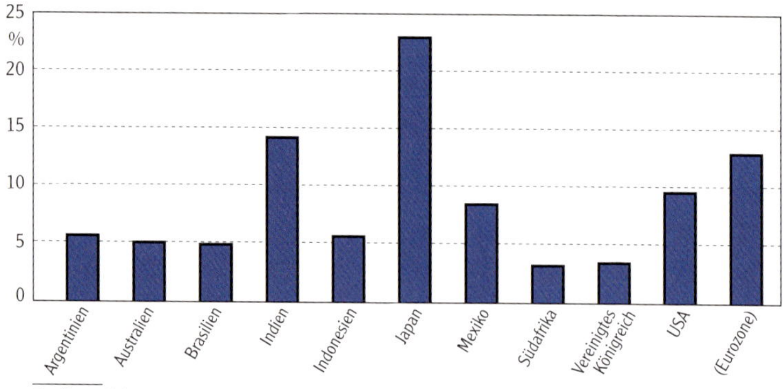

Quelle: Bank für Internationalen Zahlungsausgleich

Abbildung 1: Anteil des Bargeldumlaufs am BIP (2020)

Die unterschiedlichen Rahmenbedingungen der einzelnen Staaten machen sich auch beim Zahlungsverhalten bemerkbar. Während der Barzahlungsanteil im Vereinigten Königreich oder den USA bei weniger als 20 % liegt, wird in Japan oder Brasilien bei mehr als der Hälfte der Geschäfte an der Ladenkasse bar bezahlt. Die Bedeutung

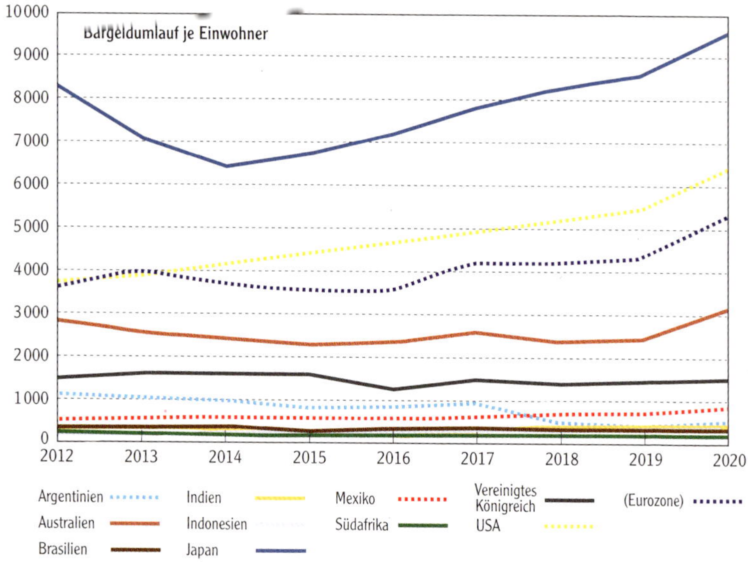

Quelle: Bank für Internationalen Zahlungsausgleich

Abbildung 2: Bargeldumlauf je Einwohner im Zeitverlauf (in US-Dollar)

des Bargeldes für das öffentliche Leben sowie die Wirtschaft ist demzufolge in den verschiedenen G-20-Staaten unterschiedlich stark ausgeprägt. Dies lässt sich auch anhand des Bargeldumlaufanteils am Bruttoinlandsprodukt (BIP) erkennen: Während der Bargeldumlauf etwa in Japan 23 % und in Indien 14 % des BIP beträgt, liegt dieser Wert in Südafrika oder dem Vereinigten Königreich bei unter 5 % (siehe Abbildung 1).

In den meisten G-20-Staaten nimmt die Nachfrage nach Bargeld kontinuierlich zu – trotz rückläufiger Barzahlungsanteile (siehe Abbildung 2). Der Grund für dieses sogenannte Bargeld-Paradoxon liegt darin, dass Bargeld über die Zeit zwar weniger für Transaktionen, dafür aber zunehmend zur Wertaufbewahrung genutzt wird. Dies gilt insbesondere für Industriestaaten wie Australien oder die USA. Einige Schwellenländer weisen aufgrund nationaler Besonderheiten mitunter abweichende Muster auf. Infolge vergleichsweise hoher Inflationsraten spielt etwa in Argentinien die Wertaufbewahrung von Bargeld verglichen mit der Zahlungsmittelfunktion nur eine untergeordnete Rolle. Die Währungen dieser Länder werden zudem, anders als bei den hier aufgeführten Industriestaaten, nur in geringerem Ausmaß international gehandelt. Auch dies führt dazu, dass Bargeld in vielen Schwellenländern zwar eine große Bedeutung im alltäglichen Wirt-

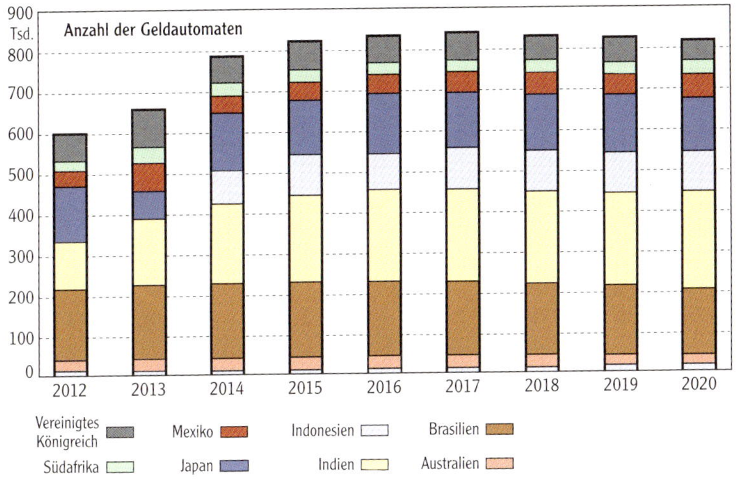

Quelle: Bank für Internationalen Zahlungsausgleich

Abbildung 3: Anzahl der Geldautomaten im Zeitverlauf

schaftsleben besitzt, die Anteile gemessen am BIP jedoch vergleichsweise gering ausfallen.

Eine wichtige Herausforderung für alle Notenbanken der G-20-Staaten stellt der digitale Wandel dar. Die Vielfalt an bargeldlosen Zahlungsmitteln sowie deren Nutzung wächst. Rückläufige Barzahlungsanteile könnten jedoch dazu führen, dass es immer weniger wirtschaftlich ist, die Bargeldinfrastruktur aufrechtzuerhalten. Die Anzahl an Geldautomaten befindet sich in den G-20-Staaten derzeit auf einem hohen Niveau (siehe Abbildung 3: Anzahl der Geldautomaten im Zeitverlauf). Jedoch stehen die einzelnen Länder in Zukunft vor der Aufgabe, die Bargeldversorgung auch bei abnehmenden Barzahlungsanteilen weiterhin in gewohnt hoher Qualität zu gewährleisten. Zudem gewinnt das Thema digitales Zentralbankgeld an Bedeutung. Letzterem begegnen die Notenbanken der G-20 in unterschiedlichem Ausmaß. Während manche Zentralbanken eigene Forschungsprojekte betreiben und über die Einführung von digitalem Zentralbankgeld nachdenken, belassen es andere bei der Beobachtung der weltweiten Entwicklungen. Alle Notenbanken der G-20 eint jedoch, dass die Digitalisierung sie vor große Herausforderungen stellt, auf die sie auch wieder ganz individuelle, länderspezifische Lösungen finden müssen – und werden.

Beitrag der Banco Central de la República Argentina

Nationaler Bargeldkreislauf

Der argentinische Bargeldkreislauf beginnt in der »Casa de Moneda Argentina« (argentinische Prägeanstalt), der unter einer Lizenz der Argentinischen Zentralbank (Banco Central de la República Argentina, BCRA) agierenden öffentlichen Druckerei, in der Banknoten hergestellt werden. Diese Banknoten werden zunächst in den Tresoren am Hauptsitz der argentinischen Zentralbank in Buenos Aires und den zweiundzwanzig über das Land verteilten regionalen Zweigstellen gelagert. Von dort findet die Erstausgabe des Bargeldes an Geschäftsbanken statt. Die Geschäftsbanken stellen der Öffentlichkeit Banknoten zur Verfügung, nehmen Einlagen entgegen und bearbeiten diese, um ihre Umlauffähigkeit festzustellen.

Sind die Banknoten umlauffähig, werden sie in den Einrichtungen der Geschäftsbanken aufbewahrt, um später wieder in Umlauf gebracht werden zu können. Falls die Banken einen Überschuss an Bargeld haben, können sie diesen auch bei der Zentralbank einzahlen. Sind die Banknoten nicht mehr umlauffähig, werden sie aus dem Verkehr gezogen und an die Zentralbank geschickt, wo ihr Zustand geprüft wird. Anschließend werden sie von Mitarbeitern der Argentinischen Zentralbank in einer Banknotenvernichtungsanlage zerstört.

Der Bargeldkreislauf durchlief zwei wichtige Veränderungen im Jahr 2016. Zum einen brachte die Argentinische Zentralbank Banknoten mit höherem Nennwert (200 ARS, 500 ARS, 1000 ARS) in Umlauf, um die Nachfrage von Finanzinstituten und Bürgern angemessen zu bedienen. Zum anderen unterstützte die Argentinische Zentral-

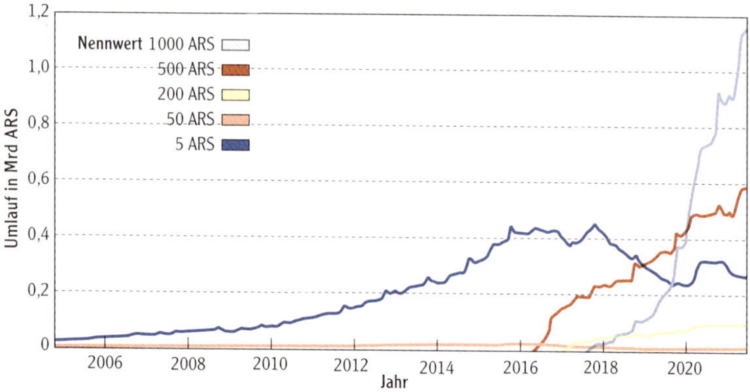

Abbildung 1: Banknotenumlauf nach Nennwert

bank die Schaffung eines Marktes, auf dem Finanzinstitute ihre Bargeldüberschüsse anbieten oder ihren Bedarf an Bargeld decken können, ohne dass die Zentralbank involviert ist, um so die Effizienz der Bargeldverteilung zu verbessern und die Kosten der öffentlichen Hand zu senken.

Was die künftigen Herausforderungen für den argentinischen Bargeldkreislauf angeht, ist festzustellen, dass der Umlauf von 1000-Peso-Noten rasch zunimmt. Im August 2021 machte dieser 54 % des gesamten Bargeldumlaufs nach Wert aus, was auf die Inflationsentwicklung in den vergangenen 15 Jahren zurückzuführen ist. Auch wenn diese Entwicklung für Bürger und Finanzinstitute noch handhabbar ist, stellt es doch eine wichtige Variable dar, die im Auge behalten werden muss, um zu entscheiden, ob künftig eine Banknote mit höherem Nennwert benötigt wird.[1]

Rolle von Bargeld für die heimische Wirtschaft

Angesichts der Inflationsentwicklung in Argentinien in den vergangenen zehn Jahren spielt Bargeld hauptsächlich eine Rolle als Zahlungs- und weniger als Wertaufbewahrungsmittel. Seine Verwendung als Zahlungsmittel hat sich in Abhängigkeit mit der Einführung digitaler Zahlungsmöglichkeiten entwickelt. Die folgende Grafik zeigt die Entwicklung des Bargeldumlaufs im Verhältnis zum Bruttoinlandsprodukt (BIP) in den vergangenen 15 Jahren.

Gleichzeitig hat der digitale Zahlungsverkehr in den vergangenen zehn Jahren deutlich zugenommen, was durch Maßnahmen der Argentinischen Zentralbank gefördert wurde. Diese hat in ihrer Rolle als Regulierungsbehörde für Zahlungssysteme dazu beigetragen, neue Zugangspunkte zu schaffen, die Eröffnung von und Zugang zu Bankkonten zu erleichtern sowie eine verstärkte Nutzung elektronischer Zahlungsmittel und elektronischer Wege für Fernzahlungen anzuregen. In diesem Rahmen ist besonders das Programm Transferencias 3.0 hervorzuheben, das im Dezember 2020 gestartet und im November 2021 abgeschlossen wurde. Dieses zielt darauf ab, Verbreitung und Einsatz von Sofortüberweisungen zu erweitern, und basiert auf einem offenen Zahlungssystem, das durch Interoperabilität (zwischen Bank- und Nichtbankkonten), Unmittelbarkeit (automatische Gutschrift von Geldern für Händler) und Flexibilität (Unterstützung von Debit- und Kreditkarten, QR-Codes, Zahlungsanforderungen etc.) gekennzeichnet ist, um nur einige Merkmale zu nennen.

Zu den digitalen Zahlungsmitteln in Argentinien zählen Onlineüberweisungen auf verschiedenen Wegen (Online-, Mobile- und Homebanking) sowie die Verwendung von Debitkarten für Zahlungen. Der Anteil der Onlineüberweisungen ist seit Anfang 2018 um fast 170 % gestiegen, nachdem er sich vor Ausbruch der Pandemie bereits verdoppelt hatte. Der Anteil der Debitkarten hat sich in den vergangenen drei Jahren ebenfalls nahezu verdoppelt und mit Beginn der Pandemie einen großen Schub erlebt. Hier ist ein erheblicher Beitrag des Onlinehandels zu erkennen.

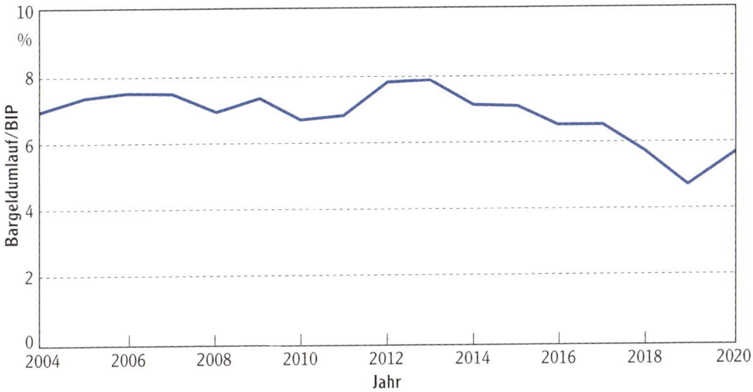

Abbildung 2: Bargeldumlauf relativ zum BIP

Als Wertaufbewahrungsmittel spielt Bargeld dagegen keine relevante Rolle, was bereits seit mehreren Jahrzehnten der Fall ist. Seit der zweiten Hälfte des 20. Jahrhunderts musste Argentinien wiederholt mit Wechselkursschocks und anhaltenden Inflationsprozessen zurechtkommen. Vor diesem Hintergrund haben Haushalte und Unternehmen Anpassungsmechanismen entwickelt, um mit dieser makroökonomischen Unsicherheit umzugehen, und substituierten etwa die heimische Währung durch den US-Dollar. Diese sogenannte Dollarisierung erstreckte sich dabei ebenfalls auf die Wertaufbewahrung. Auf Landeswährung lautende Vermögenswerte wurden so weniger bedeutsam.

Die geldpolitische Geschichte Argentiniens hat den Erwartungsbildungsprozess der Haushalte und Unternehmen und damit die Zusammenstellung ihrer Vermögenswerte und Portfolios beeinflusst. Über mehr als 50 Jahre lag die durchschnittliche Realrendite von auf Dollar lautenden Vermögenswerten höher als die Realrendite von auf Landeswährung lautenden Vermögenswerten. Diese höhere Durchschnittsrendite ging allerdings mit einer positiven Voreingenommenheit gegenüber dem Dollar einher, was zu einem selbstverstärkenden Effekt führte und die Dollarisierung weiter förderte.

Tatsächlich zeigt die argentinische Geschichte, dass die Realrendite von auf Dollar lautenden Vermögenswerten in Zeiten der Währungsstabilität niedrig liegen kann. In Zeiten makroökonomischer Störungen stellt die Realrendite jedoch für Haushalte und Unternehmen eine Absicherung dar, was die in Zeiten makroökonomischer Stabilität beobachteten niedrigen Renditen wieder auszugleichen scheint. Auf diese Weise wurde die Nachfrage nach auf Dollar lautenden Vermögenswerten als Wertaufbewahrungsmittel zu einem strukturellen Phänomen, das auf Änderungen des inländischen Zinssatzes relativ unelastisch reagiert.

Bargeld in der digitalen Welt und Zukunft des Bargeldes

Die Zentralbank plant auf absehbare Zeit keine Ausgabe von digitalem Zentralbankgeld (»Central Bank Digital Currency«, CBDC).

Die fortschreitende digitale Transformation revolutioniert die Zahlungssysteme und damit auch potenziell die verschiedenen Geldformen. Dies spiegelt sich in einer raschen Zunahme des Besitzes und der Nutzung von Krypto-Werten wider, wobei sich dieses weltweite Phänomen mit der Pandemie weiter beschleunigt zu haben scheint.

Krypto-Assets (einschließlich sogenannter Stablecoins) finden in Argentinien derzeit noch keine nennenswerte Akzeptanz und Nutzung. Dennoch legen die Geschwindigkeit der Entwicklungen und die Risiken und Herausforderungen, die diese für Nutzer, Investoren und das Finanzsystem insgesamt darstellen, eine vorausschauende Vorgehensweise nahe. Stablecoins bergen auch zusätzliche finanzielle Risiken, insbesondere für Schwellenländer. So könnte die Existenz eines an eine ausländische Währung gekoppelten Stablecoins gegebenenfalls zu einer vergleichsweise volatileren Nachfrage nach Vermögenswerten in inländischer Währung führen. Es könnte sogar der Fall eintreten, dass ein Stablecoin die inländische Währung für Inlandstransaktionen verdrängt (oder ganz ersetzt). Die Zentralbanken sollten die damit verbundenen Risiken bewerten und versuchen, sie durch eine angemessene Regulierung zu mindern.

Tatsächlich beschleunigen aktuell viele Zentralbanken ihre Analyse der mit der Ausgabe von Digitalwährungen verbundenen Vorteile und Kosten, einschließlich seiner Auswirkungen auf die Geldpolitik, die Kreditvergabe sowie die nationale und internationale Finanzstabilität.

Zu den Vorteilen zählen:

- Vergünstigte und beschleunigte Finanztransaktionen (national und international) unter Beibehaltung der Eigenschaften von Zentralbankgeld, das heißt Liquidität, Integrität und Endgültigkeit bei der Begleichung von Forderungen.
- Hohes Potenzial für die finanzielle Inklusion: Zentralbankgeldkonten könnten im Zusammenspiel mit entsprechenden politischen Entscheidungen dazu beitragen, dass manche Eigenschaften technologischer Innovationen, die potenzielle Nutzergruppen ausschließen könnten, überwunden werden. CBDC könnte für alle Nutzer leichter zugänglich sein.
- Eine Verbesserung des geldpolitischen Transmissionsmechanismus. Wenn auf CBDC an den geldpolitischen Leitzinsen ausgerichtete Zinsen gezahlt würden, könnte der geldpolitische Kurs gegenüber der Öffentlichkeit unmittelbare Wirkung entfalten.

Diese Vorteile sollten jedoch gegen die Risiken abgewogen werden:

- Ein flächendeckender Einsatz von CBDC könnte sich negativ auf die Finanzintermediation und deren Akteure auswirken. Dies könnte die dringend erforderliche finanzielle Entwicklung in Schwellenländern behindern, da Einlagen bei Finanzinstituten durch digitale Vermögenswerte gegebenenfalls vom konventionellen Finanzsystem weggelenkt würden.
- Die Struktur der Finanzmärkte und die Geschäftsmodelle der Banken könnten dadurch verändert werden. So könnten Banken, die bei den Einlagezinsen mit einem höheren Wettbewerbsdruck konfrontiert sind, diesen Druck an ihre Kreditzinsen weitergeben, worunter unterversorgte Segmente wie kleine und mittlere Unternehmen (KMU) gegebenenfalls stärker belastet würden.
- Internationale Spillover-Effekte wären möglich. CBDC von Währungsräumen, die weltweit als Reservewährung genutzt werden, könnten leicht zu einer neuen »risikofreien« internationalen Anlageform werden. Dies könnte beispielsweise zu einem verstärkten Wettbewerb mit Ländern führen, deren Währung international keine solche Rolle spielt. Der Trend zu einer möglichen »digitalen Dollarisierung« könnte die Umsetzung einer autonomen Geldpolitik in vielen Schwellenländern, die anfällig für globale Finanzschocks sind, erschweren. Dies beträfe nicht nur Länder, in denen Währungssubstitution ein Thema ist, sondern alle Länder, in denen es zu plötzlichen Unterbrechungen der Kapitalströme kommt, wenn beispielsweise der US-Dollar weltweit aufwertet.

Daher ist es sehr wichtig, dass die führenden Zentralbanken bei ihrer Analyse und Gestaltung von Digitalgeld mögliche Spillover-Effekte auf die Weltwirtschaft berücksichtigen, einschließlich ihrer Auswirkungen auf Entwicklungsländer durch Kapitalströme und Währungssubstitution. Eine internationale Zusammenarbeit bei der Entwicklung regulatorischer Ansätze und der Ausgestaltung dieser digitalen Währungen ist von zentraler Bedeutung. Die Prüfung und mögliche Umsetzung von CBDC sollte im Zusammenspiel mit eng verwandten Initiativen wie der *G20 Roadmap for Enhancing Cross-Border Payments* oder der *Institutional View on Capital Flows in Practice* des Internationalen Währungsfonds (IWF) erfolgen.

Dabei muss auch die Interaktion dieser Währungen mit bestehenden Kryptowährungen gesondert berücksichtigt werden. Die Fallbeispiele Bahamas und El Salvador, wo erstmalig offizielles CBDC (der Sand Dollar) ausgegeben beziehungsweise ein Krypto-Asset als gesetzliches Zahlungsmittel anerkannt wurde, sind daher von besonderem Interesse, um aus deren Erfahrungen zu lernen. Außerdem kann ein Blick auf Länder wie Ecuador, wo CBDC herausgegeben wurde, das nur wenig Verbreitung fand, Aufschluss über künftige Herausforderungen geben.

In Argentinien haben die jüngsten Regulierungsinitiativen die Entwicklung einer effizienten und sicheren Infrastruktur ermöglicht, die genutzt werden könnte, um den Zugang zu Zahlungsdiensten und ihre Nutzung durch die breite Bevölkerung weiter zu verbessern. Vor diesem Hintergrund sind wir der Auffassung, dass eine Ausgabe von CBDC zumindest kurzfristig keine vorrangige Aufgabe darstellt.

Anmerkung

1 Weitere Informationen hierzu finden Sie unter: https://www.bcra.gob.ar/MediosPago/Politica_Pagos-i.asp#a

Beitrag der Reserve Bank of Australia

Rochelle Guttmann[1]

Nationaler Bargeldkreislauf

Die Reserve Bank of Australia (RBA) ist für die Herstellung, Ausgabe und Ungültigerklärung der australischen Banknoten zuständig. Die Note Printing Australia (NPA), eine hundertprozentige Tochtergesellschaft der Reserve Bank, stellt die australischen Banknoten her, während Ausgabe und Vernichtung vom Bereich Banknoteninverkehrgabe der RBA durchgeführt werden. Ziel des Bereichs ist es, das Vertrauen der Öffentlichkeit in die australischen Banknoten als Zahlungs- und Wertaufbewahrungsmittel zu erhalten. Um dieses Ziel zu erreichen, stellt die RBA sicher, dass ausreichend Banknoten vorhanden sind, um der öffentlichen Nachfrage nachzukommen, dass die Fälschungsrate gering ist und dass die in Umlauf befindlichen Banknoten eine gute Qualität aufweisen.

Prognosen, Forschung und Analyse

Die RBA betreibt eigene Forschungen zu einer Reihe banknotenbezogener Themen. Hierzu zählen die Entwicklung der Bargeldnutzung, Prognosen zur Banknotennachfrage, die Banknotenqualität, aktuelle Entwicklungen bei Banknotenfälschungen sowie Forschung und Entwicklung im Bereich der Sicherheitsmerkmale und damit einhergehender Schwachstellen von Banknoten. Diese Analysen unterstützen die Entscheidungsfindung für die Beschlüsse der RBA hinsichtlich der Gestaltung und Herstellung von Banknoten, logistischer Entscheidungen, der Prognosemodelle und anderer Fragen.

Wie durch Analysen geschäftspolitische Entscheidungen beeinflusst wurden, zeigt sich besonders anschaulich an der Einführung

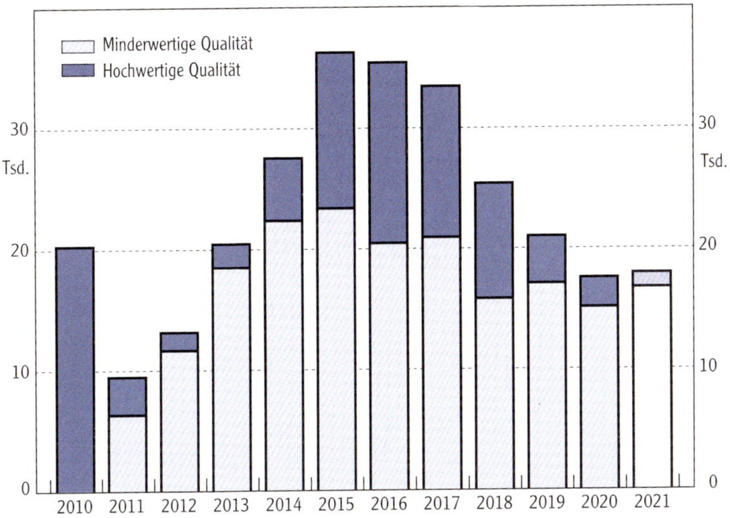

*Schätzungen für 2021
Quelle: RBA

Abbildung 1: Entdeckte Falschgeldnoten nach Qualität*

des Projekts Next Generation Banknotes (NGB). Mitte der 2000er Jahre erwies sich die erste Serie australischer Polymerbanknoten als zunehmend anfällig für hochwertige Fälschungen (Hickie, Miegel und Tsikrikas, 2021). Angesichts dieser wachsenden Bedrohung hatte die RBA bereits seit einigen Jahren neue Technologien zur Erhöhung der Fälschungssicherheit erforscht, was in der Entscheidung mündete, die Banknoten mittels neuer Design- und Sicherheitsmerkmale zu verbessern. Seit 2015 hat die Fälschungsquote stetig abgenommen und korreliert mit der schrittweisen Einführung der neuen Banknotenserie und ihrer zunehmenden Verbreitung sowie mit erfolgreichen Strafverfolgungsmaßnahmen (Abbildung 1).

Herstellung

Die Reserve Bank of Australia beauftragt jedes Jahr die Banknotenproduktion bei der NPA, deren Umfang den aktuellen Banknotenbestand, die erwartete Nachfrage und eine Sicherheitsreserve berücksichtigt. Die RBA arbeitet eng mit der NPA zusammen, um detaillierte Spezifikationen für Druckfarbe, Substrat und fertige Banknoten zu entwickeln, die von der Druckerei umgesetzt werden können und den funktionalen Anforderungen der australischen Öffentlichkeit entsprechen. Das bedeutet im Einzelnen, dass sie von ausreichend guter Qualität sein müssen, um von Einzelhandel und Öffentlichkeit akzeptiert zu werden, dass sie in Geräten verwendet werden können, die Banknoten annehmen und ausgeben (zum Beispiel in Geldausgabe- und Verkaufsautomaten), und dass sich ihre Echtheit durch Personen und Geräte leicht beurteilen lässt.

Logistik

Die fertigen Banknoten werden in der National Banknote Site (NBS) der RBA in Melbourne sowie an einem kleineren Ausweichstandort in Sydney gelagert. Die NBS ist das Hauptzentrum der RBA für die Bearbeitung, Lagerung und Verteilung von Banknoten. Dabei nimmt die RBA die Rolle eines Großhändlers ein, während der Transport der Banknoten von Wertdienstleistungsunternehmen im Auftrag der großen Geschäftsbanken, anderer einlagennehmender Institute (ADI) und des Einzelhandels übernommen wird (Abbildung 2). Wertdienstleistungsunternehmen sind auch für die Rückgabe nicht umlauffähiger Banknoten an die Bank zum Zweck der Vernichtung zuständig.

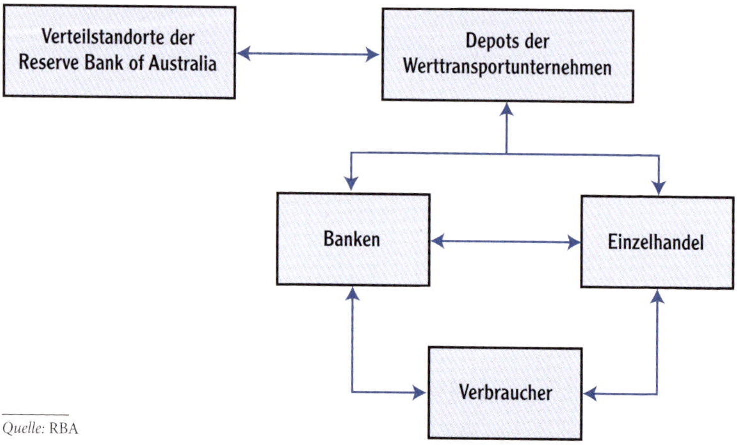

Quelle: RBA

Abbildung 2: Verteilung der Banknoten in Australien

Qualität

Banknoten können durch mechanische Defekte (zum Beispiel Heftklammern, Löcher und Risse) oder durch allmähliches Verblassen der Druckfarbe durch Abnutzung nicht mehr umlauffähig werden. Die RBA ist bestrebt, dass die im Umlauf befindlichen Banknoten eine gute Qualität aufweisen. Die Bargeldindustrie trägt jedoch die Verantwortung dafür, auf welche Weise Banknoten als umlauffähig und nicht umlauffähig eingestuft werden. Letztere müssen zur Vernichtung an die RBA zurückgegeben werden. Diese Sortierung wird in der Regel in den Bargelddepots der Wertdienstleistungsunternehmen vorgenommen, die über ganz Australien verteilt sind. Um die Bargeldindustrie dazu anzuhalten, minderwertige Banknoten aus dem Verkehr zu ziehen und in Bearbeitungstechnologie zu investieren, hat die Reserve Bank das Anreizsystem Note Quality Reward Scheme (NQRS) eingerichtet (Cowling und Howlett, 2012). Es reduziert auch die Anzahl vorzeitig an die Bank zurückgegebener Banknoten guter Qualität, indem es Strafen für eine übermäßige Zahl umlauffähiger Banknoten unter den zurückgegebenen, als nicht umlauffähig eingestuften Banknoten vorsieht. Dieses Anreizsystem hat erfolgreich dazu beigetragen, den Umlauf hochwertiger Banknoten zu erhöhen und auf hohem Niveau zu halten (Abbildung 3).

Die Wertdienstleistungsunternehmen identifizieren die meisten nicht umlauffähigen Banknoten und senden sie an die RBA zurück, wo sie auf Echtheit und Qualität geprüft werden. Auf ihre Echtheit geprüfte und als nicht umlauffähig beurteilte Banknoten werden bei der Bearbeitung mit den Hochgeschwindigkeitsmaschinen der RBA vernichtet. Die geschredderten, nicht umlauffähigen Banknoten werden zusammen mit Abfällen aus dem Herstellungsprozess zu Recyclingunternehmen transportiert, wo sie zu Baumaterial, Dichtungsringen, Kompostbehältern und anderen Haushalts- und Industrieartikeln recycelt werden. Die Öffentlichkeit und die Bargeldindustrie können auch stark beschädigte oder kontaminierte Banknoten zur Erstattung einreichen. Diese erfordern spezielle Verfahren zur Echtheitsprüfung, Bewertung und Vernichtung.

Die sich verändernde Rolle der Reserve Bank im Bargeldkreislauf

Die Rolle der RBA bei der Verteilung von Banknoten hat sich fortlaufend weiterentwickelt. Nachdem sie zunächst alleine für die Verteilung von Banknoten im gesamten Bargeldkreislauf verantwortlich

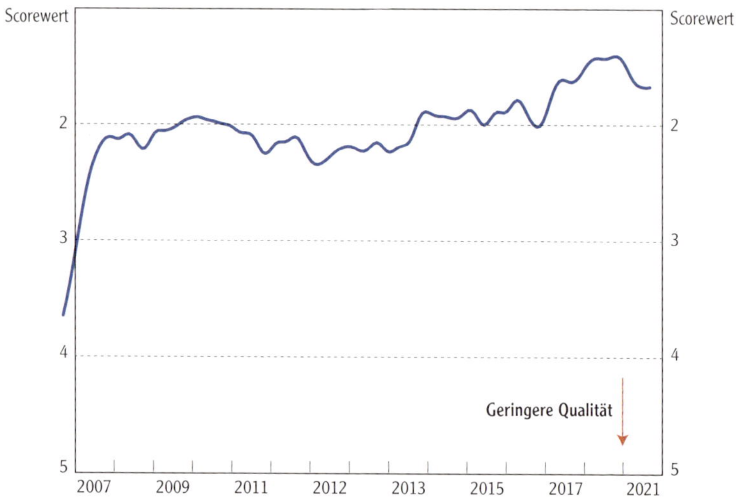

Anmerkung: 13-Term-Henderson-Filter, invertierte Skala
* Steigerung der Qualitätsbewertung nach 2016 ist auf Einführung der NGB-Banknotenserie zurückzuführen.
Quelle: RBA

Abbildung 3: Qualitätsbewertungen des NQRS*

war, spielt der Privatsektor heute eine wesentliche Rolle bei Transport, Lagerung, Bearbeitung und Qualitätseinstufung der in Umlauf befindlichen Banknoten. In Anbetracht der abnehmenden Bedeutung von Bargeld als Zahlungsmittel, auf die im Folgenden noch eingegangen wird, hat die RBA eine öffentliche Konsultation zur Zukunft ihres Großhändlergeschäfts gestartet, um zu prüfen, ob die Tätigkeiten der RBA und ihre Beteiligung am Bargeldkreislauf einer Veränderung bedürfen.

Von Mitte der 1960er Jahre bis 1998 erbrachte die RBA über ihre Zweigstellen in den einzelnen Bundesstaaten direkt Dienstleistungen für Geschäftsbanken (Carlin, 2004; Wakefield, Delaney und Finlay, 2019). 1998 richtete die Bank dann Noten- und Münzpools ein, bei denen es sich um Banknoten im Besitz der Reserve Bank handelte, die in Depots der Wertdienstleistungsunternehmen gelagert wurden. So konnten diese Geschäftsbanken mit Bargeld versorgen, ohne jedes Mal zu einer RBA-Zweigstelle fahren zu müssen. Im Rahmen entsprechender Vereinbarungen übernahm die RBA auch die gesamte Banknotenbearbeitung und Qualitätssortierung, obwohl sie die meisten regionalen Banknotenbearbeitungsstellen in Australien schließen konnte. Überzählige und nicht umlauffähige Banknoten wurden einmal pro Woche an die RBA zurückgegeben.

2001 übertrug die Bank das Eigentum an den Banknoten- und Münzpools an die Geschäftsbanken und lagerte die Bearbeitung und Lagerung der Banknoten aus. Einer der Auslöser war der Rückgang des Bearbeitungsvolumens aufgrund der Umstellung auf haltbarere Polymerbanknoten. Die veränderte Situation hielt Geschäftsbanken dazu an, verstärkt Banknoten untereinander zu tauschen, statt sich direkt an die Reserve Bank zu wenden, was zu einer Effizienzsteigerung aufgrund der daraus resultierenden Reduzierung des übermäßigen Transports und der zu bearbeitenden Menge an Banknoten führte. Dieses System ist bis heute in Kraft, wenngleich sich seine Funktionsweise stellenweise geändert hat, unter anderem durch Einführung des Note Quality Reward Scheme im Jahr 2006. Die RBA hat Geschäftsvereinbarungen mit den großen Banken abgeschlossen, in deren Auftrag die Verteilung der Banknoten durch die Wertdienstleistungsunternehmen erfolgt. Um sie für die entgangenen Zinsen auf ihre Bargeldbestände zu entschädigen, zahlt die Reserve Bank Zinsen auf die in autorisierten Bargelddepots aufbewahrten Banknoten (zum gleichen Zinssatz wie für elektronische Guthaben bei der RBA), sofern diese nach Umlauffähigkeit ordnungsgemäß sortiert sind und die Depots regelmäßig geprüft werden.

Künftige Herausforderungen

Aufgrund des immer breiteren Zugangs zu einer Reihe elektronischer Zahlungsmethoden und einer sich verändernden Bargeldnutzung muss sich das Bargeldsystem weiterentwickeln, um zukunftsfähig zu bleiben und auch weiterhin die Bedürfnisse der Öffentlichkeit zu erfüllen. Die veränderte Bargeldnutzung, auf die im folgenden Abschnitt näher eingegangen wird, wirft eine Reihe von Fragen auf, so zum Beispiel nach angemessenen Qualitätsstandards für den Banknotenumlauf, nach der Wirtschaftlichkeit von Bargeldverteilungsmodellen sowie nach der Rolle von Zentralbank und Regierung. Aktuell ist der Zugang zu Bargeld in Australien noch sehr gut, doch angesichts der Auswirkungen, die der rückläufige Bargeldumlauf auf die Wertdienstleistungsunternehmen zeigt, hat die Reserve Bank eine öffentliche Konsultation zur Zukunft des Großhändlergeschäfts gestartet, um zu prüfen, ob Änderungen am Bargeldkreislauf erforderlich sind.

Rolle von Bargeld für die heimische Wirtschaft

Bargeld als Zahlungsmittel

Wie in vielen anderen Ländern auch entwickelt sich die Verwendung physischen Geldes als Zahlungsmittel in Australien tendenziell rückläufig. Gleichzeitig ist jedoch die Nachfrage nach Bargeld als Wertaufbewahrungsmittel gestiegen. Auf Grundlage der alle drei Jahre von der RBA durchgeführten Erhebung zum Zahlungsverhalten der Verbraucher (Consumer Payments Survey, CPS) ist der Anteil der gesamten Barzahlungsvorgänge im Einzelhandel von 69 % im Jahr 2007 auf 27 % im Jahr 2019 zurückgegangen (Caddy, Delaney und Fisher, 2020). Bei den persönlichen Zahlungen lag der Anteil der Barzahlungen 2019 mit 32 % geringfügig höher (Abbildung 4). Die Bargeldnutzung für Transaktionen hat weiter abgenommen, während gleichzeitig die Nutzung elektronischer Zahlungsmittel zunahm.

Debitkarten waren 2019 das meistgenutzte Zahlungsmittel und lagen damit erstmals vor der Barzahlung als meistgenutzte Zahlungs-

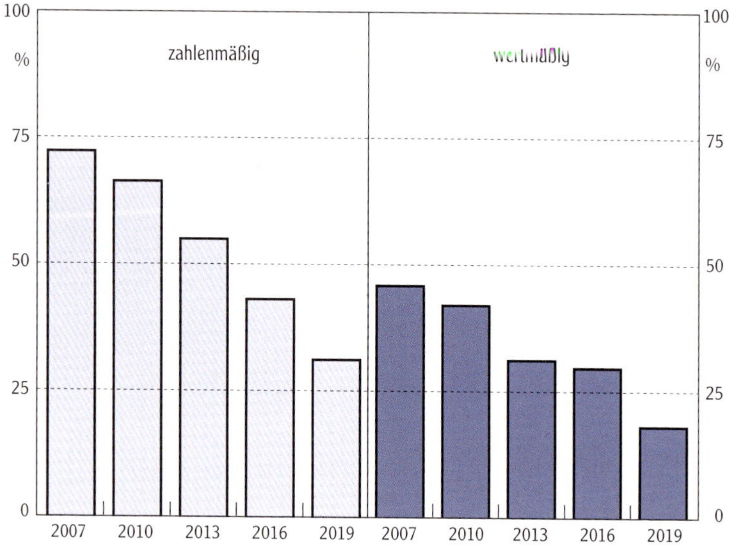

Quelle: Eigene Berechnungen der RBA, basierend auf Daten von Colmar Brunton, Ipsos and Roy Morgan Research

Abbildung 4: Barzahlungsanteil persönlicher Zahlungen

Anteil am Gesamtzahlungsaufkommen					
	2007	2010	2013	2016	2019
Zahlungen (nach Anzahl Transaktionen)					
Barzahlungen	69	62	47	37	27
Kartenzahlungen	26	31	43	52	63
Debitkarten	15	22	24	30	44
Kredit- und Kundenkarten	11	9	19	22	19
BPAY und Internet-/Telefonbanking*	2	5	5	4	5
Sonstige**	3	2	5	8	5
Zahlungen (nach Wert)					
Barzahlungen	38	29	18	18	11
Kartenzahlungen	43	43	53	54	61
Debitkarten	21	27	22	26	36
Kredit- und Kundenkarten	23	16	31	28	25
BPAY und Internet-/Telefonbanking*	10	22	20	19	23
Sonstige**	9	7	9	9	6

* Unter Internet-/Telefonbanking verstehen sich Transaktionen über Dienstleistungen der Banken, die über das Internet bzw. Telefon angeboten werden; andere Internetzahlungen wurden nicht berücksichtigt. In der Erhebung 2007 nicht enthalten.

** Unter »Sonstige« zusammengefasst wurden: PayPal, Scheckzahlungen, Prepaid- und Geschenkkarten, Welfare Cards, Zahlungsanweisungen, Kauf auf Rechnung und Cabcharge.

Quelle: Eigene Berechnungen der RBA, basierend auf Daten von Colmar Brunton, Ipsos und Roy Morgan Research

Tabelle 1: Zahlungsverhalten der Verbraucher

methode (Tabelle 1). Insgesamt wurden 63 % der Verbraucherzahlungen mit Zahlungskarten – Debit- und Kreditkarten zusammengenommen – abgewickelt gegenüber 52 % drei Jahre zuvor. Besonders bemerkenswert ist die starke Zunahme kontaktloser Kartenzahlungen, die auf inzwischen weitverbreitete Akzeptanz dieser Funktion bei Verbrauchern und Einzelhändlern in Australien zurückzuführen ist. Der Anteil der persönlichen Zahlungen, die kontaktlos mit einer Debit- oder Kreditkarte an einem Kartenterminal erfolgen, stieg von 10 % im Jahr 2013 auf 50 % im Jahr 2019. Die Verbraucher verwenden Karten immer häufiger für Zahlungen aller Größenordnungen. Dabei hat die Einführung der Kontaktlos-Funktionalität in den vergangenen Jahren bei der Verwendung von Karten für niedrigwertige Transaktionen zu einem besonders starken Wachstum geführt. Karten kommen inzwischen bei allen Zahlungen über 5 AUD häufiger als Bargeld zum Einsatz.

In jüngerer Zeit wurde der Trend weg vom Bargeld hin zu elektronischen Zahlungsmitteln für alltägliche Bezahlvorgänge durch die Reaktion von Verbrauchern und Einzelhandel auf die Corona-Pandemie weiter verstärkt. Dabei gibt es mehrere Anhaltspunkte dafür, dass die Bargeldnachfrage für Transaktionszwecke während der gesamten Pandemie gering war, darunter die reduzierte Ausgabe von Banknoten mit niedrigem Wert (5 AUD, 10 AUD und 20 AUD), der Rückgang von Bargeldeinzahlungen an Bargelddepots, geringere Abhebungen an Geldautomaten, die Zunahme des Onlinehandels sowie Umfragedaten zur Banknotenverwendung während der Pandemie. So haben sich die Bargeldabhebungen an Geldautomaten seit etwa 2012 tendenziell rückläufig entwickelt, erlebten aber zu Beginn der Corona-Pandemie einen dramatischen Rückgang (Abbildung 5). Die Zahl der Abhebungen an Geldautomaten ging in den ersten beiden Monaten der Pandemie in Australien um rund 50 % zurück. Nach Erreichung eines Tiefpunkts im April 2020 nahm die Zahl der Abhebungen wieder zu, allerdings auf einem niedrigeren Niveau als vor der Pandemie.

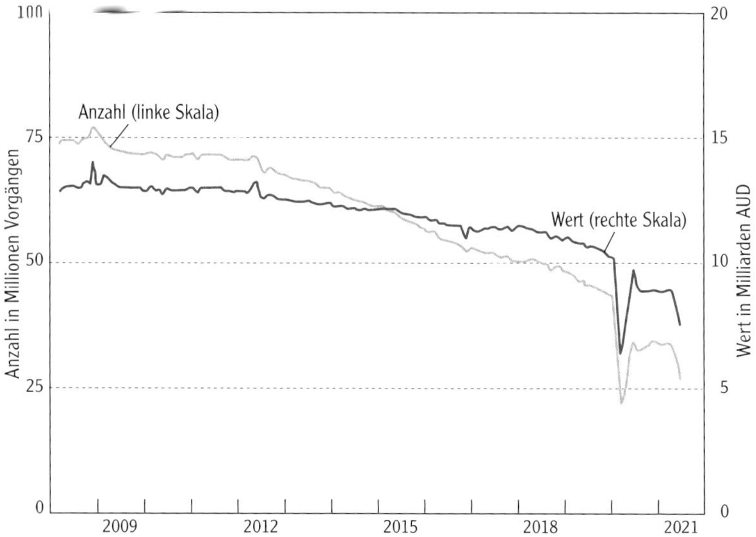

Anmerkung: Saisonal bereinigt, monatliche Daten

Abbildung 5: Abhebungen an Geldautomaten

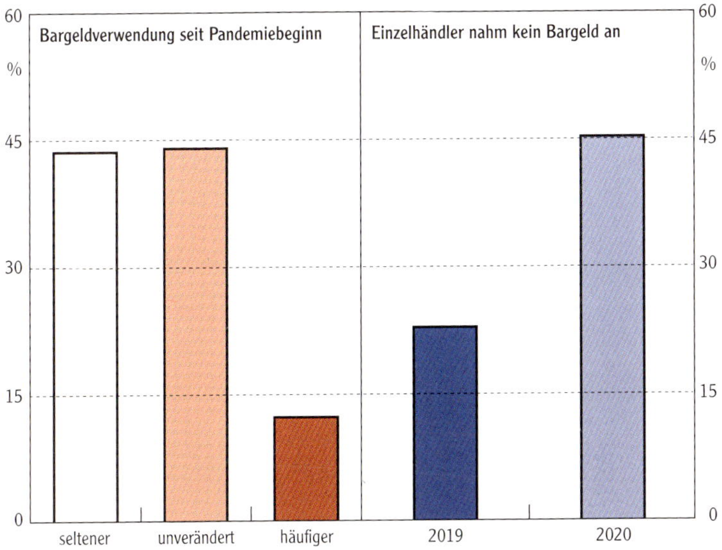

Anmerkung: Anteil der Befragten in %
Quelle: RBA

Abbildung 6: Auswirkungen der Corona-Pandemie auf die Bargeldverwendung

Insgesamt zeigte sich der Rückgang der Bargeldnutzung während des Lockdowns am deutlichsten (während es weniger Ausgabemöglichkeiten gab), doch die geringere Nutzung von Bargeld im täglichen Gebrauch könnte für viele Verbraucher von Dauer sein. So ergab der Online Banknote Survey (OBS) der RBA, dass im September 2020 44 % der Befragten weniger Bargeld verwendeten als zu Beginn der Pandemie. Von diesen gaben 63 % an, dass sie wahrscheinlich auch künftig weniger Bargeld verwenden werden (Abbildung 6).

Ein Rückgang der Akzeptanz von Bargeld im Einzelhandel könnte ebenfalls zu einer geringeren Verwendung von Bargeld bei Zahlungsvorgängen beigetragen haben. Aus dem OBS geht hervor, dass 45 % der Befragten im Jahr 2020 auf Einzelhändler trafen, die kein Bargeld akzeptierten, was gegenüber 23 % im Jahr 2019 einen deutlichen Anstieg darstellt. Die RBA wird die Akzeptanz von Bargeld auch weiterhin im Auge behalten.

Trotz des bereits erwähnten Trends zu elektronischen Zahlungen nutzt ein erheblicher Anteil der Verbraucher nach wie vor intensiv Bargeld, und dieser Anteil ist in den letzten Jahren nur geringfügig zurückgegangen (Delaney, McClure und Finlay, 2020). Die Daten des Consumer Payments Surveys (CPS) 2019 lassen darauf schließen, dass diese Personen tendenziell eher älter sind, über ein geringeres Haushaltseinkommen verfügen, in ländlichen Gebieten leben und/oder nur begrenzten Zugang zum Internet haben. Aus der Umfrage geht hervor, dass etwa ein Viertel der Verbraucher mit großen Unannehmlichkeiten beziehungsweise großen Problemen konfrontiert wäre, wenn sie kein Bargeld mehr verwenden könnten, auch wenn die meisten Befragten angaben, derzeit problemlos Zugang zu Bargeld zu haben. Tatsächlich müssen die Australier im Allgemeinen keine weiten Wege auf sich nehmen, um zum nächstgelegenen Bargeldbezugspunkt (zum Abheben beziehungsweise Einzahlen von Bargeld) zu gelangen. Rund 95 % der Menschen leben in einem Umkreis von etwa 5 Kilometern um einen Geldautomaten, was im Vergleich zu 2017 weitgehend unverändert geblieben ist (Caddy und Zhang, 2021).

Bargeld als Wertaufbewahrungsmittel

In der Corona-Pandemie – insbesondere zwischen März und August 2020 – gab es eine außerordentlich starke Nachfrage nach Banknoten mit hohem Nennwert (50 AUD und 100 AUD) (Guttmann et al., 2021). Die jährliche Wachstumsrate des Banknotenumlaufs erreichte im Januar 2021 bei Banknoten mit hohem Nennwert einen Spitzenwert von 19 % und lag damit deutlich über dem Trendwachstum von etwa 7 % (Abbildung 7). In ähnlicher Weise erreichte das Verhältnis von Bargeld zu Einlagen bei Geschäftsbanken im Februar 2021 den höchsten Stand seit 10 Jahren, und der Banknotenumlauf im Verhältnis zum Bruttoinlandsprodukt (BIP) wies Ende 2020 einen historischen Höchststand von fast 5 % auf. Die starke Nachfrage nach physischem Geld in Verbindung mit einer geringeren Bargeldnutzung für Transaktionen deutet darauf hin, dass die Bevölkerung in der Pandemie vermehrt Banknoten als Vorsichtsmaßnahme oder als Wertaufbewahrungsmittel hielt. Ein solches Hortungsverhalten ist in Zeiten erheblicher wirtschaftlicher Unsicherheit und Belastung nicht unüblich, wie es sich während der Finanzkrise 2008/09 in einem ähnlichen Muster zeigte.

Die Zahl der in Umlauf befindlichen Banknoten mit hohem Nennwert war jedoch bereits vor der Krise mehrere Jahre lang überdurchschnittlich stark angestiegen. Dies mag bis zu einem gewissen Grad auf die Nutzung von Banknoten mit hohem Nennwert für Transaktionszwecke hindeuten, die Verwendung zu Wertaufbewahrungs-

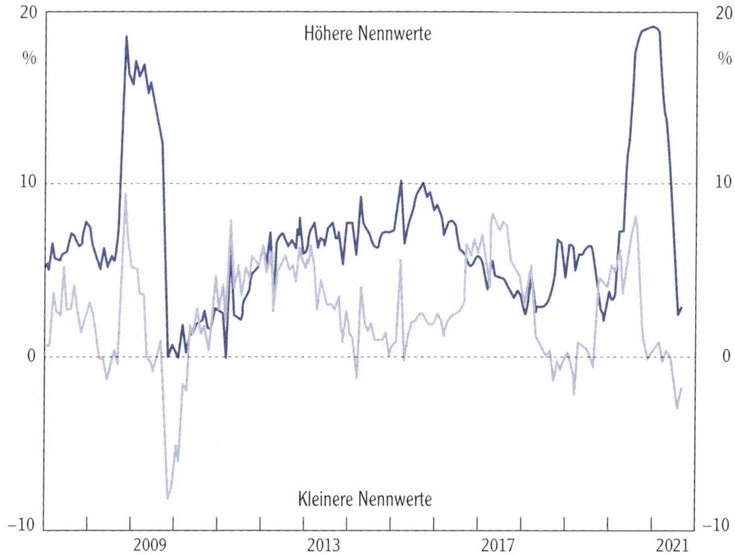

Anmerkung: Zuwachs zum Jahresende, saisonal bereinigt
Quelle: RBA

Abbildung 7: Wert des Banknotenumlaufs

zwecken im In- und Ausland ist allerdings auch eine treibende Kraft (Flannigan und Parsons, 2018). Insgesamt schätzt die RBA, dass 15 % bis 35 % des gesamten Banknotenumlaufs zur Abwicklung legitimer Bezahlvorgänge genutzt werden, etwa die Hälfte bis drei Viertel werden als Wertaufbewahrungsmittel oder für andere Zwecke gehortet (davon 10–20 Prozentpunkte im Inland und bis zu 15 Prozentpunkte im Ausland), 4 % bis 8 % werden in der Schattenwirtschaft verwendet und 5 % bis 10 % gehen verloren (Finlay, Staib und Wakefield, 2019). Im Jahr 2019 führte etwa ein Fünftel der Menschen kein Bargeld mit sich (gegenüber 8 % im Jahr 2013), und mehr als 60 % der Menschen in Australien bewahren üblicherweise keinerlei Bargeld außerhalb der Brieftasche auf (Delaney, McClure und Finlay, 2020).

Bargeld in der digitalen Welt und Zukunft des Geldes

Es gibt nach wie vor eine beträchtliche Anzahl von Verbrauchern, die Bargeld intensiv nutzen, und etwa ein Viertel gibt an, dass es für sie mit großen Unannehmlichkeiten beziehungsweise Problemen verbunden wäre, wenn sie kein Bargeld mehr verwenden könnten (Delaney, McClure und Finlay, 2020). Laut CPS 2019 wurden Bargeldtransaktionen hauptsächlich von Personen getätigt, die bevorzugt Bargeld nutzen, und nicht von Personen, die aufgrund einer erschwerten Verwendung anderer Zahlungsmethoden auf Bargeld angewiesen waren. Als häufigste Gründe für eine bevorzugte Nutzung von Bargeld wurden Haushaltsplanung beziehungsweise Finanzmanagement genannt sowie die Verwendung bei kleineren Transaktionen. Unter den Befragten, die angaben, dass sie auf Probleme stoßen würden, wenn sie kein Bargeld verwenden könnten, wurden Datenschutz- beziehungsweise Sicherheitsbedenken, die Akzeptanz im Einzelhandel und die Ausgabenkontrolle als Hauptgründe für die Bargeldnutzung genannt (Abbildung 8).

Die Mehrheit der Verbraucher führt Bargeld in der Brieftasche mit sich, das oft als Zahlungsmittel für Notfälle aufbewahrt wird. Bargeld wird auch als Wertaufbewahrungsmittel und für Vorsorgezwecke geschätzt, insbesondere in Krisenzeiten. Bei Rezessionen und in Zeiten wirtschaftlicher und finanzieller Anspannung – wie der globalen Finanzkrise und der Coronavirus-Pandemie – stieg die Nachfrage nach Banknoten mit hohem Nennwert überdurchschnittlich an (Guttmann et al., 2021). Es ist daher wahrscheinlich, dass zumindest ein Teil der Öffentlichkeit noch lange Zeit Bargeld nachfragen wird. Solange in der Bevölkerung eine entsprechende Nachfrage besteht, wird die RBA dieser durch die Bereitstellung von Banknoten zur Deckung des öffentlichen Bedarfs weiterhin nachkommen.

Zahlungen werden dennoch zunehmend digital abgewickelt, und es ist zu erwarten, dass sich diese Veränderungen im Zahlungsverhalten fortsetzen werden. In den vergangenen Jahren haben umfangreiche Innovationen in der Zahlungsbranche diesen Trend noch verstärkt und die Zahlungsmöglichkeiten erweitert. Kartenzahlungen, zunächst mit Kreditkarten und in jüngerer Zeit mit Debitkarten, sind seit Jahrzehnten fester Bestandteil der Zahlungsverkehrslandschaft (Bullock, 2020). Durch die Einführung kontaktloser Zahlungen ist die Bezahlung von Kleinbeträgen mit der Karte schneller und einfacher geworden – ein zusätzlicher Angriff auf die Domäne, wo traditionell bar bezahlt wird.

Angesichts des anhaltenden Rückgangs der Bargeldverwendung für Transaktionen haben die Digitalisierung der Wirtschaft und eine Reihe technologischer Entwicklungen (wie das Aufkommen der Dis-

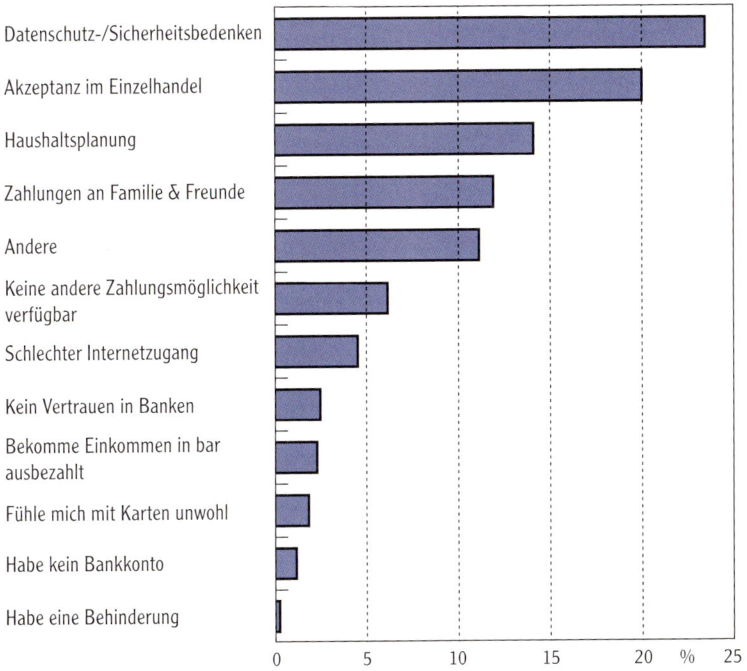

Anmerkung: Nach Häufigkeit der Antworten unter den Befragten in %, Befragung aus dem Jahr 2019. 277 Befragte gaben an, es wäre für sie ein Problem, wenn in den Geschäften kein Bargeld mehr angenommen würde oder wenn sie kein Bargeld mehr abheben könnten.
Quelle: Eigene Berechnung der RBA, basierend auf Daten von Roy Morgan Research

Abbildung 8: Wozu benötigen Sie Bargeld?

tributed-Ledger-Technologie, DLT) Interesse für die mögliche Ausgabe einer neuen digitalen Form von Bargeld durch die Zentralbanken geweckt, die als digitales Zentralbankgeld (»Central bank digital currency«,CBDC) bezeichnet wird. Die RBA beschäftigt sich vor diesem Hintergrund mit möglichen Vorzügen und Einsatzmöglichkeiten, die im Zusammenhang mit der Herausgabe von CBDC als Ergänzung zu bestehenden Geldformen erwachsen könnten. Richards et al. (2020) beschäftigen sich mit verschiedenen Ausgestaltungsoptionen von digitalem Zentralbankgeld. Sie legen in ihrer Studie nahe, dass gegenwärtig keine überzeugenden politischen Argumente für die Ausgabe von Retail CBDC (für allgemeine Zwecke) in Australien vorliegen, da Bargeld nach wie vor ein weitverbreitetes und allgemein akzeptiertes Zahlungsmittel ist und Verbrauchern und Unternehmen bereits ein modernes und stabiles elektronisches Zahlungssystem zur

Verfügung steht. Die RBA beobachtet jedoch weiterhin den möglichen Bedarf für eine digitale Version des Bargeldes, die universell zugänglich wäre.

Die RBA hat sich auch mit der möglichen Einführung von Wholesale CBDC auseinandergesetzt, das nur einem begrenzten Teilnehmerkreis zugänglich wäre und von Marktteilnehmern für die Finanzierung, Abwicklung und Rückzahlung tokenisierter Konsortialkredite verwendet werden könnte. Die Zentralbank hat im Jahr 2019 hierzu bereits ein Proof-of-Concept auf Basis der Distributed-Ledger-Technologie entwickelt. Diese Arbeiten wurden im Rahmen eines gemeinschaftlichen Forschungsprojekts fortgeführt, in der unter anderem mögliche Vorzüge einer Kombination von CBDC mit tokenisierter Werte auf interoperablen DLT-Plattformen untersucht wurden (RBA et al 2021).

Anmerkung

1 Die Autorin dankt Siddarth Roche für wertvolle Unterstützung. Dieser Beitrag basiert auf Forschungsarbeiten der Reserve Bank of Australia. Dessen ungeachtet gibt der Beitrag die Ansichten der Autorin wider und nicht notwendigerweise die Ansichten der Reserve Bank of Australia. Für eventuelle Fehler ist allein die Autorin verantwortlich.

Literaturverzeichnis

Bullock, M. (2020), Panic, Pandemic and Payment Preferences, Keynote-Vortrag im Rahmen des Morgan Stanley Disruption Evolved Webcast, 3. Juni. 2020, https://www.rba.gov.au/speeches/2020/sp-ag-2020-06-03.html

Caddy, J., L. Delaney und C. Fisher (2020), Consumer Payment Behaviour in Australia: Evidence from the 2019 Consumer Payments Survey, RBA Research Discussion Paper, Nr. 2020–06, https://www.rba.gov.au/publications/rdp/2020/2020-06.html

Caddy, J. und Z. Zhang (2021), How Far Do Australians Need to Travel to Access Cash?, RBA Bulletin, Juni, https://www.rba.gov.au/publications/bulletin/2021/jun/how-far-do-australians-need-to-travel-to-access-cash.html

Carlin, P. (2004), Currency Note Processing and Distribution Arrangements in Australia, Vortrag auf der Währungskonferenz, Rom, 2.–5. Mai.

Cowling, A. und M. Howlett (2012), Banknote Quality in Australia, RBA Bulletin, Juni, S. 69–75, https://www.rba.gov.au/publications/bulletin/2012/jun/bu-0612-8a.html

Delaney, L., N. McClure und R. Finlay (2020), Cash Use in Australia: Results from the 2019 Consumer Payments Survey , RBA Bulletin, Juni, https://www.rba.gov.au/publications/bulletin/2020/jun/cash-use-in-australia-results-from-the-2019-consumer-payments-survey.html

Finlay, R., A. Staib und M. Wakefield (2019), Where's the Money? An Investigation into the Whereabouts and Uses of Australian Banknotes, Australian Economic Review, 53(1), S. 22–34.

Flannigan, G. und S. Parsons (2018), High-Denomination Banknotes in Circulation: A Cross-Country Analysis, RBA Bulletin, März, https://www.rba.gov.au/publications/bulletin/2018/mar/high-denomination-banknotes-in-circulation-a-cross-country-analysis.html

Guttmann, R., C. Pavlik, B. Ung und G. Wang (2021), Cash Demand during COVID-19, RBA Bulletin, März, https://www.rba.gov.au/publications/bulletin/2021/mar/cash-demand-during-covid-19.html

Hickie, K., K. Miegel und M. Tsikrikas (2021), Review of the NGB Upgrade Program, RBA Bulletin, Juni, https://www.rba.gov.au/publications/bulletin/2021/jun/review-of-the-ngb-upgrade-program.html

RBA, Commonwealth Bank of Australia, National Australia Bank, Perpetual, ConsenSys and King & Wood Mallesons (2021), https://www.rba.gov.au/payments-and-infrastructure/central-bank-digital-currency/pdf/project-atom-report_2021-12.pdf, December.

RBA (2021), https://banknotes.rba.gov.au/resources/banknote-distribution-consultation/issues-paper/, November.

Richards, A., C. Thompson und C. Dark (2020), Retail Central Bank Digital Currency: Design Considerations, Rationales and Implications, RBA Bulletin, September, https://www.rba.gov.au/publications/bulletin/2020/sep/retail-central-bank-digital-currency-design-considerations-rationales-and-implications.html

Wakefield, M., L. Delaney und R. Finlay (2019), A Cost-Benefit Analysis of Polymer Banknotes, RBA Bulletin, Dezember, https://www.rba.gov.au/publications/bulletin/2019/dec/a-cost-benefit-analysis-of-polymer-banknotes.html

Beitrag der Banco Central do Brasil

Ricardo Danziger

Nationaler Bargeldkreislauf

Aktuelles Modell – Grundschema

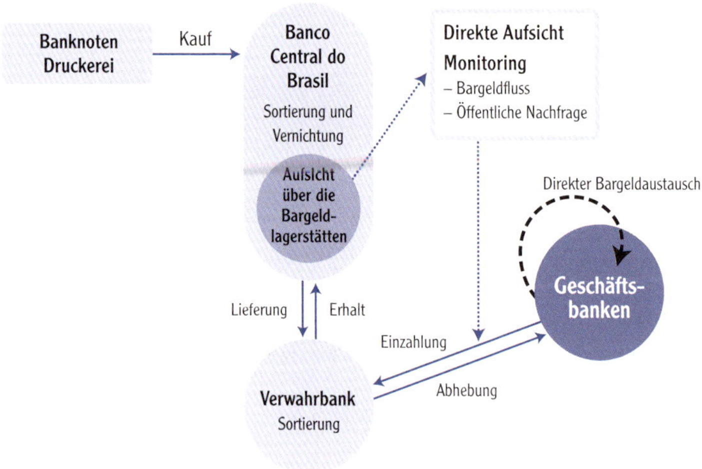

Abbildung 1: Derzeitiges Cash-Management-Modell in Brasilien

Produktion

Bargeld kann direkt von der nationalen Banknoten- und Münzanstalt Casa da Moeda do Brasil (CMB) bezogen werden – entweder über andere Unternehmen oder im Rahmen internationaler Tenderverfahren beziehungsweise eine Kombination dieser Modalitäten.

In der Regel erfolgt der Erwerb nahezu ausschließlich über die Casa da Moeda. Die CMB ist ein staatseigenes Unternehmen und hat ihre Produktionsstätte in Rio de Janeiro.

Bargeldlagerung und -verteilung, Recycling-Modell und Abhebung beziehungsweise Einzahlung durch Geschäftsbanken

Die Banco Central do Brasil (BCB) und die Banco do Brasil (BB) als Verwahrer teilen sich die Zuständigkeit für diese Teile des Bargeldkreislaufs. Die Banco do Brasil ist ein privates Finanzinstitut, das von der brasilianischen Regierung als größtem Anteilseigner kontrolliert wird.

Bargeldlagerung: Die Banco Central do Brasil unterhält als brasilianische Zentralbank neun Niederlassungen in den größten Städten des Landes, während die Banco do Brasil als Verwahrinstitut 996 Zweigniederlassungen unterhält.

Verteilung: Die Banco Central liefert Bargeld gewöhnlich aus Rio de Janeiro zunächst an die größten Niederlassungen der Banco do Brasil, die sich dann um die Weiterverteilung kümmert.

Bargeldrecycling-Modell: Die Geschäftsbanken greifen bei der Umlauffähigkeitsprüfung auch auf die Dienste von Werttransportunternehmen zurück. Die Banco do Brasil ihrerseits prüft und sortiert die Banknoten, um sie wieder in Umlauf zu geben, und liefert nicht mehr umlauffähige Scheine zur Vernichtung an die Zentralbank zurück. Das von der Banco do Brasil abgelieferte Bargeld wird von der Zentralbank erneut geprüft und automatisch sortiert. Bei den Münzen erfolgt keine Aussortierung. Die Einzahlung von Münzen ist nur in Ausnahmefällen möglich, etwa wenn eine bestimmte Stückelung aus dem Umlauf genommen werden soll.

Bargeldabhebung und -einzahlung durch Geschäftsbanken: Geschäftsbanken können Bargeld bei den Zweigstellen der Banco do Brasil abheben oder einzahlen. Die Banco do Brasil erhebt Gebühren, um die bei ihren Filialen anfallenden Bargeldversorgungskosten zu decken.

Bargeldvernichtung

Die Vernichtung von Banknoten, die ihre Umlauffähigkeit verloren haben, fällt ausschließlich in die Zuständigkeit der Zentralbank. Große Stückelungen werden gewöhnlich schon im Bearbeitungsprozess, kleine auf nachgelagerter Stufe vernichtet. Aus dem Umlauf genommene Münzen werden in der Casa da Moeda entwertet.

Aufsicht über die Bargeldlagerstätten

Aufsichtliche Inspektionen an den Zweigniederlassungen stellen sicher, dass die Lagerbestände mit den systemseitig registrierten Mengen übereinstimmen. Kontrollen der Qualität der für die Geschäftsbanken erbrachten Dienstleistungen und der Einhaltung der Zentralbankvorgaben sowie das Monitoring der operationalen Datenbank sind integraler Bestandteil der aufsichtlichen Überwachung.

Die Organisation des Bargeldkreislaufs hat sich in den letzten 20 Jahren nicht wesentlich verändert. Allerdings hat die brasilianische Zentralbank einen graduellen Wandel in ihrer Funktion als unmittelbares Exekutivorgan hin zu einem Kontrollorgan für ausgelagerte Operationen durchlaufen und verbesserte Logistikstrukturen eingeführt.

Die größten Herausforderungen für das Bargeldmanagement liegen in dem von Haushaltsrestriktionen geprägten Umfeld.

Rolle von Bargeld für die heimische Wirtschaft

Angesichts der kontinentalen Größendimensionen Brasiliens und seiner äußerst unterschiedlichen sozioökonomischen Bedingungen ist es für Teile der Bevölkerung schwierig, mit der Digitalisierung Schritt zu halten.

Gemäß der letzten Umfrage der Zentralbank zum Thema beziehen 29 % der Bevölkerung (Stand 2018) ihr Einkommen in bar, und rund 60 % der Befragten geben Bargeld als ihr meistgenutztes Zahlungsmittel an. Aus dem Handel wird berichtet, dass 52 % aller Käufe in bar beglichen werden.

Wenngleich diese Zahlen im Laufe der Zeit zurückgegangen sind, behält Bargeld seine herausragende Rolle im Zahlungsverkehr bei.

Deutlich geworden ist die große Bedeutung von Bargeld als Zahlungsmittel auch in der Pandemie. So wurde im April 2020 ein historisch beispielloser Anstieg der Bargeldnutzung registriert. Laut Schätzungen der Zentralbank befand sich Ende 2020 Bargeld im Wert von 301 Mrd BRL in Umlauf. Diese Summe wuchs in der letzten Juliwoche 2021 auf 342 Mrd BRL und zum Jahresende 2021 weiter auf 370 Mrd BRL an.

Bargeld in der digitalen Welt und Zukunft des Bargeldes

Die BCB teilt die Einschätzung der Europäischen Zentralbank, dass Bargeld dank seiner Alleinstellungsmerkmale auch in naher Zukunft ein wichtiges Zahlungsmittel bleiben wird.

In Anbetracht der unterschiedlichen sozioökonomischen Bedingungen und der physischen Gegebenheiten des Landes sind wir davon überzeugt, dass digitale Zahlungsinstrumente zwar einer Vielzahl von Menschen zugutekommen, sich jedoch nicht für alle als zweckmäßig herausstellen dürften.

Die Banco Central hat kürzlich mit PIX eine Plattform für Instant-Zahlungen aus der Taufe gehoben. Es bedarf jedoch mehr Zeit, um deren Folgen für die Bargeldnutzung abschätzen zu können.

Was digitales Zentralbankgeld anbelangt, so sind wir uns der wachsenden Bedeutung bewusst, die dieses Thema in den vergangenen Jahren erlangt hat. Die Zentralbank unterstützt analog zur international geführten Diskussion eine diesbezügliche Debatte im Land, an deren Ende die mögliche Entwicklung von digitalem Zentralbankgeld steht.

Aus unserer Sicht ist es allerdings noch zu früh, um die Folgen einer Einführung des digitalen Zentralbankgeldes für die Bargeldnutzung abzuschätzen.

Beitrag der Reserve Bank of India

Nationaler Bargeldkreislauf

Gemäß Paragraf 22 des indischen Zentralbankgesetzes von 1934 (Reserve Bank of India Act) liegt das ausschließliche Recht zur Ausgabe von Banknoten bei der Indischen Notenbank (Reserve Bank of India – RBI). Bei Münzen beschränkt sich die Rolle der Zentralbank auf die Verteilung der Münzen, die von der indischen Regierung bereitgestellt werden. Die Rupie-Banknoten und -Münzen werden in verschiedenen Stückelungen von der Regierung ausgegeben und ausschließlich von der RBI in Umlauf gebracht. Die Landeswährung heißt Indische Rupie (INR; Währungssymbol ₹).

Die RBI nimmt ihre Aufgaben im Zusammenhang mit der Ausgabe und dem Management von Bargeld (Banknoten und Münzen) durch ihre Emissionsstellen (Issue Offices), die daran angegliederten Bargelddepots (Currency Chests) und durch landesweit verteilte Kleingelddepots (small coin depots) wahr. In Abstimmung mit der Regierung und sonstigen Beteiligten schätzt sie die jährlich benötigten Stückelungsmengen der Banknoten ab und erteilt vier Banknotendruckereien entsprechende Druckaufträge. Zwei der Druckereien befinden sich in Nashik und Dewas. Sie sind Eigentum der Regierung und werden von ihr über die staatseigene Security Printing and Minting Corporation of India Ltd. gehalten. Die beiden anderen Banknotendruckereien stehen in Mysuru und Salboni und werden von der Bharatiya Reserve Bank Note Mudran Private Ltd., einer hundertprozentigen Tochtergesellschaft der RBI, betrieben. Die Emissionsstellen der RBI leiten die von den Banknotendruckereien erhaltenen neuen Geldscheine an die Bargelddepots weiter. Es erfolgen aber auch direkte Auslieferungen von den Banknotendruckereien an die Depots selbst.

Die Banknoten werden in Stückelungen von 2 ₹, 5 ₹, 10 ₹, 20 ₹, 50 ₹, 100 ₹, 200 ₹, 500 ₹ und 2000 ₹ ausgegeben. Münzen werden derzeit in Stückelungen von 50 Paise (Singular: Paisa), 1 Rupie, 2 Rupien, 5 Rupien, 10 Rupien und 20 Rupien geprägt. Münzen bis 50 Paise gelten als Kleingeld (»Small Coins«), Münzen ab 1 Rupie werden als »Rupee Coins« bezeichnet.

Produziert werden die Münzen in vier Prägestätten, die sich in Mumbai, Hyderabad, Kalkutta und Noida befinden. Von dort werden die RBI-Niederlassungen in Hyderabad, Kalkutta, Mumbai und Neu-Delhi (Mint Linked Offices) beliefert. Im Anschluss werden die Münzen an die anderen Emissionsstellen der RBI ausgeliefert und von dort auf die Bargeld- und Kleingelddepots verteilt. In den Bargelddepots werden die Rupee Coins zusammen mit den Banknoten aufbewahrt, Münzen kleinerer Stückelungen lagern in den Kleingelddepots. Bankfilialen werden von den Bargeld- und Kleingelddepots mit Papier- und Münzgeld versorgt, um es an die Bevölkerung auszugeben.

Die RBI verfolgt seit 1999 eine Clean-Note-Strategie mit dem Ziel, lediglich ziemlich gut erhaltene Banknoten im Umlauf zu belassen und nicht mehr umlauffähige Banknoten einzuziehen und zu vernichten. Weil durch die übliche Bündelung von Banknoten per Verklammerung Schäden am Papiergeld entstanden, die die maschinelle Bearbeitung beeinträchtigten und die Lebensdauer der Scheine verkürzten, hat die RBI die Geschäftsbanken dazu verpflichtet, Geldscheine stattdessen mithilfe von Banderolen zu bündeln.

Ferner sind die Banken angehalten, umlauffähige von nicht mehr umlauffähigen Banknoten zu trennen und ausschließlich makellose Geldscheine wieder in Umlauf zu geben. Banknoten, die aus dem Verkehr gezogen werden, weil sie (wegen Verschmutzung oder Beschädigung) nicht mehr umlauffähig sind, werden von der Zentralbank geprüft und einer umweltverträglichen Vernichtung zugeführt. So bleibt die Qualität der umlaufenden Banknoten gewährleistet. Die RBI hat die Bargeldsortierung, -bearbeitung und -vernichtung automatisiert, indem Hochgeschwindigkeitsbearbeitungssysteme (Currency Verification and Processing Systems – CVPS) sowie Bargeldvernichtungs- und Entsorgungssysteme (Currency Disintegrating Systems – CDS) in Form von Schredder- und Brikettieranlagen in Betrieb genommen wurden.

Die größten Veränderungen der vergangenen 20 Jahre betreffen den Einsatz neuer Technologien und die Automatisierung und Verbesserung von Arbeitsabläufen.

Der wachsende Bargeldumlauf erfordert eine Stärkung der Infrastruktur zur Banknotenversorgung und zur Aussortierung verschmutzter Noten. Die RBI ist dabei, die entsprechenden Kapazitäten aufzustocken. Eine Rückwärtsintegration im Banknotenherstellungsprozess ist durch die verstärkte einheimische Produktion des Materials zur Herstellung von Banknoten sowie der Druckfarbe erfolgt. Im Laufe der Jahre hat sich zudem die Einbindung der Banken und Logistikunternehmen in die Abläufe intensiviert, was zu größerer Flexibilität und Effizienz im Bargeldbearbeitungskreislauf geführt hat.

Rolle von Bargeld für die heimische Wirtschaft

Indien als wachstumsstarke Volkswirtschaft verzeichnet einen zunehmenden Trend sowohl beim Bargeldumlauf als auch bei den alternativen Bezahlverfahren. Der Bargeldumlauf ist im Zeitraum von März 2011 bis März 2021 durchschnittlich um 11,6 % pro Jahr gestiegen. Damit war der Zuwachs geringer als in den zehn Jahren zuvor, in denen er bei durchschnittlich 15,9 % pro Jahr lag. Im Vergleich dazu sind die digitalen Zahlungen von 2014/15 bis 2020/21 volumenmäßig um durchschnittlich 52,2 % pro Jahr gestiegen.

Bargeld in der digitalen Welt und Zukunft des Bargeldes

Die Nutzung digitaler Zahlungen in Indien ist im Einklang mit der Bargeldnutzung stark angestiegen. Die RBI arbeitet gegenwärtig an einer Strategie zur schrittweisen Einführung von digitalem Zentralbankgeld (Central Bank Digital Currency, CBDC). Zu den Schlüsselfragen, die in diesem Zusammenhang untersucht werden, zählen unter anderem der Einsatzbereich von digitalem Zentralbankgeld (Nutzung im Massenzahlungsverkehr oder für Großbetragszahlungen), die zugrunde liegende Technologie, Validierungsmechanismen, die Verteilungsarchitektur und der Grad an Anonymität. Die RBI plant für die nahe Zukunft die Durchführung von Pilotprojekten.

Beitrag der Bank Indonesia

David Sipahutar

Nationaler Bargeldkreislauf

Als Zentralbank ist die Bank Indonesia (BI) laut Verfassung für die Überwachung von Währungsangelegenheiten zuständig. Das Gesetz Nr. 7 aus dem Jahr 2011 (Currency Act) stärkt die Rolle der Bank Indonesia für das Währungsmanagement zusätzlich. Es legt fest, dass die Planung, der Druck, die Ausgabe, die Verteilung, die Rücknahme beziehungsweise der Einzug sowie die Vernichtung von Banknoten in der Verantwortung der Bank Indonesia liegen. Diese umfassenden Befugnisse bilden die Grundlage für die Planung, strategische Gestaltung und Umsetzung des nationalen Bargeldkreislaufs durch die BI.

Indonesien ist ein Inselstaat mit rund 17 000 Inseln. Die größten Herausforderungen für den indonesischen Bargeldkreislauf liegen daher in der großen geografischen Ausdehnung des Landes, einem Mangel an unterstützender Infrastruktur und begrenzten Transportmöglichkeiten. Um diese Herausforderungen zu bewältigen, hat die Bank Indonesia für eine kontinuierliche Verbesserung der Verteilungsstruktur innerhalb des Bargeldkreislaufs gesorgt, was neben einer Umorganisierung auch den verstärkten Einsatz von Technologie zur Modernisierung und Integration des bestehenden Systems erfordert.

Die Bank Indonesia übernimmt eine zentrale Rolle im nationalen Bargeldkreislauf, um die Qualität des in Umlauf befindlichen Bargeldes zu gewährleisten – anders als in anderen Ländern, wo diese Aufgabe an Dritte delegiert wird. Für die Bargeldversorgung im Rahmen des Bargeldkreislaufs sind eigene Bargeldabteilungen in den 45 regionalen Zweigstellen zuständig, während die zentrale Versorgung über die Hauptgeschäftsstelle erfolgt. 9 dieser 45 Bargeldabteilungen wurden, in Abhängigkeit vom Volumen der dort getätigten Ein- und Auszahlungen und ihrer geografischen Abdeckung, zu regionalen Bargeldzentren bestimmt. Diese Struktur ermöglicht die Koordinierung benachbarter regionaler Zweigstellen, um die Verfügbarkeit der Rupiah je nach Bedarf in allen Regionen in ausreichender Menge, in verschiedenen Stückelungen sowie in guter Qualität beziehungsweise Umlauffähigkeit zu gewährleisten.

Die bestehende Struktur wurde 2019 nach der Veröffentlichung des Rupiah Cash Management Master Plan als fester Bestandteil des indonesischen Payment System Blueprint 2025 umgestaltet. Diese Umgestaltung basiert auf der Vision, die Technologie im nationalen Zahlungssystem zu optimieren, insbesondere mit Blick auf die Vorteile der Digitalisierung. Die Bank Indonesia hat erkannt, dass das digitale Zeitalter bereits angebrochen ist und nicht nach dem Motto »business as usual« weitergemacht werden kann, um mit den wachsenden Anforderungen an ein effizientes Zahlungssystem auf allen Inseln und in allen Regionen Indonesiens – auch der entlegenen Gebiete – Schritt zu halten.

Der politische Rahmen für das Bargeldmanagement auf dem Weg zu unserer Vision 2025 umfasst drei wichtige Meilensteine. Der erste Meilenstein ist die *zentralisierte Verteilung* als neue Bargeldverteilungsstrategie. Dies wird durch Einrichtung einer nationalen Kommandozentrale für Bargeldmanagement (NCC) unterstützt, deren Aufgabe es ist, die taktische Strategie zur Bargeldverteilung im gesamten Verteilungsnetz festzulegen. Zur weiteren Verbesserung sollen Big Data und maschinelles Lernen eingesetzt werden, um ein effizientes Bargeldverteilungsnetz zu gewährleisten.

Die Bank Indonesia wird auch die Bargeldverteilungszentren reformieren, indem sie ein neues Bargeldzentrum außerhalb der Region Jakarta einrichtet, das landesweit als Hauptzentrum zur Bargeldbearbeitung und -lagerung dienen wird. Um die Bargeldverteilung zu optimieren, wird die Bank Indonesia zwei Hauptknotenpunkte zur Bargeldverteilung für den westlichen und östlichen Teil des Landes einrichten und die Zahl der regionalen Bargeldzentren bis 2025 von 9 auf 5 reduzieren.

Der zweite Meilenstein ist ein *effizientes Geschäftsmodell*, mit dem die Haltbarkeit der Banknoten durch Investitionen in die Erforschung und Entwicklung von Banknotenspezifikationen, Sicherheitsmerkmalen und Drucktechnologien kontinuierlich verbessert werden soll.

Die Bank Indonesia hat auch eine Lebenszyklusanalyse ihrer Banknoten entwickelt, um die Spezifikationen für künftige Banknotenserien vorzubereiten. Dies würde Indonesien dabei helfen, weniger Bargeld vernichten zu müssen, indem die Lebensdauer der in Umlauf befindlichen Banknoten verlängert wird. Darüber hinaus hat die Bank Indonesia die Höhe der erforderlichen Bargeldbestände neu definiert und die Genauigkeit der Nachfrageprognosen verbessert. Die ausreichende Höhe der Bargeldbestände wird mithilfe eines digitalen Monitoringsystems nahezu in Echtzeit überwacht.

Der letzte Meilenstein ist der spannendste, denn er stellt die *Digitalisierung* in den Mittelpunkt der Transformation. Die Bank Indonesia plant, ihr digitales Bargeldmanagement bis zum Jahr 2025 weiter zu verbessern. Um dieses Ziel zu erreichen, hat die Bank Indonesia einen Plan für die digitale Transformation zur zeitnahen Umsetzung verschiedener Initiativen festgelegt, welcher die Entwicklung eines integrierten Datenmanagements, eines digitalen Lieferkettenmanagements und die Entwicklung von Datenanalysen zur Unterstützung des politischen Entscheidungsprozesses, der Betriebsüberwachung und der Risikominderung beinhaltet. Darüber hinaus wird die Bank Indonesia schrittweise eine Technologie einführen, die weniger menschliches Eingreifen bei der Geldbearbeitung erfordert.

Um diesen Wandel voranzutreiben, müssen Verordnungen geändert, Investitionen in die Infrastruktur getätigt und Kapazitäten aufgebaut werden, und der Verwaltungsrat der Bank Indonesia ist fest entschlossen, dies zu tun. Langfristig wird sich die Bank Indonesia auch weiterhin darum bemühen, ein ideales Gleichgewicht zwischen ihrer Rolle als Zentralbank durch die Sicherstellung der Verfügbarkeit und Effizienz von Bargeld zur Unterstützung der Wirtschaft und ihrer Politik zur Verbesserung der finanziellen Inklusion durch das Vorantreiben der Adoption digitaler Bezahlverfahren herzustellen.

Rolle von Bargeld für die heimische Wirtschaft

Trotz des rasanten Wachstums von E-Commerce und digitalen Zahlungen (Einsatz von Debitkarten für Onlinezahlungen und Zahlungen mit E-Geld) ist der Bargeldumlauf in Indonesien zwischen 2015 und 2020 um durchschnittlich 8,9 % pro Jahr angestiegen. Diese Wachstumsrate ist geringer als im vorangehenden Fünfjahreszeitraum

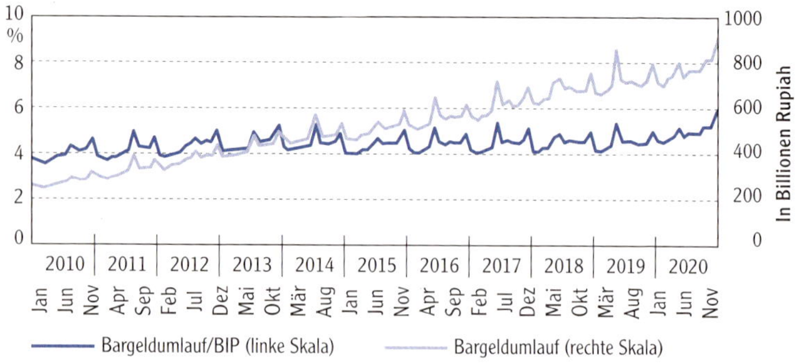

Abbildung 1: Bargeldumlauf

(2010–2015), in denen die mittlere jährliche Wachstumsrate 13 % betrug. Ende 2020 belief sich der Bargeldumlauf auf 898 Billionen Rupiah. Das Verhältnis des Bargeldumlaufs zum nominalen Bruttoinlandsprodukt (BIP) im Zeitraum 2010–2020 ist mit durchschnittlich 4,4 % relativ stabil, was darauf hindeutet, dass sich die Bargeldverwendung parallel zum Wirtschaftswachstum entwickelt.

Unsere interne Studie zeigt, dass die Entwicklungen digitaler Zahlungen immer noch eine Ergänzung zum Bargeld darstellen. Dies ist mit einer relativ großen Lücke bei der finanziellen Inklusion und digitalen Infrastruktur zu erklären, da kleine und mittlere Unternehmen immer noch den größten Beitrag zur Wirtschaft leisten. Dementsprechend ist Bargeld in Indonesien nach wie vor das beliebteste Zahlungsinstrument. 2020 wurden 94,5 % der Bezahlvorgänge mit Bargeld abgewickelt. Mit 104 654 Geldautomaten, die Ende 2020 in Betrieb waren, verzeichnete der Gesamtwert der an Geldautomaten getätigten Transaktionen im Zeitraum 2015–2020 ein mittleres jährliches Wachstum von 8 %. Bezogen auf den Transaktionswert entfallen 42,4 % der Geldautomatentransaktionen auf Bargeldabhebungen, gefolgt von Bankenüberweisungen (35,9 %), und Onlinezahlungen (4,4 %). Angesichts der raschen Digitalisierung der Bankgeschäfte ist die Zahl der Bankfilialen in Indonesien rückläufig. Ende 2020 lag die Zahl der Bankfilialen bei 28 713 gegenüber 29 218 Einheiten im Jahr 2019.

Die Bank Indonesia wird die Auswirkungen digitaler Transaktionen auf die Bargeldnachfrage künftig weiter untersuchen und die Ergebnisse dieser Studien als eine weitere Entscheidungshilfe zur Optimierung des Bargeldkreislaufs einfließen lassen.

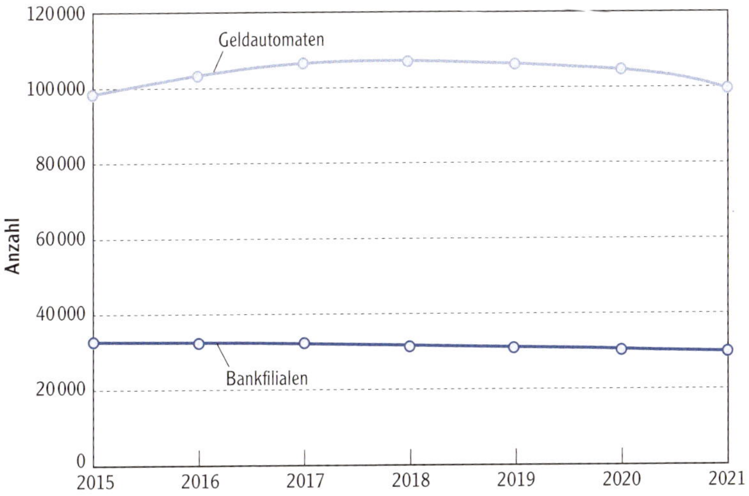

Abbildung 2: Bankfilialen und Geldautomaten gesamt

Bargeld in der digitalen Welt und Zukunft des Bargeldes

Die Bank Indonesia stellt eine rasche Entwicklung des bargeldlosen Zahlungsverkehrs fest. Dies wird durch eine Beschleunigung der Digitalisierungsprogramme gemäß dem Indonesia Payment System Blueprint 2025 unterstützt und bedeutet eine Verpflichtung zur Unterstützung eines integrierten digitalen Zahlungsverkehrssystems und der finanziellen Inklusion. Es wird davon ausgegangen, dass diese Politik die öffentliche Akzeptanz und Präferenz für digitale Zahlungssysteme weiter fördern wird.

Vor diesem Hintergrund hat die Bank Indonesia ihren nationalen Bargeldkreislauf kontinuierlich verbessert, um ihn mit der Politik für digitale Zahlungssysteme in Einklang zu bringen. Dazu muss auch sichergestellt werden, dass Richtlinien und Vorschriften das Ziel der Bargeldversorgung der Wirtschaft auf effektivere und effizientere Weise erreichen können.

Einer der spannendsten Punkte sind Digitalwährungen, die in den vergangenen Jahren in den Fokus der Zentralbanken und internationalen Finanzinstitutionen auf der ganzen Welt gerückt sind. Digitales Zentralbankgeld (Central Bank Digital Currency, CBDC) steht auch auf der Agenda der G-20-Treffen im Finanzbereich ganz oben. Aktuell

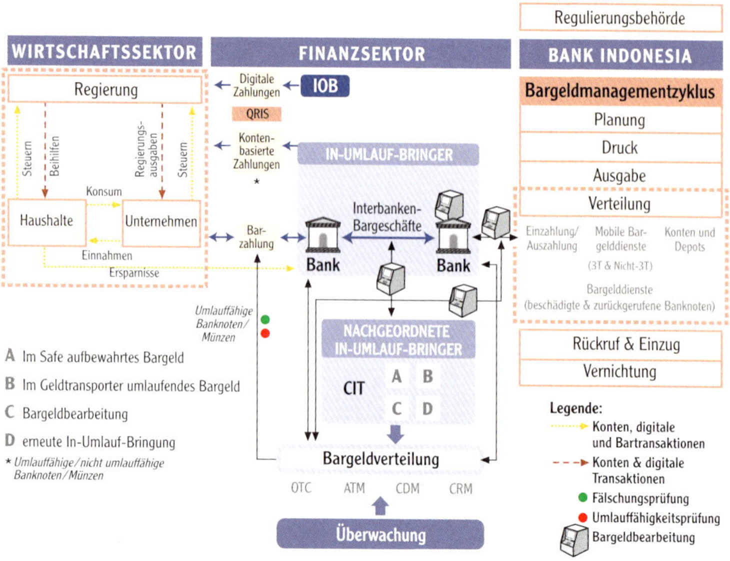

Abbildung 3: Nationaler Bargeldkreislauf in Indonesien

befindet sich die Bank Indonesia in der Konzeptentwicklungsphase, um die Leitlinien und das Design einer digitalen Rupiah zu formulieren. Das Ergebnis wird als Grundlage dienen, um die digitale Transformation des nationalen Zahlungssystems weiter zu unterstützen.

Beitrag der Bank of Japan

Hiroyuki Kanno[1]

Nationaler Bargeldkreislauf

Herstellung und Ausgabe von Banknoten und Münzen

In Japan werden die Banknoten vom National Printing Bureau, einer eingetragenen japanischen Verwaltungsbehörde, hergestellt und von der Bank of Japan ausgegeben. Die BOJ gibt derzeit Banknoten in vier Stückelungen aus: 10 000 Yen, 5 000 Yen, 2 000 Yen und 1 000 Yen. In der ersten Hälfte des Geschäftsjahrs 2024 (April–September 2024)[2] soll eine neue Banknotenserie in der Stückelung 10 000 Yen, 5 000 Yen und 1 000 Yen eingeführt werden. Da die Ausgabe der aktuellen Serie 2004 erfolgte, wird dies die erste neue Serie seit 20 Jahren sein.

Die Münzen werden von der Japan Mint, einer eingetragenen japanischen Verwaltungsbehörde, geprägt und von der japanischen Regierung ausgegeben. Nach Ausgabe der Münzen an die Bank of Japan werden diese wie Banknoten in Verkehr gebracht. Derzeit sind sechs verschiedene Münzdenominationen in Umlauf (ohne Gedenkmünzen): 500 Yen, 100 Yen, 50 Yen, 10 Yen, 5 Yen und 1 Yen. Eine neue Fünfhundert-Yen-Münze wurde im November 2021 eingeführt.

Ende Dezember 2020 belief sich der Gesamtwert aller in Umlauf befindlichen Banknoten und Münzen auf 123,4 Billionen Yen. Davon entfielen 95,9 % auf Banknoten.

Bargeldumlauf

Neben der Bank of Japan spielen Geschäftsbanken und sogenannte Shinkin-Banken, die Konten bei der BOJ führen (»BOJ-Kontoinhaber«), eine wesentliche Rolle beim Bargeldumlauf (Abbildung 1).

Banknoten werden in Umlauf gegeben, indem BOJ-Kontoinhaber

diese von ihren Konten bei der BOJ abheben (2019 wurden Banknoten im Wert von 55,9 Billionen Yen ausgegeben[3]). Die BOJ-Kontoinhaber geben diese Banknoten über Zweigstellen und Geldautomaten an Privatpersonen und Unternehmen sowie an Finanzinstitute ohne Konten bei der BOJ weiter. Nachdem die Banknoten von Privatpersonen und Unternehmen verwendet wurden, werden sie durch Einzahlungen und andere Transaktionen bei BOJ-Kontoinhabern wieder eingesammelt. Die BOJ-Kontoinhaber zählen die Banknoten und prüfen ihre Echtheit. Nach Abzug der für Zahlungen erforderlichen Beträge zahlen die BOJ-Kontoinhaber die Banknoten bei der BOJ ein und erhalten dafür eine Kontogutschrift (2019: 53,6 Billionen Yen). Die Bank prüft sämtliche Banknoten (2019: 53,3 Billionen Yen)[4] und vernichtet alle, die nicht wieder in Umlauf gebracht werden können. Umlauffähige Banknoten werden erneut ausgegeben.[5]

Durch die Prüfung aller eingezahlten und die Ausgabe neuer Banknoten seitens der BOJ wird die Sauberkeit der in Umlauf befindlichen Banknoten aufrechterhalten (Abbildung 2) und der Verbreitung von Falschgeld entgegengewirkt.[6] Die Prüfung ist wichtig, um das Vertrauen der Öffentlichkeit in Banknoten sicherzustellen.

Die Bargeldverteilung erfolgt ausgehend von der BOJ flächendeckend zu den Zweigstellen der Finanzinstitute und Geldautomaten. Stand Ende September 2021 kann die Ein- und Auszahlung von Banknoten und Münzen an BOJ-Kontoinhaber am Hauptsitz der Bank (mit

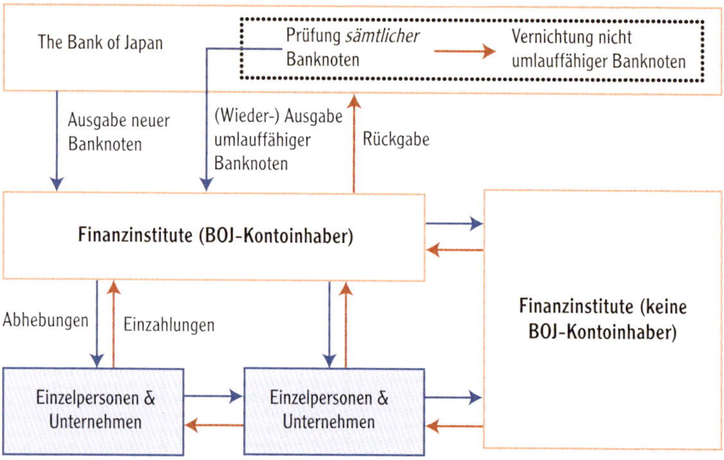

Abbildung 1: Banknotenumlauf

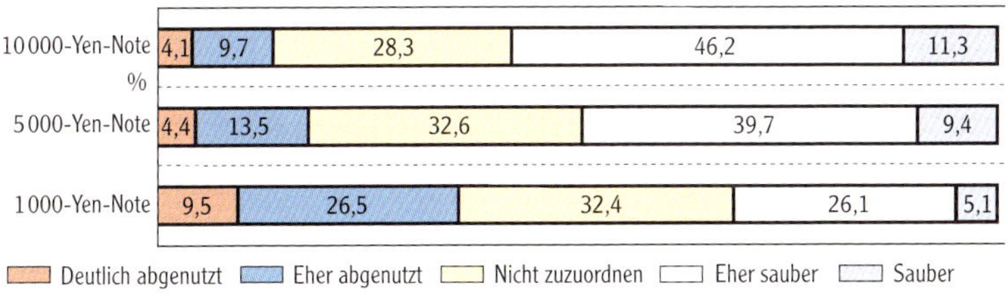

Quelle: Bank of Japan (2021a)

Abbildung 2: Zustand der Banknoten der Bank of Japan

internem Banknotenbearbeitungszentrum) sowie den 32 Zweigstellen erfolgen. Um eine reibungslose Banknotenausgabe auch in Gegenden zu gewährleisten, die weit vom Hauptsitz beziehungsweise einer Zweigstelle der BOJ entfernt sind, werden Ein- und Auszahlungen von Banknoten auch in 18 Niederlassungen von 17 Regionalbanken durchgeführt, die von der BOJ als Depotbanken für Banknoten benannt wurden. Unter den BOJ-Kontoinhabern befinden sich 434 Einlageninstitute mit insgesamt 1 107 Konten am Hauptsitz und in den Zweigstellen der BOJ.[7] Einschließlich der Institute, die keine Girokonten bei der Bank haben, darunter Kreditgenossenschaften, landwirtschaftliche Genossenschaften und die japanische Post, gibt es landesweit insgesamt 1 254 Einlageninstitute. Ende September 2020 boten

Das Banknotenbearbeitungszentrum der BOJ

Das Banknotenbearbeitungszentrum der BOJ (eine Außenstelle der Zentrale) wurde 2003 in Betrieb genommen. Es ist mit einem vollautomatischen System für die Einzahlung, Lagerung, Prüfung und Auszahlung von Banknoten ausgestattet und gewährleistet eine genaue und schnelle Abwicklung bei höchster Sicherheit.

Das Zentrum ist für Ein- und Auszahlungsvorgänge mit großen Banken und anderen Finanzinstituten zuständig, die Konten bei der Zentrale der BOJ unterhalten und umfangreiche Banknotentransaktionen durchführen. 2019 belief sich der Anteil des Zentrums am Gesamttransaktionsvolumen der BOJ auf 20,3 % der Auszahlungen und 29,4 % der Einzahlungen.

diese Institute Bargelddienstleistungen über rund 52 000 Zweigstellen und Büros (das entspricht 0,4 auf 1 000 Einwohner) und etwa 190 000 Geldautomaten (das entspricht 1,5 auf 1 000 Einwohner) an. Darunter befindet sich auch die japanische Post mit einem landesweiten Netz von rund 24 000 Filialen und etwa 32 000 Geldautomaten. Außerdem gibt es rund 58 000 Geldautomaten in Verbrauchermärkten.

Jüngste Veränderungen im Bargeldumlauf

Die BOJ-Kontoinhaber spielen nach wie vor eine wichtige Rolle für den Bargeldumlauf. Allerdings haben sich in jüngster Zeit schrittweise Veränderungen bei der Bargeldbearbeitung ergeben, die nachfolgend beschrieben werden. Diese Veränderungen spiegeln die zunehmenden Anreize der Finanzinstitute wider, die Kosten für die Bargeldbearbeitung zu senken, und werden sich voraussichtlich weiter fortsetzen.

Erstens nimmt die Zahl der Finanzinstitute, die ihre Bargeldgeschäfte an Werttransportunternehmen abgeben, unabhängig von der Art der Institute zu. Dabei lagern die Finanzinstitute nicht nur die Lieferung und Abholung von Bargeld aus, sondern auch die Sortierung und Lagerung von Banknoten und Münzen. Die BOJ gestattet Werttransportunternehmen die Lieferung von Banknoten und Münzen von und zur Zentralbank im Auftrag von BOJ-Kontoinhabern seit 1987, und der Anteil derjenigen, die diese Aufgaben auslagern, lag Ende September 2021 bei fast 50 %.[8] Infolgedessen ändern sich zuweilen die Bargeldtransportwege, je nachdem, wo der Standort der jeweiligen Werttransportunternehmen liegt beziehungsweise wohin er verlegt wird, was bei den betroffenen Zweigstellen der BOJ zu radikalen Verschiebungen der Transaktionsvolumina führt.

Zweitens hat der Anteil der Banknoten, die BOJ-Kontoinhaber von ihren Kundinnen und Kunden erhalten und bei der BOJ einzahlen, abgenommen. Dies ist zum Teil auf die verbesserte Prüfung der Umlauffähigkeit durch Geldsortiermaschinen und Geldautomaten zurückzuführen, aber auch auf den verstärkten Einsatz kombinierter Ein- und Auszahlungsautomaten, die in den Automaten eingezahlte Banknoten wieder für Abhebungen verfügbar machen. Da mehr Banknoten von den Automaten recycelt werden, werden weniger Banknoten an die BOJ zurückgegeben. Die BOJ überwacht die Auswirkungen solcher Entwicklungen auf die Sauberkeit der Banknoten sorgfältig.

Drittens hat es eine Reihe von Entwicklungen gegeben, die die Bargeldversorgung der Bevölkerung beeinträchtigen könnten. Zunächst haben die Zunahme des bargeldlosen Zahlungsverkehrs und der Bevölkerungsrückgang dazu geführt, dass Bargeld als Zahlungsmittel seltener Verwendung findet und immer mehr Finanzinstitute ihre Filialen umstrukturieren beziehungsweise Geldautomaten stilllegen. Bislang hat dies nicht zu einer Beeinträchtigung der Bargeldverteilungsnetze und des Zugangs zu Bargeld geführt. So nimmt beispielsweise die Zahl der Geldautomaten in Supermärkten zu, und die Finanzinstitute halten insgesamt den Umfang der Geldautomatennetze aufrecht, indem die institutsbezogen reduzierten Netze gemeinsam genutzt werden und sich so ergänzen. Weiter ist zu beobachten, dass eine kleine, aber wachsende Zahl von Finanzinstituten in jüngster Zeit Gebühren für den Umtausch von Banknoten und Münzen in andere Stückelungen eingeführt beziehungsweise erhöht hat. Für Münzen mit niedrigem Nennwert sind die Gebühren zuweilen unverhältnismäßig hoch. Es ist wichtig, diese Entwicklungen und ihre möglichen Auswirkungen auf den Zugang sowie die Benutzerfreundlichkeit von Bargeld zu beobachten.

Rolle von Bargeld für die heimische Wirtschaft

Das Banknoten-Paradoxon

In Japan wie auch in anderen Ländern ist ein Phänomen zu beobachten, das als »Banknoten-Paradoxon« bezeichnet wird. Während sich die Aus- und Einzahlung von Banknoten bei der BOJ, die hauptsächlich durch die Transaktionsnachfrage nach Bargeld bedingt ist, ange-

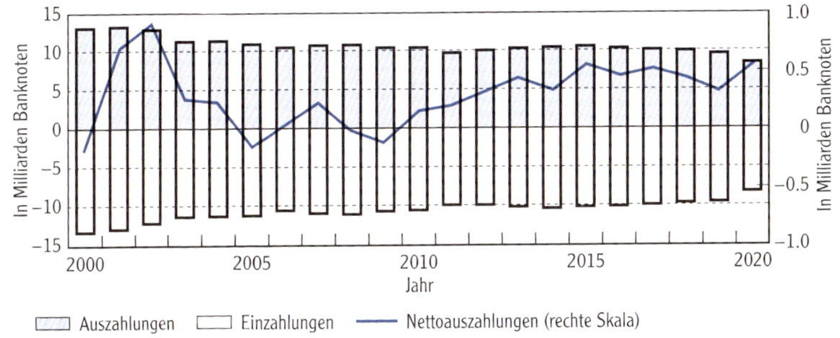

Quelle: Bank of Japan

Abbildung 3: Auszahlungen und Einzahlungen von Banknoten bei der BOJ

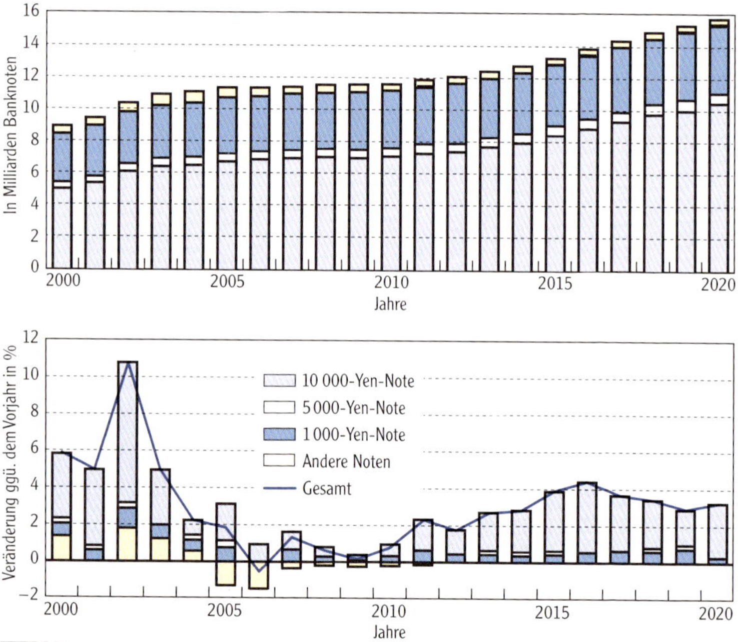

Anmerkung: Zur Bestimmung der Anzahl pro Jahr wurde der Jahresdurchschnitt der Banknotenzahl zum Monatsende zugrunde gelegt.

Quelle: Bank of Japan, Currency in circulation
https://www.boj.or.jp/en/statistics/money/ryutsu/index.htm/

Abbildung 4: Banknotenumlauf (jährliche Anzahl und Veränderungsraten)

sichts der fortschreitenden Umstellung auf bargeldlosen Zahlungsverkehr rückläufig entwickelt (Abbildung 3), hat die Anzahl der in Umlauf befindlichen Banknoten zugenommen (Abbildung 4).

Übergang zu bargeldlosen Zahlungen

Die Verwendung bargeldloser Zahlungsmittel wie Kreditkarten, elektronisches Geld und QR-Code-Zahlungen hat in Japan ebenfalls zugenommen. Etwa 90 % der Bevölkerung nutzen neben Bargeld auch bargeldlose Zahlungsmittel für ihre täglichen Einkäufe (Abbildung 5) (Bank of Japan, 2021b).[9] Dabei lässt sich nur schwer sagen, in welchem Umfang die einzelnen Zahlungsmittel genutzt werden. Der Anteil des bargeldlosen Zahlungsverkehrs stieg allerdings insgesamt von rund 12 % im Jahr 2008 auf etwa 30 % im Jahr 2020 (Abbildung 6).

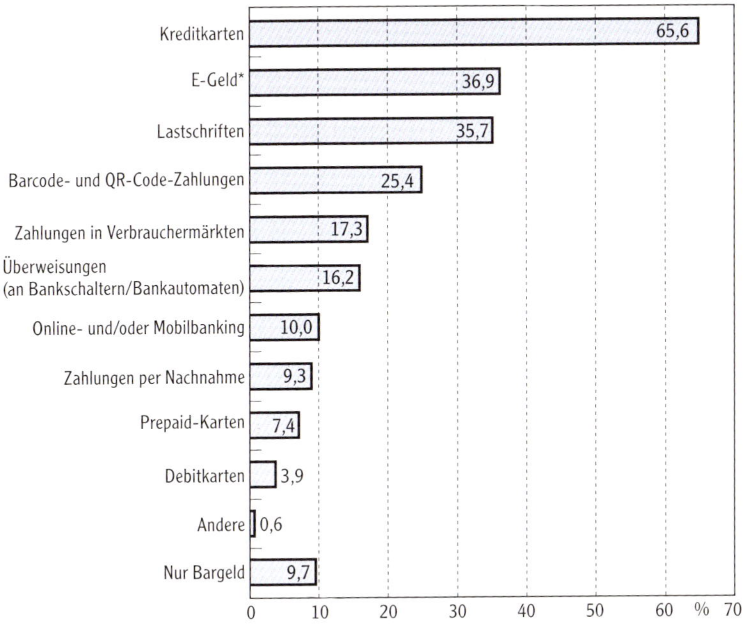

Anmerkungen: Mehrfachnennungen möglich.
* Ohne ÖPNV
Quelle: Bank of Japan (2021b)

Abbildung 5: Verwendung anderer Zahlungsinstrumente als Bargeld

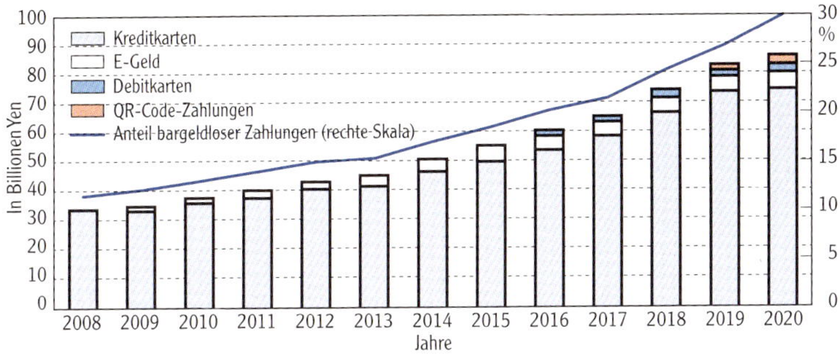

Quellen: Japan Consumer Credit Association, Credit Card Statistics; Bank of Japan, Payment and Settlement Statistics; Payments Japan Association, Code Payment Statistics; Cabinet Office, National Accounts of Japan.[12]

Abbildung 6: Umfang und Anteil bargeldloser Zahlungen

Auswirkungen der Corona-Pandemie auf die Bargeldnutzung[11]

Seit dem Ausbruch der Pandemie im Frühjahr 2020 dürfte die Bargeldverwendung angesichts eingeschränkter sozialer und wirtschaftlicher Aktivitäten und einer Zunahme des bargeldlosen Zahlungsverkehrs zurückgegangen sein. Die Zunahme bargeldloser Zahlungen wurde durch eine Regierungskampagne und die Bonusprogramme privater Dienstleister, die beide das Sammeln und Einlösen von Punkten anboten, zusätzlich verstärkt. Auch die Ausweitung des E-Commerce infolge der Pandemie hat zu einer weiteren Verbreitung des bargeldlosen Zahlungsverkehrs beigetragen.

Vor diesem Hintergrund wurden 20 % bis 30 % weniger Banknoten bei der BOJ aus- beziehungsweise eingezahlt als in den Jahren 2016 bis 2018.[12] Im Gegenzug hat das Volumen der emittierten Banknoten erheblich zugenommen, was auf eine erhöhte Nachfrage nach Banknoten mit hohem Nennwert wie der 10 000-Yen-Note aufgrund wachsender Unsicherheit und Vorsorgebedürfnissen zurückzuführen ist.

Bedeutung von Bargeld

Trotz der zunehmenden Nutzung bargeldloser Bezahlverfahren in Japan herrscht nach wie vor eine hohe Nachfrage nach Bargeld. Die Zahl der in Umlauf befindlichen Banknoten nimmt stetig zu, ebenso wie der Gesamtwert der in Umlauf befindlichen Banknoten (im Jahresdurchschnitt) bezogen auf das nominale Bruttoinlandsprodukt (BIP): Er lag 2019 bei 19,2 %.

Für den Anstieg der Bargeldnachfrage gibt es mehrere mögliche Gründe, unter anderem, wie auch in anderen Ländern, (1) die Verringerung der Opportunitätskosten für die Bargeldhaltung aufgrund eines anhaltenden Niedrigzinsumfelds und (2) der zunehmende Wunsch nach vorsorglicher Bargeldversorgung aufgrund von Zukunftsängsten und wachsender Unsicherheit. Weitere japanspezifische Faktoren könnten (3) eine schnellere Alterung der Bevölkerung sein, da ältere Menschen vergleichsweise stark auf Bargeldzahlungen angewiesen sind, (4) ein sicheres Umfeld, in dem Bargeld nur selten gestohlen und sogar häufig zurückgegeben wird, wenn die Menschen ihre Brieftasche oder ihr Portemonnaie verlieren, (5) ein hohes gesellschaftliches Vertrauen in Bargeld aufgrund eines sehr geringen Falschgeld-Umlaufs und (6) eine große Dichte an Bargeldbezugspunkten mit einer großen Anzahl von Filialen und Geldautomaten (Amamiya, 2019; Otani und Suzuki, 2008).

Die Herausforderungen für bargeldlose Zahlungsdienste bestehen vor allem in der Ausbreitung des Angebots sowie im Hinblick auf stärkere Sicherheitsvorkehrungen. Einige der Merkmale solcher Abrechnungsinstrumente, wie ihre geografische Verfügbarkeit, die Finalität der Abrechnungen und ihre Anonymität, sind nicht so stark ausgeprägt wie ebendiese Merkmale von Bargeld.

Bargeld ermöglicht sichere Zahlungen für jedermann, überall und zu jeder Zeit. Daher wird es in Japan auch weiterhin eine wichtige Rolle als Zahlungsmittel spielen.

Bargeld in der digitalen Welt und Zukunft des Bargeldes

Die Einstellung der Bank of Japan zu digitalem Zentralbankgeld (CBDC)

Obwohl die Bank derzeit keine Pläne zur Ausgabe von digitalem Zentralbankgeld (Central Bank Digital Currency, CBDC) hat, hält sie es unter dem Gesichtspunkt der Gewährleistung von Stabilität und Effizienz sämtlicher Zahlungs- und Abrechnungssysteme für wichtig, sich gründlich darauf vorzubereiten, auf veränderte Umstände angemessen reagieren zu können. Aktuell ist es unwahrscheinlich, dass der Bargeldumlauf erheblich zurückgehen wird. Sollte dies jedoch der Fall sein und privates Digitalgeld die Funktionen von Bargeld nicht ausreichend ersetzen, könnte die Bank neben Bargeld auch CBDC für »allgemeine Zwecke« – das heißt CBDC für ein breites Spektrum von Endnutzern einschließlich Privatpersonen und Unternehmen – als Zahlungsinstrument anbieten. Aus diesem Grund hat die Bank ihren Ansatz zu CBDC im Oktober 2020 öffentlich gemacht und führt derzeit entsprechende Versuche durch (Bank of Japan, 2020).

Die Zukunft des Bargeldes

Das Vertrauen der Öffentlichkeit in Banknoten ist aufgrund ihrer Sauberkeit und der geringen Zahl gefälschter Banknoten in Japan konstant hoch. Solange es eine öffentliche Nachfrage nach Bargeld gibt, wird die Bank es auch weiterhin bereitstellen. Entsprechend wäre CBDC kein Ersatz für Bargeld, sondern eine Ergänzung, die neben Bargeld Verwendung findet.

Wie bereits erläutert, ist es unwahrscheinlich, dass die Nachfrage nach Bargeld in absehbarer Zeit völlig schwindet, auch wenn die Bargeldverwendung als Zahlungsmittel abnehmen dürfte. Dies stellt für eine Zentralbank eine große Herausforderung dar. Selbst wenn bei rückläufiger Bargeldverwendung die relativen Kosten des Bargeldumlaufs steigen würden, müsste die BOJ ihr Bargeldgeschäft und -netzwerk aufrechterhalten. Darüber hinaus müssten auch die Bargelddienstleistungen und Versorgungsnetze der Finanzinstitute und Werttransportunternehmen aufrechterhalten werden.

Die Bank ist bestrebt, die Bargeldversorgung auf angemessene und effiziente Weise durchzuführen. Gleichzeitig steht die Bank weiterhin in intensivem Dialog und arbeitet eng mit einem breiten Spektrum beteiligter Akteure zusammen, um auch weiterhin ein Umfeld zu schaffen, in dem die Menschen bequem und zuverlässig Bargeld nutzen können.

Anmerkungen

1 Die in diesem Artikel geäußerten Ansichten sind die des Autors und spiegeln nicht unbedingt die Meinung der Bank of Japan wider.

2 Weitere Informationen über die neue Banknotenserie finden Sie unter der folgenden URL: https://www.boj.or.jp/en/note_tfigs/note/n_note/index.htm/

3 Der vorliegende Artikel basiert in Teilen auf den Zahlen für 2019, um die Auswirkungen der Corona-Pandemie außer Acht zu lassen (siehe »Auswirkungen der Corona-Pandemie auf die Bargeldnutzung« auf Seite 254).

4 Die Bank zählt die zurückgegebenen Banknoten, prüft sie auf Echtheit und Sauberkeit und sortiert sie anschließend in umlauffähige und nicht umlauffähige Banknoten.

5 Die Bank gibt nicht mehr umlauffähige Münzen an die Japan Mint zurück.

6 2020 lag der Anteil der gefälschten Banknoten in Japan bei 0,15 ppm (15 auf 100 Mio in Umlauf befindlicher Banknoten), was im Vergleich zu anderen Ländern extrem niedrig ist.

7 Im Jahr 2020 wurden von diesen 1 107 Konten 439 jeden Monat für die Ein- und Auszahlung von Banknoten und Münzen durch BOJ-Kontoinhaber bei der BOJ genutzt.

8 Dies ist der Anteil der in Endnote 7 erwähnten Institute, die diese Tätigkeiten auslagern.

9 Laut einem Bericht der Abteilung für Zahlungs- und Abrechnungssysteme der Bank of Japan, *Kyasshuresu kessai no genjō* (Aktuelle Situation des bargeldlosen Zahlungsverkehrs; September 2018), werden bargeldlose Zahlungen tendenziell häufiger in städtischen Gebieten, von jüngeren Menschen und für Einkäufe mit höheren Beträgen genutzt. Der Bericht ist unter folgendem Link (auf Japanisch) verfügbar: https://www.boj.or.jp/research/brp/psr/data/psrb180928a.pdf

10 Links zu den Quellenangaben: Japan Consumer Credit Association, https://www.j-credit.or.jp/en/statistics/; Bank of Japan, https://www.boj.or.jp/en/statistics/set/kess/index.htm/; Payments Japan Association, https://www.gmo-pg.com/en/corp/newsroom/pdf/210212_gmo_pg_ir_supplementary_information_en.pdf; Cabinet Office, https://www.esri.cao.go.jp/en/sna/menu.html

11 Zu weiteren Details siehe Kento Yoshizawa, Kohei Maehashi, Hiroaki Yanagihara, Yoichi Kadogawa und Masakazu Inada, »Developments in Banknotes in Circulation since the Start of the Pandemic«, Bank of Japan Review, 2021-E-6 (Dezember 2021), https://www.boj.or.jp/en/research/wps_rev/rev_2021/data/rev21e06.pdf

12 Die Daten für 2019 wurden nicht berücksichtigt, um die Auswirkungen einer außergewöhnlich langen, zehntägigen Feiertagsstrecke im Mai nicht einbeziehen zu müssen.

Literaturverzeichnis

Amamiya, M. (2019), Should the Bank of Japan Issue a Digital Currency?, Speech at a Reuters Newsmaker Event in Tokyo, 5. Juli 2019, https://www.boj.or.jp/en/announcements/press/koen_2019/data/ko190712a1.pdf

Bank of Japan (2020), The Bank of Japan's Approach to Central Bank Digital Currency, 9 Oktober 2020, https://www.boj.or.jp/en/announcements/release_2020/data/rel201009e1.pdf

Bank of Japan (2021a), Results of the 86th Opinion Survey on the General Public's Views and Behavior (Umfrage, Juni 2021), 8. Juli 2021, https://www.boj.or.jp/en/research/o_survey/data/ishiki2107.pdf

Bank of Japan (2021b), Results of the 87th Opinion Survey on the General Public's Views and Behavior (Umfrage, September 2021), 11. Oktober 2021, https://www.boj.or.jp/en/research/o_survey/data/ishiki2110.pdf

Otani A. und T. Suzuki (2008), Background to the High Level of Banknotes in Circulation and Demand Deposits, Bank of Japan Review, 2008-E-5, September 2008, https://www.boj.or.jp/en/research/wps_rev/rev_2008/data/rev08e05.pdf

Beitrag der Banco de México

Antonio Noriega

Nationaler Bargeldkreislauf

Banknoten werden in den beiden Banknotendruckereien der Banco de México gedruckt und anschließend an die sechs Regionalkassen verteilt. Von dort aus werden sie an Banken in insgesamt 44 Städten des Landes ausgegeben, die als Korrespondenzbanken fungieren. Bei diesen im Auftrag der Banco de México handelnden Korrespondenzbanken können die Finanzinstitute ihren Banknotenbedarf decken und auch Banknoten einzahlen. Nicht mehr umlauffähige Geldscheine werden von den Korrespondenzbanken an die Regionalkassen zurückgegeben, wo sie vernichtet und ersetzt werden. Die Banknotenverteilung erfolgt je nach Standort auf dem Land- oder Luftweg mit gepanzerten Fahrzeugen und Flugzeugen der Banco de México oder mit bei Werttransportunternehmen angemieteten Landfahrzeugen.

Abgesehen von der Eröffnung der zweiten Notendruckerei der Banco de México im Jahr 2018 gab es in der Vergangenheit nur wenige Änderungen an der Struktur des Bargeldkreislaufs. So wurden einige neue Korrespondenzbanken aufgenommen und im Jahr 2016 eine Regionalkasse geschlossen, an deren Stelle eine neue Korrespondenzbank trat.

Münzen werden in der staatlichen Münzprägeanstalt (Casa de Moneda de México) geprägt. Die Verteilung an die Regionalkassen der Banco de México erfolgt durch Werttransportunternehmen. Finanzinstitute können die Münzen bei den sechs Regionalkassen direkt beziehen oder sie sich zustellen lassen. Sie geben die Münzen anschließend an ihre Kunden aus. Da Münzen in der Regel eine sehr lange

Lebensdauer haben, werden alte Münzen nicht zum Austausch an die Banco de México zurückgegeben.

Um Kosten zu minimieren, prüft die Banco de México derzeit, inwieweit sich die Banknotenverteilung durch eine Anpassung der Anzahl und Standorte der Banknotenausgabestellen optimieren lässt. Im Zuge der Modernisierung ihrer Anlagen hat die Banco de México vor Kurzem in einer ihrer Druckereien einen zweiten Reservetresor eingerichtet. Darüber hinaus hat sie die Modernisierung der Sicherheitssysteme der Korrespondenzbanken vorangetrieben.

Rolle von Bargeld für die heimische Wirtschaft

Bargeld spielt in Mexiko sowohl als Zahlungs- als auch als Wertaufbewahrungsmittel eine wichtige Rolle. Umfragen der Banco de México aus den letzten zehn Jahren haben ergeben, dass rund 95 % der Bevölkerung Bargeld als Zahlungsmittel verwenden, während der Einsatz von Alternativen sehr begrenzt ist: Debitkarten und Kreditkarten werden lediglich von 9 % beziehungsweise 5 % der Einwohner genutzt. Was die Verwendung von Bargeld als Wertaufbewahrungsmittel betrifft, so halten den Umfragen zufolge 63 % der Bevölkerung Ersparnisse außerhalb des Finanzsektors (das heißt zu Hause). In den letzten Jahren war die Bargeldnutzung jedoch leicht rückläufig, während die Verwendung anderer Zahlungsmittel zugenommen hat. Wir gehen davon aus, dass sich dieser Trend fortsetzen wird.

Bargeld in der digitalen Welt und Zukunft des Bargeldes

Wir erwarten, dass Bargeld in den kommenden Jahren weiterhin eine wichtige Rolle spielen wird, denn gegenwärtig hat noch immer weniger als die Hälfte der Bevölkerung Zugang zu einem Bankkonto oder einer Kredit-/Debitkarte. Dadurch ist es für die Menschen schwierig, Bargeld durch andere Zahlungsmittel zu ersetzen. Zudem steigt die Bargeldverwendung in Krisenzeiten. Dies war sowohl während der Finanzkrise 2008–2009 als auch während der Corona-Pandemie der Fall: Der Banknotenumlauf erhöhte sich um mehr als 20 %, weil die Bevölkerung – wie überall auf der Welt – Bargeld vorsorglich zur Wertaufbewahrung nutzte. Die Banco de México arbeitet derzeit zwar nicht an der Entwicklung von digitalem Zentralbankgeld. Im Jahr 2019 wurde jedoch die Plattform »CoDi« geschaffen, über die rund um die Uhr kostenlos elektronische Überweisungen per Mobiltelefon getätigt werden können.

Beitrag der South African Reserve Bank

Pearl Kgalegi

Nationaler Bargeldkreislauf

Die South African Reserve Bank (SARB) ist gemäß des Gesetzes über die South African Reserve Bank Nr. 90 aus dem Jahr 1989 (SARB-Gesetz) für die Herstellung, Ausgabe und Vernichtung von Banknoten und Münzen zuständig. Die Verfügbarkeit und Integrität der südafrikanischen Währung wird durch die Bargeldabteilung (Currency Management Department, CMD) sichergestellt.

Nach einer Überprüfung des Bargeldkreislaufs im Jahr 2011 beschloss die SARB, das bisherige zentralisierte Modell durch ein Teiloutsourcing-Modell abzulösen. Dadurch konnte sie einige Aktivitäten bezüglich der Verteilung und Bearbeitung von Bargeld an Geschäftsbanken, das Unternehmen SBV[1] sowie an Geld- und Wertdienstleister auslagern. In der Folge wurden einige Filialen der SARB geschlossen.

Die SARB bietet kommerziellen Bargeldakteuren eine Übernacht-Finanzierungserleichterung für die Bargeldbeträge, die in speziellen Beständen in den kommerziellen Bargeldzentren lagern (»Notes Held to Order«-Verfahren (NHTO))[2]. Die Banknotenproduktion, die großvolumige Bargeldbearbeitung sowie die Vernichtung nicht mehr umlauffähiger Banknoten obliegen weiterhin der SARB.

In Südafrika wurde das Bargeld-Recycling dezentraler. Dies könnte in der Folge dazu führen, dass auch Bargeld wieder in den Umlauf gelangt, das die Mindestqualitätsstandards der Zentralbank nicht erfüllt (zum Beispiel nicht mehr umlauffähige Banknoten). Da die Wiederausgabe von Bargeld teilweise im gewerblichen Bereich – das heißt durch den Einzelhandel und durch Nichtbanken – erfolgt, hat die

SARB nicht immer vollen Einblick in (und Kontrolle über) die Qualität einiger der umlaufenden Banknoten.

Rolle von Bargeld für die heimische Wirtschaft

Bargeld ist nach wie vor das meistverwendete Zahlungsmittel in der südafrikanischen Wirtschaft. Noch immer wird mehr als die Hälfte des Gesamtwerts aller Geschäfte von Konsumenten in bar abgewickelt.

Bargeld wird besonders häufig von Geringverdienern genutzt, die nur begrenzten Zugang zu digitalen Zahlungsmitteln haben und in Gemeinden leben, in denen digitale Zahlungen nicht immer akzeptiert werden/verfügbar sind (aufgrund von Konnektivitäts-/Netzwerkproblemen).

Bargeld in der digitalen Welt und Zukunft des Bargeldes

Die SARB prüft derzeit, inwieweit es machbar, wünschenswert und angemessen wäre, digitales Zentralbankgeld als elektronisches gesetzliches Zahlungsmittel für den allgemeinen Gebrauch in Ergänzung zum Bargeld einzuführen. Das Hauptaugenmerk der Machbarkeitsstudie liegt auf den Implikationen, die dies für die politische Ausrichtung und das Mandat der SARB hätte.

Da mehr als 60 % der südafrikanischen Bevölkerung nach wie vor auf Bargeld angewiesen sind, wird dieses jedoch weiterhin eine wichtige Rolle in der Wirtschaft spielen.

So wurden in der Corona-Pandemie die gewährten besonderen Sozialhilfen überwiegend in bar ausgezahlt, und viele Menschen hielten in dieser Zeit mehr Bargeld als üblich. Anekdotischen Belegen zufolge stockt die Bevölkerung ihre Barvorräte in unsicheren Zeiten (Krisen) auf.

Anmerkungen

1 SBV ist ein Privatunternehmen, das von der SARB mit der Verteilung aller neuen Banknoten und Münzen beauftragt wurde. Anteilseigner von SBV sind vier südafrikanische Banken: Absa Group Limited, First National Bank, Standard Bank of South Africa Limited und Nedbank Limited.

2 Hierbei handelt es sich um eine Fazilität, die die SARB den Geschäftsbanken anbietet, um Banknoten(-bestände) näher am Verwendungsort zu lagern und dadurch die volkswirtschaftlichen Bargeldkosten zu verringern.

Beitrag der Bank of England

Nick Butt und Lydia Reid

Nationaler Bargeldkreislauf

Als Zentralbank des Vereinigten Königreichs ist die Bank of England für die Herstellung von Banknoten verantwortlich und stellt sicher, dass die Banknoten von hoher Qualität, langlebig und schwer zu fälschen sind. Sie verfolgt auch die Entwicklung der Bargeldnutzung und Bargeldnachfrage, um veränderte Verhaltensweisen besser verstehen und ermessen zu können, wie viele Banknoten in Zukunft produziert werden müssen, damit der Zugang zu Bargeld für alle, die es nutzen möchten, seitens der Bank optimal unterstützt werden kann (Caswell et al., 2020).

Das Interbankengeschäft mit Banknoten und Münzen ist ein wichtiger Bestandteil des Bargeldkreislaufs. Die Banknoten werden gegenwärtig von De La Rue gedruckt, und sechs Banken in Schottland und Nordirland sind ebenfalls befugt, eigene Banknoten auszugeben. Für die Herstellung von Münzen ist im Auftrag des Britischen Finanzministeriums (Her Majesty's Treasury, HMT) die Royal Mint zuständig. All diese Tätigkeiten tragen dazu bei, dass die Öffentlichkeit auch künftig Banknoten und Münzen nutzen kann (Bank of England, 2020b).

Sobald die Banknoten gedruckt sind, werden sie von der Bank of England an die Mitglieder des Note Circulation Scheme (NCS) verkauft.[1] Das NCS gibt es seit 2001. Es wurde bis 2004 schrittweise eingeführt und ersetzte das »Notes Held to Order«-Verfahren (NHTO). Dieses war 1982 eingeführt worden und umfasste die schrittweise Auslagerung von Tätigkeiten der Bank of England im Zusammenhang mit Banknoten, einschließlich der Sortierung, der Einzahlung ohne physische Rückgabe (zur Verringerung des Sicherheitsrisikos) und einer finanziellen Entlastung für die Verwahrung von Banknoten im Auftrag der Bank beziehungsweise »to order«. Das NCS hat sich seit seiner Einführung im Jahr 2001 stetig weiterentwickelt und ist in überarbeiteter Form seit Oktober 2011 in Kraft. Es regelt die Verteilung, Bearbeitung und Lagerung von Banknoten und bietet einen Rahmen für alle Bargeldakteure, der dazu beiträgt, einen Fokus auf die Effizienz bei allen Beteiligten zu legen. Die Arbeit des NCS beruht auf rechtlichen Vereinbarungen und Vorschriften.[2] So kann ein Großteil der Banknotenbearbeitung und -verteilung, der in anderen Bargeldkreisläufen von der Zentralbank durchgeführt wird, durch zugelassene kommerzielle Anbieter übernommen werden. Damit dies auch wirtschaftlich tragfähig ist, gestattet das System seinen Mitgliedern, bestimmte Banknotenklassen im Namen der Bank in ihren Cash-Centern zu verwahren. Dadurch vermeiden die Mitglieder Beschaffungskosten in Höhe des Nennwerts der bearbeiteten Banknoten, die ansonsten die Bearbeitung von Banknoten im Wholesale-Geschäft unerschwinglich machen würden (Bank of England, 2020b). Die Note Recirculation Facility (NRF) dient dazu, NCS-Mitglieder bei der Sortierung von Banknoten der Bank of England und ihrer Vorbereitung zur Ausgabe an die Öffentlichkeit zu unterstützen. Auf Anfrage des NCS-Mitglieds kauft die Zentralbank am Ende eines jeden Geschäftstags Banknoten an. Auf diese Weise werden diese Banknoten nicht über Nacht in der Bilanz des betreffenden Mitglieds (beziehungsweise dessen Garantiegebers) geführt, sodass weder dem Mitglied noch seinem Garantiegeber Finanzierungs- oder Zinskosten für das Halten dieser Banknoten entstehen. Das Mitglied muss die Banknoten zu Beginn des nächsten Geschäftstages zu ihrem Nennwert zurückkaufen.[3]

NCS-Mitglieder kaufen bei Bedarf Banknoten von der Bank, die dann wiederum von ihren Kunden erworben werden. Hierzu gehören Geldautomatenbetreiber, Finanzinstitute, Einzelhändler und andere Unternehmen. Auch die Post stellt Bargeld zur Verfügung, um den Bedarf ihres Filialnetzes im gesamten Vereinigten Königreich zu decken. Der Bargeldtransport zwischen den NCS-Zentren und ihren Kunden erfolgt durch Werttransportunternehmen, die nach dem Private Security Industry Act 2001 lizenziert sind (Bank of England, 2020b).

Sobald Banknoten der Bank of England von dieser gekauft werden, gelten sie als »im Umlauf« und können frei im Wirtschaftskreislauf zirkulieren. Wenn Einzelhändler und Banken überschüssige Banknoten an die NCS-Mitglieder zurückgeben, wird das Bargeld auf seine Echtheit und Qualität geprüft. Verdächtige oder nicht umlauffähige Banknoten werden an die Bank of England zurückgeschickt, während umlauffähige Banknoten wieder in Verkehr gebracht werden können (Bank of England, 2020b). Die NCS-Mitglieder verfügen über insgesamt 21 Cash-Center, von denen neun Banknoten und Münzen sortieren.[4] RBS und Vaultex betreiben jeweils zwei reine Münzgeldzentren, und G4S unterhält ein weiteres reines Münzgeldzentrum (Bank of England, 2020b). Wenn in Schottland und Nordirland Nachfrage nach neuen Banknoten besteht, werden diese von kommerziellen Banknotenemittenten in Umlauf gebracht. Die schottischen und nordirischen Banknoten werden von den Bargeldzentren in Edinburgh, Glasgow und Belfast in Umlauf gebracht, um über das Filial- und Geldautomatennetz des Emittenten die Kundennachfrage direkt zu bedienen. Wie beim NCS werden auch die schottischen und nordirischen Banknoten von örtlichen Einrichtungen mit Kundenverkehr direkt gekauft und zirkulieren in derselben Weise wie die Banknoten der Bank of England (Bank of England, 2020b).

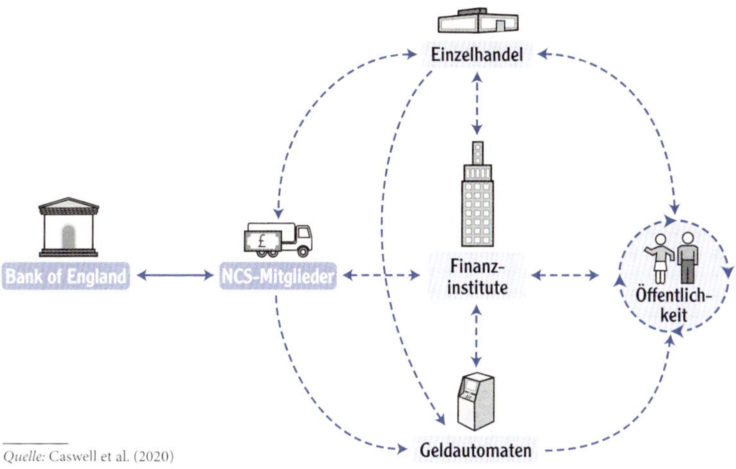

Quelle: Caswell et al. (2020)

Abbildung 1: Der Bargeldverteilungskreislauf

Im Vereinigten Königreich greifen die Verbraucher in erster Linie über Geldautomaten, Bankfilialen und Postämter auf Bargeld zu, wobei Geldautomaten etwa 90 % des Volumens ausmachen (Caswell et al., 2020). Die meisten Geldautomaten werden von Werttransportunternehmen befüllt, einige aber auch durch lokales Recycling von Banknoten (von Kunden erhaltene Banknoten, die aus den Kassen entnommen und von Einzelhändlern in die Geldautomaten gegeben werden).

Die Bank of England ist eine von mehreren Behörden im Vereinigten Königreich, die für Bargeld zuständig sind. Die Bank ist Teil der Joint Authority Cash Strategy Group (JACS-Gruppe), die unter dem Vorsitz des britischen Finanzministeriums eingerichtet wurde und in der die Regulierungsbehörde für Zahlungssysteme (PSR), die Financial Conduct Authority (FCA) und die Bank vertreten sind. Während die Bank die Banknotenausgabe überwacht, ist die PSR für die Regulierung der hinter dem Geldautomatennetz steckenden Zahlungssysteme und der Cashback-Einrichtungen der Einzelhändler zuständig. Die FCA kümmert sich um die Regulierung der Bargelddienstleistungen (einschließlich der Einzahlungsmöglichkeiten), die über Bankfilialen oder Bankenzentren zugänglich sind (HM Treasury, 2020). Die JACS-Gruppe informiert und koordiniert die Bargeldaktivitäten ihrer Mitglieder, um sicherzustellen, dass die regulatorische Aufsicht eine umfassende Bargeldinfrastruktur unterstützt, die langfristig widerstandsfähig, kosteneffizient und nachhaltig bleibt und den Bedürfnissen der Nutzer gerecht wird (HM Treasury, 2019).

Herausforderungen für den Bargeldkreislauf

Die Verwendung von Bargeld als Tauschmittel ist in den vergangenen Jahren deutlich zurückgegangen. Im Jahr 2020 wurden im Vereinigten Königreich nur noch 17 % aller Zahlungen mit Bargeld getätigt, ein Jahr zuvor waren es noch 23 %. Die Corona-Pandemie hat die Verlagerung auf digitale (insbesondere kontaktlose) Zahlungsmethoden beschleunigt.[5]

Obwohl immer weniger Bargeld verwendet wird, wird dieses Zahlungsmittel von vielen Menschen noch immer vorgezogen, und die Bank of England wird Barzahlungen als praktikable Zahlungsoption auch weiterhin ermöglichen. Die rückläufige Entwicklung der Bargeldverwendung unterstreicht jedoch die Notwendigkeit, für ein sta-

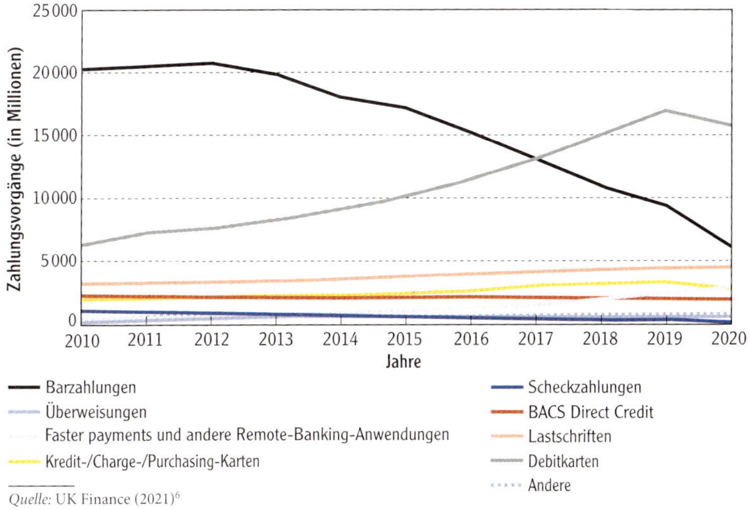

Quelle: UK Finance (2021)[6]

Abbildung 2: Zahlungsvolumen 2010 bis 2020

biles Bargeldsystem zu sorgen und eine auf lange Sicht nachhaltige Bargeldversorgung zu gewährleisten (Bank of England, 2020b).

In ihrem im März 2020 vorgestellten Haushalt kündigte die britische Regierung an, dass sie Rechtsvorschriften vorlegen werde, um den Zugang zu Bargeld sicherzustellen. Im Oktober 2020 wurde dazu eine Aufforderung zur Stellungnahme veröffentlicht, auf die Banken, Verbrauchergruppen, Einzelhändler und Berufsverbände reagierten. Daraufhin veröffentlichte die Regierung im Juli 2021 eine Konsultation zur Bargeldversorgung, in der Einzelheiten des von ihr empfohlenen politischen Ansatzes zur Entwicklung einer umfassenderen Bargeldgesetzgebung dargelegt wurden. Vorgeschlagen wurden: Rechtsvorschriften zur Einführung geografischer Anforderungen für den Zugang zu Barabhebungen und -einzahlungen, die Benennung der größten Banken und Bausparkassen, die diese Anforderungen erfüllen müssen, und die Übertragung von Befugnissen und Zuständigkeiten an die FCA, um Unternehmen zur Verantwortung zu ziehen. Die Konsultation wurde im September 2021 abgeschlossen. Die Bank of England stimmt sich im Rahmen ihrer Zusammenarbeit mit der JACS-Gruppe weiterhin eng mit den anderen Behörden ab.[7]

Nach einer unabhängigen Prüfung der Bargeldversorgungssituation[8] im Jahr 2019, in der festgestellt wurde, dass die Belastbarkeit der derzeitigen nationalen Infrastruktur im Wholesale-Geschäft durch sinkende Bargeldvolumina bedroht ist und die Bargeldbearbeitung hier voraussichtlich zu Ineffizienzen und höheren Kosten führen wird, berief die Bank of England zusätzlich im Rahmen der Wholesale Distribution Steering Group (WDSG) im Mai 2019 relevante Branchenakteure ein, um ein neues Modell für das Interbankengeschäft mit Bargeld im Vereinigten Königreich zu entwerfen, das effektiv, belastbar und zukunftsfähig ist und dessen Erfolg anhand einer Reihe zuvor vereinbarter Kriterien gemessen werden kann. Die Bank of England führt den Vorsitz in der Lenkungsgruppe, die dafür sorgen soll, dass Bargeld durch das neue Wholesale-Modell zur Bargeldverteilung trotz rückläufiger Nutzung weiterhin zur Verfügung steht.[9]

Rolle von Bargeld für die heimische Wirtschaft

Die Ausgabe von Banknoten ist wahrscheinlich die prominenteste Aufgabe der Bank of England. Menschen verwenden Banknoten als Wertaufbewahrungs- und Tauschmittel beim Kauf oder Verkauf von Waren und Dienstleistungen. Die Bank of England bemüht sich sicherzustellen, dass die Nachfrage nach ihren Banknoten befriedigt wird und die Öffentlichkeit Vertrauen in diese Banknoten bewahrt. Die Zahlungsverkehrslandschaft hat sich in den vergangenen Jahrzehnten stark verändert – Zahlungen können heute mithilfe von Debit- und Kreditkarten, Onlinebanking, mobilen Geldbörsen und Smartphone-Apps vorgenommen werden (Fish und Whymark, 2015). Trotz der Zunahme digitaler Zahlungen im Vereinigten Königreich ist Bargeld nach wie vor wichtig: 2019 wurden 9,3 Milliarden Zahlungsvorgänge in bar getätigt, und 2,1 Millionen Menschen nutzen in erster Linie Bargeld für ihre täglichen Einkäufe (Caswell et al., 2020).

Während die Zahl der Bargeldtransaktionen zurückgegangen ist, hat der Wert der in Umlauf befindlichen Banknoten der Bank of England zugenommen (Abbildung 3) – das sogenannte Banknoten-Paradoxon – und hat sich zwischen 2005 und 2017 verdoppelt. Auch unter Berücksichtigung einer expandierenden Wirtschaftstätigkeit und gestiegener Preise hat der Wert der in Umlauf befindlichen Banknoten der Bank of England seit Anfang der 1990er Jahre tendenziell zugenommen, was auf eine wachsende Bedeutung von Bargeld als Wertaufbewahrungsmittel hindeutet. Diese Entwicklung dürfte auf eine Reihe von Faktoren zurückzuführen sein. Zum Teil ist dies eine Folge der historisch niedrigen Zinssätze, wodurch sich die Opportunitätskosten für die Bargeldhaltung (als nicht verzinslichem Vermögenswert) verringert haben. Auch die Wechselkurse spielen eine Rolle, wobei die Nachfrage nach Banknoten steigt, wenn das Pfund Sterling schwächer wird. So wuchs 2016 die Nachfrage nach 50-Pfund-Banknoten, als der Pfund-Sterling-Kurs stark fiel. Doch auch während der Finanzkrise 2008–2010 kam es zu einem bemerkenswerten Anstieg der Bargeldnachfrage, da die Menschen um die Gesundheit der Banken besorgt waren und sich für eine vermehrte Bargeldhaltung entschieden.[10]

Zwischen 2017 und 2019 begann der Realwert der in Umlauf befindlichen Banknoten der Bank of England zu sinken, während sich der nominale Wert im Vergleich zum Vorjahr nur leicht positiv entwickelte. Die Corona-Pandemie hat den wertmäßigen Anstieg der in Umlauf befindlichen Banknoten der Bank of England allerdings wieder beschleunigt. 2020 belief sich der Anstieg des Banknotenumlaufs gegenüber dem Vorjahr wertmäßig auf 10 %, und Ende Juli 2021 hatte der Wert der in Umlauf befindlichen Banknoten der Bank of England gegenüber März 2020, als die coronabedingten Beschränkungen

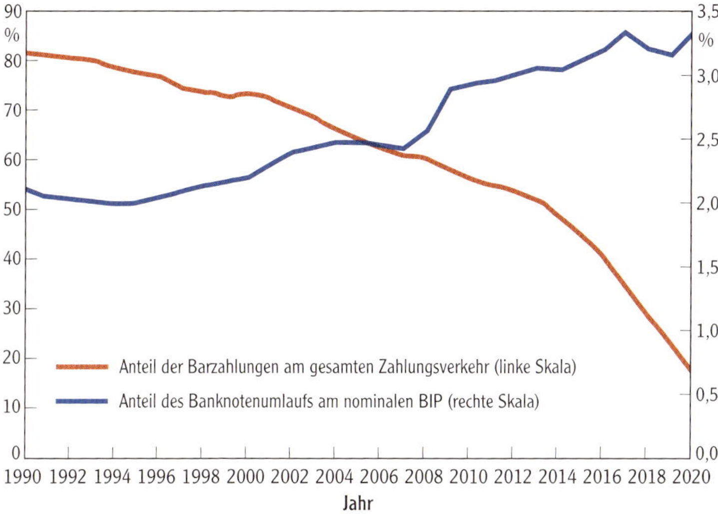

Quelle: Bank of England statistics and UK Finance-UK Payment Statistics (Caswell et al., 2020)

Abbildung 3: Wert des Banknotenumlaufs in Prozent des BIP gegenüber Anteil der Barzahlungen am gesamten Zahlungsverkehr

im Vereinigten Königreich erstmals eingeführt wurden, um 19 % zugenommen.[11]

Die Corona-Pandemie hat die rückläufige Entwicklung des Bargeldumlaufs bei gleichzeitigem Anstieg des Gesamtwerts der in Umlauf befindlichen Banknoten der Bank of England also weiter verstärkt.[12]

Die Nutzung von Bargeld als Zahlungsmittel ist seit Beginn der Pandemie weiter zurückgegangen: 2020 wurden 6,1 Milliarden Barzahlungen getätigt, was einem Rückgang von 35 % gegenüber dem Vorjahr entspricht, während das gesamte Zahlungsvolumen nur um 11 % zurückging. Darüber hinaus sanken die Abhebungen an Geldautomaten (ein Indikator für die Verwendung von Bargeld als Zahlungsmittel) Ende März 2020 im Vergleich zum Vorjahreszeitraum um rund 60 %. Nach Aufhebung der Beschränkungen hat das Abhebungsvolumen allmählich wieder zugenommen, befindet sich aber immer noch unter Vorkrisenniveau – im August 2021 lagen die Abhebungen an Geldautomaten 30 % bis 40 % unter dem Niveau des Vorjahreszeitraums.[13]

Aus einer im Oktober 2021 von der Bank of England in Auftrag gegebenen Umfrage über die Auswirkungen von Corona auf die Bargeldnutzung geht hervor, dass 46 % der Befragten weniger Bargeld verwenden als vor der Pandemie (gegenüber 70 % im Januar 2021). Hauptgründe für die geringere Bargeldnutzung waren: Bequemlichkeit bargeldloser Zahlungsmethoden (56 %), Einzelhändler, die kein Bargeld akzeptieren, (43 %) und das verstärkte Onlineshopping (43 %). Im Vergleich dazu waren im Januar 2021 die Hauptgründe für die geringere Verwendung von Bargeld die Sorge vor dem Anfassen von Bargeld (39 %), Einzelhändler, die kein Bargeld akzeptieren, (33 %) und das Onlineshopping (24 %).[14]

Angesichts der Bedenken hinsichtlich eines möglichen Übertragungsrisikos des Coronavirus durch Banknoten gab die Bank of England eine Untersuchung in Auftrag, um zu verstehen, wie sich das Virus auf Banknoten verhält. Aus einem im November 2020 erschienenen Quartalsbulletin (Caswell et al., 2020) mit den Ergebnissen der Untersuchung geht hervor, dass die Gefahr einer Übertragung durch Banknoten gering ist.[15]

Es ist daher wahrscheinlich, dass die Pandemie die Verschiebung bei der Verwendung von Banknoten vom Tauschmittel zum Wertaufbewahrungsmittel beschleunigt hat: Eine von UK Finance durchgeführte Untersuchung ergab, dass während des Lockdowns mehr Menschen Bargeld hielten (68 %) als zu Beginn der Lockerungen im Juni 2021 (59 %).[16] Ein Teil der gestiegenen Bargeldbestände könnte auch unbeabsichtigt aufgrund des geringeren Konsums und der veränderten Zahlungsgewohnheiten während der Pandemie entstanden sein: Über ein Viertel (27 %) aller Zahlungen wurde 2020 kontaktlos abgewickelt, 2016 waren es noch 7 %.[17]

Mit fortschreitender Lockerung der Beschränkungen hat sich die Wirtschaftstätigkeit wieder belebt, doch es vergeht immer noch längere Zeit, bis das Bargeld eingezahlt wird, was darauf hindeutet, dass die Menschen das während der Pandemie angesammelte Bargeld nicht ausgeben, sondern vermehrt Bargeld abheben, um es auszugeben.[18]

Bargeld in der digitalen Welt und Zukunft des Bargeldes

Die Zahlungsverkehrslandschaft hat sich in den vergangenen Jahrzehnten stark verändert. Zahlungen können heute mithilfe von Debit- und Kreditkarten, Onlinebanking, mobilen Geldbörsen und Smartphone-Apps vorgenommen werden (Caswell et al., 2020). Die Bank of England hat kürzlich ein Diskussionspapier über »Neue Formen des digitalen Geldes« (Bank of England, 2021) veröffentlicht, in dem die finanziellen und politischen Auswirkungen neuer Arten digitaler Währungen und einige Regulierungsmodelle für Stablecoins dargelegt werden.[19] Trotz des beschleunigten Trends zu digitalen Zahlungen benötigt eine beträchtliche Anzahl von Menschen immer noch Bargeld oder entscheidet sich gezielt für seine Nutzung. Selbst auf dem Höhepunkt der Pandemie im Jahr 2020 wurden 17 % aller Transaktionen in Großbritannien mit Bargeld getätigt – nach Debitkarten die zweithäufigste Zahlungsform.[20] Darüber hinaus ergab eine von der Bank of England in Auftrag gegebene Umfrage im Juli 2021, dass Bargeld für 21 % der Befragten die bevorzugte Zahlungsmethode ist, was gegenüber der Zeit vor der Pandemie (23 % im Januar 2020) nur einem sehr geringen Rückgang entspricht.[21]

Die Bank of England prüft die Möglichkeit der Einführung von digitalem Zentralbankgeld (Central Bank Digital Currency, CBDC) für das Vereinigte Königreich, das als von der Bank of England ausgegebenes digitales Zahlungsmittel von Haushalten und Unternehmen verwendet werden könnte. CBDC soll eine Ergänzung zu Bargeld und anderen aktuellen oder neu aufkommenden Geld- und Zahlungsformen sein. Derzeit kann die Öffentlichkeit von der Bank of England ausgegebenes Geld (»Zentralbankgeld«) in Form von Banknoten halten, aber nur Banken und bestimmte andere Finanzinstitute dürfen elektronisches Zentralbankgeld in Form von Bankreserven halten. CBDC wäre eine elektronische Form von Zentralbankgeld, die von Haushalten und Unternehmen verwendet werden könnte. Dieser breitere Zugang zu Zentralbankgeld könnte neue Möglichkeiten für den Zahlungsverkehr und die Aufrechterhaltung der Währungs- und Finanzstabilität durch die Bank of England schaffen (Bank of England, 2020a). Es würde Bargeld und Bankeinlagen nicht ersetzen, sondern könnte zusätzlich genutzt werden. Die Bank hat noch keine Entscheidung über die Einführung von CBDC getroffen. Jede künftige Entscheidung wird auf einer gründlichen Bewertung beruhen, wie sich CBDC auf den Auftrag der Bank und die übergeordneten Ziele der Regierung auswirken könnte.[22]

Neue, von der öffentlichen Hand oder durch private Anbieter bereitgestellte Formen digitalen Geldes wären die jüngste Innovation in einer sich ständig weiterentwickelnden Zahlungsverkehrslandschaft. Sie könnten zu einem schnelleren, billigeren und effizienteren Zahlungsverkehr beitragen und potenziell für eine verbesserte finanzielle Integration sorgen. Sie könnten aber auch Risiken bergen, insbesondere im Hinblick auf ihre Auswirkungen auf die Finanzstabilität. Wenn neue Formen digitalen Geldes in großem Umfang als vertrauenswürdige Form des Massenzahlungsverkehrs genutzt werden sollen, ist es von entscheidender Bedeutung, dass die Öffentlichkeit ihnen das gleiche Vertrauen entgegenbringen kann wie bisherigen Geldformen.[23]

Anmerkungen

1 Im Vereinigten Königreich gibt es fünf Banken, die NCS-Mitglieder unterstützen: National Westminster Bank plc (NatWest), Barclays Bank UK plc (Barclays) und HSBC UK Bank plc (HSBC), die Vaultex UK (Vaultex) beim An- und Verkauf von Banknoten unterstützen, sowie Lloyds Bank plc (Lloyds) und Santander UK plc (Santander), die G4S unterstützen. Die britische Post ist ebenfalls Mitglied des NCS.

2 https://www.bankofengland.co.uk/banknotes/note-circulation-scheme

3 Bank of England, NCS Rulebook, Februar 2020. Unveröffentlichtes Manuskript.

4 Stand: September 2021, Detailinformationen von NCS-Mitgliedern.
5 Bank of England, Impact of Covid-19 Recovery on Cash Demand and Distribution in the UK, 2021. Unveröffentlichtes Manuskript.
6 https://www.ukfinance.org.uk/policy-and-guidance/reports-publications/uk-payment-markets-2021
7 Bank of England (2021), »Impact of Covid-19 Recovery on Cash Demand and Distribution in the UK«. Unveröffentlichtes Manuskript.
8 Access to Cash Review, Final Report, März 2019, https://www.accesstocash.org.uk/media/1087/final-report-final-web.pdf
9 https://www.bankofengland.co.uk/banknotes/wholesale-cash-distribution-in-the-future
10 Bank of England, Impact of Covid-19 Recovery on Cash Demand and Distribution in the UK, 2021. Unveröffentlichtes Manuskript.
11 Ebd.
12 Ebd.
13 https://www.link.co.uk/about/statistics-and-trends/
14 Bank of England, Impact of Covid-19 Recovery on Cash Demand and Distribution in the UK, 2021. Unveröffentlichtes Manuskript.
15 Ebd.
16 https://www.ukfinance.org.uk/policy-and-guidance/reports-publications/cash-hoarding-briefing-note; Bank of England, Impact of Covid-19 Recovery on Cash Demand and Distribution in the UK, 2021. Unveröffentlichtes Manuskript.
17 https://www.ukfinance.org.uk/policy-and-guidance/reports-publications/uk-payment-markets-2021
18 Bank of England, Impact of Covid-19 Recovery on Cash Demand and Distribution in the UK, 2021. Unveröffentlichtes Manuskript.
19 https://www.bankofengland.co.uk/news/2021/june/new-forms-of-digital-money-discussion-paper-and-summary-of-responses-to-the-discussion-paper-on-cbdc
20 https://www.ukfinance.org.uk/policy-and-guidance/reports-publications/uk-payment-markets-2021
21 Bank of England, Impact of Covid-19 Recovery on Cash Demand and Distribution in the UK, 2021. Unveröffentlichtes Manuskript.
22 https://www.bankofengland.co.uk/paper/2021/new-forms-of-digital-money
23 Ebd.

Literaturverzeichnis

Bank of England (2020a), Central Bank Digital Currency: Opportunities, Challenges and Design, Diskussionspapier, März, https://www.bankofengland.co.uk/-/media/boe/files/paper/2020/central-bank-digital-currency-opportunities-challenges-and-design.pdf

Bank of England (2020b), Consultation on the Future of the UK's Wholesale Cash Distribution Model, Wholesale Distribution Steering Group (WDSG) Consultation Paper, 24. Juni 2020, https://www.bankofengland.co.uk/-/media/boe/files/paper/2020/consultation-on-the-future-of-the-uks-wholesale-cash-distribution-model.pdf?la=en&hash=D9B4FB7B6CA6FD3F846E5C277AE3BB8D20F2B928

Bank of England (2021), New Forms of Digital Money, Diskussionspapier, 7. Juni 2021, https://www.bankofengland.co.uk/paper/2021/new-forms-of-digital-money

Booth, L. (2021), Statistics on Access to Cash, Bank Branches and ATMs, House of Commons Library, 12. Oktober 2021, https://researchbriefings.files.parliament.uk/documents/CBP-8570/CBP-8570.pdf

Caswell, E., M. Hewkin Smith, D. Learmonth und G. Pearce (2020), Cash in the Time of Covid, Quarterly Bulletin 2020 Q4, https://www.bankofengland.co.uk/quarterly-bulletin/2020/2020-q4/cash-in-the-time-of-covid

Fish, T. und R. Whymark (2015), How Has Cash Usage Evolved in Recent Decades? What Might Drive Demand in the Future?, Quarterly Bulletin 2015 Q3, S. 216–227, https://www.bankofengland.co.uk/-/media/boe/files/quarterly-bulletin/2015/how-has-cash-usage-evolved-in-recent-decades-what-might-drive-demand-in-the-future.pdf

HM Treasury (2019), Terms of Reference (ToR), Joint Authorities Cash Strategy (JACS) Group, Juni, https://assets.publishing.service.gov.uk/government/uploads/system/uploads/attachment_data/file/807844/JACS_Group_-_Terms_of_Reference__ToR__-_June_2019.pdf

HM Treasury (2020), Joint Authorities Cash Strategy (JACS) Group: Safeguarding the UK's Cash Infrastructure, Juli, https://assets.publishing.service.gov.uk/government/uploads/system/uploads/attachment_data/file/900535/JACS_Group_Update_July_2020.pdf

Beitrag der Federal Reserve Bank of San Francisco

Roger Replogle[1]

Nationaler Bargeldkreislauf

Das US-Finanzministerium ist für die Herstellung der Banknoten und Münzen in den USA zuständig. Die Banknoten werden vom Bureau of Engraving and Printing (BEP) gedruckt, während die Münzen von der United States Mint geprägt und ausgegeben werden. Ausgabestelle der US-Banknoten ist allerdings die Federal Reserve, weshalb diese auch als Federal Reserve Notes bezeichnet werden. Das Board of Governors der Federal Reserve mit Sitz in Washington, D.C., beaufsichtigt 12 regionale Federal-Reserve-Banken, die als operativer Arm der Federal Reserve fungieren.

Viele Federal-Reserve-Banken verfügen über eine oder mehrere regionale Zweigstellen mit operativen Zentren zur Banknoten- und Münzbearbeitung für die dezentrale Bargeldversorgung der etwa 8 400 Banken, Spar- und Darlehenskassen sowie Kreditgenossenschaften (Fed, 2017). In den USA gibt es derzeit insgesamt 28 Bargeldbearbeitungszentren, in denen alle Banknoten mithilfe von Hochgeschwindigkeitsmaschinen gezählt, sortiert und neu verpackt beziehungsweise vernichtet werden.[2]

Die Federal Reserve agiert als Banknoten-Großhändler und wickelt die Verteilung von Bargeld und Münzen überwiegend hausintern ab. Da sie nicht für die Ausgabe der US-Münzen zuständig ist, spielt sie im Münzkreislauf allerdings eine geringere Rolle als im Banknotenkreislauf und konzentriert sich eher auf die Lagerung und Verteilung der Münzen als auf ihre Bearbeitung.

Kreditinstitute, Geldtransportunternehmen, Einzelhändler und andere gewerbliche Akteure spielen ebenfalls eine wichtige Rolle. Die Bargeldverteilung erfolgt in der Regel durch Werttransportunternehmen, die von Finanzinstituten beauftragt werden. Dabei ist zu beachten, dass die Federal Reserve vertragliche Beziehungen mit Finanzinstituten und nicht mit Werttransportunternehmen unterhält. Während Finanzinstitute die FedCash® Services nutzen können, um so viele Banknoten und Münzen zu bestellen und einzuzahlen, wie dies zur Befriedigung der Kundennachfrage erforderlich ist, werden sie durch zwei Regelwerke dazu angehalten, diese kostenlosen Dienstleistungen nicht übermäßig in Anspruch zu nehmen und umlauffähiges Bargeld verstärkt wieder in Umlauf zu bringen. Die Uniform Cash Access Policy wurde 1998 eingeführt, um die Häufigkeit der Bestellungen und Einzahlungen zu regeln und Gebühren für über ein grundlegendes Niveau hinausgehende Dienstleistungen zu erheben. Darüber hinaus wurde 2006 mit Blick auf die wachsende Menge noch umlauffähiger Banknoten und Münzen, die von den Finanzinstituten zurückgegeben wurden, die Recirculation Policy eingeführt. Die Richtlinie sieht die Erhebung einer Gebühr für die Einzahlung umlauffähiger Banknoten mit einem Nennwert von 10 $ und 20 $ vor, sobald diese einen bestimmten Umfang überschreitet. Diese Maßnahmen setzen Anreize für Finanzinstitute, die FedCash Services effizient zu nutzen, umlauffähige Banknoten wieder in den Verkehr zu bringen und weniger umlauffähiges Bargeld an die Federal Reserve zurückzugeben.

Jede Zahlungsmethode hat eine Reihe spezifischer Eigenschaften, wobei im Falle von Bargeld einige besonders hervorzuheben sind. Es gestattet die sofortige Forderungsbegleichung und bietet den Verbrauchern eine kostengünstige Zahlungsmöglichkeit. Es ist anonym und birgt nicht die Gefahr von Identitätsdiebstahl. Außerdem unterstützt es verschiedene kulturelle Traditionen wie Trinkgeld und Bargeldgeschenke. Vielleicht am wichtigsten ist die Bedeutung von Bargeld bei natur- oder menschengemachten Katastrophen, wenn andere Zahlungsmittel oft nicht verfügbar sind.

Trotz der einzigartigen Eigenschaften von Bargeld als Zahlungsmittel hat sich seine Rolle und Bedeutung im Zahlungsverkehr verändert. Jüngste Ergebnisse der »Diary of Consumer Payment Choice«-Studie der Federal Reserve legen nahe, dass die Beliebtheit von Bargeld als Zahlungsinstrument seit 2016 um etwa die Hälfte zurückgegangen ist. Die Nachfrage nach Bargeld ist jedoch nach wie vor groß, da die Verbraucher Bargeld immer häufiger als Wertaufbewahrungsmittel für Vorsorge- oder Notfallzwecke nutzen und zu Hause verwahren.[3] Diese Entwicklung der Bargeldverwendung erfordert, dass sich die Branche in der Bargeldversorgungskette auf Widerstandsfähigkeit und Flexibilität konzentriert, nicht nur auf Effizienz.

Mit der Entwicklung der Bargeldnachfrage und -verwendung wird sich die Federal Reserve weiter darauf konzentrieren, durch Investitionen in Bargeldbearbeitungsanlagen und politische Initiativen eine zuverlässige und effektive operative Rolle im Bargeldkreislauf wahrzunehmen. Da Bargeld sowohl zur Wertaufbewahrung als auch als Zahlungsmittel eine wichtige Rolle spielt, wird die Federal Reserve noch über Jahrzehnte erhebliche Bargeldbearbeitungskapazitäten benötigen. Selbst wenn die Verwendung von Bargeld als Zahlungsmittel stetig abnimmt, wird die Federal Reserve auch weiterhin Milliarden von Banknoten pro Jahr bearbeiten müssen.[4] Zur Unterstützung der Bargeldbearbeitungskapazitäten investiert die Federal Reserve in hochmoderne Bargeldbearbeitungsmaschinen und Sensoren, die in den nächsten Jahren in unseren Einrichtungen eingesetzt werden sollen.

Neben einer verbesserten Hochgeschwindigkeits-Banknotenbearbeitung auf aktuellstem technischem Stand konzentriert sich die Federal Reserve auf Effizienzverbesserungen im Bargeldein- und -auszahlungsprozess. Eine aktuelle Brancheninitiative namens Cash Visibility arbeitet mit führenden Bargeldakteuren zusammen, um den Umgang mit Bargeld mithilfe eines elektronischen Datenstandards für Bargeldübergaben papierlos zu machen.[5] Nach seiner Implementierung wird Cash Visibility den brancheninternen Rahmen für die Identifizierung, Verfolgung und den Austausch von Daten zu Bargeldpaketen festlegen, die sich auf dem Weg zwischen den einzelnen Unternehmen der Bargeldversorgungskette befinden.

Ein verbessertes Verständnis für die branchenweiten Definitionen von Bargeldqualität und eine verstärkte Zusammenarbeit mit den Branchenakteuren wird der Federal Reserve dabei behilflich sein, ihre derzeitigen Möglichkeiten auszubauen, die Bargeldqualität und -integrität zu überwachen, zu verstehen und zu beeinflussen. Dieser Fokus auf Innovation, Banknotenqualität, Bestandsplatzierung und Optimierung der Bearbeitungsstandorte sowie die enge Zusammenarbeit mit den Partnern in der Bargeldversorgungskette unterstützen die Kernaufgabe der Federal Reserve, das Vertrauen in die US-Währung zu erhalten.

Rolle von Bargeld für die heimische Wirtschaft

Bargeld spielt in der US-Wirtschaft angesichts einer von Jahr zu Jahr wachsenden Gesamtnachfrage nach Bargeld nach wie vor eine wichtige Rolle, wobei der Bargeldumlauf (CIC)[6] im Jahresdurchschnitt stärker zunimmt als das nominale Bruttoinlandsprodukt (BIP) seit 1999.[7] Dieser Anstieg des Bargeldumlaufs fällt zeitlich mit einer Zunahme der Akzeptanz und Nutzung von Debitkarten, Kreditkarten und Onlinebanking zusammen.[8] Während die Einführung und Nutzung dieser Zahlungsinstrumente bei den Verbrauchern in den USA zu einem verringerten Anteil der Bargeldnutzung geführt hat, zeigt der anhaltende und beständige Anstieg des Bargeldumlaufs, dass Verbraucher in aller Welt auch weiterhin US-amerikanisches Bargeld verwenden, sowohl als Zahlungsinstrument als auch als Wertaufbewahrungsmittel in einer zunehmend digitalen Welt.

Während der Bargeldumlauf weiter wächst, gibt die Art und Weise, wie er zugenommen hat, Aufschluss über Veränderungen der Bargeldverwendung durch die Verbraucher – weg von seiner hauptsächlichen Nutzung als Zahlungsmittel hin zu einer zunehmenden Verwendung als Wertaufbewahrungsmittel. Seit 1999 ist die Zahl der in Umlauf befindlichen Federal Reserve-Banknoten sämtlicher Stückelungen im Großen und Ganzen kontinuierlich angewachsen, vor allem bei den kleinen für Bezahlvorgänge eingesetzten Stückelungen (1 bis 20 USD), deren Zahl jedes Jahr um durchschnittlich fast 4 % gestiegen ist. Was den Anstieg des Banknotenumlaufs jedoch besonders befeuert hat, ist die Nachfrage nach 100-Dollar-Noten, insbesondere nach der Finanzkrise und nicht zuletzt während der Corona-Pandemie. Dieser Anstieg ist ein Zeichen dafür, dass sich die Bargeldverwendung durch

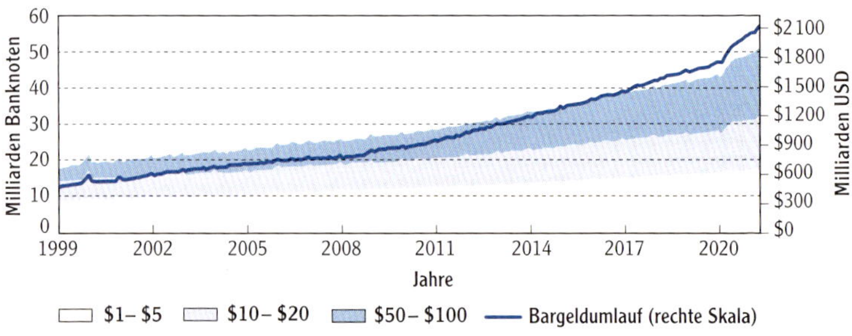

Abbildung 1: Bargeldumlauf nach Nennwert

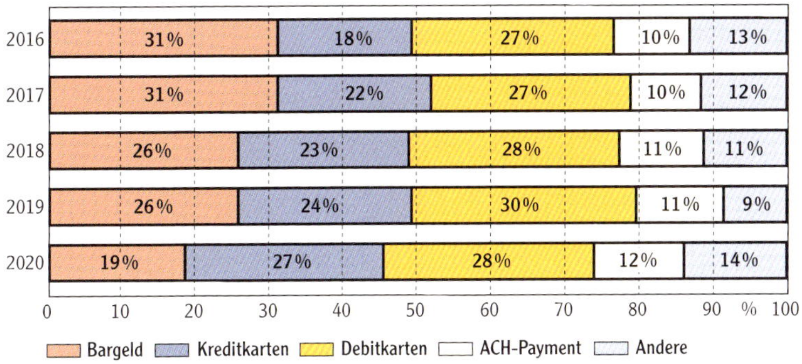

Quelle: Coyle, Kim und O'Brian (2021)

Abbildung 2: Anteil der Zahlungsinstrumente nach Jahren

die Verbraucher im In- wie im Ausland verändert hat: Bargeld wird in unsicheren Zeiten zunehmend als Wertaufbewahrungsmittel und nicht mehr als Zahlungsmittel verwendet.

Die zunehmende Verwendung von Bargeld als Wertaufbewahrungsmittel bedeutet jedoch nicht, dass es in absehbarer Zeit keine Verwendung mehr als Zahlungsmittel findet. Vielmehr deuten die jüngsten Entwicklungen darauf hin, dass Barzahlungen in den USA noch weiterhin eine wichtige Rolle spielen werden. Eine aktuelle Umfrage zum Zahlungsverhalten der US-Verbraucher, die sieben Monate nach Beginn der Corona-Pandemie im Oktober 2020 durchgeführt wurde, ergab, dass etwa 30 % der Verbraucher Bargeld verwenden und mit Bargeld fast 20 % aller Einkäufe und Rechnungen bezahlt werden.

Das soll allerdings nicht heißen, dass es während der Pandemie nicht zu einem Rückgang der Bargeldverwendung gekommen ist. Das war nämlich genau der Fall, da viele Menschen ihre Einkaufsgewohnheiten änderten und ihre Präferenzen zunehmend auf Onlineshopping und elektronische Zahlungen verlagerten. Vor 2020 war bei den Onlinezahlungen im Jahresvergleich ein konstanter, aber geringer Anstieg zu beobachten. Dies änderte sich 2020 deutlich, wodurch die Möglichkeiten zur Bargeldverwendung weiter reduziert wurden.[9] Mit dem Fortschreiten der Corona-Pandemie könnte sich dieser bereits zuvor vorhandene Trend weiter verstärken, da die Menschen mit Onlineshopping zunehmend vertraut sind und Einzelhändler unterschiedlichster Branchen nun auch Onlinezahlungen akzeptieren.[10]

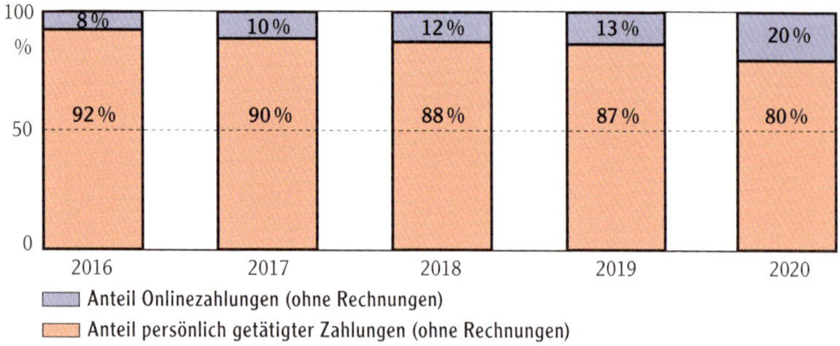

Quelle: Coyle, Kim und O'Brian (2021)

Abbildung 3: Anteil persönlich getätigter Zahlungen gegenüber Onlinezahlungen (ohne Rechnungen)

Doch selbst in Pandemiezeiten, als die Menschen sich sozial distanzierten, vermehrt online einkauften und sich verstärkt auf elektronische Zahlungen verließen, wollte oder musste etwa jeder dritte US-Verbraucher Barzahlungen vornehmen. Dies deutet darauf hin, dass Bargeld als Zahlungsmittel von einem großen Teil der US-Bevölkerung nachgefragt und verwendet wird und auch in Zukunft eine wichtige Rolle spielen wird.

Bargeld in der digitalen Welt und Zukunft des Bargeldes

Angesichts der aktuellen Rolle von Bargeld in den USA sind Prognosen zu dessen baldigem Verschwinden oder Visionen einer bargeldlosen Wirtschaft in naher Zukunft verfrüht. Bargeld bleibt als Zahlungsmittel – vor allem für bestimmte Bevölkerungsgruppen – wichtig (FDIC, 2021).[11] Der langfristige Rückgang der Bargeldverwendung für Transaktionen ist jedoch unbestreitbar, und Alternativen wie Debitkarten, Kreditkarten und kontaktlose Zahlungen werden immer beliebter. Daten der »Diary of Consumer Payment Choice«-Studie der Federal Reserve zeigen, dass die Nutzung neuerer Zahlungsarten wie kontaktlose Zahlungen und Mobilebanking in den USA durch die Corona-Pandemie beschleunigt wurde.[12]

Dennoch bleibt Bargeld als Zahlungsmittel wichtig und inklusiv. Bargeld ist das wichtigste Tauschmittel für die 7 Millionen Haushalte in den USA, die keine Bankverbindung haben. Unter den Menschen, die auf Bargeld angewiesen sind, finden sich überproportional häufig Geringverdiener, Neueinwanderer und Flüchtlinge, People of Color, Obdachlose, ältere Menschen und Menschen mit Behinderung. Die Corona-Pandemie hat den Wandel in vielen Bereichen beschleunigt, und das gilt auch für den Zahlungsverkehr. Der mobile Zahlungsverkehr und das Onlineshopping haben zugenommen, und die Menschen gaben an, weniger Bargeldtransaktionen durchzuführen (Foster, Greene und Stavins, 2019).

Dies ist jedoch nur eine Seite der Medaille. Während die Nachfrage nach kleinen Stückelungen zurückging, stieg sie bei den größeren Stückelungen, insbesondere bei 100-Dollar-Noten. Der Anstieg der Bargeldnachfrage spiegelt sich auch in den höheren Beträgen wider, die während der Pandemie zu Vorsorgezwecken in bar gespart wurden (Foster, Greene und Stavins, 2019). Es bleibt abzuwarten, wie nachhaltig die Verhaltensänderungen durch die Pandemie sein werden, aber sich wandelnde Präferenzen und neue Technologien wirken sich auf den Umgang der Menschen mit Bargeld aus.

In der Praxis ist die Verwaltung von Bargeld für Finanzinstitute kostspielig. Da die Banken nach Kostensenkung streben, versuchen sie, diese zum Teil durch Schließungen von Zweigstellen zu erreichen, was sich direkt auf den Zugang zu Bargeld auswirken kann. Die Zahl der Bankfilialen ist in den vergangenen zehn Jahren um 14 % zurückgegangen[13], und die Daten bis Ende 2020 zeigen, dass die Zahl der Filialschließungen während der Pandemie zugenommen hat (Dixit, 2021). Um Kosten zu sparen, haben einige US-Unternehmen beschlossen, auf bargeldlose Zahlungen umzustellen, und der Kostensenkungsdruck wird sich wohl auch in den kommenden Jahren auf die Bargeldinfrastruktur und ihre Verfügbarkeit auswirken.

Darüber hinaus treibt der technologische Fortschritt einen raschen Wandel in der globalen Zahlungsverkehrslandschaft voran. Die Federal Reserve untersucht diese Entwicklungen und prüft Möglichkeiten, wie sie ihre Rolle als zentraler Zahlungsdienstleister und Ausgabestelle der US-Währung weiter ausbauen kann. Aktuell werden bei der Federal Reserve die Auswirkungen einer sich schnell entwickelnden Technologie auf digitale Zahlungen erforscht, wobei ein besonderer Schwerpunkt auf der möglichen Ausgabe von US-amerikanischem digitalem Zentralbankgeld (Central Bank Digital Currency, CBDC) liegt.[14] Bei der Untersuchung der potenziellen Vorteile und Risiken von CBDC legt die Federal Reserve ihr Hauptaugenmerk auf die Frage, ob und wie CBDC ein bereits sicheres, effektives, dynamisches und effizientes Inlandszahlungssystem wie das der USA in seiner Fähigkeit verbessern könnte, die Bedürfnisse von Haushalten und Unternehmen zu befriedigen.

Wie die Pandemie gezeigt hat, gibt es weiter gute Gründe, Bargeld zu nutzen. Bargeld bleibt zur Wertaufbewahrung und Zahlungsabwicklung auch weiterhin von Bedeutung, doch seine Verwendung für Transaktionen ist rückläufig und wird es wahrscheinlich auch weiterhin sein. Dennoch sind Millionen von Menschen auf Bargeld angewiesen, von denen viele nur über ein geringes Einkommen verfügen oder die Bargeld wegen des besseren Ausgabenüberblicks oder aus anderen Gründen vorziehen. Für diejenigen, die auf Bargeld angewiesen sind, könnte der Übergang zu elektronischen Zahlungsmitteln vergleichsweise höhere Kosten verursachen, und einige Produkte oder Dienstleistungen könnten nicht mehr für alle zugänglich sein, wenn Einzelhändler beginnen, Barzahlungen abzulehnen. Neue Zahlungsmethoden und eine größere Auswahl an Zahlungsmöglichkeiten kommen jedoch auch den Verbrauchern zugute, da ein verstärkter Wettbewerb voraussichtlich zu einem besseren Zahlungsangebot führen wird.

In den kommenden Jahren wird ein klarer Schwerpunkt auf die Bargeldversorgungskette gelegt werden müssen, um Veränderungen bei der Bargeldverwendung aufzugreifen, finanzielle Integration zu gewährleisten und ihre operative Widerstandsfähigkeit und Flexibilität zu erhalten.

Anmerkungen

1 Alle hier von Roger Replogle geäußerten Ansichten sind ausschließlich die des Autors und geben nicht unbedingt die Ansichten des Federal Reserve Systems wieder. »FedCash« ist eine eingetragene Dienstleistungsmarke der Federal Reserve Banks.

2 Mutmaßliches Falschgeld, das bei der Banknotenbearbeitung entdeckt wird, wird zur weiteren Untersuchung und Vernichtung an den United States Secret Service weitergeleitet.

3 Für die aktuellsten Ergebnisse siehe Coyle, Kim und O'Brien (2021); für weitere Publikationen siehe https://www.frbsf.org/cash/publications/fed-notes/

4 2019, vor der Pandemie, bearbeitete die Federal Reserve etwa 33 Milliarden Banknoten. Bei einem Rückgang der Eingänge in den kommenden 15 Jahren um jährlich 2 % müsste die Federal Reserve immer noch mehr als 23 Milliarden Banknoten pro Jahr bearbeiten. Dies entspricht in etwa der Anzahl von Banknoten, die vor 25 Jahren bearbeitet wurden, als die derzeitige Baureihe von Bearbeitungsmaschinen installiert wurde.

5 Siehe https://www.frbservices.org/financial-services/cash/cash-visibility

6 Für Einzelheiten zum Bargeldumlauf nach Nennwert und Jahr siehe https://www.federalreserve.gov/paymentsystems/coin_currcircvalue.htm

7 Das nominale BIP wuchs zwischen Januar 1999 und Januar 2021 um durchschnittlich 3,8 %.

8 Siehe https://www.statista.com/statistics/245399/number-of-debit-cards-in-the-united-states-in-millions/

9 Der Einfachheit halber schließt der Begriff »Onlinezahlungen« auch telefonische Zahlungen an Einzelhändler ein, die keine Zahlungen über das Internet akzeptieren. Als Beispiel könnte ein örtliches Restaurant dienen, das seine Kundinnen und Kunden normalerweise vor Ort bedient und sonst kein Essen zum Mitnehmen anbietet.

10 Die jüngsten Umfragedaten aus der 2020 »Diary of Consumer Payment Choice«-Studie zeigen, dass Onlinezahlungen von den Verbrauchern zunehmend für Dinge des täglichen Bedarfs, Restaurants, Bars und Cafés genutzt werden. Dies deutet darauf hin, dass die Menschen Waren verstärkt online kaufen und bezahlen, um sie anschließend persönlich abzuholen.

11 Bei den Personen ohne Giro- oder Sparkonten handelt es sich mit größerer Wahrscheinlichkeit um Menschen mit niedrigem oder schwankendem Einkommen, Angehörige von Minderheiten oder Menschen mit Behinderung im arbeitsfähigen Alter.

12 Siehe https://www.atlantafed.org/-/media/documents/banking/consumer-payments/diary-of-consumer-payment-choice/2020/dcpc2020_tables-pdf.pdf

13 Siehe https://www7.fdic.gov/sod/dynaDownload.asp?barItem=

14 Siehe https://www.federalreserve.gov/publications/files/money-and-payments-20220120.pdf

Literaturverzeichnis

Coyle, K., L. Kim und S. O'Brien (2021), 2021 Findings from the Diary of Consumer Payment Choice, Federal Reserve Bank of San Francisco, 5. Mai 2021, https://www.frbsf.org/cash/publications/fed-notes/2021/may/2021-findings-from-the-diary-of-consumer-payment-choice/

Dixit, N. (2021), Pandemic Pushes Customers out of Branches, Banks Ramp up Closures, S&P Global Market Intelligence, 13. Juli 2021, https://www.spglobal.com/marketintelligence/en/news-insights/research/pandemic-pushes-customers-out-of-branches-banks-ramp-up-closures

FDIC – Federal Deposit Insurance Corporation (2021), How America Banks: Household Use of Banking and Financial Services, 17. Dezember 2021, https://www.fdic.gov/analysis/household-survey/index.html

Fed – Federal Reserve System, Board of Governors (2017), Currency and Coin Services, 3. Februar 2017, https://www.federalreserve.gov/payment-systems/coin_about.htm#:~:text=The%20Role%20of%20the%20Federal%20Reserve&text=The%2028%20Federal%20Reserve%20Bank,unions%20in%20the%20United%20States

Foster, K., C. Greene und J. Stavins (2019), The 2018 Survey of Consumer Payment Choice: Summary Results, Federal Reserve Bank of Atlanta: Research Data Reports, No 19-02, https://www.atlantafed.org/-/media/documents/banking/consumer-payments/survey-of-consumer-payment-choice/2018/2018-survey-of-consumer-payment-choice.pdf

III: Perspektiven für das Bargeld

Tausend Jahre Papiergeld – Und was kommt dann?[1]

Barry Eichengreen

Die Anfänge des Papiergeldes

Gemessen an der Menschheitsgeschichte ist Papiergeld erst seit vergleichsweise kurzer Zeit im Umlauf. Schon bald, 2023, wird es genau eintausend Jahre her sein, seit in China das erste Papiergeld ausgegeben wurde (Horesh, 2014).[2] Und angesichts der jüngsten Entwicklungen stellt sich die Frage, ob das tausendste Jahr womöglich auch das letzte sein wird.

Die Einführung von Papiergeld in China war eine Reaktion auf das Wirtschaftswachstum (manchmal auch als »mittelalterliche Wirtschaftsrevolution« bezeichnet), infolge dessen sich das Volumen wirtschaftlicher Transaktionen erhöhte und es immer unbequemer und mühsamer wurde, die für umfangreiche Transaktionen benötigten schweren Geldschnüre aus Bronzemünzen mit niedrigem Nennwert mitzuführen.[3] Es war auch eine Reaktion auf den technologischen Fortschritt, insbesondere auf Weiterentwicklungen in der Papierherstellung (Papier war ein handlicheres und gleichförmigeres Medium als Pergament oder Leder) und im Blockdruck (frühe chinesische Banknoten wurden mit großer Präzision mehrfarbig gedruckt), die beide Fälschungen erschwerten.[4] Es stellt sich die Frage, ob das ökonomische Wachstum und die wirtschaftliche Entwicklung des 21. Jahrhunderts, die es erforderlich machen, Zahlungen in hohen Beträgen und über große Entfernungen zu tätigen, gemeinsam mit den Fortschritten der Digitaltechnologie – einschließlich Blockchain bzw. Satelliten- und Breitbandkommunikation – Papiergeld in ähnlicher Weise überflüssig machen werden.

Kurzer Überblick über die Geschichte des Papiergeldes in Europa

In Europa reicht die Geschichte des Papiergeldes sogar noch weniger weit zurück. Als Marco Polo im 13. Jahrhundert nach China reiste und dort erstmals Banknoten im Blockdruck sah, gab es in Europa noch keine Papierwährung. Wann genau Papiergeld in Europa zum ersten Mal ausgegeben wurde, ist umstritten, was angesichts der unterschiedlichen Definitionen des Zahlungsinstruments nicht überrascht. Im 13. Jahrhundert wurden in Florenz Wechsel – privat ausgestellte Papiere zur Begleichung finanzieller Verpflichtungen – ausgegeben. Diese Wechsel waren handgeschrieben, besaßen einen relativ hohen Nennwert und hingen von der Kreditwürdigkeit des jeweiligen Ausstellers und seiner Bank (beziehungsweise des »Bezogenen«) ab. Man kann sich also durchaus fragen, ob solche Wechsel wirklich wie Geld funktionierten und inwiefern sie ein zuverlässiges Wertaufbewahrungs- und Zahlungsmittel darstellten.[5] In Amsterdam und London gaben Goldschmiede (sogenannte Goldschmiedebankiers), die sich auf die Lagerung von Gold spezialisiert hatten, im 17. Jahrhundert Papierzettel (Chits) oder Quittungen für ihre Kunden heraus, die als Zahlungsmittel in Umlauf waren.[6] Doch auch diese Scheine waren nur so gut wie die Kreditwürdigkeit des jeweiligen Goldschmiedebankiers beziehungsweise die Sicherheit seines Tresors.

Die ersten offiziell genehmigten europäischen Banknoten wurden 1661 von der Stockholms Banco mit Unterstützung des schwedischen Schatzkanzlers und obersten Bankinspektors Baron Gustaf Bonde ausgegeben. Im Gegensatz zu den Banknoten, die Banken in Florenz und anderswo in Italien in der Vergangenheit emittiert hatten, waren die schwedischen Banknoten nicht nur offiziell genehmigt, sondern wurden auch in kleinen (und nicht so kleinen) Stückelungen sowie glatten Einheiten ausgegeben (5-, 25-, 100- und 1000-Kupfer-Riksdaler). Sie dienten daher sowohl als Rechnungseinheit als auch als Zahlungsmittel. Den Anstoß gaben in Schweden ähnlich wie in China praktische Erwägungen: Münzen wurden aus Kupfer geprägt, da die Krone die wichtigsten Kupferminen besaß und froh war, mit dem Metall einen Eigenbedarfsmarkt bedienen zu können. Doch Kupfermünzen waren unhandlich, was mit der wirtschaftlichen Expansion immer mehr zum Problem wurde. Heckscher (1954) beschreibt, wie das gesamte Transportsystem des

Landes darauf ausgerichtet werden musste, schwere Kupfermünzen zu transportieren.

Dies schuf den naheliegenden Anreiz, als Ersatz Papierscheine zu verwenden, die bei Bedarf in Kupfer umgetauscht werden konnten, woraus die Stockholms Banco unter der Leitung von Johan Palmstruch Kapital zu schlagen versuchte. Das Experiment von 1661 scheiterte jedoch an der laschen Aufsicht der Stockholms Banco über die Ausgabe von Banknoten und der Versuchung, zu viele Noten zu emittieren. Nach drei Jahren kamen Fragen auf, ob die Bank über ausreichend Edelmetallreserven verfügte, was einen Ansturm auf die Bank auslöste. Die Regierung griff ein, stellte das Kreditgeschäft des Instituts ein und zog die Banknoten aus dem Verkehr. Da Palmstruch nicht in der Lage war, der Regierung die entstandenen Kosten zu erstatten, wurde er vor Gericht gestellt und zum Tode verurteilt.[7] Offenbar waren die Strafen für Missmanagement bei Banken in früheren Jahrhunderten härter als heute.

Ein weiterer Faktor, der die Stabilität der Palmstruch-Noten untergrub, war neben der Misswirtschaft das Aufkommen gefälschter Banknoten – bis heute ein Problem für Papiergeld. Der spätere Siegeszug der Papierwährungen ging folglich mit Fortschritten in der Druck- und Sicherheitstechnik einher. Im 17. und 18. Jahrhundert, also vor der industriellen Ära des modernen Wirtschaftswachstums, gestaltete sich der Wandel nur schleppend. Entsprechend langsam verbreitete sich in dieser Zeit auch das Papiergeld. Banknoten wurden im Kupferstichverfahren hergestellt: Die Platten wurden von Hand gestochen und dann für den Druck mit Tusche eingeschwärzt. Als Reaktion auf das Fälschungsproblem verlangten die Behörden spezielle Papiersorten, die sich von handelsüblichen Papieren unterschieden und immer aufwendigere Wasserzeichen enthielten. Im späten 18. und frühen 19. Jahrhundert – vor allem nach der Erfindung der Dampfdruckmaschine, mit der nummerierte Banknoten gedruckt werden konnten – wurde begonnen, Banknoten beidseitig zu bedrucken, was die Herstellung annehmbarer Fälschungen weiter erschwerte. Im 20. Jahrhundert verwendeten die Zentralbanken dann Kinegramme und andere Arten eingebetteter Hologramme. Sie gaben Polymer-(Kunststoff-)Banknoten mit variablen optischen Elementen aus, die je nach Blickwinkel oder Beleuchtung unterschiedlich aussehen und daher nur schwer zu reproduzieren sind. Die Euro-Banknoten des 21. Jahrhunderts variieren bewusst in der Dicke (was eine exakte Reproduktion durch Dritte erschwert) und besitzen Wasserzeichen, Hologramme, Sicherheitsfäden, farbwechselnde Zahlen, Infraroteigenschaften und Mikrodruck (Abfolgen winziger Buchstaben, die nur mit einer Lupe zu erkennen sind).

Alternative Zahlungsmittel

Obwohl die fortschreitende Perfektionierung der Banknotenherstellung Fälschungen entgegenwirkte und damit für einen wachsenden Umlauf von Papiergeld sorgte, wurde auch zunehmend auf alternative Zahlungsmittel zurückgegriffen. Mit der Entwicklung von Banken und des Bankwesens wurden im 18. Jahrhundert neben dem bereits erwähnten Wechsel auch der moderne Bankscheck und das gedruckte Scheckbuch eingeführt. Bereits zuvor hatte man in besonders weit entwickelten Finanzzentren wie Amsterdam bis zu einem gewissen Maß auf handgeschriebene Wechsel auf Bankkonten – sozusagen maßgeschneiderte Schecks – vertraut. Zur allgemeinen Verwendung war es jedoch erforderlich, dass die Banken dieses Instrument standardisierten, indem sie unter anderem Seriennummern hinzufügten, was in den 1700er Jahren geschah. Als Telegrafennetze zur Übermittlung von Nachrichten zwischen Telegrafenämtern und benachbarten Banken zur Verfügung standen, folgten telegrafische Überweisungen. Pionier war hier Western Union in den 1870er Jahren.

Auf Ebene des Einzelhandels wurden in der ersten Hälfte des 20. Jahrhunderts in den Vereinigten Staaten und später auch anderswo von Kaufhäusern und Tankstellen sogenannte Charge-Plates ausgegeben, kleine Metallschilder, in die Name und Anschrift des Kunden eingeprägt waren und die für Kreditkäufe verwendet werden konnten.[8] Dies waren die unmittelbaren Vorläufer der Kreditkarten, wie etwa der 1960 ausgegebenen Diner's-Club-Karte, die zunächst auf Einkäufe in einer Handvoll teilnehmender Restaurants beschränkt war, aber schnell zur »Allzweck-Kreditkarte« avancierte. Kreditkarten kamen in den USA früher auf den Markt und wurden dort stärker genutzt als anderswo, was auf die Fragmentierung des US-Bankensystems zurückzuführen ist – eine Folge des Glass-Steagall-Gesetzes. Dieses Gesetz schränkte den Aufbau grenzüberschreitender Bankfilialnetze ein und erschwerte es somit Privatpersonen, Bankschecks außerhalb der jeweiligen Bundesstaatsgrenzen zu verwenden.

Die erste Debitkarte wurde 1966 ebenfalls in den Vereinigten Staaten ausgegeben (von der Bank of Delaware). Die Funktionen dieser Karten wurden mit der Verbreitung von Geldautomatennetzen (wo sie erstmals praktisch eingesetzt werden konnten) und schließlich der Generalisierung elektronischer Verbindungen zwischen Banken und Points-of-Sale stetig erweitert.

Derzeit wird viel über Onlinebanking, digitale Geldbörsen, mobile Zahlungen und Kryptowährungen als Alternativen zum Papiergeld diskutiert. Dieser kurze historische Rückblick zeigt, dass es, seitdem es Geld gibt, auch stets Alternativen gegeben hat.

Trends bei der Verwendung von Bargeld

Wie hat sich die Verwendung von Bargeld verändert? In den Vereinigten Staaten führt das Federal Reserve System jährlich eine Studie zum Zahlungsverhalten durch, die auf von den Verbrauchern geführten Tagebüchern basiert (vergleiche Coyle, Kim und O'Brien, 2021, für die jüngste Ausgabe). Daraus geht hervor, dass der Anteil der Barzahlungen am Gesamtzahlungsvolumen in den letzten Jahren schrittweise zurückgegangen ist, und zwar von 33 % im Jahr 2015 auf 26 % im Jahr 2019. Diesem jüngsten Trend sollte allerdings keine allzu hohe Bedeutung beigemessen werden, da in den Vorjahren eine gegenläufige Entwicklung zu beobachten war: In der Erhebung von 2013 betrug der Anteil der Barzahlungen am monatlichen Zahlungsvolumen ebenfalls nur 26 %. In den USA sind die beliebtesten Alternativen zum Bargeld Kredit- und Debitkarten (die beide für etwas mehr als ein Viertel aller Zahlungen zum Einsatz kommen), gefolgt von elektronischen Bankzahlungen über automatisierte Verrechnungsstellen (Automatic Clearinghouse oder ACH) sowie sonstigen Zahlungsinstrumenten (hauptsächlich Schecks, aber auch andere elektronische Zahlungen, die zusammen etwa 10 % aller Zahlungen ausmachen). Diese Daten aus der Zeit vor 2020 deuteten nicht darauf hin, dass die Verwendung von Bargeld in den USA abnehmen würde.

Dann allerdings kam die Corona-Pandemie. Die Verwendung von Bargeld ging drastisch zurück: Der Anteil aller Zahlungen, die in den USA mit Bargeld abgewickelt wurden, sank von 26 % im Jahr 2019 auf 19 % im Jahr 2020, was im historischen Vergleich eine erhebliche Veränderung gegenüber dem Vorjahr darstellt. Hauptgewinner waren Kreditkarten- und Scheckzahlungen sowie vermutlich in erster Linie diverse elektronische Zahlungsmöglichkeiten (vergleiche Abbildung 1).[9] Wenn der enge persönliche Kontakt, der mit der Bargeldverwendung verbunden ist, im Falle einer Pandemie zu einem Gesundheitsrisiko wird, wenden sich die Menschen alternativen Zahlungsmitteln zu. Saka, Eichengreen und Aksoy (2021) haben anhand der Global-Findex-Erhebungen der Weltbank für die Jahre 2011, 2014 und 2017 das Zahlungsverhalten bei vergangenen Epidemien in verschiedenen Ländern untersucht und finden Belege für dieselbe Entwicklung. Personen, die in einem bestimmten Jahr in einem bestimmten Land einem Epidemierisiko ausgesetzt sind, tätigen seltener Transaktionen in Bankfilialen, wo sie unter Umständen mit einem Kassierer interagieren oder an einem Geldautomaten anstehen müssen, und wickeln Transaktionen eher online oder über ein Mobiltelefon ab. Allerdings sind entsprechende Verschiebungen in Gegenden mit 3-G-Mobilfunkabdeckung größer, da 3-G die Schwelle ist, ab der auf digitale Finanzdienstleistungen und andere mobilfunkspezifische Anwendungen zugegriffen werden kann. Dies unterstreicht, wie wichtig es ist, die Rolle der Technologie zu berücksichtigen, wenn man über die Zukunft der Bargeldnutzung nachdenkt.

Die Befragung der Federal Reserve für das Jahr 2020 zeigt auch, dass die Bargeldverwendung bei den 25- bis 44-Jährigen am geringsten, die Nutzung diverser elektronischer Zahlungsmöglichkeiten dagegen am größten war – vor allem bei den 25- bis 34-Jährigen. Bei den 65-Jährigen und Älteren ließ sich das genaue Gegenteil beobachten:

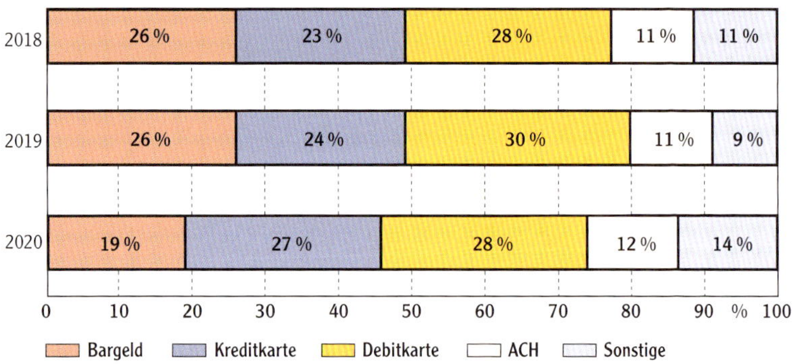

Quelle: Coyle, Kim und O'Brien (2021)

Abbildung 1: Anteil der verwendeten Zahlungsinstrumente nach Jahren

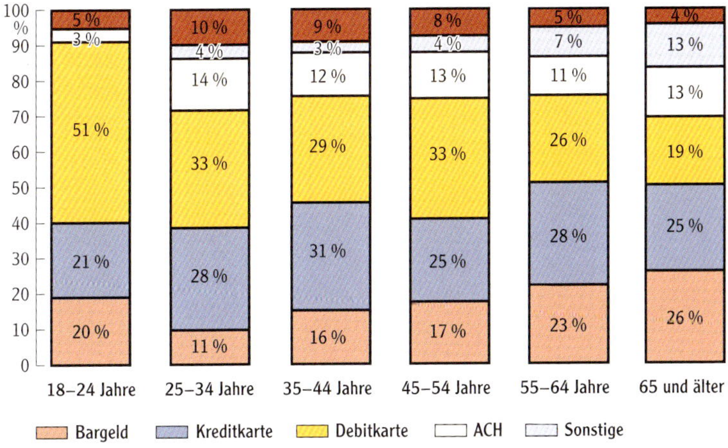

Quelle: Coyle, Kim und O'Brien (2021)

Abbildung 2: Anteil der im Jahr 2020 verwendeten Zahlungsinstrumente nach Altersgruppen

Sie vertrauten am meisten auf Bargeld und am wenigsten auf diverse elektronische Zahlungsmöglichkeiten (vergleiche Abbildung 2). Das ergibt insofern Sinn, als junge Menschen dazu neigen, neue Technologien früh anzunehmen, während ältere Menschen dem Altbewährten (in diesem Fall Bargeld) treu bleiben.[10]

Inwieweit sich diese Verhaltensänderung nach der Pandemie fortsetzen wird, ist ungewiss. Es könnte sein, dass die Menschen wieder zu ihren alten finanziellen Gewohnheiten zurückkehren, sobald Covid-19 unter Kontrolle ist und enge persönliche Kontakte wieder gefahrlos möglich sind. Denkbar ist aber auch, dass einige Menschen sich an die neuen elektronischen Zahlungsmittel gewöhnt haben, diese weiterhin nutzen und weniger auf Bargeld zurückgreifen werden. Saka, Eichengreen und Aksoy (2021) haben nach Belegen für einen solchen kurzfristigen Effekt gesucht, in den Daten vor der Corona-Pandemie aber kaum Anzeichen dafür gefunden. Es könnte natürlich sein, dass sich die Lage unter Corona insofern unterscheidet, als das Virus weiter verbreitet ist und das öffentliche Bewusstsein stärker beeinflusst hat als Epidemien in früheren Jahrzehnten. Außerdem unterscheidet sich die Corona-Pandemie dahin gehend, dass nicht nur Entwicklungsländer, sondern auch Industrieländer betroffen sind, wo die Art von elektronischer Infrastruktur zur Verfügung steht, die eine Umstellung auf elektronische Verfahren erleichtert. Die Daten einer europäischen Umfrage aus dem Jahr 2020 stimmen mit dieser Vermutung überein. Als die Europäische Zentralbank Verbraucher in 19 Euro-Ländern zu ihren Erwartungen befragte, wie sie nach der Pandemie Zahlungen vornehmen würden, gaben 46 % an, dass sie mit Sicherheit auch in Zukunft weniger mit Bargeld bezahlen werden, und 41 %, dass sie wahrscheinlich auch in Zukunft weniger mit Bargeld bezahlen werden (EZB, 2021, S. 24). Es ist auch möglich, dass die jüngsten Ereignisse die Verwendung elektronischer Zahlungen auf Kosten des Bargeldes längerfristig begünstigen werden. Die jüngeren Jahrgänge, die sich während der Pandemie überdurchschnittlich stark dem elektronischen Zahlungsverkehr zuwandten, haben das Leben nämlich noch vor sich, und nachkommende Jahrgänge werden ihr Verhalten nachahmen. Leider ist es aufgrund der begrenzten Zeitspanne, die durch die von Saka, Eichengreen und Aksoy (2021) analysierten Weltbankdaten abgedeckt wird, nicht möglich, diese Hypothese zu testen.

Musterbeispiel für eine bargeldlose Gesellschaft ist Schweden, wo der Bargeldanteil am gesamten Zahlungsverkehr von 56 % im Jahr 2000 auf 13 % im Jahr 2019 gesunken ist. Die absolute Menge an Bargeld, die in Schweden im Umlauf ist, hat in den vergangenen zehn Jahren abgenommen, weil sich die Transaktionen auf die mobile Bezahl-App Swish verlagerten. Ein derart dramatischer Wandel lässt sich anderswo allerdings nicht beobachten. Vielleicht sind die Schweden einfach anders gestrickt. Womöglich ist aber auch die Bildung ein entscheidender Faktor: Die gut ausgebildete Bevölkerung des Landes ist unter Umständen eher dazu bereit, innovative Zahlungstechnologien anzunehmen als die Bürgerinnen und Bürger anderer Länder.

Der außergewöhnliche Rückgang der Bargeldnutzung in Schweden dürfte allerdings zum großen Teil auf die flächendeckende Verfügbarkeit, Benutzerfreundlichkeit und Regulierung von Swish zurückzuführen sein. Swish funktioniert über eine Smartphone-App, die die Telefonnummer des Nutzers dessen Bankkonto zuordnet und es ermöglicht, Geld durch Eingabe der Telefonnummern der beiden Transaktionspartner in Echtzeit von einem Konto auf das andere zu überweisen, und zwar rund um die Uhr, sieben Tage die Woche. Für den Einzelhandel hat Swish eine In-Store-Transaktionsfunktion eingeführt. Hierbei handelt es sich um ein Bluetooth-Modul, das mit den Terminals vor Ort verbunden ist und das kontaktlose Bezahlen mit Smartphones ermöglicht, ähnlich wie bei kontaktlosen Kreditkarten. In jüngster Zeit wurde der Dienst auch auf E-Commerce-Anwendungen ausgeweitet. Die eigentliche Überweisung wird vom schwedischen Bankenclearing-System durchgeführt, das Swish in Zusammenarbeit mit sechs großen schwedischen Banken und mit Unterstützung der Zentralbank entwickelt hat. (Weitere Banken haben sich später angeschlossen.) Die Banken hinterlegen Geld auf Konten bei der Zentralbank, um den Geldtransfer effektiv zu sichern. Wichtig ist, dass der Dienst für private Nutzer kostenlos ist. Unternehmen zahlen eine geringe Jahresgebühr und etwa zwei schwedische Kronen pro Transaktion (umgerechnet 0,30 €), was die Nutzung von Swish im Vergleich zu Kreditkartentransaktionen attraktiv macht. Bei Letzteren werden zwischen 2 % und 5 % des Umsatzes in Rechnung gestellt. Der Wettbewerb unter den Banken, die die Plattform nutzen, hält die Gebühren niedrig (anders als bei Systemen wie M-Pesa, die eine Monopolstellung einnehmen). Außerdem ist es den Einzelhändlern nicht gestattet, die Gebühr wie eine Steuer auf die Kundinnen und Kunden umzulegen, was die Nutzung von Swish für Letztere attraktiv macht.

In anderen Ländern – zum Beispiel in den Vereinigten Staaten – verteilen sich die elektronischen Zahlungen auf eine Vielzahl unterschiedlicher Anwendungen, darunter Apple Pay, Google Pay, PayPal und Venmo. In Schweden kam dagegen 2020 zu 94 % Swish zum Einsatz. Das schwedische Finanzsystem wird aus historischer Sicht von einer kleinen Anzahl von Banken dominiert, die traditionell mit der Regierung und der Zentralbank zusammenarbeiten. Diese Zusammenarbeit ermöglichte das Entstehen einer einzigen vorherrschenden Zahlungsplattform, wodurch sich Netzwerkeffekte verstärkten und die Abkehr vom Bargeld beschleunigt wurde.

Völlig anders gelagert ist dagegen die Situation in Deutschland, wo Privatpersonen in noch größerem Umfang mit Bargeld bezahlen als in den Vereinigten Staaten. Eine Erhebung der Bundesbank für das Jahr 2019 (zitiert in EZB, 2020) zeigt, dass etwa 50 % der Transaktionen (wertmäßig) mit Bargeld abgewickelt werden. Beobachter (zum Beipiel Nicholson, 2020) führen historische Ängste vor einer Verschuldung (und daher eine Abneigung gegen Kreditkarten) und vor Überwachung (insbesondere in den neuen Bundesländern) als Erklärung für diese Besonderheit an. Allerdings sehen sie auch Anzeichen dafür, dass die jüngere Generation – insbesondere als Reaktion auf die Pandemie – zusehends auf elektronische Zahlungsmittel umschwenkt.

Selbst in Schweden ist das Bargeld nicht gänzlich verschwunden.

Mit 13 % ist der Anteil der mit Bargeld abgewickelten Transaktionen längst nicht gleich null. Insbesondere die Bewohner ländlicher Gebiete, ältere Menschen, Zuwanderer und Menschen mit Behinderung beklagen sich über die Schwierigkeiten bei der Nutzung elektronischer Zahlungstechnologien und verwenden weiterhin Bargeld (Sveriges Riksbank, 2020).

Auswirkungen der neuen digitalen Zahlungsalternativen

Bleibt die Frage, ob sich dies durch die Entwicklung weiterer digitaler Zahlungsalternativen ändern wird.

Bei privaten Zahlungsdiensten wie PayPal gibt es, wie bereits erwähnt, sowohl Probleme mit der Marktfragmentierung als auch mit der finanziellen Inklusion. Überweisungen zwischen Bankkonten sind in der Regel kostenlos, aber sie stehen natürlich nur denjenigen zur Verfügung, die auch ein solches Konto haben.[11] Nicht jeder besitzt ein Bankkonto, genauso wenig wie jeder ein Handy (oder zuverlässigen Handyempfang) hat. Außerdem brauchen diese Dienste üblicherweise ein bis drei Tage, um eine Transaktion abzuschließen, wodurch sie für Bargeld nur ein unvollkommener Ersatz sind. Wirtschaftswissenschaftler könnten argumentieren, dass Gebühren und zeitliche Verzögerungen durch zusätzlichen Wettbewerb in diesem Bereich abnehmen werden. Wettbewerb bedeutet jedoch eine weitere Fragmentierung des Marktes. Bargeld ist attraktiv, weil es allgegenwärtig ist: Jeder benutzt es, also weiß auch jeder, wie man es benutzt. Ein halbes Dutzend und mehr verschiedene Bezahl-Apps herunterladen und beherrschen zu müssen, weil die verschiedenen Geschäftspartner ein halbes Dutzend und mehr verschiedene Bezahl-Apps verwenden, ist im Vergleich dazu unattraktiv.

Es ist durchaus vorstellbar, dass dieser Markt angesichts positiver Netzwerkexternalitäten am Ende zu einem einzigen privaten Zahlungsdienst verschmelzen wird. Dadurch wiederum wird dieser Dienst jedoch eine erhebliche Marktmacht erhalten. Der Staat wird sich daher gezwungen sehen, ihn wie ein öffentliches Versorgungsunternehmen zu regulieren. Neben der Marktmacht dürfte den Behörden auch die Frage Sorge bereiten, ob eine so wichtige öffentliche Dienstleistung wie der Zahlungsverkehr von einem privaten Anbieter zuverlässig erbracht werden kann.

Aktuell wird üblicherweise davon ausgegangen, dass Gebühren und zeitliche Verzögerungen sowie Probleme der Interoperabilität abnehmen werden, sobald die Transaktionen auf Blockchain-Technologie umgestellt sind. Das könnte sich mit der Zeit auch bewahrheiten, doch im Moment sind Blockchain-basierte Transaktionen in Kontexten, in denen weiterhin Bargeld verwendet wird, noch eine recht kostspielige Angelegenheit (nicht zuletzt im Hinblick auf den Energieverbrauch, der den Regierungen in einer vom Klimawandel bedrohten Welt ein Anliegen sein sollte). Während Banknoten durch das volle Vertrauen in eine staatliche Behörde und deren Glaubwürdigkeit gedeckt sind, gibt es für klassische Krypto-Token wie den Bitcoin, die die Welt der Blockchain dominieren, keine Sicherheit. Sie haben keinen inneren Wert und besitzen nicht den Status eines gesetzlichen Zahlungsmittels. Ihre Preise schwanken mitunter stark, wodurch sie sich nicht als zuverlässiges Wertaufbewahrungsmittel eignen. Folglich stellen sie keine attraktive Alternative zu staatlich ausgegebenen Banknoten dar, wenn es darum geht, sie zu Transaktionszwecken in der eigenen (digitalen) Brieftasche mitzuführen.

Stablecoins, die so konzipiert sind, dass sie im Verhältnis zu den staatlichen Verbindlichkeiten, die der Emittent als Sicherheit hält (zum Beispiel Dollar oder Euro), stabil bleiben, werden im Zahlungsverkehr wahrscheinlich eher anstelle von Bargeld verwendet und akzeptiert werden, da sie in digitalen Geldbörsen gehalten werden können, ohne gegenüber Geldscheinen an Wert zu verlieren. So ist zumindest das Prinzip. Allerdings können Stablecoins, die nur teilweise besichert sind, Probleme auslösen, die einem Bankenansturm gleichkommen. Es ist somit unwahrscheinlich, dass sie stabil bleiben. Vollständig besicherte Stablecoins dagegen sind schwer zu skalieren, da jemand eine allgemein akzeptierte Banknote oder Bankeinlage gegen eine digitale Einheit eintauschen muss, die nur von bestimmten Gegenparteien akzeptiert wird. Dieses Problem ließe sich überwinden, indem Stablecoin-Inhabern Zinsen gezahlt werden, doch die Zahlung von Zinsen erfordert eine Einnahmequelle. Wenn diese Einnahmen aus zusätzlichen zukünftigen Emissionen stammen, ist das System anfällig für Auswüchse, die denen eines Schneeball- beziehungsweise Ponzi-Systems ähneln. Werden Einnahmen dadurch generiert, dass die Erlöse in zinstragende liquide Vermögenswerte investiert werden, besteht die Gefahr, dass die liquiden Vermögenswerte plötzlich illiquide werden und der Emittent somit gezwungen ist, die Rückzahlungen zu begrenzen oder infolge eines »break the buck« Verluste zu erleiden. Dies macht das digitale Instrument wiederum zu einem unvollkommenen Ersatz für eine Währung, deren Rückzahlung zum Nennwert vom Staat garantiert wird (und glaubwürdigerweise auch erfolgen wird).[12]

In einer Welt, in der es viele verschiedene Stablecoins gibt, wird die Marktfragmentierung zudem ihre Verwendung im Zahlungsverkehr unattraktiv machen, wie es bei PayPal und seinen Konkurrenten bereits der Fall ist. Selbst wenn künftige Blockchain-Technologien den Umtausch von einem Stablecoin in einen anderen auf magische Weise problemlos ermöglichten, würde die Tatsache, dass die verschiedenen Stablecoins unterschiedliche Stückelungen aufweisen, ihre Verwendung erschweren (als würde eine Plattform Sieben-Euro-Scheine und eine andere Elf-Euro-Scheine ausgeben). Zwar könnte die Regierung einen Standard für die Stückelungen festlegen, doch dies würde eine Regulierung der Branche voraussetzen. Sollte ein Stablecoin eine marktbeherrschende Stellung einnehmen (wie befürchtet wurde, als Facebook seinen Stablecoin Libra/Diem vorschlug), müsste er ebenfalls wie ein öffentliches Versorgungsunternehmen reguliert werden. Und es würden erneut Befürchtungen dahin gehend aufkommen, welche Folgen es haben könnte, wenn eine wesentliche öffentliche Dienstleistung wie der Zahlungsverkehr an eine private Einrichtung ausgegliedert wird, die über eine eigene Technologie von ungewisser Stabilität und Sicherheit verfügt.

Bleibt noch das digitale Zentralbankgeld (Central Bank Digital Currency – CBDC). Eine Retail-Variante des CBDC, bei dem jeder Einzelne über ein digitales Konto bei der Zentralbank verfügt oder über eine digitale Geldbörse, die mit digitalem Zentralbankgeld gefüllt werden kann, beziehungsweise eine digitale Debitkarte, wie sie Rogoff (2016) vorschlägt, würde einen großen Schritt in Richtung Abschaffung des Bargeldes bedeuten. Für Steuerhinterzieher, Geldwäscher und Überlebenskünstler mag digitales Zentralbankgeld zwar weniger attraktiv sein als Bargeld, aber das spricht nicht wirklich dagegen. Es ist allerdings nicht klar, ob die Zentralbanken in der Lage sind, viele Millionen Privatkundenkonten zu führen und zu verwalten. Durch die Existenz solcher Konten könnte das Bankensystem als Finanzvermittler verdrängt werden, falls die Einleger vollkommen sichere Guthaben bei der Zentralbank vorziehen. Damit könnte sich auch das Risiko eines Bankenansturms erhöhen, wenn Einleger bei ersten Anzeichen von Problemen bei den privaten Finanzinstituten ihre Guthaben zur Zentralbank verlagern.

Die wahrscheinlichere Alternative ist ein Wholesale CBDC bei dem die Zentralbanken digitales Geld an die Geschäftsbanken transferieren, das diese wiederum auf Kundenkonten einzahlen, wobei die Geschäftsbanken für die Einhaltung der Know-Your-Customer-Vorschriften und anderer Compliance-Regeln verantwortlich sind (wie es derzeit bei großen Papiergeldeinlagen der Fall ist). Doch auch hier stößt man auf das Problem, dass nicht jeder ein Bankkonto hat. Die Zentralbanken könnten im Rahmen einer Art von hybridem Retail-/Wholesale-CBDC-System Rogoffs Vorschlag aufgreifen und Debitkarten an Nichtbankkunden ausgeben. Sollten sich jedoch private Bankkontoinhaber für Debitkarten der Zentralbanken entscheiden, wären wir wieder in der Welt des Retail CBDC mit all seinen Vor-, aber auch Nachteilen.

Zusammenfassung

Papiergeld war und ist ein vertrauter Begleiter im Alltag aller heute lebenden Menschen. Deshalb ist es wichtig, sich daran zu erinnern, dass es erst seit einem vergleichsweise kurzen Zeitraum der Menschheitsgeschichte zum täglichen Leben gehört. Vor seiner Erfindung kam die Menschheit lange Zeit ohne aus. Dies lässt zumindest die Möglichkeit zu, dass es irgendwann eine »Zeit danach« geben wird, in der die Menschheit erneut auf Papiergeld verzichten kann.

Die Verwendung von Papiergeld ist bislang nur geringfügig zurückgegangen, abgesehen von einigen wenigen Ausnahmefällen wie Schweden. Mit dem Aufkommen digitaler Alternativen – von Debitkarten bis hin zu Onlinezahlungsplattformen und Smartphone-basierten digitalen Apps – und in Anbetracht weiterer Impulse durch die Corona-Pandemie besteht nun die Aussicht, dass sich der Rückgang beschleunigen wird. Der Bereich der digitalen Zahlungen ist jedoch nach wie vor fragmentiert: Es gibt keine Onlineplattform und keinen digitalen Coin, die so verbreitet und von allen akzeptiert sind wie Papiergeld.

Diese Segmentierung deutet darauf hin, dass staatlich ausgegebenes Papiergeld auf absehbare Zeit noch eine Rolle spielen wird. Und sollte sich der Zahlungsverkehr auf eine einzige digitale Einheit konzentrieren, wird diese entweder vom Staat selbst oder von einer privaten Einrichtung ausgegeben werden, die einer strengen staatlichen Aufsicht unterliegt. Die Zukunft des Papiergeldes mag ungewiss sein, aber die Rolle des Staates und der Zentralbank bei der Regulierung des Zahlungsverkehrs ist es nicht.

Anmerkungen

1 In einem längeren Beitrag hätte die Geschichte von Banknoten und Münzen gemeinsam betrachtet werden können. In diesem Artikel wird nur auf Papiergeld eingegangen.

2 Andere Quellen datieren die Einführung des Papiergeldes in China geringfügig anders. Diese Uneinigkeit rührt zum Teil daher, dass sich die Definitionen von Papiergeld voneinander unterscheiden. Betrachtet man die von einer Gruppe wohlhabender Kaufleute in der Provinz Szechuan (wo auch der Blockdruck erfunden wurde – siehe unten) ausgegebenen Noten als Papiergeld, liegt der Erfindungszeitpunkt früher. Im Jahr 1023 wurden diese privat ausgegebenen Noten aus dem Verkehr gezogen. Danach waren nur noch von der Regierung gedruckte Banknoten erlaubt. Letztere dienten insofern als offizielles Zahlungsmittel, als Privatpersonen damit Salz und Alkohol in staatlichen Geschäften erwerben konnten. Mir persönlich erscheint das Jahr 1023 durch die Kombination aus öffentlicher Ausgabe der Banknoten und ihrem Status als gesetzliches Zahlungsmittel als logisches Datum.

3 Die Münzen wurden in der Regel in Hundertereinheiten auf Schnüre gefädelt. Eine Schnur mit 1000 Bronzemünzen, wie sie nicht selten für Transaktionen verwendet wurde, wog etwa sieben Pfund. Es ist also kein Zufall, dass das Papiergeld zuerst in Szechuan auftauchte – einem Handelszentrum, in dem mit Seide und Tee große Summen umgesetzt wurden (Glahn, 2018). (Eisenmünzen mit noch schlechterem Verhältnis zwischen Wert und Gewicht waren in Szechuan ebenfalls im Umlauf, was das Problem zusätzlich verschärfte.) Später ging China zum Silberstandard über. Zwar waren Silbermünzen ein handlicheres Zahlungsmittel, doch die Innovation des Papiergeldes wurde beibehalten (Glahn, 2010).

4 Geldscheine wurden mit roter, schwarzer und blauer Tinte gedruckt, größere Scheine mit bis zu zehn verschiedenen Druckstöcken. Die Seriennummern wurden von Hand eingraviert und die Scheine alle

zwei bis drei Jahre ausgetauscht (vgl. u. a.: Read, 1926; Yang, 1952; Glahn 2018). Nicht umsonst wurde auch das Papier in China erfunden (vgl.: Tsien, 1985).

5 Die Entwicklung des Wechsels ist ein weiterer Fall, in dem China der europäischen Praxis um mehrere Jahrhunderte voraus war.

6 Vgl. z. B. Faure (2013).

7 Palmstruch wurde später begnadigt, blieb aber bis 1670 inhaftiert und starb 1671.

8 Eine andere Erfindung waren Charge-Coins.

9 Die Europäische Zentralbank (EZB) erhebt keine vergleichbaren Daten, führte aber im Juli 2020 eine Befragung durch, bei der 39 % der Befragten angaben, bei Transaktionen seltener Bargeld zu verwenden als vor der Pandemie. 49 % meinten, dass sich nichts verändert habe, und 10 % gaben an, dass sie häufiger Bargeld verwendeten (Tamele et al., 2021). Die Bundesbank führt dagegen alle drei Jahre eine Zahlungstagebuchstudie durch, wobei die jüngste Erhebung zwischen Mitte August und Mitte Oktober 2020 stattfand. Daraus geht hervor, dass die Bargeldverwendung von 48 % im Jahr 2017 auf 33 % des Transaktionsvolumens zurückgegangen ist. Eingewendet werden muss hier allerdings, dass sich die Rahmenbedingungen in den jeweiligen Dreijahreszeiträumen voneinander unterscheiden. Dennoch ging der Bargeldanteil auch im vorausgehenden Dreijahreszeitraum (2014–2017) um fast 6 Prozentpunkte zurück (vgl. Deutsche Bundesbank, 2018, 2021).

10 Interessanterweise ist die Bargeldnutzung bei den 18- bis 24-Jährigen größer, die Nutzung diverser elektronischer Zahlungsmöglichkeiten dagegen geringer als bei den 25- bis 44-Jährigen. Möglicherweise ist für die Nutzung bestimmter elektronischer Zahlungsmöglichkeiten eine Kreditkarte erforderlich, und die 18- bis 24-Jährigen greifen (den Daten zufolge) seltener auf Kreditkarten zurück, was vermutlich daran liegt, dass sie noch nicht über die dafür erforderliche Bonität verfügen.

11 Im Gegensatz dazu werden für Transaktionen mit Kredit- und Debitkarten Gebühren von bis zu 4 % erhoben.

12 Diese Analogie zu Prime-Investmentfonds deutet auf ein weiteres Problem hin, nämlich dass große Bestände an Schatzwechseln, die von Stablecoin-Emittenten als Sicherheiten gehalten werden, im Falle umfangreicher Rücknahmen die Stabilität der Staatsanleihe- und Repo-Märkte gefährden könnten (Eichengreen, 2021).

Literaturverzeichnis

Coyle, K., L. Kim und S. O'Brien (2021), Findings from the Diary of Consumer Payment Choice, Cash Product Office, Federal Reserve System.

Deutsche Bundesbank (2018), Zahlungsverhalten in Deutschland 2017: Vierte Studie über die Verwendung von Bargeld und unbaren Zahlungsinstrumenten, Frankfurt.

Deutsche Bundesbank (2021), Zahlungsverhalten in Deutschland 2020 – Bezahlen im Jahr der Corona-Pandemie: Erhebung über die Verwendung von Zahlungsmitteln, Frankfurt.

Eichengreen, B. (2021), The Stablecoin Illusion, Project Syndicate, 13. Juli, https://www.project-syndicate.org/commentary/stablecoins-pose-threats-to-financial-markets-by-barry-eichengreen-2021-07

Europäische Zentralbank (2020), Study on the Payments Attitudes of Consumers in the Euro Area (SPACE), Frankfurt.

Faure, A. P. (2013), Money Creation: Genesis 2: Goldsmith-Bankers and Bank Notes, https://papers.ssrn.com/sol3/papers.cfm?abstract_id=2244977

Glahn, R. von (2010), Monies of Account and Monetary Transition in China, Twelfth to Fourteenth Centuries, Journal of the Economic and Social History of the Orient, Bd. 53, Nr. 3, S. 463–505.

Glahn, R. von (2018), Paper Money in Song-Yuan China, in: R. J. van der Spek und B. van Leeuwen (Hrsg.), Money, Currency and Crisis: In Search of Trust, 2000 BC to AD 2000, London, S. 248–266.

Gorton, G. und J. Zhang (2021), Taming Wildcat Stablecoins, University of Chicago Law Review, Vol. 90.

Heckscher, E. (1954), An Economic History of Sweden, Cambridge, Mass.: Harvard University Press.

Horesh, N. (2014), Chinese Money in Global Context: Historic Junctures between 600 BCE and 2012, Stanford: Stanford University Press.

Nicholson, E. (2020), Pandemic or Not, Germans Still Prefer Cash, National Public Radio (11. August), abrufbar unter: https://www.npr.org/2020/08/11/899343670/pandemic-or-not-germans-still-prefer-cash

Read, F. (1926), The Origin, Early History, and Later Development of Bills of Exchange and Certain Other Negotiable Instruments, Canadian Bar Review 7, S. 440–456.

Rogoff, K. (2016), The Curse of Cash, Princeton: Princeton University Press.

Saka, O., B. Eichengreen und C. Aksoy (2021), Epidemic Exposure, Fintech Adoption and the Digital Divide, NBER Working Paper Nr. 29006, Juli.

Sveriges Riksbank (2020), Payments in Sweden 2020, https://www.riksbank.se/en-gb/press-and-published/notices-and-press-releases/press-releases/2020/payments-in-sweden-2020/

Tamele, B., A. Zamora-Pérez, C. Litardi, J. Howes, E. Steinmann und D. Todt (2021), Catch Me (If You Can): Assessing the Risk of SARS-CoV-2 Transmission Via Euro Cash, Occasional Paper Nr. 259, Frankfurt, Europäische Zentralbank, Frankfurt.

Tsien, T.-H. (1985), Paper and Printing, in: J. Needham (Hrsg.), Science and Civilisation in China, Bd. 5, Teil 1, Cambridge, S. 1–477.

Yang, L.-S. (1952), Money and Credit in China: A Short History, Cambridge, Mass.

Homo aquisitor: Bemerkungen über den modernen Menschen als Kaufkraftbesitzer

Peter Sloterdijk

Innenansichten eines Portemonnaies

Es gehört zu den Merkwürdigkeiten der modernen Wissenschaft vom Menschen – gleich, ob sie als philosophische oder als biologische Anthropologie auftritt –, dass sie ihren Gegenstand in der Regel als einen zweibeinigen und zweiarmigen Aufrechtläufer porträtiert, der bei mittäglichem Sonnenstand einen minimalen Schatten wirft, bei Morgen- oder Abendsonne einen langen und der außer seinem Schatten und seiner primären Behaarung nichts weiter zu besitzen scheint. Besonders die biologische Anthropologie machte aus ihrem Desinteresse an Accessoires jenseits von Haut und Haaren kein Geheimnis und gab dem Objekt ihrer Studien in einer ihrer spektakulärsten Publikationen unumwunden den Namen *Der nackte Affe* (Morris, 1967). Desmond Morris lenkte mit diesem 1967 weltweit stark beachteten Werk das Augenmerk auf die Tatsache, dass unter den zahlreichen Primatenarten, die den Globus bevölkern – es sind nahezu zweihundert –, allein der Mensch kein Fell besitzt.

Auch die philosophische Anthropologie hält es auf ihre Weise mit der Nacktheit; denn indem sie den Menschen als ein Wesen beschreibt, das »in der Welt« ist, indem es seine Umwelt nach seinen Vorstellungen umschafft, stellt sie ihn zumeist als ein unbemitteltes »Tier ohne Eigenschaften« vor, das, nur mit Sprache, Wachheit und Gefahrensinn ausgerüstet, dem Abenteuer des Daseins entgegengeht. Immerhin ist schon der philosophische nackte Mensch ein Werkzeugbenutzer, der sich mit großer Agilität die Mitwelt vom Leibe zu halten weiß – ja seine provozierende, nahezu luxuriöse Nacktheit ist selbst nichts anderes als ein physiologischer Ausdruck dessen, dass er seinen Körper vom unmittelbaren Umweltdruck frei hält. Johann Gottlieb

Herder hat ihn darum in der Geburtsstunde der modernen Anthropologie um 1790 mit einer glücklichen Wendung den »ersten Freigelassenen der Schöpfung« genannt; er sei aufgrund seiner zarten Konstitution schon auf physischer Ebene »zur Freiheit organisiert« (Herder, 1784–1791).

Aus der Freigelassenheit folgt ganz unmittelbar die Ausstattungs- und Ergänzungsbedürftigkeit. Sie äußert sich in all den Erfindungen, die die ursprünglichen wie die erweiterten Zubehöre des Menschseins bestimmen. Das sind, über die Waffen und Werkzeuge der ersten Stunde hinaus, vor allem die Attribute, mit denen der Exodus aus der Natur und der Einzug in die Hüllen der Zivilisation begann. Hier ist an erster Stelle die Erfindung der Kleidung als Fortsetzung der epidermischen Wärmeregulierung mit Fellen und textilen Mitteln zu nennen sowie die Errichtung von Behausungen als Vorrichtungen zum Wetterschutz und zur Gewinnung von Nachtsicherheit. Schon früh macht sich auch der Schönheitssinn geltend und drängt auf die Ergänzung der Körper durch Farben, Zeichen und Schmuck. Durch erste Ansätze zur Vorratsbildung in Kornhäusern, später auch in Schatzhäusern, prägen sich Lebensformen aus, die von den Zwängen täglicher Nahrungssuche entlastet sind.

Springen wir von den paläolithischen Verhältnissen in die Gegenwart, so finden wir *homo sapiens* als komplett eingekleideten Fußgänger unter offenem Himmel vor, sagen wir auf der New Yorker Fifth Avenue. Er begegnet uns dort, in männlicher oder weiblicher Deklination, im Vollbesitz seiner zeitgemäßen Accessoires, mit Hut und Halbschuhen oder Stilettos, im Tagesanzug oder im Damenkostüm, den Anforderungen der *street visibility* entsprechend, mit Aktenkoffer oder Handtasche, gegebenenfalls Brille tragend, ein diskretes Hörgerät nicht ausgeschlossen, in diversen Taschen der Kleidung ausgerüstet mit Haustür- und Autoschlüsseln, Adressbuch, Personalausweis, Führerschein, Impfpass, Versicherungsnummer, Halspastillen, Sacharintabletten, Papiertaschentüchern, Präservativen, Ehering, Armreif, Halskette, Parfumflasche, Handspiegel und allfälligen Medikamenten.

Die beiden wichtigsten Attribute in der üblichen Ausstattung des Passanten auf der großen Verkehrsader sind noch nicht genannt – das iPhone, das als neuartiges egotechnisches Universalgerät seinem Besitzer Navigationsfähigkeit in den Verkehrsströmen der Metropole gewährt, insbesondere seit es durch Applikationen aller Art als Zahlungsmittel, als Pass und als Ticket und so weiter programmiert werden kann; und das Portemonnaie alias Portefeuille, Brieftasche oder *wallet*, ohne dessen stetige beruhigende Präsenz sich der ausstattungsbedürftige Mensch, aller übrigen Mittel der Selbstbehauptung ungeachtet, immer noch nackt, hilflos und impotent fühlen würde. Bei einem Blick ins Innere der Brieftasche wird die Unentbehrlichkeit dieses Begleitobjekts für seinen Besitzer unmittelbar evident. Es wird nützliche stille Begleiter enthalten wie Clubkarten, Pannendienstausweise, Arztadressen, Versicherungscodes, Chips für verschlüsselte Tore, Adressen von bei Unfällen zu verständigenden Personen und Porträtfotos einiger Lieben, die Essenz jedoch liegt bei den Kredit- und Debitkarten, die, zusammen mit einigen Mitteln in *cash*, die auf der Straße dahineilende Person als Inhaberin der wesentlichen Eigenschaft eines geschäftsfähigen Agenten inmitten eines Netzwerks von seinesgleichen ausweisen: Die Person, die eine auf ihren Namen lautende Geld- oder Kreditkarte besitzt, verfügt selber über die Eigenschaft der Kaufkraft, die von den Geldmitteln auf ihren Besitzer übergeht. Durch sie qualifiziert sie sich als potenzielles Wirtschaftssubjekt. Tatsächlich bilden moderne bürgerliche Gesellschaften Aggregate aus Geldbenutzern, ob im kleinen oder großen Stil, die durch Einkünfte zu passiven, durch Ausgaben zu aktiven Wirtschaftssubjekten werden.

Diese Sachlage ist charakteristisch für hoch entwickelte, stark arbeitsteilige Gesellschaften, in denen so gut wie alles Lebensnotwendige von den Einzelnen wie den Gruppen durch Zukauf erworben wird. Aus diesem Grund ist Geld regelmäßig und unvermeidlich eine ichnahe Größe, in der sich ein Teil der Persönlichkeit und ihrer Sorge um sich materialisiert. Mögen konkrete Barmittel und Kreditkarten, mittels Brieftasche am Leib getragen, auch bloße technische oder symbolische Accessoires sein: Indem sie an die Dimension »Geld und Vermögen« rühren, reichen sie in tiefere Schichten der ökonomischen Subjekte hinein. Der Modus der Verfügung über Geldmittel, schmale oder reichliche, bringt stets eine Selbstaussage ihrer Inhaber zum Vorschein, mitsamt all dem, was sie an Enge und Weite, an Begehren und Großzügigkeit, an Notempfinden und Leichtsinn, an Schuldenangst und an Unternehmungsgeist in sich tragen.

Alle Versuche, das »Sein« gegen das Haben auszuspielen, greifen zu kurz, sofern der moderne *modus vivendi* von sich her den Akzent auf dem Haben von Gütern, Mitteln und Optionen verstärkt. Der moderne Mensch, als Einzelner unter Einzelnen, ist allein durch seinen *modus habendi* zu begreifen, sprich durch sein Eigentum und seine Eigenschaften. Darum rührt jede größere Manipulation der Geld- und Vermögensverhältnisse, ob durch Währungsreform, Inflation, Deflation, steigende oder sinkende Besteuerung, nicht nur an Äußerlichkeiten, sondern gleichsam an das zentrale Nervensystem von geldbewegten Gesellschaften. Für Menschen, die von Berufs wegen mit monetären Dingen zu tun haben, sollte es, wenn auch nur im Sinne einer Mahnung, nützlich sein, den Satz des Shylok aus Shakespeares *Der Kaufmann von Venedig* im Ohr zu haben: »You take my life, if you do take the means whereby I live.« (Shakespeare, The Merchant of Venice, Akt 4, Szene 1.) Es genügt, das Verbum *take* durch *change* zu ersetzen, um eine nahezu allgemeingültige Aussage über die Tragweite aller Eingriffe von Geldwechslern oder Geldänderern in die Existenz von Menschen in modernen, unvermeidlich von Währungen und monetären Transaktionen bestimmten gesellschaftlichen Verhältnissen zu treffen.

Warum so wenig?

Dem österreichischen Dramatiker und Volksschauspieler Johann Nepomuk Nestroy (1801–1862) schreibt eine nicht leicht zu verifizierende Legende den Ausspruch zu: »Die Phönizier haben das Geld erfunden – aber warum so wenig?« Dass die Phönizier ein seefahrendes Volk waren, das zuerst am Sinai und am Persischen Golf, dann auch am nordafrikanischen Mittelmeer erfolgreich Handel trieb, gilt als historisch gesicherte Tatsache, ebenso wie jene, dass sie unter dem Namen Karthager den Römern über Jahrhunderte das Leben schwer machten. Auch gilt als erwiesen, dass frühe phönizische Münzen den Geldgebrauch in dieser Handelskultur belegen.

Die ältesten bekannten beidseitig geprägten Münzen stammen jedoch aus dem kleinasiatischen Lydien, sie gehen auf das letzte Drittel des 7. Jahrhunderts vor unserer Zeitrechnung zurück. Die Klage, wonach Geld die Welt regiere, ist demnach aus historischer Sicht nicht sehr alt; sie impliziert die Beobachtung, dass sich das Geld in dem halben Jahrtausend nach seiner Einführung quasi allgegenwärtig durchgesetzt haben muss; ja, es muss als eine Macht *sui generis*, als quasigöttliche halb enthüllte, halb verborgene Gewalt gegolten haben, andernfalls hätte Jesus in seinem bekannten Spruch nach Matthäus 6,24 nicht sagen können, es sei unmöglich, zugleich Gott zu dienen und dem »Mammon«. Dieser seltsame Ausdruck geht auf ein aramäisches Wort zurück, das Reichtum bezeichnete und durch jesuanischen Sprachgebrauch eine abwertende Tendenz erhielt, weswegen Luthers Entscheidung, das Wort unübersetzt ins Deutsche zu übernehmen, die Neigung der Bibelleser begünstigte, Mammon sich als einen Dämon vorzustellen, der bevorzugt die Seele der Reichen in Besitz nimmt.

Die Nestroy-Frage »Aber warum so wenig?« macht mit genialer Naivität auf eines der Wesensmerkmale von normalem Geld aufmerksam: Geld muss zunächst und zumeist eine an sich selbst wertvolle Sache sein, deren Werthaltigkeit beständig bleibt, nachdem sie gegen andere wertvolle Sachen getauscht wurde. Beim einfachen Warentausch ist dies nicht garantiert, denn wer einen Sack Korn gibt, um ein Huhn zu bekommen, verzehrt das Huhn ebenso rasch, wie der neue Kornbesitzer dieses zu bald aufgegessenem Brot machen wird. Geld muss also eine Art von Korn sein, das nicht verzehrt werden kann, sondern seinen Austausch gegen Ware überlebt. Die Forderung nach der Fähigkeit, beliebig viele Tauschakte unverändert zu überleben, hat man schon früh an den damals bekannten Metallen Gold, Silber und Bronze erkannt und diese daher zu geldgeeigneten Substanzen erklärt. Die Prämisse war hierbei evidentermaßen die hohe Eigenwertigkeit der Metalle: In ihr spiegelt sich nicht nur die Seltenheit ihres Vorkommens wider, sondern auch der hohe Aufwand, der bei ihrer Herstellung aus Erzgruben und Schmelzöfen und ihrer Herbeischaffung auf weiten Handelswegen, zumal in Kulturen ohne eigene metallurgische Traditionen, betrieben werden muss.

Nestroys »Warum so wenig?« trifft zielgenau das ursprünglich ausschlaggebende und insofern »normale« Geldmerkmal: Dieses kann kein anderes sein als seine notwendige und zureichende Knappheit. Wären die Geld bildenden Metalle im Überfluss vorhanden, wären sie nicht geeignet, die in den Waren verkörperten Werte und Erwerbsreize auszudrücken. Reale Sachwerte lassen sich nicht gegen schwachwertiges oder nullwertiges Metall tauschen. Da aber die geldgeeigneten Metalle aufgrund ihres raren Vorkommens nicht umsonst Edelmetalle heißen, trifft die Unterstellung von Wertlosigkeit oder Schwachwertigkeit auf sie nicht zu – auch wenn Stammeshäuptlinge der amerikanischen Ureinwohner zu Recht bemerkten, die Weißen würden irgendwann begreifen, dass man Gold nicht essen kann. Die geldfähigen Metalle sind Materialien, in denen sich aufgrund ihrer mehr oder weniger hohen Seltenheit die Qualitäten der Wertfähigkeit und Wertwirklichkeit gleichsam in Reindarstellung konzentrieren. Von der Gefahr, es könne davon je zu viel geben, sind die frühen Geldkulturen weit entfernt.

Allenfalls der Mythos von König Midas wies auf ein mit der Goldsucht verbundenes virtuelles Risiko hin: Weil Midas auf seinen eigenen Wunsch von dem Gott Dionysos mit der Fähigkeit begabt worden war, alles, was er berührte, auf der Stelle in Gold zu verwandeln, musste er die erschreckende Entdeckung machen, dass er sich nicht mehr ernähren konnte und zu einem kläglichen Ende verdammt war. So bat er den Gott, die Gabe zurückzunehmen – was denn auch durch Baden in einem Fluss geschah, der daraufhin Gold zu Tal spülte. Aus diesem lydischen Fluss soll König Krösus, der im 6. Jahrhundert vor unserer Zeit als der reichste Mensch der Welt galt, einen Teil seiner Schätze gezogen haben. Man könnte die Midas-Episode als Gedankenexperiment über eine Privatinflation lesen: Diese ging so weit, dass sich keine Ware mehr finden ließ, die bereit gewesen wäre, sich gegen grenzenlos nachwachsendes, daher wertlos gewordenes Gold auszutauschen. Sogar Wasser, das üblicherweise gratis aus Quellen sprudelt, entzöge sich dem einfachen Gebrauch.

Dies erinnert an die ursprüngliche Bedingung von Geldverwendung, wonach Geld *per se* nicht nur wertbeständiger, sondern auch von höherer eigener Wertdichte sein muss als die Waren, deren Erwerb es ermöglicht. Darin findet sich die explizite Antwort auf die Nestroy-Frage. Wenn es nicht *a priori* »so wenig« wäre, besäße es die Eigenschaften nicht, deretwegen es ins Leben gerufen wurde. Seine »Wenigkeit« wird seit je auch von der Ungleichheit seiner Verteilung begleitet. Dies spiegelt sich in den so alten wie populären Fantasien über Schatzhöhlen wider, in denen die den Armen vorenthaltenen Reichtümer verborgen liegen. Die großen Schätze werden zwar gehortet und vor der Welt verborgen, doch zu behaupten, dass sie den Armen gestohlen waren, kam niemand in den Sinn. Man darf gewiss sein, dass Nestroy, der große Populäre der Wiener Volksbühnen, mit seiner Frage »Warum so wenig?« auch an die Kluft zwischen Arm und Reich und deren scheinbar leicht, in Wahrheit gar nicht einfach zu ergründendes Warum erinnerte. Fast mag es naheliegend scheinen, von Nestroy her eine Linie zu der Österreichischen Schule der Nationalökonomie (Menger, Böhm-Bawerk, von Mises, von Hayek) zu ziehen, die die Notwendigkeit eines eigenwertigen Geldes betonte und die Geldschöpfung durch Notenbanken *(fiat money)* überaus kritisch beurteilte.

Matthäus-Effekte

Schon in der Antike wurde die Beobachtung notiert, wonach Geld die eigentümliche Neigung zeigt, sich an Orten aufzuhäufen, wo anderes Geld in höheren Beträgen sich bereits angesammelt hat. Zu der inhärenten Magie des Münzwerts kommt offensichtlich eine gewisse Versammlungsfreudigkeit, eine Art von synodaler Triebhaftigkeit hinzu, als wohnte geprägten Gold- und Silberstücken gleichsam wie Schafen die Bestrebung inne, sich einer bestehenden Herde anzuschließen. Schon früh hat man daher dem Geld ein inneres Unruheprinzip zugeschrieben, wonach es seiner Natur nach nicht lagern oder still stehen, sondern sich bewegen und durch günstigen Tausch gegen Waren und deren abermals günstigen Rücktausch in die Geldform vermehren soll. Zum Eigenwert des ruhenden Geldes kommt also sein Potenzial an Tauschvorteilen hinzu, die, falls sie aktualisiert werden, seine Vermehrungstendenz erklären.

Diese Tendenz verwirklicht sich nicht von selbst. Sie kommt nur durch die Rechenfähigkeit der Händlerintelligenz zum Tragen, ohne die sich das gewinnbringende Potenzial des Geldes nicht aktualisiert. Man kann also sagen, dass mit dem Geld ein neuer Typus von merkantilem, intelligent futurisiertem Handeln – eben das händlerische Handeln – ins Dasein gerufen wird. Die Evolution der höheren Zivilisationen lässt sich ohne die Effekte des merkantilen Umgangs mit nahen und fernen Gütern nicht leicht verständlich machen. Sie beruht auf der Kombination von vorausschauenden Tugenden – wie sie in der biblischen Joseph-Erzählung und ihrer glänzenden vorratswirtschaftlichen Weisheit betont werden – mit der praktischen Rechenfähigkeit, die zwischen Gewinn und Nichtgewinn scharf unterscheidet.

Für die Letztere gibt die Legende vom griechischen Philosophen Thales von Milet ein Beispiel: Er soll aufgrund von astronomischen Beobachtungen eine üppige Olivenernte vorhergesehen haben, woraufhin er im Winter zahlreiche Ölpressen im Raum um Milet und auf Chios mietete und durch deren ertragreiche Weitervermietung im folgenden Sommer zu einem reichen Mann wurde – angeblich jedoch, ohne es wirklich werden zu wollen, weil es ihm wichtiger schien, reich an Ideen und an Freude über ihren logischen Glanz zu sein, nicht reich an profanen Münzen.

Dem Beispiel des Thales folgten nur wenige spätere Denker; der Stoiker-Millionär Seneca bemühte sich immerhin darum, dem eigenen Reichtum gegenüber gleichgültig zu bleiben, und die mönchische Philosophie des Mittelalters folgte seinen Vorschlägen, obschon aus anderen Gründen, indem sie das arme Leben und die Weltflucht lobte. Erst die moderne Zeit kehrte die Vorzeichen um, indem sie die uns gewährte Lebenszeit als Bereicherungschance deutete. Nun heißt es mit einem Mal: »Zeit ist Geld.« Benjamin Franklin (1701–1790) schrieb in seinen Anleitungen für ein dank der Synergie von Gottvertrauen und Geldglauben erfolgreiches Leben: »Bedenke, dass Geld von einer zeugungskräftigen [...] Natur ist. Geld kann Geld erzeugen, und die Sprösslinge können noch mehr erzeugen und so fort. Fünf Shilling und drei Pence und so fort, bis es hundert Pfund Sterling sind. [...] Wer ein Mutterschwein tötet, vernichtet dessen ganze Nachkommenschaft bis ins tausendste Glied. Wer ein Fünfshillingstück umbringt, mordet alles, was damit hätte produziert werden können: ganze Kolonnen von Pfund Sterling.« (Franklin, 1748, Bd. 2, S. 87.)

In Franklins großartig naiver Doktrin präsentiert sich, in resolut calvinistischer Deklination, die Summe mehrtausendjähriger Beobachtungen am »Schwarmverhalten« beziehungsweise an der Versammlungsneigung des Geldes. Ihre Pointe zeigt sich in Metaphern der Fortpflanzung, die für die latent moderne Überzeugung sprechen, dass Geld nicht nur *zum* Geld, sondern *aus* Geld komme, als wohnte ihm, man weiß nicht, von woher, das Vermögen inne, eigene Ahnenreihen, ja geradezu monetäre Dynastien zu gründen – man wird sie wenig später »Kapitale« oder in Unternehmen investierte »Hauptgelder« nennen.

Was die Deutung dieses Phänomens angeht, ist es zugleich so naheliegend wie befremdlich, zu jenem neutestamentlichen Gleichnis von den Talenten zurückzugehen, mit denen Jesus im Evangelium nach Matthäus den Unterschied zwischen guter und schlechter Bewirtschaftung eines anvertrauten Guts erläutert. Ein Talent bedeutet im biblischen Kontext eine hohe Gewichteinheit, sprich einen Silberbarren von circa fünfzig Kilo Gewicht. Im jesuanischen Gleichnis vertraut ein abreisender Gutsherr einem seiner Diener fünf Talente an, einem zweiten zwei, einem dritten eines. Nach seiner Rückkehr findet er heraus, dass der erste aus seinen fünf Talenten zehn gemacht hatte, der zweite vier, indes der dritte es nur aufbewahrt und nicht verwertet hatte. Die beiden ersten werden hochgelobt, der dritte aber wird als schlechter Diener verstoßen. In diesem Zusammenhang fällt ein Satz, der in jeder Hinsicht Aufhorchen macht: »[...] nehmt es (das

Talent) ihm (dem schlechten Diener) weg und gebt es dem, der die zehn Talente hat. Denn wer hat, dem wird gegeben, und er wird im Überfluss haben; wer aber nicht hat, dem wird auch noch weggenommen, was er hat« (Mt 25,28–29).

Bei ihren Bemühungen, den schockierenden Klang dieser Bibelverse zu mildern, weisen Theologen zu Recht darauf hin, dass Jesus hier nur scheinbar wie ein herzloser Neoliberaler argumentiert. Die Talente sind ja Sinnbilder für den religiösen Glauben, und für diesen gilt in der Tat, wie man leicht einsieht, dass er sich selbst verstärkt, wenn er intensiv geübt und an Widerständen trainiert wird, indes er verloren geht, wenn er unpraktiziert ruht. Die sowohl glaubensökomisch wie geldökonomisch interessante Seite des Gleichnisses erhellt sich allerdings erst, wenn man seine buchstäbliche Seite und ihre Beziehung zum parabolischen Sinn näher betrachtet. Beim Versuch, das gemeinsame Dritte zwischen dem Literalsinn und dem Gleichnissinn zu ermitteln, kommt der erste Umriss eines Gedankens ans Licht, den man unter die größten Entdeckungen der modernen Realwissenschaften rechnen muss – gleich, ob sie sich als Psychologie, als Soziologie, als Biologie, als Ökonomie, als Kybernetik oder als Informationstheorie präsentieren. In dem Gleichnis von den Talenten artikuliert sich eine erste, noch bildlich cachierte Formulierung des Prinzips der positiven Rückkopplung.

Gemeint ist damit der Sachverhalt, dass es zu den Wirkungen eines sich verausgabenden Systems gehört, durch seine Effekte verstärkend auf sich selbst zurückzuwirken. Man kann die gesamte Geschichte der mittelmeerischen Kulturen und Nordwesteuropas von der Jesus- und Augustuszeit an bis in die Renaissance des 14., 15. und 16. Jahrhunderts als die Latenzzeit der enormen Entdeckung auffassen, die in dem Gleichnis von den Talenten aufblitzte. Von dann an jedoch nahm die europäische Zivilisation in jener einzigartigen Weise Fahrt auf, die ihr binnen zweihundertfünfzig Jahren, zwischen 1650 bis 1900, einen weltpolitischen und kulturdynamischen, insbesondere einen technischen und ökonomischen Vorrang auf dem Planeten einbrachte. Es sind die Jahre, in denen sich auf allen möglichen Feldern sozialer Praxis Matthäus-Effekte einspielten: Dies geschah sowohl auf dem Gebiet der Wissenschaften und Künste, durch die jene neuartige selbststeigernde Ökonomie des Wissens und Könnens entstand, die man die Erfindung der Erfindung alias Forschung genannt hat; sodann auf dem Feld des Maschinenbaus und der kreditbasierten Geldwirtschaft, die sich miteinander zu einem Komplex namens »Industriekapitalismus« verbündeten, und schließlich, in paralleler Entwicklung hierzu, auf dem Gebiet von Staatlichkeit, Fiskalität und Rechtswesen, aus deren Synergien der moderne Nationalstaat mitsamt seinem System einer diskutierenden, kritischen, selbstanspornenden, gelegentlich selbstverwirrenden Öffentlichkeit hervorging.

Überblickt man das letzte halbe Jahrtausend europäischer Zivilisationsentwicklungen summarisch, lässt sich feststellen, dass sie in *the long run* primär durch die systemische Implantierung von Matthäus-Effekten und deren Wechselwirkungen vorangetrieben wurden. Matthäus-Effekte lassen sich in die Sprache der Prozesstheorie übersetzen, sobald diese sich mit dem Prinzip der positiven Rückkopplung vertraut gemacht hat. Sie entdeckt hierbei das Phänomen des *circulus virtuosus*, das heißt des Glückskreises, dessen bekannteste Formulierung lautet, dass Erfolg Erfolg erzeugt; analog hierzu erwirbt Macht mehr Macht, entsteht aus Prominenz mehr Prominenz, aus Staatlichkeit mehr Staatlichkeit, aus Recht zusätzliches Recht, aus Wissen mehr Wissen, aus Medizin mehr Medizin, aus Kunst erweiterte Kunst, aus Kommunikation mehr Kommunikation, aus Mobilität mehr Mobilität. Dass keiner dieser Zirkel ohne Paradoxien, Störungen und Rückschläge prozessieren kann, versteht sich gleichsam von selbst. Die *circuli virtuosi* bilden das Allgemeine, von dem die Vermehrung von Geld kraft seiner Selbstverwertung als investiertes Kapital bloß ein Sonderfall ist, obgleich es den augenfälligsten und nebenwirkungsmächtigsten von ihnen bildet. Joseph Schumpeter hat im Jahr 1911 das allgemeine Schema in dem so unscheinbaren wie abgründigen Satz erfasst: »Die Entwicklung erzeugt immer weitere Entwicklung.« (Schumpeter, 1911.)

Selbstverstärkungskreise sind die Kraftwerksanlagen der Modernisierung. Es liegt in der Natur der Sache – das bedeutet hier: in den kumulativen Selbstbeobachtungen der dynamisch wachsenden Systeme –, dass es vom 16. Jahrhundert an zur Entstehung der Wirtschafts- und Staatswissenschaften kam. Diese konnten nicht anders, als sich mit dem Geldgeheimnis, insbesondere mit dem Rätsel seiner Vermehrungsfähigkeit, eingehender zu befassen. Dabei stießen sie auf drei Großmächte, die in enger Verschlingung ineinander die Welt der ökonomischen Dinge bewegen: die Macht der Arbeit, wie sie von Werttheoretikern in der Nachfolge von Ricardo und Marx betont wurde; die Macht der Innovation, deren Dynamik von Gabriel Tarde und Joseph Schumpeter bis zu Peter Thiel zu denken gibt, und die Macht des Glaubens, über dessen positive und negative Effekte sich Monetaristen, Verhaltensökonomen und Spezialisten für spekulative Irrationalitäten seit geraumer Zeit zurückblickend wie vorausschauend den Kopf zerbrechen. Wer imstande wäre, die gegenseitigen Bedingtheiten dieser Größen logisch souverän und empirisch feinkörnig zu beschreiben, würde die erste Realgeschichte des modernen Wirtschaftslebens außerhalb der Gemeinplätze einer in ihren Formeln erstarrenden etablierten Nationalökonomie verfassen.

Kupfer, Blech, Papier und andere flüchtige Größen

Als der schottische Historiker Thomas Carlyle in einem Essay aus dem Jahr 1849 die junge Wissenschaft der Nationalökonomie eine *dismal science*, eine düstere oder traurige Wissenschaft, nannte, standen ihm die fatalistischen Thesen der malthusschen Populationstheorie vor Augen, nach welcher jede Verbesserung der Lage der Armen umgehend und unvermeidlich von einer neuen Welle zusätzlicher Fortpflanzung aufgezehrt werde (Carlyle, 1849). Thomas Malthus (1766–1834), Pfarrer der anglikanischen Kirche, ab 1805 Professor auf dem ersten von der East India Company eingerichteten Lehrstuhl für politische Ökonomie in England, hatte eine tatsächlich düstere Vision der menschlichen Verhältnisse auf dem Planeten Erde entworfen: Der zufolge werde es aufgrund der unkontrollierbaren Fortpflanzungsdynamik vor allem der unteren Gesellschaftsschichten für immer eine große Anzahl sozusagen unwillkommener oder »überflüssiger« Menschen geben, für die »bei dem großen Gastmahl der Natur kein Gedeck aufgelegt worden sei« (Malthus, 1798). Durch den bei wachsendem Wohlstand unvermeidlich steigenden Populationsdruck werde eine immerwährende Knappheit an Nahrungsmitteln erzeugt, welcher abzuhelfen keiner Nation je gelingen könne (Proudhon, 1886, S. 4).

Wenn die neue Wissenschaft der politischen Ökonomie zu Beginn des 19. Jahrhunderts quasi *ab ovo* das Motiv einer schicksalhaften Knappheit hervorkehrte, rührte sie an das Wertproblem von der Güterseite her. Als Motor der Nachfrage nach Lebensmitteln stößt der Hunger der vielen auf die Knappheit des Guts und verleiht ihm den Wert, der ihm seiner Unentbehrlichkeit wegen zugesprochen ist. Dabei wird unmittelbar eine zweite Knappheit, die an Zahlungsmitteln, spürbar. Sie prägt sich am deutlichsten aus, wenn eine erste Knappheit, sei sie spontan entstanden (etwa durch Missernte) oder strategisch herbeigeführt (durch Hortung), zur Teuerung führt – mit der Folge, dass es sehr vielen an dem Geld mangeln wird, das hinreichend werthaltig wäre, um sich zum Erwerb der begehrten Güter zu eignen.

Die Wissenschaft von den ökonomischen Dingen erweist sich in dem Maß als eine *dismal science*, als sie auf der einen Seite von einem Mangel an Gütern, speziell an Lebensmitteln, namentlich dem Getreide, handeln muss, auf der anderen von einem Mangel an Geldmitteln, die der Güterbeschaffung dienen könnten. Die beiden Mängel verhalten sich fürs Erste nicht symmetrisch zueinander. Während die Gütervermehrung anfangs als ein Ding der Unmöglichkeit erscheint, drängt sich die Vermehrung des Umlaufgeldes als Abhilfe gegen seine beengende Knappheit auf.

Die erste Verlegenheit bezeugt König Karl in Schillers *Die Jungfrau von Orleans* (1801), wenn er einem um Hilfe flehenden Ratsherrn antwortet: »Kann ich Armeen aus der Erde stampfen?/ Wächst mir ein Kornfeld auf der flachen Hand?/Reißt mich in Stücken, reißt das Herz mir aus,/ und münzet es statt Goldes!« (Schiller, 1801, I,3.) In der historischen Wirklichkeit dachten die Fürsten, anders als der schillersche Monarch, keineswegs daran, ihr Herzblut in Münzgeld zu verwandeln. Sie deuteten das königliche Münzregal in der Regel als ein Privileg zur Behebung der Geldknappheit durch systematische Minderung des Eigenwerts geprägter Metalle.

Die Geschichte der Finanzwirtschaft ist ihrerseits eine traurige Wissenschaft, weil sie im großen Ganzen und von alters her als eine immerwährende Geschichte staatlich verfügter Geldkorruptionen erzählt werden muss. Das Römische Reich erlebte in der Zeit zwischen Augustus (Kaiser von 31 v. u. Z.–14. u. Z.) und Caracalla (198–217) eine schleichende Geldentwertung, bei welcher der Feingehalt des Silberdenars von fast 100 % auf 50 % abgesenkt wurde; fast sechzig Jahre später, in der Ära der Soldatenkaiser, durchbrach die Inflation alle Dämme; unter Aurelian (270–275) enthielten die Denare nur noch 2 % Silber als täuschenden Überzug über Blechmünzen. Im späteren 3. Jahrhundert waren fast alle reichen Familien des Imperiums ruiniert, ungeheure Mengen fast wertlosen Kupfergeldes fluteten das Reich, während die Gold- und Silbermünzen von einst ins Ausland abgeflossen waren.

Erst im 16. Jahrhundert formulierte der britische Ökonom Thomas Gresham (1519–1579), Gründer der Londoner Börse und Berater Elisabeths I., das nach ihm benannte Gesetz[1], wonach bei Freiheit der Währungswahl die schlechte Münze das gute Geld verdrängt (Rolnick und Weber, 1986).[2] Das implizierte nicht nur die progressive Ausblutung einer inflationierenden Wirtschaft durch Wertabfluss, sondern auch die Auslieferung des größten Teils einer Population an das alternativlose wertarme Geld. Es waren in der Regel die frühen Nationalstaaten mit ihren chronischen Kriegslasten, deren Monarchen die Geldvermehrung durch Wertminderung der Münzen als *ultima ratio* der Staatsklugheit in ihren Machtbereichen durchsetzten; so etwa das militante Spanien unter Philipp II., das mit seinem berüchtigten Vellongeld im 16. Jahrhundert eine beispiellose Kupfermünzenflutung ins Werk setzte; so auch das militante Frankreich der Revolutionsjahre zwischen 1789 und 1795, das mit seinen ruinösen, angeblich durch die konfiszierten Adels- und Königsgüter »gedeckten« Assignaten die zweite Papiergeldinflation des 18. Jahrhunderts auslöste – nach jener des Finanzministers und Kreditalchemisten John Law (1671–1729) in den 20er Jahren, an dessen bleibende Wirkungen das damals neue französische Wort *millionaire* erinnert.

Die größte Geldkatastrophe aller Zeiten ereignete sich in den Anfangsjahren der 1919 gegründeten Weimarer Republik, als der deutsche Staat unter dem enormen Druck der Kriegsanleihen bei der eigenen Bevölkerung und der in Gold zu leistenden Reparationen infolge des Versailler Vertrages sich gezwungen sah, immer mehr Papiergeld in Umlauf zu bringen, bis der demoralisierende Karneval Ende Oktober 1923 durch die Festsetzung einer Parität zwischen einem Dollar und 4,2 Billionen Mark zum Stehen gebracht wurde.

Die allgemeine Geschichte des Geldes ist so oft geschrieben worden, dass es sich erübrigt, hier näher auf sie einzugehen. Sie bildet das zentrale Kapitel der tristen Wissenschaft von der Skrupellosigkeit der immerzu defizitären Staaten und ihrer Mittelbeschaffung auf dem Wege der Geldwertminderung von den im Schritt gehenden zu den trabenden und schließlich galoppierenden Inflationen. Die materiellen Medien, die der Entwertung entgegenkamen, hießen zunächst Kupfer und Nickel, später auch Aluminium – um das DDR-Münzgeld unseligen Angedenkens zu erwähnen, dann aber und vor allem: Papier, Papier und nochmals Papier.

Pfandlosigkeit oder: Schlechte Zeiten für Kleingläubige

Wer einen Ausblick in die Zukunft des Geldwesens wagen möchte, muss sich mit der Frage befassen, wie es gelingen konnte, das Geld als solches durch seine Ablösung von seiner metallischen Vorgeschichte zu modernisieren. Tatsächlich ist es für das Schicksal der Metallgelder bezeichnend, dass sie im Lauf des 19. Jahrhunderts durchweg auf die Ebene des sogenannten Kleingeldes herabgedrückt wurden, während sich alles Übrige in Form von Banknoten und von Buchungsgeldern abspielte, deren Übertragung sich nur noch durch bargeldlosen Schriftverkehr zwischen kontoführenden Instanzen, hauptsächlich Buchhaltungen, Banken und Staatskassen, abwickelt.

Diesem Vorgang liegt ein kulturgeschichtlich beispielloser Vorgang zugrunde, in dessen Verlauf der Wertglaube großer Populationen von eigenwertigen Geldmitteln aus Edelmetall auf an sich wertarme beziehungsweise wertlose Wertersatzzeichen auf Papier wie Schuldscheine, Pfandbriefe, Schatzweisung, Assignaten, Aktien und Banknoten übertragen wurde. Gelingen konnte diese Konversion nur durch die Gewöhnung der Wirtschaftssubjekte an einen höheren Grad der Abstraktion in Bezug auf die Instanzen, die den Wertglauben stabilisieren. Man könnte geradezu sagen, dass der Umgang mit Geld – zumal wenn es um höhere Summen geht – zunehmend mentalisiert und virtualisiert wird, immer häufiger unter völliger Umgehung der Bargeldebene. Nur wenn es für alle Mitspieler in der monetären Sphäre zur eingefleischten Gewissheit wurde, dass der Tausch von geldwertem Papier gegen reale Waren tatsächlich stattfindet und dass die Symmetrie zwischen Lastschriften auf Absenderkonten und Gutschriften auf Empfängerkonten effektiv garantiert ist, kann sich der Wertglaube von den Halbfetischen aus Metall lösen und zu den Ganzfetischen aus Papier übergehen. Während es für Kulturtheoretiker naheliegt, diesen Vorgang als eine Episode in der Glaubensgeschichte der Menschheit aufzufassen, in deren Verlauf sich ein alternatives Credo in Bezug auf halb anwesende, halb transzendente Mächte popularisierte, ziehen die Ökonomen es vor, die große Konversion der Wertgläubigkeiten als einen Strukturwandel der innerweltlichen Vertrauensverhältnisse zu beschreiben.

Alle moderne Ökonomie ist wesensmäßig Vertrauensökonomie, weil sie auf der Annahme aufbauen muss, dass die Wertzeichen mit den »wirklichen Werten« durch belastbare, das heißt glaubwürdige operative Gleichungen zwischen Zeichen und Sachen verbunden bleiben. Wie dies geschieht, bildet in der Gold- und Silbergeldzeit kein Geheimnis, obwohl auch am Metallfetischismus von Anfang an eine rätselhafte Seite verblieb. Im Zeitalter der Papierfetische verkomplizieren sich die Dinge, da es immer schwieriger wird, durch die Zeichenschleier auf den eigentlichen Wertgrund, das herkömmliche Pfand, die »Sicherheit«, die Deckung hindurchzublicken. Summarisch lässt sich wohl sagen, dass ein geldwertes Konstrukt umso »moderner« ist, je weiter es von seinem Gegenlager in einer Besicherung entfernt ist. Inzwischen halten die meisten Ökonomen jede Frage nach der Deckung von Geld und Kredit – jenseits des Privatkundengeschäfts, wo ohne Sicherheit nichts geht – für ein Zeichen von Naivität. Sie bekennen sich zu einer allgemeinen Relativität der Werte, bei der letztlich die Leistungskraft einer Volkswirtschaft im Ganzen als Horizont einer ausreichenden Deckungszuversicht gelten dürfe. Dass diese virtuelle »Deckung« durch die erwarteten Wertschöpfungen künftiger Generationen von Leistungsträgern vorausgreifend als erbracht gelten soll, beweist freilich nur, in welchem Ausmaß die Gegenwart die Zukunft verpfändet.

Der Ernstfall des modernisierten Wertglaubens wird durch die fast allenthalben steigenden Staatsschulden hervorgerufen, an denen sich der Übergang des Wirtschaftens in den Zustand der offen deklarierten Pfandlosigkeit ablesen lässt. Das von Banken ausgegebene frei schwebende Geld trägt nicht zu Unrecht den semireligiösen Namen *fiat money*, in Analogie zum *fiat lux* der biblischen Genesis. Doch auch wenn man zugibt, dass Menschen tatsächlich kreative oder erfinderische Macht zukommt, bleibt unklar, ob »es werde Geld« direkt mit »es entstehe Wert« übersetzt werden dürfte. Man braucht mehr denn je einen starken Glauben an die Vermehrungswunder – für »Kleingläubige« brechen schlechte Zeiten an; man erinnere sich: Als solche schalt Jesus seine Jünger, die, *mikropistoi*, wie sie waren, nicht glauben wollten, dass man auf dem Wasser gehen kann.

Die von den Banken in die Welt gesetzten Geldüberschüsse erreichen in der Regel weder die gewöhnlichen Konsumenten noch die Unternehmen der »Realwirtschaft«. Sie schweben als müßige Geldwolken über der Erde – auf der Suche nach einer sinnvollen Anlage. Daher der Hype um die Start-up-Unternehmen. In der verkehrten Welt des hypermodernisierten Geldes sind nicht mehr so sehr die wertschaffenden Unternehmen auf der Suche nach neuem Kapital, sondern müßige Kapitale auf der Suche nach Bodenkontakt in der Sphäre realer Leistungen und Produkte.

Die Hauptsorge kleiner und mittlerer Geldbesitzer gilt demgemäß dem absehbaren Risiko, dass überhöhte Staatsverschuldungen und nahezu zinslose Emissionen neuen Geldes sich in Inflationseffekten niederschlagen werden. Aus diesen ergäbe sich, wie seit je bemerkt, die kalte Enteignung der privaten Guthaben. Nachdem aber der Weg zu einer Konsolidierung der Staatsfinanzen durch »Austerität« versperrt ist – die Lektion der Weltwirtschaftskrise nach 1929 ist unvergessen –, drängen sich vorläufig nur paradoxe Problemlösungen auf. Man beobachtete sie nach der Lehman-Krise von 2008 und erneut in der Coronakrise ab 2020 in größtem Maßstab. Es scheint, als sei der Weg aus der Staatsverschuldung in die Mehrverschuldung zur Krisenabwehr allein noch offen.

Was bleibt, ist ein ruinöser halbierter Keynesianismus (à la Stiglitz) – Geldflutung in der Krise, doch keine Konsolidierung im Aufschwung. Die Staatshaushalte zeigen die Neigung, zu Kunstwerken einer immer kühneren Umschuldungsakrobatik zu werden. Aufgrund der weltweiten dichten Verflechtungen der Verschuldungskonstrukte geraten die großen Finanzakteure immer mehr unter die Zwänge eines nie explizit formulierten, doch pragmatisch zu respektierenden Gesetzes vom ausgeschlossenen Großbankrott. Dem Markt wird damit seine korrigierende Kraft gegen ökonomische Fehlentwicklungen, insbesondere gegen malignes Größenwachstum und überriskante Defizite, aus der Hand genommen. Der Slogan *too big to fail* zeigt den Übergang von einer Regelung ökonomischer Krisen durch marktrationale Entscheidungen zu einer chronischen finanzpolitischen Krisenabwehr an. Der »Primat der Politik« meint heute nicht mehr wie früher: Sozialismus. Er bedeutet vielmehr: Vergemeinschaftung der lokalen Krisen. Man bekommt es daher – zumal innerhalb der Europäischen Union – vor allem mit Ländern zu tun, die mit ihrer akuten Neigung zum Bankrott die solventeren Partner via Entgegenkommen der Zentralbank zu Hilfeleistungen im eigenen Interesse nötigen. Die – vorsichtig ausgedrückt – paradoxe Tendenz der Entwicklung verrät sich im Bedeutungswandel des Verbums »sparen«: Während es bis vor Kurzem das Anlegen einer positiven Reserve bezeichnete, meint es in den Sprachspielen der neuen Finanzalchemisten nur noch eine Minderung der Neuverschuldungen. Es muss sich zeigen, ob das heutige Gebaren der großen Akteure auf den Finanzmärkten etwas anderes ergeben kann als das, was im Titel eines Films von Alexander Kluge aus dem Jahr 1985 bedenklich deutlich ausgesprochen wurde: *Der Angriff der Gegenwart auf die übrige Zeit*. Das unter Ökonomen neu aufgekommene Sprachspiel, wonach man durch Vermehrung der Kreditmengen in der öffentlichen Hand »Zeit kaufe«, weist in die problematische Richtung. Oft entsteht der Eindruck, die gekaufte Zeit werde zur Kompensation aktueller Defizite, nicht zur Konsolidierung der Grundlagen verwendet. In dieser Lage ist zu erwarten, dass ein neuer monetärer Realismus mit »konservativen« Akzenten früher oder später an den in letzter Instanz unauflösbaren Zusammenhang zwischen begründetem Wertglauben und glaubhafter Stabilitätspolitik erinnern wird.

Anmerkungen

1 »Der Ausdruck ›Greshams Gesetz‹ stammt erst aus dem Jahr 1858, als der britische Ökonom Henry Dunning Macleod (1858, S. 476–8) beschloss, die Tendenz, für schlechtes Geld gutes Geld aus dem Verkehr zu ziehen, nach Sir Thomas Gresham (1519–1579) zu benennen« (Rolnick und Weber, 1986).

2 So Gresham 1558 in einem Brief an Königin Elisabeth I.

Literaturverzeichnis

Carlyle, T. (1849), Occasional Discourse on the Negro Question, in: Fraser's Magazine for Town and Country, London (zunächst anonym veröffentlicht).

Franklin, B. (1748), Advice to a Young Tradesman, Works ed. Sparks, https://founders.archives.gov/documents/Franklin/01-03-02-0130

Herder, J. G. (1784–1791), Ideen zur Philosophie der Geschichte der Menschheit, Riga/Leipzig.

Malthus, T. R. (1798), An Essay on the Principles of Population, London (zunächst anonym veröffentlicht).

Morris, D. (1967), Der nackte Affe, München.

Proudhon, P. J. (1886), The Malthusians, trans. Benjamin Tucker, London.

Rolnick, A. J. und W. Weber, (1986) Greshams Gesetz oder Greshams Irrtum?, in: Quartalsbericht, Ausgabe Win, Nr. V. 10, Nr. 1, 17–24.
Schiller, F. (1801), Die Jungfrau von Orleans. Eine romantische Tragödie, UA: 11.9.1801 in Leipzig, Erstdruck in: Kalender auf das Jahr 1802, Berlin.
Schumpeter, J. (1911), Theorie der wirtschaftlichen Entwicklung, Berlin.

Der Bargeldgebrauch in der Schweiz: Zwischen Beständigkeit und Wandel

Fritz Zurbrügg

Die Einführung des Euro war für die Länder der neu geschaffenen Währungsunion ein wesentliches Ereignis. Auch für die Schweiz war dies von großer Bedeutung. Denn der Schweizer Währungs- und Bargeldraum war ab diesem Zeitpunkt vollständig von Ländern umgeben, welche dieselbe Währung verwendeten. Die Schweiz wurde zu einer «Franken-Insel im Euro-Ozean». Vor dem Hintergrund der bedeutenden Handels- und Wirtschaftsbeziehungen zwischen den beiden Währungsräumen kam der Gedanke auf, dass sich der Euro als Parallelwährung in der Schweiz etablieren könnte. Die Frage wurde gestellt, ob der Euro den Schweizer Franken obsolet machen würde (Kohli, 2002).

Aufgrund der Erfahrungen der letzten 20 Jahre lässt sich diese Frage klar verneinen. Dies zeigt sich sowohl beim Giralgeld als auch beim Bargeld. Die Nachfrage nach Schweizer Franken ist in den vergangenen Jahren stark gewachsen, dies insbesondere seit dem Ausbruch der globalen Finanzkrise 2008. Die Schweizerische Nationalbank (SNB) begegnete dieser Nachfrage und dem damit verbundenen Aufwertungsdruck auf den Franken mit umfangreichen geldpolitischen Maßnahmen, die zu einer Ausweitung der Geldmenge in Schweizer Franken führten. Die Nachfrage nach Bargeld in Schweizer Franken hat im gleichen Zeitraum ebenfalls weiter zugenommen. Der Notenumlauf ist dabei stärker gewachsen als die Wirtschaftsaktivität (siehe Abbildung 1).

Das Wachstum des Notenumlaufs zeigt eine höhere Bargeldhaltung an, daraus können jedoch keine direkten Rückschlüsse auf die Verwendung gezogen werden. Die Schweizer Bevölkerung galt als traditionell bargeldaffin. In der jüngeren Vergangenheit lässt sich aber ein Wandel in der Bargeldverwendung im Zahlungsverkehr feststellen. Der Trend geht klar in Richtung einer verstärkten Nutzung neuer, bargeldloser Zahlungsmittel, was zulasten des Bargeldes geschieht.

Gleichzeitig dürfte Bargeld vermehrt zur Wertaufbewahrung im In- und Ausland verwendet werden.

Im Weiteren ist schon seit Längerem ein Wandel in der gesamten Logistikkette der Bargeldversorgung zu beobachten. Im Kern ist der Schweizer Bargeldmarkt – er umfasst die Feinverteilung, Werttransporte, Rücknahme und Verarbeitung samt Wiederverwendung – privatwirtschaftlich organisiert. Verschiedene Entwicklungen, vor allem in technischen Bereichen, haben zu einer Marktbereinigung und Konzentration auf ein paar wenige Anbieter von Bargelddienstleistungen geführt. Diese Entwicklungen stellen für die Bargeldversorgung neue Herausforderungen dar.

Der vorliegende Artikel beleuchtet in den folgenden vier Kapiteln unterschiedliche Aspekte der Bargeldnutzung und Bargeldversorgung in der Schweiz. In Kapitel 2, dem Hauptteil, wird die Bedeutung von Bargeld in der Schweiz dargelegt. Dabei wird in einem Textkasten auch auf die Bedeutung und Verwendung des Euro-Bargeldes in der Schweiz eingegangen. Kapitel 3 erläutert den gesetzlichen Auftrag an die Schweizerische Nationalbank im Bereich der Bargeldversorgung wie auch dessen Umsetzung. Kapitel 4 bietet einen Ausblick und diskutiert aktuelle Fragen, welche sich aus dem digitalen Wandel im Zahlungsverkehr ergeben. Die Schlussforderungen in Kapitel 5 schließen die Betrachtungen ab.

Die Bedeutung von Bargeld in der Schweiz

Der Schweizer Franken hat nicht nur eine praktische, sondern auch eine emotionale Bedeutung für die Schweizer Bevölkerung. Dies lässt sich beispielsweise anhand der zwischen 2016 und 2019 erfolgten Emission der neunten Banknotenserie aufzeigen. Bei der Ausgabe der neuen 50er-Note im April 2016 war ein außergewöhnliches Publikumsaufkommen an den Kassenstellen der SNB zu verzeichnen. Das Interesse blieb auch bei den Emissionen der weiteren Stückelungen hoch. Aufmerksamkeit in den Medien erhielten neben dem Design der Banknoten der neunten Serie auch deren Merkmale. Dazu gehören ein innovatives Substrat (»Banknotenpapier«) und eine Vielzahl von modernen Sicherheitsmerkmalen.[1]

Die praktische Bedeutung von Bargeld zeigt sich im Gebrauch, dem zwei grundsätzliche Motive zugrunde liegen. Einerseits wird Bargeld als Tausch- oder Zahlungsmittel verwendet, andererseits dient es zur Wertaufbewahrung. Zudem hat Bargeld die einzigartige Eigenschaft, dass es jederzeit und ohne Infrastruktur eingesetzt werden kann. Aufgrund seiner vielfältigen Funktionen stiftet Bargeld einen volkswirtschaftlichen Nutzen.

Die Entwicklung des Notenumlaufs

Die Entwicklung der Bargeldquote, also der Bargeldumlauf im Verhältnis zum Bruttoinlandsprodukt (BIP), liefert Informationen über die Nachfrage nach Schweizer-Franken-Bargeld. Die Bargeldquote unterliegt im Zeitverlauf langen und ausgeprägten Zyklen. Historisch gesehen zeigen sich in Phasen von großer wirtschaftlicher und politischer Unsicherheit jeweils hohe Bargeldquoten. Entsprechend belief sich die Bargeldquote nach dem Zweiten Weltkrieg auf rund 25 % und nahm dann über mehrere Jahrzehnte hinweg ab. Die dynamische wirtschaftliche Erholung und die politische Stabilität in diesen Jahren sowie der ab 1970 erfolgte Auf- und Ausbau des bargeldlosen Zahlungsverkehrs führten zu einer nachhaltigen Veränderung. Nach einer stabilen Phase in den 1990er Jahren, in welcher die Bargeldquote rund 7 % betrug, ist sie in der Schweiz in den letzten zehn Jahren wieder angestiegen. Die Erhöhung steht im Zusammenhang mit dem Ausbruch der globalen Finanzkrise 2008 und deren langwierigen Nachwirkungen. Ende 2021 lag die Bargeldquote bei knapp über 12 %.

Ein ähnlicher Anstieg der Bargeldquote war in den letzten Jahren auch in anderen Währungsräumen, wie zum Beispiel in der Eurozone oder in den USA, zu beobachten (Abbildung 1). Neben länderspezifischen Gründen zeigt diese Entwicklung auch die stärkere Nachfrage nach Bargeld für Wertaufbewahrungszwecke, die von verschiedenen globalen Ereignissen (Finanzkrise, Staatsschuldenkrise, Corona-Pandemie) sowie dem Tiefzinsumfeld getrieben wurde. Die Entwicklung der Bargeldquote fällt in den verschiedenen Ländern jedoch unterschiedlich aus. Während die Bargeldquote im Vereinigten Königreich in den letzten 20 Jahren stabil geblieben ist, hat Bargeld zum Beispiel in Schweden deutlich an Bedeutung verloren.

Das Wachstum des Schweizer-Franken-Bargeldumlaufs der letzten Jahrzehnte ist vor allem auf den Anstieg der drei größten Notenstückelungen (100-, 200- und 1000-Franken-Noten) zurückzuführen.

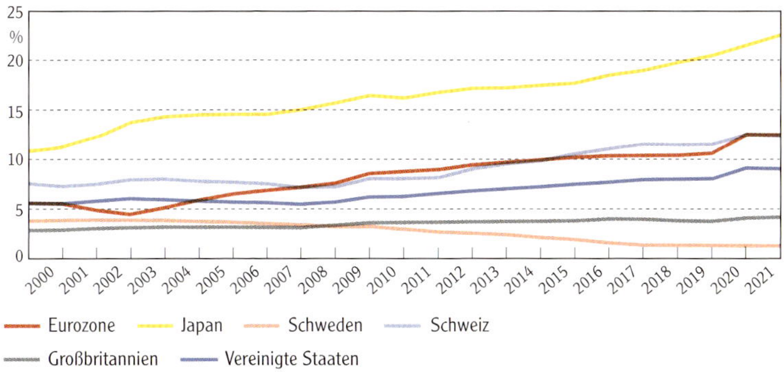

Anmerkung: Verhältnis Bargeldumlauf zum nominalen BIP
Quelle: BIS, SNB

Abbildung 1: Die Bargeldquote vom Schweizer Franken und von ausgewählten Fremdwährungen

Diese dominieren wertmäßig aktuell den Notenumlauf. Dabei spielt die 1000er-Note eine besondere Rolle; ihr wertmäßiger Anteil am Notenumlauf beträgt aktuell mehr als 50 %. Insgesamt weisen die drei größten Stückelungen einen Anteil von über 90 % aus.

Aus den aggregierten Daten alleine lassen sich keine klaren Rückschlüsse auf die Art der Verwendung von Bargeld ableiten. Um detaillierte Informationen zum Gebrauch von Bargeld zu erhalten, hat die SNB im Jahr 2017 erstmals eine Umfrage zum Zahlungsverhalten und zur Bargeldnutzung in der Schweiz – kurz, die Zahlungsmittelumfrage – durchgeführt und die Ergebnisse 2018 veröffentlicht. Dabei durfte sie auf die Erfahrung sowie die wertvolle und umfangreiche Unterstützung von Mitarbeitenden der Deutschen Bundesbank als auch der Österreichischen Nationalbank zählen. Die repräsentative Umfrage erlaubt einen detaillierten Einblick in die Verwendung des Bargeldes und gibt Aufschluss über die Präferenzen der Bevölkerung zu verschiedenen Zahlungsmöglichkeiten.[2] Die erneute Durchführung der Zahlungsmittelumfrage im Jahr 2020 ermöglicht es zudem, die Veränderungen seit 2017 zu beobachten.

Im Folgenden wird der Bargeldgebrauch näher beleuchtet. Die Ausführungen stützen sich dabei auf die Erkenntnisse der Zahlungsmittelumfragen. Deren Erkenntnisse werden hier zitierend oder zusammenfassend verwendet.

Die Bedeutung des Euro-Bargeldes für die Schweizer Bevölkerung

Allgemeine Betrachtung

Die Schweiz ist umgeben von Mitgliedsländern des Euroraums. Sie hat intensive wirtschaftliche Beziehungen mit ihnen und ist gleichzeitig ein wichtiges Transitland auf der Nord-Süd-Achse. In Kombination mit der geografisch relativ geringen Größe könnte es auf den ersten Blick als plausibel erscheinen, dass der Euro in der Schweiz als Zahlungsmittel eine breite Verwendung findet. Wie bereits eingangs erwähnt, haben sich die Befürchtungen einer Verdrängung des Schweizer Franken als unbegründet erwiesen. In Bezug auf das Euro-Bargeld lässt sich festhalten, dass es nur in spezifischen Zahlungssituationen eingesetzt wird.

Nebenrolle des Euro-Bargeldes im Zahlungsverkehr

Euro-Bargeld wird in der Schweiz vor allem in touristisch geprägten Gebieten sowie entlang der Transitachsen und ganz allgemein an Orten mit einer internationalen Ausrichtung als Zahlungsmittel verwendet. Der Euro hat hierbei die Position der vormalig akzeptierten Banknoten der umliegenden Länder übernommen. Für die betroffenen Wirtschaftszweige hat diese Konzentration auf nur noch eine Währung zu einer gewissen Vereinfachung der Zahlungsabwicklung geführt.

In der Gesamtbetrachtung fehlen dem Euro mehrere für eine Parallelwährung entscheidende Merkmale. Euro-Bargeld wird in der Schweiz durch die ansässige Bevölkerung nicht als Zahlungsmittel im Inland eingesetzt. In der Regel verwenden nur Touristen beziehungsweise Reisende aus anderen Ländern den Euro als Zahlungsmittel – und auch dies gehäuft nur an den entsprechenden Orten. Am Zahlungsort der Euro-Verwendung wird das Wechselgeld zudem in der Regel in Landeswährung (Schweizer Franken) herausgegeben.

Versorgung der Bevölkerung

Schweizer Banken beziehen jedes Jahr große Mengen von Euro-Banknoten über die grenznahen Filialen der jeweiligen nationalen Notenbanken. Auch der Rückschub von überschüssigen Euro-Banknoten wird über diese Stellen abgewickelt. Die Banken versorgen wiederum ihre in- und ausländischen Kunden.

Die Versorgung mit Euro-Bargeld erfolgt in der Schweiz weitgehend über die gleichen Kanäle wie beim Schweizer Franken – nämlich über die Bankomaten. Mit einem Netz von rund 7 000 Bankomaten verfügt die Schweiz derzeit über eine gute Abdeckung. Rund 85 % aller Bankomaten geben auch Euro-Banknoten aus, in der Regel 50-Euro-Noten und verschiedentlich auch eine zweite, meist kleinere Denomination. Die typischerweise für touristische Zwecke und für mittelgroße Zahlungstransaktionen benötigten Banknoten (Menge und Stückelungsmix) werden den Bankkunden somit über die Bankomaten angeboten.

Verwendung durch die Bevölkerung

Die Natur des Bargeldes verunmöglicht exakte Aussagen zu dessen Verwendung. Allerdings ist davon auszugehen, dass die Hauptverwendungszwecke als Zahlungsmittel für Ferien in Ländern der Eurozone sowie für Einkäufe im grenznahen Ausland liegen. Trotz Verbreitung von Debit- und Kreditkarten und entsprechenden bargeldlosen Zahlungsmöglichkeiten im Ausland wird dieses Verhalten von vielen Leuten beibehalten. Zudem dürften auch Rimessen von ausländischen Arbeitnehmenden in ihre Herkunftsländer eine Bedeutung haben.

Einkäufe im grenznahen Ausland scheinen für größere Anteile der aus der Schweiz ins Ausland verbrachten Euro-Bargeldmengen verantwortlich zu sein. Die schweizerische Interessengemeinschaft Detailhandel hat in verschiedenen Studien durch das Marktforschungsinstitut GfK das jährliche Einkaufsvolumen der Schweizer Bevölkerung im grenznahen Ausland auf rund 10 Mrd Franken beziffert (siehe Interessengemeinschaft Detailhandel, 2022).

Die Bedeutung von Franken-Bargeld im Zahlungsverkehr

Die zuvor dargestellten Zahlen zum Notenumlauf zeigen die historisch wichtige Rolle des Schweizer Franken. Nachfolgend wird näher untersucht, wie sich der Bargeldgebrauch in den letzten Jahren verändert hat.

Bargeld in der Schweizer Bevölkerung weitverbreitet

Die wichtige Rolle, die das Bargeld nach wie vor für die Schweizer Bevölkerung spielt, wird dadurch verdeutlicht, dass fast jede erwachsene Person Bargeld mit sich führt oder zu Hause für alltägliche Ausgaben besitzt. Wie aus der erwähnten Zahlungsmittelumfrage 2020 hervorgeht, tragen die Befragten im Durchschnitt 138 Franken an Bargeld bei sich. Dabei ist die Höhe der Bargeldhaltung sehr ungleichmäßig verteilt: Während der Großteil einen eher geringen Bestand dabeihat, weisen einige wenige Befragte recht hohe Beträge aus.

Die Haltung größerer Beträge steht in direktem Zusammenhang mit den großen Notenstückelungen, das heißt der 200er- und 1000er-Note. 40 % der Befragten geben an, in den letzten ein bis zwei Jahren mindestens eine 1000er-Note besessen zu haben, bei der 200er-Note beträgt der entsprechende Anteil 80 %. Eine wichtige Erkenntnis ist, dass diese großen Stückelungen in vielen Fällen als Zahlungsmittel dienen. Die Barzahlung von Gütern und Dienstleistungen, die Begleichung von Rechnungen an den Schaltern der Schweizerischen Post[3] und die Einzahlung auf ein Konto stehen hier im Zentrum.

Zur Heterogenität der Bargeldhaltung lässt sich festhalten, dass es zwischen bestimmten soziodemografischen Gruppen teilweise recht große Unterschiede gibt. Dies trifft insbesondere auf die Altersgruppen zu. So beläuft sich in der Gruppe der ab 55-Jährigen der mittlere Bargeldbestand auf fast das Dreieinhalbfache des Bestands der Altersgruppe der 15-bis 34-Jährigen. Dieser Unterschied hat sich seit 2017 stark akzentuiert (2017 war es das Zweieinhalbfache). Weitere, wenn auch geringere Unterschiede in der Bargeldhaltung sind zwischen den Sprachregionen und den Einkommensgruppen zu beobachten.

Bargeld wird als Zahlungsmittel häufig eingesetzt

Der sehr verbreitete Besitz von Bargeld lässt sich damit erklären, dass es häufig als Zahlungsmittel eingesetzt wird. Gemessen an der Anzahl alltäglicher Transaktionen ist es nach wie vor das von der Schweizer Bevölkerung meistgenutzte Zahlungsmittel. Gemäß der Zahlungsmittelumfrage 2020 beglichen die Befragten 43 % aller unregelmäßigen Zahlungen mit Bargeld.

Zwei Erkenntnisse sind dabei besonders interessant. Erstens wird Bargeld anderen Zahlungsmitteln vor allem für die Begleichung von kleinen Zahlungen vorgezogen. Der Median der Barzahlungen beläuft sich auf zwölf Franken, wobei der Anteil der Barzahlungen mit zunehmender Höhe des Betrages deutlich abnimmt. Während Bargeldzahlungen bei Beträgen bis 20 Franken den größten Anteil erreichen, werden die Zahlungen im Bereich zwischen 50 und 200 Franken meistens mit Debitkarten abgewickelt. Für größere Beträge werden zunehmend Kreditkarten verwendet. Zahlungen über 1 000 Franken weisen dabei ein spezielles Muster auf: Während Überweisungen per Onlinebanking klar am bedeutendsten sind, kommt neben Kredit- und Debitkarten bei mehr als 10 % der Transaktionen auch Bargeld zum Einsatz. Dies belegt, dass die großen Notenstückelungen, insbesondere die 1000er-Note, auch regelmäßig als Zahlungsmittel dienen.

Zweitens unterscheidet sich die Verwendung von Bargeld zu Zahlungszwecken nach soziodemografischen Merkmalen, vor allem bezüglich des Alters. Die Gruppe der über 55-Jährigen wickelt einen höheren Anteil ihrer Zahlungen mit Bargeld ab als die Befragten im Durchschnitt. Zwar ist auch in dieser Altersgruppe ein Rückgang der Bargeldnutzung seit 2017 zu verzeichnen, er fällt aber weniger stark aus als bei den jüngeren Altersgruppen. Die jüngste Altersgruppe (15 bis 34 Jahre) setzt für ihre Zahlungen unterdessen mehrheitlich auf die Debitkarte (44 %, 2017: 26 %) und nutzt auch Bezahl-Apps (8 %) häufiger als die Vergleichsgruppen.

Bargeldlose Zahlungsmittel gewinnen stark an Bedeutung

Die Ergebnisse der Zahlungsmittelumfragen deuten darauf hin, dass sich die Zahlungsmittelnutzung der Bevölkerung in der Schweiz zwischen 2017 und 2020 markant verändert hat. Auch wenn Bargeld das am häufigsten eingesetzte Zahlungsinstrument bleibt, hat es im Vergleich zu 2017 stark an Nutzungsanteilen eingebüßt. Bargeld tritt in starke Konkurrenz mit bargeldlosen Zahlungsinstrumenten. Im Vordergrund steht dabei die Debitkarte, über die 92 % der Befragten verfügen. Gemessen am Transaktionswert hat die Debitkarte das Bargeld als das Zahlungsmittel mit dem höchsten Anteil abgelöst. Auch die Kreditkarte und insbesondere die Bezahl-Apps haben innert kurzer Zeit an Bedeutung gewonnen. Die mengen- und wertmäßigen Nutzungsanteile für Zahlungen im Alltag haben sich also deutlich vom Bargeld hin zu bargeldlosen Zahlungsmitteln verschoben, insbesondere zur Debitkarte.

Zwei Faktoren dürften zu dieser Entwicklung beigetragen haben. Zum einen bilden die technologischen Veränderungen einen generellen Trend ab. Darin spiegelt sich, dass bargeldlose Zahlungsmittel inzwischen zumindest teilweise als sicherer, nutzerfreundlicher und schneller bewertet werden als Bargeld. Im Vergleich zur Zahlungsmittelumfrage 2017 hat sich diese Bewertung bei vielen Befragten deutlich verändert.

Im aktuellen Umfeld gewinnt insbesondere die Kontaktlos-Funktion beim Einsatz von Zahlungskarten stark an Bedeutung. Die Technologie ist breit verfügbar, und diese Zahlungsart wird mittlerweile in der Schweiz häufig genutzt. Rund 60 % der Befragten, die Debit- oder Kreditkarten besitzen, haben angegeben, bei Kartenzahlungen immer oder meistens kontaktlos zu bezahlen. Die Pandemie hat gewissermaßen als Katalysator zu dieser Entwicklung beigetragen.

Dabei dürfte eine Rolle gespielt haben, dass die Untergrenze, ab der eine Eingabe eines PIN-Codes notwendig ist, von 40 auf 80 Franken erhöht wurde. Ferner hat sich auch das Bezahlen mittels Smartphone in der Schweiz etabliert: Knapp die Hälfte aller Befragten (48 %) besitzt gemäß der Zahlungsmittelumfrage 2020 eine Bezahl-App. Dies entspricht einer Vervierfachung gegenüber 2017. Der häufigste Anwendungsfall von Bezahl-Apps betrifft Zahlungen zwischen Privatpersonen.

Zum anderen lassen die Ergebnisse der Zahlungsmittelumfrage 2020 den Schluss zu, dass die Corona-Pandemie die Entwicklung hin zu vermehrt bargeldlosem Bezahlen zusätzlich beschleunigt hat. Der Barzahlungsanteil lag im Herbst 2020 nach Verhängung verstärkter Eindämmungsmaßnahmen in der Schweiz niedriger als in den Monaten zuvor.

Die Pandemie wirkt sich darüber hinaus gemäß Selbsteinschätzung der Befragten anhaltend auf ihre Zahlungsmittelnutzung aus. So gibt rund ein Drittel der Befragten an, dass sich ihr Zahlungsverhalten aufgrund der Corona-Pandemie nachhaltig verändert hat. Innerhalb dieser Gruppe beabsichtigt eine Majorität, dauerhaft mehr mit Karte oder häufiger kontaktlos zu bezahlen. Die Selbsteinschätzung anhaltender Veränderungen im Zahlungsverhalten steht im Einklang mit den Bargeldbezügen an den Geldautomaten. Diese erholten sich zwar nach der ersten Pandemiewelle, blieben aber unter dem Vorkrisenniveau. Demgegenüber stieg die Anzahl der Kartentransaktionen an den Verkaufspunkten über das Vorkrisenniveau.

Die Nutzung von Bargeld zur Wertaufbewahrung

Die Wertaufbewahrung spielt für die Nachfrage nach Schweizer-Franken-Bargeld seit Jahrzehnten eine wichtige Rolle. In den letzten Jahren verzeichnete der Franken-Banknotenumlauf eine steigende Tendenz, während die Bedeutung von Bargeld als Zahlungsmittel abnahm (siehe Kapitel 2.2). Diese Entwicklungen deuten darauf hin, dass Bargeld vermehrt zur Wertaufbewahrung im In- und Ausland verwendet wird.

Wie aus der Zahlungsmittelumfrage 2020 zu schließen ist, tragen Privatpersonen in der Schweiz einen gewissen Teil dazu bei. Rund 70 % der Befragten haben angegeben, neben dem Barbestand im Portemonnaie auch Bargeld als Reserve aufzubewahren. Solche Reserven werden überwiegend zur Abdeckung von kurzfristigen Bedürfnissen verwendet – der langfristigen Wertaufbewahrung dienen durchschnittlich nur 15 % der jeweiligen Bargeldreserven. Diese Angaben sind mit den aufbewahrten Beträgen konsistent: Rund zwei Drittel der Haushalte halten Beträge von weniger als 1 000 Franken. Weitere 24 % halten einen Betrag zwischen 1 001 und 5 000 Franken, und bei lediglich 6 % liegt der Wert über 10 000 Franken.

Das Hauptmotiv für die Wertaufbewahrung findet sich in der unmittelbaren Verfügbarkeit bei Bedarf zum Beispiel für unvorhergesehene Ausgaben. Ein weiterer Grund ist die Schaffung eines Sicherheitspolsters für Krisensituationen. Demgegenüber stellt das anhaltende Tiefzinsumfeld für die befragten privaten Haushalte kein vorrangiges Motiv dafür dar, Bargeld zu Hause oder in einem Schließfach aufzubewahren. Eine plausible Erklärung dafür liegt darin, dass die große Mehrheit der Privatpersonen bislang nicht direkt von Negativzinsen betroffen ist.

Basierend auf diesen Angaben lässt sich die gesamte Bargeldhaltung der Haushalte in der Schweiz, die nicht für unmittelbare Zahlungszwecke bestimmt ist, schätzen: Gesamthaft dürften sie einen Betrag von rund 10 Mrd Franken zum Zweck der Wertaufbewahrung halten, also rund 12 % des ganzen Notenumlaufs. Dieser Wert dürfte jedoch unter dem effektiven Anteil liegen. Erstens sind die Angaben zu diesem sensitiven Thema aus Gründen der Sicherheit und Diskretion wahrscheinlich nicht restlos verlässlich. Zweitens ist anzunehmen, dass diejenigen Privatpersonen, die große Mengen an Bargeld halten, in der Grundgesamtheit aller befragten Personen unterrepräsentiert sind.

Die Zuordnung des verbleibenden Teils der Bargeldhaltung ist mit vielen Unsicherheiten verbunden. Die Größenordnung der sogenannten Transaktionskasse – also des für den Zahlungsverkehr in Zirkulation befindlichen Teils – wird aktuell im Rahmen einer Umfrage bei Unternehmen[4] näher untersucht. Zudem dürfte die Bargeldhaltung im Ausland einen weiteren Teil erklären. Eine genaue Zuordnung und Schätzung der Anteile ist hingegen nicht möglich. Die Situation ist allerdings keine Besonderheit des Schweizer Franken. Vielmehr stellt sich diese Problematik auch anderen Zentralbanken. Aus deren Studien ergeben sich die gleichen Erkenntnisse zur grundsätzlichen Unsicherheit der Zuordnung (siehe zum Beispiel Zamora-Pérez, 2021).

Die Bedeutung von Bargeld im internationalen Vergleich

Insgesamt weist die Bevölkerung in der Schweiz eine ähnlich hohe Bargeldaffinität auf wie die Eurozone im Durchschnitt. Zum einen haben beide Währungsräume vergleichbar hohe Bargeldquoten (siehe Kapitel 2.1). Zum anderen weist die Bevölkerung in der Schweiz ein ähnliches Zahlungsverhalten auf wie die Bevölkerung der Eurozone im Durchschnitt, wobei sich dort das Verhalten je nach Land unterscheidet. Insgesamt liegt die Schweiz bei der Bargeldverwendung im Mittelfeld zwischen bargeldaffinen und bargeldlos orientierten Ländern in Europa.

In Bezug auf die Auswirkungen der Pandemie auf die Zahlungsmittelnutzung lässt sich näherungsweise mithilfe einer vergleichbaren Studie zur Zahlungsmittelnutzung aus Deutschland (Deutsche

Bundesbank, 2021) eine erste, vorläufige Einschätzung vornehmen. Ein Vergleich dieser Resultate mit denjenigen der Zahlungsmittelumfrage 2020 führt zu der Schlussfolgerung, dass die strukturellen Veränderungen in der Schweiz seit 2017 schneller vonstattengingen als in Deutschland. Ausgehend von einem ähnlichen Startpunkt sank der Bargeldnutzungsanteil in Deutschland zwischen 2017 und 2020 um 14 Prozentpunkte (mengenmäßig) beziehungsweise um 16 Prozentpunkte (wertmäßig). Der Rückgang fiel damit weniger stark aus als in der Schweiz, wo er 27 Prozentpunkte (mengenmäßig) beziehungsweise 21 Prozentpunkte (wertmäßig) betrug.

Bezüglich der Notenstückelungen zeigt sich, dass in der Schweiz die zwei größten Noten (1000- und 200-Franken-Noten) wesentlich stärker verbreitet sind als im Euroraum. Bei den Schweizer Haushalten besaßen durchschnittlich 40 % der Befragten in den letzten zwölf Monaten mindestens eine 1000-Franken-Note) beziehungsweise 66 % mindestens eine 200-Franken-Note (Europäische Zentralbank, 2020).[5] Aus einer Studie der Europäischen Zentralbank resultiert, dass im Euroraum die entsprechenden Werte bei durchschnittlich 7 % (500-Euro-Note) beziehungsweise 11 % (200-Euro-Note) lagen. Die Differenz gegenüber Österreich (23 % der Befragten, die mindestens eine 200-Euro-Note besaßen) und Deutschland (20 %) war dabei etwas weniger augenfällig als für andere Vergleichsländer. Gemäß einer früheren Studie fanden die entsprechenden Noten in der Eurozone primär für die Zahlung von Waren und Dienstleistungen Verwendung (Esselink und Hernandez, 2017). Die in der Schweiz verbreitete Nutzung der 1000-Franken-Noten und 200-Franken-Noten ist auch auf das Begleichen von Rechnungen an den Schaltern der Schweizerischen Post zurückzuführen.

Ferner nutzt die Bevölkerung in der Schweiz Bargeld mehr zur Wertaufbewahrung als die Bevölkerung der Eurozone. Jedoch bewegen sich die pro Person aufbewahrten Bargeldbeträge in der Schweiz und im Euroraum in einer ähnlichen Dimension, das heißt, es sind mehrheitlich weniger als 1000 Franken beziehungsweise Euro.[6]

Die Rolle der SNB bei der Bargeldversorgung und beim Zahlungsverkehr

Die SNB hat gemäß Nationalbankgesetz den Auftrag, die Geld- und Währungspolitik im Gesamtinteresse des Landes zu führen. Sie gewährleistet die Preisstabilität und trägt dabei der konjunkturellen Entwicklung Rechnung. In diesem Rahmen hat sie unter anderem die Aufgabe, die Bargeldversorgung der Schweiz zu gewährleisten. Dazu besitzt sie das ausschließliche Recht zur Ausgabe der schweizerischen Banknoten. Ebenso ist die SNB mit der Aufgabe betraut, das Funktionieren bargeldloser Zahlungssysteme zu erleichtern und zu sichern. Mit der Erfüllung dieser Aufgaben schafft die SNB wesentliche Voraussetzungen dafür, dass die Bevölkerung das im Einzelfall jeweils bevorzugte Zahlungsmittel wählen kann.

Die Wahlfreiheit zwischen den Zahlungsmitteln ist aber nur dann tatsächlich gegeben, wenn das Publikum Vertrauen sowohl in den bargeldlosen Zahlungsverkehr als auch in das Bargeld hat. Voraussetzung für das Vertrauen in Bargeld ist eine stabilitätsorientierte Geldpolitik, die sicherstellt, dass der Schweizer Franken langfristig seinen Wert behält. Ebenso bedingt es, dass qualitativ hochwertige, möglichst fälschungssichere Banknoten in Umlauf sind.

Mit den von der SNB emittierten, innovativen und sicheren Banknoten sind die Grundlagen vorhanden, damit für alle an den wirtschaftlichen Tätigkeiten beteiligten Personen und Unternehmen eine effiziente Zahlungsabwicklung mit Bargeld möglich ist. Mit dem *Swiss Interbank Clearing*-System (SIC-System), das für die Banken und weitere Finanzmarktteilnehmer die Transaktionsabwicklung mit Zentralbankgeld gewährleistet, stellt die SNB gleichzeitig eine sichere und effiziente Plattform für den bargeldlosen Zahlungsverkehr zur Verfügung. Darauf basierend können die Banken und weitere Finanzintermediäre ihren Kunden verschiedene Dienstleistungen für die Zahlungsabwicklung anbieten. Diese breit gefächerten Optionen ermöglichen die Benutzung des aus Sicht der Beteiligten jeweils effizientesten beziehungsweise bevorzugten Zahlungsmittels. Die Kombination der Wahlfreiheit mit den sicheren Zahlungsmitteln schafft in der Summe einen volkswirtschaftlichen Nutzen.

Die SNB definiert sich als eine Art Grossistin in der Bargeldversorgung. Sie gewährt nur den Banken, der Post sowie auf Bargeldverarbeitung spezialisierten Unternehmen den direkten Zugang zu den Kassenstellen der SNB, an den zwei Hauptsitzen in Bern und Zürich sowie bei den 13 SNB-Agenturen (siehe Abbildung 2). Dabei gibt die SNB Banknoten für die Bedürfnisse des Zahlungsverkehrs aus und nimmt umgekehrt Überschüsse und beschädigte Banknoten zurück. Die Feinverteilung an Private und Unternehmen erfolgt durch die Banken, die Post und die Bargeldverarbeiter. Diese übernehmen als spezialisierte Unternehmen die Werttransporte im Auftrag vieler Banken sowie der Post und sorgen als Dienstleister für die Bargeldverarbeitung auch für die Rücknahme und Verarbeitung großer Bargeldmengen aus dem Detailhandel und weiteren Unternehmen. In dieser Aufgabenteilung manifestiert sich die privatwirtschaftlich organisierte Bargeldversorgung, die von der SNB gezielt gefördert wurde. Zum Beispiel zeigt sich dies im Status der Bargeldverarbeiter. Obschon sie keinen Bankstatus aufweisen, haben sie vollen Zugang zum SIC-System, das sonst nur Banken und ausgewählten Finanzmarktteilnehmern offensteht.

Mit den beiden Kassenstellen für die Versorgung der großen Bargeldbezüger und -einzahler an den zwei Hauptsitzen in Bern und Zürich sowie mit den 13 Agenturen für die regionale Bargeldversorgung ist eine breite Präsenz in der Schweiz gewährleistet. Neben der Alltagsversorgung wird damit auch die Bargeldversorgung in einem Krisenfall resilienter. Bei einem Ausfall der zentral organisierten Bargeldlogistik, insbesondere der Werttransporte der großen Bargeldverarbeiter, erlauben es die dezentralen Strukturen, regionale Bargeld-

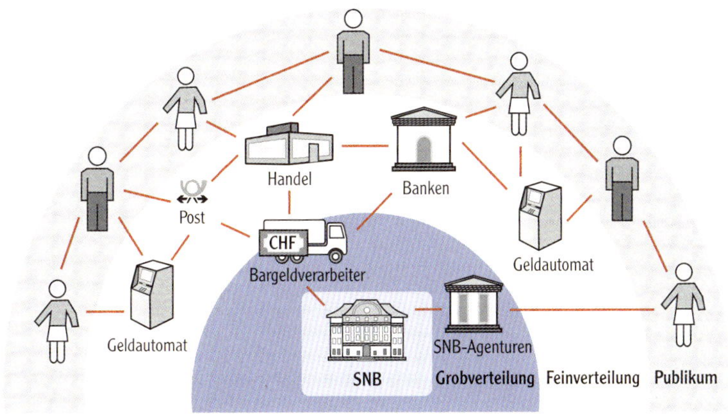

Abbildung 2: Bargeldverkehr in der Schweiz

kreisläufe auszuweiten. Die SNB stellt mit diesem Netzwerk zudem sicher, dass auch Privatpersonen den offenen und spesenfreien Zugang zum Umtausch von alten, zurückgerufenen oder beschädigten Banknoten und Münzen erhalten.

Neben den auf das Inland fokussierten Versorgungsfragen wirkt die SNB auch in internationalen Gremien mit. So engagiert sie sich seit vielen Jahren im Rahmen der internationalen Central Bank Counterfeit Deterrence Group (CBCDG) zusammen mit weiteren Zentralbanken für die Entwicklung und Verbreitung von Schutzmechanismen gegen Falschgeld. Weiter ist die SNB Mitglied in der European Banknote Conference (EBC). Dieses Gremium, in dem der Großteil der Zentralbanken in Europa vertreten ist, befasst sich in mehreren Arbeitsgruppen mit Themen des Bargeldumlaufs, statistischen Erhebungen und Weiterentwicklungen im Bereich der Produktion von Banknoten, deren Materialien und Sicherheitsmerkmalen. In solchen Gremien können sich die Zentralbanken unabhängig von länderspezifischen Unterschieden und politischen Aspekten miteinander in Fachfragen austauschen.

Aus Sicht der SNB ist darüber hinaus der bilaterale fachliche Austausch mit europäischen Notenbanken sehr wertvoll. Denn mit diesen Ländern bestehen wichtige Gemeinsamkeiten bezüglich des Bargeldgebrauchs wie auch der Strukturen der Bargeldlogistik.

Herausforderungen für das Schweizer Bargeld

Die zukünftige Rolle des Bargeldes hängt maßgeblich von den technologischen Entwicklungen der Zahlungssysteme ab. Diesbezüglich sind gegenwärtig zwei Tendenzen zu beobachten. Zum einen gewinnen derzeit kontaktlose Kartenzahlungen beim Einsatz von Zahlungskarten stark an Bedeutung. Diese Zahlungsart ist mittlerweile in der Schweiz sehr verbreitet. Die Technologie ist breit verfügbar und wird bei der Mehrheit von Kartenzahlungen immer oder meistens verwendet. Zum anderen hat sich das Bezahlen mittels Smartphone (Bezahl-Apps) in der Schweiz etabliert.

Diese Trends dürften sich fortsetzen, dafür sprechen zwei Gründe. Erstens ändert sich die Grundhaltung der Bevölkerung gegenüber den verschiedenen Zahlungsmitteln. Wie aus der Zahlungsmittelumfrage 2020 hervorgeht, erwartet ein wesentlicher Anteil der Befragten, dass künftig weniger oft mit Bargeld, dafür vermehrt mit der Karte oder Bezahl-Apps bezahlt wird. Zweitens spielt auch die Demografie eine bedeutende Rolle. Bei der Kontaktlos-Funktion und den Bezahl-Apps zeichnet sich ein ähnliches Muster hinsichtlich der soziodemografischen Merkmale der Zahlungsmittelnutzer ab: Die hohen Besitzanteile in der jüngeren Bevölkerung sprechen dafür, dass der Stellenwert dieser Bezahlverfahren im Verlauf der Jahre weiter steigen wird.

Der Wandel hat Auswirkungen auf die gesamte Wertschöpfungskette der Bargeldversorgung. Die rückläufige Verwendung von Bargeld als Zahlungsmittel führt zu geringeren Volumina bei der Versorgung der Bevölkerung (zum Beispiel eine abnehmende Nutzung der Bankomaten) und gleichzeitig zu kleineren Bargeldeinnahmen bei den Unternehmen. Daraus resultieren geringere Transport- und Verarbeitungsmengen bei den beauftragten Bargeldverarbeitern. In der Summe steigen infolge der reduzierten Auslastung der vorhandenen Infrastrukturen die Stückgutkosten an. Die Infrastrukturen der Bargeldversorgung und -entsorgung sind aber nicht beliebig frei skalierbar.

Aus der fortschreitenden Digitalisierung entstehen für Zentralbanken neue Möglichkeiten und Herausforderungen, beispielsweise die Frage nach dem Zugang zu digitalem Zentralbankgeld. In der Schweiz haben gegenwärtig Banken und bestimmte andere Finanzmarktteilnehmer Zugang zu digitalem Zentralbankgeld. Die Zentralbanken untersuchen die Vorteile und die Machbarkeit von digitalem Zentralbankgeld für die breite Bevölkerung, sogenannte Retail CBDC[7], auf Basis neuer Technologien, zum Beispiel der Distributed Ledger Technology. Ein wichtiger Aspekt der Analyse betrifft mögliche unerwünschte Nebenwirkungen auf die Geldpolitik und die Finanzstabilität. So ist es beispielsweise einfacher, Bankeinlagen in digitales Zentralbankgeld umzuwandeln als in physische Banknoten. In einer Krisensituation könnte dies das Risiko eines »bank run« erhöhen.

Die SNB sieht derzeit keine Vorteile einer Retail CBDC im Vergleich zum gegenwärtigen System. Der bargeldlose Zahlungsverkehr funktioniert in der Schweiz zuverlässig, sicher und effizient. Außerdem wird das System laufend verbessert, und nahezu die ganze Schweizer Bevölkerung hat einen guten Zugang zu Finanzdienstleistungen. Überdies würde die Ausgabe einer Retail CBDC komplexe technologische Fragen aufwerfen.

Die SNB beschäftigt sich aktiv mit der CBDC-Thematik und bringt sich auf internationaler Ebene zum Thema ein. So betreibt sie mit der

Bank für Internationalen Zahlungsausgleich (BIZ) einen Innovation-Hub in der Schweiz. Dieser hat zum Ziel, technologische Entwicklungen zu untersuchen, die das Funktionieren von Finanzmärkten verbessern und Zentralbanken bei der Erfüllung ihres Mandats unterstützen könnten. Unter anderem wird in einem experimentellen Rahmen die Integration von digitalem Zentralbankgeld für Finanzinstitute geprüft (Wholesale CBDC).

Die SNB wird sich aber auch in Zukunft gleichermaßen für die Bargeldversorgung und die Sicherstellung eines funktionierenden bargeldlosen Zahlungsverkehrs einsetzen und damit die Grundlagen schaffen, um die Wahlfreiheit zwischen den Zahlungsmitteln zu erhalten. Gleichzeitig unterstützt sie damit die Sicherstellung des Zahlungsverkehrs in Situationen, in denen bargeldlose Zahlungsmittel nicht einsetzbar sind. Dies kann zum einen in bestimmten Krisensituationen der Fall sein. Eine Eigenschaft von Bargeld ist, dass es ohne weitere Infrastrukturen jederzeit einsetzbar ist. Im Gegensatz dazu benötigen die bargeldlosen Zahlungsmittel neben einer reibungslosen Stromversorgung auch eine mehr oder weniger umfangreiche Infrastruktur (zum Beispiel Kartenlesegeräte, Internetverbindungen, nachgelagerte Abrechnungssysteme). Bargeld bietet somit einen Vorteil, den andere Zahlungsmittel nicht aufweisen.

Zum anderen wird es immer Bevölkerungsgruppen geben, die nicht über bargeldlose Zahlungsmittel verfügen oder deren Gebrauch nicht beherrschen. Bargeld ermöglicht die Inklusion dieser Bevölkerungsgruppen in die Zahlungsprozesse und stellt damit ihre vollwertige Teilnahme am wirtschaftlichen und gesellschaftlichen Leben sicher.

Schlussfolgerung

Die Zukunft des Bargeldes ist aus heutiger Sicht nicht infrage gestellt. Der gesetzliche Auftrag an die Nationalbank, sowohl die Bargeldversorgung als auch den bargeldlosen Zahlungsverkehr sicherzustellen, bildet den Rahmen für die gleichwertige Behandlung der verschiedenen Zahlungsmittel. Die Nationalbank sorgt dafür, dass zum einen die weiterwachsende Nachfrage nach Bargeld befriedigt wird und zum anderen der sich stark wandelnde bargeldlose Zahlungsverkehr reibungslos funktioniert.

Der Trend hin zu einer geringeren Verwendung von Bargeld im Zahlungsverkehr stellt die Nationalbank und die anderen in der Bargeldversorgung Beteiligten jedoch vor große Herausforderungen. Die Bargeldinfrastruktur wird aufgrund von Kostenoptimierungen zunehmend unter Druck gesetzt, was zu einer Reduktion des Verteilnetzes von Bargeld durch die Banken und der Post führen kann. Dies könnte in der Folge die Verfügbarkeit und Akzeptanz von Bargeld verringern und dadurch die Erfüllung des Mandats der Nationalbank erschweren.

Die Sicherstellung ihres gesetzlichen Auftrags erfordert es, dass die SNB den Wandel in den verschiedenen Gebieten der Bargeldversorgung und -nutzung weiterhin gut beobachtet. Voraussetzungen dafür sind eine umfassende Analysetätigkeit im Bereich des Bargeldmarktes, aber auch eine gesamtheitliche Betrachtung des Zahlungsverkehrs, die Bargeld und bargeldlose Zahlungsmittel umfasst.

Die SNB wird auch in Zukunft die bewährte, in ihrem Kern privatwirtschaftlich organisierte Bargeldversorgung unterstützen und diese zusammen mit den Banken, der Post und den Bargeldverarbeitern sicherstellen. Sie wird damit ihre Verantwortung für die Gewährleistung der Bargeldversorgung auch in Zukunft wahrnehmen und so eine ihrer zentralen Aufgaben erfüllen.

Anmerkungen

1 Eine umfangreiche Darstellung der Sicherheitsmerkmale wie auch der Produktion der Banknoten ist auf der Homepage der SNB verfügbar: https://www.snb.ch/de/iabout/cash

2 Die Ergebnisse aus der Zahlungsmittelumfrage lassen sich aufgrund der hohen Repräsentativität für die gesamte Schweizer Bevölkerung im Alter über 15 Jahren verallgemeinern.

3 In der Schweiz können Rechnungen an den Schaltern der Post beglichen werden – diese Schweizer Eigenheit wird von der Bevölkerung rege genutzt.

4 Weitere Informationen zu den Umfragen über den Zahlungsmittelgebrauch befinden sich auf der Website der SNB: https://www.snb.ch/de/iabout/cash

5 Zum Vergleich mit den Ergebnissen für die Schweiz ist zu bemerken, dass die abgefragten Zeitspannen nicht ganz in Beziehung zu setzen

sind. In der ZMU wurden immer die letzten ein bis zwei Jahre zugrunde gelegt, während die EZB den Besitz in den letzten zwölf Monaten abgefragt hat.

6 78 % der Befragten im Euroraum halten weniger als tausend Euro als Bargeldreserve zu Hause (siehe Europäische Zentralbank, 2020, S. 52).

7 CBDC steht für Central Bank Digital Currency.

Literaturverzeichnis

Deutsche Bundesbank (2021), Zahlungsverhalten in Deutschland 2020 – Bezahlen im Jahr der Corona-Pandemie. Erhebung über die Verwendung von Zahlungsmitteln.

Esselink, H. und L. Hernandez (2017), The Use of Cash by Households in the Euro Area, Occasional Paper Series, Nr. 201, European Central Bank, Frankfurt am Main, November.

Europäische Zentralbank (2020), Study on the Payment Attitudes of Consumers in the Euro Area (SPACE).

Interessengemeinschaft Detailhandel (2022), Studien zum Schweizer Detailhandel, https://ig-detailhandel.ch/de/allgemein/detailhandel#studien

Kohli, U. (2002), Will the Euro Make the Swiss Franc Obsolete? Paper Prepared for the Swiss-American Chamber of Commerce, https://www.snb.ch/en/mmr/speeches/id/ref_20020307_koh/source/ref_20020307_koh.en.pdf

Zamora-Pérez, A. (2021), The Paradox of Banknotes: Understanding the Demand for Cash beyond Transactional Use, ECB Economic Bulletin, Issue 2/2021.

Oft kopiert, nie erreicht: Die beständige Rolle von US-Bargeld

Mark Gould[1]

Die Nachfrage nach US-Bargeld ist so hoch wie nie zuvor, und der Wert des Bargeldumlaufs steigt weiterhin von Jahr zu Jahr. Im August 2021 übertraf der Wert des in Umlauf befindlichen US-Bargeldes 2,1 Billionen $ – ein Rekordwert in der Geschichte der USA –, und dies inmitten der weltweiten Coronakrise. Obwohl die Pandemie zu einer Veränderung des Einkaufsverhaltens der US-Verbraucher führte und die Entstehung neuer und den Ausbau bestehender elektronischer Bezahlmöglichkeiten begünstigte, war Bargeld weiterhin beliebt. Im Oktober 2020 wurde etwa jede fünfte Zahlung in bar vorgenommen, sodass Bargeld nach Debit- und Kreditkarten das dritthäufigste Zahlungsmittel darstellte (Kim, Kumar und O'Brien, 2020b).

In diesem Artikel wird untersucht, wie sich die Verwendung des US-Dollar in den letzten Jahrzehnten durch die Einführung neuer Zahlungsmethoden und Änderungen im Verbraucherverhalten gewandelt hat und welche Rolle Bargeld in der Weltwirtschaft weiterhin spielt.

Bargeld spielt eine wichtige Rolle in der US-Wirtschaft, auch wenn die durchschnittliche Zahl der Bargeldzahlungen rückläufig ist

Das erste physische Zahlungsmittel, namentlich Münzen, wurde vor etwa 2 600 Jahren in der heutigen Westtürkei verwendet (Velde, 1998). Etwa 1 500 Jahre später, im 11. Jahrhundert, führte die Song-Dynastie in China das erste Papiergeld ein (Lui, 1983).

Interessant im Zusammenhang mit physischer Währung, also Papier- und Münzgeld, ist, dass dessen grundlegende Merkmale, die zweieinhalb Jahrtausende lang geschätzt wurden, darunter die sofortige Schuldbegleichung, die allgegenwärtige Verfügbarkeit und die nahezu uneingeschränkte Akzeptanz, auch heute noch ein wichtiges Argument für Bargeld sind. Zwar scheinen die Merkmale von Debitkarten den Bedürfnissen und Wünschen der US-Verbraucher besser zu entsprechen als die von Bargeld, doch die Tatsache, dass Bargeld im Jahr 2020 weiterhin das dritthäufigste Zahlungsmittel war, spricht für dessen Bedeutung (Kim, Kumar und O'Brien, 2020b). Und obwohl die Verbraucher heutzutage über eine Vielzahl an Zahlungsmöglichkeiten verfügen, gibt es noch keinen vollständigen Ersatz für Bargeld.

In der Vergangenheit hat sich gezeigt, dass neue Zahlungsinstrumente Verbrauchern eine zusätzliche Wahlmöglichkeit bieten, selten jedoch einen perfekten Ersatz für die bereits bestehenden Optionen darstellen. In den vergangenen 40 Jahren sind ständig neue Bezahlmöglichkeiten hinzugekommen. Die Vielzahl möglicher Optionen könnte zu der Annahme verleiten, dass ältere Zahlungsinstrumente nicht mehr eingesetzt werden, da die neuen genauso gut oder besser sind.

Die Daten eines Verbrauchertagebuchprojekts der Federal Reserve zeigen jedoch, dass dies nicht der Fall zu sein scheint (Diary, 2020).[2] Die US-Notenbank führt seit 2016 eine jährliche Untersuchung zu Zahlungsgewohnheiten von Verbrauchern durch. Dabei werden sämtliche Zahlungen mehrerer Tausend Personen erfasst, die sie in einem festen Drei-Tages-Zeitraum im Oktober vornehmen. Vor 2020 ergaben die erfassten Gewohnheiten, dass Verbraucher im Durchschnitt genauso viele Zahlungen per Zahlungsanweisung wie über mobile Anwendungen durchführten.[3] Dieses Ergebnis zeigt, dass ältere Zahlungssysteme bei Aufkommen neuer Systeme weiterhin verwendet werden, vor allem wenn die neuen Zahlungsmöglichkeiten dergestalt sind, dass sie keinen perfekten Ersatz für die bestehenden Optionen darstellen.

Die Daten aus dem Verbrauchertagebuchprojekt zeigen des Weiteren, dass die Verwendung von Bargeld in den vergangenen fünf Jahren abgenommen hat: Die monatlichen Bargeldzahlungen der Verbraucher gingen von etwa vierzehn im Jahr 2016 auf sieben im Jahr 2020 zurück (Kim, Kumar und O'Brien, 2020b). Ein Teil des Rückgangs im Jahr 2020 war der Corona-Pandemie geschuldet, doch die Pandemie scheint einen bereits bestehenden Trend nur beschleunigt zu haben.

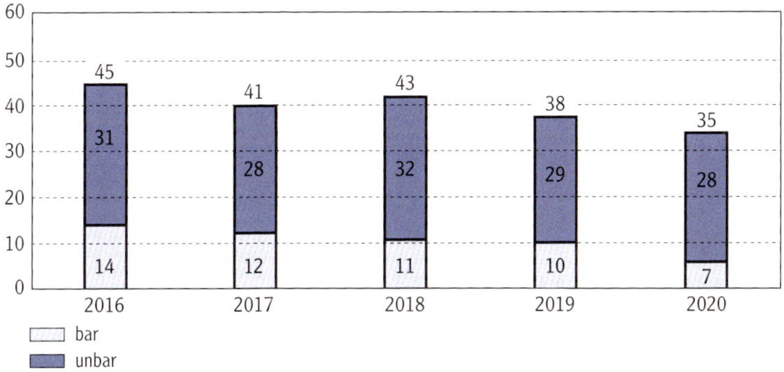

Abbildung 1: Der Rückgang der Bargeldzahlungen beschleunigte sich während der Pandemie

Obgleich die durchschnittliche Zahl der Bargeldzahlungen pro Person mit zunehmendem Angebot an Zahlungsinstrumenten zurückgegangen ist, besitzt Bargeld mehrere Eigenschaften, die es zu einem nützlichen Zahlungsinstrument machen. Bei der Umfrage zu den Zahlungsentscheidungen der Verbraucher schnitt das Zahlungsmittel Bargeld im Hinblick auf Kosten, Beschaffung und Einrichtung am besten ab (Kim, Kumar und O'Brien, 2020b).[4] Es wird kein Bankkonto benötigt, was die Zahlung bequem und im Verhältnis günstiger macht, vor allem für Verbraucher, die keinen Zugang zu einem Giro- oder Sparkonto bei einem herkömmlichen Finanzinstitut haben. Obwohl die Gebühren im Zusammenhang mit der Verwendung von Debit- und Kreditkarten in der Regel vom Einzelhandel übernommen werden, gelangen Verbraucher, bei denen Kosten anfallen (zum Beispiel Überziehungsgebühren bei Debitkarten und Sollzinsen bei Kreditkarten), unter Umständen zu dem Schluss, dass die Verwendung von Karten erheblich teurer sein kann als die Verwendung von Bargeld. Anders als bei Kredit- und Debitkarten entstehen bei der Verwendung von Bargeld keine zusätzlichen Kosten.

Obwohl Bargeld kostengünstig, leicht zu beschaffen und breit akzeptiert ist, weisen modernere Zahlungsmittel wie Kredit- und Debitkarten attraktive Merkmale auf, die den Wünschen der meisten Verbraucher besser entsprechen. Die Teilnehmer des Tagebuchprojekts erteilten Kredit- und Debitkarten in Sachen Akzeptanz, Bequemlichkeit, Verfügbarkeit von Zahlungsbelegen und Sicherheit eine sehr gute Bewertung. Es ist für Verbraucher praktischer, einige Debit- oder Kreditkarten mit sich zu führen als eine große Menge an Scheinen und Kleingeld, das bei der Verwendung von Bargeld zwangsläufig anfällt.

Die Bewertungen und Einstufungen der Merkmale von Zahlungsmitteln sind aufschlussreich, allerdings setzen Verbraucher in der Regel nicht nur auf eine Zahlungsart. Bei der Frage nach ihrem bevorzugten Zahlungsinstrument führten die meisten Teilnehmer des Tagebuchprojekts als Erstes Kredit- und Debitkarten an. Bargeld stand jedoch durchweg an zweiter Stelle. So benutzen Teilnehmer, die angaben, Kreditkarten seien ihre bevorzugte Zahlungsmethode, Kreditkarten am häufigsten, gefolgt von Bargeld. Zudem wird Bargeld stark für kleine Transaktionen genutzt: 47 % der Transaktionen unter 10 $ entfallen auf Bargeld. Dies zeigt, dass Verbraucher einzelne Zahlungsinstrumente je nach Händler, Transaktionsgröße und Ort der Zahlung praktischer finden als andere.

Des Weiteren darf nicht vergessen werden, dass nicht alle Personen aus der vollen Bandbreite der verfügbaren Zahlungsinstrumente auswählen können. In den USA gelten etwa 5 % der Haushalte als »unbanked«, das heißt, die Mitglieder der betreffenden Haushalte besitzen kein Giro- oder Sparkonto bei einem Finanzinstitut und haben daher keinen Zugang zu Debitkarten und nur begrenzt Zugang zu Kreditkarten. Dies trifft auf etwa 7,1 Millionen US-Haushalte zu (Federal Deposit Insurance Corporation, 2020).[5] Zwei Drittel der betroffenen Personen geben Bargeld als bevorzugtes Zahlungsinstrument an. Bei Betrachtung der Zahlungsdaten zwischen 2019 und 2020 ist festzustellen, dass die Bargeldzahlungen von Personen mit Bankkonto um etwa vier Zahlungen pro Monat zurückgingen. Bei Personen ohne Bankkonto stie-

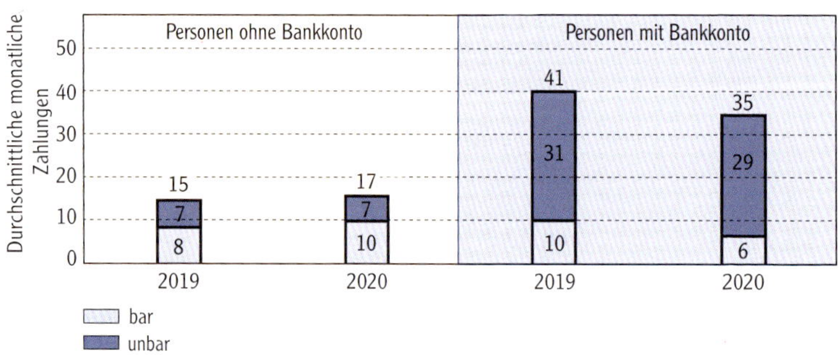

Abbildung 2: Personen ohne Bankkonto bezahlen häufiger mit Bargeld als vor der Pandemie

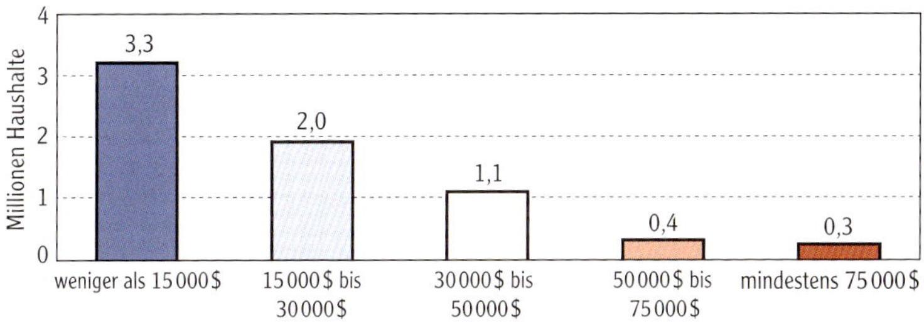

Abbildung 3: Einkommensschwachen Haushalten mangelt es mit höherer Wahrscheinlichkeit an einem Bankkonto

gen die Bargeldzahlungen indes leicht an. Dieser gegensätzliche Trend zeigt, dass ein beträchtlicher Teil der Bevölkerung auch während der Pandemie auf Bargeld angewiesen war, wobei es sich dabei eher um Personen aus einkommensschwachen Haushalten handelt.

Aus der aktuellen Studie der Federal Deposit Insurance Corporation zu Personen ohne Bankkonto geht hervor, dass ihr Anteil in den verschiedenen sozioökonomischen Gruppen unterschiedlich ist. Das Haushaltseinkommen steht in einem umgekehrten Verhältnis zum Anteil der Personen ohne Bankkonto: Mit zunehmendem Haushaltseinkommen sinkt die »Unbanked«-Rate. Betrachtet man die Einkommen mit Blick auf Haushalte ohne Bankkonto, ergibt sich folgendes Bild: Bei den Haushalten mit einem Jahreseinkommen von unter 15 000 $ geben 23,3 % an, nicht über ein Bankkonto zu verfügen; dies entspricht 3,3 Millionen Haushalten. Dagegen ist bei den Haushalten mit einem Jahreseinkommen von mindestens 75 000 $ der Anteil derer, die angeben, kein Bankkonto zu besitzen, mit 0,6 % (300 000 Haushalte) deutlich geringer (Federal Deposit Insurance Corporation, 2020). Als wichtigste Gründe für ein Leben ohne Bankkonto gaben die Haushalte das Fehlen des erforderlichen Mindestguthabens für ein Konto, mangelndes Vertrauen in Banken, datenschutzrechtliche Bedenken, Kontogebühren und frühere Probleme mit Bankkonten an. Insgesamt erklärte mehr als die Hälfte (56,2 %) der bankkontolosen Haushalte, kein Interesse an einem Bankkonto zu haben (Federal Deposit Insurance Corporation, 2020, S. 2).

Die »Unbanked«-Raten zeigen, dass ein beträchtlicher Teil der Bevölkerung immer noch auf Bargeld angewiesen ist. Ein für alle funktionierendes Zahlungssystem setzt die Berücksichtigung des Finanzdienstleistungsbedarfs einkommensschwacher Haushalte voraus.

Gesamtnachfrage nach Bargeld steigt weiter

Obwohl die Verwendung von Bargeld als Zahlungsmittel seit mehreren Jahren rückläufig ist, steigt die Gesamtnachfrage nach Bargeld weiter. Zwischen Januar 1999 und Februar 2020 lagen die Jahreswachstumsraten des Bargeldumlaufs im Schnitt bei über 6 %. In den 16 Monaten nach März 2020, als in den USA wegen der Ausbreitung des Coronavirus der nationale Notstand ausgerufen wurde, stieg die Wachstumsrate des Bargeldumlaufs um 22 %.[6] Eine plausible Erklärung für den scheinbaren Widerspruch zwischen einem Rückgang der Barzahlungen und einer Zunahme des Banknotenumlaufs besteht darin, dass Verbraucher Bargeld grundsätzlich als Wertaufbewahrungsmittel schätzen.

Bevor wir uns genauer damit befassen, wie sich die Verwendung von Bargeld als Wertaufbewahrungsmittel verändert hat, ist festzuhalten, dass der Anstieg des Bargeldumlaufs nicht nur auf die gestiegene Verwendung von Bargeld als Wertaufbewahrungsmittel, sondern auch auf den gleichzeitigen Anstieg des Umlaufs von Transaktionsstückelungen (1- bis 20-Dollar-Scheine) zurückzuführen ist. Betrachtet man den Zusammenhang zwischen dem Wachstum des Umlaufs von Transaktionsstückelungen und der Entwicklung des nominalen Bruttoinlandsprodukts (BIP), so ist festzustellen, dass das Verhältnis zwischen diesen beiden Werten seit der Jahrhundertwende recht unverändert bei etwa 1 % geblieben ist (siehe Abbildung 4). Bei 50- und 100-Dollar-Scheinen, die in der Regel als Wertaufbewahrungsmittel verwendet werden, war dies jedoch nicht der Fall. Ihr Umlauf im Verhältnis zum BIP ist seit Anfang der 1970er Jahre gestiegen.

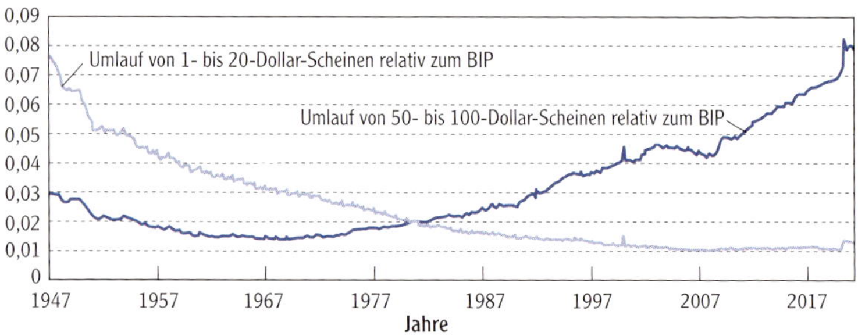

Abbildung 4: Im Verhältnis zum BIP ist der Umlauf von Transaktionsstückelungen gesunken, während der Umlauf von 50- und 100-Dollar-Scheinen gestiegen ist

Der Unterschied zwischen dem Verhältnis von Umlauf von Transaktionsstückelungen und BIP und dem Verhältnis von Wertaufbewahrungsscheinen und BIP in den vergangenen 40 Jahren beweist, dass Bargeld durch seine Merkmale ein attraktives Wertaufbewahrungsmittel darstellt.

Das Tagebuchprojekt gibt Aufschluss darüber, wie Verbraucher Bargeld verwenden und aufbewahren, das heißt über die Nutzung von Bargeld als Transaktionsmittel oder Wertaufbewahrungsmittel. Aus den Daten geht hervor, dass der durchschnittliche Wert des in Hosentasche, Geldbeutel oder Brieftasche von Verbrauchern aufbewahrten Bargeldes zwischen 2016 und 2019 konstant etwa 60 $ betrug. Dies zeigt, dass der Wert des für Transaktionen genutzten Bargeldes ungefähr gleich geblieben ist. Im gleichen Zeitraum nahm der Wert des zu Hause als Wertaufbewahrungsmittel aufbewahrten Bargeldes von etwa 180 $ auf 240 $ zu, bevor er im April 2021 auf über 325 $ stieg, was sich zum Teil durch die Unsicherheit aufgrund der Pandemie erklären lässt (Kim, Kumar und O'Brien, 2020a). Dies deckt sich mit den Daten für Transaktionsstückelungen und 100-Dollar-Scheine.

Die Daten des Tagebuchprojekts stellen indes nur eine Momentaufnahme des Bargeldbesitzes im Oktober eines jeden Jahres dar, und dies nur seit 2016. Sie geben keine Auskunft über die Zunahme der Bargeldabhebungen in kurzfristigen und regional beschränkten Phasen der Unsicherheit aufgrund von beispielsweise Waldbränden, schweren Stürmen oder Hochwasser. In diesen Phasen, in denen alternative Zahlungsinstrumente, insbesondere elektronische Bezahlmöglichkeiten, unter Umständen nicht verfügbar sind, kann die Nachfrage nach Bargeld steigen.

In den vergangenen zwei Jahren ist die Bargeldnachfrage aufgrund der Corona-Pandemie stark und anhaltend gestiegen – ein Trend, der der landläufigen Meinung zuwiderläuft. Dies zeigt deutlich, dass Bargeld in einer Welt voller Gefahren und Unsicherheiten weiterhin als bequem und nützlich gilt. Festzuhalten ist des Weiteren, dass der Anstieg der Bargeldnachfrage in unsicheren Phasen kein rein US-amerikanisches Phänomen ist (Judson, 2012).

US-Bargeld und internationale Nachfrage

Bargeld stellt aufgrund mehrerer Merkmale ein ideales Wertaufbewahrungsmittel dar, und vor allem der US-Dollar gilt weltweit als sichere Anlage. Er bietet Stabilität, und seine Verwendung als Wertaufbewahrungsmittel kann umgehend für den Einsatz als international akzeptiertes Zahlungsmittel für die sofortige Bezahlung aufgegeben werden. Ein weiterer Grund, warum US-Bargeld als Wertaufbewahrungsmittel verwendet wird, besteht darin, dass wenige andere, vergleichbare Optionen zur Verfügung stehen.

In den 2000er Jahren sank das Verhältnis des 100-Dollar-Noten-Umlaufs zum nominalen BIP von 4,1 % im Dezember 2002 auf 3,8 % im Dezember 2007. Dieser Rückgang mag nicht dramatisch erscheinen, doch es handelt sich um den am längsten anhaltenden Rückgang dieser Kennzahl seit Mitte der 1960er Jahre. Zwar waren die frühen 2000er Jahre eine Zeit des wirtschaftlichen Aufschwungs in den USA mit einer durchschnittlichen Wachstumsrate des nominalen BIP von 5,5 %, doch die entsprechende Verringerung des Verhältnisses des Umlaufs der Transaktionsstückelungen zum nominalen BIP betrug etwas weniger als die Hälfte des oben genannten Ruckgangs. Dies deutet auf ein stabileres Wachstum bei den Transaktionsstückelungen und ein langsameres Wachstum bei den 100-Dollar-Noten hin.

Doch warum der Rückgang? Ein nicht zu vernachlässigender Faktor besteht darin, dass die Wachstumsrate des 100-Dollar-Noten-Umlaufs um den Zeitpunkt der Euro-Einführung auf den tiefsten Stand seit Jahrzehnten sank. Es liegt also die Schlussfolgerung nahe, dass diese neue Währung eine weitere Option für die internationalen Märkte darstellte, die einem zuverlässigen und stabilen Wertaufbewahrungsmittel, bei dem sich einige Merkmale des US-Bargeldes wiederfanden, aufgeschlossen gegenüberstanden. Wie Abbildung 5 zeigt,

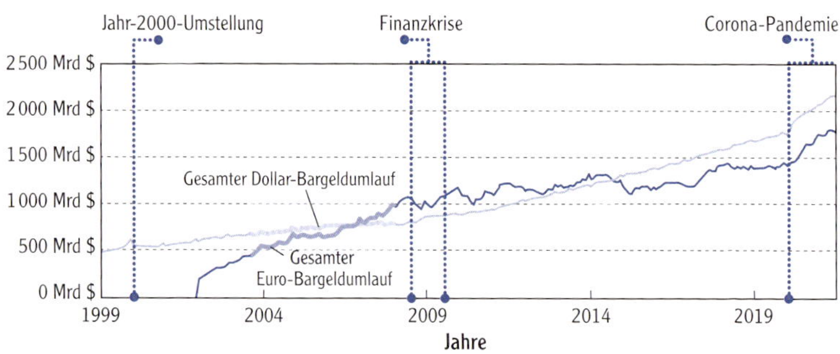

Anmerkung: Die Umrechnung von Euro in Dollar erfolgte mit den durchschnittlichen monatlichen Wechselkursen.

Abbildung 5: Das Wachstum des Euro-Umlaufs Anfang der 2000er Jahre korrespondiert mit einem langsameren Wachstum des Umlaufs von 100-Dollar-Scheinen

blieb der Wert des US-Dollar-Umlaufs zwischen Ende 2003 und Ende 2007 nahezu unverändert, während der Euro-Umlauf (in Dollar umgerechnet) die höchste nachhaltige Wachstumsrate vor der Corona-Pandemie aufwies. Auslöser für eine Trendwende beim Wachstum des US-Dollar-Umlaufs im nächsten Jahrzehnt war offensichtlich die Finanzkrise, gefolgt von der Corona-Pandemie Anfang 2020, da die Unsicherheit erneut für eine gestiegene Bargeldnachfrage sorgte.

Die Euro-Einführung zeigt beispielhaft, wie die Nachfrage nach wertbeständigen Anlagen in den vergangenen 20 Jahren gestiegen ist. Es sei des Weiteren darauf hingewiesen, dass die Nachfrage nach dem US-Dollar stärker als das nominale BIP gestiegen ist, sodass sich der kontinuierliche Wertzuwachs nicht einfach durch einen Aufschwung der Wirtschaft erklären lässt. Bleibt die Frage, ob sich dieses stetige Wachstum unendlich fortsetzen wird beziehungsweise wann oder ob neue Alternativen eine Trendumkehr einleiten könnten. Es werden vermutlich Plattformen zur Verfügung stehen, die viele, wenn nicht sogar alle Merkmale von Bargeld bieten werden und die Wachstum des Bargeldumlaufs verlangsamen könnten. Das kontinuierliche Wachstum des Bargeldumlaufs deutet jedoch darauf hin, dass sich die Verwendung von Bargeld als Wertaufbewahrungsmittel in den kommenden Jahrzehnten fortsetzen wird.

Die Alleinstellungsmerkmale von Bargeld und künftige alternative Zahlungsmittel

Im Technologiezeitalter ist es nicht verwunderlich, dass die Menschen von digitalen Zahlungsmöglichkeiten und den Perspektiven, die sich durch die Einführung neuer digitaler Währungen für das Bezahlen in der Zukunft bieten könnten, fasziniert sind.

Was Verbraucher und Unternehmen an Bargeld am meisten schätzen, ist die Möglichkeit der sofortigen Zahlungsabwicklung. Sofortige Zahlungsabwicklung bedeutet ganz einfach, dass die Übergabe des Geldbetrags von einer Partei an die andere zum Zeitpunkt der Transaktion erfolgt, sodass keine Gebühren anfallen oder es zu keinen Zahlungsverzögerungen kommt, wie es bei anderen Zahlungsmöglichkeiten der Fall sein kann. Für Unternehmen dürften sich durch die sofortige Zahlungsabwicklung die Transaktionskosten verringern, zudem steigt die Verfügbarkeit von Mitteln für bereitgestellte Waren und Dienstleistungen. Privatpersonen bietet die sofortige Zahlungsabwicklung mehr Flexibilität bei zeitkritischen Transaktionen, und die Gefahr von Überziehungszinsen sowie der mit hohen Kosten verbundene Kreditbedarf verringern sich.

Der Gouverneursrat des Federal Reserve System hat für 2023 die Einführung eines revolutionären Interbanken-Zahlungs- und Abwicklungsdienstes in Echtzeit mit der Bezeichnung FedNow angekündigt (Federal Reserve, 2020b).[7] Der neue Verrechnungs- und Abwicklungsdienst für die USA soll einlagennehmenden Instituten täglich rund um die Uhr zur Verfügung stehen und so schnellere Zahlungen im Inland ermöglichen. Nach den derzeitigen Planungen besteht der Service von FedNow in der Durchführung von Bank-zu-Bank-Überweisungen für einlagennehmende Institute, die zur Unterhaltung von Konten bei den Federal Reserve Banks berechtigt sind, wodurch Privatpersonen und Unternehmen wiederum die Möglichkeit eröffnet werden soll, Echtzeit-Zahlungen über ihre Bankkonten vorzunehmen. Ein Hauptziel ist der landesweite Zugang zu einem Echtzeit-Bruttoabwicklungssystem für sofortige Zahlungen. Was die Zukunft anbelangt, so könnte aus der Zusammenarbeit zwischen einem Echtzeit-Abwicklungsdienst wie FedNow und dem Privatsektor eine sichere und effiziente Infrastruktur zur Unterstützung USA-weiter Sofortzahlungen hervorgehen (Federal Reserve, 2020a).[8]

Zur Klärung der Frage, wie sich die Einführung und Nutzung neuer Zahlungsinstrumente in der Zukunft auf Barzahlungen auswirken könnte, ist es unter Umständen aufschlussreich, die Folgen früherer Entwicklungen bei den Zahlungsmitteln auf die Bargeldverwendung zu untersuchen. Zwar liegen keine Daten für Verbraucherzahlungen vor dem Jahr 2012 vor, doch es können stattdessen Auszahlungen von 1-Dollar-Noten der US-Notenbank herangezogen werden. Es ist davon auszugehen, dass die meisten Barauszahlungen entweder einer Bezahlung eines Einkaufs mit einer 1-Dollar-Note durch einen Verbraucher oder der Verwendung einer 1-Dollar-Note als Wechselgeld durch einen Händler entsprechen. Je höher die 1-Dollar-Barauszahlungen der Federal Reserve sind, desto höher dürfte der Bargeldaustausch in der Wirtschaft sein.

Wie Abbildung 6 zeigt, ist die Zahl der 1-Dollar-Auszahlungen in den vergangenen 15 Jahren zurückgegangen, wobei 2020 aufgrund der Pandemie eine deutliche Abnahme erfolgte, die danach, im Jahr 2021, mit erneutem Anziehen der Wirtschaft zum Teil wieder ausge-

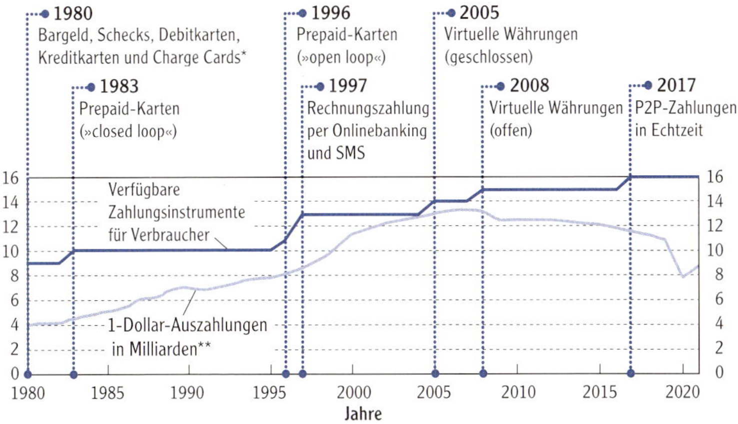

* Anfang der 1980er Jahre standen den Verbrauchern auch Zahlungen per Zahlungsanweisung, Reiseschecks-, und Bankeinzug zur Verfügung.

** Die jährlichen 1-Dollar-Auszahlungen nach 2021 wurden geschätzt.

Abbildung 6: Neue Zahlungsinstrumente haben im Laufe der Zeit zu einem Rückgang der Barzahlungen geführt

glichen wurde. Erkennbar ist auch, dass die Annahme neuer Instrumente Zeit braucht: Obwohl Debit- und Kreditkarten seit den 1980er Jahren verfügbar sind, haben Kartenzahlungen den Barzahlungen erst in den vergangenen 10 bis 15 Jahren den Rang abgelaufen. Selbst wenn man von einer schnelleren Annahme und Nutzung eventueller neuer Zahlungsinstrumente ausgeht, werden die finanzielle Eingliederung und das Vermögen aller, etwaige neue Zahlungsinstrumente anzunehmen und zu nutzen, die Bargeldverwendung in erheblichem Maße beeinflussen.

Wenn digitale Echtzeit-Zahlungsmöglichkeiten flächendeckend verfügbar sind, wird Bargeld aller Voraussicht nach bei einem noch kleineren Prozentsatz aller Transaktionen eingesetzt werden. Der erste Grund dafür ist, dass Bargeld durch die zunehmende Annahme und Nutzung des neuen Echtzeit-Bezahlinstruments ersetzt werden dürfte. Der zweite Grund lautet, dass die Zahl der vollständigen Zahlungen angesichts der sofortigen Verfügbarkeit der Mittel vermutlich steigen dürfte. Dies wäre auf die Zunahme von Kleinstzahlungen oder häufigeren Zahlungen mit geringeren Beträgen pro Transaktion zurückzuführen. Da die Gesamtzahl der Zahlungen steigen würde, würden Barzahlungen einen geringeren Teil der gesamten Transaktionen ausmachen.

Dies bedeutet jedoch nicht, dass bei Entwicklung eines neuen Echtzeit-Bezahlinstruments kein Bargeld mehr verwendet würde. Wie im ersten Textabschnitt erörtert, wird – sofern neue Instrumente nicht von allen Personen eingesetzt werden können – ein beträchtlicher Teil der Bevölkerung für die Erledigung der täglichen Einkäufe weiterhin auf den Zugang zu und die Verwendung von Bargeld angewiesen sein. Da ein für alle funktionierendes Zahlungssystem eine Priorität darstellt, müssen wir den Finanzdienstleistungsbedarf aller berücksichtigen, auch der Menschen ohne Bankkonto, die so sehr von Bargeld abhängig sind.

Die künftige Verwendung von Bargeld als Wertaufbewahrungsmittel

Im Jahr 2020 hat die Bank für Internationalen Zahlungsausgleich (BIZ) in Zusammenarbeit mit mehreren Zentralbanken aus der gesamten Welt einen Bericht über die Vor- und Nachteile der öffentlichen Bereitstellung von digitalem Zentralbankgeld durch die Zentralbanken veröffentlicht (Bank of Canada et al., 2020). Zu den Mindestanforderungen, die CBDC erfüllen müsste, um eine echte Konkurrenz zu Bargeld darzustellen, gehören eine komfortable Nutzung, eine breite Akzeptanz, geringe Kosten, die Eignung für eine Echtzeit-Zahlungsabwicklung und die Eignung als sicheres Transaktionsmittel. Dem Bericht zufolge wäre es, selbst wenn eine Zentralbank digitales Geld anbieten würde, unwahrscheinlich, dass dieses die in Umlauf befindlichen 2,1 Billionen $ in naher Zukunft ersetzen würde.

Würden Zentralbanken digitales Zentralbankgeld ausgeben, würden zusätzliche Bezahloptionen für die Bevölkerung entstehen. Damit CBDC indes einen echten Ersatz für Bargeld darstellt, müsste auch die Möglichkeit geschaffen werden, es als Wertaufbewahrungsmittel zu verwenden. Es besteht jedoch keine Garantie, dass die Zentralbanken rund um den Globus CBDC ausgeben würden, das diese Kriterien erfüllt. Eine weitere potenzielle Alternative zur Verwendung von Bargeld als Wertaufbewahrungsmittel stellt die Verwendung von dezentralen Stablecoins dar. Im Grunde genommen sind Stablecoins eine wertstabile Kryptowährung.[9] Während die Preise anderer Kryptowährungen schwanken können, soll der Preis eines Stablecoins konstant bleiben und ist häufig an eine bestimmte Fiat-Währung, Gold oder einen Korb aus mehreren anderen Kryptowährungen gekoppelt. Derzeit werden Stablecoins hauptsächlich im Kryptohandel verwendet, ihr Einsatz im normalen Handel ist begrenzt. Aufgrund ihrer Preisstabilität könnten sie jedoch neben Bargeld als Wertaufbewahrungsmittel fungieren, vorausgesetzt, das öffentliche Vertrauen in ihre Integrität ist gegeben. Die Öffentlichkeit verlässt sich auf den Wert von Bargeld und die einlagennehmenden Institute, die Bargeld absichern. Dies ist von grundlegender Bedeutung für die finanzielle und die monetäre Stabilität.

Damit eine digitale Währung den gleichen Stellenwert einnimmt, muss sie ein sicheres Transaktionsmittel und ein Wertaufbewahrungsmittel darstellen. Zwar sind Gefahren für die Integrität von Bargeld, wie beispielsweise Fälschungen, vorhanden, doch die Auswirkungen dieser Gefahren sind begrenzt und würden das Verbrauchervertrauen nicht im selben Maße beeinträchtigen wie beispielsweise eine erfolgreiche Cyberattacke auf ein digitales Zahlungssystem. Daneben bestehen weitere Faktoren, die es im Zusammenhang mit digitalen Währungen zu berücksichtigen gilt, wie finanzielle Eingliederung, digitale Kompetenz und Vertrauen ins Internet (Bank of Canada et al., 2020).

Trotz aller Entwicklungen rund um Kryptowährungen, digitale Brieftaschen und Stablecoins geht die Federal Reserve davon aus, dass sich Bargeld weiterhin großer Beliebtheit erfreuen wird, da die Argumente, die heute für Bargeld sprechen, auch morgen noch Bestand haben werden. Aus diesem Grund investiert die US-Notenbank in die nächste Generation von Geräten und Sensoren für die Banknotenbearbeitung, um die Qualität und Sicherheit der in den kommenden Jahrzehnten in Umlauf befindlichen US-Dollar-Noten sicherzustellen.

In diesem Zusammenhang erfolgt auch eine Zusammenarbeit mit der Europäischen Zentralbank im Hinblick auf die Entwicklung und Einführung einer zweiten Generation des einheitlichen Detektoren-Interface (CDI2) für Hochgeschwindigkeitssensoren für Banknoten. Der Standard wurde im Januar 2020 fertiggestellt und kann weltweit für Banknotenprüfmaschinen verwendet werden. Während frühere Generationen von Sensoren und Prüfmaschinen proprietäre Systeme waren, sind CDI2-Sensoren in jeder CDI2-kompatiblen Banknotenprüfmaschine einsetzbar. Der CDI2-Standard wird sich langfristig positiv auf die Bargeld-Lieferkette auswirken, da dadurch Banknoten schneller geprüft werden können, verlässlichere Daten zu Banknoten zur Verfügung stehen und Innovation und Wettbewerb bei den

Dienstleistungen rund um Banknoten begünstigt werden (Central Banking, 2021).

In den vergangenen Jahrzehnten hat sich das Spektrum der Bezahlmöglichkeiten für Verbraucher in mehreren aufeinanderfolgenden Innovationsschüben kontinuierlich erweitert. Gleichwohl ist die Nachfrage nach Bargeld weiterhin sehr hoch und steigt entgegen allen Vorhersagen stetig an. Mit unseren derzeitigen Innovationen sorgen wir für eine weiterhin robuste Bargeld-Lieferkette, die den Herausforderungen der Zukunft gewachsen ist und der Nachfrage der Öffentlichkeit nach einem Handelsinstrument, das offensichtlich gar nicht so leicht zu ersetzen ist, gerecht wird.

Trotz des Rückgangs der Bargeldverwendung im Jahr 2020, der zum Teil langfristigen Trends und zum Teil der Pandemie geschuldet war, wurde innerhalb eines Monats jede fünfte Zahlung in bar vorgenommen, und jeder dritte Verbraucher hat Bargeld verwendet. Sogar in einer Pandemiesituation, in der sich das Einkaufsverhalten der Verbraucher veränderte und Kontakt- und Reisebeschränkungen galten, hat also ein beträchtlicher Teil der Verbraucher willentlich oder gezwungenermaßen weiterhin Bargeld verwendet. Diese Abhängigkeit einzelner Bevölkerungsgruppen von Bargeld ist einer der Gründe, warum Bargeld auch in den kommenden Jahrzehnten ein wichtiger Bestandteil der US-amerikanischen Zahlungsverkehrslandschaft bleiben wird.

Anmerkungen

1 Alle hier von Mark Gould geäußerten Ansichten sind ausschließlich die des Autors und geben nicht unbedingt die Ansichten des Federal Reserve Systems wieder. »FedCash« ist eine eingetragene Dienstleistungsmarke der Federal Reserve Banks.

2 Zu den Verbrauchertagebuchdaten siehe https://www.atlantafed.org/banking-and-payments/consumer-payments/diary-of-consumer-payment-choice

3 Bei der Zuordnung der Zahlungen in dieser Verbraucheruntersuchung ist auf eine wichtige Abgrenzung hinzuweisen. In den Tabellen (Greene und Stavins, 2021) wurde die Verwendung einer Debitkarte über eine mobile Zahlungsanwendung wie PayPal oder Venmo nicht als mobiles Bezahlen eingestuft, da bei diesen Diensten das bestehende Debitkar-

tensystem für die Durchführung der Zahlung verwendet wird. Stattdessen wurde dies als Debitkartenzahlung über ein Mobilgerät eingestuft. Nur die Zahlungen, bei denen ausschließlich die Systeme neuer Zahlungsinstrumente zum Einsatz kamen, wurden in diesem Beispiel als mobiles Bezahlen betrachtet.

4 Siehe zur Umfrage zu den Zahlungsentscheidungen der Verbraucher Foster, Greene und Stavins (2021). Die Teilnehmer dieser Umfrage (2020) wurden gebeten, acht Zahlungsinstrumente auf einer Skala von 1 (schlechteste Bewertung) bis 5 (beste Bewertung) zu bewerten.

5 Für den Erhalt einer Kreditkarte ist nicht zwingend ein Bankkonto erforderlich.

6 Für die Berechnung der durchschnittlichen Jahreswachstumsrate wurden Daten beginnend ab dem Jahr 1999 herangezogen, um eine Verzerrung der Ergebnisse aufgrund der Einlagen bei der Fed nach dem Nachlassen der Jahr-2000-Ängste zu verhindern.

7 Siehe https://www.federalreserve.gov/newsevents/pressreleases/other20200806a.htm

8 Siehe https://www.federalreserve.gov/paymentsystems/fednow_faq.htm

9 Kryptowährungen sind digitale Vermögenswerte, die basierend auf der Nutzung von Kryptografie und einer Distributed-Ledger-Technologie – in der Regel einer Blockchain –, als Tauschmittel fungieren, ohne dass es einer dritten Instanz, wie einer Bank, bedarf.

Literaturverzeichnis

Bank of Canada, Europäische Zentralbank, Bank of Japan, Sveriges Riksbank, Schweizerische Nationalbank, Bank of England, Board of Governors der Federal Reserve und Bank für Internationalen Zahlungsausgleich (2020), Central Bank Digital Currencies: Foundational Principles and Core Features. Bericht Nr. 1 einer Reihe gemeinschaftlicher Publikationen einer Gruppe von Zentralbanken, https://www.bis.org/publ/othp33.pdf

Central Banking (2021), Currency Initiative: The ECB and US Federal Reserve's CDI2 Standards, https://www.centralbanking.com/awards/7797656/currency-initiative-the-ecb-and-us-federal-reserves-cdi2-standards

Diary of Consumer Payment Choice (2020), Federal Reserve Bank of Atlanta (inkl. Archiv für alle Daten des Verbrauchertagebuchprojekts), https://www.atlantafed.org/banking-and-payments/consumer-payments/diary-of-consumer-payment-choice

Federal Deposit Insurance Corporation (2020), How America Banks: Household Use of Banking and Financial Services, 2019 FDIC Survey, https://www.fdic.gov/analysis/household-survey/2019report.pdf

Federal Reserve (2020a), FAQ: Instant Payments in General, https://www.federalreserve.gov/paymentsystems/files/fednow_faq.pdf

Federal Reserve (2020b), Pressemitteilung: Federal Reserve Announces Details of New 24x7x365 Interbank Settlement Service with Clearing Functionality to Support Instant Payments in the United States, https://www.federalreserve.gov/newsevents/pressreleases/other20200806a.htm

Foster, K., C. Greene und J. Stavins (2021), 2020 SCPC Tables, Survey of Consumer Payment Choice, Federal Reserve Bank of Atlanta, Januar 2021, https://www.atlantafed.org/-/media/documents/banking/consumer-payments/survey-of-consumer-payment-choice/2020/tables_scpc2020_stderr.pdf

Greene, C. und J. Stavins (2021), 2020 DCPC Tables, 2020 Diary of Consumer Payment Choice, Federal Reserve Bank of Atlanta, Mai 2021, https://www.atlantafed.org/-/media/documents/banking/consumer-payments/diary-of-consumer-payment-choice/2020/dcpc2020_tables-pdf.pdf

Judson, R. (2012), Crisis and Calm: Demand for US Currency at Home and Abroad from the Fall of the Berlin Wall to 2011, Board of Governors of the Federal Reserve System. FRB International Finance Discussion Paper, IFDP 1058, November 2012, https://www.federalreserve.gov/Pubs/IFDP/2012/1058/ifdp1058.pdf

Kim, L., R. Kumar und S. O'Brien (2020a), 2020 Findings from the Diary of Consumer Payment Choice, Federal Reserve Bank of San Francisco, 31. Juli 2020. Cash FedNotes, https://www.frbsf.org/cash/publications/fed-notes/2020/july/2020-findings-from-the-diary-of-consumer-payment-choice/

Kim, L., R. Kumar und S. O'Brien (2020b), Consumer Payments and the COVID-19 Pandemic: A Supplement to the 2020 Findings from the Diary of Consumer Payment Choice, Federal Reserve Bank of San Francisco, Cash FedNotes, https://www.frbsf.org/cash/publications/fed-notes/2020/july/consumer-payments-covid-19-pandemic-2020-diary-consumer-payment-choice-supplement/

Lui, F. (1983), Cagan's Hypothesis and the First Nationwide Inflation of Paper Money in World History, Journal of Political Economy, Bd. 91, Nr. 6, S. 1067–1074.
Velde, F. (1998), Lessons from the History of Money, Federal Reserve Bank of Chicago, Economic Perspectives, Bd. 22, Nr. 1, März, https://www.chicagofed.org/~/media/publications/economic-perspectives/1998/ep1q98-a-pdf.pdf

Bargeld, Covid und die Aussichten für einen kanadischen digitalen Dollar[1]

Walter Engert und Kim Huynh

Die Bank of Canada ist, wie andere Zentralbanken auch, dafür verantwortlich, Banknoten bereitzustellen sowie verschiedene Aufgaben im Zusammenhang mit Zahlungssystemen wahrzunehmen. Hierzu zählen die regulatorische Aufsicht über Finanzmarktinfrastrukturen und die Überwachung von Zahlungsdienstleistern im Massenzahlungsverkehr. Im Gefolge der Corona-Krise gehörte hierzu auch eine Analyse der Auswirkungen von Corona auf das Zahlungsverhalten. Pandemiebedingte Verwerfungen waren vor allem im Kontext eines bereits länger anhaltenden Trends weg vom Bargeld hin zu elektronischen Zahlungsmitteln zu beobachten. Auch das Aufkommen digitaler Währungen wie Bitcoin und verwandter Technologien hat bei vielen Menschen großes Interesse geweckt.

Vor diesem Hintergrund kam vermehrt die Frage auf, ob die Zentralbanken selbst Digitalgeld ausgeben sollten, das von der breiten Öffentlichkeit genutzt werden könnte. In dem vorliegenden Artikel werden diese miteinander verknüpften Fragestellungen erörtert und auf der Grundlage eigener Erfahrungen und laufender Untersuchungen eine Reihe von Schlussfolgerungen gezogen. Außerdem werden strategische Herausforderungen herausgearbeitet, denen sich die Bank of Canada in diesen Bereichen künftig stellen muss.

Im folgenden Abschnitt werden die Auswirkungen der Pandemie auf die Bargeldnachfrage und die verschiedenen Zahlungsmittel in Kanada beleuchtet. Unter Berücksichtigung längerfristiger Trends wird dabei aufgezeigt, dass die Bargeldnachfrage – wie in den meisten anderen fortgeschrittenen Volkswirtschaften auch – trotz einer gegenüber elektronischen Zahlungsmitteln rückläufigen Bargeldnutzung im Zahlungsverkehr seit Jahrzehnten stabil ist.

Abschnitt 3 beschäftigt sich mit digitalem Zentralbankgeld (Central Bank Digital Currency, CBDC). Hier werden zwei Szenarien diskutiert, die nach Auffassung der Bank of Canada zur Ausgabe eines kanadischen digitalen Dollar führen könnten: die Entstehung einer bargeldlosen Gesellschaft beziehungsweise die flächendeckende Verwendung digitaler Geldalternativen in Kanada. Dabei wird deutlich, dass keines der beiden Szenarien derzeit auf der Hand liegt und in den kommenden Jahren zwangsläufig eintreten wird. Das kann sich jedoch schnell ändern, und die Mitarbeiterinnen und Mitarbeiter der Bank werden die entsprechenden Entwicklungen weiter im Auge behalten und analysieren. In Abschnitt 4 werden die Schritte erörtert, mit denen die Bank of Canada eine mögliche Einführung und Nutzung von CBDC vorwegnimmt, um vorbereitet zu sein, falls die Rahmenbedingungen für eine Ausgabe von CBDC sprechen sollten.

Aus den Erfahrungen der Vergangenheit konnte unter anderem die Lehre gezogen werden, wie wichtig Bargeld als effizientes und leicht zugängliches Zahlungs- und Wertaufbewahrungsmittel für die Menschen ist. In Abschnitt 5 wird auf verschiedene Maßnahmen der Bank eingegangen, mit denen die Bargeldnutzung in der kanadischen Wirtschaft weiter unterstützt werden soll. Abschnitt 6 enthält dann die abschließenden Schlussfolgerungen.

Entwicklung des Bargeldes und anderer Zahlungsmittel in Kanada[2]

Zunächst sollen die Auswirkungen der Corona-Pandemie auf den Banknotenumlauf und die in der jüngsten Zeit verwendeten Zahlungsmittel analysiert werden. Für eine umfassendere Übersicht wird auch die Entwicklung der damit verbundenen Trends über einen längeren Zeitraum betrachtet.

Auswirkungen der Pandemie auf den Banknotenumlauf

Abbildung 1 zeigt die Entwicklung des wertmäßigen Banknotenumlaufs (Bank Notes in Circulation, NIC) in Kanada für die Jahre 2018 bis 2020. Gut zu erkennen ist, dass der wertmäßige Banknotenumlauf in den ersten Monaten der Pandemie erheblich zunahm und erst im Juli 2020 wieder maßgeblich zurückging. Entsprechend lag der wertmäßige Banknotenumlauf Ende 2020 deutlich höher als im Vorjahr – genauer um 16 %.

Um die Auswirkungen der Pandemie auf den Banknotenumlauf besser beurteilen zu können, haben wir eine einfache (beziehungsweise kontrafaktische) Modellierung des zu erwartenden Banknotenumlaufs für 2020 ohne Corona-Auswirkungen erstellt. Dabei wurde berechnet, wie sich der Banknotenumlauf ab Anfang März 2020 entwickelt hätte, wenn er dem Durchschnitt der zwischen 2017 und 2019 ermittelten wöchentlichen Wachstumsraten gefolgt wäre. Die gestrichelte Linie in Abbildung 1 zeigt, wie sich der Banknotenumlauf im Jahr 2020 ohne Corona-19-Auswirkungen voraussichtlich entwickelt hätte. Die Ergebnisse deuten darauf hin, dass sich der wertmäßige Banknotenumlauf, der für diesen Zeitraum typischerweise zu erwarten gewesen wäre, durch die Pandemie nahezu verdoppelt hat. Dies wird in der Grafik durch den am Jahresende deutlich größeren Abstand zwischen der durchgezogenen blauen Linie für 2020 und der grünen Linie für 2019 gegenüber der gestrichelten blauen Linie (2020 ohne Corona-Pandemie) veranschaulicht. Abbildung 2 zeigt, dass der Banknotenumlauf bis weit ins Jahr 2021 auf hohem Niveau blieb. Weiter deutet die Analyse darauf hin, dass der außerordentliche Anstieg des Banknotenumlaufs in diesem Zeitraum eher auf eine verstärkte Nachfrage nach Banknoten mit großem Nennwert zurückzuführen ist, die in der Regel mit Vorsorgebedürfnissen in Verbindung gebracht werden, als auf eine Nachfrage nach Banknoten mit kleinem Nennwert, die in der Regel für Bargeldgeschäfte genutzt werden.

Eine andere Sicht auf die Auswirkungen der Pandemie bietet Abbildung 3. Sie zeigt den Banknotenumlauf in Prozent des nominalen Bruttoinlandsprodukts (BIP), eine verbreitete Kennzahl zur Messung der Bargeldnachfrage. In den vergangenen Jahrzehnten war das Verhältnis zwischen Banknotenumlauf und nominalem BIP relativ stabil und lag in Kanada zwischen 3 und 4 %, bis es 2020 auf etwa 5 % anstieg. Dieser Anstieg spiegelt sowohl den zuvor beschriebenen deutlich gestiegenen Banknotenumlauf als auch den vorübergehenden Rückgang des BIP zu Beginn der Pandemie wider. Auch Abbildung 3 zeigt, dass die erhöhte Bargeldnachfrage bis ins Jahr 2021 anhielt.

Ähnliche Entwicklungen wie in Kanada waren während der Pandemie auch in anderen fortgeschrittenen Volkswirtschaften zu beobachten, unter anderem in Australien, Deutschland, Neuseeland, dem Vereinigten Königreich und den Vereinigten Staaten (für weitere Ausführungen in diesem Zusammenhang siehe Rösl und Seitz,

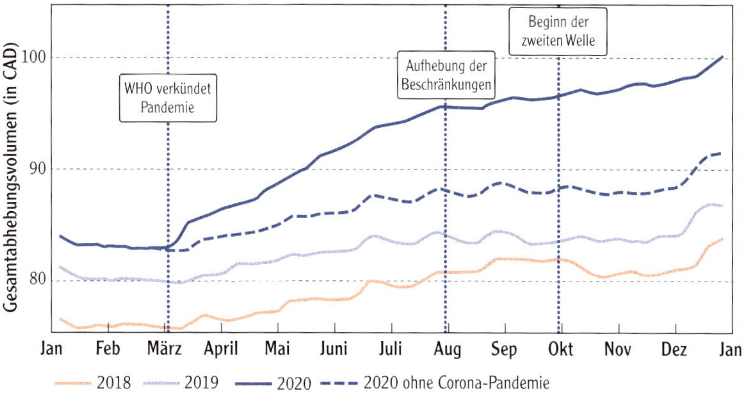

Anmerkung: Die Schätzwerte für »2020 ohne Corona-Pandemie« beruhen auf einer kontrafaktischen Modellierung für 2020, die anhand der durchschnittlichen Entwicklung des Banknotenumlaufs zwischen 2017 und 2019 vorgenommen wurde. Die Daten der ersten beiden senkrechten gepunkteten Linien (»WHO verkündet Pandemie« und »Aufhebung der Beschränkungen«) wurden aus Cavalli et al. (2020) übernommen, das Datum der dritten gepunkteten Linie (»Beginn der zweiten Welle«) beruht auf einer Erklärung der kanadischen Regierung (Aiello, 2020).

Abbildung 1: Kanada – Banknotenumlauf nach Jahr: 2018 bis 2020

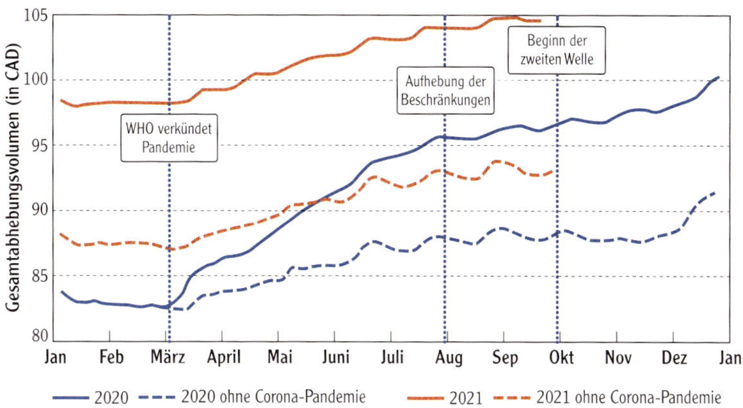

Anmerkung: Die Schätzwerte für »2020 ohne Corona-Pandemie« beruhen auf einer kontrafaktischen Modellierung für 2020, die anhand der durchschnittlichen Entwicklung des Banknotenumlaufs zwischen 2017 und 2019 vorgenommen wurde. Die Schätzwerte für »2021 ohne Corona-Pandemie« bezieht sich auf eine kontrafaktische Fallkonstellation für 2021, die anhand der durchschnittlichen Entwicklung des Banknotennumlaufs von 2017 bis 2019 berechnet wurde. Die durch die gestrichelten vertikalen Linien angegebenen Daten beziehen sich auf das Jahr 2020. Die ersten beiden gestrichelten Linien (»WHO verkündet Pandemie« und »Eindämmung aufgehoben«) stammen aus Cavalli et al. (2020), und das durch die dritte gestrichelte Linie angegebene Datum (»Beginn der zweiten Welle«) beruht auf einer Erklärung der kanadischen Regierung.

Abbildung 2: Kanada – Wertmäßiger Banknotenumlauf: 2020 und 2021

2021; Guttmann et al., 2021; Hawkesby, 2020; Caswell et al., 2020; sowie Foster und Greene, 2021). Darüber hinaus betonen mehrere Autoren, dass die Bargeldnachfrage in der Regel in Stress- oder Krisenzeiten steigt – ein Phänomen, das in der Vergangenheit in verschiedenen Ländern über unterschiedliche Zeiträume hinweg beobachtet wurde (Bech et al., 2018; Engert, Fung und Hendry, 2018; sowie Rösl und Seitz, 2021).

Langfristige Entwicklung der Bargeldnachfrage

Aus Abbildung 3 geht weiter hervor, dass die allgemeine Nachfrage nach Banknoten mit kleinerem Nennwert (5 CAD, 10 CAD und 20 CAD), die üblicherweise für Bezahlvorgänge verwendet werden, in Kanada seit fast 50 Jahren rückläufig ist. Gleichzeitig ist die Nachfrage nach Banknoten mit größerem Nennwert (50 CAD und 100 CAD), die im Allgemeinen nicht für gewöhnliche Bezahlvorgänge verwendet werden, über einen Großteil des Erfassungszeitraums gestiegen, was die rückläufige Nachfrage nach Banknoten mit kleinerem Nennwert wieder ausgeglichen hat. Diese Entwicklungen korrespondieren auch mit einer Verlagerung der Verbraucherpräferenzen weg vom Bargeld hin zu elektronischen Zahlungsmitteln, auf die nachfolgend näher eingegangen wird.

Auch wenn die Bargeldnutzung im Zahlungsverkehr abgenommen hat, ist das Verhältnis zwischen Banknotenumlauf und nominalem

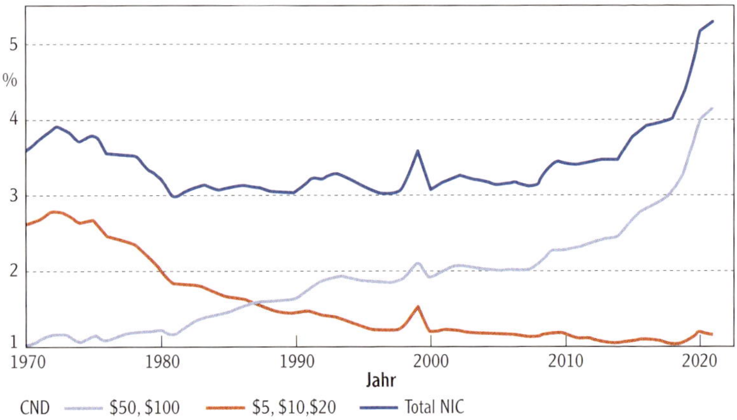

Abbildung 3: Kanada – Wertmäßiger Banknotenumlauf in Prozent des nominalen BIP

BIP – die Bargeldnachfrage – weitgehend unverändert geblieben. Dies könnte in der jüngsten Vergangenheit durch das anhaltende Niedrigzinsumfeld begünstigt worden sein, das mit niedrigen Opportunitätskosten für die Bargeldhaltung einhergeht. Es gibt auch vereinzelte Hinweise darauf, dass ein gesteigertes Interesse an kanadischen Banknoten im Ausland zu einer gestiegenen Nachfrage nach großen Stückelungen beigetragen haben könnte, wie sie in den vergangenen Jahren zu beobachten war.[3] Das Verständnis für die seit vielen Jahren anhaltende Dichotomie zwischen rückläufiger Bargeldnutzung im Zahlungsverkehr und anhaltender Bargeldnachfrage – das sogenannte *Banknoten-Paradoxon* – ist generell ein Forschungsthema von großem Interesse.

Zahlungsmethoden

Mehr über das Zahlungsverhalten der Kanadier während der Corona-Pandemie erfährt man aus einer Reihe von Umfragen, die die Bank of Canada 2020 in Zusammenarbeit mit Statistics Canada und dem Umfrageanbieter Ipsos durchgeführt hat. Dafür wurde auf zwei unterschiedliche Methoden zurückgegriffen: Verbraucherbefragungen zu Bargeldbeständen und -verwendung sowie Zahlungstagebücher, die detailliertere Informationen über die Zahlungsarten liefern.[4]

Wichtige Erkenntnisse aus Verbraucherbefragungen

Tabelle 1 gibt Aufschluss über die verschiedenen Zahlungsmethoden, die von den Kanadiern 2020 für Bezahlvorgänge verwendet wurden, einschließlich physischer Points-of-Sale und online. Darin zeigt sich, dass über den gesamten Pandemiezeitraum ein erheblicher Prozentsatz der Kanadier angab, Bargeld für Bezahlvorgänge zu verwenden. Der im Zuge der Corona-Maßnahmen eingeschränkte Zugang zu Geschäften und die Bedenken hinsichtlich eines möglichen Risikos, das Virus über Banknoten zu übertragen, zeigten zu Beginn der Pandemie negative Auswirkungen auf die Bargeldnutzung im Zahlungsverkehr.[5] Ende 2020 gaben allerdings fast 60 % der Kanadier an, in der Erhebungswoche Bargeld für Bezahlvorgänge verwendet zu haben. Gleichzeitig stieg der Prozentsatz der Kanadier, die sich auf elektronische Zahlungsmittel verließen (insbesondere kontaktlose Kartenzahlungen), zu Beginn der Pandemie an, und dieser Trend hat sich weiter fortgesetzt. Diese Ergebnisse deuten darauf hin, dass die Kanadier während der Pandemie in hohem Maße auf elektronische Zahlungsmittel zurückgegriffen haben. Ein erheblicher Teil verwendete aber auch weiterhin Bargeld.

Zahlungsmittel	BoC-Umfrage April 2020	BoC-Umfrage Juli 2020	BoC-Umfrage November 2020
Bargeld	36 % der Kanadier	54 % der Kanadier	59 % der Kanadier
Debitkarten	52	62	62
Kreditkarten	62	67	71
Interac e-Transfer	38	38	39
Mobile Payment	8	12	11
Prepaid-Karten	11	12	12

Anmerkung: Die Tabelle gibt die Verwendung aller Zahlungsmittel in der Erhebungswoche wieder, einschließlich Zahlungen in Geschäften und Onlinezahlungen. Mehrfachnennungen möglich, daher ergibt die Summe nicht 100 %.
BoC = Bank of Canada. Für Informationen zu den Befragungsmethoden siehe Chen et al. (2020, 2021a, b).

Tabelle 1: Prozentualer Anteil der Kanadier, die in der Erhebungswoche verschiedene Zahlungsmittel verwendeten

Wie bereits erwähnt, gab es zu Beginn der Pandemie unter den Händlern einige Bedenken, Bargeld entgegenzunehmen. Diese Bedenken schwächten sich im Verlauf des Jahres 2020 ab, und die allgemeine Akzeptanz von Bargeld seitens der Händler ist in diesem Zeitraum weitgehend stabil geblieben. So geht aus den Befragungsdaten (Tabelle 2) hervor, dass 12 % der befragten Kanadier zu Beginn der Pandemie, im April 2020, am Point-of-Sale eines Händlers kein Bargeld verwenden konnten. In der Juli-Umfrage fiel dieser Anteil auf 9 %, und in der November-Umfrage, während der zweiten Welle der Pandemie, bestätigte sich dieser Trend. Auch die Berichte in Nachrichtenmedien, dass Einzelhändler kein Bargeld annehmen, gingen im Verlauf der Pandemie deutlich zurück und verharrten schließlich auf vergleichsweise niedrigem Niveau. Mit Blick auf die Zukunft werden die Mitarbeiter der Bank of Canada 2022 eine umfassende Erhebung zur Akzeptanz von Bargeld und anderen Zahlungsmitteln im Einzelhandel durchführen.

Abschließend hat eine große Mehrheit der Kanadier (etwa 80 %) während der Pandemie wiederholt angegeben, in den kommenden fünf Jahren nicht auf Bargeld verzichten zu wollen.

Prozentsatz der Kanadier, die Folgendes angaben:	BoC-Umfrage April 2020	BoC-Umfrage Juli 2020	BoC-Umfrage November 2020
Ich habe ein Schild gesehen, auf dem stand, dass ein Einzelhändler kein Bargeld annimmt	22 % der Kanadier	16 % der Kanadier	17 % der Kanadier
Ich habe in den Nachrichten gehört, dass Einzelhändler kein Bargeld akzeptieren	16 %	6 %	5 %
Ich konnte am Point-of-Sale eines Einzelhändlers kein Bargeld verwenden	12 %	9 %	9 %

Anmerkung: Für Informationen zu den Befragungsinstrumenten und -methoden siehe Chen et al. (2020, 2021a, b).

Tabelle 2: Indikatoren für die Akzeptanz von Bargeld im Einzelhandel in Kanada

Wichtige Erkenntnisse aus den Zahlungstagebuchstudien

Im Rahmen der Verbraucherbefragung vom November 2020 wurde auch eine Zahlungstagebuchstudie durchgeführt, um detailliertere Informationen zu einer Reihe aktueller Themen zu erhalten.[6] Zahlungstagebuchstudien waren bereits Bestandteil früherer Befragungen der Bank zu bevorzugten Zahlungsmethoden in den Jahren 2009, 2013 und 2017. Entsprechend konnten die Daten aus verschiedenen Tagebuchstudien miteinander verglichen werden, um einen Überblick über den Anteil einzelner Zahlungsmethoden am Gesamtzahlungsaufkommen zu erhalten und wie sich dieser im zeitlichen Verlauf verändert hat.

Tabelle 3 zeigt den zahlenmäßigen Anteil der einzelnen Zahlungsmittel am Massenzahlungsverkehr, einschließlich Zahlungen in Geschäften und Onlinezahlungen. Daraus geht hervor, dass im November 2020 mehr als ein Fünftel aller Einkäufe mit Bargeld bezahlt wurde. Zu erkennen ist auch, dass der Anteil der Barzahlungen in den letzten zehn Jahren von 54 % im Jahr 2009 auf 33 % im Jahr 2017 und auf 22 % im Jahr 2020 zurückgegangen ist – was mit der bereits erwähnten sinkenden Nachfrage nach Banknoten mit kleinem Nennwert im Einklang steht. Entsprechend hat vor allem der Anteil der Kreditkartenkäufe zugenommen, und zwar von 39 % im Jahr 2017 auf 47 % im Jahr 2020. Vermutlich hat wohl auch die Zunahme des Online-Shoppings zu dem Rückgang der Bargeldnutzung beigetragen, der in nachfolgender Tabelle dargestellt wird. Wenig überraschend lässt sich parallel dazu ein Anstieg bei den kontaktlosen Zahlungen beobachten, die 2020 schätzungsweise knapp 80 % der Kreditkartenkäufe und etwa 70 % der Debitkartenkäufe ausmachten. Ähnliche Entwicklungen lassen sich auch bei den wertmäßigen Anteilen feststellen (Chen et al., 2021a).

	Barzahlungen (%)	Debitkarten (%)	Kreditkarten (%)	Andere (%)	Anteil kontaktloser Debitkarten an Debitkartenzahlungen	Anteil kontaktloser Kreditkarten and Kreditkartenzahlungen
2009	54	25	19	2	–	5
2013	44	21	31	4	2,9	19,3
2017	33	26	39	3	5,2	52
Nov 2020	**22**	**29**	**47**	**2**	**69**	**78**

Anmerkungen: Berücksichtigt wurden Bezahlvorgänge in Geschäften und Onlinezahlungen. Der Anteil kontaktloser Debit- (CTDC) bzw. Kreditkarten (CTCC) wird als prozentualer Anteil am Gesamtzahlungsaufkommen mit Debit- bzw. Kreditkarte ausgewiesen.

Tabelle 3: Zahlenmäßiger Anteil der verschiedenen Zahlungsmittel am Massenzahlungsverkehr in Kanada – 2009 bis 2020

Abbildung 4 zeigt die Anteile der einzelnen Zahlungsmittel aufgeschlüsselt nach Transaktionswert zwischen 2009 und 2020, wiederum einschließlich Zahlungen in Geschäften und Onlinezahlungen. Bargeld wurde in der Regel für Bezahlvorgänge mit geringem Wert verwendet, was sich auch in den Daten für 2020 widerspiegelt. Während der Anteil der Barzahlungen in allen vier Wertekategorien zurückgegangen ist, werden noch immer 40 % der Bezahlvorgänge unter 15 CAD mit Bargeld abgewickelt, mehr als mit jedem anderen Zahlungsmittel. Die Kreditkartennutzung hat zwischen 2009 und 2020 in allen Kategorien zugenommen und Kreditkartenzahlungen werden bei größeren Transaktionsbeträgen bevorzugt. Demgegenüber hat der Einsatz von Debitkarten bei Bezahlvorgängen mit geringem Wert zugenommen, bei Bezahlvorgängen mit hohem Wert dagegen abgenommen. Die Grafik veranschaulicht auch den zunehmenden An-

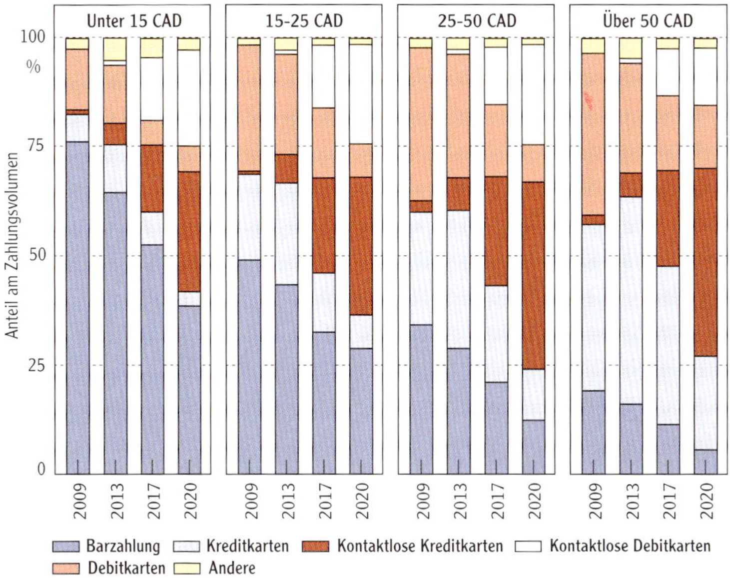

Anmerkungen: Berücksichtigt wurden Bezahlvorgänge in Geschäften und Onlinezahlungen.

Abbildung 4: Anteil der Zahlungsmittel in Kanada im zeitlichen Verlauf – Anteil nach Transaktionswert

teil kontaktloser Debit- und Kreditzahlungen in allen Transaktionskategorien. Da das Ausgabenlimit für kontaktlose Zahlungen am Point-of-Sale im Laufe der Zeit erhöht wurde, hat der Anteil der kontaktlosen Kartenzahlungen bei hohen Transaktionsbeträgen rasch zugenommen.

In der jüngsten Untersuchung wurde die Bargeldnutzung in Kanada anhand verschiedener demografischer Merkmale untersucht. Die gleichen Muster, die in früheren Erhebungen festgestellt wurden, sind auch in den neuesten Daten erkennbar. Ältere, weniger gebildete oder einkommensschwache Personen zahlen beispielsweise häufiger mit Bargeld als die übrigen Kanadier. In jeder dieser demografischen Gruppen werden mindestens 25 % der Einkäufe mit Bargeld bezahlt. Dagegen nutzen Befragte mit Hochschulbildung gegenüber Angehörigen anderer Bildungsschichten häufiger Kreditkarten und seltener Debitkarten.

Ausgabebedingungen für digitales Zentralbankgeld

Im vorangegangenen Abschnitt wurde dargelegt, wie sich Bargeldnachfrage und Zahlungsmitteleinsatz in Kanada entwickelt haben. Für viele Zentralbanken in diesem Zusammenhang von großem Interesse ist die Frage nach einer möglichen Entwicklung von digitalem Zentralbankgeld (CBDC) als neuartigem Zahlungsinstrument und Wertaufbewahrungsmittel. Im Februar 2020 skizzierte der stellvertretende Gouverneur der Bank of Canada, Timothy Lane, in einer Rede (Lane, 2020) zwei Szenarien, die eine Einführung von CBDC durch die Bank of Canada rechtfertigen könnten: die Entstehung einer bargeldlosen Gesellschaft beziehungsweise die flächendeckende Verwendung digitaler Geldalternativen.

Falls eines dieser beiden Szenarien eintreten sollte, träfe die kanadische Regierung (Minister of Justice, 2022) die abschließende Entscheidung über eine Einführung von CBDC. Dieser Schritt dürfte es auch erforderlich machen, die Satzung der Bank anzupassen, um ihr die Ausgabe von CBDC zu ermöglichen. Im weiteren Verlauf dieses Abschnitts wird eine Bewertung der vorgenannten Einführungsbedingungen im kanadischen Kontext vorgenommen.[7]

Eine bargeldlose Gesellschaft

Im Vordergrund dieses Szenarios steht die Befürchtung, dass die Bargeldverwendung aufgrund der kumulativen Wirkung individueller Entscheidungen der Kanadier im Laufe der Zeit auf ein sehr niedriges Niveau sinken oder praktisch ganz eingestellt werden könnte. Dabei ist jedoch zu betonen, dass die Bank of Canada so lange zur Bereitstellung von Bargeld verpflichtet ist, wie es von den Kanadiern nachgefragt wird. Das heißt, die Bank wird die Ausgabe von Banknoten nicht einseitig einstellen. Sollte der Umfang der Bargeldtransaktionen in Kanada also auf ein sehr geringes Niveau sinken, wäre dies allein auf das Verhalten einer überwiegenden Mehrheit der Verbraucher, Händler und Bargelddistributoren (wie Banken und andere Geldautomatenbetreiber) zurückzuführen – nicht auf Entscheidungen der Bank of Canada. Gleichzeitig könnte sich die allgemeine Bargeldnachfrage, wie oben dargestellt, anders entwickeln als die Bargeldnutzung, obwohl dies einen möglichen Rückgang des Bargeldes als praktikable Zahlungsmethode in diesem Szenario nicht wesentlich abmildern könnte.

In einem Umfeld, in dem Bargeld kein funktionales Zahlungsmittel mehr wäre, könnte dies aufgrund sozioökonomischer Zwänge oder abgelegener geografischer Lage für eine kleine Minderheit von Menschen oder Gemeinschaften zu Anpassungsschwierigkeiten führen. Eine besondere Gefahr besteht darin, dass diese Menschen in einem bargeldlosen Umfeld von der Wirtschaftstätigkeit ausgeschlossen würden, falls sie keinen Zugang zu den verfügbaren elektronischen Zahlungsmitteln hätten oder diese für sie nicht von Nutzen wären. In einem solchen Fall könnte CBDC den genannten Risiken mit Funktionen begegnen, die den Ausschluss entsprechender Nischengruppen verhindern. Außerdem oder als Alternative dazu könnten private Zahlungsdienstleister beauftragt (oder subventioniert) werden, um Lösungen anzubieten, die einem solchen Ausschluss von Nischengruppen entgegenwirken.[8] Ganz allgemein könnten in einem bargeldlosen Umfeld Bedenken hinsichtlich eines ausreichenden Wettbewerbs im Massenzahlungsverkehr sowie der Bereitstellung einer einfachen und gänzlich risikofreien Zahlungsmöglichkeit bestehen, wie sie insbesondere in Krisenzeiten von Vorteil wäre (Engert, Fung und Hendry, 2018). In dieser Hinsicht bemerkenswert ist beispielsweise eine Initiative der schwedischen Regierung, die verstärkt auf Bargeld als Mittel zur Absicherung in Krisensituationen baut. So hat eine Agentur der schwedischen Regierung (die Swedish Civil Contingencies Agency[9]) 2018 jedem schwedischen Haushalt eine Broschüre mit dem Titel *If Crisis or War Comes* zukommen lassen, damit die schwedischen Bürgerinnen und Bürger besser auf eine Reihe von Katastrophenfällen vorbereitet sind, darunter schwere Unfälle, Extremwetter, Störungen der IT-Infrastruktur und militärische Konflikte. In der Broschüre wird auch gezielt auf Unterbrechungen der Zahlungsnetze hingewiesen. Entsprechend empfiehlt die Agentur unter anderem, zu Hause einen gewissen Bargeldvorrat anzulegen.

Doch wie ist die Faktenlage? Entsteht in Kanada eine bargeldlose Gesellschaft, in der Bargeld als Zahlungsmittel für eine Vielzahl von Transaktionen nicht mehr infrage kommt? Wie bereits dargelegt, hat sich die Bargeldverwendung zur Zahlungsabwicklung im langjährigen Trend rückläufig entwickelt. Dennoch wird Bargeld von vielen Kanadiern auch weiterhin für Bezahlvorgänge verwendet, sogar während der Pandemie (siehe Tabelle 1). Außerdem erfolgt ein erheblicher Teil der Zahlungen in bar, vor allem bei kleineren Beträgen (Tabelle 2 und Abbildung 4). Dies zeigte sich 2020 auch während der Pandemie, als mit Bargeld mehr als ein Fünftel aller Bezahlvorgänge (in Geschäften und online) bestritten wurden. Dementsprechend genießt Bargeld im kanadischen Einzelhandel nach wie vor eine breite Akzeptanz. Darüber hinaus ist die Bargeldnachfrage trotz des Rückgangs der Bargeldnutzung im Zahlungsverkehr stabil geblieben und hat, wie oben ausgeführt, während der Pandemie sogar deutlich zugenommen.[10]

Die hier zusammengetragenen Erkenntnisse lassen darauf schließen, dass Kanada keine bargeldlose Gesellschaft ist und dass kaum die Gefahr besteht, dass die Verwendung von Banknoten so weit zurückgeht, dass die Kanadier nicht mehr die Möglichkeit haben, sie für ein breites Spektrum von Transaktionen zu verwenden. Shy (2022) stellt in seinem umfassenden Überblick über die breitere Forschungsliteratur zum Thema Bargeld analog fest, dass sich »alle Vorhersagen, die in der Vergangenheit zum ›Ende des Bargelds‹ getroffen wurden, als falsch erwiesen haben« (S. 54), und kommt zu dem Schluss, dass »die Forscher heute der Auffassung sind, dass das Bargeld nicht verschwinden wird« (S. 60). Die Simulationsanalysen von Huynh, Nicholls und Shcherbakov (2019, 2022) deuten auch darauf hin, dass selbst ein erheblicher Rückgang der Nutzerkosten von Zahlungskarten und ein Anstieg der Nutzerkosten von Bargeld in absehbarer Zukunft nicht zu einer bargeldlosen Gesellschaft führen könnte. Daraus ist zu schließen, dass andere Aspekte wie Datenschutz, Endgültigkeit oder Unsicherheit eine Rolle dabei spielen könnten, ein gewisses Maß an Händlerakzeptanz sowie die Bargeldnutzung durch Verbraucher aufrechtzuerhalten.

Dennoch könnte der längerfristige Trend weg vom Bargeld als Zahlungsmittel im Laufe der Zeit zu einem Rückgang der Akzeptanz im Einzelhandel führen und die allgemeine Nachfrage nach Bargeld schwächen. Die Bank of Canada wird diese Entwicklungen daher auch weiterhin im Auge behalten und analysieren, einschließlich der Bargeldakzeptanz im Einzelhandel und der Bargeldverfügbarkeit für die Allgemeinheit.

Digitale Geldalternativen

Das zweite Szenario, das die Ausgabe von CBDC durch die Bank of Canada rechtfertigen könnte, ist eine Situation, in der eine – von einer ausländischen Zentralbank oder privaten Einrichtung ausgegebene – digitale Geldalternative in Kanada flächendeckend Verbreitung findet und genutzt wird. In diesem Zusammenhang sei darauf hingewiesen, dass fast das gesamte in Kanada verwendete Geld bereits digital ist, das heißt bankenseitig in Form elektronisch verwalteter Einlagen in kanadischen Dollar vorliegt. So macht Bargeld nur 5 % einer gängigen kanadischen Geldmengenkennzahl (M1++)[11] aus, während der überwiegende Teil aus übertragbaren digitalen Einlagen besteht. Überweisungen aus digitalen Einlagen zur Durchführung von Zahlungen erfolgen über regulierte Systeme und werden letztlich durch die Übertragung von Reserven auf Konten von Finanzinstituten bei der Bank of Canada abgewickelt.[12]

Im Gegensatz dazu würden digitale Geldalternativen, die die Ausgabe von CBDC gemäß dem vorgenannten zweiten Szenario rechtfertigen würden, wahrscheinlich (dezentrale oder zentrale) Abrechnungssysteme nutzen, auf die kanadische Regulierungsbehörden keinen Zugriff haben. Außerdem wären diese Instrumente in einer anderen Rechnungseinheit notiert als dem kanadischen Dollar. Dies würde die Fähigkeit der Bank beeinträchtigen, Geldpolitik zu betreiben und bei Bedarf Liquiditätshilfen zum Schutz der Finanzstabilität zu leisten. Folglich würde dadurch die geldpolitische Souveränität Kanadas untergraben.

Welche Anhaltspunkte gibt es dafür?[13] Wird Digitalgeld in Kanada marktbeherrschend? Gewiss, Kryptowährungen (wie der Bitcoin) und Stablecoins (wie Tether) haben in den Medien große Aufmerksamkeit erregt. Im Falle von Tether – dem nach Marktkapitalisierung bei Weitem größten Stablecoin – haben beispielsweise die Regulierungsbehörden der USA und des Bundesstaates New York Interesse bekundet (Faux, 2021; Economist, 2021). Erste Finanzdienstleister, die herkömmliche Zahlungsdienste mit Fiatgeld anbieten, bieten ihren Kundinnen und Kunden bereits mittelbaren Zugang zu Kryptoassets. Auch das Anlegerinteresse an Unternehmen, die in Kryptoassets investiert sind, scheint leicht zuzunehmen (Hughes, 2021).

Obwohl die meisten Kanadier über digitale Geldalternativen Bescheid wissen, scheinen Kryptowährungen bisher kaum genutzt zu werden, insbesondere als Zahlungsmittel. Erhebungen der Bank of Canada zeigen, dass zwar rund 90 % der Kanadier Bitcoin – die mit Abstand beliebteste Kryptowährung – kennen, aber nur 5 % der Kanadier im Jahr 2019 tatsächlich Bitcoin besaßen. Diese Zahl ist in den vergangenen Jahren stabil geblieben (Henry, Huynh und Welte, 2018; Henry et al., 2019; und Balutel et al., 2022). Außerdem besaßen zwischen 2016 und 2020 nur etwa 3 % bis 5 % der Kanadier Bitcoin. Im

Jahr 2021 stieg der Anteil der Kanadier, die Bitcoin besaßen, jedoch stark auf 13 % an (Balutel et al., in Vorbereitung). Dieser Anstieg spiegelt die Bemühungen einiger Finanzunternehmen wider, Krypto-Assets als Anlageklasse zu fördern und die mit solchen Investitionen verbundenen Friktionen zu verringern, sodass es für die breite Öffentlichkeit einfacher wird, Bitcoin und andere alternative digitale Vermögenswerte zu erwerben und zu halten. Der Anstieg des Anteils der Kanadier, die im Jahr 2021 Bitcoin besaßen, korrespondiert auch mit einer ungewöhnlich hohen persönlichen Sparquote in den letzten Jahren und einem starken Anstieg des Vermögens der privaten Haushalte, einschließlich des Besitzes von Finanzanlagen und Rekordbeträgen bei Investitionen in Aktienfonds und in ausländische Wertpapiere.

Zwischen 2018 und 2019 sank der Medianwert der Bitcoin-Bestände in Kanada von rund 500 CAD auf 225 CAD und stieg dann auf etwa 500 CAD im Jahr 2021. Diese Zahlen zeigen einen deutlichen Unterschied zwischen den Beständen von Bitcoin-Investoren, die erst vor Kurzem Bitcoin erworben haben, und denjenigen, die Bitcoin schon länger besitzen, was auch mit dem jüngsten Anstieg des Anteils der Kanadier übereinstimmt, die Bitcoin besitzen. Der Medianwert der Anleger, die Bitcoin im Jahr 2021 erworben haben, liegt bei 250 CAD, während der Medianwert der früheren Anleger bei 2000 CAD liegt. Angesichts des in jüngster Zeit gestiegenen Bitcoin-Preises ist die Zahl der Bitcoin-Besitzer in Kanada, die mehr als 1 Bitcoin besitzen, zurückgegangen, während der Anteil der Personen, die weniger als 1 Bitcoin besitzen, in den vergangenen Jahren stark zugenommen hat.

Nur 9 % der kanadischen Bitcoin-Besitzer gaben in der jüngsten Umfrage der Bank an, dass sie Bitcoin mit der Absicht erworben haben, sie als Zahlungsmittel zu verwenden (Balutel et al., in Vorbereitung). Tatsächlich räumten etwa 70 % der Bitcoin-Besitzer ein, dass sie Bitcoin im Jahr 2021 noch nie, selten oder nur manchmal verwendet haben, um einen Händler zu bezahlen oder eine Überweisung von Person zu Person vorzunehmen. Die übrigen Besitzer, etwa 30 %, setzten Bitcoin 2021 mindestens ein paar Mal im Monat für Zahlungen ein. Insgesamt deuten die Ergebnisse darauf hin, dass die Nutzung von Bitcoin als Zahlungsmittel für kanadische Bitcoin-Besitzer keine wesentliche Motivation für den Besitz beziehungsweise die Verwendung von Bitcoin darstellt.

Entsprechend zeigen die Umfragen, dass der Besitz von Bitcoin in den meisten Fällen als Geldanlage betrachtet wird, wobei auch das Interesse an der zugrunde liegenden Technologie für die Besitzer von Kryptoassets in Kanada eine wichtige Motivation zu sein scheint.

Neben Bitcoin besitzen einige Kanadier auch andere Kryptoassets, allerdings offenbar in sehr geringem Umfang. 2021 verfügten nur etwa 7 % der Kanadier über Ethereum, die beliebteste Alternative zum Bitcoin-Besitz. Generell liegt der Gesamtanteil der Kanadier, die mindestens ein alternatives Kryptoasset besitzen, bei 16 %. (10 % der Kanadier besitzen sowohl Bitcoin als auch andere Kryptowährungen, während etwa 6 % nur Alternativen zu Bitcoin besitzen.) Was Stablecoins angeht, scheint das Bewusstsein für diese digitalen Zahlungs- und Wertaufbewahrungsinstrumente in Kanada gering zu sein. So haben beispielsweise nur etwa 10 % der Kanadier auch etwas von Stablecoins gehört. Der Besitz von Stablecoins fällt noch geringer aus: Nur 2 % der Kanadier besitzen Tether, USD Coin oder Binance. Allgemein zeigt sich, dass diese Instrumente derzeit nicht in nennenswertem Umfang für herkömmliche Zahlungen genutzt werden. Stattdessen werden Stablecoins hauptsächlich dafür verwendet, den Handel mit anderen Kryptoassets als Geldanlage zu erleichtern. Das heißt, Stablecoins werden derzeit hauptsächlich eingesetzt, um Investitionen in andere Kryptoassets wie Bitcoin zu tätigen (zu diesen und ähnlichen Punkten siehe Financial Stability Board, 2021; Mizrach, 2022; sowie Cecchetti und Schoenholtz, 2021).[14]

Es zeigt sich also, dass der Besitz digitaler Geldalternativen in Kanada begrenzt ist. Außerdem scheinen sie auch nur begrenzt für Zahlungen Verwendung zu finden, während die vorherrschende Motivation für ihren Besitz die Geldanlage darstellt. Wie wir im Jahr 2021 gesehen haben, ist zu erwarten, dass der Besitz von Kryptoassets und Stablecoins in Zukunft weiter zunehmen wird, wenn Finanzunternehmen sie weiterhin als alternative Anlageform fördern und die mit Investitionen in diese Vermögenswerte verbundenen Friktionen verringern. Der jüngste Zusammenbruch verschiedener Kryptoasset- und Stablecoin-Märkte könnte diese Bemühungen jedoch möglicherweise behindern.

Potenzielle Einführung von CBDC

Der stellvertretende Gouverneur der Bank of Canada, Timothy Lane, hat kürzlich seine Ausführungen zu CBDC aus dem Jahr 2020 dahin gehend ergänzt, dass »unsere Einschätzung unverändert bleibt: die Einführung von Digitalgeld ist alles andere als zwangsläufig« (Lane, 2021). Gleichzeitig argumentierte er: »Für den Fall, dass die Öffentlichkeit ein digitales bargeldähnliches Zahlungsmittel wünscht, gibt es gute Gründe für eine Ausgabe durch die Zentralbank – eine vertrauenswürdige öffentliche Institution. […] Nur eine Zentralbank kann vollständige Sicherheit und universellen Zugang gewährleisten, wobei das öffentliche Interesse – und nicht der Profit – oberste Priorität hat.« In diesem Zusammenhang argumentierte Lane, dass eine Zentralbank in der vorteilhaften Lage sei, die Privatsphäre der Nutzer schützen und gleichzeitig gegen kriminellen Missbrauch vorgehen zu können, da sie keine kommerziellen Interessen verfolgt. Abschließend habe die Bank of Canada angesichts des während der Pandemie deutlich gewordenen Digitalisierungsschubs in der Wirtschaft beschlossen, die Vorbereitungen für eine mögliche Ausgabe von CBDC umsichtigerweise zu beschleunigen (Lane, 2021).[15]

Mitarbeiter der Bank of Canada haben zahlreiche Untersuchungen zu einem breiten Spektrum CBDC-relevanter Themen erstellt (auf der Webseite der Bank verfügbar[16]). Mit Blick auf die Zukunft wird sich ein Teil der bevorstehenden Arbeiten zu CBDC konkret darauf konzentrieren, die potenzielle Einführung und Nutzung von CBDC durch die Endnutzer besser zu verstehen.

Aktuelle Untersuchungsergebnisse zur Akzeptanz von Verbrauchern und Einzelhändlern

Im Rahmen eines empirischen Forschungsprojekts der Bank of Canada haben Huynh, Nicholls und Shcherbakov et al. (2019, 2022) Modelle auf der Grundlage eines zweiseitigen Zahlungsmarktes entwickelt, die eine Interaktion zwischen Verbrauchern und Einzelhandel vorsehen. Dabei gehen die Autoren davon aus, dass das empirische Strukturmodell eines zweiseitigen Zahlungsmarktes dazu beitragen kann, die Mechanismen hinter der Annahme und Nutzung von Zahlungsinnovationen besser zu verstehen. Die Ergebnisse ihrer Arbeit deuten darauf hin, dass Einzelhändler stärker auf das Verhalten der Verbraucher reagieren als umgekehrt. Eine wichtige Erkenntnis ist also, dass die Annahme und Nutzung von CBDC durch die Verbraucher den Ausschlag für die Entstehung positiver Netzwerkexternalitäten im Einzelhandel gibt. Mit anderen Worten: Die breite Akzeptanz und Nutzung durch die Verbraucher ist eine wesentliche Voraussetzung für die Akzeptanz des Einzelhandels und damit eine erfolgreiche Zahlungsinnovation. Dies deutet auch darauf hin, dass Strategien zur Einführung von CBDC, die in erster Linie auf die Akzeptanz der Einzelhändler abzielen, wahrscheinlich nicht erfolgreich sein werden. Ähnliche Erkenntnisse zur zentralen Bedeutung des Verbraucherverhaltens für eine erfolgreiche Einführung von Zahlungsinnovationen finden sich auch in anderen Arbeiten, u. a. in Fung, Huynh und Kosse (2017) sowie in Studien über die Einführung und Annahme von M-Pesa (ein privates mobiles Bezahlsystem in Afrika) wie bei Jack und Suri (2011).

Jiang (2020) kommt durch Untersuchung theoretischer und experimenteller Belege zu vergleichbaren Schlussfolgerungen. In Kanada müsste CBDC von Anfang an mit etablierten Zahlungsmechanismen konkurrieren, was eine erhebliche Eintrittsbarriere darstellt. Daher ist eine klar definierte und für die Verbraucher attraktive Nische (beziehungsweise ein Anwendungsfall) eine notwendige Voraussetzung für die erfolgreiche, nachhaltige Einführung von CBDC. In der vorliegenden Arbeit wird entsprechend vorgeschlagen, CBDC zunächst eine Nische als *erweitertes Bargeld* zu eröffnen, das zu einer Senkung der Bargeldkosten beiträgt und gleichzeitig die Möglichkeit für elektronische Bezahlvorgänge bietet. Um die Erfolgswahrscheinlichkeit von CBDC zu erhöhen, argumentiert Jiang (2020) folglich, dass es universell zugänglich (das heißt für alle Verbraucher verfügbar) sein sollte und ein hohes Maß an Datenschutz (der beteiligten Parteien) sowie robuste Offlinefunktionen bieten müsste.

Huynh et al. (2020) haben die Gestaltung von CBDC und die Verbrauchernachfrage unter Annahme verschiedener Akzeptanzniveaus im Einzelhandel analysiert. Diese Arbeit gibt also Aufschluss darüber, wie sich die Präferenzen in einem zweiseitigen Zahlungsmarkt auf die Akzeptanz von CBDC bei Transaktionen am Point-of-Sale auswirken. Die Autoren kommen zu dem Schluss, dass eine erfolgreiche Etablierung von CBDC in der heutigen Zahlungsverkehrslandschaft wahrscheinlicher (aber nicht gesichert) ist, wenn die besonders geschätzten Merkmale des Bargeldes – universeller Zugang, Datenschutz und Benutzerfreundlichkeit – mit den wichtigsten Merkmalen einer digitalen Zahlungsmethode, wie zum Beispiel der elektronischen Lastschrift, kombiniert werden.[17]

Für Miedema et al. (2020) waren dagegen die technischen Merkmale und die potenzielle Benutzererfahrung von CBDC von Interesse. Sie argumentieren, dass die Bank of Canada im Falle einer Einführung von CBDC einen technologisch universellen Zugang anstreben sollte, der auf den Erfahrungen der Bank mit der Gestaltung universell zugänglicher Banknoten basiert. Dieser Ansatz stützt sich auch auf die bereits an anderer Stelle diskutierten Erkenntnisse und betont die primäre Rolle der Akzeptanz und Nutzung durch die Verbraucher, wobei sich die Akzeptanz des Einzelhandels positiv entwickelt, sobald mit der Zeit eine kritische Masse von Verbrauchern CBDC verwendet. Um ein plausibles Wertversprechen für CBDC zu entwickeln, schlagen diese Autoren eine technologische Umsetzung vor, die an Bargeld erinnert, aber auch wichtige digitale Funktionen abdeckt. Da die Kanadier bereits mit Bargeld vertraut sind, würden die Verbraucher wohl eine größere Akzeptanz an den Tag legen, wenn das bestehende Bargeldprodukt (Banknoten) auch als Träger digitaler Erweiterungen fungiert – auch wenn ein solches Produkt zum gegenwärtigen Zeitpunkt wohl technisch nicht zu vertretbaren Kosten realisierbar ist.

Entwicklung eines Wertversprechens für CBDC

Die vorstehenden Ausführungen beziehen sich auf allgemeine Merkmale von CBDC, die für eine erfolgreiche Einführung zwar erforderlich, aber nicht hinreichend sein könnten.[18] Es stellt sich daher weiterhin die Frage, über welche Eigenschaften CBDC sinnvollerweise verfügen sollte und ob Verbraucher und Einzelhandel das Instrument angesichts konkurrierender Zahlungsalternativen überhaupt in Anspruch nehmen würden.

- Warum sollten Verbraucher CBDC nutzen? Welche Vorteile würden sich daraus ergeben? Welche Probleme würde CBDC für die Verbraucher lösen? Was ist das Wertversprechen eines CBDC?
- Warum sollten Händler die Investitionen und laufenden Kosten auf sich nehmen, um CBDC routinemäßig für Transaktionen zu akzeptieren?
- Was könnten wir im Hinblick auf die Einführung und Nutzung von CDBC in Kanada erwarten?
- Welche Risiken könnten sich aus einer unzureichenden Unterstützung durch Verbraucher, Händler und Finanzinstitute ergeben?

- Welche Auswirkungen haben unrealistische Erwartungen an die Gestaltung und Einführung von CBDC in Kanada?

Künftige Arbeiten der Bank of Canada und anderer Zentralbanken könnten versuchen, diese Fragen zu klären. Das Verständnis dieser Aspekte würde auch Aufschluss darüber geben, ob digitales Zentralbankgeld einen sinnvollen Beitrag zum Wettbewerb im Zahlungsverkehr leisten würde.

Private und öffentliche Interessen

Die vorstehenden Ausführungen verdeutlichen die grundlegende Rolle privater Interessen – seitens der Verbraucher, Einzelhändler und Finanzinstitute – auf dem Zahlungsverkehrsmarkt und bei der Bestimmung, wie erfolgreich eine Zahlungsinnovation sein kann. Die privaten Interessen decken sich jedoch nicht immer vollständig mit den öffentlichen Interessen. Um das Potenzial für eine langfristige Einführung von CBDC erkennen zu können, muss daher auch das Zusammenspiel zwischen privaten und öffentlichen Interessen berücksichtigt werden. So könnten beispielsweise Anbieter von Zahlungsinfrastrukturen die Kosten für die Bereitstellung eines universellen, flächendeckenden Zugangs zu CBDC als unerschwinglich empfinden. Auch der Einzelhandel könnte kein Interesse daran haben, die Kosten für eine Förderung der Akzeptanz von CBDC zu tragen, ohne dass seitens der Verbraucher eine Annahme auf breiter Front erfolgt.

Diese Überlegungen werfen die Frage auf, wie die privaten und öffentlichen Vorteile und Kosten gegeneinander abzuwägen sind. Wäre der Nettonutzen für private Parteien ausreichend, um die Einführung und Nutzung von CBDC zu fördern? Wie sollte die Zentralbank reagieren, wenn der private Nettonutzen nicht ausreicht, um die Einführung von CBDC voranzubringen? Diese Überlegungen könnten insbesondere dann relevant sein, wenn das öffentliche Ziel von CBDC darin besteht, eine bestimmte sozioökonomische Nischengruppe zu bedienen, die mit Blick auf bestehende Zahlungsoptionen als unterversorgt erkannt wurde, also um den Grad der finanziellen Integration zu erhöhen. Das politische Ziel könnte auch nur darin bestehen, ein risikofreies digitales Zahlungsmittel zur Verfügung zu stellen, das zwar allgemein zugänglich ist, am Ende aber bei Verbrauchern und Einzelhandel auf wenig Interesse stößt.

In all diesen Fällen von zentraler Bedeutung ist die Frage nach den Kosten für die Entwicklung von CBDC und dessen laufende Bereitstellung für die Öffentlichkeit. Müssten Verbraucher und Einzelhandel Gebühren für die Nutzung von CBDC entrichten? Müsste die Zentralbank den Zugang zu CBDC und dessen Nutzung subventionieren, damit ein allgemeiner politischer Nutzen erkennbar wird, und das gegebenenfalls auch zulasten der kanadischen Bundeskasse?[19]

Strategien zur Aufrechterhaltung der Bargeldnutzung

Wie bereits erwähnt, ist die Bargeldnachfrage in Kanada seit Jahrzehnten stabil – und hat in den letzten Jahren sogar zugenommen –, während die Bargeldnutzung im Zahlungsverkehr rückläufig ist. Die Bank of Canada reagiert auf diese Entwicklungen unter anderem damit, dass sie den Spielraum für Effizienzsteigerungen bei der Bereitstellung und Verteilung von Bargeld prüft, um die Zugänglichkeit von Bargeld aufrechtzuerhalten. Außerdem achtet die Bank auf die Entstehung möglicher Reibungsverluste in der erweiterten Bargeldinfrastruktur, die den Zugang zu Bargeld und dessen Nutzung unnötig beeinträchtigen können. Sollten die verschiedenen Bargelddistributoren in Kanada den Bedarf der Kanadier schließlich nicht mehr decken können oder wollen, könnte sich dies auf die Herangehensweise der Bank an die Bargeldverteilung auswirken, da die Bank satzungsgemäß dafür verantwortlich ist, angemessene Vorkehrungen für die Versorgung der Kanadier mit Banknoten zu treffen.

Effizientere Verteilung von Banknoten und verbesserter Zugang zu Bargeld

Die Bank of Canada ist, wie andere Zentralbanken auch, der einzige Emittent von Banknoten. In dieser Eigenschaft arbeitet die Bank mit Partnern aus der Wirtschaft zusammen, um die Banknoten im ganzen Land zu verteilen. Dabei kommt der Bank die Funktion zu, die Finanzinstitute über ein spezielles Verteilungssystem mit den Banknoten zu versorgen, die sie zur Deckung der öffentlichen Nachfrage benötigen. Dies gestaltet sich im Einzelnen so, dass die Bank über Verteilungszentren an 10 regionalen Verteilungspunkten in ganz Kanada Banknoten an die Teilnehmer des Bank Note Distribution System (BNDS) verteilt (für weitere Informationen über das BNDS siehe Bilkes, 1997).

Wie andere Zentralbanken prüft auch die Bank of Canada Möglichkeiten, um die Effizienz dieses Systems zu verbessern.[20] Ein Ansatz könnte in einer Rationalisierung des BNDS in gewissem Umfang bestehen, um höhere Skaleneffekte zu erzielen. Zu diesem Zweck hat die Bank mit den Teilnehmern des BNDS zusammengearbeitet, um Bereiche zu identifizieren, in denen Effizienzsteigerungen erzielt werden können.

Vermeidung von Reibungsverlusten in der Bargeldinfrastruktur[21]

Da sich die Bargeldnutzung im Zahlungsverkehr rückläufig entwickelt und Bankkunden zunehmend auf Online- und Mobile-Banking umsteigen, stellen die Banken in einigen Ländern ihre entsprechenden Schalterdienste aus Kostensenkungsgründen ein. Dies scheint mit einer Umwidmung von Filialflächen und Personal für stärker nachgefragte und honorierte Finanzdienstleistungen einherzugehen. In der Konsequenz werden Bargelddienstleistungen zunehmend über Bankautomatennetze erbracht. Diese Entwicklung des Finanz-Ökosystems könnte – je nachdem, wie sich die Bargeldinfrastruktur entwickelt – zu einer geringeren Bargeldverfügbarkeit führen und den Übergang zu einer bargeldlosen Gesellschaft beschleunigen.

So wurden in Schweden 2010 als Kostensenkungsmaßnahme bargeldlose Bankfilialen eingeführt und verbreiteten sich rasch. Während 2010 nur etwa 10 % der Bankfilialen in Schweden bargeldlos arbeiteten, stieg dieser Anteil rasant an, und 2014 waren weit über die Hälfte der schwedischen Bankfilialen bargeldlos.[22] Engert, Fung und Segendorf (2019b) haben die Bargeldnutzung und -nachfrage in Kanada und Schweden verglichen und argumentieren, dass die Entwicklung bargeldloser Filialen in Schweden zusammen mit dem relativ überschaubaren Funktionsangebot des schwedischen Bankautomatennetzes zu Reibungsverlusten führte, die den Rückgang der Bargeldnachfrage in diesem Land beschleunigten. Als Reaktion auf die eingeschränkte Bargeldverfügbarkeit hat der Schwedische Reichstag kürzlich ein Gesetz verabschiedet, das die großen Finanzinstitute verpflichtet, ab dem 1. Januar 2021 in ganz Schweden bestimmte Bargelddienstleistungen anzubieten. Damit soll ein Mindestzugang zu Bargelddienstleistungen für Verbraucher und Unternehmen gewährleistet werden.[23]

Auch die großen kanadischen Banken scheinen mit schalterlosen Filialen zu experimentieren, um der sinkenden Nachfrage nach Bargelddienstleistungen Rechnung zu tragen und die Kosten für die Bargeldbearbeitung zu senken. Eigene Untersuchungen haben ergeben, dass Bankfilialen in Kanada (bislang) immer über einen oder mehrere Bankautomaten verfügen, durch die – und das ist von Bedeutung – mehrere Funktionen abgedeckt werden. So können in schalterlosen Bankfilialen in Kanada Barabhebungen und einzahlungen, Scheckeinreichungen, Rechnungszahlungen und Überweisungen über Bankautomaten in der Filiale oder eine 24-Stunden-Einwurfbox für Geschäftskunden vorgenommen werden (wobei diese Vorgänge – mit der offensichtlichen Ausnahme von Bargeldtransaktionen – auch online und über mobile Anwendungen erledigt werden können). Um ihr tägliches Abhebungslimit am Bankautomaten vorübergehend zu erhöhen, können Bankkunden außerdem ihr Telefon-Banking-Center anrufen oder das Personal in der Filiale um Hilfe bitten. Viele Banken haben auch neue Bankautomaten installiert (beziehungsweise sind dabei, dies zu tun), mit denen die Kunden zwischen verschiedenen Banknotenstückelungen wählen können. Darüber hinaus ermöglicht ein eingebauter Banknotenscanner die einfache Einzahlung von Bargeld auf ein Bankkonto. Es ist daher unwahrscheinlich, dass der Übergang zu schalterlosen Bankfilialen in Kanada die Reibungsverluste beziehungsweise Kosten für den Zugang zu Bargeld erhöhen und so die Bargeldnachfrage in Kanada bremsen könnte.[24]

Weitere potenzielle Reibungsverluste in der Bargeldinfrastruktur könnten sich durch Änderungen der Vorschriften für gesetzliche Zahlungsmittel ergeben, sobald alte Banknotenserien für ungültig erklärt werden. Je nachdem, wie solche Änderungen durchgeführt werden, können diese sich nachteilig auf die Bargeldnachfrage und -nutzung auswirken. Diese Auswirkungen wären umso stärker, je häufiger solche Ungültigkeitserklärungen erfolgen und je umständlicher und auslegungsbedürftiger die Bestimmungen für den Umtausch von alten (ungültigen) gegen neue Banknoten sind. In einem solchen Fall wäre davon auszugehen, dass sich die Nachfrage nach Banknoten, insbesondere als Wertaufbewahrungsmittel, aufgrund der mit der veränderten Situation gesetzlicher Zahlungsmittel verbundenen Reibungsverluste verringert. Solche Reibungsverluste scheinen eine Rolle dabei gespielt zu haben, die Nachfrage nach Bargeld beispielsweise in Schweden zu bremsen (für weitere Informationen hierzu siehe Engert, Fung und Segendorf, 2019b).

Der Status als gesetzliches Zahlungsmittel[25] wurde in Kanada nur sehr selten und nur für bestimmte Serien alter Banknoten aufgehoben, um Sicherheit und Nutzen der in Umlauf befindlichen Banknoten zu gewährleisten. Außerdem sind der Umtausch und die Wertgutschrift von Banknoten, denen der Status eines gesetzlichen Zahlungsmittels entzogen wurde, unkompliziert. Solche Banknoten können in jeder Filiale eines beliebigen Finanzinstituts in Kanada zum Nennwert eingelöst werden (oder durch Einsendung an die Bank of Canada)[26]. Mit Blick auf die Zukunft wird die Bank of Canada potenzielle Reibungsverluste, die durch häufige und umständliche Änderungen der Vorschriften zu gesetzlichen Zahlungsmitteln im Hinblick auf Banknoten entstehen könnten, weiter im Auge behalten.

Schließlich unterhält die Bank of Canada ein aktives Forschungsprogramm, in dessen Rahmen verschiedene Faktoren untersucht werden, die sich auf die Bargeldverfügbarkeit auswirken könnten – einschließlich möglicher Reibungsverluste durch eine Veränderung der Geschäftsmodelle der Banken im Hinblick auf die Bargeldverteilung und verschiedener sozioökonomischer Einflüsse (siehe z. B. Chen und Strathearn, 2020a; Chen, Strathearn und Voia, 2021d; Chen et al., 2021c, 2022; sowie Chen, Engert und Felt, in Vorbereitung).

Investitionen zur Optimierung der kanadischen Banknoten

Parallel zu ihren Bemühungen um eine effiziente Banknotenverteilung und Bargeldverfügbarkeit investiert die Bank of Canada auch in erheblichem Umfang in eine kontinuierliche Optimierung der Banknoten. So führte die Bank im Jahr 2011 im Rahmen ihrer laufenden Bemühungen zur Verbesserung der Banknotensicherheit[27] Polymerbanknoten ein (für weitere Informationen hierzu siehe Spencer, 2011; sowie Fung und Shao, 2011). Daneben wurden Informationskampagnen zur Aufklärung der Öffentlichkeit, des Einzelhandels und der Polizei durchgeführt, wie sich gefälschte Banknoten erkennen lassen. Generell betont die Bank die Wichtigkeit einer Zusammenarbeit mit den Teilnehmern des BNDS zur Effizienzförderung und Erhaltung qualitativ hochwertiger Banknoten, deren Umlauffähigkeit leicht geprüft werden kann. Derzeit ist auch die Ausgabe einer neuen 5-Dollar-Note über das NOTE-able-Programm der Bank of Canada geplant.[28]

Zudem belasten die von der Bank of Canada ausgegebenen Polymerbanknoten die Umwelt weniger und verursachen weniger Kohlenstoffemissionen. In einer von der Bank of Canada durchgeführten Lebenszyklusanalyse[29] wurden die Auswirkungen untersucht, die sich durch den Wechsel von baumwollbasierten Papiernoten zu Polymerbanknoten ergeben. Dabei wurde festgestellt, dass Polymerbanknoten mindestens 3,5 Mal länger halten als Papiernoten, sodass weniger Banknoten hergestellt und verteilt werden müssen, um die Nachfrage der Öffentlichkeit nach Bargeld zu decken. Außerdem ergab die Untersuchung, die anhand neun international anerkannter Messgrößen durchgeführt wurde, dass Polymerbanknoten im Vergleich zu herkömmlichen Papiernoten das Treibhauspotenzial um 32 % und den Primärenergiebedarf um 30 % senken.

Perspektivisch wird die Bank of Canada auch weiterhin in erheblichem Umfang in die Entwicklung von Banknoten und innovativen Sicherheitsmerkmalen investieren.

Abschließende Bemerkungen

Der vorliegende Artikel gibt einen Überblick über eine Reihe von Forschungsarbeiten und Erfahrungen in Bezug auf Bargeld und die damit verbundenen Überlegungen in Kanada. Die wichtigsten Erkenntnisse lassen sich wie folgt zusammenfassen:

- Eine auffällige Begleiterscheinung der Pandemie ist die starke Zunahme des Bargeldumlaufs, insbesondere von Banknoten mit hohem Nennwert, was nach allgemeiner Auffassung vor allem auf Vorsorgebedürfnisse zurückzuführen ist. Gleichzeitig nahm die Bargeldnutzung im Zahlungsverkehr zu Beginn der Corona-Pandemie ab, hat sich aber seither wieder erholt und annähernd das frühere Niveau erreicht.
- Im Wesentlichen entwickelt sich die Bargeldnutzung im Zahlungsverkehr verbraucherseitig seit Jahrzehnten rückläufig und verlagert sich auf elektronische Zahlungsmittel, vor allem auf (kontaktlose) Kreditkarten. Dennoch wird in Kanada immer noch ein erheblicher Anteil der Bezahlvorgänge (insbesondere bei kleineren Beträgen) mit Bargeld abgewickelt, und Banknoten genießen im Einzelhandel nach wie vor eine breite Akzeptanz. Und selbst wenn die Bargeldnutzung im Zahlungsverkehr in den letzten Jahrzehnten abgenommen hat, ist das Verhältnis zwischen Banknotenumlauf und nominalem BIP – die Bargeldnachfrage – weitgehend unverändert geblieben. Die gesunkene Nachfrage nach Banknoten mit kleinerem Nennwert (für Bezahlvorgänge) in den vergangenen Jahrzehnten wurde durch eine gestiegene Nachfrage nach Banknoten mit größerem Nennwert (unter anderem zur Wertaufbewahrung) ausge-

glichen. Ein besseres Verständnis des seit Jahrzehnten weltweit zu beobachtenden Phänomens einer abnehmenden Bargeldnutzung im Zahlungsverkehr bei gleichzeitig stabiler (oder steigender) Bargeldnachfrage ist für die Forschung von großem Interesse.

- Die Bank hat zwei Szenarien definiert, die eine Einführung von CBDC in Kanada rechtfertigen könnten: die Entstehung einer bargeldlosen Gesellschaft beziehungsweise die flächendeckende Verwendung digitaler Geldalternativen. Nach aktueller Datenlage sind die Bedingungen für keines dieser beiden Szenarien gegeben, und es scheint auch nicht wahrscheinlich, dass dies in den kommenden Jahren der Fall sein wird. Gleichzeitig könnte der längerfristige Trend weg vom Bargeld als Zahlungsmittel im Laufe der Zeit zu einem Rückgang der Akzeptanz bei den Händlern führen und die allgemeine Nachfrage nach Bargeld schwächen. Auch dürften die Bemühungen, Anleger mit Kryptoassets vertraut zu machen, sowie ein erleichterter Zugang zu solchen Instrumenten dazu führen, dass diese (wie auch Fremdwährungsanlagen) künftig verstärkt in den Anlageportfolios vertreten sein werden. Die Mitarbeiter der Bank werden die entsprechenden Entwicklungen weiterhin im Auge behalten und analysieren.
- Angesichts der Komplexität und der Risiken, die mit der Einführung von Digitalgeld verbunden sind, und die Möglichkeit, dass sich die Bedingungen im Ökosystem des Zahlungsverkehrs angesichts des anhaltenden Innovationstempos schnell ändern könnten, bereitet sich die Bank jedoch vorsichtshalber auf eine mögliche Ausgabe von digitalem Zentralbankgeld vor, falls dies zu einem bestimmten Zeitpunkt erforderlich werden sollte. Dazu richtete sie in einem nächsten Schritt ihren pragmatischen Fokus darauf, die potenzielle Akzeptanz und Nutzung von CBDC durch die Endnutzer besser zu verstehen. Das bedeutet, dass die laufende Forschung und Entwicklung durch die Erkundung eines *Wertversprechens* für CBDC ergänzt werden muss. Dies würde auch Aufschluss darüber geben, ob CBDC den Wettbewerb im Zahlungsverkehr in sinnvoller Weise stimulieren könnte.
- Eine Erkenntnis aus den von uns gewonnenen Erfahrungen betrifft den Nutzen von Bargeld als einfacher und risikofreier Zahlungsmöglichkeit, die insbesondere in Krisenzeiten aufrechterhalten werden sollte. Die Bank arbeitet auch weiterhin daran, die Effizienz der Bargeldinfrastruktur zu verbessern, den Zugang zu

Bargeld aufrechtzuerhalten und tätigt erhebliche Investitionen zur Bereitstellung qualitativ hochwertiger Banknoten, die alle Kanadier vertrauensvoll verwenden können.

Anmerkungen

1 Der vorliegende Artikel wurde für eine Publikation der Deutschen Bundesbank anlässlich des 20-jährigen Bestehens des Euro erstellt. Wir bedanken uns bei allen Kolleginnen und Kollegen für ihre Anmerkungen und Diskussionsbeiträge, insbesondere bei Darcy Bowman, Iain Brooks, Maureen Carroll, Heng Chen, Paul Chilcott, Ted Garanzotis, Jean-Frédéric Demers, Chris Henry, Janet Jiang, Tim Lane, Christine McAllister, Darcey McVanel, Gradon Nicholls und Alex Shcherbakov von der Bank of Canada sowie bei Oz Shy (Federal Reserve Bank of Atlanta), Björn Segendorff (Sveriges Riksbank) und Helmut Stix (Oesterreichische Nationalbank).
Wir danken auch Daneal O'Habib, Joy Wu und Julia Zhu (Bank of Canada) für ihre hervorragenden fachlichen Beiträge zu diesem Papier.
Die in diesem Artikel geäußerten Ansichten entsprechen denen der Autoren und weichen ggf. von den offiziellen Positionen der Bank of Canada ab. Die Bank of Canada übernimmt hierfür keinerlei Verantwortung.

2 Dieser Abschnitt stützt sich auf Chen et al. (2020, 2021a, b, 2022), die eine detaillierte Analyse der Pandemieauswirkungen auf die Bargeldnachfrage und den Zahlungsverkehr liefern.

3 Für weitere Ausführungen hierzu siehe Engert, Fung und Segendorf (2019, S. 22–24). Ihre Untersuchung beschäftigt sich auch mit der Rolle der Schattenwirtschaft für die Bargeldnachfrage (S. 26–28).

4 Die von uns verwendete Methodik wurde umfangreichen Tests und Prüfungen unterzogen. Sie wurde entwickelt, um die Auswahlverzerrungen möglichst gering zu halten. Hierzu wurde eine Kreuzvalidierung der gewichteten Schätzungen mit Erhebungen von Statistics Canada durchgeführt. Außerdem wurde eine Reihe von Regeln für die Datenbereinigung und -bearbeitung angewandt, um den totalen Umfragefehler zu minimieren. Für weitere Informationen hierzu siehe Chen et al. (2020b, 2021a, b).

5 Im Mai 2020 gab die Bank of Canada eine Pressemitteilung (Media Relations, 2020) heraus, in der sie die Einzelhändler aufforderte, weiterhin Bargeld zu akzeptieren, um sicherzustellen, dass alle Kana-

dier Zugang zu den von ihnen benötigten Waren und Dienstleistungen erhalten.

6 Da Zahlungstagebuchstudien zeit- und ressourcenintensiv sind, wurden sie während der Pandemie nicht in die Erhebungen einbezogen, da zu diesem Zeitpunkt die Aktualität der zentralen Ergebnisse Priorität hatte.

7 Mit der Zeit könnten weitere Forschungen und sich verändernde Rahmenbedingungen zu anderen Szenarien oder Überlegungen führen, die eine Ausgabe von Digitalgeld nahelegen könnten. In Betracht gezogen werden könnten hier beispielsweise Marktversagen und die Frage, ob CBDC unter den gegebenen Umständen die beste politische Lösung ist.

8 Solche Bemühungen könnten sich auf Bevölkerungsgruppen konzentrieren, die keinen oder nur unzureichenden Zugang zu Banken haben. Der Anteil der Bevölkerung ohne Bankverbindung (d. h. ohne eigenes Konto) ist in Kanada allerdings sehr gering. Eine 2017 von der Bank of Canada durchgeführte Erhebung zu den Zahlungsmethoden ergab, dass 99 % der Befragten über ein Bankkonto verfügen (Henry, Huynh und Welte, 2018), was darauf hindeutet, dass fast alle Kanadier Zugang zu Bankdienstleistungen haben (Chen, Felt und Henry, 2018). Dies geht auch aus der Global Findex Database der Weltbank (2017) hervor. Eine Standarddefinition für den unzureichenden Zugang zu Banken lautet: »die fehlende Möglichkeit, Bankdienstleistungen in vollem Umfang zu nutzen«(laut leixico.com). Dies wiederum erfordert eine Bewertung der Frage, ob ein solcher unzureichender Zugang zu Banken auf fehlende Verbrauchernachfrage oder ein fehlendes Angebot zurückzuführen ist – ein Thema, das von der Bank of Canada derzeit untersucht wird.

9 https://www.msb.se/en/

10 Anders als in Kanada gehen die Barzahlungen *und* die Bargeldnachfrage in Schweden seit Jahren zurück. Engert, Fung und Segendorf (2019b) haben die Erfahrungen in Kanada und Schweden miteinander verglichen und festgestellt, dass die Gründe für die vergleichsweise einmalige Situation in Schweden auf bestimmte Anreize und Hemmnisse zurückzuführen sind, die sich auf die Nachfrage nach Banknoten auswirken. Hierzu zählen bargeldlose Bankfilialen und schwedische Vorschriften zu gesetzlichen Zahlungsmitteln – und nicht Zahlungsinnovationen oder technologischer Fortschritt, die in Kanada und Schweden auf ähnlichem Niveau liegen.

11 https://www.bankofcanada.ca/rates/banking-and-financial-statistics/selected-monetary-aggregates-and-their-components-formerly-e1/

12 Die Bank of Canada unterhält, wie andere Zentralbanken auch, ein Hauptbuch für die elektronische Abwicklung praktisch sämtlicher Transaktionen in kanadischen Dollar. Darüber hinaus garantiert die Bank den Umtausch von Geschäftsbankeinlagen in Zentralbankreserven zu einem festen Kurs von 1:1 im Rahmen des Interbankenausgleichs, der jeden Tag über die Reservekonten der Banken bei der Bank of Canada erfolgt. Entsprechend werden die Einlagen bei den verschiedenen Banken in der Wirtschaft allgemein zum Nennwert akzeptiert, wobei die breite Öffentlichkeit diesen verschiedenen bankbasierten Tauschmitteln gleichgültig gegenübersteht. Mit anderen Worten, dieses Verfahren garantiert eine einheitliche Währung beziehungsweise ein festes Umtauschverhältnis (Engert and Fung, 2020).

13 Die hier zusammengefassten Erkenntnisse über die Akzeptanz und Verwendung alternativer digitaler Währungen beruhen weitgehend auf einer Reihe aktueller Arbeiten von Mitarbeitern der Bank, insbesondere Henry, Huynh und Welte (2018), Henry et al. (2019) und Balutel et al. (2021, 2022, in Vorbereitung).

14 Mit Blick auf die Zukunft legen die wirtschaftlichen Aspekte von Stablecoins nahe, dass diese Instrumente in der Zukunft des Zahlungsverkehrs wahrscheinlich keine bedeutende Rolle spielen werden (Garratt et al., 2022). Darüber hinaus werden nach kanadischem Recht die Einkommenssteuerverbindlichkeiten in kanadischen Dollar festgelegt und gezahlt, was Anreize für die Beibehaltung der kanadischen Währung schafft.

15 CBDC wurde auf den Bahamas bereits eingeführt, und in mehreren Ländern wie China, den Mitgliedstaaten der OECS (Organisation of Eastern Caribbean States), Jamaika, Nigeria, Russland und Uruguay wurden CBDC-Pilotprojekte gestartet. Ecuador führte 2014 ein Mobilgeld der Zentralbank ein und beendete das Programm 2018 aufgrund mangelnder Nutzerzahlen und Transaktionsvolumina (White, 2018). Die uruguayische Zentralbank führte von November 2017 bis April 2018 ein Pilotprojekt für Digitalgeld (e-Peso) durch, mit dem die entsprechende Technologie getestet werden sollte und das auf 10 000 mobile Nutzer und ein Gesamtvolumen von 20 Mio UYU begrenzt war. Persönliche E-Brieftaschen waren auf 30 000 UYU beschränkt, während eingetragene Unternehmen bis zu 200 000 UYU halten durften (am 30. April 2018 entsprach 1 CAD in etwa 22 UYU). Bei den Artikel-IV-Konsultationen des IWF 2018 wurde das e-Peso-Pilotprojekt als Erfolg bewertet (International Monetary Fund, 2019).

16 https://www.bankofcanada.ca/research/digital-currencies-and-fintech/research/

17 Engert und Fung (2017) empfehlen, dass Zentralbanken, die CBDC einführen möchten, angesichts der damit verbundenen Komplexität und Unsicherheit ungeachtet der voraussichtlich niedrigen Akzeptanzraten zunächst vorsichtig und schrittweise vorgehen und aus den Erfahrungen mit nicht anonymem, unverzinslichem und von Finanzinstituten vermitteltem CBDC lernen sollten.

18 Siehe hierzu auch den gemeinsamen Bericht (Oktober 2021) der Bank of Canada, der Europäischen Zentralbank, der Bank of Japan, der Sveriges Riksbank, der Schweizerischen Nationalbank, der Bank of England, des Board of Governors der Federal Reserve und der Bank für Internationalen Zahlungsausgleich, in dem die Nutzeranforderungen und Überlegungen zur Einführung von CBDC erörtert werden (Bank of Canada et al., 2020).

19 Im Jahr 2020 beliefen sich die Überweisungen der Bank of Canada an die kanadische Bundeskasse auf 1,8 Mrd CAD (Bank of Canada, 2021).

20 Eine Reihe anderer Zentralbanken hat Strategien entwickelt, um die Effizienz der Bereitstellung und Verteilung von Banknoten zu steigern und die Bargeldverfügbarkeit für die Allgemeinheit zu verbessern, beziehungsweise ist gerade dabei, dies zu tun. Hierzu zählen die Banque de France, die Bank of England, die Central Bank of Ireland, die Europäische Zentralbank, die Niederländische Zentralbank, die Reserve Bank of Australia, die Reserve Bank of New Zealand, die Schwedische Zentralbank und die U.S. Federal Reserve.

21 Dieser Abschnitt basiert weitgehend auf Engert und Fung (2019a) sowie auf Engert, Fung und Segendorf (2019b).

22 Siehe Bankstatistiken auf der Website des schwedischen Bankenverbands (Swedish Bankers' Association). https://www.swedishbankers.se/en-us/reports/statistics-publications/bank-statistics/

23 Für weitere Informationen siehe Sveriges Riksbank, »Obligation for major banks to provide certain cash services« https://www.riksbank.se/en-gb/payments--cash/notes--coins/obligation-for-major-banks-to-provide-certain-cash-services/. Problematisch an diesen schwedischen Bestimmungen ist, dass weder Anforderungen für die Annahme von Einlagen durch die breite Öffentlichkeit noch für Dienstleistungen am Schalter formuliert wurden. Im letztgenannten Fall führt die Verwendung von Bankautomaten für Abhebungen zu einer Beschränkung der Abhebungsbeträge, was den Nutzwert von Bargeld untergraben könnte.

24 In Kanada sehen die Banken ihre Automatennetze offenbar als Teil ihres Markenauftritts und als Mittel, um Kunden anzuziehen und zu binden. Die großen kanadischen Banken verfügen über eigene, gebrandete Bankautomaten, mit denen sie um Kunden werben, wobei diese in einem bankenübergreifenden Automatennetzwerk zusammengeschlossen sind. Siehe hierzu auch Carbo, Perez-Saiz und Xiao (in Vorbereitung).

25 https://www.bankofcanada.ca/banknotes/about-legal-tender/

26 https://www.bankofcanada.ca/banknotes/bank-note-redemption-service/

27 https://www.bankofcanada.ca/banknotes/vertical10/security-features/

28 https://www.bankofcanada.ca/banknotes/banknoteable-5/

29 https://www.bankofcanada.ca/banknotes/bank-note-series/frontiers/life-cycle-assessment-lca/

Literaturverzeichnis

Aiello, R. (2020), Second COVID-19 Wave Has Already Started: PM in Address to Nation, CTV News, 24. September 2020, https://www.ctvnews.ca/politics/second-covid-19-wave-has-already-started-pm-in-address-to-nation-1.5117465

Balutel, D., C. Henry, J. Vasquez und M. Voia (2021), Bitcoin Adoption and Beliefs in Canada, Bank of Canada Staff Discussion Paper 21-60, https://www.bankofcanada.ca/2021/11/staff-working-paper-2021-60/

Balutel, D., M.-H. Felt, G. Nicholls und M. Voia (2022), Bitcoin awareness, ownership and use: 2016–2020, Bank of Canada Staff Discussion Paper, 2022-10

Balutel et al., Private Digital Cryptoassets as Investment? Bitcoin Ownership and Usage in Canada, 2016–2021, Bank of Canada Staff Discussion Paper, in Vorbereitung.

Bank of Canada (2011), Life Cycle Assessment of Canada's Polymer Bank Notes and Cotton-Paper Bank Notes, erstellt durch PE Americas and Tryskele Sustainable Environment, Health & Safety, https://www.bankofcanada.ca/wp-content/uploads/2011/06/Life-Cycle-Assessment-of-Polymer-and-Cotton-Paper-Bank-Notes_opt.pdf

Bank of Canada (2021), Financial Statements: 31. Dezember 2020, https://www.bankofcanada.ca/wp-content/uploads/2021/02/ar2020-financial-statements.pdf

Bank of Canada (2022a), Regulatory Oversight of Designated Clearing and Settlement Systems (abgerufen am 27. April 2022), https://www.bankofcanada.ca/core-functions/financial-system/oversight-designated-clearing-settlement-systems/
Bank of Canada (2022b), Retail Payments Supervision (abgerufen am 27. April 2022), https://www.bankofcanada.ca/core-functions/retail-payments-supervision/
Bank of Canada, Europäische Zentralbank, Bank of Japan, Sveriges Riksbank, Schweizerische Nationalbank, Bank of England, Board of Governors der Federal Reserve und Bank für Internationalen Zahlungsausgleich (2020), Central Bank Digital Currencies: Foundational Principles and Core Features, Bericht Nr. 1 einer Reihe gemeinschaftlicher Publikationen einer Gruppe von Zentralbanken, https://www.bis.org/publ/othp33.pdf
Bank of Canada, Europäische Zentralbank, Bank of Japan, Sveriges Riksbank, Schweizerische Nationalbank, Bank of England, Board of Governors der Federal Reserve und Bank für Internationalen Zahlungsausgleich (2021), Central Bank Digital Currencies: User Needs and Adoption, Bericht Nr. 3 einer Reihe gemeinschaftlicher Publikationen einer Gruppe von Zentralbanken, https://www.bis.org/publ/othp42_user_needs.pdf
Bech, M., U. Faruqui, F. Ougaard und C. Picillo (2018), Payments Are a-Changin' but Cash Still Rules, BIS Quarterly Review, März 2018.
Bilkes, G., (1997), New Bank Note Distribution System. Bank of Canada Review, Sommer 1997, 41–54, https://www.bankofcanada.ca/wp-content/uploads/2011/08/Bank-of-Canada-Review-article-Gerrit-Bilkes.pdf
Carbo, S., H. Perez-Saiz und H. Xiao (in Vorbereitung), Competition, Geographic Proximity and Pricing in the Retail Banking Industry, Mimeo.
Caswell, E., M. Hewkin Smith, D. Learmonth und G. Pearce (2020), Cash in the Time of Covid, Quarterly Bulletin 2020 Q4, https://www.bankofengland.co.uk/quarterly-bulletin/2020/2020-q4/cash-in-the-time-of-covid
Cavalli, G., B. Lake, A. McGahan und E. Pepe (2020), Mobility and Proximity in Canada During the COVID-19 Pandemic, Innovation Policy Lab, Munk School of Global Affairs & Public Policy, University of Toronto, 27 Oktober 2020, https://munkschool.utoronto.ca/wp-content/uploads/2020/10/2020-10-27-Mobility-and-Proximity-of-Canadians-during-COVID-19-1.pdf
Cecchetti, S. und K. Schoenholtz (2021), Stablecoin: The Regulation Debate, 13. Dezember 2021, https://www.moneyandbanking.com/commentary/2021/12/13/stablecoin-the-regulation-debate

Chen H. und M. Strathearn (2020a), A Spatial Model of Bank Branches in Canada, Bank of Canada Staff Working Paper 2020-4 https://www.bankofcanada.ca/2020/02/staff-working-paper-2020-4/
Chen, H., W. Engert, K. P. Huynh, G. Nicholls, M. Nicholson und J. Zhu (2020b), Cash and COVID-19: The Impact of the Pandemic on the Demand for and Use of Cash, Bank of Canada Staff Discussion Paper Nr. 2020-6, https://www.bankofcanada.ca/2020/07/staff-discussion-paper-2020-6/Chen, H., W. Engert, M.-H. Felt, K. P. Huynh, G. Nicholls, D. O'Habib und J. Zhu (2021a), Cash and COVID-19: The Impact of the Second Wave in Canada, Bank of Canada Staff Discussion Paper Nr. 2021-12, https://www.bankofcanada.ca/2021/11/staff-working-paper-2021-60/
Chen, H., W. Engert, K. P. Huynh, G. Nicholls und J. Zhu (2021b), Cash and COVID-19: The Effects of Lifting Containment Measures on Cash Demand and Use, Bank of Canada Staff Discussion Paper No. 2021-3, https://www.bankofcanada.ca/wp-content/uploads/2021/03/sdp2021-3.pdf
Chen, H., W. Engert, K. P. Huynh und D. O'Habib (2021c), An Exploration of First Nations Reserves and Access to Cash, Bank of Canada Staff Discussion Paper 2021-8, https://www.bankofcanada.ca/2021/05/staff-discussion-paper-2021-8/
Chen, H., M. Strathearn und M. Voia (2021d), Consumer Cash Withdrawal Behaviour: Branch Networks and Online Financial Innovation, Bank of Canada Staff Working Paper 2021-28, https://www.bankofcanada.ca/2021/06/staff-working-paper-2021-28/
Chen, H. W. Engert, K. P. Huynh, D. O'Habib, J. Wu und J. Zhu (2022), Cash & COVID: What Happened in 2021, Bank of Canada Staff Discussion Paper 2022-8, https://www.bankofcanada.ca/wp-content/uploads/2022/04/sdp2022-8.pdf
Chen, H., W. Engert, K. P. Huynh und D. O'Habib (2022), Identifying Financially Remote First Nations Reserves, Bank of Canada Staff Discussion Paper, 2022-11, https://www.bankofcanada.ca/2022/05/staff-discussion-paper-2022-11/
Chen, H., und M-H. Felt (In Vorbereitung), Canadians' Access to Cash Before, at the Onset of Covid-19 and Beyond, Bank of Canada Staff Discussion Paper.
Economist (2021), Tether Is Fined by Regulators in New York, 23. Februar 2021, https://www.economist.com/finance-and-economics/2021/02/23/tether-is-fined-by-regulators-in-new-york
Engert, W. und B. S. C. Fung (2017), Central Bank Digital Currency: Moti-

vations and Implications, Bank of Canada Staff Discussion Paper Nr. 2017-16.
Engert, W., B. S. C. Fung und S. Hendry (2018), Is a Cashless Society Problematic?, Bank of Canada Staff Discussion Paper Nr. 2018-12, https://www.bankofcanada.ca/wp-content/uploads/2018/10/sdp2018-12.pdf
Engert, W. und B. S. C. Fung (2019a), Cashless Bank Branches in Canada, Bank of Canada Staff Analytical Note 2019-29, https://www.bankofcanada.ca/wp-content/uploads/2019/10/san2019-29.pdf
Engert, W., B. S. C. Fung und B. Segendorf (2019b), A Tale of Two Countries: Cash Demand in Canada and Sweden, Bank of Canada Staff Discussion Paper Nr. 2019-7, https://www.bankofcanada.ca/wp-content/uploads/2019/08/sdp2019-7.pdf
Engert, W. und B. S. C. Fung (2020), A Uniform Currency in a Cashless Economy, Bank of Canada Staff Analytical Note 2020-7, https://www.bankofcanada.ca/wp-content/uploads/2020/03/san2020-7.pdf
Faux, Z. (2021), Anyone Seen Tether's Billions, Bloomberg, 7. Oktober 2021, https://www.bloomberg.com/news/features/2021-10-07/crypto-mystery-where-s-the-69-billion-backing-the-stablecoin-tether
Financial Stability Board (2021), Regulation, Supervision and Oversight of »Global Stablecoin« Arrangements, 13. Oktober 2021.
Foster, K. und C. Greene (2021), Consumer Behavior in a Health Crisis: What Happened with Cash?, Policy Hub 2021-1, Federal Reserve Bank of Atlanta, https://www.atlantafed.org/-/media/documents/research/publications/policy-hub/2021/01/12/01-consumer-behavior-in-health-crisis-what-happened-with-cash.pdf
Fung, B. S. C. und E. Shao (2011), Modelling the Counterfeiting of Bank Notes: A Literature Review, Bank of Canada Review, Herbst 2011, S. 29–35, https://www.bankofcanada.ca/wp-content/uploads/2011/11/fung.pdf
Fung, B. S. C., K. P. Huynh und A. Kosse (2017), Acceptance and Use of Payments at the Point of Sale in Canada, Bank of Canada Review, Herbst 2017, S. 14–26, https://www.bankofcanada.ca/wp-content/uploads/2017/11/boc-review-autumn2017-fung.pdf
Garratt, R., M. Lee, A. Martin und J. Torregrossa (2022), The Future of Payments Is Not Stablecoins, Federal Reserve Bank of New York, Liberty Street Economics, 7. Feburar 2022, https://libertystreeteconomics.newyorkfed.org/2022/02/the-future-of-payments-is-not-stablecoins/
Guttmann, R., C. Pavlik, B. Ung und G. Wang (2021), Cash Demand During COVID-19, Reserve Bank of Australia Bulletin, März 2021, https://www.rba.gov.au/publications/bulletin/2021/mar/pdf/cash-demand-during-covid-19.pdf

Hawkesby, C. (2020), Working Together to Be 'On the Money', Speech to the Royal Numismatic Society of New Zealand Annual Conference, Wellington, Neuseeland, 19. Oktober 2020, https://www.rbnz.govt.nz/-/media/ReserveBank/Files/Publications/Speeches/2020/Speech2020-10-19.pdf?revision=507c6151-3867-4d7c-82ea-582c4d3bfe62

Henry, C. S., K. P. Huynh und A. Welte (2018), 2017 Methods-of-Payment Survey Report, Bank of Canada Staff Discussion Paper Nr. 2018-17, https://www.bankofcanada.ca/2018/12/staff-discussion-paper-2018-17/

Henry, C. S., K. P. Huynh, G. Nicholls und M. Nicholson (2019), 2018 Bitcoin Omnibus Survey: Awareness and Usage, Bank of Canada Staff Discussion Paper Nr. 2019-10, https://www.bankofcanada.ca/2019/11/staff-discussion-paper-2019-10/

Hughes, S. (2021), A Proxy for Holding Bitcoin: Crypto Firms Set to Go Public as Market Hits US$13 Trillion, Financial Post, 8. November 2021, https://financialpost.com/fp-finance/cryptocurrency/a-proxy-for-holding-bitcoin-crypto-firms-set-to-go-public-as-market-hits-us3-trillion-milestone?utm_source=Sailthru&utm_medium=email&utm_campaign=Financial%20Post%20Top%20Stories%20-%20Weekday%20 2021-11-09&utm_term=FP_HeadlineNews

Huynh, K. P., G. Nicholls und O. Shcherbakov (2019), Explaining the Interplay Between Merchant Acceptance and Consumer Adoption in Two-Sided Markets for Payment Methods, Bank of Canada Staff Working Paper Nr. 2019-32, https://www.bankofcanada.ca/wp-content/uploads/2019/08/swp2019-32.pdf

Huynh, K. P., J. Molnar, O. Shcherbakov und Q. Yu (2020), Demand for Payment Services and Consumer Welfare: The Introduction of a Central Bank Digital Currency, Bank of Canada Staff Working Paper Nr. 2020-07, https://www.bankofcanada.ca/wp-content/uploads/2020/03/swp2020-7.pdf

Huynh, K. P., G. Nicholls und O. Shcherbakov (2022), Equilibrium in Two-Sided Markets for Payments: Consumer Awareness and the Welfare Cost of the Interchange Fee, Bank of Canada Staff Working Paper Nr. 2022-15, https://www.bankofcanada.ca/wp-content/uploads/2022/03/swp2022-15.pdf

International Monetary Fund (2019), Uruguay: Staff Report for the 2018 Article IV Consultation, IMF Country Report Nr. 19/64, https://www.imf.org/~/media/Files/Publications/CR/2019/1URYEA2019001.ashx

Jack, W. und T. Suri (2011), Mobile Money: The Economics of M-Pesa, NBER Working Paper Nr. w16721, https://papers.ssrn.com/sol3/papers.cfm?abstract_id=1749882

Jiang, J. (2020), CBDC Adoption and Usage – Some Insights from Field and Laboratory Experiments, Bank of Canada Staff Analytical Note 2020-12, https://www.bankofcanada.ca/wp-content/uploads/2020/06/san2020-12.pdf

Lane, T. (2020), Money and Payments in the Digital Age, Remarks to the Chartered Financial Analysts Montreal FinTech RDV 2020, Montréal, Quebec, 25. Februar 2020, https://www.bankofcanada.ca/2020/02/exploring-new-ways-to-pay/

Lane, T. (2021), Payments Innovation beyond the Pandemic, Remarks to the Institute for Data Valorisation, Montréal, Quebec, 10. Februar 2021, https://www.bankofcanada.ca/2021/02/payments-innovation-beyond-the-pandemic/

Media Relations (2020), Update: Bank of Canada Asks Retailers to Continue Accepting Cash, Ottawa, Ontario, 28. Mai 2020, https://www.bankofcanada.ca/2020/05/bank-canada-asks-retailers-continue-accepting-cash/

Miedema, J., C. Minwalla, M. Warren und D. Shah (2020), Designing a CBDC for Universal Access, Bank of Canada Staff Analytical Note 2020-10, https://www.bankofcanada.ca/2020/06/staff-analytical-note-2020-10/

Minister of Justice (2022), Bank of Canada Act, R.S.C., 1985, c. B-2, Justice Laws Website, https://laws-lois.justice.gc.ca/eng/acts/b-2/

Mizrach, B. (2022), Stablecoins: Survivorship, Transactions Costs and Exchange Microstructure, 27. Februar 2022, https://ssrn.com/abstract=3835219 bzw. http://dx.doi.org/10.2139/ssrn.3835219

Rösl, G. und F. Seitz (2021), Cash and Crises: No Surprises by the Virus, Institute for Monetary and Financial Stability, Working Paper Nr. 150, Goethe-Universität Frankfurt am Main, https://www.imfs-frankfurt.de/fileadmin/user_upload/IMFS_WP/IMFS_WP_150_web.pdf

Shy, O. (2022), Cash Is Alive: How Economists Explain Holding and Use of Cash, erscheint in: Journal of Economic Literature, 19. Januar 2022.

Spencer, C. (2011), Paying with Polymer: Developing Canada's New Bank Notes, Bank of Canada Review, Frühjahr 2011, S. 1–7, https://www.bankofcanada.ca/wp-content/uploads/2011/06/spencer.pdf

Swedish Civil Contingencies Agency (2018), If Crisis or War Comes, Mai 2018, https://rib.msb.se/filer/pdf/28706.pdf

White, L. (2018), The World's First Central Bank Electronic Money Has Come – And Gone: Ecuador, 2014–2018, Cato Institute, 2. April 2018, https://www.cato.org/blog/worlds-first-central-bank-electronic-money-has-come-gone-ecuador-2014-2018

Wirtschaftspolitische Auswirkungen einer digitalen Währung als Bestandteil der monetären Basis

Fan Yifei

Die People's Bank of China (PBC) treibt ihre Pilotarbeiten zur Forschung und Entwicklung eines digitalen Yuan (e-CNY) kontinuierlich voran. Der e-CNY ist die digitale Form des von der People's Bank of China ausgegebenen Fiatgeldes. Es handelt sich um ein wertbasiertes, quasikontobasiertes oder kontobasiertes hybrides Zahlungsinstrument mit dem Status eines gesetzlichen Zahlungsmittels und einer losen Kontoanbindung, das kontrollierte Anonymität unterstützt. Wir sind der Auffassung, dass e-CNY in erster Linie als Teil der monetären Basis (M0) positioniert werden sollte, der liquidesten Geldmengenform (auch bekannt als der Bargeldumlauf). Dies hat jedoch tiefgreifende Implikationen und erfordert zahlreiche politische Entscheidungen.

Bedeutung von e-CNY als Teil der Geldbasis leitet sich aus Art des Geldes und historischem Ursprung ab

In der Historie sind technologischer Fortschritt und die zugrunde liegende Nachfrage wichtige Triebfedern der Entwicklung von Fiatgeld. Gegenwärtig erleben wir den allmählichen Übergang von physischem zu digitalem Geld. Fiatgeld dient im Wesentlichen als Recheneinheit, Wertaufbewahrungs- und Tauschmittel. Damit es diese zentralen Geldfunktionen erfüllen kann, spielen Messbarkeit, Überprüfbarkeit und Übertragbarkeit eine wesentliche Rolle. In der Vergangenheit stellte das gesamtwirtschaftliche Produktivitätswachstum immer wieder neue Anforderungen an Geld. Der technologische Fortschritt hat überdies die Entwicklung von physischem Metall- und Papiergeld zu elektronischem und digitalem Geld begünstigt, um die Effizienz des Geldumlaufs und den Wohlstand der Menschen zu verbessern.

Die Verwendung von Geld geht auf den Tauschhandel in früheren Phasen der gesellschaftlichen Entwicklung zurück. Einige seltene und wertvolle Gegenstände wie Muscheln, die sich leicht aufbewahren und transportieren ließen, wurden zu universellen Tauschmitteln. Mit dem technologischen Fortschritt bei der Verhüttung und anderen Technologien der Metallbearbeitung kam Metallgeld aus Kupfer, Eisen, Gold und Silber auf. Als die Gesellschaft arbeitsteiliger wurde und in eine Phase der Massenproduktion eintrat, stieg die Nachfrage nach Geld weiter an. Da Metallgeld unkomfortabel und schlecht zu transportieren war, wurde es den Anforderungen der Rohstoffwirtschaft und Produktionsentwicklung nur schwer gerecht. In der Folge kamen auf Handelskrediten basierende Papiernoten auf. Später löste das von den Zentralbanken ausgegebene Fiatgeld, das auf dem Vertrauen in die nationalen Institutionen beruhte, allmählich die Papiernoten ab und vollendete so die Entwicklung des Fiatgeldes von reinem Metallgeld zu Banknoten und Münzen.

Zahlungsmittel, die auf Einlagen bei Geschäftsbanken beruhen, sind dank der jüngsten Fortschritte in der Netzwerktechnologie und im mobilen Zahlungsverkehr inzwischen digitalisiert worden. Allerdings können solche Zahlungsmittel eine Fiatwährung in ihrer Funktion als Wert- beziehungsweise Recheneinheit nicht ersetzen. Aus diesem Grund ist es im Laufe der Währungsentwicklung für ein Land erforderlich, eine zentralisierte und einheitliche Fiatwährung herauszugeben, unabhängig davon, wie stark die Nutzung von Privatwährungen ist. In der Vergangenheit hatten neben Fiatwährungen auch Privat- und Fremdwährungen in unterschiedlichem Maße Bestand. Emittenten und Nutzer von Privatwährungen standardisierten Gewicht und Feingehalt oft selbst, was gesellschaftliche und wirtschaftliche Transaktionskosten erhöhte. Nach Gründung der Volksrepublik China gab der Staat Fiatgeld in Form von Banknoten und Münzen aus, denen die Bevölkerung vertraute, wodurch die Transaktionskosten effektiv gesenkt und die wirtschaftliche Entwicklung gefördert wurde. In jüngster Zeit sind Kryptowährungen wie Bitcoins und globale Stablecoins auf den Plan getreten und haben eine neue Runde des Wettbewerbs zwischen Privatwährungen, Fremdwährungen und Fiatwährungen eingeleitet. Die Regierung muss neue Technologien nutzen, um M0 zu digitalisieren und als Antwort auf die Entwicklungen der digitalen Wirtschaft ein universelles Basisgeld zu schaffen.

Die Digitalisierung der monetären Basis bedeutet auf der Angebotsseite eine Strukturreform, die durch die Gesetze der Währungsentwicklung und Zahlungsnachfrage angetrieben wird. Im Zuge der Fortschritte in der Informationstechnologie wurde der Massenzahlungsverkehr durch elektronische Zahlungssysteme zunehmend digitalisiert. Interbank-Zahlungs- und Clearingsysteme, Intrabank-Systeme der Geschäftsbanken und Nichtbanken-Finanzintermediäre, die den Umlauf von weitergefassten Geldmengen wie M1 und M2 unterstützen, wurden ständig optimiert und ausgebaut, um den Anforderungen der wirtschaftlichen Entwicklung besser gerecht zu werden. Wollte man also M1 und M2 durch e-CNY ersetzen, dürfte dies die Effizienz des Zahlungsverkehrs nicht erhöhen, dafür aber zu einer enormen Verschwendung bestehender Systeme und Ressourcen führen.

Die rasche Weiterentwicklung elektronischer Bezahlverfahren, gerade im Hinblick auf kontaktlose Zahlungen, entsprach den gesamtwirtschaftlichen Bedürfnissen und hat die Öffentlichkeit ermutigt, vermehrt elektronische Zahlungsmittel zu nutzen. Dennoch gibt es bei dieser Art von elektronischen Zahlungsinstrumenten, die auf Geschäftsbankeinlagen beruhen und eng an Konten gebunden sind, noch viel Verbesserungsspielraum in Bezug auf Angebotsabdeckung, finanzielle Integration, Zahlungseffizienz sowie den Schutz von Privatsphäre und Anonymität der Nutzer. Andererseits nimmt die Nachfrage nach Bargeld trotz des Rückgangs der Bargeldverwendung nach wie vor zu, was darauf hindeutet, dass das Angebot an Fiatgeld im Einzelhandel nicht mit der Nachfrage Schritt hält. Die Öffentlichkeit ist nach wie vor stark auf Bargeld angewiesen, vor allem dort, wo es an Finanzdienstleistungen mangelt. Die Nachfrage nach und die Erwartungen an digitales Fiatgeld sind also gerechtfertigt. Die Kosten für das Bargeldmanagement sind allerdings hoch, und Bargeld kann für Geldwäsche und andere illegale Aktivitäten genutzt werden.

Zudem bildet der gleichwertige Umtausch von Geschäftsbankeinlagen in Zentralbankgeld vor dem Hintergrund einer zunehmenden Digitalisierung der Wirtschaft und des allmählichen Rückgangs der Bargeldverwendung die Grundlage für das Vertrauen der Öffentlichkeit in Geschäftsbankeinlagen. Der Einsatz dezentraler Technologien wie Krypto-Token im Zahlungsverkehr stellt einen Angriff auf die monetäre Souveränität dar und macht die Digitalisierung des Bargeldes noch dringlicher.

Blickt man auf die historische Währungsentwicklung zurück, zeigt sich die Erfordernis, die Geldversorgung im Auge zu behalten. Die Zentralbank als Anbieter von Basisgeld sollte auf die Bedürfnisse des Einzelhandels reagieren und e-CNY bereitstellen, um die Stabilität des Währungs- und Finanzsystems zu gewährleisten. Die Zentralbanken müssen neue Technologien nutzen, um M0 zu digitalisieren und das bestehende elektronische Zahlungssystem zu ergänzen, indem sie die Eigenschaften und Merkmale von M0 beibehalten und neue wertorientierte Funktionen ableiten, die sich von denen elektronischer Zahlungsmittel unterscheiden.

e-CNY sollte unter zentraler Verwaltung der Zentralbank bleiben

Die Ausgabe von Fiatgeld ist die eigentliche Aufgabe einer Zentralbank und bildet die Grundlage für ihre Arbeit. Im modernen Zentralbanksystem übernimmt die Zentralbank die Aufgabe als Hausbank des jeweiligen Landes, ist als Notenbank für die Ausgabe von Geld zuständig und fungiert als »Bank der Banken«. Sie trägt die Verantwortung für die nationale Währungssouveränität, die Bereitstellung von Zahlungsmitteln für den Warenumlauf und -tausch sowie die Regulierung der Geldbasis und Geldmenge. Nach Einführung und Ausbau der sozialistischen Marktwirtschaft in China übernimmt die PBC seit 1984 wieder die Rolle einer Zentralbank. Mit dem Übergang vom monistischen System der PBC zum dualistischen System »Zentralbank-Geschäftsbank« wurde ihr das Währungsemissionsmandat der Zentralbank erteilt. Daneben kommen für sie die komparativen Vorteile einer Geschäftsbank und die entscheidende Rolle des Marktes bei der Ressourcenzuweisung voll zum Tragen, wodurch ein Währungsumlaufsystem geschaffen wurde, in dem Zentralbankgeld und Geschäftsbankeinlagen nebeneinander koexistieren. Der e-CNY wird in das bestehende Währungsausgabesystem integriert. Die Zentralbank spielt eine zentrale Rolle im e-CNY-System. Sie ist für die Ausgabe von e-CNY an zugelassene Geschäftsbanken verantwortlich und verwaltet seinen gesamten Lebenszyklus. Den Geschäftsbanken und anderen Institutionen obliegt es, der Öffentlichkeit Umtausch- und Umlaufdienste für den e-CNY bereitzustellen.

Es ist von entscheidender Bedeutung, die zentrale Verwaltung der e-CNY-Ausgabe nicht aus der Hand zu geben

Erstens werden dadurch sein Status als gesetzliches Zahlungsmittel und die monetäre Souveränität gewahrt. Die zentrale Verwaltung des e-CNY trägt dazu bei, eine Erosion durch dezentrale Vermögenswerte wie Bitcoins und globale Stablecoins zu verhindern, und sichert den Fortbestand des Emissionsmandats im Zeitalter der digitalen Wirtschaft. Durch ihren Beitrag zur nationalen Entwicklung und Reform kann sie die Stabilität, Sicherheit und den Status des Fiatgeldes als gesetzliches Zahlungsmittel aufrechterhalten.

Zweitens wird die zentrale Verwaltung des e-CNY die Effizienz des Zahlungssystems verbessern und die Umsetzung der Geldpolitik erleichtern. Die verzögerungslose Zahlungsabwicklung verbessert die Effizienz des Kapitalumschlags für den Einzelhandel, löst Liquiditätsprobleme kleiner und mittlerer Unternehmen und erhöht die Geschwindigkeit des Geldumlaufs sowie die Effizienz der geldpolitischen Transmission. Sie wird auch dazu beitragen, Barrieren im Massenzahlungsverkehr zu überwinden, die Marktsegmentierung aufzulösen, Marktverzerrungen zu verhindern, die Rechte und Interessen der Finanzkunden zu schützen und die finanzielle Integration zu fördern.

Drittens wird dadurch die Finanzstabilität aufrechterhalten. Der e-CNY folgt einem Mechanismus kontrollierter Anonymität. Er kann die öffentliche Nachfrage nach Anonymität bei Kleinbetragszahlungen auf der Grundlage eines risikobasierten Ansatzes erfüllen. Gleichzeitig wird ein Missbrauch des e-CNY für illegale und kriminelle Aktivitäten wie Geldwäsche, Terrorismusfinanzierung und Steuerhinterziehung durch fortschrittliche Technologien wie Big Data und künstliche Intelligenz verhindert.

Alle Zentralbanken und Währungsbehörden der großen Volkswirtschaften auf der ganzen Welt folgen einem zentralisierten Ansatz zur Verwaltung von Bargeld, um die Steuerung der Bargeldausgabe und ihren Einfluss auf die Geldpolitik sicherzustellen. In den USA, Europa und China beispielsweise haben die Fed Reserve, die Europäische Zentralbank (EZB) und die PBC ein zentralisiertes Bargeldmanagementmodell für den Druck und die Übertragung, Lagerung, Verteilung, Abhebung, Sortierung und Vernichtung von Bargeld übernommen. Im Vereinigten Königreich hat die Bank of England zwar Aufgaben wie den Druck, das Clearing und die Lagerung des Pfund

Sterling an kommerzielle Einrichtungen übertragen, doch das Prinzip der zentralen Verwaltung spiegelt sich in den betrieblichen Vorschriften, der Finanzverwaltung, der Unternehmensführung, der Risikokontrolle und den regelmäßigen Prüfungen wider. In den vergangenen Jahren hat auch China damit begonnen, einige Aufgaben wie das Clearing an Dritte auszulagern, während wichtige Prozesse wie Druck, Verteilung und Rücknahme in der Hand der PBC blieben.

Für die zentrale Verwaltung des e-CNY sind eine Reihe von Schlüsselmaßnahmen erforderlich:

Erstens sollte die PBC sämtliche bis zur Emissionsobergrenze ausgegebenen e-CNY-Einheiten verwalten und einheitliche Geschäfts-, Sicherheits- und Anwendungsstandards sowie technische Spezifikationen festlegen.

Zweitens sollte die PBC eine einheitliche Verwaltung von e-CNY-Geldbörsen sicherstellen. Die Zentralbank und zugelassene Betreiber sollten hierfür auf der Grundlage eines operativen Zwei-Stufen-Systems eine gemeinsame ökologische Plattform aufbauen und entwickeln und sich dabei an den einheitlichen Rahmen zur visuellen Identität und den fälschungssicheren Eigenschaften des e-CNY halten. Die zugelassenen Betreiber sollten parallel ihre eigene visuelle Schnittstelle und andere Funktionen implementieren.

Drittens sollte die PBC die Infrastruktur des e-CNY koordinieren und entwickeln, für die Interoperabilität zwischen den zugelassenen Betreibern sorgen und den stabilen und geordneten Umlauf des e-CNY sicherstellen.

Aus Sicht der Regeln für das M0-Management sollten Ausgabe und Umlauf von e-CNY wie bei Bargeld geregelt und verwaltet werden

Die Forschung und Entwicklung von e-CNY stehen ebenso wie dessen Ausgabe im Einklang mit dem Rechtsrahmen der Volksrepublik China. Das Gesetz zur People's Bank of China hat die PBC ermächtigt, RMB (Renminbi) auszugeben und den Umlauf von Renminbi zu verwalten. Die PBC verfügt über ein entsprechendes Mandat und ist die einzige Stelle, die Renminbi ausgeben darf. Der e-CNY besitzt digitale Merkmale, weshalb sich die Vorschriften für den Umlauf von physischem Bargeld nicht vollständig auf ihn übertragen lassen. Daher ist es notwendig, spezielle Vorschriften für den e-CNY zu formulieren und ein entsprechendes Umfeld für seine In-Umlauf-Bringung zu schaffen. Die Regulierungsbehörden sollten die Gesetze und Vorschriften mit fortschreitender Reifung des e-CNY-Systems kontinuierlich schärfen.

Der e-CNY hat den Status eines gesetzlichen Zahlungsmittels. Er ist hauptsächlich als M0 positioniert und muss den Gesetzen und Vorschriften für das Bargeldmanagement genügen, wie zum Beispiel dem People's Bank of China Law und den Regulations on the Administration of RMB. Entsprechend darf kein Unternehmen und keine Privatperson die Annahme von e-CNY verweigern, wenn dieser innerhalb Chinas zur Begleichung öffentlicher oder privater Verbindlichkeiten verwendet wird.

Der e-CNY unterliegt auch den Gesetzen und Vorschriften zum Bargeldmanagement von Großbeträgen sowie zur Bekämpfung von Geldwäsche und Terrorismusfinanzierung. Gemäß der Notice on the Implementation of Large-value Cash Management Pilots müssen beispielsweise Ein- und Auszahlungen von e-CNY-Großbeträgen nach dem Gesetz registriert werden. Alle beteiligten Akteure müssen umfangreiche Geldgeschäfte und verdächtige Transaktionen an die Zentralbank melden.

Aus Sicht des Gebührensystems für M0 ist der e-CNY ein öffentliches Gut, das die PBC der Öffentlichkeit zwecks Umtausch und In-Umlauf-Bringung zinslos und gebührenfrei zur Verfügung stellt

Fiatgeld ist gemäß der Definition in Paul A. Samuelsons »The Pure Theory of Public Expenditure« (1954) ein öffentliches Gut. Die Zentralbanken dürfen daher keine Gebühren für Bargeldtransaktionen erheben und müssen die Aufwendungen und Kosten für die Entwicklung, Produktion und Zuteilung, den Transport sowie die Lagerung, Abhebung und Vernichtung von Bargeld übernehmen.

Der e-CNY ist hauptsächlich als M0 beziehungsweise als digitale Form des Fiatgeldes positioniert. Damit ist auch der e-CNY ein gänzlich öffentliches Gut.

Erstens kommt die Ausgabe und In-Umlauf-Bringung des e-CNY allen Mitgliedern der Gesellschaft zugute und kann nicht losgelöst davon betrachtet werden.

Zweitens wird ein Anstieg der Nutzerzahlen weder die Kosten für die Ausgabe und die In-Umlauf-Bringung des e-CNY erhöhen noch die Qualität der Dienstleistungen gegenüber Dritten beeinträchtigen, sobald das e-CNY-System eingerichtet ist. Die Grenzkosten des e-CNY sind niedrig, und es liegt keine Rivalität in der Nutzung vor.

Drittens kann niemand von der Nutzung des e-CNY ausgeschlossen werden, es liegt also eine Nichtausschließbarkeit vor. Außerdem wird der e-CNY nicht verzinst und zielt darauf ab, den sozialen Nutzen und die Wohlfahrt zu maximieren.

Die PBC wird für den e-CNY eine Politik der Gebührenfreiheit vorsehen, wie sie dies bereits mit physischem Bargeld praktiziert. Sie führt ein kostenloses Werttransfersystem und eine kostenlose Finanzinfrastruktur für e-CNY ein und erhebt von den zugelassenen Betreibern keine Gebühren für den Umtausch und die In-Umlauf-Bringung von e-CNY. Auch die Geschäftsbanken erheben von ihren Kunden keine Gebühren für den Umtausch und die Erstattung von e-CNY, da dies die Kosten für die Herstellung und In-Umlauf-Bringung von e-CNY senkt, Steuern und Gebühren reduziert, die Belastung der Realwirtschaft verringert, das Geschäftsumfeld verbessert und die Marktvitalität weiter anregt. Um Anreize für alle Beteiligten zu schaffen und einen nachhaltigen Betrieb zu gewährleisten, kann der Staat die Kosten für die Ausgabe von Banknoten entsprechend den derzeitigen Regelungen für die Ausgabe von Banknoten übernehmen.

Aus Sicht des Ausgabemodells für M0 sollten die Geschäftsbanken die Verantwortung für Umtausch von e-CNY für die Öffentlichkeit übernehmen

Geschäftsbanken werden gesetzlich verpflichtet, e-CNY-Umtauschdienste anzubieten

Die Regulations on the Administration of RMB räumen Finanzinstituten, die mit RMB-Einzahlungen und -Abhebungen zu tun haben, das Recht ein, bei der Verwaltung des RMB-Umlaufs mit der PBC zusammenzuarbeiten. Die Ausgabe von RMB-Banknoten erfolgt hauptsächlich im Zuge von Bargeschäften, sodass die Geschäftsbanken das Mandat haben, e-CNY umzutauschen und weiter zu verteilen. Nichtbanken-Finanzintermediäre dürfen gemäß Artikel 9 der Administrative Measures for Online Payment Services by Non-bank Payment Institutions keine Dienste zum Währungsumtausch sowie zur Bareinzahlung und abhebung anbieten. Ihnen fehlt das Mandat zur Erbringung von M0-Umtauschdiensten für e-CNY. Nach den geltenden Gesetzen und Vorschriften können daher nur Geschäftsbanken e-CNY für die Öffentlichkeit bereitstellen.

Es gilt als weltweite Best Practice, dass Geschäftsbanken M0-Umtauschdienste anbieten. Bei der Bargeldausgabe in verschiedenen Ländern wird im Allgemeinen das dualistische Modell »Zentralbank-Geschäftsbank« angewandt. Die Zentralbank stellt das Basisgeld zur Verfügung und reguliert den Geldumlauf. Die Geschäftsbanken sind für die Ausgabe, den Umlauf und die Auszahlung von Bargeld zuständig und bieten der Öffentlichkeit Einzahlungs- und Auszahlungsdienstleistungen an. Die großen Zentralbanken der Vereinigten Staaten, Großbritanniens, Deutschlands und Chinas versorgen so die Geschäftsbanken mit Bargeld, das diese wiederum mit der Öffentlichkeit austauschen. Dies führt nicht zu einer Disintermediation des Finanzsektors und hat auch keine größeren Auswirkungen auf das bestehende Finanzsystem und das Funktionieren der Realwirtschaft.

Um die Sicherheit und Stabilität des e-CNY zu gewährleisten, müssen Geschäftsbanken mit hohen Kapitalreserven und weit entwickelten technologischen Kapazitäten ausgewählt werden, um eine Führungsrolle bei der Bereitstellung von e-CNY-Umtauschdiensten zu übernehmen.

Erstens sollten die ausgewählten Geschäftsbanken die vorhandenen Ressourcen und technologischen Reserven voll ausschöpfen können. Sie sollten über eine ausgereifte Infrastruktur, ein vollständiges Dienstleistungssystem und einen großen Mitarbeiterpool verfügen. Hier kann ein konkurrenzbasierter Ansatz die Rolle des Marktes voll zur Geltung bringen und dazu beitragen, dass sich die fähigsten Marktteilnehmer durchsetzen.

Zweitens können dadurch Risiken vermindert werden. Geschäftsbanken verfügen über reiche Erfahrungen mit Governance-Systemen im Privatkundengeschäft sowie mit Maßnahmen zur Risikokontrolle. Sie können operativen Risiken wirksam vorbeugen und das Vertrauen der Öffentlichkeit in den Besitz und die Verwendung von e-CNY stärken.

Drittens kann so einer Disintermediation im Finanzbereich entgegengewirkt werden. Der e-CNY folgt dem dualistischen »Zentralbank-Geschäftsbank«-Modell zur Ausgabe von Währungen. Er wird nicht verzinst und steht somit nicht in Konkurrenz zu Einlagen bei Geschäftsbanken.

Und last, but not least wird damit die geldpolitische Transmission gefördert. Die e-CNY-Dienste der Geschäftsbanken können bei der Rückführung von Geldern für eine verbesserte Effizienz sorgen, deren Rolle als Finanzintermediäre fördern und einen direkteren und effizienteren Weg für die geldpolitische Transmission bieten.

Mithilfe einer zentralen Verwaltung wird die PBC für Stabilität sorgen und Innovationen fördern. Die PBC wird daneben verschiedene Kooperationsmodelle zwischen zugelassenen Betreibern und anderen Geschäftsbanken und Nichtbanken-Finanzintermediären prüfen, um den Umlauf von e-CNY zu fördern. Geschäftsbanken und andere Nichtbanken-Finanzintermediäre müssen sich voll in das e-CNY-System einbringen, um sicherzustellen, dass der e-CNY weithin verfügbar ist, ohne eine wesentliche Beeinträchtigung für den bestehenden Finanzmarkt darzustellen.

Im Rahmen des physischen Bargeldumlaufs können alle Geschäftsbanken RMB-Dienstleistungen für die Öffentlichkeit anbieten. Mit Blick auf den e-CNY-Umlauf könnten zugelassene Betreiber unter Berücksichtigung der technischen Grundlagen und der Anforderungen an das Systemmanagement mit anderen Geschäftsbanken und verwandten Institutionen zusammenarbeiten, um gemeinsam e-CNY-Dienstleistungen für die Öffentlichkeit mit festgelegten Verantwortlichkeiten und Rechten anzubieten. Im Einzelnen würden zugelassene Betreiber verschiedene e-CNY-Geldbörsen für Kunden eröffnen, um den Umtausch und die Einlösung von e-CNY auf Grundlage der regulatorischen KYC (Know Your Customer)-Anforderungen der PBC anzubieten.

Die zugelassenen Betreiber werden unter der Aufsicht der PBC zusammen mit anderen Geschäftsbanken und verwandten Institutionen sichere und effiziente e-CNY Dienstleistungen anbieten. Hierzu zählen auch die Entwicklung von Bezahlsystemen, Marketing, Systementwicklung, Geschäftsabwicklung, Betrieb und Wartung. Um allen Marktteilnehmern Anreize zu bieten und die Stabilität des Finanzsystems zu erhalten, sind dabei ausgeglichene Wettbewerbsbedingungen und die Rolle des Marktes bei der Ressourcenzuweisung von entscheidender Bedeutung.

Literaturverzeichnis

Samuelson, P. (1954), The Pure Theory of Public Expenditure, in: The Review of Economics and Statistics, Bd. 36, Nr. 4. (November), S. 387–389.

Der digitale Euro aus geopolitischer Perspektive: Wird Europa abgehängt?

Philipp Sandner und Jonas Groß[1]

Der digitale Euro ist kein monolithisches Projekt: Die Anwendungsdomänen sind zu breit und die Lösungsmöglichkeiten zu vielfältig. In diesem Artikel soll ein Überblick über Anwendungsdomänen und Infrastrukturen für den digitalen Euro gegeben werden, die verschiedener nicht sein könnten. Ein Abgleich mit Lösungen für den digitalen Dollar und den digitalen Yuan führen zum Ergebnis, dass der Euro zu einer Regionalwährung für Europa werden könnte. Die Gründe hierfür sind die Ausgestaltung und Priorisierung heutiger Ansätze innerhalb Europas sowie des digitalen Euro der Europäischen Zentralbank und das Ausblenden von Stablecoin-Ansätzen als Lösung für den digitalen Euro.

Digitaler Euro als generischer Begriff, nicht spezifisch für Projekte der EZB

Der digitale Euro ist nicht auf eine einzige technische Plattform oder Infrastruktur begrenzt. Der Begriff »digitaler Euro« beschreibt eher eine Gruppe von Möglichkeiten beziehungsweise Infrastrukturen, welche für unterschiedliche Bedürfnisse in verschiedenen Anwendungsdomänen zum Einsatz kommen können. Neben den unterschiedlichen Ausgestaltungsmöglichkeiten für den digitalen Euro ist die Betrachtung von verschiedenen Anwendungsdomänen erforderlich: der digitale Euro für Individuen, den Handel, die Wirtschaft, die Industrie, den Kapitalmarkt und für internationale Bezahlvorgänge. Gleichzeitig können unterschiedliche Akteure und Infrastrukturen den digitalen Euro bereitstellen: die Europäische Zentralbank (EZB) mit einer digitalen Zentralbankwährung (englisch: Central Bank Digital Currency, CBDC), die Geschäftsbanken mit einer Triggerlösung oder (un)regulierte Finanzunternehmen mittels eines Euro-Stablecoins.

Im Folgenden soll ein Überblick über Anwendungsdomänen und Infrastrukturen für den digitalen Euro geschaffen werden. Sodann wird ein Abgleich mit Initiativen rund um den digitalen Dollar in den USA und den digitalen Yuan in China vorgenommen, und es werden die Bemühungen rund um den digitalen Euro geopolitisch eingeordnet. Ziel ist es also nicht, den Euro oder andere Währungen als solche zu analysieren, zu hinterfragen oder in einen Vergleich mit Bitcoin oder anderen dezentralen Protokollen zu setzen, sondern eher die Analyse der »Transportwege« von Währungen und deren Implikationen für die Zukunft dieser Währungen. Wir möchten die schon entstandenen oder in der Entstehung befindlichen Transporttechnologien für den Euro, den US-Dollar und den Yuan beschreiben und in einen geopolitischen Vergleich einordnen. Als Ergebnis wird festgehalten, dass die heutigen Ansätze innerhalb Europas und das gezielte Ausblenden der Verbesserung internationaler Bezahlprozesse durch einen digitalen Euro dazu führen könnten, dass der Euro zu einer Regionalwährung für Europa wird. Kern der Argumentation ist, dass das »Digitale« am digitalen Euro oftmals missverstanden oder unterschätzt wird. Davon betroffen sind vor allem die digitale Abbildung des internationalen Bezahlverkehrs – zwischen Individuen, Import- und Exporteuren – und die Entstehung von Decentralized Finance (DeFi). Dies ist essenziell aufgrund der Tatsache, dass für diese Bereiche mit der chinesischen digitalen Währungsinfrastruktur eCNY und den US-Dollar-Stablecoins bereits Systeme entstehen beziehungsweise entstanden sind, die Lösungen für dynamisch wachsende Bereiche anbieten. Aus diesem Grund könnte es in Zukunft zu Bedauern führen, dass der Euro gerade kein digitales Abbild in diesen Bereichen bekommen hat oder zeitnah bekommen wird.

Fortschreitende Digitalisierung des Geldsystems

Geld wird zunehmend digitaler, Bargeld wird mehr und mehr verdrängt

Insgesamt ist ein klarer Trend zu beobachten: Geld wird zunehmend digitaler. Während bereits seit Jahrzehnten digitales Geld in Form von Bankeinlagen existiert, das zum Beispiel bei Zahlungen mit einer Kre-

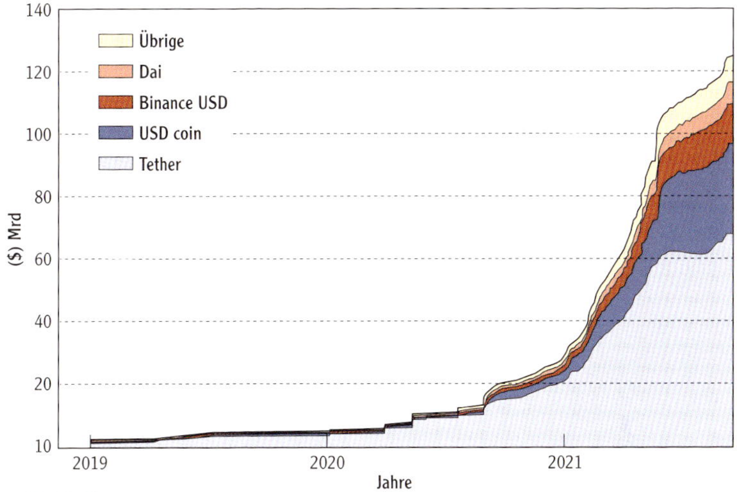

Quelle: Übersetzt nach Liao and Caramichael (2022)

Abbildung 1: Geldangebot von US-Dollar-Stablecoins

ditkarte, mit einem Smartphone oder bei Banküberweisungen gesendet wird, verliert physisches Bargeld als Zahlungsmittel kontinuierlich an Bedeutung – ein anhaltender Trend, der sich durch die Corona-Pandemie weiter beschleunigt. Um diesem Trend entgegenzuwirken, denken Zentralbanken derzeit intensiv darüber nach, eine Art »digitales Bargeld«, eine CBDC, einzuführen (Boar und Wehrli, 2021). Auf der anderen Seite beschäftigen sich auch Banken, Verbände und Industrieunternehmen mit innovativen und neuen Varianten des »digitalen Euro«, beispielsweise solche, die auf neuartigen technologischen Infrastrukturen basieren – so wie Blockchains. Selbiges ist auch in anderen Währungsräumen, wie den USA oder China, mit stetig wachsender Dynamik zu beobachten.

Blockchain-basierte Stablecoins in US-Dollar-Notation mit Milliardenvolumen

Innovationen rund um die revolutionäre Blockchain-Technologie, die beispielsweise hinter den Krypto-Assets Bitcoin und Ether steckt, ermöglichen es zudem, Geld komplett neu zu denken. Dank der Blockchain-Technologie können erstmals in der Geschichte dezentrale Geldsysteme umgesetzt werden, die ohne Intermediäre wie Banken oder Zentralbanken auskommen. Inzwischen gibt es Tausende auf der Blockchain-Technologie basierende digitale Krypto-Assets, deren Marktkapitalisierung und Handelsvolumen rapide zunehmen, selbst wenn viele dieser Krypto-Assets eine sehr hohe Volatilität aufweisen. Ende des Jahres 2021 betrug laut Coinmarketcap[2] die Marktkapitalisierung aller Kryptowerte zusammen mehr als 2 Billionen $ – täglich werden Kryptowerte im Gesamtvolumen von 100 Mrd $ transferiert (Coinmarketcap, 2021). Zuletzt hat El Salvador als erstes Land der Welt sogar Bitcoin als offizielles Zahlungsmittel zugelassen. Darüber hinaus befinden sich wertstabile Kryptowerte, sogenannte Stablecoins, weiter auf dem Vormarsch. Laut Statista hat sich die Marktkapitalisierung von Stablecoins auf Jahressicht fast verzehnfacht.[3] Die Entwicklung des Geldangebots von US-Dollar-Stablecoins ist in Abbildung 1 dargestellt. Tether, der aktuell größte Stablecoin, weist derzeit ein tägliches Handelsvolumen von knapp 80 Mrd $ auf. Parallel dazu entstehen weitere US-Dollar-Stablecoins, die bereits heute ebenfalls signifikante Marktanteile zulasten Tethers gewonnen haben (Viehof und Bruckner, 2021a, 2021b). Folglich ist klar erkennbar, dass derzeit eine neue Welle der Digitalisierung des Geldsystems in vollem Gange ist. Dies schließt wie beschrieben auch Krypto-Assets wie Bitcoin ein, dessen zunehmende Beachtung allerdings nicht im Fokus dieser Ausführungen steht

Die geopolitische Bedeutung von Geld

US-Dollar als Weltreservewährung im Jahr 2021

Geld hat auch eine immense geopolitische Komponente, denn die Verbreitung und Akzeptanz einer Währung bestimmt die globalen monetären Machtverhältnisse mit. Heute genießt der US-Dollar den unangefochtenen Status als Weltreservewährung – der US-Dollar symbolisiert Vertrauen und Stabilität, sodass er global als »Referenzwährung« für Zahlungen und Kredite verwendet wird. So sind derzeit laut der Europäischen Zentralbank (EZB) knapp 60 % der weltweiten Schulden und knapp 55 % der weltweiten Kredite in US-Dollar notiert (EZB, 2021c). Auch der neue Bereich Decentralized Finance (DeFi), der Funktionen des Finanzsystems gänzlich durch dezentrale Computerprogramme (das heißt Smart Contracts) abbildet, verwendet den US-Dollar als Referenzwährung (Eikmanns, Welpe und Sandner, 2021). Allerdings hat der US-Dollar erst im letzten Jahrhundert diese prominente Rolle zugesprochen bekommen. Vorher stellten unter anderem bereits Frankreich, Spanien und das Vereinigte Königreich zu verschiedenen Zeitpunkten in der Geschichte die Weltreservewährung. Demnach zeigt die Geschichte, dass sich Dominanz beziehungsweise die Position einer Währung über die Zeit ändern können – allerdings ist dies ein langsamer Prozess.

Veränderungen im Machtgefüge aufgrund digitaler Währungen
Während heutzutage der globalen Verbreitung bestimmter Währungen noch hohe Transaktionskosten im Wege stehen, könnten digitale Währungen die monetären Machtverhältnisse signifikant verändern. Einige Handelsgeschäfte werden heute noch mit physischem Bargeld bezahlt, welches per Luftweg zum Handelspartner gesendet wird. Zugegebenermaßen geschieht dies zunehmend immer seltener; dennoch sorgen solche Anekdoten in einer sich digitalisierenden Welt zunehmend für Kopfschütteln. Bargeldtransport und Devisenumtausch sind allerdings mit relativ hohen Kosten verbunden. Eröffnungen von Bankkonten im Land des Handelspartners sind hingegen für Nichtstaatsbürger typischerweise auch aufgrund regulatorischer Bestimmungen nicht möglich oder äußerst aufwendig. Ein Grund hierfür ist die erforderliche Feststellung der Identität einer aus Sicht der Bank ausländischen Person. Durch digitale Währungen, die über digitale Endgeräte bequem, billig und schnell transferiert werden können, könnten auch Nichtstaatsbürger effizient Zugang zur heimischen Währung bekommen, was wiederum zu einem Bedeutungsgewinn der heimischen Währung führen würde. Exakt diese Entwicklung könnte für den digitalen Yuan in China (siehe unten) gelten, wenn er unkompliziert per Smartphone ausländischen Transaktionspartnern zugänglich gemacht wird. Damit sind weniger EU-Bürger gemeint, sondern eher die aus der EU nach Asien exportierende Industrie oder etwa die von China beauftragten Unternehmen in rohstoffreichen Ländern Afrikas. Weiterhin ist klar anzuerkennen, dass Währungen und technische Plattformen beziehungsweise Infrastrukturen getrennt voneinander betrachtet werden müssen (Bechtel et al., 2020). Neben dem digitalen Yuan könnten auf Basis der chinesischen Infrastruktur auch andere Währungen abgebildet werden – theoretisch auch der Euro oder der US-Dollar. All diese Mutmaßungen haben durchaus eine Relevanz, was dazu führen könnte, dass sich dies schließlich auf die Währungsdominanz des US-Dollar und die Rolle des Euro auswirkt.

USA entdecken US-Dollar-referenzierte Blockchain-basierte Stablecoins

Welche Entwicklungen sind heute rund um digitale Währungen global zu beobachten? Hier bietet sich ein Blick auf die drei bedeutendsten globalen Währungen – den US-Dollar, den Euro und den Yuan – an. Der US-Dollar wird heute als Währung Nummer eins für Stablecoins verwendet. Von den 20 bedeutendsten Stablecoins sind Ende 2021 laut Coingecko insgesamt 17 Stablecoins US-Dollar-basiert, das heißt, für jeden Stablecoin-Token sind entsprechende US-Dollar oder US-Dollar-notierte Wertpapiere hinterlegt. Somit geht ein Großteil der aktuell fast 150 Mrd $ Marktkapitalisierung von Stablecoins auf Token zurück, die mit US-Dollar gedeckt sind (zum Beispiel Tether/USDT, USDC) (Viehof und Bruckner, 2021a, 2021b).[4] Aufgrund der derzeitigen Dynamik kann erwartet werden, dass die Marktkapitalisierung – und damit auch die Bedeutung der US-Dollar-Token – in Zukunft weiter zunehmen wird. Die soeben genannte Marktkapitalisierung der Stablecoins wird demnach steigen. Zuletzt hat auch die US-Politik die Chancen hinter US-Dollar-Stablecoins zur Stärkung der eigenen Währung erkannt, sodass zeitnah eine entsprechende Stablecoin-Regulatorik verabschiedet werden soll, um Rechtssicherheit zu schaffen. Hinsichtlich der potenziellen Ausgabe eines eigenen digitalen Dollar in Form einer CBDC für die USA ist die amerikanische Notenbank Federal Reserve derzeit noch zurückhaltend, weshalb eine zeitnahe Einführung sehr unwahrscheinlich erscheint.

Europa setzt auf Projekte der EZB

Die EZB ist hinsichtlich einer Euro-CBDC schon weiter vorangeschritten als die Federal Reserve in den USA. Kürzlich wurde ein entsprechendes Projekt zum digitalen Euro gestartet, in dem die EZB in den nächsten 24 Monaten das potenzielle Design eines digitalen Euro unter die Lupe nehmen wird (EZB, 2021a). Allerdings ist noch keine Entscheidung gefallen, ob ein digitaler Euro tatsächlich eines Tages Realität werden wird. Sollte sich die EZB für die Einführung eines digitalen Euro aussprechen, wird dies ohnehin noch mindestens vier Jahre dauern, sodass derzeit für die EZB konzeptionelle Überlegungen im Vordergrund stehen. Eine Einführung des digitalen Euro als Euro-CBDC ist damit frühestens 2026 möglich. Für den Euro sind zunächst keine positiven Impulse von Stablecoins zu erwarten. Signifikante Euro-Stablecoins existieren derzeit nicht. Somit droht der Euro rund um digitale Währungen den Anschluss zu verlieren.

China fokussiert sich auf Staatslösung

China wählt einen deutlich progressiveren Ansatz. Zwar wurde zuletzt von der chinesischen Notenbank People's Bank of China (PBoC) einmal mehr verdeutlicht, dass diese keine Yuan-basierten Stablecoins toleriere. Allerdings arbeitet die PBoC bereits seit 2014 an einer eigenen CBDC, dem eCNY, der seit April 2020 extensiv getestet wird. Berichten zufolge wurden im Zuge der Tests 140 Millionen Konten eröffnet und 150 Millionen Transaktionen durchgeführt, was eindrucksvoll die Reife des Projekts zeigt (Ledger Insights, 2021). Schon 2022 dürfte die Währung eingeführt werden. China ist hier westlichen Zentralbanken somit circa vier bis fünf Jahre voraus. Sollte die Währung auch ausländischen Bürgern oder Unternehmen zur Verfügung gestellt werden, was derzeit noch nicht absehbar ist, könnte dieser »First-Mover-Advantage« der chinesischen Währung helfen und diese nachhaltig stärken.

Monetäre Innovationen rund um die Blockchain-Technologie

Innovatives Potenzial hinter Nanopayments und Streaming Money

Auch für die Industrie und den Finanzsektor sind digitale Bezahlmöglichkeiten von hoher Relevanz. Die Blockchain-Technologie verspricht hierbei, die Digitalisierung und Automatisierung von Geschäftsmodellen voranzutreiben. Durch sie werden zudem neuartige Anwendungsfälle erst möglich, wofür ein Blockchain-basiertes, digitales Geld – im besten Fall ein Blockchain-basierter Euro – notwendig ist (FinTechRat, 2020). Diese Anwendungsfälle umfassen zum Beispiel Nanopayments, also Zahlungen im Subcent-Bereich, oder auch Streaming-Money-Anwendungsfälle, bei denen Zahlungen nicht diskretionär, sondern stetig basierend auf der tatsächlichen Nutzung getätigt werden. Beide Klassen von Anwendungsfällen können mit heute existierendem Geld in dieser Form nicht effizient umgesetzt werden. Ein Beispiel, wie Nanopayments und Streaming Money kombiniert werden können, ist das nutzungsbasierte »Konsumieren« von Onlineartikeln oder auch Musik-Streaming. Der Kunde würde hierbei gerne nach der tatsächlichen Nutzung abgerechnet werden, das heißt für jede Sekunde bezahlen, in der er den Artikel liest oder Musik streamt. Solche Angebote steigern das Interesse derjenigen Nutzer, die nur kurzzeitig auf das Angebot zugreifen oder nur vereinzelte Teile der Informationsquelle nutzen wollen. Sie schrecken aktuell vor einem Investment zurück, da sie den kompletten Erwerb der Quelle wirtschaftlich nicht vertreten können oder wollen. Auch in der Industrie würden Nanopayments und Streaming-Money-Anwendungen neuartige Anwendungsfälle ermöglichen, zum Beispiel der Stromkonsum von einzelnen Geräten in Logistik- oder Produktionsnetzwerken. Weitere Anwendungsfälle umfassen unter anderem die nutzungsbasierte Abrechnung von aller Art von Verbrauchsgütern, welche nicht regelmäßig, sondern nur vereinzelt genutzt werden, wofür Zahlungen im Subcent-Bereich notwendig sind (Sandner, Groß und Chung, 2021). Streaming Money hat vor allem dann ein erhebliches Potenzial, wenn das genutzte Geld hinreichend (effizient) fraktioniert ist und auch Zahlungen im Subcent-Bereich möglich sind. Eine solche Granularität können derzeit nur Blockchain-basierte Zahlungsmittel erreichen.

Digitalisierung und Automatisierung von Geschäftsprozessen

Die Blockchain-Technologie kann zudem die Digitalisierung und Automatisierung von Geschäftsprozessen durch sogenannte Smart Contracts unterstützen. Smart Contracts sind auf einer Blockchain gespeicherte und ausgeführte Skripte – sie nutzen hierbei die Blockchain und damit die dezentrale Rechenkapazität des Netzwerks als Systemumgebung. Primär greifen Smart Contracts auf klassische Wenn-dann-Logiken zurück, das heißt, sie lösen beim Eintreten im Voraus definierter Ereignisse bestimmte Folgeaktionen aus und dokumentieren diese verlässlich ohne Möglichkeit zur Manipulation (Sandner et al., 2020a). Solche konditionalen, programmierbaren Zahlungen via Smart Contracts bieten ein großes Automatisierungspotenzial und sind wesentlich flexibler als simplere, aktuell bekannte Automatisierungen von Zahlungen zum Beispiel über Daueraufträge (FinTechRat, 2020). Über Smart Contracts lassen sich beispielsweise Lagerbestände ohne jegliche menschliche Unterstützung verlässlich dokumentieren, kontrollieren und Nachbestellungen inklusive Zahlungsabwicklung automatisieren. Auf Grundlage der Messung von Sensoren kann bei tatsächlichem Verbrauch direkt und in Echtzeit eine Zahlung über die Blockchain an den Lieferanten durchgeführt oder auch eine automatische Folgebestellung getätigt werden. Bei Nutzung der Blockchain gibt es keine zeitliche Asynchronität zwischen Leistung und Gegenleistung. Es handelt sich hierbei um sogenannte Zug-um-Zug-Geschäfte (Delivery-vs-Payment-Prozesse, DvP), bei welchen Leistung und Gegenleistung zeitgleich erfolgen. In der Konsequenz werden bei solchen Zug-um-Zug-Geschäften Kontrahentenrisiken eliminiert. Hierbei wird das Geld zur Bezahlung so lange in einem Smart Contract »eingesperrt«, bis die Leistung tatsächlich erbracht und auch bestätigt wurde. So können beispielsweise Fälle verhindert werden, bei denen für eine Leistung bezahlt wird, die nicht erbracht wird, beziehungsweise bei denen geleistet, aber nicht gezahlt wird. Dies bedeutet, dass es bei einer Unterbrechung des Zahlungsvorgangs oder der Lieferung unabhängig vom Grund zu keinem Geschäftsabschluss kommt. In der Folge werden die vom Smart Contract verwahrten Vermögenswerte sodann zu den Geschäftspartnern zurücküberwiesen.

Echtzeit-Abwicklung von Zug-um-Zug-Geschäften

Digitale Zug-um-Zug-Geschäfte sind zurzeit noch nicht weitläufig verbreitet. Wenn heute über konventionelle Zahlungsinfrastrukturen Geld für eine Dienstleistung oder ein Gut gesendet wird, dauert die tatsächliche Zahlungsdurchführung meist mindestens einen Tag. Die Abwicklung eines Wertpapierkaufs dauert heute typischerweise noch mehrere Tage (T+2). Bei einem Wertpapierkauf erfüllt ein Zentralverwahrer wie Clearstream die Aufgabe des Settlements (Abwicklung) und sorgt für eine rechtmäßige Besitzübertragung von Geld und Wertpapier. Allerdings erfolgt die Übertragung des Wertpapiers nicht gleichzeitig mit der getätigten Zahlung – denn sie wird in einer separaten Infrastruktur dokumentiert. Aus diesem Grund werden Zahlungen erst Tage später durch einen Zentralverwahrer rechtswirksam abgewickelt. Die Nutzung einer Blockchain ermöglicht es, sowohl die Dienstleistung (zum Beispiel die Übertragung eines Wertpapiers) als auch die entsprechende Bezahlung (zum Beispiel Bezahlung des Wertpapiers) über die gleiche Plattform abzuwickeln. Insgesamt ist eine Blockchain also in Verbindung mit Smart Contracts in der Lage, komplexe Geschäftsmodelle, welche auf automatisierten Zahlungen beruhen, effizient abzubilden und sie mit entsprechenden Zug-um-Zug-Zahlungen zu verbinden (Sandner, Groß und Drozdov, 2020c).

Reduzierung der Anzahl von Intermediären

Zudem ermöglicht die Blockchain-Technologie eine Reduzierung der Anzahl an in einem Geschäftsprozess involvierten Intermediären, womit Effizienzgewinne einhergehen. Dies ist besonders für grenzüberschreitende Zahlungen relevant, an denen heute eine große Anzahl an Intermediären beteiligt ist. In der Konsequenz kosten grenzüberschreitende Zahlungen heute laut Weltbank im Durchschnitt noch 6,8 % an Transaktionsgebühren (Weltbank, 2020) – Kosten, die die Nutzung der Blockchain-Technologie reduzieren kann. Zudem ist derzeit eine zunehmende Dezentralisierung von Anwendungen des Finanzsektors zu beobachten. Rund um DeFi hat sich in den letzten Jahren ein großer Markt gebildet, der auf dezentraler Basis Finanzdienstleistungen anbietet, die gänzlich ohne Intermediäre auskommen beziehungsweise die Anzahl an Intermediären reduzieren. Dazu gehören beispielsweise dezentrale Börsen und dezentrale Kredite.

Blockchain-Technologie und Bedeutung einer Währung

Aufgrund der beschriebenen Vorteile Blockchain-basierter Geschäftsmodelle und Blockchain-basierter Zahlungen werden Währungen, die Blockchain-basiertes Zahlungsmittel zur Verfügung stellen, künftig in großem Maße profitieren, sodass die eigene Währung gestärkt werden kann. Dies gilt sowohl für CBDCs als auch für Stablecoins.

Lösungen für digitales Geld

Verschiedene Wege, um Geld digital abzubilden

Es gibt unterschiedliche Ansätze, wie Geld digital abgebildet werden kann, wie also der Euro »digital« werden kann: Dazu gehören konventionelle Zahlungslösungen auch ohne Blockchain-Technologie sowie innovative Zahlungslösungen, die in der Regel auf der Blockchain-Technologie basieren (Bechtel et al., 2020). Tabelle 1 zeigt die verschiedenen Varianten (inklusive physischem Bargeld) und deren Einsatzgebiete. Dabei ist darauf hinzuweisen, dass nicht jede Lösung, mit der Geld digital abgebildet werden kann, gleichermaßen breit eingesetzt werden kann. Zunächst sollen herkömmliche Arten von Geld – digitaler und physischer Art – kurz beschrieben werden.

Emittent		Retail und Händler	Industrie	Kapital-markt	Inter-national (mit KYC)	Inter-national (ohne KYC)*
Traditionelle Lösungen						
Physisches Bargeld	**Zentralbank**	Ja	Nein	Nein	Nein	Ja
Zahlungen per Bankeinlagen	**Geschäfts-banken**	Ja	Ja	Ja	Ja	Nein
Neuartige Lösungen						
CBDC	**Zentralbank**	Ja	Ja	Ja	Ja	Eher nein
Trigger-lösung	**Geschäfts-banken**	Eher nein	Ja	Ja	Ja	Nein
Stablecoins	**Finanz-institute (reguliert oder unreguliert)**	Ja	Eher nein	Eher nein	Eher nein	Ja

* © Sandner/Groß (2022)
Schließt den gesamten Bereich Decentralized Finance (DeFi) auf Peer-to-Peer-Basis mit ein.

Tabelle 1: Grundsätzliche Verwendbarkeit von Lösungen für (digitales) Geld

Zahlungsverkehr mit Bargeld primär zwischen Individuen (Peer-to-Peer) und im Handel

Bargeld – also Scheine und Münzen – ist heute im Handel und für Zahlungen zwischen Individuen ein häufig genutztes Zahlungsmittel. Bargeld kann aber auch für Zahlungen im internationalen Kontext verwendet werden, gerade in Szenarien, bei denen eine Identifikation der Parteien nicht wichtig ist – oder gar umgegangen werden soll (siehe Tabelle 1). Der US-Dollar ist in Form von Bargeld oftmals international im Einsatz, selbst wenn er nicht die offizielle Währung eines bestimmten Landes darstellt. Der Dollar ist allerdings auch in einigen Ländern offizielles Zahlungsmittel. In El Salvador war der Dollar beispielsweise die einzige offiziell anerkannte Währung, bevor 2021 Bitcoin dort als zweites gesetzliches Zahlungsmittel festgelegt wurde. Darüber hinaus wird Bargeld neben legalen Verwendungen aufgrund seiner hohen Privatsphäre international für kriminelle Handlungen genutzt.

Kontenbasierte digitale Zahlungen über Bankkonten

Zahlungen über Kreditkarten, PayPal, mobile Zahlungen oder Banküberweisungen setzen die Existenz eines Bankkontos voraus. Was trivial erscheint, ist dennoch an strenge Voraussetzungen geknüpft. Dementsprechend muss sich ein Nutzer vorher bei einer Bank oder einem Zahlungsdienstleister identifiziert haben (siehe Tabelle 1). Sobald dies geschehen ist, kann Geld von dem eigenen Konto auf andere Konten – die ebenfalls identifizierten Nutzern gehören – transferiert werden. Nutzer können dabei sowohl natürliche als auch juristische Personen (zum Beispiel Firmen, Behörden) sein. Demnach eignet sich der kontenbasierte Zahlungsverkehr für die Belange der Wirtschaft und ihrer Zuliefererstrukturen – also für die Industrie und den Kapitalmarkt, um die wichtigsten beiden Säulen zu nennen. Es sei angemerkt, dass »Industrie« hier alle Arten der Verarbeitung von Gütern und des Anbietens von Dienstleistungen beinhaltet, also auch die Bereiche Logistik, Mobilität, Produktion, Medizintechnik etc. Der Bereich »Kapitalmarkt« beinhaltet dabei Bezahlvorgänge für alle Arten von Finanzdienstleistungen, Wertpapiere, Kredite etc. Sowohl im nationalen als auch im internationalen Kontext sind kontenbasierte Zahlungen genau dann sinnvoll und vor allem auch erforderlich, wenn beide Transaktionspartner identifiziert werden müssen.

Neuartige Lösungen für digitales Geld

Als neuartige, innovative Lösungen für digitales Geld werden CBDCs, Triggerlösungen und Stablecoins nachfolgend vorgestellt und kurz beschrieben (Bechtel et al., 2020). Für diese Lösungen gibt es verschiedene Untervarianten; zudem gibt es auch weitere Lösungen von geringerer Bedeutung, die an dieser Stelle ausgeklammert werden sollen. Hierbei ist zu beachten, dass lediglich Stablecoins bereits mit Handelsvolumina im Milliarden-Dollar-Bereich existieren.

CBDC theoretisch für alle identifizierten Wirtschaftsteilnehmer verfügbar, aber KYC notwendig

CBDCs besitzen eine sehr große konzeptionelle Vielfalt (Auer und Böhme, 2021). Natürlich kann eine (Retail-)CBDC dann als offizielles Zahlungsmittel für Zahlungen zwischen Individuen und im Handel eingesetzt werden. Wird eine CBDC entsprechend konzipiert, könnten auch Wirtschaftsunternehmen und Firmen am Kapitalmarkt (Wholesale CBDC) diese nutzen. Neben dem Zugang für Unternehmen aus der Industrie und dem Finanzsektor ist eine weitere Voraussetzung für eine solche Nutzung, dass es keine Maximalbeträge für CBDC-Zahlungen oder auf -Kontostände gibt, die heute im Kontext des digitalen Euro diskutiert werden (EZB, 2021b). Hier ist noch keine abschließende Entscheidung gefallen. CBDCs sind – Stand heute – zumeist theoretische Konstrukte, sodass die Nutzung und die Anwendungsfälle einer CBDC von der tatsächlichen Ausgestaltung abhängen, die jedoch bisher nur in den seltensten Fällen spezifiziert ist. Erst die Entwicklung einer solchen – was grundsätzlich ein sehr aufwendiges Projekt ist – zeigt aufgrund von Implementierungshindernissen und -einschränkungen, inwiefern und für welche Anwendungsfälle eine CBDC dann tatsächlich genutzt werden kann. Bis zum Zeitpunkt der Umsetzung und Einführung einer CBDC ist in Machbarkeitsstudien, Konzepten und Pilotprojekten quasi alles möglich – theoretisch. Daher sind bei CBDCs die *konkreten* Planungen zur Umsetzung so wichtig, die aber bis heute sowohl in den USA als auch in Europa weitestgehend ausbleiben.

CBDC und KYC

Typischerweise wird davon ausgegangen, dass sich Nutzer, um eine CBDC verwenden zu können, registrieren, identifizieren und folglich Know-Your-Customer-Prozesse (KYC-Prozesse) durchlaufen müssen, wenngleich es möglich erscheint, dass eine Identifikation auch für kleinere Geldbeträge entfallen könnte (Groß et al., 2021). Insofern ist ein Einsatz in Bereichen, in denen sich die Transaktionspartner nicht identifizieren können oder wollen, nicht vorgesehen. Dadurch entfallen für CBDCs oftmals – by Design – bedeutende Einsatzmöglichkeiten. Ein wichtiger und sehr schnell wachsender dynamischer Bereich dieser Art ist DeFi. Schon heute werden in diesem Bereich Hunderte Milliarden US-Dollar pro Tag umgesetzt, allerdings ist eine Identifizierung der Transaktionspartner keine notwendige Bedingung, da es sich um einen Peer-to-Peer-Ansatz in dezentralen Netzwerken handelt. Der DeFi-Bereich lässt sich daher konzeptionell eher weniger mit CBDCs vereinbaren. Die »Denkschulen« im CBDC-Bereich blenden den DeFi-Bereich trotz seines immensen Wachstums systematisch aus; eine Ausnahme ist die Brasilianische Zentralbank (LIFT, 2021). Mithin kann davon ausgegangen werden, dass CBDCs bis auf Weiteres in dezentralen Netzwerken nicht zum Einsatz kommen werden (siehe Tabelle 1).

Triggerlösung zum Einsatz für Bezahlprozesse zwischen Unternehmen der Industrie und des Kapitalmarkts

Bei der Triggerlösung handelt es sich vereinfacht gesagt um die Verschränkung herkömmlicher Bankkonten mit Blockchain-Netzwerken, um einen Großteil der beschriebenen Vorteile der Blockchain zu nutzen. Wird ein Bankkonto in untrennbarer Weise mit einer Wallet-Adresse auf einem Blockchain-Netzwerk verbunden, so kann der digitale Euro auf Blockchain-Basis genutzt werden. Damit kann er für Geschäftsprozesse in der Industrie oder für den Zug-um-Zug-Handel am Kapitalmarkt verwendet werden. Aus Sicht des Blockchain-Netzwerks und der dort genutzten Smart Contracts wird eine »Simulation« des digitalen Euro erzeugt und transferiert. Der digitale Euro selbst wird durch die Integration der Bankkonten zwischen diesen über Bankkonten bewegt. Ein derartiger digitaler Euro kann etwa für die Industrie von Geschäftsbanken (zum Beispiel durch die LBBW) und für den Kapitalmarkt von Zentralbanken (zum Beispiel durch die Deutsche Bundesbank) zur Verfügung gestellt werden. Auch wenn es sich hier nur um eine »Simulation« des digitalen Euro handelt, so ist die Triggerlösung dennoch ein vielversprechender Ansatz, um den digitalen Euro für die Wirtschaft und den Kapitalmarkt zu ermöglichen, wenngleich er gewisse Grenzen hat, zum Beispiel keine Nanopayments ermöglicht (Sandner et al., 2021). Dies betrifft sowohl nationale als auch internationale Einsatzbereiche. Weil hierbei allerdings ein Bankkonto erforderlich ist, ist auch die Identifikation der Nutzer eine Grundvoraussetzung (siehe Tabelle 1). Einsatzgebiete der Triggerlösung, bei denen die Nutzer nicht identifiziert werden wollen, können oder müssen, scheiden folglich aus. Deshalb erscheint es nicht erstrebenswert, die Triggerlösung für dezentrale Netzwerke wie etwa DeFi vorzusehen. Eine Nutzung im Handel oder zwischen Privatpersonen bietet kaum Vorteile und kann folglich auch nicht erwartet werden.

Stablecoin-Nutzung primär für Bezahlvorgänge zwischen Individuen

Stablecoins sind Token auf Blockchain-Systemen, die zum Beispiel durch eine Besicherung in Form einer Währung den Wert stabilisieren und somit einer geringen Volatilität ausgesetzt sind. Jeder einzelne Token sollte dabei exakt eine Währungseinheit, also zum Beispiel einen US-Dollar, repräsentieren. Folglich sollten währungsbesicherte Stablecoins zu 100 % besichert sein. Deshalb schlugen Gesetzgeber in einigen Jurisdiktionen Gesetzesvorhaben vor, um die 100 %-Besicherung zu erzwingen. Gemäß diesen regulatorischen Anforderungen muss hinter einer bestimmten Anzahl an Token letztlich die gleiche Menge an Fiat-Währungen auf einer Art Treuhandkonto liegen. Zu den größten Projekten gehören US-Dollar-Stablecoins von Tether, Circle, Paxos etc. Das tägliche Transaktionsvolumen übersteigt mittlerweile 100 Mrd $; es sind also einige Billionen US-Dollar pro Monat (Coinmarketcap, 2021). Es ist bekannt, dass manche Stablecoins bislang nicht immer eine 100 %-Besicherung aufgewiesen haben. Dennoch ist zu beobachten, dass gerade neuere Projekte zum Beispiel von Circle und Paxos die regulatorischen Anforderungen nicht scheuen, sondern ebendiesen genügen wollen. Dies führte dazu, dass inzwischen eine Verschiebung von regulatorisch schwachen hin zu regulatorisch stärkeren Projekten beobachtet werden kann (Viehof und Bruckner, 2021b). Die einzige Währung, für die es heute signifikante Stablecoins gibt, ist der US-Dollar. Umgekehrt lässt sich sagen, dass der Euro als Stablecoin keine nennenswerte Rolle spielt. Dafür sind zwei Hauptgründe zu nennen: Zum einen war die Emission eines Euro-Stablecoins bislang unprofitabel. Ein Stablecoin ist nicht zinstragend, und doch muss der Emittent im Hintergrund negative Zinsen an die EZB (oder auf investierte Staatsanleihen) entrichten. Es ist nachvollziehbar, dass Emittenten den Euro für Stablecoins aus diesem Grund meiden, da ihnen ein profitabler Betrieb eines Euro-Stablecoins versagt bleibt. Weiterhin wird erwartet, dass die Markets-in-Crypto-Assets-Regulierung (MiCA), eine umfassende Stablecoin-Regulatorik für Europa, im Jahr 2023 oder 2024 in Kraft treten wird. Schon heute sind dort Stablecoins und die erforderlichen Regularien angelegt. Demnach ist eine sehr strenge Regulierung durch die MiCA zu erwarten (Sandner, 2020; Sandner und Blassl, 2020b). Dies antizipierend, scheinen Emittenten den Euro für Stablecoins zu meiden.

Stablecoins und KYC

Für Token auf öffentlichen Blockchain-Systemen wie zum Beispiel Ethereum ist eine Identifikation der Transaktionspartner keine zwingende Voraussetzung (siehe Tabelle 1). Dies macht Stablecoins im Bereich DeFi sehr interessant, weil damit in unkomplizierter Weise Finanzdienstleistungen durch Smart Contracts ohne KYC angeboten werden können. Schon heute lässt sich zudem beobachten, dass

US-Dollar-Stablecoins bereits vereinzelt von Privatpersonen oder im Handel verwendet werden (zum Beispiel Verrechnung von Freelancer-Rechnungen, Kauf von digitalen Leistungen). Ihnen wird auch ein erhebliches Potenzial rund um geringere Transaktionskosten und eine höhere finanzielle Inklusion nachgesagt.

Signifikante Nutzung von Lösungen für digitales Geld

Eingeengte Perspektive der Zentral- und Geschäftsbanken

Im vorherigen Abschnitt wurden Lösungen für digitales, unter anderem auch Blockchain-basiertes Geld vorgestellt und wie sie *konzeptionell* entwickelt werden könnten. Da es jedoch keinen strategischen Zeitplan für die Umsetzung dieser Lösungen gibt, sondern sie stattdessen auch von der Nachfrageseite her »entwickelt werden« und Akzeptanz im Markt erfahren müssen, ist eine rein theoretische Darstellung der Lösungen von der derzeit theoretischen Angebotsseite nicht alleinig hilfreich. Stattdessen müssen Überlegungen angestellt werden, (i) zu welchem Zeitpunkt welche Lösungen von der Entwicklungsseite her fertiggestellt sein können (zum Beispiel China) und (ii) zu welchem Zeitpunkt welche Lösungen von der Nachfrageseite her signifikanten Bedarf aufweisen oder aufweisen können (zum Beispiel US-Dollar-Stablecoins). Eine reine Betrachtung von regulierten Lösungen – entwickelt von Zentral- oder Geschäftsbanken – lässt zudem außer Acht, dass es mit US-Dollar-Stablecoins bereits Lösungen gibt, die schon heute signifikante Volumina aufweisen, wenngleich eine entsprechende Regulatorik noch nicht eingeführt wurde. Aus Sicht der Zentral- und Geschäftsbanken werden Stablecoins aber typischerweise nicht als ernste Alternativen, beispielsweise für internationale Zahlungen, anerkannt, weil ihnen heute (noch) die regulatorische Klarheit – und mithin zudem der systemimmanente »Zwang« zur Identifikation der Transaktionspartner – fehlt. Dies darf jedoch nicht über die Fakten und tatsächlichen Zahlen hinwegtäuschen. In Tabelle 2 ist daher der Zeitpunkt der entsprechenden Lösungen (in Abhängigkeit von der Anwendungsdomäne) abgetragen, zu dem unserer Erwartungen nach ein signifikanter Teil des Zahlungsverkehrs mit der entsprechenden Lösung abgewickelt wird. Natürlich handelt es sich hierbei um eine grobe Schätzung, sodass sich die Realität anders entfalten kann.

	Relevanz für den Euro	Emittent	Retail und Händler	Industrie	Kapitalmärkte	International (mit KYC)	International (ohne KYC)*
CBDC	€	Europäische Zentralbank	≥2026	Nicht im Fokus	Nicht im Fokus	Fokus unklar	Nicht im Fokus
	$	Federal Reserve	Zeitplan unklar	Fokus unklar	Fokus unklar	Fokus unklar	Fokus unklar
	¥	People's Bank of China	≥2022	Nicht im Fokus	Nicht im Fokus	≥2023	Nicht im Fokus
Trigger-lösung	€	Geschäftsbanken, Deutsche Bundesbank	Nicht im Fokus	≥2022	≥2023	Nicht im Fokus	Nein
Stable-coins	€	Quasi keine signifikanten Projekte	Unwahrscheinlich	Unwahrscheinlich	Unwahrscheinlich	Unwahrscheinlich	Unwahrscheinlich
	$	Private, teilweise regulierte, Entitäten	≥2022	Nicht im Fokus	Nicht im Fokus	Nicht im Fokus	≥2019

* © Sandner/Groß (2022)
Schließt den gesamten Bereich Decentralized Finance (DeFi) auf Peer-to-Peer-Basis mit ein.

Tabelle 2: Erwarteter Zeitpunkt für signifikante Transaktionsvolumina über entsprechende Lösungen digitalen Geldes

US-Dollar-Stablecoins werden schon signifikant genutzt; Euro-Stablecoins sind praktisch nicht existent

Schon seit einigen Jahren existieren US-Dollar-Stablecoins. Die regulatorische (Un-)Klarheit und (In-)Transparenz dieser Projekte wurde vielfach kritisiert. Dennoch existieren diese Ansätze weiterhin. Mehr noch: Sie wachsen hinsichtlich Transaktionsvolumen und Größe (das heißt Marktkapitalisierung) in einem sehr dynamischen Maß (siehe Tabelle 2). Inzwischen ist eine Reihe von Stablecoin-Anbietern entstanden. Wettbewerbsdynamiken lassen darauf schließen, dass »höherwertige« US-Dollar-Stablecoins mit geringen Risiken an Marktanteil gewinnen – auf Kosten von »niederwertigen« Ansätzen, die Marktanteile verlieren. »Höherwertig« bedeutet in diesem Zusammenhang jedoch nicht »perfekt reguliert«, sondern schlicht »hinreichend gut reguliert« hinsichtlich des Bewertungszeitpunkts.

Die Europäische Kommission ersucht mit der geplanten MiCA-Regulierung ebenfalls, Stablecoins zu regulieren (Europäische Kommission, 2020). Diese regulatorischen Anforderungen sind allerdings derart hoch, dass sich Anbieter mitunter auch deshalb nicht für diese »perfekte Regulierung« interessieren, sondern auf den US-Raum ausweichen dürften, wo eine »höherwertige« Regulierung ausreicht. Ein weiterer Grund ist die große Nachfrage aus dem Bereich der Krypto-Assets (inkl. DeFi). Dies und die Notwendigkeit, bislang negative Zinsen im Euroraum auf die Reserve-Assets bezahlen zu müssen, führen dazu, dass Euro-Stablecoins mit einer gewissen Relevanz praktisch nicht existieren. Es gibt nur kleine Euro-Stablecoin-Projekte, die bisher primär über das Prädikat Testprojekt nicht hinausgekommen sind und damit – Stand heute – unbedeutend sind. Diese Nichtexistenz führt aus der Perspektive nationaler und europäischer Behörden – also Gesamtheit von EZB, Europäischer Kommission, nationalen Regierungen und nationalen Finanzministerien – dazu, dass Euro-Stablecoins als nicht vorhanden und generell als kaum relevant eingestuft werden. Ein weiterer Grund für diese Fehleinschätzung ist, dass anerkannte und bekannte Organisationen Stablecoins nicht einsetzen, sondern wenn, dann stattdessen die anonyme und dezentrale Welt der Krypto-Assets (inkl. DeFi). Dort aber werden Tag für Tag mehr als 100 Mrd $ durch verschiedene US-Dollar-Stablecoins bewegt.

Bei hohen Wachstumsraten, hinreichend stabilen Blockchain-Infrastrukturen und einem Marktanteil des US-Dollar von > 95 % wird diese Fehleinschätzung der europäischen Behörden möglicherweise folgenschwere Konsequenzen haben: nämlich die (bereits erfolgte) Dollarisierung des DeFi-Bereichs inklusive der Arbeitskräfte in diesem Sektor. Zu betonen ist, dass gerade dieser Komplex weiterhin dynamisch wächst, ein *per definitionem* internationaler Raum ohne Grenzen ist, der Zehntausende junge Leute bindet und beschäftigt, die ihrerseits US-Dollar-Stablecoins als »On-Chain-Währung« für Zahlungszwecke bereits annehmen und zunehmend annehmen werden.

Chinesische Zentralbank bei CBDCs weit führend; Zentralbanken in Europa und den USA wesentlich langsamer

Seitens der Zentralbanken untersucht die EZB seit Jahren das Phänomen digitaler Währungen. Im Sommer 2021 hat sie nun formal bekannt gegeben, die Einführung eines digitalen Euro für zwei weitere Jahre zu studieren (EZB, 2021a). Damit hat eine zweijährige Untersuchungsphase begonnen, innerhalb der das Konzept des digitalen Euro der EZB skizziert werden soll. Daran soll sich dann möglicherweise die Umsetzung des Projekts anschließen. Die EZB betont dabei, dass sie diese gesamte Entwicklung ergebnisoffen angeht – sich also noch nicht für oder gegen einen digitalen Euro entschieden hat. Sollte die Lösung der EZB implementiert worden sein, so wird dies frühestens 2026 der Fall sein (siehe Tabelle 2). Aufgrund der Komplexität des Projekts und erforderlicher Regulierungsanpassungen ist auch ein späterer Marktstart für den digitalen Euro der EZB vorstellbar.

Werden die bisherigen Äußerungen der EZB zum digitalen Euro interpretiert und eingeordnet, so soll nach heutiger Lesart primär eine Lösung für Bürger der Eurozone geschaffen werden. Dies schließt den Handel naturgemäß mit ein (siehe Tabelle 2). Die heutigen Banken und Finanzdienstleister sollen ebenfalls mit eingebunden werden; etwa zum Zwecke der Kundenbetreuung und -identifikation sowie Geldwäscheüberprüfungen. Insofern scheint die Identifikation der Transaktionspartner eine zwingende Voraussetzung der EZB zu sein – zumindest für größere Zahlungen. Dies lässt die Interpretation zu, dass die EZB an einer Art Lösung arbeitet, die mit der heutigen Kreditkarte oder Systemen wie PayPal verglichen werden kann, wenngleich im Hintergrund kein Giralgeld, sondern Zentralbankgeld bewegt wird. Was heute schon gut und massentauglich funktioniert – man denke etwa an Zahlungen mit dem Smartphone –, wird von der EZB offenbar nochmals entwickelt, aber mit einem Marktstart im Jahr 2026 oder später. Eine klare Abgrenzung von solchen bestehenden digitalen Zahlungsinfrastrukturen ist bislang nicht vorgenommen worden; das Alleinstellungsmerkmal ist bisweilen nicht eindeutig kommuniziert.

Dieser Fokus lässt auch die Interpretation zu, dass die EZB mit ihrem digitalen Euro nicht an einer Lösung für Unternehmen arbeitet, also für die Wirtschaft, die Industrie oder den Kapitalmarkt. Für die Industrie ist dies auch nachvollziehbar, weil in der Wirtschaft typischerweise Bankkonten die Instrumente für Transaktionen sind. Damit kommt hier Geschäftsbankengeld zum Einsatz. In der Wirtschaft würde der digitale Euro der EZB quasi keine Rolle spielen. Anders ist es im Bereich Kapitalmarkt. Hier wäre ein digitaler Euro, der von der Zentralbank bereitgestellt wird, sehr hilfreich, um Effizienzen signifikant zu steigern (das heißt eine Wholesale CBDC). Daher erstaunt es, dass die EZB dem Einsatzgebiet des Kapitalmarkts keine Bedeutung bei ihrer Variante des digitalen Euro beimisst und in den letzten Jahren öffentlich keine weiteren Projekte rund um Wholesale CBDCs verfolgt hat. Die Federal Reserve in den USA plant vermutlich eine ähnliche zeitliche Entwicklung, hat sich aber öffentlich noch nicht zu dieser bekannt. Deswegen ist der inhaltliche Fokus zum heutigen Zeitpunkt nicht klar zu identifizieren (siehe Tabelle 2). Die chinesische Zentralbank arbeitet seit 2014 an einer CBDC und hat im Jahr 2021 groß angelegte Tests mit bis zu 140 Millionen Menschen durchgeführt (Ledger Insights, 2021). Es darf also davon ausgegangen werden, dass die chinesische Bezahlinfrastruktur 2022 mit dem Regelbetrieb starten könnte. Dabei kann der Fokus sehr grob wie folgt analysiert werden: China entwickelt ebenfalls eine Lösung für Individuen und den Handel (siehe Tabelle 2). Auch diese Lösung scheint eine Identifikation von Transaktionspartnern vorauszusetzen. Dass die chinesische Lösung auch für die Wirtschaft, die Industrie und den Kapitalmarkt gedacht ist, ist denkbar, zumal bereits erste Testprojekte rund um den digitalen Yuan für den Kapitalmarkt durchgeführt wurden: Vor allem der internationale Zahlungsverkehr von Güterimporten nach China ist hier ein wichtiges Element, weil auf der anderen Seite europäische exportierende Konzerne tätig sind, die sich zur Begleichung ihrer Rechnung möglicherweise an die chinesische Zahlungsinfrastruktur anschließen müssen. Dennoch ist die Informationslage – Stand heute – unklar, sodass keine solide Schätzung erfolgen kann.

Die Triggerlösung wird von Banken und der Deutschen Bundesbank vorangetrieben

Die Triggerlösung bietet eine Simulation des digitalen Euro auf Blockchain-Basis für die Industrie oder den Kapitalmarkt. Der Vorteil der Triggerlösung ist, dass Unternehmen bereits Bankkonten besitzen und sich der Adaptionsaufwand damit in Grenzen hält. Vor diesem Hintergrund kann diese Lösung, die sich wie eine Art »Notlösung« anfühlt, als sehr gute Lösung eingestuft werden. Vor allem ist die Triggerlösung praktisch umsetzbar und könnte in der nahen Zukunft in den Regelbetrieb gehen. Es ist zu betonen, dass sich die Triggerlösung mit ihrer pragmatischen Art daher deutlich von den Diskussionen um CBDCs abgrenzt, weil CBDCs derzeit zumeist theoretische Gedankengebilde sind und die Nebenbedingung der (i) Machbarkeit, und zwar (ii) in einem vernünftigen Zeitraum, (noch) nicht gegeben ist. Der digitale Euro für die Industrie, also die Triggerlösung für die Industrie, könnte 2022 mit dem Regelbetrieb starten, die Triggerlösung für den Kapitalmarkt, an der die Deutsche Bundesbank arbeitet, möglicherweise 2023.

Der Euro als digitale Regionalwährung?

Zukünftige Bezahlinfrastrukturen in Europa

Der Euro ist das Medium für Bezahlprozesse in verschiedensten Anwendungsdomänen: Individuen, Handel, Wirtschaft, Industrie, Kapitalmarkt, internationale Transaktionen. Betrachtet man diese Domänen nun der Reihe nach und prüft, welche Varianten des digitalen Euro für die jeweiligen Domänen eingesetzt werden könnten, kommt man zu einer interessanten Interpretation (siehe Tabelle 3).

	Emittent	Retail und Händler	Industrie	Kapitalmärkte	International (mit KYC)	International (ohne KYC)*
CBDC	Europäische Zentralbank	≥2026				
Triggerlösung	Geschäftsbanken, Deutsche Bundesbank		≥2022	≥2023		
Stablecoins	Quasi keine signifikanten Projekte					

* © Sandner/Groß (2022)
Schließt den gesamten Bereich Decentralized Finance (DeFi) auf Peer-to-Peer-Basis mit ein.

Tabelle 3: Erwartungsgemäßer Zeitpunkt signifikanter Volumina bezüglich des digitalen Euro

Eine neue Form des digitalen Euro für Individuen und den Handel ist nicht zwingend erforderlich

Sofern es kein klares Alleinstellungsmerkmal zu anderen effizienten und heute weitverbreiteten Zahlungsmethoden wie PayPal gibt, eine Form des digitalen Euro für Individuen und den Handel, wird eine Form des digitalen Euro nicht benötigt. Es kann erwartet werden, dass ein digitaler Euro für Retail-Anwendungsfälle erst ab 2026 in Form von einer CBDC eingeführt wird. Für Individuen und den Handel, die ihrerseits mit Euro bezahlen, kommen heute Bargeld, Kreditkarten, PayPal und ähnliche Konzepte als Zahlungsmöglichkeiten zum Einsatz. Gerade dieser Bereich ist von US-Anbietern geprägt (zum Beispiel Visa, Mastercard, PayPal, Apple, Google). Aus der Perspektive europäischer Souveränität ist deshalb eine Einführung durchaus sinnvoll. Andere Gründe, die für diesen Ansatz sprechen, sind, wie bereits beschrieben, bislang schwer zu finden.

Der digitale Euro für Wirtschaft, Industrie und Kapitalmarkt wird von Geschäfts- und Zentralbanken bereitgestellt

Der digitale Euro für die Wirtschaft, die Industrie und den Kapitalmarkt wird vermutlich auf dem heutigen Kontensystem basieren. Die Triggerlösung verbindet ein Blockchain-System – mit den dort in Token abgebildeten Wertpapieren, Produkten, Dienstleistungen etc. – mit heutigen Bankkonten. Dadurch entsteht eine Simulation des digitalen Euro für die Wirtschaft, die Industrie und den Kapitalmarkt. Dass es sich nur um eine Simulation handelt, ist dabei keine schlechte Eigenschaft, denn so kann der digitale Euro durch Blockchain-Systeme genutzt werden; und zwar kurzfristig und unter Verwendung der von den Wirtschaftsteilnehmern bereits angebundenen Banken, also ohne erneute Identifizierung eines Unternehmens, die im Unternehmenskontext äußerst aufwendig sein kann. Insofern ist, was nach einem Workaround klingt, eigentlich ein genialer Schachzug, die Nutzungsmöglichkeit schnellstmöglich zu schaffen, bei gleichzeitiger Minimierung des administrativen Aufwands und bei Nutzung der heutigen funktionierenden Infrastruktur. Kurzfristig bedeutet hier, dass bereits ab 2022 oder 2023 solche Lösungen für den digitalen Euro in den Regelbetrieb gehen können. Es zeichnet sich bereits ab, dass ein solcher digitaler Euro für die Wirtschaft und Industrie von Geschäftsbanken bereitgestellt wird. Für den Kapitalmarkt scheint ein solcher digitaler Euro von nationalen Zentralbanken angeboten werden zu können. So arbeitet die Deutsche Bundesbank mit der Deutschen Börse seit geraumer Zeit an einer solchen Lösung. Diese Variante des digitalen Euro könnte also bereits kurzfristig eine funktionierende Lösung für Deutschland sein. Wünschenswert wäre jedoch ein größeres Interesse an der Triggerlösung durch andere europäische Banken, Unternehmen und Regierungen.

Kein digitaler Euro für internationale oder nicht identifizierte Transaktionspartner

Für internationale Transaktionspartner wie Individuen und Unternehmen, die außerhalb der Eurozone angesiedelt sind, ist bislang keine dedizierte Lösung für den digitalen Euro geplant. Wenngleich der digitale Euro in der Zukunft diesen Transaktionspartnern zur Verfügung stehen könnte, scheint auf Basis aktueller Berichte der EZB eine substanzielle Nutzung im Ausland nicht gewünscht, unter anderem um Kapitalflüsse und Wechselkurse nicht zu beeinflussen. Natürlich kann der digitale Euro der EZB, wie er für Individuen und den Handel geplant ist, grundsätzlich auch international eingesetzt werden, sofern die Transaktionspartner identifiziert werden können und die EZB die Nutzung für ausländische Transaktionspartner erlaubt. Auch Triggerlösungen für die Wirtschaft und den Kapitalmarkt könnten grundsätzlich von ausländischen Firmen genutzt werden beziehungsweise auch von diesen Institutionen implementiert werden.

Aber eine dedizierte Lösung für internationale Transaktionsprozesse außerhalb des Euroraums ist derzeit von keinen europäischen Akteuren geplant. Das mag auf den ersten Blick akzeptabel klingen. Und doch sind die aus dem Euroraum exportierende Industrie oder die in den Euroraum importierende Industrie bedeutende Pfeiler der europäischen Wirtschaft. Auch der seit Jahren wachsende Bereich der Krypto-Assets (inklusive DeFi) wird ohne einen digitalen Euro auskommen (müssen). Für diese genannten Bereiche mit klar internationalem Profil – Bereiche, die schon heute eine signifikante Bedeutung haben und zudem weiter wachsen – wird der digitale Euro also keine relevante Rolle spielen können. In diese Lücke internationaler Zahlungen – mit identifizierten oder nicht identifizierten Transaktionspartnern – könnten daher andere Lösungen wie die chinesische Staatsinfrastruktur oder US-Dollar-Stablecoins treten. Sollte dieses Szenario eintreten, könnte der Euro im Extremfall zu einer Währung mit dem Fokus einer europäischen Regionalwährung werden. Im Blick sind lediglich Bürger und Unternehmen im Euroraum, nicht außerhalb des Euroraums, die sich vorstellen könnten in Euro zu bezahlen oder es zumindest gern tun würden, sofern man ihnen ein attraktives Angebot unterbreiten würde. Dieses attraktive Angebot müsste ein Euro mit »digitalen Fähigkeiten« sein. Interessant ist zu beobachten, dass keiner der genannten Akteure zumindest den Anspruch hat oder Überlegungen anstellt, den Euro durch die Digitalisierung hin zum digitalen Euro zu einer Währung mit überregionalem Profil zu machen.

Digitales Geld ist Geopolitik

Währungen werden in den kommenden Jahren noch deutlich digitaler werden. Es gibt gute Gründe für den digitalen Euro, den digitalen Dollar oder den digitalen Yuan. Es geht um Effizienz in Geschäftsprozessen und internationalen Transaktionen. Währungsräume, die in der Lage sind, ihre Währung zu digitalisieren, können möglicherweise ihre weltweite Bedeutung ausbauen – weil die Digitalisierung der Währung als geopolitisches Instrument genutzt wird. Währungsräume, welche die Digitalisierung der Währung verkennen, könnten an Bedeutung verlieren.

Realisierungslücke zwischen China auf der einen und Europa und den USA auf der anderen Seite

China ist dabei, eine staatsinitiierte Infrastruktur für den digitalen Yuan in Betrieb zu nehmen. In Europa und den USA ist ein derartig strategisches Projekt zur digitalen Transformation der Währung, das zudem frühzeitig angegangen wurde, nicht zu beobachten. Stattdessen sind Institutionen in Europa und den USA nur schwerlich in der Lage, der chinesischen Schnelligkeit hinsichtlich Blockchain-Infrastrukturen nachzueifern – denn die technische Realisierungslücke zwischen China auf der einen und Europa und den USA auf der anderen Seite wurde inzwischen erkannt.

China war und ist erfolgreich mit »staatsinitiierten« Netzwerken

China knüpft dabei an seine Tradition an, IT-Systeme aufzusetzen: staatlich initiiert statt organisch. Unter staatlicher Kontrolle statt dezentral und anonym. Integriert in die Weltwirtschaft, wo sinnvoll. Die »politische Philosophie« Chinas findet sich also wieder in der Strukturierung und Architektur von IT-Systemen.

USA und Europa waren mit Applikationen auf Basis eines offenen und dezentralen Netzwerks erfolgreich

Was China hinsichtlich des digitalen Yuan aufbaut, könnte für den Euro und den US-Dollar nachahmenswert sein, wenngleich nicht alle Dimensionen des digitalen Yuan erstrebenswert erscheinen. Dies bedeutet jedoch nicht, dass es aus europäischer oder US-amerikanischer

Sicht sinnvoll und machbar wäre. Der Grund ist, dass in Europa und den USA IT-Systeme eher offen entstehen, nicht »staatsinitiiert«, sondern organisch und von privaten Initiativen vorangetrieben. Vor allem US-amerikanischen Unternehmen ist dies gelungen, wenn man Netzwerke und Lösungen betrachtet, die von Konzernen wie Apple, Alphabet oder Meta aufgebaut wurden und Milliarden Menschen erreichen. Zentrales Element ist aber die Entwicklung solcher Lösungen auf Basis von offenen Netzwerken und einer offenen IT-Basisinfrastruktur – dem dezentralen Internet. Krypto-Assets wie Ether lassen exakt solche offenen und dezentralen Netzwerke entstehen. Vielleicht ist auch dies ein Grund, warum Stablecoins, die auf derartigen offenen und dezentralen Netzwerken abgebildet sind, in solch einer rasanten und dynamischen Art und Weise wachsen.

Stablecoins sind letztlich eine Lösung für den digitalen US-Dollar

Dies führt zu der Überlegung, dass die technische Realisierungslücke zwischen China auf der einen und Europa und den USA auf der anderen Seite möglicherweise am besten dann geschlossen werden könnte, wenn sich Europa und die USA auf eine Entwicklung besinnen, wie sie zum Aufbau des Internets in den letzten 20 Jahren geführt hatte: die Anerkennung von offenen und dezentralen Netzwerken. Nach dieser Logik kann der US-Dollar als Stablecoin zwar zentral emittiert werden, aber ist technisch auf dezentralen Netzwerken abgebildet. Wie oben dargelegt, funktioniert dies schon heute in hervorragender Weise. Allerdings ist die Perspektive auf offene Netzwerke – den Krypto-Assets – heute noch durch ein negatives Sentiment eingetrübt. In Europa und den USA sollte man hinterfragen, ob dieser »schlechte Ruf« möglicherweise ein Hindernis dafür ist, dass Stablecoins nicht gemeinhin als das anerkannt werden, was sie sind: eine technisch gute und schon heute funktionierende Möglichkeit für digitales Blockchain-basiertes Geld. Der US-Dollar ist also schon digital und Blockchain-basiert, auch wenn die Regulierung von Stablecoins in der Tat noch nachjustiert werden muss. Wenn die USA im geopolitischen Sinne diese Einstellung entdeckt, ist die technische Realisierungslücke zwischen USA und China geschlossen. Was bleibt, ist die Lücke für den Euroraum. Eine Lücke, die möglicherweise nicht rechtzeitig zu schließen ist.

Anmerkungen

1 Dieser Artikel wurde im Januar 2022 verfasst.
2 Siehe https://coinmarketcap.com
3 Siehe https://www.statista.com/statistics/1255835/stablecoin-market-capitalization/
4 Siehe auch https://www.coingecko.com/en/categories/stablecoins

Literaturverzeichnis

Auer, R. und R. Böhme (2021), Central Bank Digital Currency: The Quest for Minimally Invasive Technology, BIS Working Papers, 948.

Bechtel, A., A. Ferreira, J. Groß und P. Sandner (2020), The Future of Payments in a DLT-based European Economy: A Roadmap. SSRN.

Boar, C. und A. Wehrli (2021), Ready, Steady, Go? – Results of the Third BIS Survey on Central Bank Digital Currency. BIS Working Papers, 114.

Coingecko (2021), Stablecoins by Market Capitalization, https://www.coingecko.com/en/categories/stablecoins, abgerufen am 10.01.2022.

Coinmarketcap (2021), Today's Cryptocurrency Prices by Market Cap, https://coinmarketcap.com, abgerufen am 10.01.2022.

Eikmanns, B., I. Welpe und P. Sandner (2021), Decentralized Finance Will Change Your Understanding of Financial Systems, Forbes, https://www.forbes.com/sites/philippsandner/2021/02/22/decentralized-finance-will-change-your-understanding-of-financial-systems/?sh=4e484cd85b52, abgerufen am 10.01.2022.

Europäische Kommission (2020), Regulation of the European Parliament and of the Council on Markets in Crypto-Assets, and Amending Directive (EU) 2019/1937, https://eur-lex.europa.eu/legal-content/EN/TXT/?uri=CELEX%3A52020PC0593, abgerufen am 10.01.2022.

Europäische Zentralbank (2021a), Eurosystem Launches Digital Euro Project, Pressemitteilung 14, Juli 2014, https://www.ecb.europa.eu/press/pr/date/2021/html/ecb.pr210714~d99198ea23.en.html, abgerufen am 10.01.2022.

Europäische Zentralbank (2021b), Evolution or Revolution? The Impact of a Digital Euro on the Financial System, Rede von Fabio Panetta, Mitglied des Direktoriums der EZB, auf einem Bruegel-Online-Seminar, 10. Februar 2021, https://www.ecb.europa.eu/press/key/date/2021/html/ecb.sp210210~a1665d3188.en.html, abgerufen am 10.01.2022.

Europäische Zentralbank (2021c), The International Role of the Euro, https://www.ecb.europa.eu/pub/ire/html/ecb.ire202106~a058f84c61.en.html, abgerufen am 10.01.2022.
FinTechRat beim Bundesministerium der Finanzen (2020), Stellungnahme: Der digitale, programmierbare Euro, https://www.blockchain4europe.eu/wp-content/uploads/2021/05/2020-07-08-fintechrat-digitaler-euro.pdf
Groß, J., J. Sedlmeir, M. Babel, A. Bechtel und B. Schellinger (2021), Designing a Central Bank Digital Currency with Support for Cash-like Privacy, SSRN.
Kant, A. (2020), Digital Financial Services and Cross-Border Payments, World Bank, 23. Februar 2020, https://www.worldbank.org/en/news/speech/2020/02/23/digital-financial-services-and-cross-border-payments
Leger Insights (2021), Digital Yuan Pilot Surges to 140 Million, 10% of Population, 3. November 2021, https://www.ledgerinsights.com/digital-yuan-cbdc-pilot-surges-to-140-million/, abgerufen am 10.01.2022.
Liao, G. Y. und J. Caramichael (2022), Stablecoins: Growth Potential and Impact on Banking, Board of Governors of the Federal Reserve System, International Finance Discussion Papers, Nr. 1334, Januar 2022, https://www.federalreserve.gov/econres/ifdp/files/ifdp1334.pdf, abgerufen am 10.02.2022.
LIFT (2021), Rules of the Special Edition Digital Brazilian Real, https://www.bcb.gov.br/content/config/liftchallenge/lift_challenge_docs/en/LIFT_Challenge_RealDigital_Regulamento_en_vPUB1a.pdf
Sandner, P. (2020), Crypto-Europe: Comprehensive European Regulation for Crypto Assets Has Been Presented, Forbes, 21. September 2021, https://www.forbes.com/sites/philippsandner/2020/09/21/crypto-europe-comprehensive-european-regulation-for-crypto-assets-has-been-presented/?sh=53cdba373862, abgerufen am 10.01.2022.
Sandner, P., A. Bechtel, J. Gross und V. von Wachter (2020a), Programmable Money and Programmable Payments, Medium, 28. September 2020, https://philippsandner.medium.com/programmable-money-and-programmable-payments-8038ed8fa714, abgerufen am 10.01.2022.
Sandner, P. und J. Blassl (2020b), EU-Wide Regulation Ahead: New Rules for Crypto Assets, Digital Assets, and Stablecoins, Medium, https://philippsandner.medium.com/eu-wide-regulation-ahead-new-rules-for-crypto-assets-digital-assets-and-stablecoins-f4055afb7d1e, abgerufen am 10.01.2022.
Sandner, P., J. Groß und I. Drozdov (2020c), Will Blockchain Replace Clearinghouses? A Case of DVP Post-Trade Settlement, Forbes,

https://www.forbes.com/sites/philippsandner/2020/12/02/will-blockchain-replace-clearinghouses-a-case-of-dvp-post-trade-settlement/?sh=1940bfa4408f, abgerufen am 10.01.2022.

Sandner, P., J. Gross und J. Chung (2021), The Programmable Euro: Review and Outlook, Study for the Finanzplatz München Initiative (fpmi), Frankfurt School Blockchain Center, 19. November 2021, http://explore-ip.com/2021-Study-EN-The-Programmable-Euro-Review-And-Outlook.pdf, abgerufen am 10.01.2022.

Statista (2021), Market Capitalization of Stablecoins from January 2017 to August 8, 2021, Statista, https://www.statista.com/statistics/1255835/stablecoin-market-capitalization/, abgerufen am 10.01.2022.

Viehof, C. und M. Bruckner (2021a), 7 ITINs Assigned to USDC – USDC Token List Added to Tokenbase, ITSA Blog, 8. August 2021, https://my.itsa.global/blog/7-itins-usdcoin, abgerufen am 10.01.2022.

Viehof, C. und M. Bruckner (2021b), 13 ITINs Assigned to Tether USDT – A Perfect Example of Why We Need Unique Token Identifiers, ITSA Blog, 8. August 2021, https://my.itsa.global/blog/13-itins-tether, abgerufen am 10.01.2022.

Digitales Zentralbankgeld: Auf der Suche nach einer minimalinvasiven Technologie

Raphael Auer und Rainer Böhme[1]

Erst seit Kurzem erwägen Zentralbanken, digitales Zentralbankgeld (Central bank digital currency, CBDC) für Verbraucherinnen und Verbraucher herauszugeben.[2] Dabei reichen die Überlegungen zu eigenen digitalen Währungen bereits Jahrzehnte zurück. So schilderte bereits vor 35 Jahren David Chaum in der Fachzeitschrift *Communications of the ACM* seine Vision von anonymem elektronischem Geld (Chaum, 1985). Auch die Ausgabe von elektronischem Geld durch die Zentralbanken wurde schon früh vorgeschlagen (Tobin, 1987), wobei diese sich nur schwer mit dem Konzept anfreunden konnten. Doch die Zeiten haben sich geändert: Bei einer Befragung gaben 86 % der Zentralbanken an, sich zumindest mit dem Thema zu befassen (Boar und Wehrli, 2021), und mehr als 46 % haben bereits Projektvorschläge beziehungsweise Prototypen entwickelt (siehe Auer et al., 2020 a,b) und Abbildung 1). Die führenden Zentralbanken der Welt haben sich zusammengetan, um Grundprinzipien für die Ausgabe von elektronischem Geld zu skizzieren. In zwei Fällen ist das sogenannte Retail CBDC bereits im Einsatz.[3]

Diese Bemühungen sind vor dem Hintergrund des Kernauftrags der Zentralbanken zu verstehen, stabile und allgemein akzeptierte Zahlungsmittel bereitzustellen. Jahrhundertelang war dies das Bargeld, doch dessen Nutzung als Zahlungsmittel nimmt immer weiter ab, und das Wachstum des Onlinehandels in der Corona-Pandemie hat diese Entwicklung weiter beschleunigt (Auer et al., 2020c; Alfonso et al., 2021). Sollte sich dieser Trend fortsetzen und Bargeld irgendwann nicht mehr allgemein akzeptiert werden, müssten die Zentralbanken eine elektronische Ergänzung entwickeln, die als frei zugängliches und stabiles Zahlungsmittel für das digitale Zeitalter fungiert.[4]

Der Hauptunterschied zwischen Bargeld und dem aktuell verwendeten elektronischen Geld besteht darin, dass Letzteres eine Forde-

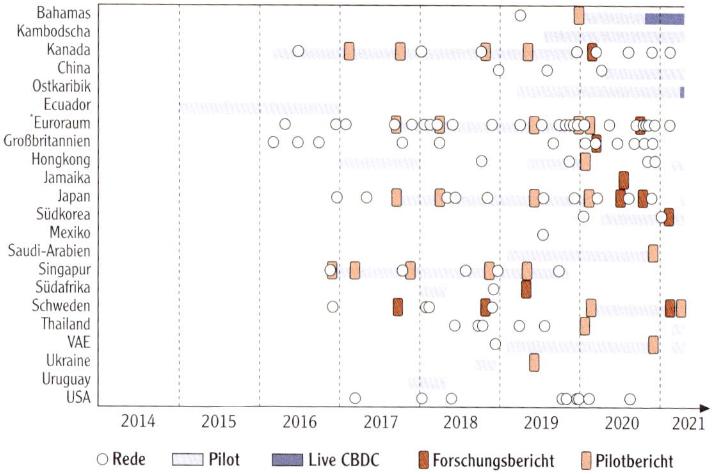

*Ohne Aktivitäten der nationalen Zentralbanken innerhalb des Eurosystems

Quelle: Auer, Cornelli und Frost (2020d)

Abbildung 1: Zeitleiste der Zentralbankaktivitäten zu CBDC

rung gegenüber einem Intermediär darstellt, während Ersteres eine direkte Forderung gegenüber der Zentralbank ist. Dies wirft eine Reihe von Problemen auf, falls der Intermediär zahlungsunfähig wird, betrügerisch handelt oder von technischen Störungen betroffen ist. Der Zusammenbruch von Wirecard und die daraus resultierenden Beeinträchtigungen einiger elektronischer Zahlungsoptionen (Collins, 2020; Barba Navaretti, Calzolarli und Pozzolo, 2020) lassen die Notwendigkeit derartiger Überlegungen erahnen. Mit Blick auf die Zukunft ist zu befürchten, dass ein weiterer Rückgang der Bargeldverwendung bis zu dem Punkt, wo es seinen Status als allgemein akzeptiertes Zahlungsmittel verliert, eine Finanzkrise mit verheerenden Folgen auslösen könnte, in deren Folge einige Finanzinstitute die Einlagen ihrer Privatkunden einfrieren müssten und Kunden ihre Rechnungen nicht mehr bezahlen könnten. In Schweden, wo die Bargeldverwendung bereits stark zurückgegangen ist, haben diesbezügliche Überlegungen die Zentralbank dazu veranlasst, der Regierung vorzuschlagen, auch digitalem Zentralbankgeld, das von der breiten Öffentlichkeit gehalten wird, den Status eines gesetzlichen Zahlungsmittels einzuräumen (Sveriges Riksbank, 2019).[5]

Gleichzeitig sollte CBDC keinesfalls den privaten Sektor aus der Finanzintermediation beziehungsweise dem Massenzahlungsverkehr verdrängen. Hier gilt die erste Überlegung der Bankbilanz. Aus ökonomischer Sicht sollte die Ausgestaltung von CBDC nicht zu einer massiven Umschichtung von Mitteln von den Geschäftsbanken zur Zentralbank führen. Auch wenn Zentralbanken auf der ganzen Welt den Auftrag haben, universelle Zahlungsmittel bereitzustellen (siehe BIZ, 2009), bedeutet dies keineswegs, dass sie auch die gesamte Wirtschaft mit Sparkonten versorgen sollen.

Eine zweite – seltener diskutierte, aber nicht minder wichtige – Überlegung betrifft die operative Dimension und die Effizienz des Zahlungssystems. Der verbraucherorientierte Teil des Massenzahlungsverkehrs mit Onboarding, Autorisierung, Clearing, Abrechnung, Streitschlichtung und Einhaltung der Gesetze zur Bekämpfung von Geldwäsche und Terrorismusfinanzierung bringt sehr umfangreiche operative Aufgaben mit sich. Solche Aufgaben sind zweifellos besser beim privaten Sektor aufgehoben als bei der Zentralbank (siehe Borio, 2019; Carstens, 2019; BIZ, 2020).

Der Artikel beschreibt daher die technischen und wirtschaftlichen Anforderungen für eine »minimalinvasive« Gestaltung von CBDC, mit der das Geld an die Bedürfnisse des 21. Jahrhunderts angepasst werden kann, ohne mit dem bewährten zweistufigen Geldsystem zu brechen. Zunächst werden die besondere Rolle des Bargeldes im heutigen Finanzsystem und die damit verbundenen wirtschaftlichen und operativen Anforderungen an Retail CBDC hervorgehoben. Anschließend werden die Auswirkungen dieser Anforderungen auf die Gestaltung der zugrunde liegenden Technologie erörtert. Nach Auffassung der Autoren gibt es dabei mehrere Optionen, wobei die Zentralbanken für sich eine beispiellose Abwägung treffen müssen: Sie können entweder eine komplexe technische Infrastruktur zur Verfügung stellen oder ein komplexes Aufsichtssystem betreiben.

Die ökonomische Ausgestaltung von Retail CBDC: Bargeld als Vorbild

Um mit der Gestaltung von CBDC zu beginnen, müssen zunächst die Probleme identifiziert werden, die damit gelöst werden sollen, sowie die Aspekte des Geldsystems, die man damit erhalten will. Betrachten wir diese Aspekte einmal der Reihe nach und bedienen uns dabei der Analogie zum Bargeld, das bereits ein wichtiges Gleichgewicht herstellt: Es dient als sicheres und nützliches Zahlungsmittel, während sein Nutzen als Sparinstrument begrenzt ist. CBDC könnte hierzu das digitale Äquivalent werden.

Was den Zahlungsverkehr angeht, besitzt Bargeld unter allen Massenzahlungsoptionen einen Sonderstatus, da es einen direkten Rechtsanspruch gegenüber der Zentralbank darstellt.[6] Es kann von jedem mit der Gewissheit angenommen werden, dass die erhaltenen Banknoten und Münzen bei künftigen Transaktionen einen Wert haben. Banknoten und Münzen sind als »gesetzliche Zahlungsmittel« anerkannt, was in der Regel bedeutet, dass sie zur Schuldtilgung akzeptiert werden müssen.

Einlagen hingegen sind rechtliche Ansprüche gegenüber der jeweiligen Geschäftsbank. Überweisungen, Scheckeinreichungen oder Zahlungen mit Debitkarten wirken sich lediglich auf die Zusagen von ein oder zwei Geschäftsbanken aus, wer auf Anfrage wie viel Bargeld abheben kann. Die Geschäftsbanken unterlegen einen Teil dieser Zusagen mit Reserven bei der Zentralbank (siehe Abbildung 2). Hierdurch – wie auch durch das Eigenkapital der Bank – wird das Vertrauen der Einleger erhöht, dass Auszahlungen in großer Zahl vorgenommen werden können. Allerdings bleibt immer ein Restzweifel, da eine solche Wertunterlegung niemals vollständig ist.[7] Geschäftsbanken können vorübergehend in Zahlungsschwierigkeiten geraten

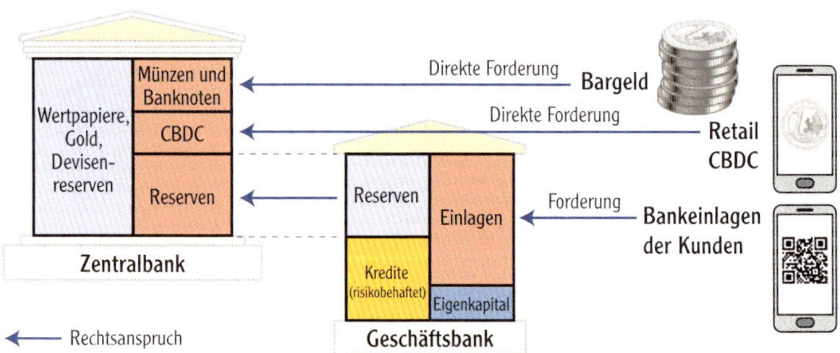

Bargeld entspricht einer direkten Forderung gegenüber der Zentralbank, während Einlagenkonten Forderungen gegenüber einer Geschäftsbank darstellen. Geschäftsbanken sichern einen Teil dieser Forderungen durch gehaltene Reserven bei der Zentralbank ab und verfügen über Eigenkapital, doch die Wertunterlegung ist niemals vollständig. CBDC, das nicht von einer Finanzkrise betroffen werden kann, muss einer bargeldähnlichen direkten Forderung an die Zentralbank entsprechen.

Quelle: Eigene Ausarbeitung

Abbildung 2: Bargeld, elektronische Zahlungsmittel und Retail CBDC

oder in Konkurs gehen. Im ersten Fall kommt es gegebenenfalls zu einer zeitweiligen Auszahlungsunterbrechung. Im zweiten Fall wird die Forderung möglicherweise nicht in vollem Umfang erfüllt, und selbst wenn, kann der Rechtsweg zur Wiedererlangung der Mittel oder zur Entschädigung durch die Einlagensicherung längere Zeit in Anspruch nehmen.
Bargeld entspricht einer direkten Forderung gegenüber der Zentralbank, während Einlagenkonten Forderungen gegenüber einer Geschäftsbank darstellen. Geschäftsbanken sichern einen Teil dieser Forderungen durch gehaltene Reserven bei der Zentralbank ab und verfügen über Eigenkapital, doch die Wertunterlegung ist niemals vollständig. CBDC, das nicht von einer Finanzkrise betroffen werden kann, muss einer bargeldähnlichen direkten Forderung an die Zentralbank entsprechen.

Dies verdeutlicht den qualitativen Unterschied zwischen CBDC und bereits bestehenden elektronischen Zahlungsinstrumenten. Letztere könnten vom Handel zurückgewiesen werden, sobald das Vertrauen in die ausgebende Geschäftsbank (oder einen anderen Zahlungsdienstleister) infrage gestellt ist. CBDC würde dagegen nicht von der finanziellen Solidität der Geschäftsbanken abhängen und könnte somit ebenso als Vertrauensanker dienen, wie dies heute beim Bargeld der Fall ist.[8] Als rechtliches und ökonomisches Konzept geht CBDC daher weit über eine von der Zentralbank verwaltete Variante bekannter elektronischer Zahlungsinstrumente hinaus.

Andererseits besteht in diesem Zusammenhang die Sorge, dass CBDC durch die Positionierung als besonders sicheres digitales Zahlungsinstrument auch als Sparinstrument attraktiv werden könnte. Investitionen der privaten Haushalte in CBDC könnten die Bilanzen der Zentralbanken erheblich ausweiten und zu Einlagenabflüssen bei den Geschäftsbanken führen. Dies könnte die Geschäftsmodelle der Geschäftsbanken gefährden, da sich ihre Geldquelle verteuern oder womöglich ganz versiegen würde. Da Geschäftsbanken Kredite mit Einlagen finanzieren, könnte sich CBDC somit negativ auf die Wirtschaft auswirken (siehe Andolfatto, 2021; Fernandez-Villaverde et al., 2020).

Diese Überlegungen unterstreichen, dass Bargeld – bei aller Nützlichkeit für den Zahlungsverkehr – als Mittel der Wertaufbewahrung nur von begrenzter Attraktivität ist. Das hat mit der physischen Natur von Bargeld zu tun, das nicht verzinst wird und dessen Lagerung in großen Mengen und über lange Zeiträume recht kostspielig ist, wo-

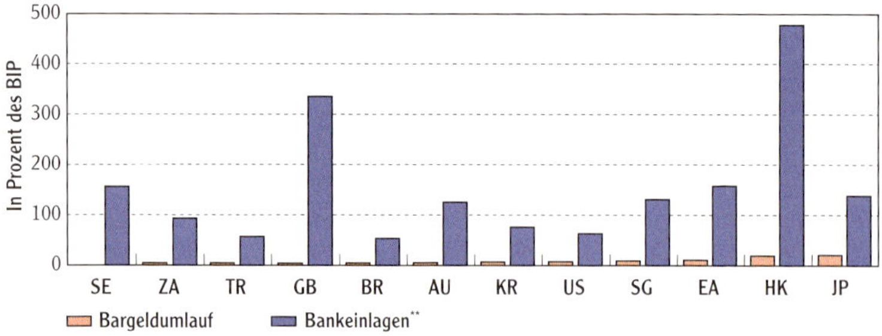

* Angaben für 2019. ** Nächstliegende Alternative, falls keine Daten verfügbar sind.

Quelle: Eigene Berechnungen auf Grundlage von Committee on Payments and Market Infrastructures, Red Book Statistics, 2019; IMF, World Economic Outlook; national data

Abbildung 3: Geringe Bargeldbestände im Vergleich zu Einlagen bei Geschäftsbanken*

bei auch noch die Gefahr von Beschädigung, Verlust oder Diebstahl besteht. Infolgedessen liegt der gesamte Banknotenbestand beispielsweise in den USA bei moderaten 5 200 $ pro Kopf bzw. bei 3 600 € im Euroraum. Im Gegensatz dazu setzt sich das Vermögen der privaten Haushalte zu einem großen Teil aus Einlagen bei Geschäftsbanken zusammen. Diese belaufen sich in den USA beispielsweise auf 38 000 $ pro Kopf beziehungsweise auf 53 000 € im Euroraum (siehe Abbildung 3).[9]

Eine Sorge bei der Gestaltung von CBDC ist, dass sie für die Verbraucher als Wertaufbewahrungsmittel zu attraktiv sein könnten: Sollte ein erheblicher Anteil der Bankeinlagen in CBDC umgewandelt werden, würde dies bei der Zentralbank zu einem massiven Mittelzufluss führen. Im Gegenzug müsste sie diese Mittel reinvestieren und damit die Aufgabe eines Investors übernehmen, für die sie nicht geschaffen wurde.

Im derzeitigen Geldsystem ist die Verantwortung zweigeteilt, wobei den Zentralbanken die Aufgabe zukommt, das System im Kern zu stabilisieren, und die Geschäftsbanken für alle verbraucherseitigen Aktivitäten zuständig sind. Diese zweistufige Architektur, die in Abbildung 2 dargestellt ist, hat sich aus guten Gründen und im Verlauf einer langen Geschichte institutioneller Vereinbarungen entwickelt. Die Aufrechterhaltung dieser Konvention – insbesondere im Hinblick auf den Wert des Geldes – beruht auf einer soliden Governance. Das Fehlen einer solchen Governance wurde in der Vergangenheit wiederholt kausal mit Geldentwertung und wirtschaftlicher Depression in Verbindung gebracht (zum Beispiel Schnabel und Shin, 2018; Frost et al., 2020). Die Erfahrung zeigt, dass der Wert des Geldes am besten durch eine Institution geschützt wird, die nicht privaten Investoren, sondern der Öffentlichkeit verpflichtet ist und die sich auf die Stabilisierung des Geldsystems als ihre Hauptaufgabe konzentriert (Carstens, 2020).[10]

Dass man dabei den privaten Sektor einbezog, ist auf eine Bemühung um marktwirtschaftliche Lösungen zurückzuführen: Gute Investitionsentscheidungen erfordern oft spezifische lokale Kenntnisse, während die effiziente Bereitstellung von Dienstleistungen offene und wettbewerbsfähige Märkte voraussetzt. Ein Aspekt ist, dass eine Bank, die durch Kreditvergaben investiert, die Bonität der Kreditnehmer kennen beziehungsweise einschätzen können muss, um das damit verbundene Risiko zu bewerten. Institutionen des öffentlichen Sektors verfügen möglicherweise nicht in dem Maße über dieses Wissen wie lokale und spezialisierte private Investoren – so die Kernhypothese von Hayeks (1945) Argumentation für freie Märkte. Ein weiterer Aspekt ist, dass wettbewerbsfähige Märkte auch bestreitbar sind und es vielen Unternehmen ermöglichen, miteinander zu konkurrieren, was wiederum die wirtschaftliche Effizienz verbessert. Logische Folge der Vorstellung eines freien Marktes ist daher, dass die kundenorientierte Seite des Geld- und Finanzwesens sowie die fortgesetzte Innovation in diesem Bereich besser dem privaten Sektor überlassen werden sollten.[11]

Folglich sollte die ökonomische Gestaltung von CBDC den Geschäftsbanken die Möglichkeit geben, ihre Rolle als Intermediär zwischen Sparern und Anlegern beizubehalten. Die wissenschaftliche Literatur hat sich mit der Frage beschäftigt, wie die erhaltenen Mittel in ruhigen Zeiten (siehe Andolfatto, 2020; Niepelt, 2020; Fernández-Villaverde et al., 2020) und bei Marktturbulenzen (siehe Brunnermeier und Niepelt, 2019) in den privaten Sektor zurückfließen können.

Politische Entscheidungsträger favorisieren allerdings Lösungen, die den Umfang ausstehender CBDC-Beträge zunächst gering halten (siehe Carstens, 2021a, b; BIZ, 2020; Bank of Canada et al., 2020). Dies könnte erreicht werden, indem man CBDC-Bestände mit einem Nullzins belegt oder sie zumindest mit einem niedrigeren Zinssatz als Einlagen bei Geschäftsbanken vergütet.[12] Als weitere Option käme eine Deckelung der Bestände pro Haushalt auf einen bestimmten Höchstbetrag infrage. So wurde beispielsweise für den Euroraum eine

Summe von 3000 € pro Bürger in den Raum gestellt (siehe Look, 2021). Bindseil (2020) schlägt einen abgestuften Ansatz vor, bei dem auf Bestände, die einen bestimmten Schwellenwert überschreiten, ein unvorteilhafter Zinssatz angewandt wird.

Bei dieser Diskussion wird jedoch häufig die Wechselwirkung von Technologie und systemischen Auswirkungen außer Acht gelassen: Vollständig anonymes CBDC[13] gestattet gar keine personenspezifischen Obergrenzen, denn Obergrenzen gehen mit einem Verzicht auf Anonymität einher.[14]

Eine zweite Überlegung für die minimalinvasive Gestaltung von CBDC betrifft die operative Dimension und die Effizienz des Zahlungssystems. Da der Massenzahlungsverkehr kundenseitig wohl besser beim privaten Sektor aufgehoben ist als bei der Zentralbank, stellt sich die Frage, wie mithilfe der operativen Architektur ein Gleichgewicht zwischen den direkten Forderungen gegenüber der Zentralbank und der operativen Beteiligung privater Zahlungsdienstleister (PSP) hergestellt werden kann.

Auch hier sollten die Bemühungen auf eine in mehrerer Hinsicht »bargeldähnliche« Gestaltung von CBDC abzielen. Der digitale Buchungsvorgang müsste fälschungssicher sein und einen direkten Anspruch gegenüber der Zentralbank begründen. Die Abwicklung müsste auch dann sichergestellt sein, wenn die Intermediäre mit technischen Störungen oder finanziellen Engpässen zu kämpfen haben. Das CBDC müsste so konzipiert sein, dass die Zentralbank operativ nur gering belastet wird und der Privatsektor bei allen kundenbezogenen Aktivitäten eine tragende Rolle spielt, wie dies im aktuellen Geldsystem bereits der Fall ist.

Von der Anforderung zur operativen Gestaltung: CBDC-Architekturen

Wie wirken sich diese Anforderungen an CBDC auf die technische Infrastruktur aus? Technisch gesehen benötigt jede Form von digitalem Geld ein verteiltes Buchführungssystem. Verteilt bedeutet hier, dass es an vielen verschiedenen Stellen implementiert ist. So gehören Kassenterminals im Einzelhandel ebenso zum System wie Endverbrauchergeräte, auf denen die Buchungen gespeichert sind (siehe zum Beispiel Lamport, 1978). Ein solches Buchführungssystem aktualisiert kontinuierlich einen gemeinsamen Istzustand, in dem verschlüsselt hinterlegt ist, wie eine bestimmte Anzahl von Währungseinheiten den jeweiligen Inhabern zugewiesen wird.[15] Durch technische Kommunikation wird sichergestellt, dass jede Komponente des verteilten Systems zumindest über den für diese Komponente relevanten Teil des gemeinsamen Istzustands auf dem Laufenden ist. So muss die digitale Brieftasche eines Verbrauchers über den eigenen aktuellen Kontostand informiert sein, über den Kontostand einer anderen Brieftasche dagegen nicht. Für CBDC müssen Gesetze geschaffen werden, die sicherstellen, dass die im gemeinsamen Istzustand verschlüsselt hinterlegten Informationen mit Forderungsansprüchen gegenüber der Zentralbank verknüpft werden.

Die technische Architektur von CBDC wird definiert durch die Rolle der Komponenten innerhalb des verteilten Buchführungssystems, ihre Kommunikationsbeziehungen und die Frage, wer die einzelnen Komponenten kontrolliert. Abbildung 4 gibt, aufbauend auf einer früheren Arbeit der Autoren in Auer und Böhme (2020b), einen Überblick über mögliche CBDC-Architekturen sowie die Alternative einer eingeschränkten Zahlungsbank. Die Beispiele unterscheiden sich hinsichtlich der Struktur der Forderungsansprüche und der von der Zentralbank geführten Buchungsaufzeichnungen.[16] Zunächst sollen die beiden Extremoptionen erörtert werden, die entweder direkte Forderungen gegenüber der Zentralbank begründen oder den privaten Sektor einbeziehen. Anschließend werden erfolgversprechendere Mischoptionen vorgestellt.

Eine der möglichen CBDC-Architekturen sähe so aus, dass die Zentralbank das System selbst betreibt, alle Zahlungen abwickelt und den Status direkt nach jeder Transaktion aktualisiert. Selbst wenn eine Zentralbank die hierfür erforderliche Infrastruktur aufbauen würde, wäre ein solches CBDC für die Verbraucher vermutlich weniger attraktiv als die heutigen Massenzahlungssysteme. Der Grund dafür ist, dass Zahlungssysteme in der Praxis mit Verbindungsausfällen oder Offline-Zahlungen zurechtkommen müssen. Das CAP-Theorem aus der Informatik (Gilbert und Lynch, 2002) besagt allerdings, dass ein verteiltes System in dem Fall, dass Teile davon nicht angeschlossen sind, nicht gleichzeitig verfügbar und konsistent sein kann. Viele bestehende elektronische Zahlungssysteme umgehen diese technische Hürde auf ökonomischem Weg, indem sie Intermediäre wie zum Beispiel Kreditkartennetzwerke damit beauftragen, das finanzielle Risiko

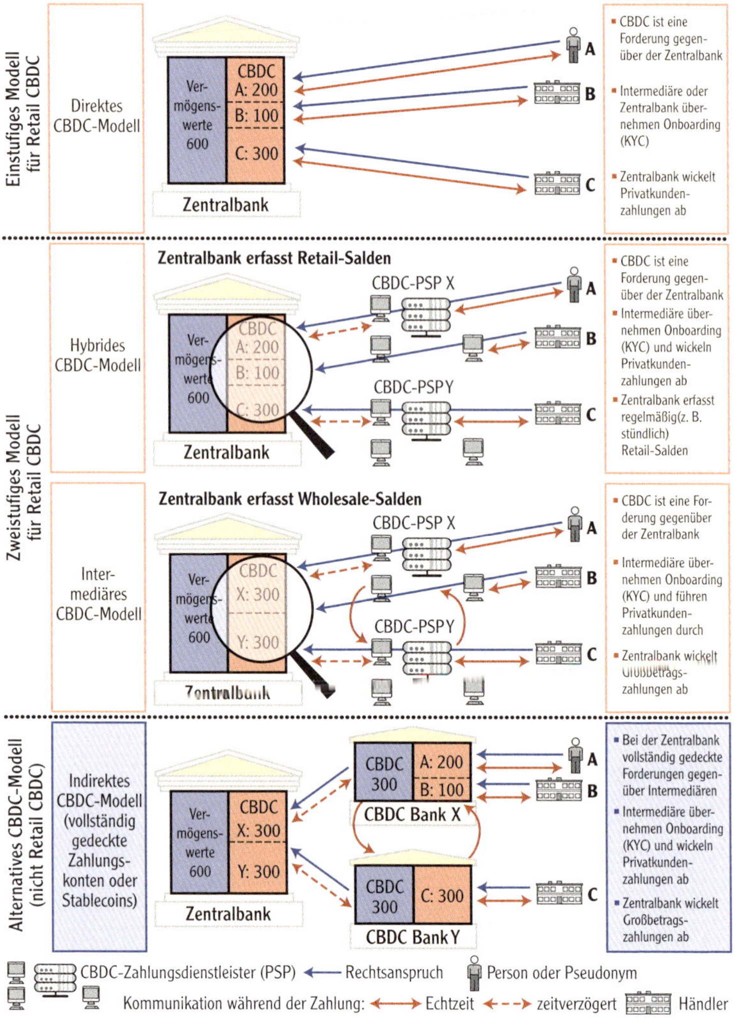

Beim direkten CBDC-Modell (oberes Feld) stellt das CBDC eine direkte Forderung gegenüber der Zentralbank dar. Diese wickelt alle Zahlungen in Echtzeit ab und führt somit über alle Privatkundenbestände Buch. Hybride CBDC-Architekturen umfassen eine zweistufige Struktur mit direkten Forderungen gegenüber der Zentralbank, bei der die Zahlungen in Echtzeit von Intermediären abgewickelt werden. Es sind mehrere Varianten einer solchen hybriden Architektur denkbar. Die Zentralbank kann entweder eine Kopie sämtlicher Retail-CBDC-Bestände aufbewahren (zweites Feld) oder diese in einem Massenzahlungsledger zusammenführen (drittes Feld). Beim indirekten CBDC-Modell (unteres Feld) wird CBDC ausschließlich von der Zentralbank ausgegeben und zurückgenommen, allerdings nur indirekt über Intermediäre. Die Verbraucher erhalten einen Zahlungsanspruch gegenüber den Intermediären. Diese müssen jede Forderung vollständig mit originärem CBDC der Zentralbank unterlegen. Die Zentralbank beschränkt sich auf das Massenzahlungssystem.

Quelle: Ausarbeitung auf der Grundlage von Auer und Böhme (2020b)

Abbildung 4: Architekturen für Retail CBDC und vollständig gesicherte Alternativen

zu übernehmen, das sich aus potenziellen Inkonsistenzen im Aktualisierungsprozess ergibt, und für diese Dienstleistung Gebühren verlangen. Würde die Zentralbank das System selbst betreiben, müsste sie auch dieses Risiko übernehmen. Dies wäre jedoch wohl unvereinbar mit dem vorgenannten Konzept, Aufgaben im Geldsystem, die lokales Wissen erfordern, dem privaten Sektor vorzubehalten.[17]

Eine weitere Sorge bei diesem »direkten« CBDC-Modell ist, dass der Privatsektor an den Rand gedrängt werden könnte. Der aufstrebende Zahlungsverkehrssektor bietet innovative Mehrwertdienste wie automatisierte Finanzberatung, eine Integration mit Verbraucherplattformen und die Verbindung zu anderen Finanzprodukten wie Verbraucherkrediten. Es ist unwahrscheinlich, dass die Zentralbank den privaten Sektor in all diesen Bereichen ersetzen könnte.

Eine Alternative zur Ausgabe von Retail CBDC ergibt sich durch die einfache Anforderung, Zahlungskonten vollständig mit Reserven bei der Zentralbank zu unterlegen (unteres Feld in Abbildung 2). Dieser Vorschlag wurde unter vielen Namen diskutiert: Man könnte ihn als eingeschränkte Zahlungsbank oder sogar als »starren Stablecoin« bezeichnen, der zu 100 % durch Reserven bei der Zentralbank gedeckt ist. Adrian und Mancini-Griffoli (2019) sprechen hier von »synthetischem CBDC«, wobei einige Zentralbanken argumentieren, dass die Bezeichnung »CBDC« für eine solche Architektur gar nicht gerechtfertigt ist (zum Beispiel Bank of Canada et al., 2020). Die Autoren folgen an dieser Stelle Auer und Böhme (2020b) und bezeichnen sie als »indirekte« Architektur.

Dieses Modell unterscheidet sich in Fragen der Regulierung und Aufsicht sowie der Einlagensicherung deutlich vom direkten CBDC-Modell. Sollte der Intermediär nämlich in Konkurs gehen, könnte die Bestimmung des rechtmäßigen Eigentümers langwierige und kostspielige Gerichtsverfahren mit ungewissem Ausgang nach sich ziehen. Eine vollständige Absicherung würde dagegen wohl bedeuten, dass so etwas seltener geschieht. Die jüngsten Ereignisse um Wirecard verdeutlichen, dass derartige Bedenken ernst genommen werden müssen.

Wägt man die verschiedenen Aspekte gegeneinander ab, erscheint als interessanteste Gestaltungsoption eine Lösung, mit der sich die Vertrauenswürdigkeit einer direkten Forderung an die Zentralbank mit der Bequemlichkeit privater Zahlungsdienste kombinieren lässt. Eine mögliche Architektur wird als »hybrides« CBDC-Modell bezeichnet und wurde in Auer und Böhme (2020b) beschrieben. Schlüsselelement ist hier der Rechtsrahmen, der direkte Forderungen gegenüber der Zentralbank ermöglicht. Das bedeutet, dass CBDC nicht in der Bilanz des Zahlungsdienstleisters (PSP) ausgewiesen wird und somit nicht von einem möglichen Konkurs betroffen wäre. So blieben im Falle einer Insolvenz des Zahlungsdienstleisters die CBDC-Guthaben der Verbraucher von den Forderungen der Gläubiger unberührt.

Die technologische Ausfallsicherheit wird beim hybriden Modell dadurch erreicht, dass die Zentralbank eine Back-up-Infrastruktur betreibt (daher die Bezeichnung hybrides Modell, denn das Zahlungssystem läuft auf öffentlichen wie auf privaten Infrastrukturen), wie im oberen mittleren Feld von Abbildung 4 dargestellt. Falls ein Zahlungsdienstleister aus finanziellen oder technischen Gründen ausfällt, muss die Zentralbank in der Lage sein, Forderungen eindeutig zuzuordnen und zu erfüllen sowie im Idealfall auch durch die Kundinnen und Kunden des ausfallenden Zahlungsdienstleisters in Auftrag gegebene Zahlungen ohne große Verzögerung wieder aufzunehmen. Abhängig ist dies von den Informationen über Privatkundenkonten, die der Zentralbank in einem solchen Fall zur Verfügung stehen. Die Zentralbank führt zwar keine Massenzahlungen durch, bewahrt aber eine Sicherungskopie der Salden auf, mit deren Hilfe sie Zahlungen wieder aufnehmen kann, falls Intermediäre insolvent werden oder technische Störungen auftreten. Um die Zentralbank technisch zur Wiederherstellung von Massenzahlungssalden zu befähigen, könnten digital signierte Zahlungsbestätigungen bei den Intermediären, den Inhabern von Privatkundenkonten und vielleicht in geringerem Umfang bei der Zentralbank selbst aufbewahrt werden. Da digitale Signaturen nicht widerlegbar sind,[18] kann die Zentralbank digital signierte Forderungen unabhängig davon einlösen, an welchem Ort der Datensatz aufbewahrt wurde – und sei es unter der Matratze (Abramova et al., 2021). Dies kann als glaubwürdiger Vertrauensanker für die Widerstandsfähigkeit des Systems dienen.

An dieser Stelle ist anzumerken, dass einige Zentralbanken davor zurückschrecken könnten, Datensätze zu sämtlichen Privatkundenkonten aufzubewahren, beispielsweise aufgrund von Problemen mit Datenschutz und Datensicherheit (siehe zum Beispiel Powell, 2019). Solche Zentralbanken könnten ein intermediäres CBDC-Modell in Betracht ziehen, bei dem die Zentralbank nur die Massenzahlungssaldi erfasst.[19] Dass weniger Zahlungsverkehrsdaten hinterlegt sind, birgt den Vorteil, dass die Zentralbank für bösartige Angriffe weniger anfällig ist als bei einem hybriden (oder direkten) Modell. Dies verringert das Risiko und die Auswirkungen von Datenpannen bei der Zentralbank. Der Nachteil des intermediären CBDC-Modells besteht allerdings darin, dass die Zentralbank Forderungen einlösen muss, zu denen ihr keine Aufzeichnungen vorliegen. Sie müsste sich also auf die Integrität und Verfügbarkeit von Aufzeichnungen verlassen, die durch Dritte geführt werden. Um eine mit Bargeld vergleichbare Vertrauenswürdigkeit von CBDC zu gewährleisten, müssten die Zahlungsdienstleister daher streng überwacht werden, um jederzeit sicherstellen zu können, dass die von ihnen an die Zentralbank gemeldeten Massenzahlungsbeträge tatsächlich der Summe aller Privatkundenkonten entsprechen. Einige dieser Bedenken ließen sich mithilfe von Verschlüsselungsverfahren ausräumen, wenn auch um den Preis einer höheren technischen Komplexität und einer geringeren Geschwindigkeit bei der Verarbeitung von Zahlungen.[20] In diesem technischen Bereich wird aktuell weitergeforscht, vor allem was den Einsatz verteilter Bücher angeht, die, wie bereits erwähnt, nicht unbedingt die beste Wahl für den Aufbau einer CBDC-Infrastruktur sind. Es bleibt abzuwarten, welche Verschlüsselungslösungen sich langfristig etablieren und in für CBDC geeigneten Architekturen sinnvoll eingesetzt werden können.

Zusammenfassend lässt sich sagen, dass sowohl hybride als auch intermediäre CBDC-Modelle eine höhere finanzielle Widerstandsfähigkeit aufweisen würden als vollständig besicherte Zahlungskonten. Diese Optionen ließen sich seitens der Zentralbank vermutlich auch leichter realisieren als ein direktes CBDC-Modell. Da die Zentralbank nicht unmittelbar mit den Privatkunden interagiert, kann sie sich auf eine überschaubare Anzahl von Kernaufgaben konzentrieren, während miteinander konkurrierende Intermediäre sich um die Abwicklung kümmern. Technisch gesehen kann diese Aufgabenteilung durch viele verschiedene Infrastrukturen unterstützt werden – je nach Grad der angestrebten Widerstandsfähigkeit. Allerdings sollten sich die Zentralbanken der damit verbundenen technologischen Anforderungen an ihre operative Struktur bewusst sein.

Abwägung zwischen aufsichtlicher und operativer Komplexität

Die vorstehende Betrachtung der intermediären und hybriden CBDC-Modelle erfordert eine grundlegende Abwägungsentscheidung der Zentralbank: Soll sie die Aufzeichnungen selbst führen oder diese Aufgabe an den privaten Sektor auslagern und beaufsichtigen? Auf technischer Ebene ist es für die Erstellung vertrauenswürdiger direkter Forderungen in elektronischer Form ausreichend, wenn die Zentralbank Einblick in eine zuverlässige Informationsquelle hat (das heißt Lesezugriff besitzt). Die Buchhaltung kann an den privaten Sektor delegiert werden, der entweder proprietäre Technologien verwenden darf oder verpflichtet wird, von einer Normungsstelle festgelegte offene Protokolle zu verwenden.[21]

In Abbildung 5 wird der Zielkonflikt schematisch dargestellt. Links finden sich die wichtigsten Optionen der Zentralbank zur Aufbewah-

Der Pfeil auf der linken Seite steht für den Informationsbestand der Zentralbank in absteigender Reihenfolge von vollständig (oben) bis zu einer einzigen Zahl (unten). Ein Einblick in die einzelnen Transaktionen ermöglicht der Zentralbank die Rückverfolgung der Geldströme, was im Hinblick auf den Schutz der Privatsphäre zwar am sensibelsten, für die Kriminalitätsbekämpfung dagegen am nützlichsten ist. Einblick in die Salden gibt dagegen nicht unbedingt Aufschluss über die Zahlungsbeziehungen. Dies gilt vor allem, wenn Saldenaktualisierungen erst am Ende einer Periode (zum Beispiel Stunde oder Tag) erfolgen. In diesem Fall lassen sich die meisten Einzahlungen nicht aus den bloßen Saldenunterschieden ableiten. Saldeninformationen sind ausreichend und erforderlich, um Forderungen zu bedienen. Je weniger Informationen mit der Zentralbank geteilt werden, desto mehr Überwachung ist erforderlich, um sicherzustellen, dass die relevanten Informationen im Bedarfsfall bei den privaten Dienstleistern eingeholt werden können. Dies wird durch den blauen Pfeil auf der rechten Seite veranschaulicht. Die roten Kreise geben an, welcher Informationsebene die in diesem Papier skizzierten technischen CBDC-Modelle entsprechen (vgl. Abbildung 4). Der graue Kreis zeigt den hypothetischen Punkt innerhalb der CBDC-Gestaltungsbandbreite, wo die Aufgabe der Zentralbank auf die bloße Steuerung der Geldmenge reduziert ist.

Quelle: Eigene Ausarbeitung

Abbildung 5: Ein neuer Zielkonflikt für die Zentralbank der Zukunft

rung von Aufzeichnungen in absteigender Reihenfolge des Datenumfangs. Der rechte (rote) Bereich veranschaulicht, wie in dem Maße, in dem der Anteil eigener Aufzeichnungen sinkt, die zusätzlichen aufsichtlichen Anforderungen wachsen, da die Integrität des Systems – vor allem die Fähigkeit, Forderungen zu bedienen – zunehmend von der Zurverfügungstellung konsistenter und zuverlässiger Informationen durch private Dienstleister abhängt.

Zu beachten ist, dass sich diese Form der Aufsicht von der herkömmlichen Bankenaufsicht unterscheidet, bei der es in erster Linie um die Integrität der Rechnungslegung geht. Es sei daran erinnert, dass die Bilanzen der Zahlungsdienstleister beim hybriden Modell keiner Aufsicht unterliegen, die Informationen in ihren Buchhaltungssystemen dagegen von entscheidender Bedeutung sind. Aus diesem Grund muss sich die Aufsicht verstärkt auf technische Aspekte konzentrieren und häufiger – womöglich in Echtzeit – stattfinden, als dies gegenwärtig bei der Bankenaufsicht der Fall ist. Dabei sind Aspekte wie Integrität, Konsistenz, Informationssicherheit und Datenschutz in den Mittelpunkt zu stellen.[22]

Die Notwendigkeit einer solchen technischen Aufsicht privater Dienstleister ergibt sich, sobald die Zentralbank keinen Einblick in bestimmte Privatkundenguthaben hat und ein betrügerischer oder technisch kompromittierter Zahlungsdienstleister diesen Umstand nutzen könnte, um sich Kundengelder anzueignen. Auf der anderen Seite ist eine maximale Aufsicht erforderlich, wenn die Zentralbank nur über ein absolutes Minimum an Informationen verfügt. Dies ist der Fall, wenn sich ihre Rolle auf die Geldschöpfung und -vernichtung beschränkt und die Zentralbank nur darüber informiert ist, wie viel CBDC sich in Umlauf befindet. Bei einer solchen Variante könnte sich die Zentralbank auf ihren Kernauftrag, die Geldpolitik, konzentrieren und den gesamten Zahlungsverkehr – unter strenger Aufsicht – dem privaten Sektor überlassen.

Umsetzung von CBDC: Kryptowährungen sind nicht das Modell der Wahl

Die vorstehenden Erörterungen zu den operativen Architekturen von CBDC und der damit verbundenen Abwägung zwischen operativer und aufsichtlicher Komplexität werfen die Frage nach der angemessenen technischen Umsetzung auf.

Viele von der Finanzbranche vorgeschlagene Ansätze (die in Abbildung 2 absichtlich nicht dargestellt sind) sehen Zahlungssysteme vor, bei denen Intermediäre auftauchen, von denen man sich allerdings nicht abhängig machen möchte. Eine Reihe von CBDC-Prototypen basiert beispielsweise auf Blockchain-Lösungen für Unternehmen wie Corda, Hyperledger oder Quorum (siehe Auer et al., 2020e). Diese vielseitigen Softwarepakete funktionieren ähnlich wie dezentrale Kryptowährungen und übernehmen deren Konzepte.[23] Die meisten Zentralbanken haben jedoch gute Gründe, ihre CBDC-Projekte so zu konfigurieren, dass sie eher einer redundanten, aber zentral kontrollierten Datenbank ähneln als Bitcoin. Der unpräzise Gebrauch des »Blockchain«-Begriffs verschleiert diese Tatsache oft.

Einige akademische Vorschläge[24] verfolgen dagegen das Ziel, sich von den herkömmlichen Datenbanken der Vergangenheit endgültig zu lösen. Sie adaptieren ausgewählte Prinzipien dezentraler Kryptowährungen für den Anwendungsfall CBDC. Dabei richtet sich ihr Hauptaugenmerk häufig auf eine Bedrohung, die gar nicht so groß ist, nämlich verantwortungslose und potenziell böswillige Intermediäre. Diese stellen in erster Linie eine Herausforderung für Kryptowährungen dar, die auf vielen verschiedenen Computern laufen, deren Besitzer kaum identifizierbar, geschweige denn bekannt und vertrauenswürdig sind. Für CBDC ist es dagegen unvorstellbar, dass eine Zentralbank es nicht identifizierten beziehungsweise überprüften Parteien erlaubt, wichtige Datensätze zu verwalten. Wenn eine CBDC-Architektur auf benannte Intermediäre zurückgreifen sollte, würden sich diese ohnehin nur aus lizenzierten und beaufsichtigten Banken, etablierten Zahlungsdienstleistern beziehungsweise beaufsichtigten Technologieunternehmen zusammensetzen. Daher halten die Autoren es für ausreichend, wenn das Aufzeichnungssystem die Aufdeckung böswilliger Handlungen und eine problemlose Systemwiederherstellung gewährleistet. Solche Dinge gänzlich verhindern zu wollen, widerspricht einer effizienten Nutzung von Ressourcen.

Ein weiterer Aspekt der Umsetzung betrifft die Endbenutzergeräte, die den Zugang zu CBDC ermöglichen sollen. Diese müssen auch von technisch weniger versierten Benutzern bedient werden können. Da CBDC Vorteile für Menschen ohne Bankverbindung und ältere Menschen haben kann, ist dieses Desiderat gar nicht hoch genug einzuschätzen. Viele technische Umsetzungsvorschläge verfolgen den Ansatz von Bitcoin, Transaktionen allein durch digitale Signaturen zu autorisieren. Die Sicherheit von Vermögenswerten hängt daher von der Geheimhaltung der zugehörigen privaten Schlüssel ab. Doch wenn 20 Jahre Forschung auf dem Gebiet der Usable Security uns eines gelehrt haben, dann, dass »Johnny nicht verschlüsseln kann« (Whitten und Tygar, 1999) – dass Endnutzer also keine privaten Schlüssel verwalten können. Angesichts der Tatsache, dass selbst routinierten Kryptowährungsnutzern immer wieder Vermögen durch verlorene und gestohlene Schlüssel abhandenkommen (siehe zum Beispiel Abramova et al., 2021), gibt es nicht den geringsten Grund, direkte Forderungen der Menschen gegenüber der Zentralbank – also das finanzielle Eingemachte – von einer Verschlüsselung ohne jedes weitere Sicherungssystem abhängig zu machen.[25] Auch in dieser Hinsicht ist die Anlehnung an Bitcoin – eine Technologie, die ursprünglich einer Umgehung von Autoritäten diente (siehe zum Beispiel Böhme et al., 2015) – eindeutig nicht die beste Blaupause für ein öffentliches Gut, das von einer zentralen Behörde bereitgestellt wird.

Blick nach vorn: Zahlungen und die Zentralbank der Zukunft

Die rückläufige Nutzung von Bargeld hat dazu geführt, dass immer mehr Zentralbanken die Ausgabe einer bargeldähnlichen elektronischen Forderung gegenüber der Zentralbank erwägen, die auch für private Haushalte verfügbar ist – sogenanntes Retail CBDC. Der vorliegende Artikel hat deutlich gemacht, wie schwierig es in diesem Zusammenhang ist, alle praktischen Eigenschaften von Bargeld zu reproduzieren. Dabei wurden Anforderungen an ein CBDC-basiertes Zahlungssystem formuliert und geeignete operative Architekturen und technische Umsetzungsmöglichkeiten untersucht.

CBDC sollte es den Zentralbanken ermöglichen, ein universelles Zahlungsmittel für das digitale Zeitalter bereitzustellen und gleichzeitig die Privatsphäre der Verbraucher zu schützen sowie die primäre Rolle des Privatsektors im Massenzahlungsverkehr und in der Finanzintermediation zu erhalten. Es wurde für ein »minimalinvasives« Modell plädiert, mit dem sich das erklärte Ziel erreichen lässt, eine bargeldähnliche digitale Zahlungsoption anzubieten, ohne das gesamte Währungs- und Finanzsystem auf den Kopf zu stellen.

Auf technologischer Seite wurde argumentiert, dass zweistufige CBDC-Modelle mit privatwirtschaftlichen Intermediären zur Abwicklung der Massenzahlungen eine praktikable Option darstellen. Es sind jedoch mehrere verschiedene Umsetzungsmöglichkeiten denkbar. Bei einigen würde die Zentralbank eine (wenn auch anonymisierte) Datenbank mit Privatkundenguthaben unterhalten, während in anderen Fällen nur die Massenzahlungssaldi erfasst würden.

Innerhalb dieses Gestaltungsspielraums müssen die Zentralbanken eine Abwägung treffen: Sie können entweder eine komplexe technische Infrastruktur oder ein komplexes Aufsichtssystem betreiben. Es gibt viele Möglichkeiten, in die eine oder andere Richtung voranzuschreiten, doch alle erfordern, dass die Zentralbanken ihr technologisches Fachwissen vertiefen.

Abgesehen davon gibt es noch jede Menge benachbarter Fragestellungen, die in diesem Artikel noch nicht einmal gestreift wurden. Eine davon ist die Abwägung zwischen der Zugänglichkeit elektronischer Zahlungsmittel und ihrer Angriffssicherheit. Ein weiterer Punkt ist, dass kein CBDC-Modell völlig bargeldähnlich sein kann, da die Nutzer auf eine technische Infrastruktur angewiesen sind und gegebenenfalls auf mögliche Zahlungsausfälle des Intermediärs oder zumindest auf entsprechende Benachrichtigungen reagieren können müssen.

Drittens bleibt die – womöglich wichtigste – Frage, wie elektronisches Geld so gestaltet werden kann, dass es eine Privatsphäre bietet, wie wir sie von Bargeld standardmäßig kennen. Bei jeder E-Geld-Technologie ist der Schutz der Privatsphäre ein Merkmal, das mühsam entwickelt werden muss, statt als charakteristische Eigenschaft des jeweiligen Buchführungssystems angelegt zu werden.

All dies führt zurück zu David Chaum, der aus der Perspektive der Informatik vorschlug, wie sich einige dieser Probleme – vor allem das der Anonymität – lösen ließen.[26] Sechsunddreißig Jahre sind seither ins Land gegangen, doch nun scheint endlich die Zeit reif dafür, dass sich Informatiker und Zentralbanker zusammentun, um eine echte elektronische Ergänzung zum Bargeld als allgemeines Zahlungsmittel für das digitale Zeitalter auf den Weg zu bringen.

Mit Blick auf die Zukunft wird die IT-Community die Entwicklung von CBDC begleiten und realistisch kommunizieren müssen, was die derzeitige Technologie leisten kann und was nicht.[27] Da eine Technologie zur Nachbildung aller Eigenschaften von Bargeld noch nicht existiert, könnte der Übergang zu CBDC das heutige, auf Bargeld als zentralem Element aufbauende Geldsystem grundlegend verändern.[28] Angesichts der hohen Abhängigkeit der Gesellschaft von einem funktionierenden und berechenbaren Geldsystem fordern die Autoren daher eine minimalinvasive Technologie, die den Verbrauchern eine digitale Ergänzung zum Bargeld bietet und gleichzeitig das zweistufige Geldsystem und die wichtige Rolle des privaten Sektors in diesem System bewahrt.

Anmerkungen

1 Bank für Internationalen Zahlungsausgleich bzw. Universität Innsbruck. Wir danken Svetlana Abramova, Claudio Borio, Stijn Claessens, Giulio Cornelli, Sebastian Dörr, Antonio Fatas, Jon Frost, Michael Fröwis, Colin Glass, Patrik Keller, Leonardo Gambacorta, Daniel Woods und einem anonymen Gutachter der BIZ-Arbeitspapierreihe für ihre Anmerkungen. Die in diesem Artikel geäußerten Ansichten sind die der Autoren und spiegeln nicht unbedingt die Meinung der Bank für Internationalen Zahlungsausgleich wider.

2 Im Folgenden wird diese bestimmte Ausprägung von digitalem Zentralbankgeld als Retail CBDC bezeichnet.

3 Siehe Group of Central Banks (2020), Bank of Bahamas (2020) bzw. Eastern Caribbean Central Bank (2021).

4 Die Inklusionsförderung würde geringe technische Zugangshürden für CBDC erfordern. Eine Bandbreite von Schnittstellen sowie physische Token zur Zahlungsabwicklung, CBDC-Karten mit Prepaid-Guthaben oder auch spezielle Geräte für den allgemeinen Zugang sollten in Betracht gezogen werden, außerdem benutzerfreundliche Optionen für Kinder, Senioren und Gruppen mit besonderen Bedürfnissen wie z. B. Sehbehinderte (siehe Auer et al., 2020f).

5 Zu den weiteren häufig genannten Vorteilen von CBDC zählen verbraucherseitig niedrigere Kosten als bei Barzahlung oder elektronischen Zahlungen, die Möglichkeit der Codierung neuartiger technologischer Merkmale zum Zweck der Programmierbarkeit, eine wirksamere Umsetzung der Geldpolitik und ein besserer Schutz der

Privatsphäre. Hierbei ist anzumerken, dass wohl nicht alle dieser Vorteile realisierbar sind, vor allem nicht gleichzeitig (siehe Auer und Böhme, 2020a,b).

6 Siehe Committee on Payment and Settlement Systems (2003) zur Rolle von Zentralbankgeld in Massenzahlungssystemen.

7 Das Pflichtguthaben, das eine Geschäftsbank bei der Zentralbank hinterlegen muss, wird als Mindestreserve bezeichnet. Es entspricht in der Regel einem geringen prozentualen Anteil an den Kundeneinlagen (und ist nicht in allen Ländern vorgeschrieben). Bei CBDC würden die Verbraucher ihre Saldoforderungen direkt bei der Zentralbank hinterlegen. Aus Sicht der Bilanzsumme (nicht unter anderen Gesichtspunkten) wäre CBDC also mit einem zweistufigen Geldsystem mit 100-prozentiger Mindestreserve vergleichbar.

8 Natürlich kann Bargeld seinen Wert durch Inflation verlieren. Der entscheidende Punkt ist jedoch, dass der Wert von Bargeld nur durch Inflation bedroht wird, während Einlagen bei Geschäftsbanken zusätzlichen Insolvenz- und Illiquiditätsrisiken ausgesetzt sind.

9 Stand aller aufgeführten Daten: Ende 2019. Die Angaben zum Bargeldumlauf stammen aus den CPMI-Redbook-Statistiken, die Angaben zu den Einlagen aus den Statistiken des Board of Governors of the Federal Reserve System sowie von der EZB, und die Angaben der Bevölkerungszahl stammen aus der World-Economic-Outlook-Datenbank des IWF.

10 Siehe z. B. Carstens (2019). In vielen Ländern wurden Zentralbanken gegründet, um die Bargeldausgabe und die Sicherung des Bargeldwertes zu gewährleisten. Ein Beispiel dafür ist das Federal Reserve System in den USA, das 1913 nach einer Periode privat ausgegebener und häufig entwerteter Währungen ins Leben gerufen wurde (siehe Giannini, 2011; Friedman und Schwartz, 1963).

11 Freie Marktwirtschaften existieren kaum noch in ihrer ursprünglichen Form. Staatliche Entwicklungsbanken oder »unkonventionelle« geldpolitische Maßnahmen wie der Kauf von Staatsanleihen und anderen Wertpapieren auf dem Sekundärmarkt sind Beispiele für Risikoübernahmen durch den öffentlichen Sektor.

12 Einige Wissenschaftler wie Bordo und Levin (2017) plädieren für eine Einführung von CBDC, um den Zentralbanken eine effektivere Umsetzung der Negativzinspolitik zu ermöglichen. Die Zentralbanken halten sich in dieser Hinsicht bedeckter und betrachten die geldpolitischen Konsequenzen als zweitrangig (Bank of Canada et al., 2020). Andolfatto (2021) und Chiu et al. (2019) untersuchen, wie die

Geschäftsbanken ihre Vergütung für Einlagen anpassen werden, wenn die Zentralbank CBDC einführt.

13 Im Wirtschaftsjargon – und sehr zur Verwirrung der Informatiker – wird ein vollständig anonymes Design als »tokenbasiert« bezeichnet. Diese Definition von Token im Vergleich zu Konten geht auf Kahn und Roberds (2009) zurück und wird von Kahn (2016) wie folgt formuliert: »In einem tokenbasierten System muss das ›Ding‹, das übertragen wird, identifiziert werden, damit sich der Zahlungsempfänger von der Gültigkeit der Zahlung überzeugen kann: ›Ist dieses Ding eine Fälschung oder legitim?‹ In einem kontenbasierten System dagegen muss der Kunde identifiziert werden: ›Ist diese Person diejenige, die sie vorgibt zu sein? Hat sie wirklich ein Konto bei uns?‹ Unklar bleibt, ob das ›Ding‹ ein Bitstring sein kann oder physisch sein muss.«

14 Der »abgestufte« Ansatz ist eine Kombination aus Obergrenzen und Zinspolitik, bei der auf CBDC-Guthaben unterhalb eines bestimmten Niveaus ein Positivzins gezahlt und auf Guthaben oberhalb dieses Niveaus ein geringerer Zins gewährt oder sogar Strafzins erhoben wird (Bindseil, 2020). Die Zentralbank der Bahamas hat dieses Konzept für das CBDC »Sand Dollar« übernommen (Central Bank of the Bahamas, 2019).

15 Zustandsautomaten sind ein Schlüsselkonzept der Informatik. In der Wirtschaftsliteratur fand der Begriff bereits im Zusammenhang mit der Untersuchung wiederholter Spiele Verwendung, u. a. bei Rubinstein (1986).

16 Alle vier Architekturen können entweder konten- oder tokenbasiert sein und mit verschiedenen Infrastrukturen umgesetzt werden. Die verschiedenen Optionen werden in Auer und Böhme (2020b) diskutiert.

17 Auch wenn Ausnahmen zur Lockerung der Konsistenzanforderungen von CBDC denkbar erscheinen, würde dies eine Ausweitung der Zentralbankoperationen bedeuten, was wiederum eine breitere politische Debatte voraussetzen und mit ziemlicher Sicherheit zu einer invasiveren Lösung führen würde, als an dieser Stelle angedacht ist.

18 Die Nichtwiderlegbarkeit ist eine technische Eigenschaft digitaler Signaturen und gestattet es, die Gültigkeit einer Unterschrift ohne Mitwirkung der unterzeichnenden Partei zu überprüfen.

19 Armelius et al. (2020) bezeichnen eine derartige Architektur als »dezentrale Lösungen mit Intermediären«. Die Zentralbank würde keine vollständigen Aufzeichnungen über die Transaktionen der Privatkunden führen, was sie von der Notwendigkeit entbinden

könnte, Risiken im Zusammenhang mit der Bekämpfung von Geldwäsche und Terrorismusfinanzierung zu überwachen, sich aber auch auf eine Verringerung operationeller Risiken wie der Attraktivität der Zentralbank als Ziel für Cyberangriffe auswirken dürfte.

20 So könnten sich die Zahlungsdienstleister verpflichten, ihre Kontostände bei der Zentralbank zu verschlüsseln und den Nutzern Zahlungsbestätigungen mit Nachweisen über eine Berücksichtigung der jeweiligen Beträge auszustellen, die mit bestimmten von der Zentralbank veröffentlichten Angaben verglichen werden können. Sind diese Saldi darin nicht enthalten (und belaufen sich folglich die Konten des Zahlungsdienstleisters nicht auf die gleiche Summe), könnte dies aufgedeckt und der Zahlungsdienstleister zur Rechenschaft gezogen werden.

21 Die Entscheidung zwischen proprietären und offenen Standards betrifft jede Architektur. Sie kann sich auf die Wettbewerbsfähigkeit der Branche, die Interoperabilität zwischen unterschiedlichem CBDC und das Vertrauen der Verbraucher in CBDC auswirken.

22 Es ist – wenn auch nicht kurzfristig – denkbar, dass ein Teil dieser Aufsicht durch die externe Kontrolle öffentlicher Massenzahlungsledger unter Einbeziehung der im Besitz der Kundinnen und Kunden befindlichen digital signierten Zahlungsbestätigungen erfolgt (siehe Auer, 2019).

23 Für wissenschaftliche Vorschläge mit einer solchen genehmigungsbasierten Distributed-Ledger-Technologie (DLT) siehe Ali und Narula (2020) und Gersbach und Wattenhofer (2020). Auer, Monnet und Shin (2021) haben breitere Anwendungen für genehmigungsbasierte DLT im Finanzbereich untersucht. Aufgrund der Schwierigkeit sicherzustellen, dass die zugrunde liegende ökonomische Gestaltung die richtigen Anreize setzt, kommen sie zu dem Schluss, dass zentralisierte Modelle in vielen Fällen wirtschaftlich effizienter sein dürften.

24 Siehe z. B. Danezis und Meiklejohn (2016) und Sun et al. (2017).

25 Beliebte Messaging-Apps, die für den großflächigen Einsatz von Verschlüsselungstechnologie gefeiert werden, verlassen sich bei der Kontenwiederherstellung auf Big-Tech-Unternehmen als Identitätsanbieter und opfern damit die Datensicherheit der Nutzer für mehr Benutzerfreundlichkeit. Zum Vergleich: Der Anteil der Nutzer, die die Public-Key-Verifizierung von WhatsApp verstehen und sicher einsetzen, ist geringer als der Anteil derer, die die grundlegenden Sicherheitsfunktionen von Banknoten verstehen.

26 Eine Umsetzung dieser Ideen wird in Chaum et al. (2021) diskutiert.

27 Natürlich erfordert die Ableitung einer verarbeitbaren direkten Forderung aus einem elektronischen Datensatz ebenso einen rechtlichen Rahmen wie die Möglichkeit, CBDC zu einem gesetzlichen Zahlungsmittel zu machen. Daher müssen technologische Entwicklung und Gesetzgebung Hand in Hand gehen.

28 Pichler et al. (2020) erörtern die besondere Rolle von Bargeld für das Geldsystem. Der Ausschuss für Zahlungsverkehr und Marktinfrastrukturen und der Ausschuss für Märkte (2018) erörtern die umfassenderen systemischen Auswirkungen der Ausgabe von CBDC. Dazu gehören die potenzielle Disintermediation von Banken, die erhöhte Anfälligkeit für Bankenanstürme im Falle finanzieller Turbulenzen, die Geschwindigkeit und das Ausmaß der geldpolitischen Transmission sowie die Möglichkeit, negative Zinssätze für CBDC einzuführen.

Literaturverzeichnis

Abramova, S., A. Voskobojnikov, K. Beznosov und R. Böhme (2021), Bits under the Mattress: Understanding Different Risk Perceptions and Security Behaviors of Crypto-Asset Users. Proceedings of the 2021 CHI Conference on Human Factors in Computing Systems, https://dl.acm.org/doi/fullHtml/10.1145/3411764.3445679

Adrian, T. und T. Mancini-Griffoli (2019), The Rise of Digital Money, IMF Fintech Note, Nr. 19/001.

Agarwal, R. und M. Kimball (2015), Breaking through the Zero Lower Bound, IMF Working Papers, Nr. WP/15/224.

Alfonso, V., C. Boar, J. Frost, L. Gambacorta und J. Liu (2021), E-commerce in the Pandemic and beyond, BIS Bulletin, Nr. 36, Januar 2021, https://www.bis.org/publ/bisbull36.pdf

Ali, R. und N. Narula (2020), Redesigning Digital Money: What Can We Learn from a Decade of Cryptocurrencies?, MIT Digital Currency Initiative Paper.

Andolfatto, D. (2021), Assessing the Impact of Central Bank Digital Currency on Private Banks, The Economic Journal 131 (634), S. 525–540.

Armelius, H., G. Guibourg, S. Johansson und J. Schmalholz (2020), E-Krona Design Models: Pros, Cons and Trade-Offs, Sveriges Riksbank Economic Review, 2020:2, June, S. 80–96.

Arner, D., R. Auer und J. Frost (2020), Stablecoins: Risks, Potential and Regulation, BIS Working Papers, No 905, https://www.bis.org/publ/work905.pdf.

Auer, R. (2019), Embedded supervision: How To Build Regulation into Blockchain Finance, BIS Working Papers, Nr. 811, September 2019, https://www.bis.org/publ/work811.pdf

Auer, R. und R. Böhme (2020a), CBDC Architectures, the Financial System, and the Central Bank of the Future, VoxEU, 29. Oktober 2020, https://voxeu.org/article/cbdc-architectures-financial-system-and-central-bank-future

Auer, R. und R. Böhme (2020b), The Technology of Retail Central Bank Digital Currency, BIS Quarterly Review, März 2020, S. 85–100, https://www.bis.org/publ/qtrpdf/r_qt2003j.pdf

Auer, R., G. Cornelli und J. Frost (2020c), Covid-19, Cash and the Future of Payments, BIS Bulletin, Nr. 3, April 2020.

Auer, R., G. Cornelli und J. Frost (2020d), Rise of the Central Bank Digital Currencies: Drivers, Approaches and Technologies, BIS Working Papers, Nr. 880, August 2020.

Auer, R., G. Cornelli und J. Frost (2020e), Rise of the Central Bank Digital Currencies: Drivers, Approaches and Technologies, CEPR Discussion Paper 15363, Oktober 2020.

Auer, R., J. Frost, T. Lammer, T. Rice und A. Wadsworth (2020f), Inclusive Payments for the Post-Pandemic World, SUERF Policy Note, Nr. 193

Auer, R., C. Monnet und H. S. Shin (2021), Permissioned Distributed Ledgers and the Governance of Money, BIS Working Papers Nr. 924, 27. Januar 2021, https://www.bis.org/publ/work924.pdf

Bank für Internationalen Zahlungsausgleich (BIZ) (2009), Roles and Objectives of Modern Central Banks, Kap. 2, in: Issues in the Governance of Central Banks, 18. Mai 2009, https://www.bis.org/publ/othp04.pdf

Bank für Internationalen Zahlungsausgleich (BIZ) (2020), Central Banks and Payments in the Digital Era, BIS Annual Economic Report, Kap. 3, Juni 2020, https://www.bis.org/publ/arpdf/ar2020e.pdf

Bank of Canada, European Central Bank, Bank of Japan, Sveriges Riksbank, Swiss National Bank, Bank of England, Board of Governors Federal Reserve System und Bank for International Settlements (2020), Central Bank Digital Currencies: Foundational Principles and Core Features, Report No 1 in a Series of Collaborations from a Group of Central Banks, https://www.bis.org/publ/othp33_summary.pdf

Barba Navaretti, G., G. Calzolari und A. F. Pozzolo (2020), What Are the Wider Supervisory Implications of the Wirecard Case?, European Parliament Economic Governance Support Unit, PE 651.384, https://www.europarl.europa.eu/RegData/etudes/STUD/2020/651384/IPOL_STU(2020)651384_EN.pdf

Barontini, C. und H. Holden (2019), Proceeding with Caution – a Survey on Central Bank Digital Currency, BIS Papers, Nr. 101, Januar 2019.
Bindseil, U. (2020), Tiered CBDC and the Financial System, ECB Working Paper Series, Nr. 2351, https://www.ecb.europa.eu/pub/pdf/scpwps/ecb.wp2351~c8c18bbd60.en.pdf
Boar, C., H. Holden und A. Wadsworth (2020), Impending Arrival – A Sequel to the Survey on Central Bank Digital Currency, BIS Papers, Nr. 107, Januar 2020, https://www.bis.org/publ/bppdf/bispap101.pdf
Boehme, R., N. Christin, B. Edelman und T. Moore (2015), Bitcoin: Economics, Technology, and
Governance, Journal of Economic Perspectives, Vol. 29, Nr 2, Spring 2015, S. 213–238, https://pubs.aeaweb.org/doi/pdfplus/10.1257/jep.29.2.213
Bordo, M. und A. Levin (2017), Central Bank Digital Currency and the Future of Monetary Policy, NBER Working Paper 23711, August 2017, https://www.nber.org/system/files/working_papers/w23711/w23711.pdf
Borio, C. (2019), On Money, Debt, Trust and Central Banking, BIS Working Paper Nr. 763, Februar 2019, https://www.bis.org/publ/work763.pdf
Brunnermeier, M. und D. Niepelt (2019), On the Equivalence of Private and Public Money, Journal of Monetary Economics, Bd. 106, S. 27–41.
Carstens, A. (2020), Shaping the Future of Payments, BIS Quarterly Review, März 2020, S. 17–20, https://www.bis.org/publ/qtrpdf/r_qt2003e.pdf
Carstens, A. (2021a), Digital Currencies and the Future of the Monetary System, Vortrag an der Hoover Institution, 27. Januar 2021.
Carstens, A. (2021b), Central Bank Digital Currencies: Putting a Big Idea into Practice, Vortrag am Peterson Institute for International Economics, 31. März 2021.
Central Bank of the Bahamas (CBB) (2019), Project Sand Dollar: A Bahamas Payments System Modernisation Initiative, 24. Dezember 2019.
Chaum, D. (1985), Security without Identification: Transaction Systems to Make Big Brother Obsolete, Communications of the ACM, Bd. 28, Nr. 10, S. 1030–1044.
Chaum, D., C. Grothoff und T. Moser, 2021, How to Issue a Central Bank Digital Currency, Working Papers 2021-03, Schweizerische Nationalbank, https://www.snb.ch/n/mmr/reference/working_paper_2021_03/source/working_paper_2021_03.n.pdf
Chiu, J., M. Davoodalhosseini, J. H. Jiang und Y. Zhu (2019), Bank Market Power and Central Bank Digital Currency: Theory and Quantitative Assessment, Bank of Canada Staff Working Paper Nr. 2019-20, https://www.bankofcanada.ca/wp-content/uploads/2019/05/swp2019-20.pdf
Collins, B. (2020), Wirecard Collapse Freezes Millions of Online Bank

Accounts: Will Customers Ever Get Their Money Back?, Forbes, 28. Juni 2020.
Committee on Payments and Market Infrastructures and Markets Committee (2018), Central Bank Digital Currencies, März 2018, Bank for International Settlements, https://www.bis.org/cpmi/publ/d174.pdf
Committee on Payments and Market Infrastructures (2019), Red Book Statistics.
Committee on Payment and Settlement Systems (2003), The Role of Central Bank Money in Payment Systems, Bank for International Settlements, August 2003, https://www.bis.org/cpmi/publ/d55.pdf
Danezis, G. und S. Meiklejohn (2016), Centrally Banked Cryptocurrencies, Tagungsband des 23. Annual Network and Distributed System Security Symposium, The Internet Society, https://eprint.iacr.org/2015/502.pdf
Eastern Caribbean Central Bank (2021), Public Roll-out of the Eastern Caribbean Central Bank's Digital Currency – DCash!, Pressemitteilung, 25. März 2021.
Fernández-Villaverde, J., D. Sanches, L. Schilling und H. Uhlig (2020), Central Bank Digital Currency: Central Banking for All?, Becker Friedman Institute for Economics at the University of Chicago, Working Paper Nr. 2020–04, https://bfi.uchicago.edu/wp-content/uploads/BFI_WP_202004.pdf
Friedman, M. und A. Schwartz (1963), A Monetary History of the United States, 1867–1960, Princeton: Princeton University Press.
Frost, J., H. S. Shin und P. Wierts (2020), An Early Stablecoin? The Bank of Amsterdam and the Governance of Money, BIS working paper 902, https://www.bis.org/publ/work902.pdf
Fung, B. und H. Halaburda (2016), Central Bank Digital Currencies: A Framework for Assessing Why and How, Bank of Canada Staff Discussion Paper, Nr. 2016–22, https://www.bankofcanada.ca/wp-content/uploads/2016/11/sdp2016-22.pdf
Gersbach H. und R. Wattenhofer, (2020), A Minting Mold for the eFranc: A Policy Paper, CER-ETH Economics Working Paper Series 20/342, Center of Economic Research at ETH Zürich.
Giannini, C. (2011), The Age of Central Banks, Celtenham.
Gilbert, S. und N. Lynch (2002), Brewer's Conjecture and the Feasibility of Consistent, Available, Partition-Tolerant Web Services, ACM SIGACT News, Bd. 33, Nr. 2, S. 51–59.
Group of Central Banks (2020), Central Bank Digital Currencies: Founda-

tional Principles and Core Features, erster Bericht einer Reihe gemeinschaftlicher Veröffentlichungen mehrerer Zentralbanken, Oktober.
Hayek, F. (1945), The Use of Knowledge in Society, American Economic Review, Bd. 35, Nr. 4, S. 519–530.
Kahn, C. (2016), How Are Payment Accounts Special? Payments Innovation Symposium, Federal Reserve Bank of Chicago, 12.–13. Oktober 2016.
Kahn, C. und W. Roberds (2009), Why Pay? An Introduction to Payments Economics, Journal of Financial Intermediation, Bd. 18, Nr. 1, S. 1–23.
Kiff, J., J. Alwazir, S. Davidovic, A. Farias, A. Khan, T. Khiaonarong, M. Malaika, H. Monroe, N. Sugimoto, H. Tourpe und P. Zhou (2020), A Survey of Research on Retail Central Bank Digital Currency, IMF Working Paper Nr. 20/104.
Lamport, L. (2021), Time, Clocks, and the Ordering of Events in a Distributed System. Communications of the ACM, Bd. 21, Nr. 7, S. 558–565.
Look C. (2021), ECB's Panetta Floats 3,000-Euro Limit on Digital Cash, Bloomberg, 09. Februar 2021.
Niepelt, D. (2020), Monetary Policy with Reserves and CBDC: Optimality, Equivalence, and Politics, Working Paper Nr. 20.05, Schweizerische Nationalbank, Study Center Gerzensee.
Pichler, P., M. Summer und B. Weber (2020), Does Digitalization Require Central Bank Digital Currencies for Public Use?, Monetary Policy & the Economy, Österreichische Nationalbank, Ausgabe Q4/19, S. 40–56.
Powell, J. (2019), Letter to Congressman French Hill, 19. November 2019, https://src.bna.com/MYB
Rubinstein, A. (1986), Finite Automata Play the Repeated Prisoner's Dilemma, Journal of Economic Theory, Bd. 39, S. 83–96.
Schnabel, I. und H. S. Shin (2018), Money and Trust: Lessons from the 1620s for Money in the Digital Age, BIS Working Papers, Nr. 698, https://www.bis.org/publ/work698.pdf
Sun, H., H. Mao, X. Bai, Z. Chen, K. Hu und W. Yu (2017), Multi-Blockchain Model for Central Bank Digital Currency, Tagungsband der 18. International Conference on Parallel and Distributed Computing, Applications and Technologies (PDCAT), IEEE, S. 360–367.
Sveriges Riksbank (2019), The Riksbank Proposes a Review of the Concept of Legal Tender, Pressemitteilung, https://www.riksbank.se/en-gb/press-and-published/notices-and-press-releases/press-releases/2019/the-riksbank-proposes-a-review-of-the-concept-of-legal-tender/
Sveriges Riksbank (2020), The Riksbank's E-Krona Pilot, Februar 2020.
Tobin, J. (1987), The Case for Preserving Regulatory Distinctions, Tagungs-

band des Federal Reserve Bank of Kansas City Jackson Hole Symposiums, S. 167–183.
Whitten, A. und D. Tygar (1999), Why Johnny Can't Encrypt: A Usability Evaluation of PGP 5.0, Tagungsband des 8. USENIX Security Symposiums.

Phänomene im Umgang mit Geld während der Pandemie[1]

Viviana A. Zelizer

Die Schrecken der globalen Corona-Pandemie haben sich auch auf die Welt des Geldes ausgewirkt. Neben den verheerenden finanziellen Folgen ist zugleich eine Vielzahl neuartiger Zahlungsmittel aufgekommen. Während Kryptowährungen sich im Mainstream etablierten und Coinbase an die Börse ging, wurden wir zugleich Zeuge oftmals schwindelerregender Kursausschläge inmitten einer sich diversifizierenden Digitalökonomie, wie etwa beim berüchtigten Dogecoin. Parallel dazu verstärkten sich die Diskussionen über digitales Zentralbankgeld (Central Bank Digital Currencies – CBDC), während kontaktlose Zahlungen weiter an Raum gewannen. Schlagzeilen mit Prophezeiungen über ein Ende des Bargeldes überschlugen sich, während der Bestand an Bargeld zugleich zunahm. Mit dieser Vervielfachung von Geld und neuartigen Zahlungssystemen werden nicht nur die staatlich gestützten gesetzlichen Zahlungsmittel in ihrer Alleinstellung zunehmend herausgefordert, sondern es wird auch die Art und Weise infrage gestellt, wie wir über Geld denken und es verwenden.

Neben den aufsehenerregenden Schlagzeilen in Sachen Kryptowährungen waren einige weniger auffällige, doch nicht minder folgenreiche gesellschaftliche Entwicklungen mit Blick auf den Zahlungsverkehr zu beobachten. Dieser Artikel befasst sich mit drei gesellschaftlich bedeutsamen Formen von Auffälligkeiten beim Umgang mit Geld in der Pandemie: dem Anstieg des Spendenaufkommens, den unverändert hohen Heimatüberweisungen und der geschlechterspezifischen Zuordnung von Geld in den privaten Haushalten. Ich werde zunächst kurz auf alternative Erklärungsmöglichkeiten für diese Phänomene eingehen, um mich anschließend in meiner Argumentation auf die Überzeugungskraft soziologischer Befunde zu stützen. Dabei zielt die Analyse insgesamt mehr auf die unterschiedlichen

Bedeutungsdimensionen von Geld als auf dessen vielfältige Erscheinungsformen ab.

Die Analyse von Geld aus der soziologischen Perspektive hat in den vergangenen 40 Jahren einen regelrechten Boom durchlaufen. Dabei entrissen die Soziologen den Volkswirten fast unbemerkt die intellektuelle Deutungshoheit über das Geld. Dies gelang ihnen, indem sie die in der Wirtschaftslehre als rein fungibel und unpersönlich definierten Zahlungsmittel in gesellschaftlich und moralisch relevante Werteinheiten umdeuteten (siehe zum Beispiel Bandelj et al., 2017b; Wilkis, 2018).

Die Corona-Pandemie hat dazu geführt, dass man an solchen sozialen und moralischen Aspekten des Geldes nicht mehr vorbeikommt (Fassin und Fourcade, 2022). So löste sie in der Öffentlichkeit allen voran eine Debatte über den relativen Wert von Menschenleben gegenüber den Kosten ihres Schutzes aus. Dabei waren selbst renommierteste Fachleute überrascht von der verbreiteten Entschlossenheit zum Herunterfahren von Betrieben, damit Menschenleben gerettet würden.

Dabei zeigten sich in geldlicher Hinsicht noch einige weitere überraschende Phänomene.

Auffälligkeiten im Umgang mit gespendetem Geld

Das erste auffällige Phänomen bezieht sich auf das gespendete Geld und den erstaunlichen Anstieg des allgemeinen Spendenaufkommens, obgleich die Geber vielfach selbst unter wirtschaftlichem Druck standen. In Anbetracht der Auslöschung von Menschenleben und Existenzgrundlagen durch die weltweite Pandemie neigten die Fachleute zur düsteren Vorhersage, dass sich auch das philanthropische Spendenaufkommen verschlechtern werde. Denn schließlich war auch die Große Rezession von 2008 mit einem dramatischen Rückgang von Wohltätigkeitsspenden einhergegangen (Meer, Miller und Wulfsberg, 2017; Stiffmann, 2020). Doch erstaunlicherweise nahmen die Geldspenden in der Anfangszeit der Pandemie ganz entgegen den ursprünglichen Befürchtungen sogar zu.

Das Ausmaß der pandemiebedingten Spendenwelle war beträchtlich. In den Vereinigten Staaten erreichte das Aufkommen von Spenden, sei es von Privatpersonen, aus Erbschaften, Stiftungen oder von

Unternehmen, eine Rekordhöhe von insgesamt 471,44 Mrd US$ (Giving USA, 2021; Osili, 2020).[2] Zusätzlich zu den Spenden an traditionelle gemeinnützige Organisationen kam es dabei auch zu einem spürbaren Anstieg direkter Geldtransfers, denn die Menschen ließen ihren Not leidenden Verwandten, Freunden, Nachbarn oder Kleinunternehmern digital gespendetes Geld zukommen. Dazu gehörten auch großzügigere Trinkgelder an Dienstleister wie etwa Lebensmittellieferanten oder sogar an Mitarbeiterinnen und Mitarbeitern von Supermärkten, die ihre Gesundheit während der Pandemie aufs Spiel setzten.

Vielerorts wurde indirekt gespendet, indem die Spender Bestellungen bei Restaurants in der Nachbarschaft aufgaben, Geschenkgutscheine in örtlichen Geschäften erwarben oder Dienstleistungen, die nicht mehr erbracht werden durften (zum Beispiel Reinigungsarbeiten, Kinderbetreuung, Friseurdienste etc.), dennoch weiterbezahlten. Zugleich gewannen Crowdfunding-Kampagnen zur Unterstützung von Gesundheitspersonal oder Familien – beim Kauf von Lebensmitteln oder der Begleichung sonstiger Lebenshaltungskosten, Arztrechnungen, Beerdigungen und so weiter – an Verbreitung.

Twitter-Prominente machten sich mitunter anheischig, die dringendsten Rechnungen ihrer Online-Follower zu begleichen. Bei diesen pandemiebedingten Spenden handelt es sich häufig um Kleinbeträge. Nehmen wir zum Beispiel den Twitter-Aufruf der Autorin Roxane Gay: »Hast du kein Geld mehr für den Lebensmittelkauf, schicke ich dir 100 Dollar über Venmo.«[3] Gleichzeitig schossen neue Selbsthilfegruppen aus dem Boden, die neben Bargeld auch andere Formen der Unterstützung anboten (siehe zum Beispiel Freytas-Tamura 2021; Ticktin, 2021).

Einer meiner Studenten in Princeton engagierte sich trotz einer bereits überhohen akademischen Aufgabenbürde zusätzlich in einer auf dem Prinzip der Gegenseitigkeit basierenden freiwilligen Hilfsorganisation mit Sitz in Philadelphia. Er erzählte mir von wöchentlichen Barzuwendungen an Menschen, die Arbeit und Einkommen verloren hatten und nun nach Hilfe anstanden. Dabei handelte es sich zu mehr als 90 % um Menschen aus Lateinamerika ohne legalen Aufenthaltsstatus, die über keinen Zugang zu elektronischen Zahlungsmethoden wie Venmo, PayPal oder Cash App (angesichts der erforderlichen Verknüpfung mit einem Bankkonto) verfügten oder es vorzogen, solche Zahlungswege nicht zu nutzen. Verteilt wurden die Barzuwendungen über Juntos, eine vertrauenswürdige, von der lateinamerikanischen Community geleitete Partnerorganisation für Migrantinnen und Migranten in Süd-Philadelphia, wo sich Menschen ohne Papiere sicher fühlen durften.[4]

Nicht zu vergessen sind auch die von Studierenden in den USA vielerorts ins Leben gerufenen Selbsthilfeorganisationen. Dies geschah, um Kommilitoninnen und Kommilitonen während der Pandemie bei der Finanzierung von Grundbedürfnissen wie Unterkunft, medizinischer Versorgung oder Lebensmitteln zu unterstützen. Jenseits jedweder offiziellen universitären Struktur sammelten diese Studierenden Tausende von US-Dollar in Form von Kleinspenden und verteilten sie über Venmo oder andere Apps an Bedürftige (Marcus, 2020).

Unterdessen wurden gespendete Konjunkturschecks durch Basisorganisationen wie »Pay it Forward« oder #ShareMyCheck einer Vielzahl wohltätiger Zwecke zugeführt, unter anderen als Mietbeihilfe für zwangsräumungsbedrohte Menschen oder Unterstützung von Personen ohne legalen Aufenthaltsstatus. Die Black Lives Matter Global Network Foundation richtete, nachdem in Reaktion auf den Tod von George Floyd ein beispiellos hoher Spendenfluss an Gruppen im Kampf für Rassengerechtigkeit eingesetzt hatte, einen eigenen Hilfsfonds (»Survival Fund«) ein. Einer der Begünstigten des Fonds merkte an, das Geld stehe als Symbol für den Zusammenhalt in der Gemeinschaft und wurzele in der gemeinsamen geschichtlichen Erfahrung, sich gegenseitig Beistand zu leisten. Zitat: »Auf diese Weise bringen wir unsere Liebe zum Ausdruck« (Somvichian-Clausen, 2021).[5]

Die Konjunkturschecks in den Vereinigten Staaten haben zu einer neuartigen, sehr idiosynkratischen Ökonomie des Schenkens geführt. Während diese staatlichen Corona-Hilfen den meisten Empfängern zur Deckung des dringenden Bedarfs im Rahmen der gewöhnlichen Haushaltsführung dienten, haben 2020 schätzungsweise 11 bis 13 Millionen US-Amerikaner ihre Konjunkturschecks ganz oder teilweise für wohltätige Zwecke und an Familienmitglieder gespendet oder tragen sich mit entsprechenden Plänen.[6] Andere wiederum verschenkten das Geld auf ganz eigene Art; so spendete ein Lehrer aus Alabama, der während der Pandemie seine Stelle behalten konnte, einen Teil des Ertrags aus seinem Konjunkturscheck anonym zur Begleichung der Stromrechnungen der Familien dreier seiner Schüler (Williams, 2020).

Aus der »Konjunkturscheck-Ökonomie« erwuchs zugleich ein neues soziales Beziehungsgeflecht. So beobachtete Lana Swartz,

Autorin von *New Money: How Payment Became Social Media* (2020), wie junge Leute älteren Menschen die Aufgabe abnahmen, die Corona-Schecks in Bargeld einzulösen. Sie berichtete mir von einer Person, die den Erlös aus dem Scheck unter das Pflegepersonal des Seniorenheims der betagten Mutter als Dankeschön verteilte. Dies kann aber auch als eine gewisse Form von Bestechung beziehungsweise als Bitte um besondere Zuwendung gewertet werden.

Studierende der Harvard Business School organisierten eine eigene Covid-19-Spendenkampagne, die MBA 1200. Dabei riefen sie Kommilitoninnen und Kommilitonen dazu auf, ihre Konjunkturschecks an Anwohner, örtliche Kleinunternehmer oder gemeinnützige Organisationen zu spenden. Die adressierten Studierenden waren zur Spende eines Betrags angehalten, den sie als »angemessen« erachteten – entweder den gesamten Scheck, den Erstattungsbetrag für Druckkosten an der HBS oder die Shad-Gebühr [für das HBS-Fitnesscenter], wobei die staatlichen Hilfsgelder mit Harvard-spezifischen Zahlungsmitteln vermengt wurden. Schritte zu einer Quantifizierung der Summen, die von Amerikanerinnen und Amerikanern in diesem erweiterten Wohltätigkeitssinn gespendet wurden, sind noch nicht abgeschlossen (Women's Philanthropy Institute, 2021).

Indessen ist die Spende von Mitteln, die aus Konjunkturprogrammen stammen, kein reines US-Phänomen. Nachdem Israel allen Bürgerinnen und Bürgern 2020 eine einmalige Corona-Beihilfe ausgezahlt hatte, ergab eine Umfrage unter 998 Empfängern, dass etwa 14 % (meist aus einkommensstärkeren und älteren Haushalten) den Zuschuss entweder gespendet oder zur Unterstützung von Familie oder Freunden ausgegeben hatten (Feldman und Heffetz, 2020).[7] Hier könnte der auslösende Impuls in Kampagnen von Basisorganisationen gewurzelt haben, die zu privaten Spenden für die bedürftigsten Bevölkerungsgruppen aufriefen.

Heimatüberweisungen

Wie ist es um das zweite Phänomen, die unverändert hohen, überaus wichtigen Überweisungen von Migrantinnen und Migranten in ihre Heimatländer, bestellt? Die Systeme zum internationalen Geldtransfer durch Migranten gleichen einem schieren Wunder. Fast überall, wo eine größere Anzahl von Menschen aus Niedriglohnregionen in entfernte Hochlohngebiete strömt und dabei eine Vielzahl an Verwandten in der Herkunftsregion zurücklässt, gedeihen spezifische Heimatüberweisungssysteme. Sie entstehen, ohne dass es hierfür ein globales kulturelles Modell oder weltweit aktive Förderorganisation beziehungsweise etwaige rechtliche Vorgaben gäbe. Gleichwohl funktionieren diese Systeme rund um den Globus erstaunlich ähnlich. Die Migrantinnen und Migranten legen dabei regelmäßig einen beträchtlichen Teil ihres meist spärlichen Lohns für die Daheimgebliebenen zurück.

Doch wie hat sich die Praxis der Heimatüberweisungen in der Pandemiephase geschlagen? Die Weltbank hatte mit Blick auf die Wirtschaftskrise einen weltweiten Rückgang der Remissen um alarmierende 20 % vorausgesagt (Weltbank, 2020; Ratha et al., 2021). Angesichts des Einbruchs der Heimatüberweisungen während der Großen Rezession von 2008 erschien diese Größe als durchaus plausible Annahme (siehe zum Beispiel Orozco, 2009). Demgegenüber geht aus einem Bericht der Weltbank aus dem Jahr 2021 über die Überweisungsströme des Jahres 2020 hervor, dass die Zahlungen in Länder mit niedrigem und mittlerem Einkommen trotz aller wirtschaftlichen Nöte gerade einmal 1,6 % niedriger ausgefallen waren als im Vorjahr, während die ausländischen Direktinvestitionen in diese Länder um 11 % sanken (Ratha et al., 2021). Schätzungen zufolge verzeichneten einige Länder sogar einen Anstieg der Heimattransfers.[8] Die Krisenbeständigkeit der Heimatüberweisungen ist sehr bedeutsam, da die Kleinbetragszahlungen in der Summe die wichtigste Kapitalquelle der betreffenden Schwellenländer bilden, und zwar noch vor den Direktinvestitionen.

Auch in normalen Zeiten haben Heimatüberweisungen oft Vorrang vor den eigenen finanziellen Bedürfnissen der Betroffenen. Die Migrationsforschung hat gezeigt, dass den Heimatüberweisungen auf beiden Seiten der Migrationskette vielfach eine hohe moralische Bedeutung zugemessen wird, und wer seinen Anteil nicht beisteuert, wird an den Pranger gestellt. Das finanzielle Engagement ließ auch dann nur unwesentlich nach, als sich die Wirtschaftskrise 2020 zuspitzte. An dieser Stelle möchte ich Elias Bruno zitieren, einen 31-jährigen Bauarbeiter in Panama City, Florida, der fünf Verwandte in Mexiko unterstützt. Einem Reporter der *New York Times* erläuterte er: »Wir haben zwar zu kämpfen hier, doch in Mexiko ist alles noch schlimmer. Man muss jedes erdenkliche Opfer erbringen, um die

Familie zu ernähren« (Jordan, 2020). Dies gilt auch, wenn dabei, wie so häufig, hart erarbeitete Ersparnisse angetastet werden müssen. Nicht umsonst bezeichnet ein Bericht des Weltwirtschaftsforums die Absender solcher Geldüberweisungen als »Frontarbeiter der sozialen Absicherung« (Ersek, 2021).

Geschlechterspezifische Auffälligkeiten

Wenden wir uns nun einem dritten, ganz anders gelagerten Phänomen zu: der geschlechterspezifischen Aufteilung der finanziellen Mittel in privaten Haushalten während der Corona-Pandemie. Während Spenden und Heimatüberweisungen von Haushalt zu Haushalt fließen, bezieht sich das geschlechterspezifische Phänomen auf die Mittelverteilung innerhalb der privaten Haushalte. Veranschaulicht wird dies im Brief einer verzweifelten Ehefrau, die den Finanzspezialisten von *MarketWatch* um Rat bezüglich des Konjunkturschecks für ihren Haushalt bat: »Mein Mann weigert sich, mir den Betrag aus meinem Konjunkturscheck von seinem Sparkonto auszuzahlen. […] Er sagt, das Geld stehe mir nicht zu, weil ich es nicht selbst verdient habe. Was kann ich dagegen unternehmen?« (Fottrell, 2020).

Der Experte sprach von finanziellem Missbrauch und erklärte, der Ehemann sei rechtlich nicht befugt, das Geld einzubehalten. In über zweihundert Leserkommentaren auf die Klage der Ehefrau wird deutlich, wie kontrovers der divergierende Anspruch von Ehemännern und Ehefrauen auf die Konjunkturschecks tatsächlich gesehen wird. Während einige Leser diese Diskussionen auf die leichte Art nahmen (sie brauche doch nur aufzuhören, für ihn zu kochen oder seine Sachen nicht mehr zu waschen… und wenn er sich beschwere, solle sie ihn fragen, »womit hast du es überhaupt verdient, dass ich für dich wie eine Sklavin schufte?«), offenbarten andere Reaktionen tiefe Zerwürfnisse mit Blick auf die konkurrierenden Finanzansprüche von »ihm« und »ihr«.

Berichte aus den USA, Großbritannien und Australien zeichnen hinsichtlich der Verwendung erhaltener Corona-Hilfen ein noch düstereres Bild und zeigen auf, wie Männer die Corona-Schecks ihrer Ehefrau missbräuchlich in die eigene Tasche wandern ließen und damit auch deren Möglichkeiten wegzugehen einschränkten (sspptest@duke.edu, 2020; SEA, 2021; Boxall und Morgan, 2021).[9]

Von solch ominösen Extremfällen abgesehen werfen häusliche Streitigkeiten um die Konjunkturschecks aber auch Fragen danach auf, wie die Finanzen der privaten Haushalte durch die Corona-Pandemie beeinflusst werden. Wie änderte sich beispielsweise die Mittelverteilung in den Familien, als sich im Sog der Pandemie weltweit mehr Mütter als Väter gezwungen sahen, ihre Erwerbstätigkeit aufzugeben, um sich unbezahlter Kinderbetreuung und Homeschooling hinzugeben? Haben Frauen mit dem eigenen Einkommen auch die Entscheidungsgewalt darüber verloren, wie viel Geld wann für was ausgegeben wird?

Das Phänomen einer geschlechtsspezifisch unterschiedlichen Verwendung von Geld ist nicht neu. Im Verlauf meiner langjährigen Untersuchungen von US-Haushalten bin ich auf zahlreiche geschlechterspezifische Auffälligkeiten gestoßen, die auf eine Zweckbindung des Einkommens von Frauen hinauslaufen. Selbst wenn beide Ehepartner ähnlich viel Geld verdienen, wird das Einkommen der Frau häufig für bestimmte Zwecke wie die Ausbildung der Kinder, Urlaube oder Babysitter-Kosten bestimmt und damit anders und in gewisser Weise nachrangig gegenüber den Finanzmitteln des Ehemanns behandelt. Zahlreiche Mikrokredit- und an Konditionen geknüpfte Geldtransferprogramme zeigen zudem, dass Mütter dazu neigen, einen größeren Teil ihres Geldes den eigenen Kindern und Bedürfnissen der Familie zu widmen, während Ehemänner eher dazu tendieren, Geld für persönliche Ausgaben beiseitezulegen (Zelizer, 2011; 2017). Solche geschlechtsspezifischen Muster schimmern auch bei den Heimatüberweisungen durch. Abrego (2009) führte in der Zeit von 2004 bis 2006 Interviews mit in den USA lebenden Menschen aus El Salvador. Dabei stellte sie fest, dass die Mütter zwar deutlich weniger als die Väter verdienten, sie aber den hart verdienten Lohn mit größerer Regelmäßigkeit als ihre Ehemänner an ihre in der Heimat zurückgebliebenen Kinder schickten. Oft taten sie dies zulasten des eigenen Wohlergehens und sandten auch dann noch Geld, wenn sie eine neue Beziehung eingegangen waren. Dies zeigt nach Ansicht von Abrego, dass geschlechtsspezifisches elterliches Verhalten die Höhe der Überweisungen bestimmt.

Abgesehen von anekdotischen Berichten über Ehestreitigkeiten wegen der Konjunkturschecks verfügen wir bislang allerdings über keine systematischen Daten, anhand derer sich eine Besonderheit wie die geschlechtsspezifisch unterschiedliche Verwendung erhaltener Corona-Hilfen erklären ließe. Wir wissen zum Beispiel nicht, ob Frauen ihre Konjunkturschecks in stärkerem Maß zur Begleichung der Haushaltskosten ausgegeben haben als Männer. Darauf sollten wir aber ein genaues Augenmerk legen.[10]

Zweckbindung des Geldes

Wie können wir uns das Auftreten dieser drei Phänomene in der Pandemie erklären? Warum haben direkte Geldspenden so stark zugenommen, und wieso sind die Heimatüberweisungen in diesen wirtschaftlich fragilen Zeiten und angesichts der prekären Beschäftigungslage stabil geblieben? Aus welchem Grund wurden Konjunkturschecks an Dritte weitergegeben? Warum opfert man die eigenen bescheidenen Ersparnisse zugunsten der Familie im Ausland? Und warum sollte das Geschlecht bei der Aufteilung der Mittel in den Haushalten eine Rolle spielen? Sollte Geld nicht geschlechterneutral sein? Und ganz allgemein: Warum unterteilen Menschen auf zuweilen sehr überraschende Weise ihre finanziellen Mittel je nach Ursprung in unterschiedliche Verwendungszwecke?

In der traditionellen Geldtheorie werden wir auf der Suche nach einer zufriedenstellenden Antwort sicherlich nicht fündig. Die fest verankerte Annahme der Fungibilität des Geldes besagt, dass zwischen Geldmitteln nicht unterschieden werden kann: So lässt sich jeder US-Dollar durch einen beliebigen anderen US-Dollar ersetzen, unabhängig davon, woher er kommt, wie und von wem er verdient wurde oder von wem er wofür ausgegeben wird. Aus diesem Blickwinkel ist alles Geld gleich, oder wie es in den USA heißt: »Ein Dollar ist ein Dollar ist ein Dollar«. Es kommt nur darauf an, wie viel Geld wir haben, nicht *welches* Geld. Aus der Sicht der gängigen Wirtschaftstheorie beruht die Effizienz des Geldes gerade auf seiner Unpersönlichkeit. Jede moralische, sentimentale oder kulturelle Zweckbindung stört die Anonymität des Geldes.

Bei Moralphilosophen oder Gesellschaftskritikern Antworten zu suchen, ist ähnlich aussichtslos. Anders als bei der von Wirtschaftswissenschaftlern postulierten Fungibilität des Geldes beschäftigen sich diese zwar mit der moralischen Dimension des Geldes, in der Regel allerdings nur mit dessen schädlichen Auswirkungen. Während uns die Pandemie vor schmutzigem physischem Geld das Fürchten lehrte (siehe zum Beispiel Auer et al., 2020), hat die Angst vor schmutzigem Geld im übertragenen Sinne eine lange Geschichte. In dieser Vorstellung von »korrumpierendem Geld« steht Geld unter moralischem Verdacht: Unsere zwischenmenschlichen Beziehungen werden durch das kaltblütige wirtschaftliche Kalkül unweigerlich verdorben. Das Modell des korrumpierenden Geldes gibt daher kaum Aufschluss über eine etwaige in moralischer oder sozialer Hinsicht erbauliche Zweckbindung des Geldes.

Freilich sind die Modelle des fungiblen und des korrumpierenden Geldes mitunter zutreffend. Doch sie erzählen nur einen Teil der Geschichte, und nicht annähernd genug, um zu einer Auflösung des Rätsels um unsere drei monetären Phänomene beizutragen. Lassen Sie mich daher ein drittes Modell einführen, das Modell des »sozialen Geldes«, mit dem sich besser erklären lässt, wie Geld wirklich funktioniert. Bei diesem Modell betrachten wir Geld als zutiefst kulturelles, soziales und moralisches Medium, wobei wir die Annahme der Fungibilität zurückstellen und uns auf die Zweckbindung von Geld konzentrieren. Unter Zweckbindung verstehe ich die Differenzierung von Geld auf der Grundlage kultureller Bedeutungen oder sozialer Beziehungen.[11]

Sobald man Geld durch die soziale Brille betrachtet, eröffnet sich ein Kaleidoskop unterschiedlichster Geldarten mit vielfältigen Bedeutungsdimensionen und damit verbundenen Moralvorstellungen. Deshalb interessiert uns nicht immer ausschließlich der Betrag, den wir geben oder erhalten, sondern auch, um *welches* Geld es sich dabei handelt. Mithin spielt die Herkunft unseres Geldes oft eine Rolle dafür, wie wir es verwenden und vor allem wofür, für wen oder mit wem wir das Geld ausgeben, sparen oder investieren.[12]

Dazu ein Beispiel: In einer früheren Studie habe ich die überraschende Beliebtheit der Christmas Savings Clubs in den USA im frühen 20. Jahrhundert untersucht. Aus herkömmlicher wirtschaftswissenschaftlicher Sicht erscheinen diese niedrig oder gar nicht verzinsten Weihnachtssparkonten als irrationale Ausgabenbeschränkung. Ich stellte jedoch fest, dass es sich bei den meisten Einlegern um Ehefrauen aus der Arbeiterklasse handelte, die offenbar die Clubs als institutionelle Einrichtung nutzten, um Weihnachtsgeld zweckzubinden und schlechterdings vor dem Zugriff anderer Haushaltsmitglieder, insbesondere der Ehemänner, zu schützen. Tatsächlich wurde das Weihnachtsgeld oft für wichtige häusliche Anschaffungen wie eine Waschmaschine oder einen neuen Mantel für die Tochter zurückgelegt. Für die Ehefrauen bedeutete diese irrational anmutende Zweckbindung des Weihnachtsgeldes eine – wenn auch geringe – Stärkung ihrer finanziellen Autonomie gegenüber dem Ehemann (Zelizer, 2017).[13]

Die sozial sinnstiftende Zweckbindung von Geld ist weitverbreitet. Doch wenn alles Geld gleich ist, warum bezeichnen wir dann manche Geldmittel als »Blutgeld«, andere wiederum als »ehrliches Geld«? Warum werden 1000 Dollar Gehalt oft anders ausgegeben als ein Lottogewinn in gleicher Höhe? Warum verwenden wir geerbtes Geld häufig anders als selbst verdientes? Wie unterscheiden wir zwischen Bestechungsgeldern, Spenden, Geschenken und Zahlungen für Waren und Dienstleistungen? Und wie trennen wir zwischen karitativen Spenden und Sozialleistungen? In diesem Zusammenhang stellt sich auch die Frage, warum Unternehmen – auch Banken – ausgeklügelte Vergütungssysteme eingerichtet haben, die zwischen Gehältern, Boni und freiwilligen Sozialleistungen unterscheiden. Oder wie sich Weihnachtsgeld von einem Geschenk oder einem Trinkgeld unterscheidet. Und ab wann aus dem jährlichen Bonus ein einklagbarer Rechtsanspruch wird.

All diese Unterscheidungen sind keinesfalls schlicht irrational. Es sind auch keine intellektuellen Spitzfindigkeiten. Die kulturellen und moralischen Unterschiede, die wir bei Geld machen, spielen – unabhängig von der Höhe des Betrags – eine Rolle für unsere sozialen Beziehungen zu anderen Mitmenschen und haben konkrete wirtschaftliche und rechtliche Folgen sowie politische Auswirkungen.[14]

Niemandem sind diese monetären Unterscheidungen gleichgültig: Die falsche Kategorisierung von Geld mag uns gelegentlich amüsieren, noch häufiger aber verärgern oder kränken. Stellen Sie sich bildlich mein Entsetzen vor, wenn mir meine Studierenden einen dicken Umschlag mit Hundertdollarscheinen als Anreiz für einen besseren Unterricht anböten! Oder stellen Sie sich Ihre Angestellten vor, wenn sie anstelle ihres Gehalts Geschenkgutscheine von Ihnen erhielten? Oder wenn Sie Ihrem Ehepartner als Dankeschön für ein gutes Essen ein Trinkgeld hinblättern? Warum sind solche kleinen und großen Fauxpas für uns von solch eminenter Bedeutung? Weil sie gegen tief verwurzelte kulturelle Erwartungen verstoßen, wie unsere Beziehungen zu anderen funktionieren sollten.

Erst wenn wir die soziale, kulturelle und moralische Vielfalt des Geldes erkennen, ergeben die drei vorliegenden Phänomene im Umgang mit Geld einen Sinn. Und dann erklärt sich auch, warum karitative Spenden und Heimatüberweisungen in der Corona-Pandemie eben anders als im historischen Beispiel der Großen Rezession nicht zurückgegangen sind.

Die beste Erklärung hierfür ist, dass Geld in der Pandemie neue soziale Bedeutungsinhalte erlangt hat. In einer Zeit schmerzlicher sozialer Distanzierung – weil uns die Quarantäneregeln voneinander trennten – generierte Geld soziale Bindungen. Es trug zur Überbrückung des physischen Abstands zwischen den Menschen bei, indem es sie in die Lage versetzte, ihrer Sorge um vertraute wie auch fremde Menschen Ausdruck zu geben. Man beachte den scheinbaren Widerspruch: Vermeintlich kaltes Geld als ultimatives Transaktionsmittel veredelt sich zu einem freundlichen sozialen Zahlungsmedium, das vielschichtige soziale Bande stärkt und die Solidarität innerhalb der örtlichen Gemeinschaften festigt. Dabei könnte dem Geld aus den Pandemiehilfen – je nach sozialer Beziehung zwischen Geber und Empfänger – der Verwendungszweck als einfache Wohltätigkeit, als eine Art politisch begründete gegenseitige Unterstützung, als persönliches Geschenk oder schlicht als großzügiges Trinkgeld zugedacht sein.

Dies erklärt auch, warum die Konjunkturschecks häufig als moralisch fragwürdige Einnahme empfunden wurden. Warum sparten die Empfänger – selbst diejenigen, die die Mittel nicht dringend benötigten – das zusätzliche Geld nicht einfach? Wie eine Wirtschaftsjournalistin irritiert feststellte, war der Scheck mit einer gewissen »moralischen Verpflichtung« verbunden. Dies war in ihrem Freundeskreis Anlass für Gespräche über die richtige Verwendung des Geldes, etwa den Kauf von Geschenkgutscheinen bei der lokalen Buchhandlung oder beim örtlichen Friseur (Campbell, 2021). Auch Rechtsanwältin Rebecca Maurer aus Cleveland empfand es als nicht angemessen, ihren Konjunkturscheck über 1 200 Dollar als Zufallsgewinn zu betrachten statt als »Gelegenheit, der Gemeinschaft etwas zurückzugeben«, zu sehen (Williams, 2020).[15] Anders als es die Fungibilität impliziert, spielte die Herkunft der Finanzmittel aus dem Konjunkturpaket durchaus eine Rolle.

Sicherlich waren auch wirtschaftliche und technologische Aspekte für die Verwendung der Corona-Hilfen von Bedeutung. Nach Ansicht von Jonathan Meer, eines Experten auf dem Gebiet der Ökonomie karitativer Spenden, unterscheidet sich die Pandemie dahin gehend von der Großen Rezession, dass sich viele Privathaushalte angesichts staatlicher Transferleistungen und geringerer diskretionärer Ausgaben während der Pandemie in einer besseren finanziellen Lage wiederfanden (Fulford und Shupe, 2021). Dementsprechend fiel es vielen Menschen leichter, etwas zu verschenken. Freilich waren virtuelle Zahlungssysteme wie PayPal, Venmo, ApplePay und CashApp oder Webseiten wie GoFundMe, die günstigere, schnellere und personalisiertere Überweisungen ermöglichen, im Jahr 2008 noch nicht derart verbreitet oder nicht verfügbar gewesen.

Gleichwohl vermögen weder wirtschaftliche noch technologische Faktoren vollständig zu erklären, warum die Menschen inmitten finanzieller Unsicherheit und drohender Risiken für die eigene Gesundheit ihr Geld an Dritte hergaben. In jener bizarren Welt der Corona-Pandemie nahm Geld vielmehr die überraschende Funktion einer sozialen Brücke an. Denn schließlich wurde mit der Pandemie urplötzlich jede und jeder – ungeachtet aller tiefgreifenden Disparitäten mit Blick auf die Klassen-, Rassen- oder Geschlechterzugehörigkeit – physisch vulnerabel. Daraus entstand ein kollektives – in der Finanzkrise von 2008 nicht existentes – Trauma, das zu einer größeren Solidarität geführt haben könnte. Regierungschefs, Leinwandstars und andere prominente Persönlichkeiten infizierten sich ebenso mit Corona wie Freunde, Verwandte und Kollegen. Auch der Ökonom Meer räumt ein, dass es in der ersten Phase der Pandemie ein (allzu kurzes) Zusammenrücken gegeben habe, das eine entsprechende Wirkung (persönliche Gespräche) entfaltet habe.

Die Tatsache, dass die Heimatüberweisungen bei den einkommensschwachen Bevölkerungsgruppen hoch geblieben sind, ergibt dann einen Sinn, wenn wir diese internationalen Geldtransfers nicht allein als finanzielle Überlebenshilfe für Familien im Ausland betrachten, sondern auch als mächtiges monetäres Symbol nicht verhandelbarer verwandtschaftlicher und ethnischer Solidarität verstehen. Hier geht Solidarität vor Fungibilität, da Heimatüberweisungen gedanklich als eigenständige Geldmittel wahrgenommen werden, die über eine besondere Form und Bestimmung verfügen und eine quasi-sakrale Bedeutung innehaben (Zelizer, 2015; Castañeda, 2021).

Und wie sieht es mit der geschlechterspezifischen Aufteilung von Corona-Hilfen innerhalb der privaten Haushalte aus? Warum fühlte sich der Ehemann in unserem Beispiel berechtigt, den Konjunkturscheck seiner Frau ohne Weiteres, im Grunde gesetzeswidrig an sich zu nehmen? Die weitere Forschung wird die fehlenden Versatzstücke dieser geschlechterspezifischen Phänomene noch ergründen. Ganz allgemein stellt sich indes die Frage, warum Einkünfte von Frauen und Männern ganz unabhängig von der Höhe der Summen häufig so zugeordnet werden, als ob es sich um verschiedenartiges Geld handele. Solche geschlechterspezifischen Auffälligkeiten lassen sich nur dann erklären, wenn man sich eingesteht, dass kulturell geprägte Geschlechterstereotype in privaten Haushalten bis heute die Art und Weise beeinflussen, wie Finanzmittel unterschiedlichen Ursprungs aufgeteilt und ausgegeben werden. Hier geht Geschlecht vor Fungibilität.

Frage nach dem Geld der Zukunft

Wird Geld in seiner kulturellen, moralischen und beziehungsgeflechtlichen Vielfalt auch in der zunehmend anonymen Welt des 21. Jahrhunderts mit ihren Cyberwährungen noch Bestand haben? Oder wird letztlich die Technologie dafür sorgen, dass die sozialen und moralischen Aspekte des Geldes ausgelöscht werden? In Margaret Atwoods dystopischem Bestseller *The Handmaid's Tale* (1985) nimmt die systematische Unterdrückung der Frauen durch den Staat darin ihren Anfang, dass sämtliches Bargeld durch Wertmarken ersetzt wird und weiblichen Personen anschließend der Zugriff auf ihre Konten bei der Gilead Compubank verwehrt wird. Dem Totalitarismus, so spekuliert die Hauptfigur des Romans Desfred, könnte das fehlende Bargeld Vorschub geleistet haben.

Die Prognosen für die Gesellschaft stimmen allerdings etwas zuversichtlicher. Der visionäre britische Wissenschaftler Nigel Dodd (2017) entwirft ein kühnes, vielversprechendes Szenario eines, in seinen Worten, vielfältigen »utopischen Geldes«, das neu entstehende gesellschaftliche Finanzierungsformen wie Crowdfunding oder Peer-to-Peer-Kredite bis hin zu lokalen Zahlungsmitteln umfasst, die von den Gemeinwesen zur Festigung ihrer sozialen Bindungen und zur Verringerung von Ungleichheit geschaffen werden.[16]

Wir dürfen auch darauf hoffen, dass die überraschend große monetäre Generosität in der Pandemie, bei der virtuelle Währungen eine zentrale Rolle spielten, zu einer nachhaltigeren und dauerhafteren wirtschaftlichen Solidarität führt. Nach Ansicht von Benjamin Soskis

(2021), einer Koryphäe für die Geschichte der Philanthrophie, können durch vermehrte, unkomplizierte und bedingungsarme direkte Geldüberweisungen von Mensch zu Mensch Werte gefördert werden, die die Solidarität und das Vertrauen in die Entscheidungen der Empfänger stärken. Aufgrund der Eliminierung von Misstrauen und Kontroll- oder Rechenschaftsanforderungen im Falle der Corona-Hilfen, die sonst für Subventionszahlungen typisch sind, verkörpern die pandemiebedingten Spenden ein weiteres Glied in der Reihe von Experimenten mit direkten Geldhilfen, die einen respektvolleren und wirksameren Weg zur Unterstützung anderer Menschen untermauern könnten.

Eines ist aber klar: Diese privaten Spenden und Heimatüberweisungen gab es schon vor der Pandemie, und sie bügeln nur allzu oft das klägliche Versagen der staatlichen Sicherungssysteme aus. Unsere Forschung ist noch nicht weit genug gediehen, um schon voraussehen zu können, ob und wie lange in der Pandemie entstandene Entwicklungen anhalten werden. Wir sollten aber private Geldströme nicht zu sehr glorifizieren, weil wir sonst Gefahr laufen, dass sie als Ersatz für eine würdevolle staatliche Unterstützung gesehen werden.

Der Anthropologe Bill Maurer (2020) spekulierte darüber, dass wir zu einer neuen Ethik des Tauschens gelangen könnten, wenn wir Geld als Mittel nutzen, um Verbindungen aufrechtzuerhalten. Man stelle sich nur vor, wie wir näher zusammenrücken und die tief verwurzelte politische Voreingenommenheit unserer Nation überwinden könnten, statt sie zu reproduzieren, wenn das in der Pandemie geflossene Geld modellhaft würde.

Wie wird unsere Zukunft aussehen? Wird es eine Utopie oder eine Dystopie sein? Was die Zeit nach der Pandemie auch immer für uns bereithalten mag: Wenn wir die vielschichtigen sozialen und moralischen Wesensmerkmale von Geld erst einmal richtig begriffen haben, werden wir besser imstande sein, neu auftauchende Phänomene im Umgang mit Geld zu erklären und vielleicht sogar aufzulösen.

Anmerkungen

1 Der vorliegende Artikel basiert auf einem Vortrag, den ich im Rahmen der fünften Internationalen Bargeldkonferenz zum Thema »Cash in times of turmoil« (Bargeld in Zeiten von Turbulenzen) am 16. Juni 2021 gehalten habe. Ich danke Nina Bandelj für ihre vielen hilfreichen Anmerkungen. Eine Version des Artikels erschien unter dem Titel »When We Were Socially Distant, Money Brought Us Together«, The New York Times, 19. Februar 2022.

2 Die Trendentwicklung der durchschnittlichen Auslandsausgaben gemeinnütziger Organisationen (auf Basis elektronisch gespeicherter Steuerformulare) wies in den Vereinigten Staaten einen ähnlich hohen Anstieg auf. Mein Dank gilt Kristopher Velasco für diese Angaben.

3 Siehe https://www.pinknews.co.uk/2020/03/21/groceries-lockdown-coronavirus-followers-roxane-gay-bisexual-feminist-twitter/

4 Siehe https://mutualaidphilly.com/en/. Andere Empfänger erhielten das Geld auf elektronischem Wege. Zum Ausschluss der Armutsbevölkerung sowie von Menschen ohne Bankverbindung aus der digitalen Wirtschaft siehe z. B. Klein, 2020; zur Rechtmäßigkeit bargeldloser Geschäfte siehe Kim und Vowell, 2020; Quinton, 2021.

5 Zu gemeinnützigen Aktivitäten von Spendern nichtweißer Hautfarbe siehe Indiana University Lilly Family School of Philanthropy (2021).

6 Siehe z. B. Albrecht (2021), Garner, Safir und Schild (2020) und https://s3.amazonaws.com/media.engineinsights.com/2021/03/US-Pulse-Infographic-Series-03-23-2021.pdf

7 Feldman und Heffetz (2020) scheinen die Ersten gewesen zu sein, die bei Untersuchungen zur Verwendung von Corona-Hilfen die Antwortoption »spenden« oder »einem Freund oder Familienmitglied helfen« zur Auswahl boten.

8 Siehe Mandelman und Vilán (2020) zum Anstieg der Überweisungen aus den Vereinigten Staaten nach Mexiko im Vergleich zu einem starken Rückgang der Überweisungen nach El Salvador. Ich danke Filiz Garip für ihre wertvollen Hinweise zu diesem Thema.

9 Zum Thema finanzieller Missbrauch in der Familie siehe auch Singh (2021).

10 Zu anderen geschlechterspezifischen Auswirkungen der Pandemie auf die Haushalte siehe Mooi-Reci und Risman, 2021; zu den geschlechterspezifischen Unterschieden bei Geldspenden im Allgemeinen siehe Bandelj et al., 2017b.

11 Die aus der Verhaltensökonomie stammende einflussreiche Theorie

der »mentalen Buchführung« macht hinsichtlich der Unterscheidung von Geld ähnliche Beobachtungen, konzentriert sich aber eher auf individuelle kognitive als auf zwischenmenschliche Prozesse. Eine aufschlussreiche Kritik eines Wirtschaftswissenschaftlers an der Fungibilitätsannahme findet sich in Morduch (2017).

12 Zu beziehungsgebundenen Investitionen siehe beispielsweise Hayes und O'Brien (2021).

13 Zur Bedeutung ritueller Ereignisse wie Weihnachten für die Zweckbindung von Geld siehe Wherry (2017).

14 Siehe z. B. Sykes et al. (2015) über die Zweckbindung der Steuergutschrift im Rahmen der Lohnauffüllung (Earned Income Tax Credit – EITC) durch die Empfänger.

15 Zu religiösen Beweggründen siehe Boyarin (2020); weitere Beispiele für die zweckgebundene Verwendung von Corona-Hilfen siehe Lieber (2021).

16 Zum Crowdfunding als Demokratisierung des Finanzwesens siehe Davis und Davis (2022).

Literaturverzeichnis

Abrego, L. (2009), Economic Well-Being in Salvadoran Transnational Families: How Gender Affects Remittance Practices, Journal of Marriage and Family 71, S. 1070–1085.

Albrecht, L. (2021), This Is How Many Americans Gave Away Their Stimulus Check Money, MarketWatch (5. April), https://www.marketwatch.com/story/americans-increased-their-charitable-giving-in-2020-helped-by-stimulus-checks-and-a-stock-market-recovery-11617372478

Atwood, M. (1985), The Handmaid's Tale, Boston, Mass.

Auer R., G. Cornelli und J. Frost (2020), Covid-19, Cash, and the Future of PaymentS. BIS Bulletin, Nr. 3, https://www.bis.org/publ/bisbull03.pdf

Bandelj, N., F. F. Wherry und V. A. Zelizer (Hrsg., 2017a), Money Talks: How Money Really Works. Princeton, NJ.

Bandelj, N., T. Boston, J. Elyachar, J. Kim, M. McBride, Z. Tufail und J. O. Owen Weatherall (2017b), Morals and Emotions of Money, in: Bandelj, Wherry und Zelizer, 2017a, S. 39–56.

Boxall, H. und A. Morgan (2021), Experiences of Coercive Control Among Australian Women, Australian Government: Australian Institute of Criminology, Statistical Bulletin, Nr. 30, März 2021, https://www.aic.gov.

au/sites/default/files/2021-03/sb30_experiences_of_coercive_control_among_australian_women_v2.pdf
Boyarin, J. (2020), Give Your Stimulus Check to the Needy: It's the Jewish Thing To Do, Forward, 17. April 2020, https://forward.com/opinion/444141/give-your-stimulus-check-to-the-needy-its-the-jewish-thing-to-do/
Campbell, S. (2021), Your Stimulus Check Comes With a Moral Obligation, Bloomberg, 25. Januar 2021, https://www.bloombergquint.com/gadfly/moral-obligations-come-with-your-stimulus-check
Castañeda, E. (2021), Asking Immigrants for Money: Marketing Remittances Around the World, Independent Social Research Foundation (ISRF) Bulletin, Nr. 23, https://www.isrf.org/2021/05/21/asking-immigrants-for-money-marketing-remittances-services-around-the-world/
Davis, M. und B. Davis (2022), Crowdfunding and the Democratization of Finance. Bristol.
Dodd, N. (2017), Utopian Monies: Complementary Currencies, Bitcoin, and the Social Life of Money, in: Bandelj, Wherry und Zelizer, 2017a, S. 230–247.
Ersek, H. (2021), Remittances Are Key to the Recovery in Developing Countries, Weltwirtschaftsforum: Davos Agenda, 27. Januar 2021, https://www.weforum.org/agenda/2021/01/remittances-key-post-covid-recovery/
Fassin, D. und M. Fourcade (2022), Pandemic Exposures: Economy and Society in the Time of Coronavirus, HAU Books, Chicago.
Feldman, N. und O. Heffetz (2020), A Grant to Every Citizen: Survey Evidence of the Impact of a Direct Government Payment in Israel, NBER Working Paper, Nr. 28312, https://www.nber.org/system/files/working_papers/w28312/w28312.pdf
Fottrell, Q. (2020), My Husband Refuses to Give Me My Stimulus Check. He Says That I Don't Deserve It Because I Didn't Earn It. What Can I Do?, MarketWatch, 26. Mai 2020, https://www.marketwatch.com/story/my-husband-refuses-to-give-me-my-stimulus-check-he-says-that-i-dont-deserve-it-because-i-didnt-earn-it-what-can-i-do-2020-05-20
Freytas-Tamura, K. de (2021), How Neighborhood Groups Are Stepping in Where the Government Didn't, The New York Times, 6. März 2021.
Fulford, S. and C. Shupe (2021), Making Ends Meet Series: Consumer Finances During the Pandemic, Consumer Financial Protection Bureau, Dezember 2021, https://www.consumerfinance.gov/about-us/blog/making-ends-meet-series-consumer-finances-during-pandemic/
Garner, T., A. Safir und J. Schild (2020), Receipt and Use of Stimulus

Payments in the Time of the Covid-19 Pandemic, Beyond the Numbers, Bd. 9, Nr. 10, August 2020, https://www.bls.gov/opub/btn/volume-9/receipt-and-use-of-stimulus-payments-in-the-time-of-the-covid-19-pandemic.htm

Giving USA (2021), The Annual Report on Philanthropy for the Year 2020, Chicago, Ill.

Hayes, A. und R. O'Brien (2021), Earmarking Risk: Relational Investing and Portfolio Choice, Social Forces, Bd. 99, Nr. 3, März 2021, S. 1086–1112.

Indiana University Lilly Family School of Philanthropy (2021), Everyday Donors of Color: Diverse Philanthropy during Times of Change, August 2021, https://scholarworks.iupui.edu/bitstream/handle/1805/26496/donors-color-report.pdf

Jordan, M. (2020), Even When They Lost Their Jobs, Immigrants Sent Money Home, The New York Times, 24. September 2020, https://www.nytimes.com/2020/09/24/us/coronavirus-immigrants-remittances.html

Kim, J. und M. Vowell (2020), Cash or Credit? State and City Bans on Cashless Retailers Are on the Rise, National Law Review, Bd. 10, Nr. 157, 5. Juni 2020, https://www.natlawreview.com/article/cash-or-credit-state-and-city-bans-cashless-retailers-are-rise

Klein, A. (2020), A Big Problem for the Coronavirus Economy: The Internet Doesn't Take Cash, Barron's, 25. März 2020, https://www.barrons.com/articles/a-big-problem-for-the-coronavirus-economy-the-internet-doesnt-take-cash-51585149759

Lieber, R. (2021), How to Buy Happiness (Responsibly), The New York Times, 28. Mai 2021, https://www.nytimes.com/2021/05/28/your-money/coronavirus-spending-happiness.html

Mandelman, F. und D. Vilán (2020), Remittances and COVID-19: A Tale of Two Countries, Federal Reserve Bank of Atlanta's Policy Hub, Nr. 12-2020, Oktober 2020, https://www.atlantafed.org/-/media/documents/research/publications/policy-hub/2020/10/21/12-remittances-and-covid-19.pdf

Marcus, E. (2020), How College Students Are Helping Each Other Survive, The New York Times, 23. November 2020, https://www.nytimes.com/2020/11/23/style/college-mutual-aid-networks.html

Maurer, B. (2020), The Use of Money to Maintain Connection (and Toilet Paper), Anthropology News, 9. April 2020, https://anthropology-news.org/articles/the-use-of-money-to-maintain-connection-and-toilet-paper/

Meer, J., D. Miller und E. Wulfsberg (2017), The Great Recession and Charitable Giving, Applied Economics Letters, 24:21, S. 1542–1549.

Mooi-Reci, I. und B. J. Risman (2021), The Gendered Impacts of COVID-19: Lessons and Reflections, Gender & Society 35, S. 161–167.
Morduch, J. (2017), Economics and the Social Meaning of Money, in: Bandelj, Wherry und Zelizer, 2017, S. 25–38.
Orozco, M. (2009), Understanding the Continuing Effect of the Economic Crisis on Remittances to Latin America and the Caribbean, Inter-American Development Bank, 10. August, https://publications.iadb.org/publications/english/document/Understanding-the-continuing-effect-of-the-economic-crisis-on-remittances.pdf
Osili, U. (2020), Charitable Giving During the COVID-19 Pandemic, Joint Economic Committee, US Congress, https://www.jec.senate.gov/public/_cache/files/20d02900-be2b-4316-aed6-07b02f60775f/written-testimony-osili-jec.pdf
Quinton, S. (2021), Paying with Cash? Retailers Must Take Your Dollars in These States, Stateline, 11. Mai 2021, https://www.pewtrusts.org/en/research-and-analysis/blogs/stateline/2021/05/11/paying-with-cash-retailers-must-take-your-dollars-in-these-states
Ratha, D. (2020), Covid-19 Crisis through a Migration Lens, KNOMAD and Migration and Remittances Team, Weltbank, Washington, DC, 5. Mai 2020, https://thedocs.worldbank.org/en/doc/775371590633083052-0090022020/original/05292020COVID19CrisisThroughaMigrationLensDilipRatha.pdf
Ratha, D., E. J. Kim, S. Plaza und G. Seshan (2021), Resilience: COVID-19 Crisis through a Migration Lens, Migration and Development, Brief 34, KNOMAD-Weltbank, Washington, DC, Mai 2021, https://www.knomad.org/publication/migration-and-development-brief-34
SEA – Surviving Economic Abuse (2021), The Cost of Covid-19: Economic Abuse throughout the Pandemic, Standard Life Foundation, April 2021, https://survivingeconomicabuse.org/wp-content/uploads/2021/04/SEA-Cost-of-Covid-Report_2021-04.pdf
Singh, S. (2021), Domestic Economic Abuse: The Violence of Money, Abingdon.
Somvichian-Clausen, A. (2021), Black Lives Matter announces new Survival Fund amidst the wait for COVID-19 relief. The Hill. 26. Februar, https://thehill.com/changing-america/respect/poverty/540644-black-lives-matter-announces-new-survival-fund-amidst-the/
Soskis, B. (2021), Norms and Narratives That Shape US Charitable and Philanthropic Giving, Research Report, Urban Institute, 6. März, https://www.urban.org/sites/default/files/publication/103772/norms-and-narratives-that-shape-us-charitable-and-philanthropic-giving,_1.pdf

sspptest@duke.edu (2020), Increased Financial Risk/Economic Abuse Experienced by Victims Due to COVID-19, Duke University Sanford School of Public Policy, 1. Juli 2020, https://sites.sanford.duke.edu/genderviolencepolicy/author/sspptestduke-edu/

Stiffman, E. (2020), What Happened to Giving After Past Disasters, The Chronicle of Philanthropy, 23. März, https://www.philanthropy.com/article/what-happened-to-giving-after-past-disasters/?cid2=gen_login_refresh&cid=gen_sign_in

Swartz, L. (2020), New Money: How Payment Became Social Media, New Haven.

Sykes, J., K. Kriz, K. Edin und S. Halpern-Meekin (2015), Dignity and Dreams: What the Earned Income Tax Credit (EITC) Means to Low-Income Families, American Sociological Review Bd. 80, Nr. 2, S. 243–267.

Ticktin, M. (2021), Building a Feminist Commons in the Time of COVID-19, Signs 47 (September), S. 37–46.

Wherry, F. (2017), How Relational Accounting Matters, in: Bandelj, Wherry und Zelizer, 2017, S. 57–69.

Wilkis, A. (2018), The Moral Power of Money, Stanford.

Williams, D. (2020), This Teacher Paid His Students' Utility Bills with His Stimulus Check. He's Not the Only One Donating the Money, CNN, 30. April 2020, https://www.cnn.com/2020/04/30/us/coronavirus-stimulus-donation-trnd/index.html

Women's Philanthropy Institute (2021), Covid-19, Generosity and Gender: How Giving Changed during the First Year of the Pandemic, Indiana University Lilly Family School of Philanthropy, November 2021, https://scholarworks.iupui.edu/bitstream/handle/1805/27002/covid19-nov21-report.pdf

Weltbank, World Bank Predicts Sharpest Decline of Remittances in Recent History (2020), 22. April 2020.

https://www.worldbank.org/en/news/press-release/2020/04/22/world-bank-predicts-sharpest-decline-of-remittances-in-recent-history

Zelizer, V. A. (2011), The Gender of Money, Wall Street Journal, 27. Januar 2011, http://blogs.wsj.com/ideas-market/2011/01/27/the-gender-of-money/

Zelizer, V. A. (2015), Remittance Circuits, TSI Working Paper, Nr. 8, Januar 2015, https://seminars.wcfia.harvard.edu/files/tsi/files/8-zelizer2015_tsiworkingpaper.pdf

Zelizer, V. A. (2017), The Social Meaning of Money, Princeton.

Seele und Zeichen

Gaspard Koenig

Es wäre naiv zu glauben, dass Technologie an sich eine neue »Ära« definieren könnte. Erstens ist Technologie schon immer Teil der Menschheitsgeschichte gewesen. So hat Paul Leroi-Gourhan nachgewiesen, dass unsere Fähigkeit, Artefakte zu bearbeiten, intrinsisch mit der Entwicklung unserer Gehirnkapazität verknüpft ist. Zweitens sind technologische Neuerungen weitaus unbedeutender als die Frage, wie wir als Gemeinschaft entscheiden, diese einzusetzen. So können digitale Tools verwendet werden, um die größtmögliche Anonymität zu garantieren (etwa im Fall von Blockchain), aber auch um Massenüberwachung zu ermöglichen (etwa bei Big Data). Drittens kann Technologie – wenn historischer Fortschritt als ein Weg zur Emanzipation des Einzelnen definiert ist – diesen Prozess begünstigen (zum Beispiel über Onlineunterricht), ihn aber auch verlangsamen (beispielsweise durch Filterblasen, die durch manipulative Algorithmen entstehen).

In der Zeit nach der Corona-Pandemie, so heißt es immer wieder, würden wir uns hin zu einer bargeldlosen Gesellschaft entwickeln. So kauft man nicht nur häufiger online ein, sondern befürchtet auch, dass Münzen und Banknoten Bakterien und Viren verbreiten könnten. Ich selbst stelle immer häufiger fest, dass ich Bettlern nichts geben kann, weil ich kein Kleingeld bei mir habe.

Eine Entwicklung lässt sich also zweifellos beobachten. Aber handelt es sich wirklich um eine »Entwicklung hin zu« einer bargeldlosen Gesellschaft? Und ist dies ein Fortschritt? Würde das Individuum mit Blick auf seine persönliche Unabhängigkeit davon profitieren?

Ich würde es eher als eine »Entwicklung zurück zu« bezeichnen. Denn der Homo sapiens hat bereits viele Jahrtausende lang mit einem Warentauschsystem gelebt, das ohne Barzahlungen auskam. Sicherlich lassen sich aus dieser Vergangenheit Anregungen mitnehmen, um sich die Zukunft besser vorstellen zu können.

Die erste bargeldlose Gesellschaft

Eine sehr fortschrittliche und innovative bargeldlose Gesellschaft sind beispielsweise die Maori-Stämme in Neuseeland, durch deren Erforschung Marcel Mauss Berühmtheit erlangte (Mauss, 1990). Die Tatsache, dass es kein Bargeld gibt, bedeutet nicht, dass keine Marktwirtschaft gegeben ist. Mauss stellt bereits zu Beginn seines Buches klar, dass er das Phänomen von Austausch und Vertrag in diesen Gesellschaften behandeln werde, die entgegen gängiger Behauptungen über ökonomische Märkte verfügten. Denn der Markt sei ein menschliches Konzept, das nach Meinung von Mauss allen bekannten Gesellschaften vertraut ist. Das Tauschsystem dieser Gesellschaften unterscheide sich lediglich von dem unsrigen. In diesen Gesellschaften könne man den Markt so beobachten, wie er vor dem Aufkommen von Händlern und deren wichtigster Erfindung – echtem Geld – aussah.

Doch wie kann man Warenhandel betreiben, wenn es kein Bargeld zur Regulierung des Austauschs gibt? Indem der Wert internalisiert wird. Der Gegenstand wird nicht anhand externer Faktoren wie Angebot und Nachfrage bepreist, sondern er enthält ein »hau«, eine Seele, einen Geist, der die Gabe versinnbildlicht. Das hau hat zwei Verpflichtungen aufseiten des Empfängers zur Folge: die Pflicht, die Gabe anzunehmen, und die Pflicht, sie zurückzugeben. Dies ist das Prinzip des »Potlatch« und sollte nicht mit irgendeiner Art des Tauschhandels verwechselt werden. Aus dem Potlatch erwächst ein dynamischer Kreislauf von Gaben und Gegen-Gaben, wobei sich materielle und geistige Elemente mischen.

Damit dieser Potlatch funktionieren kann, muss jedoch eine Bedingung erfüllt sein. Mauss stellt fest, dass nicht Individuen, sondern Gemeinschaften die Verpflichtungen zum Austausch und zum Vertragsabschluss untereinander auferlegten. Die Vertragsparteien seien juristische Personen: Clans, Stämme und Familien (Mauss, 1990). Mit anderen Worten: Der bargeldlose Austausch bedingt, dass man eng zu einer Gruppe gehört. Unterstellt wird ein Vertrauensverhältnis in der Gruppe, das nicht zerstört werden darf. Das hau ist nicht »meine« Seele, sondern eine gemeinschaftliche Seele, die »ich« nur weitergebe.

Was geschieht also, wenn sich nun das Konzept eines Individuums mit freiem Willen entwickelt?

Das ist der Zeitpunkt, wo Bargeld ins Spiel kommt.

So verstehe ich den Anthropologen Marshall Sahlins, der durch seine Darlegung der »Steinzeit-Ökonomie« berühmt wurde (Sahlins, 2017 [1972]). Bargeld, das heißt Gegenstände, die einen Symbolwert und keinen Nutzungswert haben (man stelle sich hier zum Beispiel eine hübsche Muschel vor), erscheint »an den Rändern« – also den sozialen Rändern (in den »peripheren Sektoren«) wie auch den geografischen Rändern (beispielsweise »zwischen Küsten- und Inlandssektoren«) – des Stammes. Denn an diesen undurchsichtigen Orten schwindet das Vertrauen. Der Zusammenhalt des Stammes ist nicht mehr gegeben. Laut Sahlins begegnen sich die Parteien mit unterschiedlichen ökonomischen und sozialen Interessen. Die Ware ist demystifiziert. Sie wird zu einem »Wertgegenstand«, der mit sofortiger Wirkung zu handeln ist. Die Menschen verlieren ihre Verbundenheit, Gegenstände ihre Seele und der Austausch seine moralische Komponente. Reziprozität nimmt Gestalt an, während der Gemeinschaftssinn zugleich abnimmt.

Der cash-nexus

Der Austausch auf Grundlage von Bargeld ist sowohl Symptom als auch Mittel einer individualistischeren Gesellschaft. Hierdurch ist eine friedliche Interaktion zwischen Fremden oder gar zwischen Feinden möglich. Menschen, die ansonsten niemals einander geholfen oder sich vertraut hätten, können zum gegenseitigen Vorteil zusammenkommen. Pecunia non olet – Geld stinkt nicht, wie Vespasian Titus gegenüber anführte, als er eine Steuer auf öffentliche Latrinen erhob. Bargeld hat keinen moralischen Geruch. Es bildet die Grundlage, damit sich das Individuum von seinem Stamm emanzipieren und zu einer vollständigen Persönlichkeit entwickeln kann. Es ist kein Zufall, dass »bar« oder »cash« in vielen Sprachen zu einem Synonym für Offenheit geworden ist. Das französische »parler cash« bedeutet etwa, dass eine Person ihre Meinung offen – ohne soziale Hindernisse – ausdrückt.

Deshalb bezeichnete Friedrich Hayek den »cash-nexus« als das, was die Gesellschaft zusammenhalte (Hayek, 2003 [1973]). Das Ziel einer Marktwirtschaft ist nicht die Maximierung der Herstellung von Waren, sondern die Aussöhnung der Gesellschaft. Sie bringt die verschiedenen, individuellen Absichten mithilfe des Prinzips der Reziprozität miteinander in Einklang. Eine Vielzahl von Zielen kann ohne einen Konflikt erreicht werden. Für Hayek hat das Wirtschaftsleben keinen wirtschaftlichen Gegenstand, sondern seine Hauptfunktion ist es, soziale Beziehungen zu glätten und zu fördern. Dies soll zur Bildung einer »Großen Gesellschaft« führen, die die Menschheit eint. Der cash-nexus ist bei Weitem nicht nur eine technische Frage, sondern ein politisches Ideal.

Aus diesem Blickwinkel lässt sich Bargeld wie folgt definieren: Es ist neutral (unter Ausschluss jedweden moralischen Wertes aus der Transaktion) und anonym (sodass die miteinander handelnden Parteien keine echten »Subjekte« werden). Die Definition lässt sich auf Muscheln, Banknoten und Kryptowährungen (auf die ich später noch eingehen werde) anwenden. Die Frage ist: Trifft die Definition auch auf elektronische Zahlungen, so wie sie derzeit ausgestaltet sind, zu?

Die Antwort ist ein deutliches Nein. Absolut nicht.

Der Rückschritt elektronischer Zahlungen

Elektronische Zahlungen sind nicht anonym. Im Internet muss man den Vornamen, Nachnamen, die Adresse und das Geburtsdatum angeben, wenn man ein Zugticket oder ein Paar Socken kauft. Bei Kartenzahlungen ist dies ähnlich. Auf jedem Kontoauszug finden sich die genauen Einzelheiten der getätigten Einkäufe. Man kann sich nirgends verstecken.

Elektronische Zahlungen sind auch nicht neutral. Sie ermöglichen es Finanzinstituten, paternalistische Empfehlungen zu unserer Lebensführung abzugeben. Die Daten werden regelmäßig an Dritte weitergegeben, um Algorithmen zu füttern und unser Verhalten noch besser zu kontrollieren. In China vergibt Sesame Credit, ein von der Alibaba-Tochtergesellschaft Ant Financial zur Verfügung gestellter Dienst zur Bonitätseinstufung, Kreditscores an Alipay-Nutzer, je nachdem, was diese kaufen oder verkaufen. Kein Wunder, dass Alibaba mit den chinesischen Behörden zusammenarbeitet, um das Sozialkreditsystem aufzubauen, mittels dessen die Bürgerinnen und Bürger entsprechend ihren Beiträgen zur Gruppe bewertet werden sollen.

Damit ist diese Art von »bargeldloser Gesellschaft« keinesfalls ein Zeichen für historischen Fortschritt, sondern stellt einen Rückschritt zum Stammesdasein dar. Sie resubjektiviert Transaktionen. Die Entwicklung von Zahlungen per Gesichtserkennung in Supermärkten oder Restaurants steht beispielhaft für dieses Phänomen. Hierdurch wird – anders als bei Bargeld, das eine undurchdringliche Barriere zwischen zwei Subjekten bildet – das Subjekt zu einem Zahlungsmittel gemacht. Damit sind wir zurück beim »hau«, denn der Austausch funktioniert über unseren Körper und die Seele.

Geld als Repräsentation

Doch statt voreilige Schlüsse zu ziehen und schmutzige Banknoten unter das Kopfkissen zu legen, sollten wir innehalten und noch einen anderen Aspekt dieses Themas betrachten. Bargeld wurde bisher anhand seiner Funktion definiert. Im Folgenden geht es um die Dinglichkeit von Bargeld in Form von Banknoten und Münzen.

Aus diesem Blickwinkel lässt sich nicht leugnen, dass in der Entwicklung von Muschelperlen über Gold und Papiergeld zu reibungslosen, bequemen mobilen Bezahlverfahren durchaus eine Konsistenz vorhanden ist. Und diese Entwicklung fußt auf einer immer stärker werdenden Fähigkeit zur Abstraktion.

In seiner »Archäologie der Humanwissenschaften« mit dem Titel »Die Ordnung der Dinge« verknüpft Michel Foucault die Moderne (das heißt das Zeitalter der Aufklärung) mit dem Aufkommen unpersönlicher Zeichen (Foucault, 2003 [1966]). In Bezug auf die Sprache, genauso wie in den Naturwissenschaften und in der Kunst, lösen sich die »Dinge« von den »Wörtern«. Das Prinzip der Repräsentation wird nun vorrangig. Dies ermöglicht es den Menschen, die äußere Welt zu klassifizieren und Taxonomien, Enzyklopädien und allgemeine Grammatiken zu erarbeiten. Rationalität erwächst aus der von den Zeichen geschaffenen Distanzierung.

Geld ist Teil desselben Prozesses. Nachdem die Amsterdamer Wechselbank 1683 Papiergeld eingeführt hatte, löste »Fiatgeld« schrittweise das Metallgeld ab. Dadurch entstand ein allgemeines Äquivalenzsystem für Güter, das der Grammatik für Wörter nicht unähnlich ist. Geld ist nun kein *Ding* mehr, sondern nur noch ein *Zeichen*. Das Kapital konnte dadurch schneller zirkulieren, was die Vermögen wachsen ließ und die Voraussetzung für Wirtschaftswachstum schuf. Foucault zufolge verleiht Fiatgeld Besitztümern ein Eigenleben. Ohne diese Zeichen bleibe ein Vermögen reglos, nutzlos und still.

Um es auf eine abstraktere Ebene zu lenken: Geld ermöglicht es, dass Besitztümer zu Kapital werden und ein Eigenleben annehmen. Je reibungsloser Eigentumsrechte übertragen werden können, desto unabhängiger sind sie von irgendeiner Art von materiellem Prozess, und desto besser ist dies für das Kapital und den Kapitalismus. Hernando de Soto, ein peruanischer Ökonom und Sozialunternehmer, hat konsistent aufgezeigt, wie die ärmsten Menschen am meisten von Marktmechanismen profitieren könnten, nämlich wenn (und nur dann) ihr Besitz und ihre Aktivitäten vollständig gesichert werden, also über das Rechtssystem »abstrahiert« werden können. Damit eine selbst gebaute Hütte in einer Elendssiedlung zu einem Vermögenswert werden kann, braucht es ein Kataster; damit informeller Handel zu einer unternehmerischen Aktivität werden kann, sind Verträge notwendig. Geld ist nur ein Teil eines umfassenderen Systems der Repräsentation, das die Grundlage für Kredite, Garantien, Mietverhältnisse und so weiter bildet. Kapital ist eine Abstraktion. Je unabhängiger es von dem ist, was es repräsentiert, umso besser für eine freie Wirtschaft.

Eine IBAN hat keine schönen Augen

So gesehen könnte eine bargeldlose Gesellschaft der nächste Schritt hin zu einer beliebteren Form des Kapitalismus sein. Der elektronische Zahlungsverkehr ermöglicht es, dass grenzüberschreitende Überweisungen in Echtzeit getätigt werden, kleine Unternehmen einen sicheren Betrieb mit geringer Einbruchsgefahr aufrechterhalten, Kunden ohne Wechselgeld auskommen und Transaktionen rascher durchgeführt werden können. Bekannte Ökonomen wie Kenneth Rogoff haben die offenkundige Tatsache, dass bargeldlose Zahlungen die Gesellschaft sicherer und die Wirtschaft effizienter machen, demonstriert (Rogoff, 2016). Regierungen könnten leichter gegen Verbrechen vorgehen, und Zentralbanken könnten den Bargeldumlauf leichter überwachen und kontrollieren.

Aufgrund seiner immateriellen Eigenschaft büßt Geld zudem ein wenig seiner Attraktivität ein. Es wird zu dem, was es lediglich ist – die Möglichkeit, Exklusivrechte für eine bestimmte Anzahl von Gütern zu erwerben. Es beinhaltet ein Versprechen einer Umwandlung und nicht so sehr eine Garantie von Stabilität. Besitzt man ein gewisses Vermögen, das man aber nicht sehen oder berühren kann, lässt die

Faszination am Vermögensaufbau irgendwie nach. Denn wie können wir Zeichen horten?

Die psychologischen Eigenschaften von Bargeld waren bereits Gegenstand zahlreicher Beiträge. Psychoanalysten bestehen in der Regel auf Barzahlung. Lacan rechtfertigt diese Praxis in seinem Seminar damit, dass Patienten das Bedürfnis hätten, ein konkretes Opfer zu bringen. Es gehe nicht um die Zahlung eines Geldbetrags, sondern darum, etwas weitaus Gefährlicheres zu neutralisieren – nämlich in jemandes Schuld zu stehen. Zahlt man bar, gibt man nichts anderes preis. Aber ist diese irrationale Bindung an Papiergeld nicht ein Symptom einer Geistesstörung, die Psychoanalysten behandeln statt fördern sollten?

Besonders anschaulich stellt der französische Dramatiker Molière diese Geistesstörung in »Der Geizige« dar. Der zutiefst die Habgier verkörpernde Harpagon liebt seine Schatulle beziehungsweise Geldkassette über alles. In Akt V, Szene 3 spricht er mit seinem Diener Valère, dem heimlichen Geliebten seiner Tochter Elise. Der komische Effekt der Szene beruht auf einer Verwechslung der Schatulle mit Elise.

> *Harpagon (beiseite): O meine liebe Schatulle! – Wie, sie ist gar nicht aus meinem Hause gekommen?*
> *Valère: Nein, Herr Harpagon.*
> *Harpagon: Ach, sag mir doch gleich: Hast du sie noch nicht berührt?*
> *Valère: Oh, Ihr tut uns beiden das größte Unrecht. Es ist die reinste und ehrerbietigste Liebe, von der ich für sie glühe.*
> *Harpagon (beiseite): Er glüht für meine Schatulle?*
> *Valère: Ich würde ja lieber sterben als einen beleidigenden Gedanken gegen sie äußern. Dazu ist sie zu gut, zu rechtschaffen.*
> *Harpagon (beiseite): Meine Schatulle zu rechtschaffen?*
> *Valère: Alle meine Wünsche haben sich darauf beschränkt, mich an ihrem Anblick zu weiden, und nichts Strafbares hat die Leidenschaft entweiht, die ihre schönen Augen in mir entzündet haben.*
> *Harpagon (beiseite): Die schönen Augen meiner Schatulle? Er spricht weiß Gott von ihr, wie ein Liebhaber von seiner Geliebten!*[1]

Viel stärker kann Geld nicht personifiziert werden. Harpagon liebt seine Schatulle so sehr wie Valère Elise. Diese Leidenschaft ist nicht nur lachhaft, sondern macht das Objekt wertlos. In einer Schatulle aufbewahrt, schafft Geld keinen sozialen oder wirtschaftlichen Wert.

Was Molière wohl heute schreiben würde? Kann man in seine Onlinebanking-App verliebt sein? Kann eine IBAN schöne Augen haben? Wenngleich große Summen auf dem Bankkonto immer noch beruhigend wirken, erwecken sie kaum die gleichen Gefühle wie klingende Goldmünzen. Gewiss gibt es auch im digitalen Zeitalter Sammler. Aber ein reines Zeichen ist für Investitionen günstiger.

Weniger Seele, mehr Zeichen?

Nimmt man die beiden gleichwertigen Definitionen von Bargeld zusammen, so ergibt sich hieraus: Bargeld löst daraus die Seele (gut für die Freiheit), aber verhindert die Entstehung von Zeichen. Bargeldlose Zahlungen bewahren die Seele, aber begünstigen Zeichen (gut für den Wohlstand). Wie lassen sich diese beiden Aspekte miteinander vereinbaren?

Dieser Widerspruch bildet den Kern des digitalen Zeitalters. Zweihundert Jahre lang waren wir der Auffassung, dass Wohlstand mit Freiheit einhergehe wie Wirtschaftswachstum mit Menschenrechten. Je mehr Meinungsfreiheit, Eigentumsrechte und Rechtsstaatlichkeit, desto mehr Innovationen und Produktivität. Dies war die westliche an Fukuyama angelehnte Win-win-Situation, die autoritären Systemen aller Art einfach gegenübergestellt wurde. Der Informationsaustausch – Kernelement der wirtschaftlichen Entwicklung – ist in einer Marktwirtschaft, in der die Akteure frei interagieren, leichter sichergestellt. So einfach war und ist das.

Dieses sorgfältige Gleichgewicht wird durch das Aufkommen künstlicher Intelligenz gestört. Werden Daten zentral verwaltet, lassen sich Informationen leichter sammeln. Der Schutz der Persönlichkeitsrechte ist keine Garantie mehr für die eigene Kreativität, sondern wirkt sich negativ auf die Effizienz der Algorithmen aus. Mit anderen Worten: Freiheit und Wohlstand stehen nun im Widerspruch zueinander. Die Freiheit lässt sich nur bewahren, wenn der Wohlstand teilweise geopfert wird. So werden für uneingeschränkte Smart Citys Daten zur Geolokalisierung benötigt und für intelligente Stromnetze, die eine bessere Energieeffizienz liefern, die Installation intelligenter Messsysteme, die das Konsumverhalten ganz detailliert aufzeichnen. Dieser Paradigmenwechsel verschafft den Ländern, in denen Grundrechte eine untergeordnete Rolle spielen, einen klaren Vorteil. Zuweilen wird der zweifelhafte moralische Grund angeführt, dass die Gemeinschaft über dem Einzelnen steht. Konfuzianismus 2.0 sozusagen.

Beim Geld ist es ganz ähnlich. Will man den Umlauf von Kapital optimieren, muss man sich für jede einzelne bargeldlose Zahlung anmelden. Wenn man ein Zeichen möchte, muss man seine Seele hergeben.

Meine Daten gehören mir

Ist der Kompromiss wirklich so eindeutig?

Das Problem ist nicht, dass Daten zentral verwaltet werden, sondern, wie sie erhoben werden. Mit jedem Klick, mit jedem Kauf, mit jeder Ortssuche gibt man de facto die Daten, die man generiert, preis. Da diese Daten kommerziell wertvoll sind, stellt dieser kalkulierte Raubzug eine massive Übersteigerung des Wertes dar. Noch grundlegender ist die Tatsache, dass die persönlichen Vorlieben und Gewohnheiten manipulativen Algorithmen ausgesetzt werden. Dabei werden Filterblasen geschaffen, die die Willensfreiheit gefährlich unterminieren.

Der von mir unterbreitete Vorschlag im Essay »Das Ende des Individuum« sieht vor, dass personenbezogene Daten Eigentumsrechte erhalten (Koenig, 2021). Bislang gibt es weltweit noch keinen entsprechenden gesetzlichen Schutz. Durch die Gewährleistung der Verfügungsrechte würden die Eigentumsrechte an den Daten – möglicherweise mit einer gewissen Art finanzieller Entschädigung – eine freiwillige Beteiligung an der digitalen Informationswirtschaft ermöglichen.

Was würde das bezogen auf bargeldlose Zahlungen bedeuten?

Einfach ausgedrückt: Wir würden ausschließlich mit unserem Geld und nicht mit unseren Daten zahlen. Technisch ist dies problemlos möglich. Mit den Zahlungen würden nur Finanzinformationen und keine anderen Informationen übertragen. Dadurch würden kontaktlose oder digitale Transaktionen so neutral und anonym wie Barzahlungen werden. Man würde ein Zeichen erhalten, ohne seine Seele zu verkaufen.

Das ist das Prinzip der meisten Kryptowährungen. Sie sollen die ethischen und politischen Vorteile von Bargeld (oder auch von Metallwährungen mit festem Angebot) replizieren, ohne dass physische

Token mitgenommen und aufbewahrt werden müssen. Im Gegensatz zu üblichen Onlinebankkonten können Kryptowallets allerdings komplett verloren gehen, wenn man den individuellen Code, bestehend aus 24 Symbolen, nicht korrekt aufgeschrieben (oder sich gemerkt) hat. Vergisst man den Code, so wäre das so, als ob man Geldscheine die Toilette hinunterspülen würde. Das Geld ist für immer verschwunden.

Ein zweites Leben für Zentralbanken

Das Problem mit Kryptowährungen ist freilich, dass ihre weitverbreitete Nutzung das vorherrschende Gefüge von Demokratien auf Grundlage von einzelnen Nationen bedrohen würde. In der Hypothese, dass die Welt ausschließlich aus autonomen Individuen besteht, die sich ohne Rücksicht auf geografische Grenzen entsprechend ihren Bedürfnissen und Wünschen zusammenfinden, bleibt dies eine nicht ganz unwillkommene Möglichkeit.

Ist man jedoch der Auffassung, dass es zumindest vorübergehend noch immer einer gewissen nationalen Einheit und gewisser kollektiver Beratungen in bekannter Form bedarf, muss die Regierung weiterhin die umlaufende Geldmenge unter Kontrolle haben. Daher haben Zentralbanken – und dies dürfte die Herausgeber der Publikation beruhigen – eine Zukunft. Sie haben sogar die große Chance, eine elektronische Währung – auch digitales Zentralbankgeld genannt – zu entwickeln. Digitales Zentralbankgeld enthielte wie Bitcoin keine personenbezogenen Daten, seine Menge und sein Umlauf könnten aber immer noch zentral verwaltet werden. Das bedeutet, dass Zentralbanken der großen Versuchung, digitales Zentralbankgeld vollumfänglich rückverfolgbar zu gestalten, widerstehen sollten. Dadurch würden Regierungen zu den Hauptakteuren einer soliden und gesunden bargeldlosen Gesellschaft werden.

In dieser Hinsicht erscheint das von der Europäischen Zentralbank ins Leben gerufene Projekt eines digitalen Euro recht vielversprechend. Über Blockchain-Technologie würde die Zentralbank eine digitale Währung, die in Smart Wallets aufbewahrt würde, direkt ausgeben. Peer-to-Peer-Transaktionen könnten dann ohne die Einbindung einer Geschäftsbank durchgeführt werden. Geld würde dadurch zu einem bloßen Zeichen – die absolute Form der Repräsentation.

Die größte Herausforderung für Entscheidungsträger liegt darin, die digitale Währung ähnlich anonym wie Barzahlungen zu gestalten, auch wenn dies bedeutet, eine gewisse Form der Kontrolle (über Geldwäsche oder Steuerhinterziehung) abzugeben. Eine Währung kann nicht ausschließlich auf ihrem gemessenen Nutzen basieren, sie spiegelt auch die Werte eines Landes oder in diesem Fall eines Kontinents wider. Eine wahrhaft unabhängige Zentralbank kann nicht Geisel der Sicherheit oder der haushaltspolitischen Probleme von Regierungen sein. Um im Bild des römischen Kaisers Titus zu bleiben: Der digitale Euro sollte absolut geruchs- und seelenlos bleiben.

Ein liberales Paradies?

Wie zu Beginn angeführt, gibt es keine generelle technologische Notwendigkeit. Wie digitale Tools verwendet werden, ist eine rein politische Entscheidung. Eine bargeldlose Gesellschaft kann genauso gut ein Überwachungsalbtraum wie ein liberales Paradies sein. Von zentraler Bedeutung wird sein, wie digitales Zentralbankgeld in den kommenden Jahren ausgestaltet sein wird. Dabei darf man nicht vergessen, dass dies nicht nur eine Frage für die Fachwelt ist. Als Bürgerinnen und Bürger haben wir letztlich Entscheidungsgewalt. Europa sollte angesichts dessen, dass autoritäre Modelle weltweit Fuß fassen, seine wertvollste Errungenschaft behaupten: die Freiheit des Einzelnen.

Anmerkung

1 www.zeno.org/Literatur/M/Molière/Komödien/Der+Geizige/5.+Akt/3.+Szene

Literaturverzeichnis

Foucault, M. (2003), Die Ordnung der Dinge. Eine Archäologie der Humanwissenschaften, Frankfurt am Main [1966].

Hayek, F. (2003), Recht, Gesetz und Freiheit. Eine Neufassung der liberalen Grundsätze der Gerechtigkeit und der politischen Ökonomie, in: Gesammelte Schriften in deutscher Sprache: Abt. B Band 4, Tübingen [1973].

Koenig, G. (2021), Das Ende des Individuums. Reise eines Philosophen in die Welt der künstlichen Intelligenz, Berlin.
Mauss, M. (1990), Die Gabe. Form und Funktion des Austauschs in archaischen Gesellschaften, Frankfurt am Main.
Rogoff, K. (2016), The Curse of Cash, Princeton University Press, Princeton NY.
Sahlins, M. (2017), Stone Age Economics, Oxon; New York [1972].

In dubio pro Euroschein: Über den psychologischen Wert des Bargeldes

von Julia Pitters[1]

Geld hat sowohl in seiner Optik als auch in seiner Bedeutung viele Facetten. »Geld ist geprägte Freiheit« (Dostojewski, 1861–1862), so ein Zitat des russischen Schriftstellers Fjodor Dostojewski. Diese kurze Definition verknüpft bereits den nominalen Wert des Geldes mit einer sozialen Vorstellung. Geld dient funktional als Tauschmittel gegen eine Ware oder Dienstleistung, ist jedoch eine menschliche Konstruktion, die mit unterschiedlichen Vorstellungen einhergeht und vom entsprechenden Zeitgeist geprägt ist. Auch aus wirtschaftspsychologischer Perspektive ist Bargeld mehr als nur ein haptisches Zahlungsmittel. Die Fragen, warum sich Individuen mit neuen Zahlungsmitteln schwertun, welche Faszination Bargeld auf Menschen ausübt und welche psychologischen Gründe für die Beibehaltung des Bargeldes sprechen, sollen im Folgenden beleuchtet werden.

Geld als soziale Vorstellung

Je unbekannter oder neuer etwas ist, desto heterogener sind die Assoziationen und Vorstellungen, die damit verknüpft werden. Der Sozialpsychologe Serge Moscovici hat den Begriff »soziale Repräsentationen« geprägt. Darunter ist ein System von Überzeugungen, Werten, Metaphern oder Ideen zu verstehen, das dazu beiträgt, eine soziale Ordnung herzustellen und die Kommunikation zu erleichtern (Moscovici, 1981).

Die Einführung einer neuen Währung erfordert demnach die Einordnung der eigenen Vorstellung in ein bestehendes Wissenssystem. Mit der Einführung des Euro konnte aus psychologischer Perspektive untersucht werden, welche sozialen Vorstellungen zunächst mit dieser Währung einhergingen. Experimente zum Euro (Greitemeyer,

Schulz-Hardt, Traut-Mattausch und Frey, 2002; siehe auch Greitemeyer, Traut-Mattausch und Frey, 2008) zeigten etwa, dass der noch unbekannte Euro automatisch mit einer Verteuerung assoziiert wurde. Die schon per se als »Teuro« bezeichnete Währung führte systematisch zu einer Überschätzung der Preise. Teilnehmer eines Experiments bewerteten Preise in einer Speisekarte, die in Euro angegeben wurden, auch Jahre später noch als teurer, selbst wenn sie sogar günstiger waren als die ursprünglichen D-Mark-Preise. Ähnliche Studien in Österreich zeigten sogar, dass bei Vorliegen einer Euro-Speisekarte tendenziell weniger und günstiger bestellt wurde (Kamleitner et al., 2006). Nicht der objektive Geldwert, sondern die subjektive Vorstellung wie »Euro=Teuro« kann also das Ausgabeverhalten beeinflussen. Gleichzeitig kann eine materialisierte Vorstellung in Form einer gemeinsamen Euro-Währung zu einem Symbol der Identität werden. Während vor der Einführung des Euro in Deutschland die D-Mark als ein wesentliches Symbol für die eigene Identifikation mit der Nation angesehen wurde (Dehm und Müller-Peters, 2001), wurde schon kurz nach der Euro-Einführung den Ländern der Eurozone eine größere Ähnlichkeit bescheinigt (Kirchler, 2011). Identifikation geht automatisch mit einer positiven Einstellung einher. Daten des »Eurobarometer« [2]zeigen, je mehr der Euro in den einzelnen Ländern geschätzt wird, desto stärker ist auch die Identifikation mit der Eurozone. Allerdings begann die Identifikation mit dem Euro erst, als die Geldnoten 2002 haptisch eingeführt wurden. In den Jahren zuvor, als es den Euro nur als Buchgeld gab, konnte noch keine merkliche Identifikation erzielt werden (Kirchler, 2011).

Bargeld und Alternativen

Inzwischen hat sich also der Euro auch als haptisches Zahlungsmittel seit 20 Jahren etabliert. Digitale Alternativen zu diesem Bargeld gibt es in Form der Kartenzahlung, Onlineüberweisung, digitalen Geldbörsen (Wallets) oder auch Kryptowährungen. Im Gegensatz zum Bargeld werden diese Transaktionen über unterschiedliche private Anbieter abgewickelt.

Seit Schweden offiziell verkündet hat, bis 2030 ein bargeldfreies Land zu werden, kursiert auch im deutschsprachigen Raum die Angst, dass das Bargeld abgeschafft werden könnte. Selbst wenn es diverse Argumente für die Abschaffung des Bargeldes gibt, wie einfache Handhabung, weniger Korruption, Ersparnis der Transport- und Versicherungskosten oder Diebstahlsicherheit, konnten diverse repräsentative Befragungen immer wieder die Beliebtheit des Bargeldes nachweisen (Deutsche Bundesbank, 2018; 2021). Und selbst die Corona-Pandemie, in der zunächst vor allem aus Hygienegründen auch bei Kleinstbeträgen zu bargeldlosem Zahlen aufgerufen wurde, führte in Summe eher zu einem gegenteiligen Effekt: Im ersten Jahr der Pandemie wurde um 10 % mehr Bargeld abgehoben als im Vorjahr, auch wenn dieses vor allem gehortet wurde. Warum aber hängen wir so sehr an diesem Bargeld, und welche Faszination löst Bargeld bei seinen Nutzern aus?

Bargeld aktiviert ein Belohnungszentrum im Gehirn

Die Faszination eines Geldreizes ist bereits evolutionsbiologisch im Gehirn verankert. Während auch bei anderen Tätigkeiten wie der Konsumation von Essen, Drogen oder Sex ein Belohnungszentrum in einem Teil des limbischen Systems, dem *nucleus accumbens*, aktiviert und Dopamin ausgeschüttet wird, führt ein Geldreiz ähnlich, aber noch spezifischer zu einer Vorfreude, ein ganz bestimmtes Ziel zu erreichen (Pitters und Weißhaupt, 2013). Dieser Mechanismus hat auch Suchtpotenzial. So erklärt sich, dass selbst bei Personen, die schon genug Geld haben, keine Sättigung einsetzt, sondern dass diese immer wieder durch Geld zu motivieren sind (Lea und Webley, 2006). In Experimenten von Kathleen Vohs (2015; Vohs, Mead & Goode, 2006) konnte gezeigt werden, dass Teilnehmer, die mit einem Geldstimulus konfrontiert wurden, im Vergleich zu einer Kontrollgruppe selbstgenügsamer wurden. Sie wählten im Anschluss einen größeren Abstand zu ihrem Kommunikationspartner, boten weniger Hilfe an und verlangten auch weniger nach Hilfe. Vohs folgerte, dass ein Geldstimulus unabhängiger, aber auch egoistischer mache. Alternativen zu Bargeld könnten diesen Effekt noch nicht so auslösen, da hier eine komplexere kognitive Verarbeitung nötig sei. Während Geld oder Goldmünzen unmittelbar diesen Belohnungsreflex aktivieren, muss das alternative Zahlungsmittel erst als Geld interpretiert werden. Dieser komplexe Vorgang führt zu einer Reflexion, die den unmittelbaren Zielerreichungsreflex sichtlich bremst. Möglicherweise werden aber in der

Evolution irgendwann auch Bargeldalternativen diesen Reflex auslösen können, jedoch je abstrakter die Zahlungsform ist, desto schwächer wird dieser Effekt sein.

Bargeld dient der Ausgabekontrolle

Abstrakte Operationen am Bankkonto erfordern also mehr geistigen Aufwand als das haptische Bezahlen beziehungsweise verleiten Konsumenten leicht dazu, die notwendige Anstrengung zu unterlassen und den unmittelbar mit der Zahlung verbundenen Schmerz abzufedern. Das Zahlen mit Kreditkarte etwa vertagt die Beschäftigung mit den Ausgaben auf einen späteren Zeitpunkt. In diversen Tiefeninterviews und Fokusgruppen, die wir zum Thema Zahlverhalten durchgeführt haben, zeigte sich, dass Personen kleinere Beträge wie für Getränke und Essen bis 50 € lieber in bar, größere Beträge ab 100 € mit der Kreditkarte zahlten (Pitters und Kastlunger, 2020). Nach der Theorie der mentalen Buchführung (Thaler, 1999) gehen Menschen bei der Verarbeitung ihrer Ausgaben nicht immer rational vor. Vielmehr lindern sie intuitiv den Schmerz, den das Geldausgeben verursacht, durch die Schaffung verschiedener mentaler Konten. Ausgaben werden nicht dem Gesamtkonto, sondern unterschiedlichen Posten zugeordnet. So lässt sich erklären, dass im Supermarkt geknausert wird, wenn ein Getränk um 10 Cent mehr kostet, im Lokal hingegen nicht auf den Getränkepreis geachtet wird. Ist das imaginäre Budget für Ausgaben des täglichen Bedarfs aufgebraucht, können Ausgaben in einem anderen Zusammenhang anders verbucht werden. Dieses Verhalten ist nicht rational, da es für den eigenen Kontostand keinen Unterschied macht, an welcher Stelle Geld ausgegeben oder gespart wurde. Bei diesem Vorgehen lassen sich Kreditkartenabrechnungen mental leicht von anderen Ausgaben entkoppeln und bergen entsprechend die Gefahr, sich leichter zu verschulden, als das mit Bargeld der Fall wäre.

Bargeld steht für den Status quo

Während sich die Geschichte des Bargeldes über mehr als 2 700 Jahre erstreckt, gibt es den elektronischen Zahlungsverkehr erst seit einem Bruchteil dieses Zeitraums. Onlinebanking begann Anfang des 21. Jahrhunderts, die Überweisung von Buchgeld in Echtzeit ist seit 2017 möglich, und die erste Kryptowährung Bitcoin wurde in einem White Paper 2008 vorgestellt. So kann davon ausgegangen werden, dass Bargeld allgemeinhin deutlich bekannter ist und somit auch die Vorzüge des Bargeldes für Konsumenten leichter abrufbar sind als die der bargeldlosen Alternativen. In der Psychologie ist dieses als Status-quo-Effekt bekannt: Dem »Status quo«-Bias (Samuelson und Zeckhauser, 1988) entsprechend, tendieren Menschen dazu, das Verhalten beizubehalten, das sie gewohnt sind. Bargeld stellt somit einen Referenzpunkt dar, mit welchem Alternativen zunächst automatisch abgeglichen werden. Vorteile alternativer Zahlungsmittel, die im direkten Vergleich nicht auf der Hand liegen, werden somit zunächst nicht wahrgenommen. Dieses Phänomen ist auch als Amtsinhabereffekt oder Amtsbonus bekannt. Da Amtsinhaber mit ihren Qualitäten bekannt sind, haben es Herausforderer schwerer, da ihre davon abweichenden Vorzüge den Wählern weniger präsent sind.

Eine darüber hinausgehende Erklärung bietet die in der Verhaltensökonomik verbreitete Prospect-Theorie (Kahneman und Tversky, 1979). Es handelt sich um eine subjektive Nutzenfunktion, die persönliche Gewinne und Verluste nicht absolut, sondern in Bezug zu einem Referenzpunkt darstellt. Nach diesem Schema nehmen wir Verluste grundsätzlich sensibler wahr als gleich hohe Gewinne. Der Verlust von Bargeld als Zahlungsform würde die Menschen demnach stärker treffen, als dass sie Freude über eine neue Zahlungsalternative empfinden könnten.

Auch der Besitztumseffekt (Kahneman, Knetsch und Thaler, 1991) kann erklären, dass wir den Wert unseres Besitzes im Vergleich zu dem, was wir erwerben könnten, systematisch überschätzen. Oft genügt schon die bloße Befassung mit einer Sache oder das In-der-Hand-Halten, um diesem unbewusst einen höheren Wert zuzuschreiben. Sobald wir also Geld in die Hand nehmen, messen wir diesem einen höheren Wert bei als Geld, das es noch zu erwerben gilt. Entsprechend konnte in einem Experiment gezeigt werden (Duclos und Khamitov, 2019), dass Personen, die zwischen der Option wählen konnten, entweder 5 $ sofort oder 7 $ eine Woche später zu bekommen, sich knapp mehrheitlich für den Sofortbetrag entschieden. In der Kontrollgruppe bekamen die Teilnehmer eine studentische Debitcard mit der Option, diese entweder sofort mit 5 $ oder eine Woche später mit 7 $ aufzuladen. In dieser Gruppe entschieden sich 78 % für den Wochenaufschub.

Bargeld ist Tradition

Bargeld steht insbesondere im deutschsprachigen Raum für Tradition. Viele gesellschaftliche Ereignisse sind unmittelbar mit der Haptik des Bargeldes verknüpft, sei es der Klang einer Münze im Klingelbeutel, der Wurf einer Münze in den Brunnen, ein kreativ gefertigtes Geldgeschenk oder die Geldspende an Musikanten. All diese Assoziationen und Bilder sind in einer bargeldlosen Welt schwer vorstellbar. In Schweden bemüht man sich deshalb, Alternativen anzubieten. So bekommen etwa Kinder Taschengeld über eine mobile App namens Swish. Die Mobilnummer eines Empfängers genügt, um in Echtzeit zu überweisen, selbst Bettler, Flohmarktbetreiber oder die Kollekte in der Kirche können auf diese Weise bezahlt werden. Der Wert einer Tradition wird jedoch insbesondere im deutschsprachigen Raum nach wie vor großgeschrieben. Im Ländervergleich zwischen Deutschland und Schweden zeigen Daten aus dem World Values Survey (Haerpfer et al., 2022), dass die befragten Deutschen konservative Erziehungswerte wie Gehorsam, solides Sparen oder harte Arbeit stärker befürworten, während in der schwedischen Stichprobe innovativen Werten wie Fantasie mehr Wichtigkeit beigemessen wird. Auch war Schweden in Europa das erste Land, das 1661 Papiergeld eingeführt hat. Insofern hat der Wert der Fortschrittlichkeit dort mehr Gewicht, während in Deutschland der Wert der Tradition höher angesehen ist.

Bargeld steht für Sicherheit

In Zeiten vor der Digitalisierung war der Sicherheitsbegriff vor allem mit etwas Haptischem verbunden. Die Angst vor Diebstahl bezog sich auf Wertgegenstände, Bargeld oder Gold. Um dieses zu schützen, konnte Wertvolles allenfalls in einem Safe verschlossen werden beziehungsweise Bargeld auf die Bank gebracht werden. Befragt man heute

Personen, was sie mit Bargeld verbinden, so überrascht zunächst, dass Bargeld im Vergleich zu digitalen Zahlungsmitteln in erster Linie mit Sicherheit verbunden wird (Pitters und Kastlunger, 2021). Die Angst vor Datendiebstahl durch bargeldloses Zahlen in Form von digitalen Transaktionen übersteigt die Angst vor Bargeldverlust. Laut Studienergebnissen der Deutschen Bundesbank (2021) ist für 94 % der Befragten die Privatsphäre unverzichtbar oder ziemlich wichtig. Somit wird der Schutz der eigenen Daten als besonders bedeutsam erachtet. Jedoch sind auch hier Unterschiede im Ländervergleich zu erkennen. Nach Daten des World Values Surveys (Haerpfer et al., 2022) lehnen die Schweden sowohl das unwissentliche Sammeln von Daten durch die Regierung weniger ab als auch die Überwachung von Menschen an öffentlichen Orten. Wenn die Angst vor Datendiebstahl geringer und das Vertrauen in Datensicherheit höher ist, verwundert es nicht, wenn auch die Offenheit gegenüber digitalen Zahlungsmitteln stärker ausgeprägt ist.

Nach dem aus der Motivationspsychologie bekannten Modell der maslowschen Bedürfnishierarchie (Maslow, 1943; 1998) zählt Sicherheit zu den wichtigsten Grundbedürfnissen des Menschen. Zahlungsmittel, die es schaffen, Sicherheit zu vermitteln, werden somit immer einen entscheidenden Vorteil haben. Bemerkenswert ist nur, dass auch das Sicherheitsverständnis sich wandeln kann. In unseren eigenen Studien zur Wahl von Anlageformen ist zu beobachten, dass ältere Generationen das Sparbuch und Bargeld stärker mit Sicherheit assoziieren, während für die jüngeren Anleger Aktien und sogar Kryptowährungen als sicherer wahrgenommen werden. Der Zeitgeist also bestimmt auch den Sicherheitsbegriff. Je länger sich Erfindungen und Errungenschaften durchsetzen, als desto sicherer werden sie langfristig empfunden.

Bargeld als Krisengeld

Ein Wandel entsteht vor allem immer dann, wenn es eine Krise oder Disruption am Markt gibt. Zu Beginn der Corona-Pandemie wurden die Bürger an jeder Supermarktkasse dazu aufgefordert, bargeldlos zu zahlen, um das Infektionsrisiko zu minimieren. Zudem war in Zeiten der Lockdowns der stationäre Handel stark eingeschränkt, sodass Kunden auf den Onlinehandel und die damit automatisch verbundenen digitalen Zahlungsalternativen ausweichen mussten. Zum einen scheint für einige durch die ständige Aufforderung, bargeldlos an der Kasse zu zahlen, die Hemmung gegenüber alternativen Zahlungsmitteln gefallen zu sein. In der Psychologie wird von einem Bahnungseffekt gesprochen: Werden Kunden dazu gebracht oder gezwungen, sich auf eine gewisse Weise zu verhalten, dann steigt die Wahrscheinlichkeit, dass dieses Verhalten immer vertrauter und somit auch immer beliebter wird (Zajonc, 1968). Für diesen Effekt sprechen Daten, wonach 21 % durch die Pandemie erstmals bargeldlos gezahlt haben (Deutsche Bundesbank, 2021). Auch der E-Commerce-Umsatz bei Gütern des täglichen Bedarfs stieg während der Pandemie im Jahr 2020 um 19 % im Vergleich zum Vorjahr, darunter verzeichneten vor allem Güter des täglichen Bedarfs den vergleichsweise höchsten Anstieg.[3]

Zum anderen ist aber auch ein Reaktanzeffekt vorstellbar. Wenn Menschen in ihrer Freiheit, bar zu zahlen, eingeschränkt werden, dann verhalten sie sich reaktant, indem sie versuchen, durch eine Jetzt-erst-recht-Reaktion ihre Freiheit wiederherzustellen (Brehm und Brehm, 2013). Im Januar 2021 etwa wurden in Deutschland um 182 Mrd Euro mehr Bargeld gehortet als im Vergleichszeitraum des Vorjahres (Deutsche Bundesbank, 2021). Dieses Verhalten kann neben allgemeiner Unsicherheit auch mit einem Reaktanzeffekt erklärt werden.

Welcher Effekt sich durchsetzt, hängt von den individuellen Werteinstellungen ab. In Krisenzeiten können grundsätzlich Extremisierungstendenzen festgestellt werden. Diejenigen, die sich bereits als Bargeldbefürworter verstehen, werden diese Tendenz noch verstärken, die Gegner werden erst recht neue Wege gehen.

Inklusion und Identifikation

Frei nach dem Motto »Bargeld spricht alle Sprachen« stellt ein weiteres Argument für das Bargeld in einer solidarischen Gesellschaft der Aspekt der Inklusion dar. Niemand ist bei diesem Zahlungsmittel aufgrund seines Status, seiner Kreditwürdigkeit, Sprache oder digitalen Kompetenzen ausgegrenzt.

Auch vereint das Auszahlen von Bargeld die Bürger durch seinen Symbolcharakter gemeinsamer Erinnerungen. Nach der deutschen Währungsreform im Juni 1948 konnte jeder Bürger zunächst 40 Reichsmark gegen 40 Deutsche Mark umtauschen. Ein Zeitzeuge erinnert sich, wie das neue Geld auf dem Küchentisch lag und wie es ihn als Kind beeindruckte, dass jedes Familienmitglied nun gleich viel zu besitzen schien.

In Erinnerung bleibt auch das Begrüßungsgeld, das nach dem Fall der Mauer in Berlin am 9. November 1989 den meisten der 16 Millionen DDR-Bürger in Form von 100 DM in bar ausgezahlt wurde. Wäre das Geld in Form einer Steuererleichterung oder Überweisung übermittelt worden, würde sich wohl kaum jemand daran erinnern.

Nach der Theorie der sozialen Identität (Tajfel und Turner, 1986) streben Menschen nach der Zugehörigkeit zu einer Gruppe, mit der sie ihre Werte und Vorstellungen teilen, um ihren eigenen Selbstwert zu steigern. Dieses gelingt, indem sie sich von anderen Nichtzugehörigen abgrenzen. Eine Zugehörigkeit zu einem Klub, Verein oder Unternehmen zu schaffen, gelingt besonders dann, wenn einfache Symbole wie ein Logo oder ein Code eingesetzt werden. Kreditkartenanbieter wie Dinersclub machen davon Gebrauch, indem sie mit exklusiven Vorteilen für Klubmitglieder werben.

Bargeld an sich erfordert wiederum keine Klubzugehörigkeit. Im Sinne der Theorie der sozialen Identität könnte die Euro-Banknote jedoch als Zugehörigkeitssymbol mit allen Ländern der Eurozone dienen. Die Idee, den Euro als Identifikationssymbol zu nutzen und die Bürger in den Prozess aktiv einzubinden, fließt bereits in Überlegungen zur Gestaltung der neuen Euro-Scheine mit ein.[4]

Bargeld als pädagogisches Werkzeug

Auch die Vermittlung von Finanzwissen wird durch Bargeld erleichtert. Nach dem Entwicklungspsychologen Jean Piaget befinden sich Kinder je nach Alter in einer unterschiedlichen Entwicklungsstufe und Lernphase (Piaget und Inhelder, 1973). Während Kinder in der Phase der sensomotorischen Intelligenz (bis etwa 2 Jahre) Geldmünzen als Umweltreiz zu begreifen lernen, können im Stadium der präoperationalen Intelligenz (etwa bis 7 Jahre) Kinder mit anderen in Interaktion treten, aber noch keinen Perspektivenwechsel übernehmen. Sie können sich also noch nicht vorstellen, dass das Geld, was sie selbst bekommen, einem anderen fehlen könnte. Auch wird der Wert des Geldes vornehmlich mit Münzen assoziiert. Kinder in dieser Entwicklungsstufe laufen Gefahr, den Wert eines Scheines noch nicht zu erfassen, was dazu führen kann, dass sie »Geld teilen« mit »Geld zerreißen« verwechseln. Im Stadium der konkret-operationalen Intelligenz (bis etwa 11 Jahre) beginnen Kinder, logisches Denken anhand konkreter Anhaltspunkte anzuwenden. Sie können also mathematische Operationen ausführen, solange diese sich auf etwas Greifbares oder zumindest Vorstellbares beziehen. Erst im Stadium der formal-operationalen Intelligenz (etwa ab 12 Jahren) beginnt das abstrakte Denken mit der Fähigkeit, Hypothesen aufzustellen. Zahlvorgänge, die ohne Bargeld auskommen, können Kinder also frühestens ab diesem Entwicklungsstadium nachvollziehen. Wenn man bedenkt, dass in Deutschland ab dem 7. Geburtstag eine beschränkte Geschäftsfähigkeit (§ 106 BGB ff.) gilt, wären Kinder in einer bargeldlosen Gesellschaft zu digitalen Operationen gezwungen, die sie von ihrer Entwicklungsstufe her noch nicht begreifen können. So überrascht es nicht, dass Kinder im Internet gefährdet sind, für virtuelle Güter unverhältnismäßig viel echtes Geld auszugeben. Inzwischen haben sich diverse Ratgeber etabliert, die Eltern Tipps geben, wie sie diese unnötigen Ausgaben verhindern können.

Aber nicht nur die entwicklungspsychologischen Limitationen im Kindesalter, auch die geistige Trägheit bei Erwachsenen erleichtert den Umgang mit gegenständlichem Geld im Vergleich zum virtuellen. Kryptowährungen sind derzeit aufgrund ihrer rein virtuellen Existenz und der dahinterstehenden komplexen Blockchain-Technologie die abstrakteste Zahlvariante. So erklärt sich, dass die bekannteste unter ihnen (Bitcoin) als Symbol eine Goldmünze gewählt hat. Dieses bietet zumindest in der Vorstellungskraft einen Anhaltspunkt.

Fazit

Aus psychologischer Perspektive gibt es also diverse Argumente, die die Beibehaltung und Verwendung von Bargeld neben alternativen Zahlungsformen unterstützen. Bargeld hat sich in den letzten Jahrzehnten als funktionierendes System bewährt. Nach dem Motto »Never Change a Running System« gibt es noch keinen Anlass für Disruption. Da das Konstrukt des Bargeldes von Menschen und für Menschen erfunden wurde, dürfen rein ökonomische oder technische Argumente die menschlichen Bedürfnisse in diesem Zusammenhang nicht überlagern. Vielmehr sollte die »psychologische Umwegrentabilität«, die Bargeld über seinen funktionalen Wert hinaus erwirtschaftet, in finanzpolitischen Debatten berücksichtigt werden.

Anmerkungen

1 Im Text wurden geschlechtergerechte Formulierungen zugunsten des Leseflusses unterlassen, selbstverständlich werden alle Geschlechter gleichermaßen angesprochen.
2 Siehe https://europa.eu/eurobarometer/surveys/detail/2289
3 Siehe https://www.bevh.org//impact-of-e-commerce.html
4 Siehe https://www.tagesschau.de/wirtschaft/finanzen/euro-banknoten-ezb-neues-design-101.html

Literaturverzeichnis

Brehm, S. und J. Brehm (2013), Psychological Reactance: A Theory of Freedom and Control, Burlington: Academic Press.

Dehm, H. und A. Müller-Peters (2001), The Impact of Economic Representations and National Identity on the Attitude Towards the Euro. In C. Roland-Lévy, E. Kirchler, E. Penz und C. Gray (Hrsg.), Everyday Representations of the Economy, Wien: WUV, S. 205–231.

Deutsche Bundesbank (2018), Zahlungsverhalten in Deutschland 2017, abrufbar unter https://www.bundesbank.de/resource/blob/634056/ae10b24377fa62d6c5873886d8f48f1d/mL/zahlungsverhalten-in-deutschland-2017-data.pdf

Deutsche Bundesbank (2021), Zahlungsverhalten in Deutschland 2020 – Bezahlen im Jahr der Corona Pandemie, abrufbar unter https://www.bundesbank.de/resource/blob/855642/ced0aa3bf74c6815d-60c85e7430e3c0b/mL/zahlungsverhalten-in-deutschland-2020-data.pdf

Dostojewski, F. M. (1861–1862), Aufzeichnungen aus einem toten Haus, übersetzt von Barbara Conrad (2020), München: Hanser.

Duclos, R. und M. Khamitov (2019), *Compared to Dematerialized Money, Cash Increases Impatience in Intertemporal Choice*, Journal of Consumer Psychology, Bd. 29, Nr. 3, S. 445–454.

E-Commerce Verband (2021), Die Bedeutung des E-Commerce für die deutsche Wirtschaft, abrufbar unter https://www.bevh.org/impact-of-e-commerce.html

Greitemeyer, T., S. Schulz-Hardt, E. Traut-Mattausch und D. Frey (2002), Erwartungsgeleitete Wahrnehmung bei der Einführung des Euro: Der Euro ist nicht immer ein Teuro. Wirtschaftspsychologie, 4, S. 22–28.

Greitemeyer, T., E. Traut-Mattausch und D. Frey (2008), Psychologische Konsequenzen der Euro-Einführung (Information Nr. 7). Roman Herzog Institut, München.

Haerpfer, C., R. Inglehart, A. Moreno, C. Welzel, K. Kizilova, J. Diez-Medrano, M. Lagos, P. Norris, E. Ponarin und B. Puranen et al. (Hrsg.) (2022), World Values Survey: Round Seven – Country-Pooled Datafile, Madrid und Wien: JD Systems Institute & WVSA Secretariat, doi.org/10.14281/18241.13.

Kahneman, D. und A. Tversky (1979), Prospect Theory: An Analysis of Decision under Risk, in Econometrica, Bd. 47, Nr. 2, März, S. 263–291.

Kahneman, D., J. Knetsch und R. H. Thaler (1991), Anomalies: The Endowment Effect, Loss Aversion, and Status Quo Bias, *Journal of Economic* Perspectives, 5(1), S. 193–206.

Kamleitner, B., E. Hofmann, E. Kirchler, und S. Schulz-Hardt (2006), Kaufkraftschwund nach der Währungsumstellung: Zur erwartungsgeleiteten Wahrnehmung des (T)Euro, Wirtschaftspsychologie, Vol. 8, No 1., abrufbar unter https://bach.wu.ac.at/d/research/results/58896/

Kirchler, E. (2011), Wirtschaftspsychologie, Göttingen: Hogrefe.

Lea, S. und P. Webley (2006), Money as Tool, Money as Drug: The Biological Psychology of a Strong Incentive, abrufbar unter https://www.cambridge.org/core/journals/behavioral-and-brain-sciences, 29(2), S. 161–176.

Maslow, A. (1943), A Theory of Human Motivation, in: Psychological Review, Bd. 50(4), S. 370–396.

Maslow, A. (1998), Maslow on Management, John Wiley & Sons, New York.

Moscovici, S. (1981), On Social Representations, in: J. Forgas (Hrsg.), Social Cognition Perspective on Everyday Understanding, London, UK: Academic Press, S. 181–210.

Piaget, J. und B. Inhelder (1973), Die Psychologie des Kindes, Freiburg, Walter Verlag.

Pitters, J. und K. Weißhaupt (2013), Pecunia Non Olet – Money Does Not Stink or Does It?, Economic Psychological and Empirical Findings, Psychologie in *Österreich*, 3(4), S. 218–223.

Pitters, J. und B. Kastlunger (2020), Kunden im Netz: Die Psychologie des digitalen Konsumentenverhaltens, Freiburg, Haufe Lexware.

Samuelson, W. und R. Zeckhauser (1988), Status Quo Bias in Decision Making, Journal of Risk & Uncertainty, 1, S. 7–59.

Tajfel, H. und J. C. Turner (1986), The Social Identity Theory of Intergroup Behaviour, in: S. Worchel und W. G. Austin (Hrsg.), Psychology of Intergroup Relations, Chicago: Nelson-Hall, S. 7–24.
Thaler, R. (1999), *Mental Accounting Matters,* Journal of Behavioral Decision Making, 12(3), S. 183–206.
Vohs, K. D., N. L. Mead und M. R. Goode (2006), The Psychological Consequences of Money, Science, 314, S. 1154.
Vohs, K. (2015), Money Priming Can Change People's Thoughts, Feelings, Motivations, and Behaviors: An Update on 10 Years of Experiments, Journal of Experimental Psychology: General. 144(4), S. 86–93.
Zajonc, R. (1968), Attitudinal Effects of Mere Exposure, Journal of Personality and Social Psychology, 9, 2, S. 1–27.

IV: Schluss

Statt eines Schlussworts – Gedanken zur Zukunft des Bargeldes

Johannes Beermann

Bargeld hat viele Facetten. Im Wirtschaftsleben stellen Banknoten als gesetzliches Zahlungsmittel eine direkte Verbindung her zwischen der Notenbank als Herausgeber der Währung und den Bürgern als Nutzern des Geldes. Bargeld ist zudem ein wichtiges Mittel zur Sicherung von Werten – gerade in Krisenzeiten. Und schließlich sind Scheine und Münzen so etwas wie die dingliche Repräsentation nationaler Währungen mit all ihrer Geschichte und ihren Geschichten. So ist das Euro-Bargeld auch Ausdruck europäischer Integration und Teil der kulturellen Identität.

Unser Euro-Bargeld hat sich in den vergangenen 20 Jahren sehr gut bewährt. Die Menschen schätzen es als einfaches, sicheres und vertrautes Zahlungsmittel, wie wir aus wissenschaftlichen Erhebungen wissen. Die Verbraucherinnen und Verbraucher können sich jederzeit darauf verlassen, dass ihnen Bargeld stets in benötigter Menge und hoher Qualität zur Verfügung steht.

Die Deutsche Bundesbank als die Zentralbank Deutschlands nimmt im nationalen Bargeldkreislauf die zentrale Rolle ein. Ihre gesetzlich verankerte Kernaufgabe ist es, den reibungslosen Zahlungsverkehr sicherzustellen. Um diesem gesetzlichen Sorgeauftrag nachzukommen, investieren wir beständig in Produktion, Verteilung und technische Weiterentwicklung von Banknoten, da die Bargeldversorgung eine angemessene und widerstandsfähige Infrastruktur erfordert. Rückblickend lässt sich festhalten: Die Bargeldinfrastruktur in Deutschland hat stets gut funktioniert – sogar zu Zeiten der Finanzkrise oder der Corona-Pandemie. Das ist allerdings keine Selbstverständlichkeit, denn eine solche Infrastruktur aufrechtzuerhalten und auszubauen, damit sie auch in Zukunft funktioniert, das kostet. Als Bundesbank beschäftigen wir uns daher fortlaufend und intensiv mit der Zukunft des Bargeldes und den möglichen Auswirkungen gesellschaftlicher, politischer und technologischer Entwicklungen auf unseren Sorgeauftrag.

Perspektiven für die Bargeldinfrastruktur

Zwei Aspekte, die meines Erachtens die Zukunft der Bargeldinfrastruktur maßgeblich beeinflussen, möchte ich besonders hervorheben. Zum einen sollten Bargelddienstleistungen jeder Bürgerin und jedem Bürger kostengünstig und frei zugänglich zur Verfügung stehen. Zum anderen sollten Euro-Banknoten als das unbeschränkte gesetzliche Zahlungsmittel überall akzeptiert werden.

Der Zugang zu Bargeld und die Akzeptanz von Bargeld – beides wichtige Grundpfeiler unserer Bargeldstrategie für den Euroraum – hängen durchaus miteinander zusammen. Bekanntlich dürfen Einzelhändler und andere Geschäfte Bargeldzahlungen in Deutschland nicht ablehnen, es sei denn, beide Parteien haben sich vorab auf eine andere Zahlungsweise geeinigt. Doch in dem Maße, in dem Barzahlungen im Rahmen der Vertragsfreiheit ausgeschlossen oder durch »Empfehlungen« an Kassenterminals zur Kartenzahlung eingedämmt werden, könnte Bargeld als Zahlungsmittel mehr und mehr an Attraktivität verlieren. Und je weniger Bargeld genutzt wird, desto eingeschränkter wird der Zugang zu Bargeld selbst, denn die verfügbare Menge an Bargeld soll sich flexibel der Nachfrage anpassen. Bargeld als staatliches Zentralbankgeld soll sicherstellen, dass Verbraucherinnen und Verbraucher jederzeit frei entscheiden können, wie sie bezahlen. Überdies garantiert eine breite Verfügbarkeit von Bargeld, dass alle Menschen auch finanziell am Wirtschaftsleben teilhaben können.

Unsere bisherigen Erkenntnisse und Zahlen legen insgesamt nahe, dass die Bargeldversorgung in Deutschland die jeweilige Nachfrage völlig ausreichend befriedigt. Verbraucherinnen und Verbraucher, die Bargeld nutzen wollen, können dies ohne große Einschränkung tun. Doch es ist wichtig, mögliche Veränderungen – sowohl im Hinblick auf den Zugang zu Bargeld als auch zur Nachfrageentwicklung selbst – frühzeitig zu erkennen und auch im Vergleich zu anderen Euroraumländern richtig einordnen zu können.

Betrachten wir einmal ein langfristiges Szenario, um uns die Bedeutung einer funktionierenden Bargeldinfrastruktur vor Augen zu führen: Sollte der Zugang zu Bargeld, sei es klassisch am Geldautomaten oder auch an der Supermarktkasse, nach und nach eingeschränkt sein und damit nicht in ausreichender Menge und Qualität zur Verfügung stehen, könnte auch die Nachfrage danach zurückgehen. Und das nicht, weil sich Bargeld als Zahlungsmittel für die Nutzer nicht mehr bewährt hätte, sondern weil die permanente Versorgung mit Bargeld aufwendiger und weniger wirtschaftlich wäre und schrittweise eingeschränkt werden könnte. Ein Teufelskreis wäre die Folge.

Es wäre also eher die Angebotsseite, welche die Nachfrageseite determiniert, und nicht mehr umgekehrt ein äußerst anpassungsfähiges Angebot, das bislang den Bürgerinnen und Bürgern Bargeld in dem Maße zur Verfügung stellt, wie sie es wünschen. Wohlgemerkt: Das ist ein mögliches Szenario für die Zukunft, keine Beschreibung der gegenwärtigen Lage. Bargeld beruht auf einer besonderen öffentlichen Infrastruktur. Wesentliche Kosten der Bargeldbeschaffung, etwa Druck der Banknoten oder Entwicklung neuer Sicherheitsmerkmale, kosten den Verbraucher keinen Cent – die übernimmt die Bundesbank.

Geld von morgen

Neben einer resilienten Infrastruktur wird der digitale Wandel oft als weitere große Herausforderung für die Zukunft des Bargeldes gesehen. Dabei haben Digitalisierung und technischer Fortschritt zentrale Weiterentwicklungen in der Banknotenproduktion begünstigt und die Analyse zukünftiger Nutzerbedürfnisse gefördert.

So hat etwa das Direktorium der Bundesbank bereits im Jahr 1976 beschlossen, in einem ersten Modernisierungsschritt sogenannte Halbautomaten für die Banknotenbearbeitung anzuschaffen. Diese ersetzten die bis dahin übliche rein manuelle Bearbeitung von Banknoten. Damit war ein entscheidender Impuls für weitere technische Innovationen im Bargeldbereich gesetzt, der bis heute anhält. Denn die damals in Umlauf befindliche Banknotenserie war für eine automatisierte Bearbeitung nicht geeignet, sodass zunächst automationsfähiges Papiergeld und die dazugehörigen Sensoren entwickelt werden mussten. Der magnetische Sicherheitsfaden etwa sowie verschiedene andere Merkmale, die zur sensorischen Erkennung in die Banknote eingearbeitet wurden, waren wichtige technologische Weiterentwicklungen in dieser Zeit. Mittlerweile ist die vollständig automatisierte Banknotenbearbeitung weitverbreitet und wird zunehmend um moderne Logistikverfahren, etwa den Einsatz von Robotern, ergänzt. Neuere Produktionsverfahren ermöglichen überdies die Herstellung noch langlebigerer Banknoten im Euroraum. Innovation und Technologie haben so insgesamt zu einer effizienteren und nachhaltigeren Bargeldversorgung beigetragen.

Geld hat im Zeitablauf immer wieder seine Erscheinungsform geändert und dabei auch auf die Bedürfnisse der Nutzer reagiert. Wir sind es gewohnt, dass Geld als öffentliches Gut durch den Staat geschaffen und von ihm kontrolliert wird, meist durch die jeweilige Zentralbank. Das alleinige Recht, Euro-Banknoten auszugeben, liegt bei der EZB und den nationalen Zentralbanken im Euroraum – so regelt es der Vertrag über die Arbeitsweise der Europäischen Union. Der Euro wird somit zur definierenden Einheit unserer Geldordnung. Preise und Löhne beispielsweise werden in Euro als verbindlichem Wertmaß ausgedrückt. So können wir Wertangaben schnell und direkt miteinander vergleichen – innerhalb des Euroraums oder auch im Verhältnis zu anderen Währungen. Der Volkswirt spricht vom Euro als Recheneinheit. Der Jurist verankert die Geldeigenschaft im Status der Banknoten und Münzen als gesetzliches Zahlungsmittel.

Doch ist in einem Geldsystem von morgen überhaupt noch Platz für eine staatliche Währung, oder wird diese früher oder später von privaten Krypto-Token wie Bitcoin & Co. verdrängt? Krypto-Token dienen in erster Linie der Spekulation. Es handelt sich dabei weder um Geld noch um eine Währung. Eine Alternative zum staatlichen Geld stellen Krypto-Token daher nicht dar: Zu ausgeprägt sind die Wertschwankungen, um etwa zur Wertaufbewahrung zu dienen, und als Zahlungsmittel sind sie zu wenig verbreitet. Es fehlt ihnen im Vergleich zu stabilen staatlichen Währungen an Vertrauen. Unvorstellbar, dass volatile Krypto-Werte die Grundlage von Preisen für Güter des täglichen Bedarfs, beispielsweise für Butter und Milch, bilden würden. Das unterstreicht die besondere Aufgabe von Notenbanken, die dem geldpolitischen Mandat der stabilen Preise verpflichtet sind.

Natürlich beschäftigen sich im Zeitalter der Digitalisierung Notenbanken auf der ganzen Welt mit den vielfältigen technologischen und ordnungspolitischen Fragen eines möglichen digitalen staatlichen Zahlungsmittels. Und so könnte das Zentralbankgeld von morgen sich um eine zusätzliche Erscheinungsform erweitern und neben einer physischen Seite irgendwann auch eine digitale enthalten. Doch die konkrete Ausgestaltung wirft nach wie vor zahlreiche Fragen auf.

Ein wichtiger Aspekt in der Diskussion: Soll ein digitaler Euro in seiner technischen Beschaffenheit und rechtlichen Einordnung eher dem Bargeld oder eher einer Einlage bei einer Geschäftsbank ähneln? Je nach Ausgestaltung könnte dies ganz eigene Implikationen für Finanzsystem und Geldpolitik haben. Bargeld ist gegenwärtig die einzige Geldform, welche Bürgerinnen und Bürger und Notenbank auf direktem Wege verbindet – und das ganz ohne technische Hilfsmittel. Der Zugang zu Notenbankgeld steht somit allen Teilen der Gesellschaft offen. Sicher ist: Der digitale Euro würde das Euro-Bargeld ergänzen, nicht ersetzen. Verbraucherinnen und Verbraucher dürften den digitalen Euro vor allem als unbares Zahlungsmittel wahrnehmen.

Welchen gesellschaftlichen Stellenwert wird Bargeld in 20 Jahren haben? Wer wird es in den nächsten 20 Jahren nutzen und in welchen Situationen? Wie wird die Banknote der Zukunft aussehen? Bleibt es im Zeitalter von Big Data und Cloud-Lösungen nach wie vor wichtig, beim Bezahlen seine Privatsphäre zu bewahren beziehungsweise losgelöst von elektronischen Zahlungssystemen jederzeit liquide zu sein? Erfüllt die Banknote, so, wie wir sie kennen, auch die Anforderungen, die Nutzer möglicherweise in Zukunft in einem noch stärker digitalisierten Umfeld an sie stellen?

Bei der Bundesbank beschäftigen wir uns auch mit diesen Aspekten sehr intensiv, entwickeln zusammen mit anderen Notenbanken, der Wissenschaft und der Industrie Szenarien, wie sich Bargeld als Produkt und Strukturfaktor weiterentwickeln könnte. Naturgemäß kann es inmitten eines wirtschaftlichen und wohl auch gesellschaftlichen Transformationsprozesses keine abschließenden Antworten auf diese Fragen geben. Doch wir können aus der Geschichte eine Lehre für die Zukunft ableiten: Verbraucherinnen und Verbraucher schätzen das physische Zentralbankgeld, weil es als Zahlungsmittel weitverbreitet ist und ihnen als haptisches Wertaufbewahrungsmittel ein Gefühl von Sicherheit gibt. Auch im Hinblick auf den Schutz der Privatsphäre bietet das uns seit Jahrhunderten bekannte Bargeld ein klares Alleinstellungsmerkmal gegenüber den zahlreichen digitalen Bezahlformen.

Geld hat sich in seiner Form stets gewandelt, doch seine jahrhundertealten Wesenszüge hat es nicht verloren. Geld muss wertstabil, allgemein akzeptiert, weitverbreitet und beständig sein. Geld basiert auf Vertrauen. Dann fördert es den Handel und wirtschaftliche Integration – und schafft so gesamtwirtschaftlichen Wohlstand.

Autoren

Raphael Auer (*1978), PhD, Leiter des BIS Innovation Hub Eurosystem Centre; Ziel ist die bessere Zusammenarbeit der Zentralbanken bei innovativen Finanztechnologien wie Krypto-Token und Stablecoins.

Johannes Beermann (*1960), Prof. Dr.; Jura-Studium an der Ludwig-Maximilians-Universität München und Promotion an der Westfälischen Wilhelms-Universität Münster; seit 2020 Honorarprofessor der Hochschule Mittweida; seit 2015 Mitglied des Vorstands der Deutschen Bundesbank und zuständig für die Bereiche Finanzen und Bargeld.

Rainer Böhme (*1978), Professor für Informationssicherheit und Datenschutz am Institut für Informatik der Universität Innsbruck; Research Fellow der Bank für Internationalen Zahlungsausgleich; Forschungsarbeiten zur technischen Ausgestaltung von Digitalwährungen, etwa für Zentralbanken.

Nick Butt, Leiter der Abteilung »Zukunft des Geldes« bei der Bank of England, dort verantwortlich für zukunftsorientierte Politik, Analysen, Forschung und Kommunikation im Bereich Banknoten und digitale Währungen; davor unterschiedliche Positionen innerhalb der britischen Zentralbank; von 2015 bis 2020 an leitender Stelle für die Ausgestaltung und Umsetzung der geldpolitischen und finanzstabilitätsbezogenen Geschäfte der Notenbank am GBP-Markt zuständig; zuvor arbeitete er als leitender Volkswirt im Bereich monetäre Analyse der Bank; Master of Science in Wirtschaftswissenschaften und Bachelor of Science in Politik und Wirtschaft.

Ricardo Danziger, seit 2003 Berater der Abteilungsleitung Bargeld der Banco Central do Brasil und damit an den wichtigsten Aufgaben und Projekten der brasilianischen Zentralbank im Bereich Währungsmanagement beteiligt; zuvor Koordinator im Bereich Informationstechnologie; verfügt über ein abgeschlossenes Bauingenieurstudium und hat sich im IT-Bereich spezialisiert.

Oldřich Dědek (*1953), Mitglied des Vorstands der Tschechischen Nationalbank seit 2017; Professor für Ökonomie an der Karls-Universität in Prag; 1999-2005 Vize-Gouverneur der Tschechischen Nationalbank; von März 2007 bis Februar 2017 National Coordinator zur Einführung des Euro in der Tschechischen Republik; diverse Studienaufenthalte u.a. an der London School of Economics und der Universität Warwick; Dozent für Finanzmärkte, Unternehmensfinanzierung und Europäische Wirtschaftsintegration am Wirtschaftswissenschaftlichen Institut der Karls-Universität.

Hans Eichel (*1941), als SPD-Politiker bis 1991 Oberbürgermeister von Kassel, dann bis 1999 Ministerpräsident in Hessen und danach bis 2005 Bundesminister der Finanzen im Kabinett von Bundeskanzler Schröder; berühmt für seine umfassende Steuerreform mit z.T. deutlichen Steuersenkungen, etwa bei der Körperschaftsteuer und Einkommenssteuer; aufgrund deutlicher Sparmaßnahmen im Staatshaushalt zunächst bekannt als »Sparkommissar«; ab 2003 hohe Neuverschuldungen wegen ungünstiger wirtschaftlicher Rahmenbedingungen.

Barry Eichengreen (*1952), Professor für Volkswirtschaftslehre und Politische Wissenschaften an der University of California, Berkeley; Forschungsfelder sind u.a. Geschichte und Ausgestaltung des internationalen Geld- und Finanzsystems sowie internationale Makroökonomie; PhD an der Yale University; Research Associate im National Bureau of Economic Research; Verfasser zahlreicher Kolumnen; jüngstes Buch »In Defense of Public Debt« gemeinsam mit Asmaa El-Ganainy, Rui Esteves and Kris Mitchener.

Walter Engert (*1957), MA (Economics), BCom (Finance); Bank of Canada Senior Policy Advisor; Schwerpunkt auf Analyse von Bargeldnachfrage, Zahlungsmitteln und damit zusammenhängenden wirtschaftspolitischen Fragestellungen.

Clemens Fuest (*1968), Prof. Dr.; seit 2016 Präsident des ifo-Instituts; gleichzeitig Direktor des Center for Economic Studies (CES) der Ludwig-Maximilians-Universität München und Professor für Volkswirtschaftslehre; seit 2003 Mitglied des Wissenschaftlichen Beirats beim Bundesministerium der Finanzen (Vorsitzender von 2007 bis 2010); Präsident des Zentrums für Europäische Wirtschaftsforschung ZEW in Mannheim (2013-2016); Professor of Business Taxation, University Oxford (2008-2013); Forschungsschwerpunkte u.a. Wirtschafts- und Finanzpolitik.

Mark Gould, Leiter der Abteilung Zahlungsverkehr des US-amerikanischen Federal Reserve System; ihm obliegt die Leitung sämtlicher Zahlungsverkehrsdienstleistungen, die von den Federal Reserve Financial Services zur Verfügung gestellt werden; zuvor hochrangige Führungskraft und erster Vizepräsident der Federal Reserve Bank of San Francisco (2014 bis 2021) und Leiter des Bargeldbüros der Federal Reserve, das auf nationaler und internationaler Ebene für die Bearbeitung, Qualität und Verteilung der US-Währung zuständig ist.

Jonas Groß (*1994), Vorsitzender der Digital Euro Association, einem europäischen Think Tank rund um digitales Geld; forscht zu Kryptowährungen und digitalen Zentralbankwährungen; Mitglied im Blockchain Observatory der EU-Kommission.

Rochelle Guttmann, leitende Mitarbeiterin im Bereich Analyse und Policy der Abteilung für Banknotenausgabe bei der Reserve Bank of Australia; davor verschiedene Positionen in der Bank in den Abteilungen Wirtschaftsanalyse, Wirtschaftsforschung und Finanzstabilität; zuvor am New York State Department of Financial Services des US-Bundesstaates New York sowie an der School of Economics der Universität von New South Wales (UNSW) im Bereich der Wirtschaftsforschung tätig; Master-Abschluss in Public Affairs (Wirtschaftswissenschaften und öffentliche Politik) der Princeton University sowie einen Bachelor of Commerce und einen Bachelor of Science mit Auszeichnung; wurde für ihren Abschluss in Wirtschaftswissenschaften und Mathematik mit der Universitätsmedaille der UNSW geehrt.

Antti Heinonen, Hauptkassierer der Bank of Finland (ab 1993); Direktor »Banknoten« bei der Europäischen Zentralbank (ab 1998); Vorsitzender des Koordinierungsausschusses für die Bargeldumstellung des Eurosystems in 2002; bis 2008 mehr als zehn Jahre lang Vorsitzender des Banknotenausschusses (BANCO) des Europäischen Systems der Zentralbanken; dann Vorsitzender des Exekutivkomitees der Central Bank Counterfeit Deterrence Group (CBCDG) bis 2012; seit 2013 Vorsitzender der Banknote Ethics Initiative.

Kim Huynh, PhD, Director der Bank of Canada; Forschungsschwerpunkte Industrieökonomie und angewandte Ökonometrie sowie empirische Untersuchungen zum Zugang zu Bargeld und anderen Zahlungsmitteln in Kanada.

Otmar Issing (*1936), Prof. Dr.; Präsident des Center for Financial Studies Univ. Frankfurt; 1967-1990 Professor für Volkswirtschaftslehre, Geld und Internationale Wirtschaftsbeziehungen an den Universitäten Erlangen-Nürnberg und Würzburg; 1988-1990 Mitglied des Sachverständigenrates zur Begutachtung der gesamtwirtschaftlichen Entwicklung; ab 1990 Mitglied des Direktoriums der Deutschen Bundesbank; 1998-2006 Mitglied des Direktoriums der Europäischen Zentralbank; zahlreiche Veröffentlichungen zur Geldtheorie und Geldpolitik sowie zum Euro; Gründungs-Hrsg. der Zeitschrift WiSt; von 2008-2012 Vorsitzender der Expertenkommission zur neuen Finanzarchitektur (»Issing-Kommission«); 2017-2018 Mitglied der G-20 Eminent Persons Group on Global Financial Governance.

Hiroyuki Kanno (*1968), Generaldirektor der Bargeldabteilung der Bank von Japan und verantwortlich für alle Bargeldgeschäfte der Notenbank; zuvor stellvertretender Generaldirektor der Abteilung Finanzsysteme und Bankenprüfung sowie Leiter des Zentrums für neue Finanztechnologien; darüber hinaus Leitung der Niederlassung in Fukushima und dort für das Management aller Aktivitäten der Filiale zuständig, hierzu zählten auch die Überwachung der örtlichen Finanzinstitute und Forschungsarbeiten zu den wirtschaftlichen Gegebenheiten der Region; ehemals Gastwissenschaftler an der Columbia Law School; zunächst Bachelor of Laws an der Universität Tohoku, dann Master of Laws der Universität Kyoto.

Pearl Kgalegi, Leiterin der Abteilung Bargeld der South African Reserve Bank; verantwortlich für Währungsmanagement und -geschäfte und damit auch für die Versorgung der Bargeldzentren; leitet die Machbarkeitsstudie der südafrikanischen Notenbank zum Thema digitales Zentralbankgeld; vor ihrer Tätigkeit bei der South African

Reserve Bank verschiedene Führungspositionen in Regierungsstellen und in der Privatwirtschaft.

Gaspard Koenig (*1982), französischer Essayist und Philosoph; Gründer der Denkfabrik Génération Libre und Initiator der politischen Bewegung SIMPLE; gilt als Befürworter des Liberalismus; verfasst wöchentliche Kolumne für Les Echos; Autor zahlreicher Essays und Romane, die oft politische Theorie mit persönlichen Erfahrungen und Reiseberichten verknüpfen.

Dalia Marin, Prof. Dr.; seit 2017 Inhaberin des Lehrstuhls für Internationale Wirtschaftsbeziehungen an der TUM School of Management der Technischen Universität München, davor ab 1998 in gleicher Position an der Ludwig-Maximilians-Universität München; Forschungsbereiche Internationaler Handel und Ökonomische Institutionen, Globalisierung internationaler Aktivitäten, Makroökonomisches Wachstum; Gastprofessuren in Harvard, Stanford, IWF und Wissenschaftszentrum Berlin.

Yves Mersch (*1949), Mitglied des Direktoriums der Europäischen Zentralbank (2012-2020); davor Präsident der Zentralbank von Luxemburg; gehörte dem EZB Rat als Gründungsmitglied seit 1998 an; trat 2013 dem Scientific Advisory Board des Systemic Risk Centre der London School of Economics and Political Science bei; 2014 Ehrenprofessur der Universität Luxemburg; wirkte an der Ausarbeitung des Maastrichter Vertrags als Repräsentant des luxemburgischen Finanzministers mit.

Antonio Noriega, nahm 2006 seine Tätigkeit bei der Bank von Mexiko als leitender Forscher in der Generaldirektion Wirtschaftsforschung auf; von 2012 bis 2021 verantwortlich für die Bargeldprogramme in der Generaldirektion Bargeldemission; derzeit als verantwortlicher Experte in den Bereichen Bargeld-Prognosen und Verteilung tätig; Bachelor- und Master-Abschluss in Wirtschaftswissenschaften sowie Promotion in diesem Fach.

Hans-Jürgen Papier (*1943), em. Professor für Öffentliches Recht, zuletzt an der Ludwig-Maximilians-Universität München; von 2002 bis 2010 Präsident des Bundesverfassungsgerichts; wegweisend in seiner Amtszeit das Urteil zur Vorratsdatenspeicherung; Mitherausgeber und Mitautor des Grundgesetzkommentars »Dürig/Herzog/Scholz« und des Handbuchs der Grundrechte in Deutschland und Europa; Forschungsschwerpunkte u.a. öffentliches Finanzrecht, Grundrechtsdogmatik und Staatshaftungsrecht.

Julia Pitters (*1979), Professorin für Wirtschaftspsychologie an der IU Internationale Hochschule Erfurt und Trendforscherin bei Pitters Trendexpert in Wien; Schwerpunkt Wirtschafts- und Finanzpsychologie, Kooperation mit Fintechs, Banken, Medien; Studium in Würzburg und Hamburg; Promotion zum Thema Steuerpsychologie an der Universität Wien; Assistenzprofessorin an der privaten Webster University Vienna.

Lydia Reid, leitende Analystin in der Abteilung »Zukunft des Geldes« der Bank of England; verantwortlich für die branchenübergreifende Kooperation mit einer Vielzahl von Akteuren, darunter Unternehmen, Finanzinstitute, Betreiber von Geldautomaten und Wertdienstleistern; führt überdies Analysen und Forschungsarbeiten zum Bargeldumfeld im Vereinigten Königreich mithilfe qualitativer und quantitativer Verfahren durch; Doktortitel, Master of Science und Bachelor of Science in Soziologie.

Roger Replogle, Leiter der Abteilung Bargeld des US-amerikanischen Federal Reserve System; steht dem Team vor, das die nationalen Regelungen für 28 Bargeldbearbeitungsstandorte der Reserve Bank erstellt, dies umfasst auch die Verwaltung der nationalen Währung (Banknoten und Münzen) sowie das Programm zum Austausch der von der Federal Reserve eingesetzten Bankbearbeitungsmaschinen und -sensoren; zuvor Vizepräsident und Produktmanager im Bargeldbüro der Federal Reserve, diesem Büro obliegt auf nationaler und internationaler Ebene die Währungsverwaltung gegenüber den Finanzinstituten; begann 1980 seine Tätigkeit bei der Federal Reserve Bank of San Francisco in der Niederlassung Los Angeles.

Philipp Sandner (*1980), Professor an der Frankfurt School of Finance & Management und Leiter des Frankfurt School Blockchain Center (FSBC); spezialisiert auf Kryptowerte wie Bitcoin oder Ethereum; Mitglied im FinTechRat des Bundesministeriums der Finanzen und im Blockchain Observatory der EU-Kommission.

Richard Schröder (*1943), em. Professor für Philosophie und Systematische Theologie an der Humboldt-Universität Berlin; 1990 Fraktionsvorsitzender der SPD in der frei gewählten Volkskammer der DDR; Richter am Verfassungsgericht des Landes Brandenburg (1993-2003); Vorstandsvorsitzender der Deutschen Nationalstiftung (2003-2018) und Mitglied des Senats bis heute; Vorsitzender des Fördervereins Berliner Schloss und Mitglied des Nationalen Ethikrates (2001-2007); Autor zahlreicher Publikationen zur deutschen Einheit.

Wolfram Seidemann (*1967), Dr.; Vorsitzender der Geschäftsführung des Unternehmensbereiches Giesecke+Devrient Currency Technology GmbH; seit 1999 bei G+D mit Führungspositionen bei verschiedenen Tochtergesellschaften betraut, darunter die des Geschäftsführers von G+D Asia in Singapur, des Vorsitzenden von G+D Teco Taiwan in Taipei und des Vorsitzenden der Geschäftsführung der Papierfabrik Louisenthal GmbH in Gmund/Tegernsee; zudem Chairman of the Board der International Currency Association (ICA), dem Industrieverband der Währungsindustrie; Promotion an der Technischen Universität München zum Thema Innovationsmanagement.

David Sipahutar, als leitender Analyst in der Abteilung Bargeld der Bank Indonesia tätig; Master-Abschluss in Wirtschaftswissenschaften der University of Sydney; war in den vergangenen sieben Jahren verantwortlich für die Planung wichtiger Neuerungen im Bereich der Bargeldbearbeitung und -vernichtung in den Niederlassungen der indonesischen Zentralbank; daneben an der Ausarbeitung des Rahmenwerks und der Roadmap 2019-2025 für das Währungsmanagement beteiligt; Mitglied der Arbeitsgruppe der Bank Indonesia zur Errichtung ihrer neuen, modernen und automatisierten Bargeldzentren in Jakarta und Ostjava.

Peter Sloterdijk (*1947), Dr., Philosoph, Kulturwissenschaftler und Publizist; bis 2017 Professor für Philosophie und Ästhetik an der Staatlichen Hochschule für Gestaltung in Karlsruhe; bekannt sein zweibändiger Bestseller zur »Kritik der zynischen Vernunft« sowie seine TV-Gesprächsrunde »Das Philosophische Quartett«; Themen wie die Steuerpolitik, die Schuldenpolitik oder die Europäische Union werden von ihm stets kritisch hinterfragt, nicht ohne Widerspruch zu erzeugen.

Theo Waigel (*1939), Dr. jur.; Mitglied des Deutschen Bundestages von 1972 bis 2002 und u.a. Vorsitzender der CSU-Landesgruppe; im Kabinett von Bundeskanzler Kohl bekleidete er von 1989 bis 1998 das Amt des Bundesministers der Finanzen; maßgeblich verantwortlich für die Währungs-, Wirtschafts- und Sozialunion und den Staatsvertrag mit der DDR 1990 sowie auf deutscher Seite für den Vertrag von Maastricht (1992); Namensgeber für den »Euro«, der gemeinsamen europäischen Währung.

Fan Yifei (*1964) PhD, seit 2015 stellvertretender Gouverneur der People's Bank of China; davor Vorsitzender der Shanghai Bank und stellvertretender Hauptgeschäftsführer der China Investment Corporation; PhD in Wirtschaftswissenschaften an der Renmin University of China und M.Sc. an der Columbia University, New York.

Viviana A. Zelizer, Professorin für Soziologie an der Princeton University; Autorin preisgekrönter Bücher, die in zahlreiche Sprachen übersetzt wurden; u.a. »Money Talks: Explaining How Money Really Works« und »Economic Lives: How Culture Shapes the Economy«; Mitglied der American Philosophical Society und der American Academy of Arts & Sciences.

Fritz Zurbrügg (*1960), Dr.rer.pol., seit 2015 Vizepräsident der Schweizerischen Nationalbank in Bern, zuständig für Finanzstabilität, Bargeld, Finanzen und Risiken; der Schweizer Bundesrat ernannte ihn 2012 zum Mitglied des Direktoriums der Schweizerischen Nationalbank; zuvor leitete er ab 2010 als Direktor die Eidgenössische Finanzverwaltung; in früheren Funktionen war er als Senior Advisor und Exekutivdirektor beim Internationalen Währungsfonds in Washington tätig.